UTB **2140**

Eine Arbeitsgemeinschaft der Verlage

Böhlau Verlag · Wien · Köln · Weimar
Verlag Barbara Budrich · Opladen · Toronto
facultas.wuv · Wien
Wilhelm Fink · München
A. Francke Verlag · Tübingen und Basel
Haupt Verlag · Bern
Julius Klinkhardt Verlag · Bad Heilbrunn
Mohr Siebeck · Tübingen
Nomos Verlagsgesellschaft · Baden-Baden
Ernst Reinhardt Verlag · München · Basel
Ferdinand Schöningh · Paderborn · München · Wien · Zürich
Eugen Ulmer Verlag · Stuttgart
UVK Verlagsgesellschaft · Konstanz, mit UVK/Lucius · München
Vandenhoeck & Ruprecht · Göttingen · Bristol
vdf Hochschulverlag AG an der ETH Zürich

Reto Schoch

Griechischer Lehrgang zum Neuen Testament

2., korrigierte Auflage

Mohr Siebeck

Reto Schoch: Geboren 1969; 1991–95 Studium am Theologisch-Diakonischen Seminar Aarau, Schweiz; 1999–2001 Weiterbildung Universität Fribourg. Während mehreren Jahren Fachlehrer für Neutestamentliches Griechisch und NT Zeitgeschichte an verschiedenen Seminaren und Instituten.

2000   1. Auflage
2013   2. korrigierte Auflage

ISBN 978-3-8252-3828-5 (UTB Band 2140)

Online-Angebote oder elektronische Ausgaben sind erhältlich unter www.utb-shop.de.

Die Deutsche Nationalbibliothek verzeichnet diese Publikation in der Deutschen Nationalbibliographie; detaillierte bibliographische Daten sind im Internet über http://dnb.dnb.de abrufbar.

© 2013 Mohr Siebeck, Tübingen. www.mohr.de

Das Werk einschließlich aller seiner Teile ist urheberrechtlich geschützt. Jede Verwertung außerhalb der engen Grenzen des Urheberrechtsgesetzes ist ohne Zustimmung des Verlags unzulässig und strafbar. Das gilt insbesondere für Vervielfältigungen, Übersetzungen, Mikroverfilmungen und die Einspeicherung und Verarbeitung in elektronischen Systemen.

Das Buch wurde von Hubert & Co. in Göttingen auf alterungsbeständiges Werkdruckpapier gedruckt und gebunden.

Vorwort zur 1. Auflage

Der griechische Lehrgang zum Neuen Testament ist aus dem Bedürfnis erwachsen, ein komplettes Unterrichtswerk zum Erlernen der neutestamentlichen Ursprache zu schaffen. Man darf heute nicht mehr selbstverständlich davon ausgehen, dass Theologiestudierende bereits über klassische Griechischkenntnisse verfügen, wenn sie an die Universität gelangen. Dasselbe gilt für das Latein, welches in der Vergangenheit meist als erste alte Sprache erlernt wurde. Man wird heute zunehmend mit Studierenden konfrontiert, welche alte Sprachen erstmals an der Universität erlernen. Neben den Universitäten existiert aber auch eine ganze Reihe anderer theologischer Ausbildungsstätten, welche Studiengänge im zweiten Bildungsweg anbieten. Für deren Studierende gilt das eben Gesagte erst recht. Ich bin überzeugt, dass es in Zukunft mehr und mehr Studierende geben wird, welche das neutestamentliche Griechisch brauchen, denen aber nicht zugemutet werden muss, zuerst Latein und klassisches Griechisch zu erlernen. Es ist hier nicht der Ort darüber zu diskutieren, ob diese Situation wünschenswert sei oder nicht. Die Aufgabe einer Lehrperson besteht ja primär darin, sich auf die Ausbildungssituation und damit auf die Studierenden einzustellen und den Unterricht mit möglichst guten Mitteln zu gestalten. Aufgrund solcher Überlegungen und Erfahrungen habe ich mich daran gemacht, ein neues Lehrmittel zu verfassen, welches ich hiermit vorlege. Ich habe es selbst bereits in sieben Klassen praktisch erprobt und damit gute Erfahrungen gemacht.

Mein Ziel war es von Anfang an, ein Werk für den Unterricht zu schaffen. Also in erster Linie den grammatischen Stoff didaktisch möglichst geschickt zu ordnen und zu präsentieren. Ich gehe also keine neuen Wege in der Grammatik, sondern halte mich, auch in der Terminologie, an bewährtes. Ich stütze mich dabei hauptsächlich auf die beiden Grammatiken des neutestamentlichen Griechisch von BLASS/DEBRUNNER/REHKOPF und HOFFMANN/VON SIEBENTHAL. Daneben habe ich alle mir zugänglichen älteren und neueren Grammatiken der Griechischen Sprache benützt, auch wenn nicht alle im Literaturverzeichnis erscheinen. Studierende finden dort für den Moment genügend weitere Hilfsmittel, Lehrkräfte seien auf die Fachliteratur verwiesen.

Nun seien hier einige didaktische und inhaltliche Grundsätze dieses Lehrmittels erläutert.

Das Einstiegsniveau ist, aus den oben erläuterten Gründen, grundsätzlich tief gehalten. Das bedeutet erstens, dass viele Kapitel mit einem kurzen Vergleich mit der deutschen Sprache beginnen. Wer das nicht braucht, mag diese Einführungen einfach überspringen. Zweitens sind die grammatischen Termini jeweils übersetzt und wo nötig, näher erläutert.

Das Lehrmittel ist grundsätzlich auf das Griechisch des Neuen Testaments ausgerichtet. Die wichtigsten Unterschiede zum klassischen Griechisch werden aber ebenfalls, in Anmerkungen, erwähnt. Hierher gehören auch die sprachgeschichtlichen Erläuterungen, welche dem Verständnis dienen und daher nicht fehlen dürfen. Von Beginn wird ausschließlich mit originalen Texten aus dem Neuen Testament gearbeitet. Dass keine Übungssätze konstruiert werden, ist für ein modernes Lehrmittel wohl selbstverständlich. Für das NT mit seinen sehr unterschiedlichen Stilen der verschiedenen Autoren ist dies unabdingbar. Auch die Formen in den Übungen sind, von wenigen nicht zu vermeidenden Ausnahmen abgesehen, alle dem NT entnommen.

Der gesamte Stoff ist, bis auf einige didaktisch bedingte Ausnahmen, der Häufigkeit seines Vorkommens nach geordnet. Die Vorteile dieser Methode sind deutlich. Es wird zuerst gelernt, was wirklich wichtig ist, und das Pauken von seltenen Erscheinungen und Ausnahmefällen wird vermieden. Zudem werden die Studierenden schon früh in die Lage versetzt, auch längere, zusammenhängende Originaltexte zu verstehen. Dasselbe gilt für das Vokabular. Alle Vokabeln, welche mindestens 10mal im NT belegt sind, wurden ins Lernvokabular aufgenommen. Ich habe mich dabei an das Griechisch-Deutsche Vokabel-Lern- und -Repetitionsheft von R. Edel gehalten. Das sind, ohne Personennamen und geografische Begriffe 1134 Vokabeln. Wer weniger lernen möchte, findet vier weitere Gliederungen mit Vorkommen über 25mal, bis 24mal, bis 18mal und bis 13mal. Dadurch eröffnet sich viel Spielraum für die verschiedensten Studiengänge. Bitte vergleichen Sie dazu das alphabetische Lernvokabelverzeichnis.

Der Lehrgang ist in 19 Lektionen aufgeteilt, welche auf die Einführung in Schrift, Laut- und Akzentlehre folgen. Pro Lektion sollten etwa 5 Unterrichtslektionen eingerechnet werden. Zusätzlich wird es, je nach Klasse und Lehrmethode, einige Zeit für Übungen brauchen. Jede Lektion ist dreigeteilt. Der erste Teil ist der Morphologie gewidmet, welcher in neue Formen und (in Lektion 14) in die Wortbildung einführt. Im zweiten Teil, der Syntax, werden die sprachlichen Erscheinungen der neu erlernten Formen im Satzbau beschrieben und mit Beispielen erläutert. Dann folgen im dritten Teil die zugehörigen Übungen. Es finden sich Übungen von einzelnen Formen über verschiedene Wendungen bis hin zu Übungssätzen. Darin werden alle jeweils neuen Vokabeln verwendet und alte wiederholt. Diese Lernvokabeln sind im Anhang lektionsweise aufgeführt und dort zusätzlich in Verben, Substantive, Adjektive und Sonstige gegliedert. Sämtliche Übungen werden, ebenfalls im Anhang, in einem Übersetzungsschlüssel übersetzt. Alle Fundstellen der Übungssätze sind selbstverständlich angegeben. Die Übersetzungen sind auf Kosten eines guten und schönen Deutsches so gestaltet, dass der griechische Text möglichst wortgetreu wiedergegeben und die Übersetzung gut nachvollzogen werden kann. Es wird aber empfohlen, hin und wieder auch eine gängige Bibelübersetzung zum Vergleich oder zur Ermittlung des Kontextes heranzuziehen. Durch den Übersetzungsschlüssel ist es natürlich auch möglich, die Übungen deutsch-griechisch zu gestalten, was unbedingt, wenigstens auszugsweise, empfohlen wird.

Ab Lektion 10 ist zudem mindestens ein zusammenhängender Lektüretext aus dem NT oder seiner Umwelt beigegeben. Ich habe absichtlich nicht allzuviele Texte abgedruckt, da jeder Lehrer seine eigenen Vorlieben hat und den Unterricht durch die Auswahl der Lektüre in die gewünschte Richtung lenken kann und auch soll. Es reicht sicher nicht, sich auf die in diesem Buch vorhandene Lektüre zu beschränken. Wer autodidaktisch lernt, möge möglichst viele ganze Kapitel aus verschiedenen Büchern des NT mit den in der Bibliografie erwähnten Hilfsmitteln übersetzen!

Paradigmata und Tabellen sind in den einzelnen Lektionen immer vollständig aufgeführt. Das mag vielleicht, wegen der grossen Fülle, den einen oder andern auf den ersten Blick etwas erschrecken. Aber viele Konjugations- und Deklinationsmuster wiederholen sich oft, so dass nicht jede Tabelle einzeln gelernt werden muss. Sie sind vollständig aufgeführt, um das Verständnis zu erleichtern und um sicherzustellen, dass alles begriffen worden ist. Ich habe die Erfahrung gemacht, dass Studierende dafür meist dankbar sind, auch wenn Lehrer manches überflüssig finden mögen.

Gegen den Schluss des Buches finden sich Kurzübersichten über die verschiedenen Deklinationen und Konjugationen, daran anschliessend eine Übersicht über die wichtigsten unregelmässigen oder schwierigen Stammformen und ein ausführliches Sachregister.

Als Kurzüberblick sei noch auf die Einteilung des Grammatikstoffes, gleich nach dem Inhaltsverzeichnis im vorderen Teil des Buches, verwiesen. Die Unterteilung in Morphologie und Syntax wird hier deutlich zum Ausdruck gebracht.

Auch ein Abkürzungsverzeichnis ist vorhanden (im Anschluss an die Einteilung des grammatikalischen Stoffes). Von Abkürzungen habe ich, wo es sinnvoll erschien, häufigen Gebrauch gemacht.

Obwohl ein guter Unterricht nie zu ersetzen ist, eignet sich dieses Lehrmittel auch zum autodidaktischen Erlernen des neutestamentlichen Griechisch. Wer sich auf diese Weise an das griechische NT heranwagt, ist also ebenfalls herzlich zum Gebrauch dieses Unterrichtswerkes eingeladen. Im Anschluss an das Abkürzungsverzeichnis findet sich dazu ein didaktisch sinnvoll geordneter Ablauf der einzelnen Lektionen. Die einzelnen Lektionen werden darin in „Lernportionen" mit den jeweils dazugehörenden Übungen und Übungssätzen eingeteilt.

Nun hoffe und bete ich, dass durch dieses Unterrichtswerk den ernsthaft am NT Interessierten ein gutes und brauchbares Lehrmittel an die Hand gegeben wird. Man braucht kein Sprachgenie zu sein, um es zu benutzen. Denn das Einstiegsniveau ist tief gehalten. Wer es aber durcharbeitet, wird sich gute und fundierte Kenntnisse sowohl der griechischen als auch der deutschen Sprache aneignen.

Ich will nicht versäumen, meinen herzlichen Dank an all jene Personen zu richten, die mir beim Schreiben immer wieder Mut machten. Ganz besonders danke ich meiner lieben Frau Tabea für ihre Geduld und ihre Unterstützung bei diesem Werk. Weiter danke ich besonders Frau Suanna Hug und Herrn Wolfgang Kammerlander, die das Manuskript mit dem Rotstift in der Hand durchgesehen, mir viele wertvolle Tipps für die Gestaltung gegeben und mich auf allfällige Unklarheiten aufmerksam gemacht haben. Auch meinen Studenten sei herzlich gedankt, die mich ebenfalls immer wieder auf Druckfehler und Unklarheiten aufmerksam gemacht haben. Ein besonderer Dank gehört dem Mohr-Siebeck Verlag für die Drucklegung und Aufnahme in die UTB-Reihe!

Birrhard im Frühjahr 2000   Reto Schoch

Inhaltsverzeichnis

Vorwort	V
Einteilung des grammatischen Stoffes	XI
Abkürzungsverzeichnis	XVII
Vorschlag zum Ablauf des Selbststudiums	XIX

Hauptteil

Einführung	1
Lektion 1	11
Lektion 2	25
Lektion 3	35
Lektion 4	45
Lektion 5	57
Lektion 6	69
Lektion 7	81
Lektion 8	95
Lektion 9	108
Lektion 10	120
Lektion 11	133
Lektion 12	146
Lektion 13	159
Lektion 14	171
Lektion 15	187
Lektion 16	199
Lektion 17	216
Lektion 18	232
Lektion 19	246

Anhang

Übersetzungsschlüssel zu den Übungen	255
Vokabular nach Lektionen	289
Alphabetisches Lernvokabelverzeichnis	320
Verzeichnis von Personen-, Orts- u. Landschaftsnamen	348
Tabellen und Übersichten	351
Konjugationstabellen	352
Deklinationstabellen	361
Stammformen der wichtigsten unregelmässigen Verben	369
Ausgewählte Literatur	373
Sachregister	375

Einteilung des grammatischen Stoffes

Lekt	Morphologie	Syntax
Einf	Alphabet / Lautlehre Mutae/Liquidae/Sibilanten/Vokale/ Diphtonge/Jota subscriptum/Trema Interpunktion Elision Akzente Zeichen / Quantität der Silben / Akzentregeln Atona Leseübungen	
1	Vorbemerkungen zur Deklination: Kasus/Genera/Numeri O-Deklination Mask Sg/Pl /Artikel O-Deklination Ntr Vorbemerkungen zum Verb: Tempora/Diathesen/Modi Konjugation Verba vocalia Präs Ind Akt Wortbildung: Stamm/Suffix/Endung/Themavokal	Grundsätzliche Bemerkungen Der Artikel Das Attribut – attributive Wortstellung des Adjektivs – attributiver Genitiv Funktionen der Kasus Präpositionen einfacher Verbalsatz – trans/intrans Verben – Hilfsverben mit Inf
2	A-Deklination Fem auf -η / α-purum / α-impurum Konjugation εἰμί Personalpronomen Imperativ Präsens Tongesetz der Enklisis	Verwendung des Personalpronomens Gebrauch von αὐτός / possessiver Gebrauch Prädikatsnomen Negierte Sätze Behauptungssätze / Begehrungssätze / Fragesätze
3	Demonstrativpronomen – Nahdeixis/Ferndeixis Schwacher Aorist Akt / Imp / Inf Augment – syllabisch/temporal/Verba composita Lautveränderungen beim Sigma – Gutturale/Labiale/Dentale – Verba vocalia contracta	Syntax der Demonstrativa Nominalsatz – prädikative Wortstellung des Adjektivs

Lekt	Morphologie	Syntax
4	Diathesen des Griechischen Konjugation: Formen des Mediums - Präsens Ind / Imp / Inf - schwacher Aor Ind / Imp / Inf Bedeutung des Mediums - direkt reflexiv - indirekt reflexiv Übersetzung des Imp M/P Unterscheidung zwischen Medium und Passiv Deponens I	Bedeutung der Tempora - durativer Aspekt Präs / Ipf - punktueller Aspekt Aor Das griechische Erzähltempus Aspekte beim Imp - Präs - Aor
5	O-Deklination Netr / Fem A-Deklination Mask Zusammengesetzte Adjektive Konsonantische Deklination - allg - Muta- Stämme - Liquida-Stämme - Nasal- und ντ-Stämme Deklination Interrogativ / Indefinitpronomen	Syntax des Interrogativ- und Indefinitpronomens - substantivisch - adjektivisch - adverbial - anstatt einem Relativpronomen Fragesätze - Rhetorische Fragen - Entscheidungsfragen - Ergänzungsfragen
6	Deklination der Numerale „eins" und „keins" πᾶς, πᾶσα, πᾶν Partizip Akt Präs Partizip Akt εἰμί Konsonantische Deklination - unreglmässige auf -ηρ - Liquida auf -ρ Adjektive unregelmässige - μέγας / πολύς	Stellung von πᾶς und ὅλος Das Partizip (allg.) Attributives Partizip Substantiviertes Partizip Das neutrische Subjekt im Pl Besonderheiten der Konjunktion „und"
7	Deklination Partizip - Präsens M/P - schwacher Aorist M - schwacher Aorist akt Adverbbildung	Kasussyntax: Dativ Objektsdat / -commodi / -instr / -causae / -relationis / -modi / -temporis Syntax des Adverbs Das Adverbiale Participium coniunctum Übersetzungsregeln

Lekt	Morphologie	Syntax
8	Verba contracta Präs – Akt – M/P Aorist Verba contracta Konsonantische Deklination – σ-Stämme – Adjektive der σ-Stämme – ι-Stämme	Genabs Die doppelte Negation
9	Konjugation: Ipf – Ipf Verba contracta – Ipf εἰμί Konjugation: starker Aor (Aor II) – Mixtus Verben mit starkem Aor Deklination – Vokativ Sg/Pl Reflexivpronomen Reziprokpronomen	Syntax Reflexiv- und Reziprokpronomen AcP
10	Konjugation: Futur: Akt / M / Pass Futur εἰμί Relativpronomen Konsonantische Deklination – Digamma-Stämme – υ-Stämme	Syntax des Futurs Syntax der Relativpronomens Infinitivkonstr: AcI
11	Konjugation: Aor Passiv Deponentien: med / pass Formen Komparation: – Adjektiv – Adverb	Syntax der Komparation Infinitivkonstruktionen: – τοῦ
12	Konjunktiv – Präs – Aor – εἰμί Übersicht über verwechselbare Formen Possessivpronomen	Syntax des Konjunktivs Syntax des Possessivpronomens Infinitivkonstruktionen: – mit Art u. Präp

Lekt	Morphologie	Syntax
13	Schwaches Perfekt Akt/M/P/Part Reduplikation (Präs / Perf) Stammformen Konjunktiv Perf Imperativ Perf	Aspekt des Perfekts Umschreibende Konjugation
14	Verba Muta – Präs / Fut / Aor / Pf Stammformen von regelm. u. unregelm. Verba muta οἶδα Wortbildung – Nomenbildungselemente – Präpositionen in Komposita	Irrealis
15	Verba Liquida – Präs / Fut / Aor / Pf Wurzelaorist Wurzelpräsens	Artangaben zu Subjekt und Objekt Doppelter Akkusativ – Prädikatsakkusativ – Akk der Person und der Sache Inneres Objekt
16	Athematische Konjugation Präsens athematische Konjugation τίθημι und δίδωμι – Präs / Aor / Fut / Pf	Kassussyntax: Der Genitiv – auctoris / possessoris / materiae / qualitatis / pretii / finalis / subjectivus und objectivus / epexegeticus / partitivus / temporis / separationis / Verben mit GenO / comparationis
17	ἵστημι – Präs / Fut / Aor / Pf – trans / intr – Komposita Plusquamperfekt	Prädikativ ergänzendes Partizip mit Bezug auf das Subjekt Satzverbindungen – Parataxe und Hypotaxe Konjunktionen und Partikeln mit mehrfachem Sinn – koordinierende und subordinierende Konj Das Asyndeton

Lekt	Morphologie	Syntax
18	ἵημι – Präs Akt/M/P – Komposita Übrige Verben auf -μι – δείκνυμι – δύναμαι – u. a. Numerale	Syntax der Numerale Syntaktische Stilistik – Anakoluth – Parenthese – Periode – Prolepsis
19	Optativ – Präs Akt/M/P – Aor Akt/M/P	Syntax des Optativs Syntaktische Stilistik – Zeugma – ἀπὸ-κοινοῦ-Konstruktion Partizipium coniunctum in obliquen Kasus

Abkürzungsverzeichnis

Abkürzungen der biblischen Bücher werden nicht extra aufgeführt.

A / Akk	Akkusativ
AcI	Accusativus cum Infinitivo
AcP	Accusativus cum Participio
Adj	Adjektiv
Adv	Adverb
adv	adverbial
adv	Bestadverbielle Bestimmung
AkkO	Akkusativobjekt
Akt	Aktiv
Aor	Aorist
Art	Artikel
Attr	Attribut
Bdtg	Bedeutung
BW	Bezugswort
D	Deponens
D/Dat	Dativ
DatO	Dativobjekt
Dep	Deponens
d. h.	das heisst
eff	effektiv
enkl	enklitisch
f	feminin
Fem	Femininum
fin	finit
Fut	Futur
G / Gen	Genitiv
Genabs	Genetivus absolutus
GenO	Genitivobjekt
Ind	Indikativ
Inf	Infinitiv
ingr	ingressiv
intr	intransitiv
Imp	Imperativ
Ipf	Imperfekt
iterat	iterativ
Hilü	Hilfsübersetzung
HS	Hauptsatz
K	Konsonant
kaus	kausal
kausA	kausales Adverbiale
kl	klassisch
Komp	Komparativ
kond	konditional
kond	Akonditionales Adverbiale
Konj	Konjunktiv
kons	konsekutiv
konsA	konsekutives Adverbiale
konz	konzessiv
konzA	konzessives Adverbiale
Lekt	Lektion
lin	linear
lok	lokal
lokA	lokales Adverbiale
m	maskulinin
M	Medium
Mask	Maskulinum
mod	modal
modA	modales Adverbiale
M/P	mediopassiv
N / Nom	Nominativ
NS	Nebensatz
NT	Neues Testament
ntl	neutestamentlich
Ntr	Neutrum
ntr	neutrisch
P	Prädikat
Par	Parallele
Part	Partizip
Partconi	Participium coniunctum
Pass	Passiv
Pers	Person
Pf	Perfekt
P HS	Prädikat des Hauptsatzes
Pl	Plural
P NS	Prädikat des Nebensatzes
Pos	Positiv
PrädNo	Prädikatsnomen
Präp	Präposition
PräpGef	Präpositionalgefüge
Präs	Präsens
Pron	Pronomen
S	Subjekt
s.	siehe
Sg	Singular
S HS	Subjekt des Hauptsatzes
S NS	Subjekt des Nebensatzes
Subst	Substantiv
subst	substantiviert
Sup	Superlativ
temp	temporal
trans	transitiv
u.	und
ua	und andere
uä	und ähnliche(s)
V	Vokal
vgl	vergleiche
vl	vario lectio (andere Lesart)
z. B.	zum Beispiel
z. T.	zum Teil

Verschiedene Zeichen

[ ] Form, die im NT nicht vorhanden ist / Satzteil
( ) Satzglied
{ } Satzteile
* konstruierte Form zur Veranschaulichung
→ ablösen mit …

Vorschlag zum Ablauf des Selbststudiums

- Bitte lesen Sie das Vorwort und das Kapitel „Einführung" im Lehrgang aufmerksam durch.
- Zum Lernen ist es nicht sinnvoll, den Numerierungen im Lehrgang der Reihe nach zu folgen. Deshalb wird nachfolgend zu jeder Lektion ein Vorschlag zum Durcharbeiten gegeben. Dadurch werden theoretischer Stoff und Übungsbeispiele didaktisch sinnvoll verteilt.

Ablauf Lektion 1

Nr	Thema / Übungsbeispiele	OK ✓
1	1 Die Deklination	
2	4 Grundsätzliche Bemerkungen zur Syntax	
3	5 Artikel	
4	Übung 1	
5	2 Konjugation Präs Ind Akt	
6	Übung 5	
7	3 Wortbildung	
8	Übung 4	
9	Übungssätze Nr. 2 / 3 / 4	
10	6 Attribut	
11	Übung 2 und 3	
12	7 Funktionen der Kasus	
13	Übungssätze Nr. 6 / 10 / 11 / 13 / 14	
14	8 Präpositionen	
15	Übung 6	
16	9 Einfacher Verbalsatz	
17	Übungssätze Nr. 1 / 5 / 7 / 8 / 9 / 12 / 15 / 16 / 17 / 18 / 19	

Ablauf Lektion 2

Nr	Thema / Übungsbeispiele	OK ✓
1	1 A-Deklination	
2	Übung 1	
3	3 Personalpronomen	
4	7 Gebrauch Personalpronomen	
5	Übung 2	
6	Übung 5	
7	2 Konjugation Verb „sein"	

Nr	Thema / Übungsbeispiele	OK ✓
8	Übungssätze Nr. 10 / 11 / 12 / 19	
9	4 Imp Präs	
10	Übung 4	
11	Übung 3	
12	Übungssätze Nr. 13 / 20	
13	5 Tongesetz Enklisis	
14	8 Negierte Sätze	
15	Übung 6	
16	6 Prädikatsnomen	
17	Übungssätze Nr. 3 / 4 / 5 / 7 / 8 / 9 / 11 / 14 / 16 / 17 / 18 /	

Ablauf Lektion 3

Nr	Thema / Übungsbeispiele	OK ✓
1	1 Demonstrativpron	
2	6 Syntax Demonstrativpron	
3	Übung 3: Nr: 1 / 2 / 4 / 5 / 6 / 7 / 8 / 9 / 11 / 12 / 13 / 14 /	
4	2 Schwacher Aorist	
5	3 Augment	
6	5. Lautveränderungen beim Σιγμα	
7	Übung 3 Nr. 3 /	
8	Übung 5 Verbalsätze Nr. 6 / 7 / 8 / 9 / 10 / 11 / 14 / 16	
9	4 Imp Aor	
10	Übung 3 Nr. 10 / 17 / 18 / 19 / 20	
11	Übung 1	
12	Übung 2	
13	Übung 5 Verbalsätze Nr: 1 / 2 / 3 / 4 / 5 / 12 / 13 / 15 / 17 / 18 / 19	
14	7 Nominalsatz	
15	8 Ellipse	
16	9 attribut und präd Wortstellung beim Adjektiv	
17	Übung 4	
18	Übung 6 Nominalsätze	

Ablauf Lektion 4

Nr	Thema / Übungsbeispiele	OK ✓
1	1 Diathesen	
2	2 Medium	

Nr	Thema / Übungsbeispiele	OK ✓
3	4 Bedeutung des Mediums (ohne 4.1)	
4	6 Deponens	
5	Übung 1	
6	3 Imperative	
7	4.1. Übersetzung Imperativ M/P	
8	Übung 2	
9	Übung 3	
10	5 Unterscheidung Medium und Passiv	
11	7 Bedeutung der griechischen Tempora	
12	8 Erzähltempus	
13	Übungssätze Nr. 3 / 4 / 5 / 6 / 7 / 8 / 10 / 20	
14	9 Aspekte beim Imperativ	
15	Übung 4	
16	Übungssätze fertig übersetzen	

Ablauf Lektion 5

Nr	Thema / Übungsbeispiele	OK ✓
1	1 Feminina O-Deklination	
2	2 Maskulina A-Deklination	
3	Übung 1	
4	3 Zusammengesetze Adjektive	
5	4 Konsonantische Deklination	
6	5 Muta-Stämme	
7	6 Liquida-Stämme	
8	Übung 2	
9	Übungssätze Nr. 16 / 17 / 18 / 19 / 20	
10	7 Deklination Interrogativ- und Indefinitpronomen	
11	8 Syntax Interrogativ- und Indefinitpronomen	
12	Übung 3	
13	Übungssätze Nr. 1 / 2 / 3	
14	9 Fragesätze	
15	Rest der Übungssätze	

Ablauf Lektion 6

Nr	Thema / Übungsbeispiele	OK ✓
1	1 Deklination der Numerale	
2	2 Deklination πᾶς	

Nr	Thema / Übungsbeispiele	OK ✓
3	6 Syntax πᾶς	
4	Übung 3	
5	Übungssätze Nr. 1 / 9	
6	3.1 Deklination Part Präs Akt	
7	3.2 Dekl Part Präs Akt εἰμί	
8	9 subst Part	
9	8 attr Part	
10	Übung 4	
11	Übungssätze Nr. 4 / 6 / 10	
12	10 neutrisches Subj im Pl	
13	4 Kons Dekl unregelm auf -ηρ / Liquida -ρ	
14	Übung 1	
15	Übung 5	
16	5 unregelmässige Adj	
17	Übung 2	
18	11 Besonderheiten „und"	
19	Rest der Übungssätze	

Ablauf Lektion 7

Nr	Thema / Übungsbeispiele	OK ✓
1	1 Dekl Part Präsens M/P	
2	7 Adverbiale	
3	8 Participium coniunctum	
4	8.1 Sinnrichtungen Part coni	
5	Übung 2: Satz Nr 1 / 2 / 3 / 4 / 5 / 6 /	
6	2 Dekl Part Aor M und Akt	
7	Übung 1	
8	Übung 2 Sätze Nr. 7 / 8 / 9 / 10	
9	Übung 3	
10	4 Adverb	
11	6 Syntax des Adverbs	
12	Übungssätze Nr. 6 / 8	
13	5 Syntax des Dativs	
14	Übung 4	
15	Übungssätze Nr. 3 / 4 / 7 / 15 / 10	
16	9 Übersetzungsregeln	
17	Übungssätze Nr. 1 / 2 / 5 / 9 / 10 / 11 / 12 / 13 / 14	

Ablauf Lektion 8

Nr	Thema / Übungsbeispiele	OK ✓
1	1 Verba contracta allg Lautregeln	
2	1.1 Verba contracta	
3	1.2 Verba contracta Partizip	
4	1.5 Zur Akzentuierung im Allgemeinen	
5	3 Aorist der Verba contracta	
6	Übungssätze Nr. 1 / 2 / 3 / 4	
7	4 Konsonantische Deklination: σ-Stämme	
8	Übungssätze Nr. 6 / 9 / 13 / 14 / 15 / 16 / 17	
9	1.3 Verba contracta: M/P	
10	1.4. Verba contracta: M/P Partizip	
11	Übung 1	
12	2 Unregelmässige Verba contracta	
13	Übungssatz Nr. 5	
14	5 Deklination ι-Stämme / σ-Stämme	
15	Übung 2	
16	Übungssätze Nr. 12 / 18 / 19	
17	7 Doppelte Negation	
18	Übung 4	
19	Übungssätze Nr. 10 / 11	
20	6 Genetivus absolutus	
21	Übung 3	
22	Übungssätze Nr 7 / 8 / 20	

Ablauf Lektion 9

Nr	Thema / Übungsbeispiele	OK ✓
1	1 Imperfekt	
2	2 Imperfekt Verba contracta	
3	3 Ipf εἰμί	
4	Übung 1	
5	Übungssätze Nr. 7 / 8	
6	7 Vokativ	
7	Übung 3	
8	Übungssätze Nr. 1 / 2 / 3 /	
9	8 Reflexivpronomen	
10	9 Reziprokpronomen	
11	10 Syntax Reflexiv- u. Reziprokpronomina	

Nr	Thema / Übungsbeispiele	OK ✓
12	Übung 4	
13	Übungssätze Nr. 4 / 6	
14	4 Starker Aorist	
15	5 Mixtus	
16	6 Verben mit starkem Aorist	
17	Übung 2	
18	Übungssätze Nr. 9 / 10	
19	11 AcP	
20	Übung 5	
21	Übungssatz Nr. 5	

Ablauf Lektion 10

Nr	Thema / Übungsbeispiele	OK ✓
1	1 Futur	
2	7 Syntax des Futurs	
3	2 Futur εἰμί	
4	3 Imp εἰμί	
5	Übung 1	
6	Übungssätze Nr. 2 / 6 / 7 / 10	
7	5 Konsonantische Deklination: Digamma-Stämme	
8	6 Konsonantische Deklination: υ-Stämme	
9	Übung 2	
10	4 Relativpronomen	
11	8 Syntax Relativpronomen / Übung 3	
12	Übungssätze Nr. 3 / 4 / 5 / 9	
13	9 AcI	
14	Übung 4	
15	Übungssätze Nr. 1 / 8	
16	Lektüre	

Ablauf Lektion 11

Nr	Thema / Übungsbeispiele	OK ✓
1	1 schwacher Aor Pass	
2	2 starker Aor Pass	
3	3 mediale od. passive Endungen bei Deponentien	
4	4 unregelmässige passive Aor und Fut	
5	Übung 1	

Vorschlag zum Ablauf des Selbststudiums XXV

Nr	Thema / Übungsbeispiele	OK ✓
6	Übungssätze Nr. 6 / 8 / 9 / 10 / 11 / 12	
7	5 Komparation der Adjektive	
8	7 Syntax der Komparation	
9	6 Komparation der Adverbien	
10	Übung 2	
11	Übungssätze Nr. 1 / 2 / 3	
12	8 Infinitiv mit Artikel	
13	Übung 3	
14	Übungssätze Nr. 4 / 5 / 7	
15	Lektüre	

Ablauf Lektion 12

Nr	Thema / Übungsbeispiele	OK ✓
1	1 Konjunktiv	
2	2 Konjunktiv Präsens	
3	3 Konjunktiv Aor	
4	7 Syntax des Konjunktivs	
5	4 Konjunktiv εἰμί	
6	5 Übersicht über verwechselbare Formen	
7	Übung 1	
8	Übung 2	
9	Übungssätze Nr. 1 / 2 / 9	
10	6 Possessivpronomen	
11	8 Syntax des Possessivpronomens	
12	Übung 3	
13	Übungssätze Nr. 3 / 6 /	
14	9 Infinitiv mit Artikel und Präposition	
15	Übung 4	
16	Übungssätze Nr. 7 / 10	
17	Übungssätze Nr. 4 / 5 / 8 / 11 / 12 / 13 / 14	
18	Lektüre	

Ablauf Lektion 13

Nr	Thema / Übungsbeispiele	OK ✓
1	1 Schwaches Perfekt (Akt/M/P/Contracta)	
2	3 Reduplikation	
3	4 Stammformen	

Nr	Thema / Übungsbeispiele	OK ✓
4	2 Partizip Perfekt	
5	Übung 1	
6	6 Aspekt des Perfekts	
7	Übungssätze Nr. 1 / 2 / 3 / 6 / 7 / 9 / 13 / 14	
8	5 Übrige Formen des Perfekts	
9	Übungssätze Nr. 11 / 12 / 15 / 17	
10	7 Umschreibende Konjugation	
11	Übung 2	
12	Übungssätze Nr. 5 / 8 / 10 / 16 / 18 / 19 / 20	
13	Lektüre	
14	Rest der Übungssätze	

Ablauf Lektion 14

Nr	Thema / Übungsbeispiele	OK ✓
1	1 Verba Muta	
2	2 Verba Muta Präsens	
3	3 Ausserpräsentische Verba Muta	
4	4 Futur und Aorist Verba Muta	
5	5 Aorist Pass Verba Muta	
6	Übung 1	
7	Übungssätze Nr. 2 / 3 / 5 / 10 / 11 / 13	
8	6 Perfekt	
9	7 / 8 Stammformenreihe	
10	9 οἶδα	
11	Übungssätze Nr. 1 / 4 / 6 / 8 / 9 / 12 / 17 / 18 / 19	
12	10 Wortbildung	
13	Übung 2	
14	11 Irrealis	
15	Übung 3	
16	Übungssätze Nr. 14 / 15 / 16 / 20	
17	Lektüre	

Ablauf Lektion 15

Nr	Thema / Übungsbeispiele	OK ✓
1	1 Verba Liquida	
2	2 Präsens Verba Liquida	
3	3 Futur Verba Liquida	

Nr	Thema / Übungsbeispiele	OK ✓
4	4 Aorist Verba Liquida	
5	5 Aorist Pass Verba Liquida	
6	Übung 1	
7	Übung 2	
8	Übungssätze Nr. 1 / 10 / 11 / 16 / 17 / 18	
9	7 Wurzelaorist	
10	Übung 3	
11	8 Wurzelpräsens	
12	Übung 4	
13	Übungssätze Nr. 2 / 3 / 4 / 5	
14	9 Artangaben zu Subjekt und Objekt	
15	Übung 5	
16	10 Doppelter Akkusativ	
17	Übung 6	
18	11 Inneres Objekt	
19	Übungssätze Nr. 6 / 7 / 8 / 9 / 12 / 13 / 14 / 15	
20	Lektüre	

Ablauf Lektion 16

Nr	Thema / Übungsbeispiele	OK ✓
1	1 Athematische Konjugation	
2	2 Präsens athematische Konjugation	
3	3 Präsens τίθημι und δίδωμι	
4	Übung 1.a	
5	4 Aorist τίθημι und δίδωμι	
6	Übung 1.b	
7	5 Übrige Formen τίθημι und δίδωμι	
8	Übung 1.c	
9	Übungssätze Nr. 1 / 2 / 3 / 4 / 5 / 6 / 7 / 8 / 9	
10	6 Kasussyntax Genitiv	
11	Übung 2	
12	Übungssätze Nr. 10 / 11 / 12 / 13 / 14 / 15 / 16 / 17 / 18 / 19 / 20	
13	Lektüre 1	
14	Lektüre 2	

Ablauf Lektion 17

Nr	Thema / Übungsbeispiele	OK ✓
1	1 Präsens ἵστημι	
2	Übung 1.a	
3	2 Aorist ἵστημι	
4	Übung 1.b	
5	3 Gemischte Formen ἵστημι	
6	Übung 1.c	
7	Übungssätze Nr. 1–20	
8	4 Plusquamperfekt	
9	Übung 2	
10	5 Prädikativ ergänzendes Partizip	
11	Übung 3	
12	6 Satzverbindungen	
13	7 Konjunktionen	
14	8 Asyndeton	
15	Übungssätze zu Konjunktionen und Partikeln	
16	Lektüre 1	
17	Lektüre 2	

Ablauf Lektion 18

Nr	Thema / Übungsbeispiele	OK ✓
1	1 Präsens und Aorist ἵημι	
2	Übung 1.a und b	
3	2 Übrige Formen ἵημι	
4	Übung 1.c	
5	3 Übrige Verben auf -μι	
6	Übung 2	
7	Übung 3	
8	Übungssätze Nr. 1 / 2 / 3 / 4 / 5 / 6 / 7 / 8	
9	4 Numerale	
10	5 Syntax Numerale	
11	Übung 4	
12	Übungssätze Nr. 9 / 10 / 11 / 12 / 13	
13	6 Syntaktische Stilistik	
14	Übung 5	
15	Übungssätze Nr. 14 / 15 / 16 / 17 / 18 / 19 / 20	
16	Lektüre 1	
17	Lektüre 2	

Ablauf Lektion 19

Nr	Thema / Übungsbeispiele	OK ✓
1	1 Optativ	
2	Übung 1	
3	2 Syntax Optativ	
4	Übungssätze Nr. 1 / 2 / 3 / 4 / 5 / 6 / 7 / 8 / 9 / 10 /	
5	3 Syntaktische Stilistik	
6	Übung 2	
7	4 Participium coniunctum in obliquen Kasus	
8	Übung 3	
9	Übungssätze Nr. 11 / 12 / 13 / 14 / 15 / 16 / 17 / 18 / 19 / 20	
10	Lektüre	

EINFÜHRUNG

1 DAS GRIECHISCHE ALPHABET

Das griechische Alphabet besteht aus 24 Buchstaben. Es besteht aus 17 Konsonanten und 7 Vokalen. Bitte entnehmen Sie aus der folgenden Tabelle ihr Aussehen (Gross- und Kleinschreibung), ihre Namen, ihre Aussprache und ihre Reihenfolge. Bitte lernen Sie es gut auswendig! Für den Umgang mit Wörterbuch oder Konkordanz usw. ist diese Kenntnis unentbehrlich.

Klein	Gross	Name	Aussprache	Handschrift	Bemerkungen
α	Α	Alpha	a		
β	Β	Beta	b		
γ	Γ	Gamma	g		γγ = ng / γχ = nk / γχ = ngch / γξ = nx
δ	Δ	Delta	d		
ε	Ε	Epsilon	e		
ζ	Ζ	Zeta	ds		stimmhaft und weich, nicht wie z
η	Η	Äta / Eta	ä		
ϑ (θ)	Θ	Theta	th		wie in Theater
ι	Ι	Iota	i		
κ	Κ	Kappa	k		
λ	Λ	Lambda	l		
μ	Μ	Mü	m		
ν	Ν	Nü	n		unten spitz
ξ	Ξ	Xi	x		hat 3 Querzüge, unterscheiden von ζ
ο	Ο	Omikron	o (kurz)		O - mikron = kleines O
π	Π	Pi	p		
ϱ	Ρ	Rho	r		
σ (ς)	Σ	Sigma	s		σ im Wort (ἐστιν) ς Wortende[1] (ἅγιος)
τ	Τ	Tau	t		wie in Beton
υ	Υ	Ypsilon	ü		unten rund

---

[1] Das ς am Wortende ist eine mittelalterliche Erfindung. Ursprünglich schrieb man es als c, egal ob im Wortinnern oder an dessen Ende. In den heutigen Bibelausgaben und den meisten sonstigen altgriechischen Texten ist aber die oben beschriebene Schreibweise üblich.

Klein	Gross	Name	Aussprache	Handschrift	Bemerkungen
φ	Φ	Phi	f		
χ	Χ	Chi	ch		σ + χ ergibt **nicht** sch: πάσχα getrennt aussprechen: pas/cha
ψ	Ψ	Psi	ps		
ω	Ω	Omega	o (lang)		O – mega = grosses O

1.1 Allgemeine Bemerkungen zur Aussprache

Das Altgriechische und damit auch die Koine, ist keine lebendige Sprache mehr. Die heutigen Griechen sprechen in vielem ganz anders als dies z. B. Platon oder Paulus getan haben. Aber auch zwischen Platon und Paulus bestehen beträchtliche Unterschiede in der Aussprache. Zudem kommen regionale Unterschiede hinzu. Die grösste Schwierigkeit besteht aber wohl darin, dass nicht immer ganz klar ist, zu welcher Zeit genau sich ein lautlicher Wandel in der Sprache vollzog[2]. Wollten wir also genau so sprechen wie die Autoren des Neuen Testamentes, so müssten wir einige Kunststücke vollbringen. So begnügen wir uns mit einer „Schulaussprache", die an unser Deutsch angelehnt ist. Sie geht auf Erasmus von Rotterdam zurück, der im 15. Jh. eine am Lateinischen orientierte Aussprache entwickelte.

Wir streben also eine einfache, aber doch einheitliche Aussprache an, damit wir die Wörter auch akustisch aufnehmen und wiedergeben können.

1.2 Die Einteilung der Buchstaben nach ihrer Bildung

Jede Sprache unterliegt gewissen Lautgesetzen, nach denen Silben gebildet werden. Buchstaben können nicht beliebig aneinander gereiht werden. Einige „vertragen" sich nicht, andere verändern einen nachfolgenden Buchstaben usw. Im Griechischen gibt es eine ganze Anzahl solcher Lautgesetze, die wir aber nicht alle auswendig beherrschen müssen. Die für uns wichtigen Lautgesetze werden an betreffender Stelle, wo sie zur Anwendung kommen, behandelt werden. An dieser Stelle sollen die verschiedenen Buchstaben in Klassen eingeteilt werden. Es ist sinnvoll, sie nach der Stelle im Mund, an der sie gebildet werden, zu definieren. Die meisten Lautveränderungen haben ja mit der Aussprache zu tun. Also werden ähnlich ausgesprochene Buchstaben auch ähnliche Lautveränderungen zur Folge haben.

Die Einteilung mag zuerst etwas abstrakt klingen. Werden Sie sich aber bei der Aussprache eines Buchstabens bewusst, an welcher Stelle sich ihre Zunge befindet. Achten Sie weiter darauf, ob die Luft wie eine kleine Explosion hervorkommt (z. B. beim P), oder ob sie kontinuierlich strömt (z. B. bei F). Zudem gibt es Laute, bei denen die Luft durch die Nase entweicht (sog. Nasale) oder solche, bei denen sie durch den Mund ent-

---

[2] So war z. B. der sogenannte „Itazismus", d. h. die Tendenz zur Aussprache einiger Vokale als kurzes i, zur Zeit der Koine in vollem Gange. Im Neugriechischen werden ι, η, ῃ, ει und οι allesamt als i ausgesprochen.

weicht. Versuchen wir also, die Buchstaben nach solchen Kriterien einzuteilen. Wir beginnen bei den Konsonanten.

1.2.1 Die Explosivlaute = Mutae

Hier handelt es sich um Konsonanten, bei denen die Luft explosionsartig entweicht, also Explosivlaute. Man nennt sie auch Verschlusslaute, oder mit dem Fachausdruck Mutae, im Sg. **Muta** (< lat. mutus = stumm). Das zweite Einteilungskriterium bildet der Ort, an dem solch ein Explosivlaut gebildet wird. Es gibt je drei, die mit den Lippen gebildet werden (**Labiale**), drei an den Zähnen gebildete (**Dentale**) und drei in der Kehle gebildete (**Gutturale**).

Diese Dreiergruppen bestehen aus je einer weich (stimmhaft) und einer hart (stimmlos) ausgesprochenen Variante desselben Lautes plus einer Variante mit folgender Behauchung (Aspiration), also einem h.

	weich/ stimmhaft Media	hart/ stimmlos Tenuis	stimmlos/ behaucht Aspirata
Gutturale:	γ	κ	χ
Labiale:	β	π	φ
Dentale:	δ	τ	θ

Es erscheint jetzt vielleicht unlogisch, die Aspirata unter die Explosivlaute zu rechnen. Das kommt aber daher, dass diese im ältesten Griechisch als wirkliche Mutae ausgesprochen wurden. Das φ also wie p+h (nicht wie f), das θ wie t+h und das χ wie k+h. In späterer Zeit jedoch wurden sie als Dauerlaute ausgesprochen: φ wie f, θ wie englisches th und χ wie deutsches ch.

Da uns Deutschsprachigen die Aussprache des th Mühe bereitet, gehen wir einen Kompromis ein und sprechen φ und χ in der jüngeren Form aus (als f und ch). θ hingegen sprechen wir in der älteren Form aus, also als hartes, behauchtes t+h (wie in Theater).

1.2.2 Die Flüssiglaute = Liquidae

Im Gegensatz zu den explosiven Konsonanten gibt es solche, die dauernd, eben flüssig, ausgesprochen werden können. So kann ein R gesprochen werden, bis einem die Luft ausgeht. Ein P dagegen ist in einem Bruchteil einer Sekunde verhallt.

Da die Luft bei μ und ν durch die Nase entweicht, nennt man diese zudem **Nasale**.

			Nasal	Nasal
Liquida	ϱ	λ	μ	ν

1.2.3 Die s-Laute = Sibilanten

Das S kann wie ein Liquid ebenfalls dauerhaft ausgesprochen werden. Allerdings ist es völlig stimmlos, im Gegensatz zu den Liquida. Zudem bewirkt das σ aber ganz eigentümliche Veränderungen, die uns noch oft begegnen werden. Aus diesen Gründen wird es nicht zu den Liquida gerechnet, sondern als Sibilant gezählt.

Auch in diese Klasse kann man die sog. **Zwiekonsonanten** rechnen. Also solche, bei denen zwei Konsonanten zu einem einzigen verschmolzen erscheinen. Dazu zählen wir die drei folgenden:

| ζ (= d + s) | ξ (= k + s) | ψ (= p + s) |

Das ζ wird stimmhaft und weich ausgesprochen, also nicht wie das harte, deutsche Z. ξ sprechen wir wie unser X aus. Für ψ gibt es im Deutschen keine Entsprechung, es zerfällt in P und S (vgl. dt. Psyche mit gr. ψυχή).

1.2.4 Die Vokale

Bei den Vokalen achten wir in erster Linie auf ihre Länge, was vorallem für die Akzentregeln von Bedeutung ist.

	immer kurz	immer lang	kurz oder lang
Vokale	ε ο	η ω	α ι υ

1.2.5 Die Diphthonge = Doppellaute

Wenn zwei Vokale zu einem einzigen Laut verschmelzen, so redet man von einem **Diphthong**. Sie bestehen aus jeweils einem Vokal plus ι oder υ. Je nachdem ob der erste Vokal kurz oder lang ist, spricht man von Kurzdiphthongen oder von Langdiphthongen. Für die Akzentregeln allerdings gelten Diphthonge grundsätzlich als lang. Eine Ausnahme bilden jedoch αι und οι (siehe an der betreffenden Stelle).
In der Aussprache lehnen wir uns jeweils an unser Deutsch an. Mit Ausnahme von ου, welches als langes U gesprochen wird.

Diphthong	Lautwert	wie in:
αυ	au	tausend
ευ	eu	Eule
ου	u	Uhr
οι	oi/eu	Mäuse
αι	ai	Ei
ει	ei	Ceylon
υι	üi	Suite

Als Langdiphthong erscheint im NT nur noch ηυ, welches wir analog einer späteren Aussprache wie ευ aussprechen.
In früherer Zeit gab es als Langdiphthonge noch ωυ, ηι und ωι. Das ι wurde allerdings bald nicht mehr ausgespochen und deshalb unter die Linie geschrieben, also subskribiert.

1.2.6 Das Iota subscriptum = untergeschriebenes Iota

Wie ein kleiner Haken unter einem Vokal sieht das untergeschriebene Iota aus. Es wird grundsätzlich nicht ausgesprochen, hat aber für die Grammatik wichtige Funktionen.

Wie oben erwähnt, stand es ursprünglich als volles ι auf der Schreibzeile. Als es jedoch in der Aussprache verschwand, „verschwand" es auch in der Schreibweise und wurde einfach klein unter den jeweiligen Vokal geschrieben.
Es erscheint bei α = ᾳ / bei η = ῃ / bei ω = ῳ

1.2.7 Das Trema

Manchmal treffen zwei Vokale aufeinander, die normalerweise einen Diphtong bilden, aber nicht verschmolzen werden dürfen. Um deutlich zu machen, dass in solch einem Fall die beiden Vokale getrennt ausgesprochen werden, setzt man zwei kleine Punkte über den zweiten Vokal, das Trema (Trennungszeichen).

Also z. B. προϊστάμενος = pro-i-stamenos (nicht: proistamenos)

1 DIE SATZZEICHEN (INTERPUNKTION)

Das Griechische kannte ursprünglich keine Interpunktion. Es hatte andere Gliederungsmerkmale wie z. B. Konjunktionen. Sie werden uns in der Syntax später noch beschäftigen. In unseren heutigen griechischen Bibelausgaben (auch in anderen altgriechischen Texten) stehen jedoch Satzzeichen. Dieser Brauch wurde erst in spätmittelalterlichen Handschriften üblich. Für uns stellt er aber zweifellos eine Vereinfachung dar. Für die Exegese ist es allerdings an manchen Stellen nicht einerlei, ob und wann man einen Punkt oder ein Komma setzt. An dieser Stelle hier gehen wir aber nicht weiter darauf ein. Wir merken uns lediglich die einfache, z. T. von unserem Gebrauch abweichende Handhabung der Satzzeichen.

Griechisch	·	;	,	.
Deutsch	; / :	?	,	.

Das Ausrufezeichen existiert nicht. Bitte merken Sie sich gut den hochgestellten Punkt als Semikolon (Strichpunkt) oder Doppelpunkt und das Semikolon, welches einem Fragezeichen entspricht.

3 DIE AKZENTE

Sicher sind Ihnen schon die kleinen Zeichen über der griechischen Schrift aufgefallen. Es handelt sich einerseits um Hauchzeichen, andererseits um Akzente. Beide sind wichtig für Aussprache und Schrift. Oft erkennt man ein Wort gar nur an seinem Akzent. Deshalb müssen wir uns diese kleinen Zeichen etwas genauer ansehen.

3.1 Die Hauchzeichen

Beim Alphabet ist aufgefallen, dass der Lautwert h nirgends enthalten ist. Lediglich der Grossbuchstabe H (Äta) sieht wie unser H aus. Von alters her bedeutete der Buchstabe H auch den Lautwert h. In unserem deutschen Alphabet ist das bis heute so. In der Entwicklung des griechischen Alphabets aber ging es verloren. Und zwar deshalb, weil es vor dem sog. klassischen Alphabet (dem Attischen) den Umweg über das Ionische (ein griechischer Dialekt, vorwiegend im Osten gesprochen) machte. Das Ionische kannte den Lautwert h nicht (wie heute z. B. das Französische) und konnte den Buchstaben H deshalb für den Lautwert ä brauchen. Das Attische hingegen sprach das h aus, konnte es aber nicht schreiben. Erst mit der späteren Erfindung der Hauchzeichen konnte es wieder geschrieben werden. Man verwendete dafür den **Spiritus Asper** (= rauher Hauch), ein kleiner, gegen das Wort hin offener Bogen, der über den ersten Vokal geschrieben wird.

Also z. B. ἁγιασμός sprich: hagiasmos (= Heiligung)

Bei Diphtongen aber steht er über dem zweiten Vokal. Und bei einem Grossbuchstaben schreibt man ihn der Einfachheit halber vor diesen.

Also z. B. εὑρίσκω sprich: heurisko (= finden)
oder: Ἁνανίας sprich: Hananias (= Ananias)

Zusätzlich steht immer über anlautendem ρ der Spiritus asper. Für die Aussprache ist diese Eigentümlichkeit jedoch bedeutungslos.

z. B. ῥυθμός sprich: rüthmos (= Rhythmus; in der deutschen Schreibweise findet sich hier das h nach dem r wieder)

Wenn hingegen ein vokalisches Wort nicht mit einem h-Laut beginnt, so kennzeichnet man dies mit einem **Spiritus lenis** (= sanfter Hauch). Geschrieben wird dies ebenfalls als kleiner Bogen, aber dessen Öffnung weist vom Wort weg.

z. B. ἀγάπη sprich: agapä (= Liebe)
bei Grossbuchstabe: Ἰησοῦς sprich: Iäsus (= Jesus)

3.2 Die Akzente

Neben den beiden erwähnten Hauchzeichen kennt das Griechische noch drei weitere Zeichen, die **Akzente**. Es sind diese:

´	Akut
`	Gravis
~	Zirkumflex

Die Schreibung der Akzente geht auf den alexandrinischen Grammatiker Aristophanes von Byzanz (um 200 v. C.) zurück. Er erfand das heute gebräuchliche System der Akzente. Allerdings wurden damals nur die alten Texte der Dichter akzentuiert. Für die normale Alltagsschrift war dies noch lange nicht gebräuchlich. Auch die ältesten Handschriften des NT tragen keine Akzente.

In unserer Schulaussprache wird ein Wort lediglich auf der Silbe betont, auf welcher der Akzent steht. Dies ist eine Vereinfachung der Aussprache und eine Angleichung an das Deutsche in bezug auf die Art der Betonung. Wenn ich z. B. *tausend* sage, so spreche ich die Silbe *tau* einfach etwas stärker aus als die Silbe *-send*. Man spricht hier von exspiratorischem (Druck der Ausatmung) Akzent, oder von Intensitätsakzent.

Für die Betonung der griechischen Schulaussprache gilt analog dasselbe.

Also z. B. Τιμόθεος sprich Ti̱motheos (Betonung der Silbe *-mo*)

Bitte geben Sie sich Mühe, beim Lesen auf diese Betonung zu achten. Auch wenn Sie Vokabeln lernen, sprechen Sie sie laut mit der Betonung aus. Auf diese Weise lernen Sie die Stellung des Akzentes über das Ohr gleich mit.

Oben war von Vereinfachung der Aussprache die Rede. Das Altgriechische kannte keine solche Betonung der Silben, also keinen exspiratorischen, sondern einen *musikalischen Akzent*. Der Begriff deutet es schon an: nicht die Tonstärke, sondern die *Tonhöhe* wurde mit dem Akzent bezeichnet.

Der **Akut** bezeichnete den hohen Ton (bis zu einer Quinte höher gesprochen).
Der **Gravis** dagegen bezeichnete den tiefen Ton (etwas tiefer oder evtl. auch gleich hoch wie die normale Tonlage).
Der **Zirkumflex** zeigt eine Tonverschleifung an. Die Stimme hebt sich erst, um dann während der gleichen Silbe wieder abzufallen (wie etwa in deutsch: So!). Das Zeichen ˆ zeigt die Verbindung von hohem und tiefem Ton, also eigentlich Akut und Gravis, an. Später wurde es als Wellenlinie ˜ oder als Bogen ˆ geschrieben.

Für die Grammatik können die Akzente sehr wichtig sein. Ein Wort oder eine Verbform können bis auf den Akzent genau gleich aussehen aber trotzdem verschiedene Bedeutungen haben.

z. B. τίς = wer? / τις = irgendjemand
ποιεῖ = er macht / ποίει = mache! (Befehlsform)

3.2.1 Die Quantität der Silben

Die Quantität der Silben hängt von der Länge ihres Vokals ab. Bitte vergleichen Sie oben das zu den Vokalen gesagte.
Jeder Vokal oder Diphthong bildet eine eigene Silbe. Die Konsonanten werden bei der Silbenbildung immer zum folgenden Vokal gezogen.

Also z. B. vo-μί-ζω (= meinen)

Konsonantengruppen jedoch werden zum nachfolgenden Vokal gezogen, wenn ein griechisches Wort mit ihnen beginnen kann. Sonst werden sie getrennt.

Also z. B. τύ-πτω (= schlagen)
Aber: ὑ-πο-τάσ-σω (= unterordnen)

Man muss **offene** und **geschlossene Silben** unterscheiden. Offen ist eine Silbe dann, wenn sie auf einen Vokal auslautet. Geschlossen, wenn sie konsonantisch auslautet.

K + V oder nur V	= offen
K + V + K oder V + K	= geschlossen

Eine Silbe ist **kurz**, wenn sie einen **kurzen Vokal** enthält und **offen** ist.

Eine Silbe ist **lang**, wenn sie einen **langen Vokal** oder einen **Diphthong** enthält. Zudem ist **jede durch zwei oder mehr Konsonanten, oder durch einen Zwiekonsonanten geschlossene Silbe lang**. Auch dann, wenn sie einen kurzen Vokal enthält. Man spricht hier von **Positionslänge**.

ἄν-θρω-πος (positionslang/lang/kurz = Mensch),
ἀν-δρός (positionslang/kurz = eines Mannes)

Für die Akzentregeln muss unbedingt beachtet werden, dass die an sich langen Diphthonge **οι** und **αι** am Wortende **als kurz** gelten. Es handelt sich hier um eine Ausnahme, die aber sehr häufig vorkommt.

3.2.2 Die Akzentregeln

Die Akzente sind eine nützliche Sache. Die Regeln dazu sind, abgesehen von Ausnahmen, recht einfach. Deshalb macht es Sinn, wenn wir sie uns merken.

Zuerst gilt ganz allgemein, dass ein Wort **immer nur auf einer der drei letzten Silben** betont werden kann. Die letzte Silbe heisst **Ultima**, die vorletzte **Pänultima**, die vorvorletzte **Antepänultima**.

> a) Auf der **Antepänultima** kann nur ein **Akut** stehen.
> Auf der **Pänultima** können ein **Akut** oder ein **Zirkumflex** stehen.
> Auf der **Ultima** können **Akut**, **Zirkumflex** oder **Gravis** stehen.
>
> b) Der **Akut** kann auf **langen oder kurzen Silben** stehen.
> Der **Akut** steht auf der **Antepänultima**, wenn die **Ultima kurz** ist.
> Der **Akut** auf der **Pänultima** steht, wenn **diese kurz** und die **Ultima lang oder kurz** ist, oder wenn die **Pänultima lang und die Ultima lang** ist.
>
> c) Der **Zirkumflex** steht **nur auf langen Silben** und nur **auf einer der beiden letzten**.
> Auf der **Pänultima** muss er stehen, wenn **diese lang** und die **Ultima kurz** ist.
>
> d) Der **Gravis** steht **immer anstelle des Akuts** auf der **Ultima**, wenn **nachher kein Satzzeichen** und **kein enklitisches Wort** (tonloses Wort) folgt.

Zusammenfassend:

Antepänultima	Pänultima	Ultima
nur Akut		kurz
	kurz: Akut	lang oder kurz
	lang: Akut	lang
	lang: Zirkumflex	kurz
		kurz: Akut od. Gravis
		lang: Zirkumflex, Akut od. Gravis

3.2.3 Die Akzente der verschiedenen Wortarten

Wir unterscheiden hauptsächlich **zwei verschiedene Wortarten**. Je nach Art ihrer **Flexion** (= Beugung). Zum ersten die **Verben** (Sg. = Verbum), welche **konjugiert** werden. Zum zweiten die **Nomina** (Sg. = Nomen), welche **dekliniert** werden.

a) Bei **Verben** hat der Akzent die Tendenz, immer gegen den Wortanfang zu rutschen. Natürlich immer im Rahmen der Akzentregeln.

Bsp: Bei πιστεύω (= ich glaube) steht er auf der Pänultima. Die Ultima ist lang. Die Imperfektform ἐπίστευον hat eine kurze Ultima, dadurch kann der Akut bis auf die Antepänultima rücken.

b) Bei **Nomina** ist der Akzent stabil. D. h., er bleibt auf der gleichen Silbe, soweit dies die Akzentregeln zulassen.

Bsp: ἄνθρωπος lang-lang-kurz (= ein Mensch, Nominativ), ist auf der Antepänultima betont. Im Genitiv ἀνθρώπου lang-lang-lang (= eines Menschen) hingegen tritt eine lange Endung dazu, was zur Folge hat, dass der Akut auf die Pänultima gezogen wird. Im Nominativ Plural ἄνθρωποι lang-lang-kurz bleibt der Akzent, da von den Regeln her nichts dagegen spricht.

3.3 Die Atona (tonlose Wörter)

Bis auf zehn kleine Wörter, die **Atona**, hat jedes griechische Wort einen Akzent. Man kann sie sich auf einfache Art merken. Es handelt sich dabei um:

> **4 Artikel:** ὁ, ἡ, οἱ, αἱ (jeweils Nominative, mask. und fem. Sg. und Pl.)
> **3 Präpositionen:** εἰς, ἐν, ἐκ (= in...hinein, in, aus...heraus)
> **2 Konjunktionen:** εἰ, ὡς (= wenn, wie)
> **1 Partikel:** οὐ (= nein, nicht)

4 DIE ELISION (AUSSTOSSUNG)

Wenn ein Wort mit einem kurzen Vokal endete und das nächste mit einem Vokal anfing, so wurde der kurze Endvokal in klassischer Zeit konsequent elidiert, also ausgestossen. Als Zeichen der Elision dient der **Apostroph**. Im Neuen Testament (NT) gibt es diesen Brauch noch, allerdings weit weniger häufig und keineswegs konsequent durchgeführt. Wann dies passiert und wann nicht, braucht uns nicht zu interessieren. Wichtig ist für uns allerdings, dass wir den Apostroph als Zeichen der Elision erkennen und wissen, dass an dieser Stelle ein Vokal stand, der eigentlich mit zum Wort gehört.

Bsp: ἀπ' ἐμοῦ < ἀπὸ ἐμοῦ (= von mir)

Beginnt das zweite Wort mit einem aspirierten Vokal (also Vokal mit Spiritus asper), so wird der Konsonant des vorhergehenden Wortes behaucht. Der Hauchlaut geht nicht verloren, sondern tritt sozusagen auf den vorhergehenden Konsonant über.

Bsp: μεθ' ὅρκου < μετὰ ὅρκου (= mit einem Eid)

Es bildet in der Regel keine Schwierigkeit den ausgestossenen Vokal zu erkennen, da wir die Vokabeln immer mit diesem lernen.

5 LESEÜBUNG

Bitte lesen Sie die folgenden Wörter, die Ihnen als Fremdworte oder Namen wohl meist bekannt sind. Zuerst ohne Akzente:

a) Die Bücher des NT in Grossbuchstaben (Majuskeln):
ΚΑΤΑ ΜΑΘΘΑΙΟΝ[3], ΚΑΤΑ ΜΑΡΚΟΝ, ΚΑΤΑ ΛΟΥΚΑΝ, ΚΑΤΑ ΙΩΑΝΝΗΝ,

---

[3] κατά bedeutet wie hier mit folgendem Akkusativ „gemäss, nach". Zu Ergänzen ist: „Evangelium" nach Matthäus.

ΠΡΑΞΕΙΣ ΑΠΟΣΤΟΛΩΝ, ΠΡΟΣ[4] ΡΩΜΑΙΟΥΣ, ΠΡΟΣ ΚΟΡΙΝΘΙΟΥΣ α'[5], ΠΡΟΣ ΚΟΡΙΝΘΙΟΥΣ β', ΠΡΟΣ ΓΑΛΑΤΑΣ, ΠΡΟΣ ΕΦΕΣΙΟΥΣ, ΠΡΟΣ ΦΙΛΙΠΗΣΙΟΥΣ, ΠΡΟΣ ΚΟΛΟΣΣΑΕΙΣ, ΠΡΟΣ ΘΕΣΣΑΛΟΝΙΚΕΙΣ α', ΠΡΟΣ ΘΕΣΣΑΛΟΝΙΚΕΙΣ β', ΠΡΟΣ ΤΙΜΟΘΕΟΝ α', ΠΡΟΣ ΤΙΜΟΘΕΟΝ β', ΠΡΟΣ ΤΙΤΟΝ, ΠΡΟΣ ΦΙΛΗΜΟΝΑ, ΠΡΟΣ ΕΒΡΑΙΟΥΣ, ΙΑΚΩΒΟΥ[6], ΠΕΤΡΟΥ α', ΠΕΤΡΟΥ β', ΙΩΑΝΝΟΥ α', ΙΩΑΝΝΟΥ β', ΙΩΑΝΝΟΥ γ', ΑΠΟΚΑΛΥΨΙΣ ΙΩΑΝΝΟΥ

b) Nun mit Akzent und in Kleinbuchstbaben (Minuskeln) dem Ton nach uns bekannte Wörter des NT:

ἀββά, Ἀβραάμ, Βαβυλών, βασιλεία, γνῶσις, γραφή, δέκα, διάβολος, ἐγώ, ἔθνος, Ζεβεδαῖος, ζηλωτής, ἥλιος, Ἠσαίας, θέατρον, θεραπεία, Ἱηροσόλυμα, ἵππος, κάμηλος, καταστροφή, λειτουργία, λέπρα, μεταμορφόω, μέτρον, Ναθαναήλ, νύμφη, οἰκονόμος, ὀρθός, πάθος, πρᾶγμα, ῥαββί, ῥήτωρ, σεβαστός, σκάνδαλον, τέχνη, τραῦμα, ὕμνος, ὕπνος, φαντασία, φιλανθρωπία, χαρακτήρ, χρόνος, ψευδοπροφήτης, ψυχή, ὥρα, ὡσαννά

c) Bitte schreiben Sie die Wörter von Übung b mit Minuskeln einmal ab, um die Handschrift einzuüben!

---

[4] πρός mit folgendem Akkusativ heisst „zu, nach ... hin". Zu ergänzen ist: „Brief (ἐπιστολή vgl. Epistel)" zu den Römern.
[5] Die Briefe werden gezählt mit Buchstaben als Zahlzeichen. α = 1; β = 2, γ = 3 usw.
[6] Der Name derjenigen Briefe, welche nach ihrem Verfasser benannt sind, wird im Genitiv bezeichnet (Genitiv der Autorschaft): (des) Jakobus (Brief); (τοῦ) Ἰακοβοῦ (ἐπιστολή).

LEKTION 1

I Morphologie

1 Die Deklination

1.1 Vorbemerkungen zur Deklination
Für die Morphologie (Formenlehre) stützen wir uns auf zwei Grundpfeiler. Es sind dies zum einen die **Flexion** (Beugung) der Nomen, also die **Deklination** und zum andern die Flexion der Verben, die **Konjugation**.
Dasselbe wie die Deklination, um die es hier zuerst gehen soll, ist das Setzen von Nomen in verschiedene **Kasus** (Fälle).
Unter einem **Nomen** verstehen wir ein Wort, welches sich in die verschiedenen Kasus setzen lässt. Anders ausgedrückt: ein deklinierbares Wort. Darunter fallen in erster Linie die **Substantive** (Hauptworte) und die **Adjektive** (Eigenschaftswörter). Weiter aber auch Artikel und Pronomen.

1.1.1 Die Kasus

Das Griechische hat nebst den uns im Deutschen bekannten Kasus (Sg = der Kasus) Nominativ, Genitiv, Dativ und Akkusativ noch einen fünften, den Vokativ (Anrufeform). Der Einfachheithalber behandeln wir aber den Vokativ separat zu einem späteren Zeitpunkt.
Zur Bedeutung und Entstehung der Kasus vgl. die Syntax (Satzlehre).

1.1.2 Die Genera

Wie in unserer Sprache auch, kennt das Griechische drei **Genera** (Geschlechter; Sg = das Genus): Maskulin (männlich), Feminin (weiblich) und Neutrum (sächlich).
Zu einem Substantiv gehört grundsätzlich ein Genus, welches immer mitgelernt werden muss. Die meisten Adjektive können alle drei Genera annehmen und passen sich somit dem Substantiv an. Wir beginnen in dieser Lektion mit der Deklination von maskulinen Nomen.

1.1.3 Die Numeri

Für das Neue Testament kommen wir mit den beiden uns bekannten Numeri (Sg = Numerus) Singular (Einzahl) und Plural (Mehrzahl) aus. In der klassischen Sprache kennt das Griechische auch hier eine zusätzliche Form, den Dual. Damit wurde eine Zweizahl bezeichnet. Diese Form ist in der Koine jedoch nicht mehr vorhanden und interessiert uns somit nicht näher.

1.2 Die O-Deklination der maskulinen Substantive
Die häufigste von den drei Grundarten der griechischen Deklinationen ist die O-Deklination. Man nennt sie so, weil die Nomen einen Stammauslaut auf o (oder ω) haben.

Im Griechischen werden Nomen so dekliniert, dass der Stamm möglichst erhalten bleibt und lediglich die Endungen je nach Kasus und Numerus (Zahl, Einzahl = Singular, Mehrzahl = Plural) ändern. Schauen wir uns das folgende Paradigma[1] der O-Deklination an:

Kasus	Artikel		Substantiv Akut auf Antepänultima	
Nom Sg	ὁ	der	ἄνθρωπος	Mensch
Gen	τοῦ	des	ἀνθρώπου	Menschen
Dat	τῷ	dem	ἀνθρώπῳ	Menschen
Akk	τόν	den	ἄνθρωπον	Menschen
Nom Pl	οἱ	die	ἄνθρωποι	Menschen
Gen	τῶν	der	ἀνθρώπων	Menschen
Dat	τοῖς	den	ἀνθρώποις	Menschen
Akk	τούς	die	ἀνθρώπους	Menschen

1.2.1 Anmerkungen:

a) Wenn wir Griechisch und Deutsch miteinander vergleichen, fällt auf, dass die Artikel in beiden Sprachen verschiedene Formen für die Kasus haben. Das Substantiv hingegen hat im Deutschen oft gleiche Formen für diverse Kasus. Griechisch ist also auch das Substantiv rein äusserlich genau bestimmt.

b) Vergleichen wir die griechischen Endungen von Artikel und Substantiv, so fällt auf, dass sie **identisch** sind.

> Bitte lernen Sie die Artikel auswendig aufsagen! Somit brauchen Sie bloss den Hauch oder das τ wegzulassen und die Endungen sind auch gleich gelernt.

c) Beobachten wir den Akzent. ἄνθρωπος ist auf der Antepänultima betont. Die Endung -ος ist kurz. Wird sie lang, was im Sg beim Gen und Dat der Fall ist, so wird der Akzent nach hinten auf die Pänultima gezogen. Im Nom Pl gilt die Endung -οι als kurz (Ausnahme zu den Diphtongen, die sonst immer lang sind), deshalb kann der Akzent auf der drittletzten Silbe bleiben.

d) Im Dat Sg erscheint jeweils ein **Jota subscriptum** unter dem ω. Ursprünglich stand das ι auf der Linie, also z. B. ἀνθρώπωι. Im Laufe der Zeit wurde das ι nicht mehr ausgesprochen und somit subskribiert.

> Das ι, auch wenn es untergeschrieben ist, dient uns aber als **Dativmerkmal**! Merken Sie sich schon jetzt: ι in der Endung = Dat Sg.

Als weitere Paradigmen seien hier noch Wörter angeführt, die auf der Pänultima und auf der Ultima betont sind.

---

[1] Ein Paradigma ist ein Muster, das beispielhaft für alle andern Nomen einer bestimmten Klasse gilt. Natürlich ein Fremdwort griechischen Ursprunges, aus παράδειγμα = Beispiel, Muster, Vorbild.

Lektion 1

		Wort, Rede Akut auf Pänultima	Sklave Zirkumflex auf Pänultima	Gott Akut auf Ultima
Nom Sg	ὁ	λόγος	δοῦλος	θεός
Gen	τοῦ	λόγου	δούλου	θεοῦ
Dat	τῷ	λόγῳ	δούλῳ	θεῷ
Akk	τόν	λόγον	δοῦλον	θεόν
Nom Pl	οἱ	λόγοι	δοῦλοι	θεοί
Gen	τῶν	λόγων	δούλων	θεῶν
Dat	τοῖς	λόγοις	δούλοις	θεοῖς
Akk	τούς	λόγους	δούλους	θεούς

1.2.2 Anmerkungen:

a) Wörter, die auf der Pänultima mit Akut betont sind, behalten diesen in allen Kasus. (Akut auf der Pänultima ist möglich bei kurzer oder langer Ultima.)

b) Wörter, die auf der Pänultima mit dem Zirkumflex betont sind (δοῦλος), bekommen bei langer Endsilbe den Akut. (Zirkumflex auf der Pänultima kann nur bei gleichzeitig kurzer Ultima stehen.)

c) Für die endbetonten Wörter mit Akut auf der letzten Silbe wie θεός gilt in Bezug auf den Akzent folgende Regel:
Die Aussenkasus (Nom / Akk) erhalten den Akut, die Innenkasus (Gen / Dat) erhalten den Zirkumflex.

1.3 Die Neutra der O-Deklination

Den maskulinen Nomen sehr ähnlich sind die Neutra mit dem Stammauslaut auf o. Wiederum seien je ein Beispiel eines Substantivs aufgeführt mit Betonung auf der Antepänultima, mit Akut und Zirkumflex auf der Pänultima und schliesslich mit Akut auf der Ultima.

Kasus	Artikel	Geheimnis Akut auf Antepänultima	Werk, Arbeit Akut auf Pänultima	Geschenk Zirkumflex auf Pänultima	Tempel Akut auf Ultima
Nom Sg	τό	μυστήριον	ἔργον	δῶρον	ἱερόν
Gen	τοῦ	μυστηρίου	ἔργου	δώρου	ἱεροῦ
Dat	τῷ	μυστηρίῳ	ἔργῳ	δώρῳ	ἱερῷ
Akk	τό	μυστήριον	ἔργον	δῶρον	ἱερόν
Nom Pl	τά	μυστήρια	ἔργα	δῶρα	ἱερά
Gen	τῶν	μυστηρίων	ἔργων	δώρων	ἱερῶν
Dat	τοῖς	μυστηρίοις	ἔργοις	δώροις	ἱεροῖς
Akk	τά	μυστήρια	ἔργα	δῶρα	ἱερά

1.3.1 Anmerkungen

a) Den maskulinen Nomen gegenüber fällt zuerst auf, dass die Endungen der Innenkasus Gen und Dat mit diesen völlig identisch sind.

> b) Die Aussenkasus sind bei den Neutra jeweils gleich. Bitte merken Sie sich auch hier wieder die Form des Artikels auswendig. Somit kennen Sie auch die Endungen der Nomen bereits.

1.4 Deklination der Adjektive

Von den Substantiven zu den Adjektiven ist es nur ein kleiner Sprung. Ein Blick auf das untenstehende Paradigma zeigt Ihnen sofort, dass die Endungen hier genau gleich wie bei den Substantiven sind.

Da das Adjektiv im Satzzusammenhang mit einem Substantiv verbunden ist, gleicht es sich in Numerus, Genus und Kasus diesem an (vgl. die Syntax in dieser Lektion). Es kann also je nach Genus drei Endungen annehmen, eine maskuline, eine feminine und eine neutrische. Hier werden erst die maskulinen und die neutrischen aufgeführt. Da sich hier in Bezug auf die Betonung alles gleich wie beim Substantiv verhält, seien nur je ein Beispiel mit Akut auf der Antepänultima und eines mit Akut auf der Ultima aufgeführt.

heilig Akut auf Antepänultima		*gut* Akut auf Ultima	
ἅγιος	ἅγιον	ἀγαθός	ἀγαθόν
ἁγίου	ἁγίου	ἀγαθοῦ	ἀγαθοῦ
ἁγίῳ	ἁγίῳ	ἀγαθῷ	ἀγαθῷ
ἅγιον	ἅγιον	ἀγαθόν	ἀγαθόν
ἅγιοι	ἅγια	ἀγαθοί	ἀγαθά
ἁγίων	ἁγίων	ἀγαθῶν	ἀγαθῶν
ἁγίοις	ἁγίοις	ἀγαθοῖς	ἀγαθοῖς
ἁγίους	ἅγια	ἀγαθούς	ἀγαθά

2 DIE KONJUGATION

2.1 Vorbemerkungen zum griechischen Verb

Wie beim Nomen und seiner Deklination fällt auch beim griechischen Verb eine grosse Ähnlichkeit mit der deutschen Sprache auf. Die beiden Sprachen weisen in ihrer Grammatik sehr viele Gemeinsamkeiten auf. In der Regel ist das Griechische aber reichhaltiger an Formen. Hat das griechische Nomen z. B. einen Kasus mehr als das deutsche (der Vokativ; s. Lekt 9), so hat das griechische Verb in jeder Kategorie (Tempus, Modus, Diathese) eine Form mehr als seine deutsche Entsprechung. Diese Formen werden uns jedoch erst später beschäftigen. Wir beginnen hier mit der Konjugation des Präsens Indikativ Aktiv.

2.1.1 Die Tempora

Präsens (Gegenwart) steht für das **Tempus** (Zeitform; Pl. = Tempora) des Verbes. Allerdings denkt das Griechische nicht in der uns gewohnten Zeitabfolge mit Vergangenheit, Gegenwart und Zukunft, sondern achtet vor allem auf den **Aspekt** (Blickwinkel) einer Handlung. Ein griechisches Tempus drückt also nicht in erster Linie das Wann einer Handlung, sondern das Wie aus. Das alles klingt hier an dieser Stelle noch etwas kompliziert. Zu gegebener Zeit werden wir uns ausführlicher damit beschäftigen. Wichtig ist hier bezüglich des Präsens lediglich, dass wenn wir auf ein griechisches Präsens stossen, es zwar zuerst mit einem deutschen Präsens übersetzen, uns aber bewusst sind, dass es sich hierbei um eine **Hilfsübersetzung** (Hilü) handelt. Wir werden bald einmal merken, dass es sehr schwierig ist, eine wirkliche Übersetzung zu geben, da sich das griechische und das deutsche Tempussystem nicht einfach entsprechen.

An Tempora kennt das Griechische wie das Deutsche auch: Präsens, Imperfekt, Futur, Perfekt, Plusquamperfekt. Dazu kommt ein uns unbekanntes Tempus: der Aorist.

2.1.2 Die Diathesen

Aktiv bezieht sich auf die **Diathese** des Verbes. Früher sprach man hier vom „Geschlecht des Verbes", also vom Genus Verbi. Es handelt sich bei diesem Begriff aber lediglich um eine nicht ganz passende Begriffsanalogie zum Nomen. Wir wählen daher besser den Begriff Diathese (von διάθεσις = Beschaffenheit, Zustand) für die **Zustandsformen** des Verbes.

Wir kennen von unserer Sprache her die beiden Diathesen aktiv (z. B. ich fahre) und passiv (ich werde gefahren). Zusätzlich zu diesen beiden existiert griechisch noch eine weitere Diathese: das Medium (das Mittlere). Was genau darunter zu verstehen ist, werden wir aber an der betreffenden Stelle erfahren.

2.1.3 Die Modi

Als dritte Bestimmungsart eines Verbes müssen wir noch den **Modus** (Pl. = Modi) betrachten. In dieser Kategorie wird die **Aussageweise** eines Verbes angegeben. In dieser Lektion kommt erst der Indikativ (Wirklichkeitsform) in betracht. Wem der Begriff Modus nichts sagt, der vergleiche die Beispiele: ich fahre (= Indikativ, ich fahre wirklich); ich würde fahren (= Konjunktiv, Möglichkeitsform, es besteht nur die Möglichkeit, dass ich fahren würde, wenn ...).

Neben den drei uns bekannten Modi Indikativ, Konjunktiv und Imperativ kennt das Griechische wiederum eine zusätzliche Form: den Optativ.

Auch hier verschieben wir die Einzelheiten auf spätere Lektionen.

2.1.4 Übersicht über die Begriffe

Nach den vielen Ihnen vielleicht neuen grammatikalischen Begriffen mag eine einfache Übersicht helfen. In diesem Lehrgang werden die Fachausdrücke verwendet, da es keine griechische Grammatik gibt, die deutsche Begriffe gebraucht. Es wäre also nur am Anfang eine kleine Hilfe, auf die vielen Fachausdrücke zu verzichten, später würde sich das aber rächen.

Kategorie	Fachausdruck	Bedeutung	Beispiel
Tempus (Pl: Tempora)	Präsens* Imperfekt* Perfekt* Plusquamperfekt* Futur Aorist**	Gegenwart Vergangenheit Vorgegenwart Vorvergangenheit Zukunft	ich fahre ich fuhr ich bin gefahren ich war gefahren ich werde fahren
Diathese	Aktiv Passiv Medium**	Leideform mittlere Form	ich fahre ich werde gefahren
Modus (Pl: Modi)	Indikativ Konjunktiv* Imperativ Optativ**	Wirklichkeitsform Möglichkeitsform Befehlsform	ich fahre ich würde fahren fahre!

* Keine oder keine genaue deutsche Entsprechung
** Deutsch nicht vorhanden

2.2 Die Konjugation des Präsens Indikativ Aktiv

Bei der Konjugation handelt es sich um die Flexion des Verbs. Etwas anders ausgedrückt, wir setzen ein Verb in die verschiedenen Personen. Also z. B. ich fahre, du fährst, er fährt usw. Die Personen sind griechisch analog dem Deutschen. Wir kommen mit je drei Personen im Sg und Pl aus.

Die **Genera** werden beim Verb nicht unterschieden. Ob es also heisst: er glaubt (πιστεύει) oder sie glaubt (πιστεύει) ist der reinen Verbform nicht anzusehen.

> Ein wichtiger Unterschied zur deutschen Sprache muss von Anfang an beachtet werden: Das Subjekt (die handelnde Person) ist in der Verbform bereits enthalten und wird durch die Endung ausgedrückt!

Schreiben wir griechisch also πιστεύει, so heisst das bereits „er, sie oder es glaubt". Die Person er, sie oder es steckt in der Endung -ει. Natürlich gibt es auch griechische Personalpronomen, die dazutreten können. In diesem Fall wird das Subjekt betont. Deutsch muss also das Personalpronomen stehen, griechisch aber nicht. Bitte vergleichen Sie für den Satzaufbau die Syntax in dieser Lektion!

2.3 Paradigma des Präsens Indikativ Aktiv[2]

Numerus	Indikativ Aktiv	Endung	Übersetzung
1. Sg	πιστεύω	-ω	ich glaube
2.	πιστεύεις	-εις	du glaubst
3.	πιστεύει	-ει	er, sie oder es glaubt
1. Pl	πιστεύομεν	-ο-μεν	wir glauben
2.	πιστεύετε	-ε-τε	ihr glaubt
3.	πιστεύουσι(ν)	-ουσιν	sie glauben

Infinitiv	πιστεύειν	-ειν	glauben

2.3.1 Anmerkungen:

a) Wie bei der Deklination der Nomen zerfällt das griechische Wort auch hier in Stamm πιστεύ- und Endung. Der Stamm bleibt in jeder Person derselbe. Lediglich die Endung wechselt. Die Endungen sind separat nochmals aufgeführt. Das dient aber lediglich der Kenntlichmachung. Die Form ist mit πιστεύω usw. vollständig.

> Bitte lernen Sie die Endungen wie ein Sprüchlein, also ω, εις, ει, ομεν, ετε, ουσιν so gut auswendig, dass Sie sie im Schlaf aufsagen können!

Es handelt sich dabei nicht um eine sinnlose Paukerei, sondern wird für die Übersetzungspraxis unentbehrlich sein.

b) Der Stamm lautet auf einen Vokal aus. Man spricht daher von vokalisch auslautendem Stamm.

> Die Verben lassen sich sehr schön in verschiedene Klassen einteilen, je nach ihrem Stammauslaut oder ihren Endungen. Diese Klasse nennt man die **Verba vocalia non contracta**. Das heisst, die Vokale ihrer Endungen bleiben voll erhalten, kontrahieren (sich zusammenziehen) also nicht.

In einer weiteren häufigen Verbalklasse kontrahieren die vokalisch auslautenden Stämme mit der Endung. Dort werden wir von Verba vocalia contracta, oder einfach von Verba contracta sprechen.

c) Das ν in der 3. Pl ist in Klammern gesetzt. Man spricht hier von beweglichem ν. Es kann also stehen oder wegfallen. Die klassische Regel lautete, dass das ν vor einem vokalisch anlautendem Wort steht, vor einem konsonantisch anlautenden jedoch nicht. In der Sprache des NT wird diese Regel nicht streng durchgehalten. Das ν steht meistens, unabhängig vom folgenden Wort. Wir merken uns daher die Endung mit dem ν und lassen uns nicht verunsichern, wenn das ν einmal fehlen sollte.

d) Der Akzent steht hier immer über dem Stammauslaut. Wir haben bemerkt, dass der

---

[2] Als Beispielverb wählen wir πιστεύω = glauben. Es eignet sich dazu sehr gut, da es völlig regelmässig konjugiert wird und im NT sehr häufig vorkommt. Natürlich sind nicht alle Formen von πιστεύω im NT belegt. Das ist von keinem Verb der Fall. Die meisten jedoch begegnen uns in diesen Schriften.

Akzent bei Verben immer dazu tendiert, möglichst weit nach vorne zu rücken. Im Sg sind alle Endungen (Ultima) lang, also kann der Akut nur bis zur Pänultima rücken. Im Pl ist die Ultima jeweils kurz, also rückt der Akzent bis auf die Antepänultima vor.

e) Der Infinitiv hat eine eigene Endung auf -ειν (< *-ε-σ-εν; Ausfall des σ und Kontraktion). Abweichend vom Deutschen betrachten wir jedoch den Infinitv nicht als Lexikonform, also als Form, in welcher wir eine Vokabel lernen. Hierbei dient uns immer die 1. Sg eines Verbes. Es handelt sich hier um eine Konvention die durchaus Sinn macht. Denn die Verbalklasse eines Verbes wird an der 1. Sg viel leichter als am jeweiligen Infinitv erkannt. Suchen Sie also ein Verb im Wörterbuch immer in der Form der 1. Sg.

(Leider gibt es einige wenige Bücher, wie z. B. die Schmoller Konkordanz, die sich nicht an diese Konvention halten und die Verben im Infinitiv aufführen.)

3 WORTBILDUNG

Eine Verbform lässt sich noch weiter analysieren. Was wir als Endung bezeichnet haben, zerfällt weiter in **Themavokal** und **Personalendung**. Man nennt den Themavokal auch Bindevokal und die ganze Konjugation eine **thematische Konjugation**. Später wird uns noch eine athematische Konjugation begegnen, bei der die Endungen ganz anders aussehen.
Der Verbalstamm besteht dann aus der **Wurzel** (Zeichen √). Häufig treten noch **Erweiterungen** hinzu (Themavokal u.o. **Suffix**), die ein Verbum charakterisieren.

Beispiel einer Analyse: 1. Pl von δουλεύω

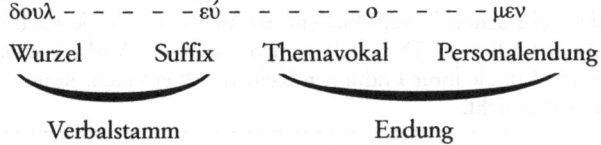

Der Themavokal ist vor den Konsonanten μ und ν immer ο. Vor σ und τ lautet er ε.
Im Sg ist der Themavokal in den Endungen -ω, -εις, ει enthalten.

| Das Suffix -ευ- bezeichnet einen Zustand (= Zustandsverb). |

δουλεύω heisst dann eigentlich „Sklave sein". Da, wer Sklave ist, als solcher zu dienen hat, bedeutet δουλεύω dann auch „dienen, einen Dienst verrichten", aber auch „gehorchen, ergeben sein" (auch das gehört zum Sklaven).

Mit der Wurzel δουλ (streng genommen nur √/dou) lässt sich mit dem Suffix -ος auch ein Substantiv bilden. δοῦλος ist dann der Sklave.

Bitte nehmen Sie diese etwas komplizierten Zusammenhänge hier einfach mal zur Kenntnis, ohne alles auswendig lernen zu müssen.

II Syntax

4 Grundsätzliche Bemerkungen zur Syntax

Die Syntax (aus σύνταξις = Zusammenstellung) ist die Lehre vom Satzbau und der Wortzusammenstellung. Im Gegensatz zur Morphologie interessiert hier die Stellung eines Wortes im Satz und nicht seine Form. Damit in den Begriffen kein Durcheinander entsteht, muss man sich klar werden, dass jedes Wort in einem Satz auf zwei Ebenen definiert werden kann. Die eine Ebene ist die der Morphologie mit der Definition nach Wortart und Wortform. Die zweite Ebene ist die der Syntax mit ihrer eigenen Definition.
Beispiel:

Morphologie:	Artikel	Adjektiv	Subst.	Verb	Präp.	Numerale	Subst.	Präp.	Subst.
	Der	gute	Mensch	fährt	um	drei	Uhr	nach	Hause.
Syntax:		Attribut zum Subj.	Subjekt	Prädikat	adverbiale Bestimmung der Zeit			adverbiale Bestimmung des Ortes	

5 Der Artikel

Das Griechische kennt wie das Deutsche auch einen bestimmten Artikel. Wir kennen erst den maskulinen Artikel ὁ, den wir jedoch schon deklinieren können.
Im Gebrauch des Artikels merken wir uns hier zwei Grundregeln:

> a) Der Artikel drückt das bestimmte Verhältnis aus.

ὁ ἄνθρωπος = der (bestimmte) Mensch

Trägt ein Nomen den Artikel, so sagt man, es sei **determiniert** (bestimmt).

> b) Um das unbestimmte Verhältnis auszudrücken, wird der Artikel weggelassen:

ἄνθρωπος = ein Mensch

Die griechische Sprache kennt also keinen unbestimmten Artikel.

> c) Durch Verwendung des Artikels kann irgendein Nomen oder sogar ein ganzer Ausdruck substantiviert werden.

Wir beschränken uns an dieser Stelle auf die Adjektive.

> Tritt vor ein Adjektiv der Artikel, so wird dieses substantiviert. Anders ausgedrückt: aus dem Adjektiv ist durch den Artikel ein Substantiv geworden.

Dasselbe Phänomen kennen wir auch aus unserem Sprachgebrauch. Setzen wir vor das Adjektiv „gut" den Artikel, so bedeutet das „der Gute". Analog dazu mit dem femininen und neutrischen Artikel: die Gute, das Gute.

ὁ ἀγαθός = der Gute
τὸ ἀγαθόν = das Gute

Beachten Sie die Angleichung des Adjektivs an das Genus des Artikels!

Sehr oft werden im Griechischen Adjektive im Neutrum Plural substantiviert. Bei der Übersetzung ist es am einfachsten, den Ausdruck „Dinge" einzusetzen.

τὰ ἀγαθά = die guten Dinge

6 Das Attribut

Ein Attribut ist eine nähere Bestimmung irgendeines Wortes. Nehmen wir z. B. einen Menschen, so kann dieser durch ein Attribut näher bestimmt werden. Tun wir das mit einem Adjektiv, so wird aus einem Menschen z. B. ein *guter* Mensch.

6.1 Verbindung von Adjektiv und Substantiv

Syntaktisch betrachtet kann ein Adjektiv ein Attribut zu einem Substantiv bilden. Nehmen wir obiges Beispiel „ein guter Mensch", so haben wir griechisch grundsätzlich zwei Möglichkeiten, dieses Verhältnis auszudrücken.

1. Bei beiden Möglichkeiten reden wir von der sogenannten **attributiven Wortstellung**. Bitte merken Sie sich diesen Ausdruck gut und unterscheiden Sie ihn von der prädikativen Wortstellung. (Vgl. Lektion 3)

a) Das Adjektiv steht als Attribut zwischen Artikel und Substantiv:

ὁ ἀγαθὸς ἄνθρωπος = der gute Mensch.

b) Das Adjektiv steht als Attribut nachgestellt mit wiederholtem Artikel:

ὁ ἄνθρωπος ὁ ἀγαθός = (wörtl: der Mensch, der gute) der gute Mensch

2. Das attributive Adjektiv gleicht seinem Substantiv immer in Genus, Numerus und Kasus.

Bei den beiden obigen Beispielen war das Substantiv jeweils Mask Sg Nom. Also trägt sein zugehöriges Adjektiv die gleichen Merkmale.
Setzen wir das Substantiv z. B. in den Dat Pl, so muss auch das Adjektiv in den Dat Pl gesetzt werden:

τοῖς ἀγαθοῖς ἀνθρώποις = den guten Menschen

τοῖς ἀνθρώποις τοῖς ἀγαθοῖς = den guten Menschen

Es handelt sich hier um eine sehr nützliche Regel, denn Adjektiv und Substantiv stehen nicht immer so nahe beieinander. Es können noch weitere Satzteile dazwischen treten. Durch die Übereinstimmung in Genus Numerus und Kasus ist aber zu erkennen, was wohin gehört.

6.2 Der attributive Genitiv

Eine weitere häufige Art ein Attribut zu bilden, ist der Gebrauch des Genitivs. Analog dem Deutschen:

ὁ υἱὸς τοῦ ἀνθρώπου = der Sohn des Menschen

Unterscheiden Sie aber sorgfältig davon:

ὁ υἱὸς ἀνθρώπου = der Sohn eines Menschen

υἱὸς ἀνθρώπου = ein Sohn eines Menschen (Sohn eines Menschen)

7 Die Funktionen der Kasus

7.1 Der Nominativ

Der Nominativ ist grundsätzlich für das Subjekt reserviert. Wenn wir in einem Satz das Subjekt suchen, so suchen wir also immer nach einem Nominativ.

Es muss aber beachtet werden, dass auch Näherbestimmungen des Subjektes im Nominativ stehen.

7.2 Der Genitiv

Der Genitiv hat grundsätzlich zwei verschiedene Funktionen:

a) Der Genitiv verbindet zwei Nomen miteinander (= attributiver Genitiv). Dadurch zeigt er den Bereich an (Genitiv des Bereichs), in welchem sich das eine befindet.

υἱὸς θεοῦ = Sohn Gottes   aber auch: θεοῦ υἱός

b) Der Genitiv bezeichnet auch den Ausgangspunkt einer Bewegung. Bei der Übersetzung hilft es oft, ein „von" einzusetzen.

ὁ υἱὸς οὐρανοῦ = der Sohn vom Himmel (= „der himmlische" Sohn)

Wir sehen sofort, dass auch unser deutscher Genitiv diese beiden Grundfunktionen beinhaltet.

7.3 Der Dativ

Der Dativ hat drei verschiedene Grundfunktionen.

a) Er bezeichnet eine an einer Handlung indirekt beteiligte Person. Man spricht deshalb von indirektem Objekt, oder einfach von Dativ-Objekt.

Bsp: Ich gebe dir (Dat) ein Geschenk.

b) Er bezeichnet das Instrument oder das Mittel einer Handlung (= Dativus instrumentalis). Zur Übersetzung muss ein „durch" oder „mit" eingefügt werden.

Bsp: „Er tut es durch einen Menschen" (der Mensch ist also das Werkzeug seiner Handlung) kann griechisch mit dem blossen Dativ ausgedrückt werden:

ποιεῖ ἀνθρώπῳ = er tut durch einen Menschen

c) Der Dativ kann drittens auch den Ort wo jemand ist oder wo etwas geschieht bezeichnen. Diese Art des Dativs ist im NT aber nur bruchstückhaft vorhanden. Wir erwähnen sie also nur der Vollständigkeit halber.

7.4 Der Akkusativ

a) Der Akkusativ dient in den weitaus häufigsten Fällen zur Bezeichnung des direkten Objektes einer Handlung = Akkusativ-Objekt.

ἐκβάλλει ἀγαθά = er bringt <u>Gutes</u> hervor   Mt 12,35

b) Weiter kann der Akkusativ adverbial gebraucht werden, was uns erst später beschäftigen wird.

c) Zudem drückte er ursprünglich das Ziel einer Bewegung aus. Im NT ist das nur noch in Verbindung mit gewissen Präpositionen ersichtlich.

8 DIE PRÄPOSITIONEN

Präpositionen sind Vorworte, die eine Beziehung zwischen zwei Dingen ausdrücken.
Bsp: Ich komme *von* der Arbeit.
Präpositionen begegnen uns im NT beinahe in jedem Satz. Deshalb werden hier schon die wichtigsten Bemerkungen dazu aufgeführt.

a) In den ältesten Formen des Griechischen übernahmen die Kasus die Funktion, eine Beziehung zwischen zwei Dingen auszudrücken (vgl. das zu den Kasus gesagte). Die Präposition trat dann lediglich ergänzend dazu. Später wurde die Präposition das bestimmende Element und zog einen bestimmten Kasus nach sich. Der Zusammenhang zwischen verlangtem Kasus und Bedeutung einer Präposition ist aber deutlich zu erkennen.
Bsp: ἐκ zieht immer einen Genitiv nach sich und bedeutet „von, aus". Unschwer ist der Genitiv des Ausgangspunktes zu erkennen.

b) Im Gebrauch der Koine bilden Präpositionen mit einem bestimmten Kasus immer eine feste Verbindung. Anders ausgedrückt: eine Präposition „verlangt" einen bestimmten Kasus.

So lernen wir z. B. ἐκ + Gen = von, aus.
Manche Präpositionen können nur einen einzigen Kasus nach sich ziehen, manche aber auch zwei oder drei. Je nach Kasus ändert dann die Bedeutung einer Präposition.

c) Der griechische Kasus nach einer Präposition muss nicht mit dem deutschen Kasus in der Übersetzung übereinstimmen.

ἐξ οὐρανοῦ = vom Himmel (griech Genitiv, dt aber Dativ!)

d) Der Artikel nach einer Präposition ist eine etwas labile Sache. Er kann nämlich in einer solchen Verbindung fehlen und das Nomen ist trotzdem determiniert.

ἐξ οὐρανοῦ = aus <u>dem</u> Himmel Mt 21,25

Aber leider ist dies keine allgemein gültige Regel. Der Artikel kann nämlich auch stehen.

ἐκ <u>τοῦ</u> οὐρανοῦ = aus <u>dem</u> Himmel Mt 16,1

Wir merken uns:

> Steht der Artikel nach einer Präposition, ist die Sache klar: das Nomen ist determiniert.
> Steht kein Artikel nach der Präposition, so kann das Nomen bestimmt oder unbestimmt sein.

ἐξ οὐρανοῦ = a) aus dem Himmel   b) aus einem Himmel

In diesem Fall muss der Exeget entscheiden, welche Möglichkeit in Betracht kommt. Der „Himmel" ist wohl eindeutig determiniert, da es nicht mehrere Himmel gibt. Desgleichen bei Ausdrücken wie θεός (beim biblischen Monotheismus), Χριστός ua.

9 Der einfache Verbalsatz

a) Um einen vollständigen Verbalsatz zu bilden, braucht es ein **Subjekt** (handelnde Person) und ein **Prädikat** (Satzaussage).

> In der Regel stimmen Subjekt und Prädikat im Numerus überein. Das Subjekt ist entweder durch die Personalendung schon im Verb enthalten, oder erscheint als eigenes Nomen im Nominativ.

    πιστεύομεν   Wir (S) glauben (P). Apg 15, 11

    ὁ θεὸς ... ἀκούει   Gott (S) hört (P). Joh 9, 31

> b) Als häufigste Ergänzung zu diesem einfachsten Satzgebilde tritt das Akkusativobjekt (AkkO) hinzu. Es handelt sich dabei um das direkte Objekt einer Handlung. Anders ausgedrückt: ein Prädikat zielt mit seiner Aussage direkt auf ein Objekt. Man nennt Verben, die auf ein AkkO zielen **transitive Verben** (zielende Verben).

    νῦν ἀπολύεις τὸν δοῦλόν σου   Nun gibst du (S) deinen Knecht (AkkO) frei (P). Lk 2, 29

> c) Verben die nicht auf ein AkkO zielen, nennt man **intransitive Verben** (nichtzielende Verben). Diese haben häufig ein DatO oder seltener ein GenO bei sich.

    δουλεύω σοι   Ich diene dir (DatO). Lk 15, 29

d) Man unterscheidet zwischen **Vollverben** und **Hilfsverben**. Vollverben stehen für sich allein und machen so ihre Aussage. Hilfsverben hingegen bedürfen einer Ergänzung. Dazu gehören wie im Deutschen auch: haben, können, sollen, dürfen, müssen, wollen ua.

> Die **transitiven Hilfsverben** benötigen analog zu unserer Sprache einen Infinitiv als Ergänzung.

- Bsp: Ich will (Hilfsverb) etwas machen (Ergänzung).

    θέλετε δουλεύειν   Ihr (S) wollt (Hilfsverb) dienen (Ergänzung). Gal 4, 9

III Übungen

1. O-Deklination Maskulina und Neutra
Bitte bestimmen Sie folgende Formen nach Kasus und Numerus und übersetzen Sie!
Bsp: τοῦ κυρίου = Gen Sg m; des Herrn
τοῦ ἀνθρώπου – τῷ λόγῳ – τῶν μυστηρίων – δοῦλοι – τὰ ἔργα – τοῖς ἱεροῖς – τοὺς ἄρτους – τὰ δαιμόνια – δοῦλον – τοῦ θεοῦ – θησαυρῷ – τὸν λόγον – τοὺς οὐρανούς – υἱοῦ – Χριστῷ – τὸν νόμον – τὰ δῶρα – οἱ πτωχοί – τοὺς πονηρούς – τοῖς δικαίοις – τῶν ἀγαθῶν – τὰ ἅγια – τὰ ἀγαθά – τὰ πονηρά – ὁ πονηρός

2. O-Deklination Maskulina und Neutra in Verbindung mit Adjektiven
Bitte übersetzen Sie!
ὁ ἀγαθὸς ἄνθρωπος – τοῦ δικαίου δούλου – τὸν ἄνθρωπον τὸν ἅγιον – τοῖς πονηροῖς λόγοις – ἁγίῳ νόμῳ – τῶν ἁγίων ἱερῶν – δικαίῳ ἔργῳ – οἱ ἄρτοι οἱ ἀγαθοί – τὰ ἀγαθὰ δῶρα – ὁ πτωχὸς δοῦλος –

3. Attributiver Genitiv
Bitte übersetzen Sie!
ὁ δοῦλος τοῦ κυρίου – λόγος τοῦ θεοῦ – τὸν ἄρτον τῶν οὐρανῶν – υἱὸς ἀνθρώπου – οἱ νόμοι θεοῦ – τὰ μυστήρια τοῦ κυρίου – τοῖς ἔργοις τῶν δούλων – τὰ ἱερὰ τῶν ἀνθρώπων – τὸ ἅγιον ἔργον τοῦ ἀνθρώπου θεοῦ – τὰ μυστήρια τῶν πτωχῶν δούλων – τοῖς δικαίοις τοῦ κυρίου – οἱ ἅγιοι τοῦ ἁγίου ἱεροῦ

4. Konjugation Präsens Indikativ aktiv
Bitte bestimmen Sie folgende Formen nach Person und Numerus und übersetzen Sie!
ἀκούεις – δουλεύουσιν – ἐκβάλλετε – πιστεύειν – ἔχει – λέγετε – θέλει – ἀκούομεν – θέλω – λέγειν – πιστεύουσι – λέγεις; – θέλεις; – ἀκούετε – ἔχομεν – ἐκβάλλω

5. Konjugation Präsens Indikativ aktiv
a) *Konjugieren Sie bitte das Verb ἐκβάλλω in allen Personen durch!*

b) *Übersetzen Sie schriftlich ins Griechische!*
ich höre – er hat – wir reden – sie vertrauen – sie will – ihr haltet – du verstehst – es bringt hervor – ich habe Gefallen an – wir dienen – sie nennen – du bist überzeugt

6. Präpositionen
Bitte übersetzen Sie folgende Ausdrücke!
1) ἐκ τοῦ θεοῦ 2) ἐκ θεοῦ 3) εἰς οὐρανόν 4) εἰς υἱόν 5) ἐκ τοῦ πονηροῦ 6) εἰς τὸν δίκαιον δοῦλον 7) εἰς τὸ ἅγιον ἱερόν 8) ἐξ ἀγαθοῦ ἄρτου 9) ἐκ τοῦ ἄρτου τοῦ ἀγαθοῦ 10) ἐκ τοῦ ἱεροῦ

7. Übungssätze
Bitte übersetzen Sie!
1) ὁ δὲ υἱὸς τοῦ ἀνθρώπου οὐκ ἔχει ... 2) πόσους (wieviele) ἄρτους ἔχετε; 3) ἄρτους οὐκ ἔχουσιν. 4) λέγετε δαιμόνιον ἔχει. 5) πάντοτε γὰρ τοὺς πτωχοὺς ἔχετε. 6) τότε λέγει τῷ ἀνθρώπῳ ... 7) ὁ ἀγαθὸς ἄνθρωπος ἐκ τοῦ ἀγαθοῦ θησαυροῦ ἐκβάλλει τὰ ἀγαθὰ καὶ ὁ πονηρὸς ἐκ τοῦ πονηροῦ θησαυροῦ ἐκβάλλει πονηρά. 8) ἐξ οὐρανοῦ ἢ ἐξ ἀνθρώπων; 9) πιστεύεις εἰς τὸν υἱὸν τοῦ ἀνθρώπου; 10) πιστεύω γὰρ τῷ θεῷ. 11) δουλεύω ... νόμῳ θεοῦ. 12) τῷ κυρίῳ ... Χριστῷ οὐ δουλεύουσιν. 13) τῷ κυρίῳ Χριστῷ δουλεύετε. 14) τοῖς ἔργοις πιστεύετε. 15) ὁ νόμος λέγει. 16) τί θέλετε; 17) τί θέλεις; 18) δαιμόνια ἐκβάλλετε. 19) τί ... θέλετε ἀκούειν;

LEKTION 2

I Morphologie

1 Die A-Deklination

Die zweite Klasse der Deklinationen ist die A-Deklination. Analog zur O-Deklination nennt man sie so, weil der Wortstamm jeweils auf -α endet. Allerdings muss hier berücksichtigt werden, dass sich in der Sprachentwicklung über das Attische zur Koine der Stammauslaut der meisten Nomen zu einem -η entwickelt hat. Dies ist aber nur im Sg der Fall. Zudem gibt es eine Klasse, in welcher der Stammauslaut zwischen -α und -η wechselt. So entstehen im Sg insgesamt drei verschiedene Klassen der A-Deklination.
- solche die durchwegs auf -α auslauten = α-purum (reines Alpha)
- solche die zwischen -α und -η wechseln = α-impurum (unreines Alpha)
- solche mit -η im Stammauslaut

Im Plural aber sind alle Endungen der A-Deklination gleich.

1.1 Die Feminina auf -η

Was in Lektion 1 als Vorbemerkungen zu der Deklination gesagt wurde, gilt hier und später natürlich auch. Zusammen mit den Endungen dieser Deklinationsklasse lernen wir den femininen Artikel. Dieser lautet nämlich im Sg ebenfalls immer auf -η, unabhängig vom Stammauslaut des dazugehörigen Nomens.

> Bitte lernen Sie auch hier den Artikel wie ein Sprüchlein auswendig aufsagen! Somit haben Sie auch gleich die Endungen auf -η im Sg und die Pl-Endungen gelernt!

	Artikel	*Dorf* *Akut auf Pänultima*	*Gebot* *Akut auf Ultima*	*Erde, Land* *Zirkumflex auf Ultima*
Nom Sg	ἡ	κώμη	ἐντολή	γῆ
Gen	τῆς	κώμης	ἐντολῆς	γῆς
Dat	τῇ	κώμῃ	ἐντολῇ	γῇ
Akk	τήν	κώμην	ἐντολήν	γῆν
Nom Pl	αἱ	κῶμαι	ἐντολαί	
Gen	τῶν	κωμῶν	ἐντολῶν	
Dat	ταῖς	κώμαις	ἐντολαῖς	
Akk	τάς	κώμας	ἐντολάς	

1.1.1 Anmerkungen

a) Im Pl steht überall dort, wo in der O-Deklination ein ο stand, ein α.

b) Die Endung -αι im Nom Pl gilt wie das -οι der O-Deklination als kurz. Die Endung -ας im Akk Pl hingegen ist lang.

c) Die Ultimabetonten tragen bei den Innenkasus wieder den Zirkumflex auf der letzten Silbe.

d) ἡ γῆ gehört eigentlich in die Klasse der Kontrakta. Das η ist aus εα entstanden und zu η verschmolzen. Der Einfachheit halber wird es jedoch hier aufgeführt, da es im Sg immer auf -η lautet. Der Zirkumflex als Anzeiger der Kontraktion bietet keine weiteren Schwierigkeiten.
Der Plural von γῆ ist nur klassisch belegt und auch dort sehr selten. (αἱ γαῖ, τῶν γῶν, ταῖς γαῖς, τὰς γᾶς). Der Sg von γῆ ist im NT sehr häufig.
Weiter in diese Klasse gehört ἡ μνᾶ (die Miene), welche aber nur 6× belegt ist (mit dem Akk Pl μνᾶς).

e) Der Gen Pl der Substantive der A-Deklination trägt immer den Zirkumflex. (Nicht so bei den Adjektiven.)

1.2 Die Feminina mit α-purum

Ebenso häufig wie die Substantive auf -η sind die Substantive mit reinem α im Stammauslaut.

> Das α-purum tritt immer dann ein, wenn unmittelbar vor dem α ein ε, ι oder ρ steht. Man spricht hier von der sogenannten „Eier-Regel".

Betrachten wir auch hier wieder zuerst das Paradigma.

	Artikel	Schwäche, Krankheit Akut auf Antepänultima	Tag Akut auf Pänultima	Freude Akut auf Ultima
Nom Sg	ἡ	ἀσθένεια	ἡμέρα	χαρά
Gen	τῆς	ἀσθενείας	ἡμέρας	χαρᾶς
Dat	τῇ	ἀσθενείᾳ	ἡμέρᾳ	χαρᾷ
Akk	τὴν	ἀσθένειαν	ἡμέραν	χαράν
Nom Pl	αἱ	ἀσθένειαι	ἡμέραι	χαραί
Gen	τῶν	ἀσθενειῶν	ἡμερῶν	χαρῶν
Dat	ταῖς	ἀσθενείαις	ἡμέραις	χαραῖς
Akk	τὰς	ἀσθενείας	ἡμέρας	χαράς

1.2.1 Anmerkungen

a) Hier steht durchgehend dort ein α, wo in der O-Deklination ein ο stand.

b) Der Gen Pl hat wieder durchgehend Zirkumflex auf der Ultima.

c) Das α-purum kann lang oder kurz, betont oder unbetont sein. Es gilt grundsätzlich als lang, wenn der Akzent nichts anderes erkennen lässt.
Bsp: ἡ βασιλεία (die Königsherrschaft) = lang (wäre es kurz, hätte die Pänultima den Zirkumflex)
ἡ ἀλήθεια (die Warheit) = kurz (bei Betonung auf der Antepänultima muss die letzte Silbe kurz sein)

d) Eine häufige Ausnahme bildet ἡ μάχαιρα (das Schwert). Es bildet die Innenkasus im Sg auf -η, ist also nicht α-purum (wie klassisch): τῆς μαχαίρης, τῇ μαχαίρῃ.

1.3 Feminina mit α-impurum

Zuletzt die relativ kleine Gruppe der femininen Substantive mit unreinem α im Stammauslaut. Wie oben schon erwähnt, lauten im Sg ihre Aussenkasus auf -α, ihre Innenkasus hingegen auf -η.

	Artikel	Dornpflanze Akut auf Antepänultima	Ansehen Akut auf Pänultima	Zunge, Sprache Zirkumflex auf Pänultima
Nom Sg	ἡ	ἄκανθα	δόξα	γλῶσσα
Gen	τῆς	ἀκάνθης	δόξης	γλώσσης
Dat	τῇ	ἀκάνθῃ	δόξῃ	γλώσσῃ
Akk	τήν	ἄκανθαν	δόξαν	γλῶσσαν
Nom Pl	αἱ	ἄκανθαι	δόξαι	γλῶσσαι
Gen	τῶν	ἀκανθῶν	δοξῶν	γλωσσῶν
Dat	ταῖς	ἀκάνθαις	δόξαις	γλώσσαις
Akk	τάς	ἀκάνθας	δόξας	γλώσσας

1.3.1 Anmerkungen

a) In dieser Gruppe lernen wir nur 7 Substantive. Neben den oben aufgeführten noch ἡ γέεννα (die Gehenna, Hölle), ἡ θάλασσα (das Meer), ἡ ῥίζα (die Wurzel) und ἡ τράπεζα (der Tisch).

b) Nichtgriechische Eigennamen werden nicht nach den Regeln für reines und unreines α dekliniert. So hat z.B. Μάρθα den Gen auf -α: τῆς Μάρθας. Ebenso der Ortsname Λύδδα, τῆς Λύδδας. Die Deklination nichtgriechischer Namen läuft aber sowieso nach anderen Regeln und wird später behandelt.

2 Die Konjugation des Verbes „Sein"

Das Verb „Sein" εἰμί ist wohl in allen Sprachen sehr häufig und sehr unregelmässig. Es ist ganz natürlich, dass nur häufig vorkommende Verben unregelmässig konjugiert werden. Denn nur solche können sich im Laufe der Sprachentwicklung mit ihren schwierigen Formen behaupten.

Die Formen des Präsens Indikativ Aktiv müssen als eigenes Sprüchlein auswendig gelernt werden. Hier das Paradigma dazu mit dem Infinitiv.

	Indikativ Akt	Übersetzung
1.Sg	εἰμί	ich bin
2.	εἶ	du bist
3.	ἐστί(ν)	er, sie, es ist
1. Pl	ἐσμέν	wir sind
2.	ἐστέ	ihr seid
3.	εἰσί(ν)	sie sind
Inf	εἶναι	sein

2.1 Anmerkungen

a) Im obigen Paradigma sind alle Formen endbetont. Das ist aber nur der Fall, wenn εἰμί als Vollverb erscheint (ohne Prädikatsnomen; vgl. die Syntax in dieser Lektion). Als Hilfsverben (Kopula) sind die Formen enklitisch (vgl. Syntax Nr. 5). Nur die 3. Sg macht eine Ausnahme: ἐστίν = Hilfsverb (enklitisch); ἔστιν = Vollverb (vorne betont). Als Vollverb muss dieses Verb stärker als das blosse „sein" übersetzt werden. Z. B. mit „existieren, sich befinden" oä.

b) Die 3. Person sowohl im Sg als auch im Pl haben ein bewegliches ν. Im NT steht jedoch das ν in den meisten Fällen. Unabhängig davon, ob das folgende Wort vokalisch oder konsonantisch anlautet.

3 Das Personalpronomen

Das häufigste der Pronomen ist das Personalpronomen (persönliches Fürwort). Leider gibt es hier viele Formen zu lernen, da es wie in unserer Sprache auch in allen drei Genera dekliniert werden kann.

1. Person	
ἐγώ	ich
ἐμοῦ / μου	meiner
ἐμοί / μοι	mir
ἐμέ / με	mich

2. Person	
σύ	du
σοῦ / σου	deiner
σοί / σοι	dir
σέ / σε	dich

ἡμεῖς	wir
ἡμῶν	unser
ἡμῖν	uns
ἡμᾶς	uns

ὑμεῖς	ihr
ὑμῶν	euer
ὑμῖν	euch
ὑμᾶς	euch

3. Person			
Mask	Fem	Ntr	
αὐτός	αὐτή	αὐτό	er, sie, es
αὐτοῦ	αὐτῆς	αὐτοῦ	seiner, ihrer, seiner
αὐτῷ	αὐτῇ	αὐτῷ	ihm, ihr, ihm
αὐτόν	αὐτήν	αὐτό	ihn, sie, es

αὐτοί	αὐταί	αὐτά	sie
	αὐτῶν		ihrer
αὐτοῖς	αὐταῖς	αὐτοῖς	ihnen
αὐτούς	αὐτάς	αὐτά	sie

3.1 Anmerkungen

a) In der 1. und 2. Person gibt es logischerweise nur ein Genus. In der 3. Person dagegen wird das Genus unterschieden.

Lektion 2 29

b) In den obliquen Kasus (abhängige Kasus = Gen, Dat u. Akk) der 1. und der 2. Person im Sg gibt es je eine betonte und eine unbetonte Form. Die unbetonten sind enklitisch und weitaus häufiger als die betonten. (Vgl. die Syntax in dieser Lektion)

c) Im Dat Sg erscheint wieder das Dativ -ι. In den ersten beiden Personen steht es normal, in der 3. Pers subskribiert.

d) Die Pluralformen der 1. und 2. Pers sind bis auf den Anfangsvokal identisch. Beachten Sie den Spiritus asper!

e) Die 3. Pers ist leicht zu merken. Man nehme jeweils αὐτ- plus die jeweilige Endung, die uns von der O- und A-Deklination her bekannt sind (Fem Sg auf -η).
Der Gen Pl ist in allen Genera identisch.
Im Neutrum sind zudem wieder die Aussenkasus identisch, die Innenkasus haben dieselben Formen wie das Mask.

f) Klassisch existierten neben den αὐτός-Formen eigene betonte Formen, die im NT jedoch verloren gegangen sind. (ἐκεῖνος, οὗ, οἷ, ἕ, σφεῖς, σφῶν, σφίσι(ν), σφᾶς)

4 Der Imperativ Präsens

Neben dem Indikativ behandeln wir nun als zweiten Modus den Imperativ (Befehlsform) im Präsens. Im Gegensatz zum Deutschen kennt das Griechische nicht nur eine Form für die 2. Person, sondern auch noch eine für die 3. Pers. Betrachten Sie bitte folgendes Paradigma:

Numerus	Imperativ Akt	Endung	Übersetzung
2. Sg	πίστευε	-ε	glaube!
3.	πιστευέτω	-έ-τω	er, sie, es soll glauben!
2. Pl	πιστεύετε	-ε-τε	glaubt!
3.	πιστευέτωσαν	-έ-τωσαν	sie sollen glauben!

4.1 Anmerkungen

a) Sofort fällt auf, dass der Imperativ der 2. Pl der Form nach identisch ist mit dem Indikativ der 2. Pl. Da es kein Ausrufezeichen und keine besondere Wortstellung für die Befehlsform gibt, bleibt es der Form nach immer ungewiss, ob Imperativ oder Indikativ vorliegt.
Der Textzusammenhang muss in diesen im NT häufigen Fällen entscheiden.
Ausnahme: Ist der Satz negiert, so zeigt die Negation (μή oder οὐ) den Modus an. (Vgl. die Syntax in dieser Lektion)

b) In der Übersetzung behelfen wir uns mit dem Hilfsverb „sollen" für die 3. Person. Natürlich wäre das auch für die 2. Person möglich, aber deutsch etwas schwerfällig: „Du sollst glauben! Ihr sollt glauben!"
Wir werden noch weitere, stärkere Formen kennenlernen, die einen Befehl oder ein Gebot ausdrücken. So reservieren wir uns das „sollen" für diese Fälle. (Die „10 Gebote" werden griechisch nicht mit Imperativformen gebildet.)

c) Der Akzent hat auch hier (Verbform!) die Tendenz, möglichst weit nach vorne zu rücken. Der Akut als Zeichen muss sein, da Imperativformen immer kurz, prägnant und im Ton sicher hoch sind.
2. Sg: Der Akut kann bis auf die Antepänultima rücken, da die Ultima kurz ist.
3. Sg: Die Ultima ist lang, also rückt der Akut nur bis auf die Pänultima.
2. Pl: Analog zur 2. Sg ist der Akut auf der Antepänultima.
3. Pl: Auch hier ist die Ultima -σαν kurz, also rückt der Akzent bis auf die Antepänultima.

d) Bitte lernen Sie diese Formen ebenfalls als eigenes Sprüchlein auswendig aufsagen! Sie bilden die Grundlage für alle weiteren Imperativformen.

5 Das Tongesetz der Enklisis (Tonanlehnung)

Einige Wörter und Verbformen sind enklitisch (< ἡ ἔγκλισις = das Hinneigen), das heisst, sie bilden zusammen mit dem vorausgehenden Wort eine Toneinheit. Das tonlose Wort nennt man das Enklitikon. Es hat die Tendenz, seinen Ton an das vorausgehende Wort abzugeben.

Wir kennen aus Lektion 1 das Interrogativpronomen τίς. Später werden wir die enklitische Form desselben Nomens τις kennenlernen. Ohne Akzent ist es ein Indefinitpronomen und bedeutet „irgendeiner". In dieser Lektion wurde das Verb εἰμί eingeführt. Mit Akzent ist es Vollverb, ohne Akzent, also enklitisch, hingegen Hilfsverb (εἰμι).

Regeln:

Es dürfen mit dem Enklitikon zusammen höchstens zwei Silben (von hinten gezählt) ohne Akzent sein. Akzent eines Enklitikons ist immer ein Akut.

λόγος τις = irgendein Wort
Kein Problem: λόγος normal betont, das Enklitikon ist nur einsilbig.

ἄνθρωπός εἰμι = ich bin ein Mensch
Die Ultima von ἄνθρωπος erhält den Akzent des enklitischen εἰμι.

Zudem dürfen nie zwei aufeinanderfolgende Silben denselben Akzent tragen. Verschiedene jedoch schon.

δοῦλός τις = irgendein Sklave
δοῦλος erhält den Akzent von τις.

λόγος ἐστίν = es ist ein Wort
Der Akzent von ἐστίν müsste auf die Utlima von λόγος zu stehen kommen, was aber nicht sein darf. Also behält ἐστίν seinen Akzent und ist trotzdem Hilfsverb.

II Syntax

6 Das Prädikatsnomen

Wird eine Satzaussage mit dem Hilfsverb „sein" (εἰμι) gemacht, so braucht dieses Verb eine Ergänzung. Wir merken das sofort, wenn ich sage: „Ich bin ...". Einmal von der

Lektion 2

philosophischen Aussage abgesehen, braucht das „ich bin" eine Ergänzung. Was, oder wer bin ich?
Bei dieser Art von Sätzen spricht man in der Grammatik nicht von Subjekt und Prädikat, sondern von **Subjekt** und **Kopula** (Band). Das Verb „sein" verbindet eben nur das Subjekt mit seiner Ergänzung, meistens **Prädikatsnomen** genannt. Beide, Subjekt und Prädikatsnomen stehen im Nominativ.

κύριός ἐστιν ὁ υἱὸς τοῦ ἀνθρώπου …   Der Sohn des Menschen ist Herr …
Mk 2, 28

Um zu unterscheiden, welches der beiden Nominative nun Subjekt und welches Prädikatsnomen ist, gibt es eine einfache Regel.

Das Subjekt hat den Artikel, das Prädikatsnomen nicht.

Im obigen Beispiel ist also ὁ υἱὸς τοῦ ἀνθρώπου das Subjekt (mit Artikel) und κύριος ist Prädikatsnomen (ohne Artikel).
ἐστιν ist also hier nur Hilfsverb und deshalb enklitisch.

Leider herrscht in dieser Angelegenheit unter den Grammatikern eine ziemliche Begriffsverwirrung. Manche sprechen statt von Prädikatsnomen von „Adjunkt" (Hinzugefügtes), andere von „Subjektsartergänzung", wieder andere von „Prädikativ". Wir beschränken uns an dieser Stelle mit dem althergebrachten Begriff von **Kopula und Prädikatsnomen**.
Der Form nach kann ein Prädikatsnomen ein Substantiv oder sonst ein Nomen sein.

Substantivisches Prädikatsnomen:
διάκονοι Χριστοῦ εἰσιν = Sie (S) sind Diener Christi (PrädNo) 2 Kor 11, 23

Adjektivisches Prädikatsnomen:
μακάριοί ἐστε = Überglücklich (PrädNo) seid ihr (S) Mt 5, 11

Ein Pronomen als Prädikatsnomen:
ἐγώ εἰμι ὁ ἄρτος τῆς ζωῆς = Ich (PräNo) bin das Brot des Lebens (S) Joh 6, 48

Prädikativer Ausdruck:
ἀπ' ἀρχῆς μετ' ἐμοῦ ἐστε = Von Anfang seid ihr (S) mit mir (Präd) Joh 15, 27

7 Die Verwendung des Personalpronomens

Das Personalpronomen hat einige verschiedene Gebrauchsweisen.

7.1 Der Nominativ des Personalpronomens

Der Nominativ dient zur Hervorhebung des Subjektes. Da das Subjekt schon in der Personalendung des Prädikates enthalten ist, erscheint es „doppelt" und damit betont.

ἐγώ εἰμι = Ich, ich bin. Oder: *Ich* bin. Joh 14, 6

7.2 Der Gebrauch von αὐτός

αὐτός (Fem αὐτή, Ntr αὐτό) hat drei verschiedene Anwendungsmöglichkeiten.

a) Hervorhebung des Subjektes (s. o.):

    αὐτοὶ ἐκ τοῦ κόσμου εἰσίν. = *Sie* sind aus der Welt. 1Joh 5, 4

b) αὐτός bedeutet „selbst" in „prädikativer Wortstellung" (vgl. Lekt 3 Nr. 8):

    αὐτὸς ὁ κύριος = der Herr selbst 1Th 4, 16

    αὐτὸς ἐγώ = ich selbst Rö 7, 25

    αὐτὸ τὸ πνεῦμα = der Geist selbst Rö 8, 26

c) In „attributiver Wortstellung" bedeutet αὐτός „derselbe":

    τὸ αὐτὸ πνεῦμα = derselbe Geist 1Kor 12, 1

7.3 Possessiver Gebrauch des Personalpronomens

Erscheint das Personalpronomen im Genitiv, so dient es meistens zur Bezeichnung eines Besitzverhältnisses (= possessiv). Im Sg nur bei den unbetonten (und enklitischen) Formen!

ὁ κύριός μου	= mein Herr	ὁ κύριος ἡμῶν	= unser Herr
ὁ κύριός σου	= dein Herr	ὁ κύριος ὑμῶν	= euer Herr
ὁ κύριος αὐτοῦ	= sein Herr	ὁ κύριος αὐτῶν	= ihr Herr

8 NEGIERTE SÄTZE

Aus Lektion 1 kennen wir die Negation οὐ (οὐκ, οὐχ). Je nach Satzart wird die Negation unterschieden, also auch μή gebraucht.

Klassisch galt folgende Regel, die im NT nur zum Teil eingehalten wird:
οὐ (οὐκ, οὐχ) negiert **Behauptungssätze** – μή negiert **Begehrungssätze**.

Die Koine hat die Tendenz, alle nichtindikativischen Formen mit μή zu negieren.

Natürlich gibt der Inhalt eines Satzes an, ob eine Behauptung oder ein Begehren ausgedrückt wird.
Ein Befehl ist immer ein Begehren, deshalb wird der Imperativ mit μή verneint.

    πιστεύετε εἰς τὸν θεόν   a) Glaubt an Gott! (Imp.) = Begehrungssatz
                                              b) Ihr glaubt an Gott (Ind.) Joh 14, 1
                                              = Behauptungssatz

    ὑμεῖς οὐ πιστεύετέ μοι   *Ihr* glaubt mir nicht. (Ind.) Joh 8, 46
                                              = Behauptungssatz

    μὴ παντὶ πνεύματι πιστεύετε   Glaubt nicht jedem Geist! (Imp.) 1 Joh 4, 1
                                                    = Begehrungssatz

> Dieselbe Regel gilt auch für alle zusammengesetzten Negationen, je nachdem ob sie mit οὐ oder mit μή zusammengesetzt sind. (z.B. οὐχι, οὐκετι, μήτι, μηκέτι ua.) s. Lekt 5.

> **Fragesätze** werden je nach erwarteter Antwort mit οὐ oder μή negiert. Wird die Antwort Ja erwartet, so heisst die Negation οὐ. Wird die Antwort Nein erwartet, so steht μή als Negation.

μὴ κατὰ ἄνθρωπον ταῦτα λαλῶ ἢ καὶ ὁ νόμος ταῦτα οὐ λέγει;
Rede ich dies etwa nach menschlicher Art (Nein! also Negation μή) oder sagt nicht auch das Gesetz dieses? (Ja! also Negation οὐ) 1 Kor 9, 8

III Übungen

1. A-Deklination Feminina
Bitte bestimmen Sie folgende Formen nach Kasus und Numerus und übersetzen Sie!
τῆς δόξης – τῶν ἁμαρτιῶν – αἱ βασιλεῖαι – τῇ γῇ – ἐντολήν – φυλῆς – τὴν χρείαν – τὰς ἐξουσίας – ταῖς γλώσσαις – ἄκανθα – ἀσθένειαι – χαρᾷ – τὴν ὑπομονήν – τῆς γῆς – τῆς ἀπώλειας – ταῖς ἀσελγείαις – ἀσελγείᾳ

2. A-Deklintion / O-Deklination mit Adjektiven und possessiven Personalpronomina
Bitte übersetzen Sie!
ἡ ἁμαρτία μου – λαῷ ἐρήμῳ μου – ταῖς ἁγίαις ἐντολαῖς σου – ταῖς ἐντολαῖς σου ταῖς ἁγίαις – ἡ δόξα ὑμῶν – τοῦ λαοῦ σου – ἡ βασιλεία αὐτῶν – ἡ χαρὰ ἡμῶν – ἡ ἄκανθα αὐτοῦ – ἡ δόξα τῶν συνεργῶν – ἡ ἁγία ἐντολὴ τῶν ἁγίων – ἡ χρεία τῶν ἀνθρώπων

3. Präpositionen
Bitte übersetzen Sie!
μεθ' ὑπομονῆς – διὰ τὴν κώμην – ὑπὸ τοῦ ὀφθαλμοῦ – περὶ φυλῆς – μετ' ἀκάνθης – ὑφ' ἁμαρτίαν – ἐκ γῆς – μετὰ δόξης – μετὰ τὴν χαράν – περὶ τῆς γλώσσης – εἰς τὸν τόπον – μετὰ τοῦ ὀφθαλμοῦ – ἐκ χαρᾶς – μετὰ τοὺς ἁγίους – διὰ τοὺς ἁγίους – περὶ τῶν ἁγίων – ὑπὸ γῆν – ὑπ' ἀσθενείας – εἰς ἀπώλειαν – εἰς ἀσέλγειαν

4. Imperativformen
Bitte übersetzen Sie!
βλέπε – ὑπαγέτω – παραλαμβάνετε – ἄκουε – δουλευέτωσαν – ἔκβαλλε – ἔχετε – λεγέτωσαν – βλεπέτω – πιστεύετε – ἔλεγχε – ὑπαγέτωσαν

5. Gebrauch von αὐτός
Bitte übersetzen Sie!
αὐτὸς Ἰησοῦς – αὐτὸς ἐγώ – ὁ αὐτός – ἡ αὐτή – τὸ αὐτό – τὸν αὐτὸν λόγον – τὰ αὐτά – αὐτὴ ἡ χαρά – ἡ χαρὰ αὐτή – τὸ αὐτὸ ὄρος – αὐτοὶ ὑμεῖς

6. Negierte Sätze
Bitte übersetzen Sie!
1) θέλεις δὲ μὴ φοβεῖσθαι (Inf fürchten) τὴν ἐξουσίαν; 2) Arbeitet von Herzen als τῷ κυρίῳ καὶ οὐκ ἀνθρώποις. 3) οὐ δύνασθε (ihr könnt) θεῷ δουλεύειν καὶ μαμωνᾷ. 4) οὐχ ὑμῶν ἐστιν γνῶναι (zu kennen) χρόνους ἢ καιροὺς (ὁ χρόνος = die Zeit; ὁ καιρός = der Zeitpunkt). 5) τότε λέγει αὐτῷ ὁ Πιλᾶτος, οὐκ ἀκούεις ...; 6) μὴ μεταβαίνετε ἐξ οἰκίας εἰς οἰκίαν. (μεταβαίνω = gehen; ἡ οἰκία = das Haus) 7) τοῖς δὲ λοιποῖς λέγω ἐγὼ οὐχ ὁ κύριος

... (λοιπός = übrig) 8) μὴ ἔχει χάριν τῷ δούλῳ ...; (ἡ χάρις mit ἔχω = danken) 9) μὴ καὶ ὑμεῖς θέλετε ὑπάγειν; 10) μὴ καὶ σύ ἐκ τῆς Γαλιλαίας εἶ;

7. Übungssätze
Bitte übersetzen Sie!
1) ἐξουσίαν ἔχει ὁ υἱὸς τοῦ ἀνθρώπου. 2) ἐμὲ δὲ οὐ πάντοτε ἔχετε. 3) ὁ κύριος αὐτῶν χρείαν ἔχει. 4) οὐ χρείαν ἔχουσιν οἱ ἰσχύοντες (die Starken) ἰατροῦ (ὁ ἰατρός = der Arzt). 5) ἐγὼ δὲ ὅτι τὴν ἀλήθειαν λέγω, οὐ πιστεύετέ μοι. τίς ἐξ ὑμῶν ἐλέγχει με περὶ ἁμαρτίας; εἰ ἀλήθειαν λέγω, διὰ τί ὑμεῖς οὐ πιστεύετέ μοι; 6) οὕτως ἐστὶν ἡ βασιλεία τοῦ θεοῦ. (οὕτως = auf diese Weise) 7) σύ εἶ ὁ υἱὸς τοῦ θεοῦ. 8) ἔρημός ἐστιν ὁ τόπος. 9) ὑμεῖς οὐκ ἀκούετε. 10) ἐγώ ... δουλεύω ... νόμῳ θεοῦ. 11) ἢ ὁ ὀφθαλμός σου πονηρός ἐστιν ὅτι ἐγὼ ἀγαθός εἰμι; 12) καὶ γὰρ ἐγὼ ἄνθρωπός εἰμι ὑπὸ ἐξουσίαν ... 13) ὑπάγετε εἰς τὴν κατέναντι (gegenüberliegend) κώμην. 14) ὧδε ἡ ὑπομονὴ τῶν ἁγίων ἐστίν, οἱ τηροῦντες (die, die bewahren) τὰς ἐντολὰς τοῦ θεοῦ καὶ τὴν πίστιν (Akk Sg von ἡ πίστις = der Glaube) Ἰησοῦ. (ὧδε = hier) 15) μετὰ ἡμέρας ἓξ (= sechs) παραλαμβάνει ὁ Ἰησοῦς τὸν Πέτρον καὶ τὸν Ἰάκοβον καὶ τὸν Ἰωάννην καὶ ἀναφέρει (ἀναφέρω = hinaufbringen) εἰς ὄρος ... 16) αἱ ἡμέραι πονηραί εἰσιν. 17) συνεργοί ἐσμεν τῆς χαρᾶς ὑμῶν. 18) ὑμεῖς γὰρ ἐστε ἡ δόξα ἡμῶν καὶ ἡ χαρά. 19) καὶ βλέπουσιν ἐκ τῶν λαῶν καὶ ἐκ φυλῶν καὶ γλωσσῶν ... τὸ πτῶμα (den Leichnam) αὐτῶν ... 20) πιστεύετε εἰς τὸν θεὸν καὶ εἰς ἐμὲ πιστεύετε.

LEKTION 3

I Morphologie

1 Die Demonstrativpronomen

Das Demonstrativpronomen ist ein hinweisendes Fürwort. Deutsch kennen wir zwei Varianten: *Dieser* Baum ist ... / *jener* Baum ist ... „Dieser" wird für die Nahdeixis (ἡ δεῖξις = das Zeigen), also das Hinweisen auf das Näherliegende und „jener" für die Ferndeixis, das Hinweisen auf etwas entferntes, gebraucht.
Die griechische Sprache kennt eigentlich drei verschiedene Demonstrativpronomen. Eines davon ist im NT jedoch beinahe verschwunden. Die beiden andern werden analog zum deutschen Gebrauch (mit Ausnahmen) verwendet.

1.1 Nahdeixis

Als Vokabel lernen wir den Nominativ οὗτος, αὕτη, τοῦτο. In folgender Tabelle nun alle Formen:

	Mask	*Fem*	*Ntr*	
Nom Sg	οὗτος	αὕτη	τοῦτο	dieser, diese, dieses
Gen	τούτου	ταύτης	τούτου	dieses, dieser, dieses
Dat	τούτῳ	ταύτῃ	τούτῳ	diesem, dieser, diesem
Akk	τοῦτον	ταύτην	τοῦτο	diesen, diese, dieses
Nom Pl	οὗτοι	αὗται	ταῦτα	diese
Gen		τούτων		dieser
Dat	τούτοις	ταύταις	τούτοις	diesen
Akk	τούτους	ταύτας	ταῦτα	diese

1.1.1 Anmerkungen

a) Die Formen gleichen stark denen des Artikels. Das ist nicht verwunderlich, denn sprachgeschichtlich war der Artikel ursprünglich ein Demonstrativpronomen. Nimmt man den hinteren Teil des Pronomens, so erkennt man den Artikel. Lediglich der Nom Sg Mask weicht mit dem ς in der Endung davon ab.
Mask: τού + Artikel (Nom οὗ-)
Fem: ταύ + Artikel (Nom αὗ- / αὑ-)
Neutr: Sg: τού + Artikel (Nom τοῦ- / Pl Aussenkasus ταῦ-)

b) Auch der Spiritus asper in den Nominativen Mask und Fem entspricht dem Artikel.

c) Gen Pl hat für alle drei Genera dieselbe Form τούτων.

d) Im Neutrum tritt wieder das bekannte Muster auf: Aussenkasus sind identisch, Innenkasus gleichen dem Maskulinum.

1.2 Ferndeixis

Auch hier lernen wir eine Vokabel in allen drei Genera: ἐκεῖνος, ἐκείνη, ἐκεῖνο.

Sg	Mask	Fem	Ntr	Bedeutung
Nom Sg	ἐκεῖνος	ἐκείνη	ἐκεῖνο	jener, jene, jenes
Gen	ἐκείνου	ἐκείνης	ἐκείνου	jenes, jener, jenes
Dat	ἐκείνῳ	ἐκείνῃ	ἐκείνῳ	jenem, jener, jenem
Akk	ἐκεῖνον	ἐκείνην	ἐκεῖνο	jenen, jene, jenes
Nom Pl	ἐκεῖνοι	ἐκεῖναι	ἐκεῖνα	jene
Gen		ἐκείνων		jener
Dat	ἐκείνοις	ἐκείναις	ἐκείνοις	jenen
Akk	ἐκείνους	ἐκείνας	ἐκεῖνα	jene

1.2.1 Anmerkungen:

a) Die Formbildung ist auch hier recht einfach. Nehmen Sie für alle Formen das Element ἐκεῖν- und hängen Sie die Endungen der O- resp. der A-Deklination an. Wieder dieselbe Ausnahme im Nom Sg Mask wie oben.

b) Der Zirkumflex wird bei langer Endung selbstverständlich zum Akut.

c) Der Gen Pl kennt wiederum nur eine einzige Form für alle drei Genera.

d) In bezug auf Innen- und Aussenkasus im Neutrum gilt wieder dasselbe wie oben beschrieben.

1.3 Seltene Formen

Die dritte Art des Demonstrativpronomens ist wie gesagt im NT sehr selten geworden. Es handelt sich um die Form ὅδε, ἥδε, τόδε in der Bedeutung: dieser hier / folgender, diese hier / folgende / dieses da / folgendes. Die Formen setzen sich jeweils aus dem Artikel + enklitisches δε zusammen. (Deshalb trägt ἥδε nicht den Zirkumflex.)

> Zu lernen ist nur der Nom/Akk Pl des Neutrums (= τάδε), da er 8× im NT belegt ist. (davon 7× in der Einleitungsformel der 7 Sendschreiben Offb 2–3.)

Weiter kommen nur noch Lk 10, 39 ein Dat Sg Fem τῇδε und Jak 4, 13 ein Akk Sg Fem τήνδε vor.

2 Der schwache Aorist Indikativ und Infinitiv (Aor I)

Als zweites Tempus nach dem Präsens, lernen wir den schwachen Aorist kennen. Schon der unbekannte Name zeigt, dass es sich hierbei um ein der deutschen Sprache fremdes Tempus handelt. Weil diese Form im NT aber sehr häufig anzutreffen ist, wird der Aorist schon an so früher Stelle eingeführt. Bitte vergleichen Sie zur genauen Bedeutung und Übersetzung die Syntax zu den Verbalaspekten in Lektion 4.

Der Ausdruck „schwacher" Aorist oder Aorist I, ist eine reine Formsache. Bitte merken Sie sich jedoch den Ausdruck, da Sie später noch einen „starken" Aorist oder Aorist II und einen „Wurzelaorist" kennenlernen werden. Diese drei Arten des Aorists bilden also lediglich drei Varianten, wie der Aorist der Form nach gebildet wird. Erschrecken Sie also nicht, es handelt sich nicht um drei völlig verschiedene Tempora!

In gewissen Grammatiken wird der schwache Aorist als „Aorist I" und der starke Aorist als „Aorist II" bezeichnet.

Den Indikativ des Aorists übersetzen wir in einem ersten Schritt immer mit dem deutschen Imperfekt oder dem deutschen Perfekt. Der Aorist Indikativ ist also eine Vergangenheitsform. Dass wir uns mit zwei verschiedenen Zeitstufen behelfen müssen, hat mit der fehlenden Entsprechung des Aorist in unserer Sprache zu tun.

> Als Hilfsübersetzung für den Aorist wählen wir deutsch also entweder Imperfekt oder Perfekt.

ἐπίστευσα = a) Ipf: ich glaubte   b) Pf: ich habe geglaubt

Bitte betrachten Sie folgendes Paradigma aufmerksam:

Numerus	Indikativ Akt	Endung	Übersetzung
1. Sg	ἐπίστευσα	-σα	ich glaubte / ich habe geglaubt
2.	ἐπίστευσας	-σα-ς	du glaubtest / du hast geglaubt
3.	ἐπίστευσε(ν)	-σε-(ν)	er, sie, es glaubte / er, sie, es hat geglaubt
1. Pl	ἐπιστεύσαμεν	-σα-μεν	wir glaubten / wir haben geglaubt
2.	ἐπιστεύσατε	-σα-τε	ihr glaubtet / ihr habt geglaubt
3.	ἐπίστευσαν	-σα-ν	sie glaubten / sie haben geglaubt
Infinitiv	πιστεῦσαι	-σαι	glauben

2.1 Anmerkungen

a) Auf den ersten Blick erkennen wir unser Beispielverb πιστεύω sofort wieder, da der Stamm πιστευ- vollständig enthalten ist. Gegenüber dem Präsens Indikativ hat sich lediglich die Endung verändert und es ist ein ε vor das Wort getreten (ausser beim Infinitiv).

b) Die Endung hat auch hier, überhaupt grundsätzlich bei Verbalendungen, die handelnde Person schon drin. Alle Personalendungen beginnen auffällig mit einem σ. Dieses σ ist der Grund, weshalb dieser Aorist „schwach" ist. Es tritt als Suffix an den Wortstamm und bildet so den Aoriststamm. Es handelt sich um ein **Tempuszeichen**, welches grundsätzlich zum Aorist gehört, hingegen beim „starken" Aorist wegfallen wird. Stellen Sie sich dieses Aorist-σ wie eine Krücke vor. Dieser Aorist bedarf einer Stütze, deshalb ist er schwach.

c) Weiter fällt der Vokal α auf, der in jeder Endung (mit Ausnahme der 3.Sg) enthalten ist. Man nennt diesen Vokal den **Kennvokal**.

> Tempuszeichen und Kennvokal zusammen bilden die **Bildesilbe** des Aorists, nämlich -σα.

d) Vorne am Wort, also als **Präfix**, tritt das **Augment**. Das Augment (aus lat. augmentum = Zuwachs, Vermehrung) ist das eigentliche **Vergangenheitszeichen**.

> Jede Verbform mit Augment hat Vergangenheitsbedeutung. Aoristformen ohne Augment haben keine zeitliche Bedeutung!

Weiteres zur Bildung des Augments siehe unten.

e) Der **Infinitiv** hat kein Augment, also auch keine Vergangenheitsbedeutung. Deshalb lautet die Übersetzung nicht „geglaubt haben", wie der deutsche Infinitiv in der Vergangenheit lauten würde. Wir behelfen uns also auch hier zuerst einmal mit einer Hilfsübersetzung und geben den Aorist Infinitiv mit deutschem Präsens Infinitiv wieder.

g) Zusammenfassend nochmals die einzelnen Bestandteile einer Aoristform im Überblick:

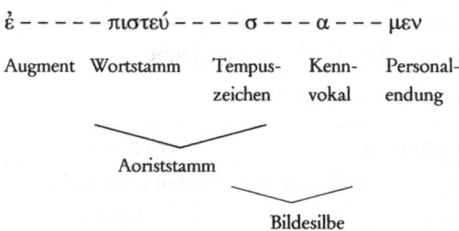

h) Der **Akzent** wird auch hier möglichst weit zum Wortanfang gezogen. Als Regel gilt jedoch, dass er nie über das Augment hinaus gehen kann. Was bei zusammengesetzten Verben sonst z. T. möglich wäre.

Der Akzent wird beim Infinitiv nicht nach vorne gezogen, weil er keine eigentliche Verbform ist. Die Endung -σαι gilt als kurz (Ausnahme), was bewirkt, dass auf der Pänultima ein Zirkumflex stehen muss.

3 Das Augment

Nicht bei jedem Aoriststamm kann einfach ein ε als Präfix angefügt werden um das Augment zu bilden. Daher gibt es drei verschiedene Erscheinungsformen des Augments. Es handelt sich dabei aber nur um eine formale Angelegenheit. Die Bedeutung als Vergangenheitszeichen bleibt sich selbstverständlich die gleiche.

3.1 Die drei Erscheinungsformen des Augments:

3.1.1 Das syllabische Augment

Das syllabische Augment **vermehrt** eine Verbform **um eine Silbe** (lat. syllaba = Silbe). Es besteht aus einem einfachen ἐ-, das als Präfix an den Stamm herantritt. Das ist aber nur möglich, wenn ein Verb **konsonantisch anlautet**! (Wenn zwei Vokale aufeinandertreffen, zieht das immer weitere Veränderungen nach sich.)

δουλεύομεν Präs = wir dienen ⇒ ἐδουλεύσαμεν Aor = wir dienten

3.1.2 Das temporale Augment

Vokalisch anlautende Verben bilden ein temporales Augment. Ihr **Anfangsvokal wird gedehnt**, was in der Aussprache eine zeitliche, temporale Verlängerung bewirkt.

Vokale und Diphtonge werden nach folgender Tabelle gedehnt:

Anfangs- vokal		augmentiert
α	⇒	η
ε	⇒	η
ο	⇒	ω
ι	⇒	ι
υ	⇒	υ
η	⇒	η
ω	⇒	ω

Anfangs- diphtong		augmentiert
ευ	⇒	ηυ / ευ
αυ	⇒	ηυ
ει	⇒	ει (ῃ)
αι	⇒	ῃ
οι	⇒	ῳ
ου	⇒	ου

Beachten Sie bitte:
- dass υ und ι äusserlich in der Länge nicht zu unterscheiden sind.
- Lange Vokale können nicht weiter gedehnt werden, also kann nicht augmentiert werden.
- ευ und ει werden im NT nicht konsequent augmentiert.
- ου wird prinzipiell nicht augmentiert

Beispiele:

Verb Präsens	Bedeutung	Aorist mit Augment
ἀκούω	hören	ἤκουσα
ἐσθίω	essen	ἤσθιον (Ipf!)
ὀφείλω	müssen	ὤφειλον (Ipf!)
ἰσχύω	stark sein	ἴσχυσα
ὑβρίζω	übermütig behandeln	ὕβρισα
ἡγέομαι	führen	ἡγησάμην
ὠφελέω	nützen	ὠφέλησα
εὑρίσκω	finden	εὕρισκον / ηὕρισκον (Ipf!)
αὐξάνω	wachsen	ηὔξησα
εἰρηνεύω	Frieden haben	εἰρήνευσα
αἰτέω	bitten	ᾔτησα
οἰκοδομέω	erbauen	ᾠκοδόμησα
οὐτάζω	verwunden (nicht im NT)	οὔταζον (Ipf!)

3.1.3 Das Augment bei Verba composita (zusammengesetzte Verben)

Die dritte Art, ein Augment zu bilden betrifft nur Verben, die mit einer Präposition zusammengesetzt sind. Diese Klasse ist im NT sehr häufig. Allgemein gilt folgende Regel:

> Bei einem mit einer Präposition zusammengesetzten Verb, wird das Simplex augmentiert, nicht die Präposition.

Dabei muss beachtet werden, dass bei diesen Vorgängen gewisse Lautgesetze spielen. Es ist uns bereits bekannt, dass vokalisch auslautende Präpositionen, wenn das folgende Wort vokalisch anlautet, den Schlussvokal elidieren (ausstossen). (Bsp: *ὑπὸ ἁμαρτίαν > *ὑπ' ἁμαρτίαν > ὑφ' ἁμαρτίαν = unter einer Sünde)

Bei konsonantisch auslautenden Präpositionen kann der Schlusskonsonant aspiriert werden. (*κατὰ ἁμαρτίαν > *κατ' ἁμαρτίαν > καθ' ἁμαρτίαν = gemäss einer Sünde)

Genau dieselben Gesetze gelten bei der Augmentierung von Verba composita.

Beispiele:

κατ-αλύω Präs = ich löse ganz auf ⇒ κατ-έλυσα Aor = ich löste auf
ἀπολύω Präs = ich lasse los ⇒ ἀπ-έλυσα Aor = ich liess los

Die Präpositionen πρό und περί bilden aber Ausnahmen zu dieser Regel!

περιβλέπω Präs = ich blicke umher ⇒ περιέβλεψα Aor ich blickte umher

Das Augment kann sogar *vor* die Präposition treten:

προφητεύω Präs = ich rede prophetisch ⇒ ἐπροφήτευσα Aor ich redete prophetisch

4 Der Imperativ aktiv des schwachen Aorists

Nach dem Indikativ und dem Infinitiv folgt hier noch der Imperativ des schwachen Aorists. Wie beim Präsens gilt es auch hier vier Formen zu lernen, da der Imperativ jeweils in der 2. und der 3. Person gebildet werden kann.

Numerus	Imperativ Aor Akt	Endung	Übersetzung
2. Sg	πίστευσον	-σον	glaube!
3.	πιστευσάτω	-σάτω	er, sie, es soll glauben!
2. Pl	πιστεύσατε	-σατε	glaubt!
3.	πιστευσάτωσαν	-σάτωσαν	sie sollen glauben!

4.1 Anmerkungen

a) Bitte prägen Sie sich die Endungen gut ein! Wenn wir sie mit dem Präsens vergleichen, so hat die 2. Sg eine eigene Form.
Die übrigen Endungen bestehen aus der Bildesilbe -σα des Aorists und denselben eigentlichen Endungen wie im Präsens.

b) Der Akzent steht so weit vorne wie das die Regeln zulassen.

c) Der Imperativ Aor hat kein Augment! Das bedeutet, dass er auch keine Vergangenheitsbedeutung hat.
In einem ersten Schritt wird er deshalb genau gleich wie das Präsens übersetzt. Es handelt sich aber auch hier um eine Hilfsübersetzung! Die genaue Bedeutung folgt in Lektion 4.

d) Betrachtet man die Endung, so sind auch beim Aor die 2. Pl Ind und Imp identisch. Wegen dem fehlenden Augment lässt sich der Imp aber immer definieren.

5 Lautveränderungen beim σίγμα

Wird ein σ bei einem Wort angefügt, so verursacht dieses sehr oft gewisse Lautveränderungen. Diese funktionieren aber immer nach festen Lautgesetzen.

5.1 Konsonanten + σ

Aus einer Verbindung von Guttural oder Labial mit einem σ entstehen Zwiekonsonanten:

Gutturale (κ, γ, χ) + σ > ξ
Labiale (π, β, φ) + σ > ψ

    βλέπω Präs = blicken   ⇒ ἔβλεψα (> *ἔβλεπ-σα) Aor

    διώκω Präs = verfolgen   ⇒ ἐδίωξα (> *ἐδιωκ-σα) Aor

In Verbindung mit einem Dental hingegen entsteht nicht etwa ein ζ, sondern der Dental fällt aus:

Dentale (τ, δ, θ) vor σ fallen aus.

    πείθω Präs = überzeugen   ⇒ ἔπεισα (> *ἔπειθ-σα) Aor

5.2 Vokale + σ

Die meisten Verben im NT lauten vokalisch aus, die sogenannten Verba vocalia. Bisher sind uns solche begegnet, die auf einen Diphtong auslauten, z.B. δουλεύ-ω. Bei diesen passiert nichts, wenn ein σ hinzutritt!

    δουλεύω Präs = dienen   ⇒ ἐδούλευσα Aor

Anders sieht es bei den Verba vocalia auf -α, -ε und -ο aus. Man spricht hier von den **άω-, έω- und όω-Verben.**

Verba vocalia mit einem α, ε oder ο im Stammauslaut dehnen den Schlussvokal vor dem σ.

    λαλέω (reden)   ⇒ ἐλάλησα (> *ἐλαλε-σα) Aor

    ἀγαπάω (lieben)   ⇒ ἠγάπησα (> *ἠγαπα-σα) Aor

    πληρόω (erfüllen)   ⇒ ἐπλήρωσα (> *ἐπληρο-σα) Aor

Bei anderen Verba vocalia passiert ebenfalls nichts besonderes:

    ἰσχύω Präs = stark sein   ⇒ ἴσχυσα Aor

II Syntax

6 Syntaktischer Gebrauch der Demonstrativpronomina

a) Wird das Demonstrativpronomen attributiv gebraucht, so steht es immer vor oder nach dem Substantiv mit Artikel (also in sogenannt prädikativer Wortstellung). Der Artikel muss in dieser Verbindung immer stehen:

οὗτος ὁ ἄνθρωπος oder ὁ ἄνθρωπος οὗτος = dieser Mensch

ἐκείνη ἡ ἡμέρα oder ἡ ἡμέρα ἐκείνη = jener Tag

b) Das Demonstrativpronomen kann auch absolut gebraucht werden und weist auf eben genanntes oder folgendes hin:

τοῦτο δὲ λέγω· Dies (folgendes) aber sage ich: Gal 3, 17

οὗτος ἦν ἐν ἀρχῇ πρὸς τὸν θεόν Dieses (das ebengenannte Wort) war am Anfang Gott gegenüber. Joh 1, 2

c) Als Prädikatsnomen beim Verb εἰμί:

αὕτη ἐστὶν ἡ ἀγάπη ... Dies ist die Liebe ... (mit folgender Definition) 2 Joh 6

d) Das Demonstrativpronomen kann als Ersatz für das Personalpronomen eintreten (meist für die 3. Person). Oft hat es dabei hervorhebende Bedeutung:

γινώσκετε ἄρα ὅτι οἱ ἐκ πίστεως, οὗτοι υἱοί εἰσιν ᾿Αβραάμ.
Erkennt also, dass die aus Glauben, gerade sie sind Söhne Abrahams. Gal 3, 7

e) In Verbindung mit αὐτός:

αὐτὸς οὗτος   dieser selbst Apg 25, 25

f) Der Artikel zusammen mit μέν und δέ hat demonstrative Funktion:

ὁ μέν ... ὁ δέ ... = der eine / dieser ... der andere / jener z. B. 1 Kor 7, 7

7 Der Nominalsatz

Aus der Syntax zu Lektion 1 ist uns der einfache **Verbalsatz** geläufig. Er enthält ein Subjekt und ein Prädikat. Sein Name sagt es deutlich: er wird vom Verb bestimmt. Sehr häufig trifft man im NT aber auf **Nominalsätze**. Diese werden vom Nomen bestimmt. Anders ausgedrückt: die Hauptaussage im Nominalsatz wird durch ein Nomen ausgesagt. Das Prädikat fehlt. Der Grieche kann also das Verb einfach weglassen, wir allerdings müssen in solch einem Falle ein Verb ergänzen. Meistens ergänzen wir deutsch mit dem Hilfsverb „sein".

κύριος ᾿Ιησοῦς   Herr ist Jesus 1 Kor 12, 3

ἡμεῖς μωροὶ διὰ Χριστόν   Wir sind töricht um Christi willen 1 Kor 4, 10

χάρις ὑμῖν καὶ εἰρήνη   Gnade und Friede sei euch 1 Kor 1, 3

Beispiel 1 zeigt eine Verbindung von zwei Substantiven zu einem Nominalsatz. Im zweiten Beispiel werden ein Personalpronomen und ein Adjektiv miteinander syntaktisch verknüpft.
Beispiel 3 drückt einen Wunsch aus. Deshalb müssen wir den Konjunktiv des Verbes „sein" ergänzen.
Als weitere Möglichkeit erscheint eine Verknüpfung von Substantiv und Adjektiv. Betrachten wir diese Verbindung aber unten Nr. 9 etwas genauer, da wir bei der Behandlung der Adjektive schon auf solch eine Verbindung gestossen sind.

8 Die Ellipse (Auslassung)

Das Griechische kann ein normalerweise notwendiges Satzelement auslassen. Mann bezeichnet dies als Ellipse (ἡ ἔλλειψις = Auslassung). Meist ist das der Fall, weil ein Element selbstverständlich ist und jedermann den Satz auch so verstehen kann. Folgende Arten der Ellipse sind häufig:

a) Beim oben erwähnten Nominalsatz handelt es sich eigentlich um eine Ellipse der Kopula.

b) Andere Verben können ebenfalls ausgelassen werden. Oft zB Verben des Sagens.

    Ἀγρίππας δὲ πρὸς τὸν Φῆστον·   Agrippa (sagte, antwortete) aber zu Festus: Apg 25, 22

c) Andere Ausdrücke wie ὥρα (Stunde), ἡμέρα (Tag), γῆ (Land) ua.:

    ἐν τῇ ἐρήμῳ   in der Wüste (eig. τῇ ἐρήμῳ γῇ = im wüsten Land) Mt 24, 26

    τῇ ἐπαύριον   am folgenden Tag (eig. τῇ ἐπαύριον ἡμέρᾳ) Joh 1, 29

d) Ebenfalls Ellipsen sind die ἀπὸ-κοινοῦ-Konstruktion und das Zeugma (beide Lekt 19 Nr. 3).

9 Attributive und Prädikative Wortstellung beim Adjektiv

Rekapitulieren wir die uns bereits bekannte **attributive Wortstellung** des Adjektivs. Hierbei bildet das Adjektiv ein Attribut zum Substantiv:

Artikel – Adjektiv – Substantiv	oder: Artikel – Substantiv – Artikel – Adjektiv	
ὁ ἀγαθὸς λόγος	oder: ὁ λόγος ὁ ἀγαθός	= das gute Wort

Nun im Unterschied dazu die **prädikative Wortstellung**. In dieser Verbindung wird ein **Nominalsatz** gebildet.

Adjektiv – Artikel – Substantiv	oder: Artikel – Substantiv – Adjektiv	
ἀγαθὸς ὁ λόγος	oder: ὁ λόγος ἀγαθός	= das Wort *ist* gut

III Übungen

1. Aoristformen
Bitte bestimmen Sie folgende Aoristformen nach Person und Numerus und übersetzen Sie mit deutschem Imperfekt!
ἠγάπησεν – ἠδίκησας – ζητῆσαι – ἀκολούθησον – ἀπελύσαμεν – ἐδιώξατε – ἐζήτησα – ἴσχυσαν – λαλησάτωσαν – ἔπεισας – πέμψατε – ἐπλήρωσεν – ἐποίησας – ἐπροφήτευσαν – δίωξον – πεμψάτω – ποιήσατε – ἠδίκησεν – ἠγαπήσαμεν – λαλῆσαι – ἠπειθήσατε – καταλῦσαι

2. Präsens und Aorist
Bitte wenden Sie die behandelten Lautgesetze an und bilden Sie aus folgenden Präsentien Aoriste! Geben Sie die Übersetzung des Aorists mit deutschem Perfekt wieder!
Bsp: βλέπω > ἔβλεψα ich habe gesehen - πιστεύει > ἐπίστευσεν er hat geglaubt
διώκει – πέμπομεν – πείθετε – ἀπολύουσιν – ἰσχύεις – προφητεύομεν – ἀγαπάω – διώκειν – ζητέω – ἀκολουθέω – ἰσχύειν

3. Demonstrativpronomina:
Bitte übersetzen Sie folgende neutestamentlichen Ausdrücke!
1) ἐν ἐκείνῃ τῇ ἡμέρᾳ 2) οὗτοι οἱ λόγοι μου 3) ταῦτα ἐλάλησεν Ἰησοῦς. 4) ὁ λαὸς οὗτος 5) τῆς χώρας ἐκείνης 6) αὕτη ἡ ἐντολή ἐστιν. 7) οὗτος ἀδελφός ... μου ἐστίν. 8) αὕτη ἡ ἀσθένεια 9) λέγω τούτῳ. 10) ποίησον τοῦτο. 11) ἡ καρδία τοῦ λαοῦ τούτου 12) ἐκ τούτου 13) ἐκ τῆς ὥρας ταύτης 14) ἐν ταύτῃ 15) τὸν λαὸν τοῦτον 16) τὴν ἐξουσίαν ταύτην 17) τοῖς ἀνθρώποις τούτοις 18) ἐν ταύταις ταῖς ... ἐντολαῖς 19) τοὺς λόγους τούτους 20) μετὰ δὲ ταύτας τὰς ἡμέρας

4. Prädikative oder attributive Wortstellung? Oder Attribut im Genitiv?
Bitte übersetzen Sie folgende Ausdrücke!
1) εἰς τὴν οἰκίαν τοῦ ἰσχυροῦ 2) μετὰ κραυγῆς ἰσχυρᾶς (ἡ κραυγή = das Geschrei) 3) ἰσχυροί ἐστε. 4) ἰσχυρὸς κύριος ὁ θεός. 5) πέντε (= fünf) ἐξ αὐτῶν ἦσαν (= sie waren) μωραὶ καὶ πέντε φρόνιμοι 6) τὸ μωρὸν τοῦ θεοῦ ... τὰ μωρὰ τοῦ κόσμου (ὁ κόσμος = die Welt) 7) εἰς τὴν γῆν τὴν ἀγαθήν 8) τὰ ἀγαθά σου 9) ἡ ἐντολὴ ἁγία καὶ δικαία καὶ ἀγαθή.

5. Verbalsätze:
1) τότε ἀπέλυσεν αὐτοῖς τὸν Βαραββᾶν. 2) αὐτὸς ἀπολύει τὸν ὄχλον. 3) καὶ ταῦτα εἰπὼν (als er gesagt hatte) ἀπέλυσεν τὴν ἐκκλησίαν. 4) καὶ ἠκολούθησαν αὐτῷ ὄχλοι ... ἀπὸ τῆς Γαλιλαίας ... 5) προσέρηξεν (Aor 3. Sg er stiess an + Dat) ὁ ποταμὸς τῇ οἰκίᾳ ἐκείνῃ καὶ οὐκ ἴσχυσεν σαλεῦσαι (σαλεύω = erschüttern) αὐτήν ... 6) καὶ εἴ τις αὐτοὺς θέλει ἀδικῆσαι ... (τις = Nom Sg; irgendjemand) 7) ὁ δὲ εὐθὺς ἐλάλησεν μετ' αὐτῶν καὶ λέγει αὐτοῖς. 8) ἐλάλησα πρὸς ὑμᾶς. 9) καλῶς ἐπροφήτευσεν περὶ ὑμῶν Ἠσαΐας ... 10) ἐδίωξα τὴν ἐκκλησίαν τοῦ θεοῦ. 11) διώκετε τὴν ἀγάπην. 12) ζητησάτω εἰρήνην καὶ διωξάτω αὐτήν. 13) ζήτησον ἐν οἰκίᾳ ... Σαῦλον. 14) καὶ ἔπεμψεν αὐτὸν εἰς τοὺς ἀγροὺς αὐτοῦ βόσκειν χοίρους. (βόσκω = weiden, hüten) 15) πέμψον ἡμᾶς εἰς τοὺς χοίρους. 16) τοῦτό ἐστιν τὸ σῶμά μου ... τοῦτό ἐστιν τὸ αἷμά μου. 17) κατήντησεν δὲ καὶ εἰς Δέρβην καὶ εἰς Λύστραν. 18) ὥσπερ γὰρ ὑμεῖς ποτε ἠπειθήσατε τῷ θεῷ ... οὕτως καὶ οὗτοι νῦν ἠπείθησαν ... (ποτε = einst; οὕτως = so) 19) μὴ ... κατάλυε τὸ ἔργον τοῦ θεοῦ.

6. Nominalsätze:
1) χάρις δὲ τῷ θεῷ διὰ Ἰησοῦ Χριστοῦ τοῦ κυρίου ἡμῶν. (διά + Gen = durch) 2) ἡ χάρις τοῦ κυρίου ἡμῶν Ἰησοῦ Χριστοῦ μεθ' ὑμῶν. 3) δόξα ἐν ὑψίστοις θεῷ καὶ ἐπὶ γῆς εἰρήνη ἐν ἀνθρώποις εὐδοκίας. (ὑψίστοις = Dat Pl = höchste Höhen; ἐπί + Gen auf; ἡ εὐδοκία = das Wohlgefallen) 4) τοῦ κυρίου γὰρ ἡ γῆ καὶ τὸ πλήρωμα αὐτῆς. 5) ἰδού (siehe!) νῦν καιρὸς σωτηρίας. 6) ἡμεῖς μωροὶ διὰ Χριστόν, ὑμεῖς δὲ φρόνιμοι ἐν Χριστῷ· ἡμεῖς ἀσθενεῖς (Pl Nom = schwach), ὑμεῖς δὲ ἰσχυροί. 7) μὴ ἄδικος ὁ θεός;

LEKTION 4

I Morphologie

1 Die drei Diathesen des Griechischen

Wie in Lektion 1 kurz erwähnt, weist die griechische Sprache **drei Zustandsformen** des Verbes auf. Neben den uns bekannten **aktiven** und **passiven Formen** noch eine mittlere: das **Medium**.
Als Fachausdruck wählen wir wie ebenfalls schon erwähnt, die **Diathese**. Der Ausdruck Genus verbi (Geschlecht des Verbes) ist unpassend und veraltet.

Die Diathese gibt an, in welcher Weise ein Subjekt an der Verbalhandlung beteiligt ist. Man kann auch von der Aktionsform oder der Handlungsrichtung sprechen.

Im Aktiven geschieht eine direkte Beteiligung:

> Ich baue ein Haus.
> Also eine direkte Linie Subjekt → Prädikat → Objekt

Im Passiven zeigt sich nur eine indirekte Beteiligung. Und zwar primär des Subjekts (Patiens = im aktiven Satz das Objekt). Die handelnde Person (Agens) wird oft gar nicht genannt.

> Ein Haus wird (von mir) gebaut.
> Subjekt ← (Agens) ← Prädikat

Da für das Medium im Deutschen keine Analogie besteht, müssen wir es separat weiter unten einführen.
In dieser Lektion lernen wir in einem ersten Schritt alle drei Diathesen im Präsens kennen. In einem zweiten Schritt folgen Aktiv und Medium des Aorists.

1.1 Die drei Diathesen im Präsens

Zuerst die drei Zustände im Überblick:

Aktiv		*Passiv*
πιστεύω		πιστεύομαι
ich glaube		mir wird geglaubt
	Medium	
	πιστεύομαι	
	ich glaube für mich	

1.1.1 Anmerkungen

a) Man muss für die Übersetzung jeweils die genaue Bedeutung eines Verbes berücksichtigen. Nicht jedes Verb weist der Bedeutung nach alle drei Diathesen auf. Im Zweifelsfall muss das Wörterbuch konsultiert werden. Dort werden die Bedeutungen eines Verbes jeweils in die drei Diathesen eingeteilt.

b) Der Form nach fällt auf, dass Passiv und Medium genau gleich aussehen. Im Präsens ist das durchwegs so.
Sprachgeschichtlich betrachtet, kannte das Urgriechische nur zwei Diathesen, nämlich Aktiv und Medium. Später kam das Passiv dazu. Daher wurden nicht in allen Tempora eigene Formen ausgebildet. So kennen Präsens und Perfekt nur zwei verschiedene Formen. Passiv und Medium fallen also in eins. Aorist und Futur hingegen unterscheiden auch der Form nach zwischen Passiv und Medium.
Das heutige Neugriechisch hat wieder eine Diathese verloren und kennt nur noch Aktiv und Passiv wie andere moderne Sprachen.

2 Die Formen des Mediums

Das Griechische kennt im Präsens und Aorist für alle Modi ein Medium. Auch der Infinitiv kennt eine eigene Form. Ebenfalls, was später behandelt wird, das Partizip.
An dieser Stelle behandeln wir zuerst die Formen des Präsens Indikativ und Infinitiv. Nachher dasselbe für den Aorist, dann die Imperativformen.

2.1 Medium / Passiv des Präsens

Numerus	Präs Ind M/P	Endung	Übersetzung
1. Sg	πιστεύομαι	-ο-μαι	M: ich glaube für mich / P: mir wird geglaubt
2.	πιστεύῃ	-ῃ	M: du glaubst für dich / P: dir wird geglaubt
3.	πιστεύεται	-ε-ται	M: er, sie, es glaubt für sich / P: ihm, ihr, ihm wird ...
1. Pl	πιστευόμεθα	-ό-μεθα	M: wir glauben für uns / P: uns wird geglaubt
2.	πιστεύεσθε	-ε-σθε	M: ihr glaubt für euch / P: euch wird geglaubt
3.	πιστεύονται	-ο-νται	M: sie glauben für sich / P: ihnen wird geglaubt

| Infinitiv | πιστεύεσθαι | -ε-σθαι | M: für sich glauben / P: geglaubt werden |

Anmerkungen:
a) Wiederum bleibt der Stamm erhalten, nur die Endung wechselt. Bitte lernen Sie auch hier die Endungen auswendig aufsagen! Sie bilden neben den aktiven Formen eine weitere Säule, auf der später aufgebaut wird.

b) Die Endung kann wieder in Themavokal und Personalendung unterteilt werden. Vor μ und ν lautet der Themavokal ο, vor σ und τ lautet er ε.
Die 2. Sg ist aus ursprünglichem ε-σαι entstanden. Das innervokalische σ fiel im Laufe der Zeit aus. So treffen zwei Vokale aufeinander, die zu η kontrahiert werden (< ε-αι). ε + α ergibt η, das Iota wird subskribiert. Die ursprüngliche Endung -σαι wird im Perfekt wieder erscheinen.

c) Der Akzent wird auch hier soweit an den Wortanfang gezogen, wie das die Regeln zulassen.

d) Bitte merken Sie sich nochmals gut: Im Präsens sind Medium und Passiv der Form nach nicht zu unterscheiden! – Der Kontext muss entscheiden, manchmal auch der Ausleger.

2.2 Das Medium des schwachen Aorists

Der Aorist kennt je eine eigene Form für das Medium und das Passiv. Bei der Übersetzung handelt es sich wieder um eine Hilfsübersetzung. Entweder mit deutschem Imperfekt oder Perfekt.

Numerus	Aor Ind Med	Endung	Übersetzung
1. Sg	ἐπιστευσάμην	-σά-μην	ich glaubte für mich / ich habe für mich geglaubt
2.	ἐπιστεύσω	-σω	du glaubtest für dich / "
3.	ἐπιστεύσατο	-σα-το	er, sie, es glaubte für sich / "
1. Pl	ἐπιστευσάμεθα	-σά-μεθα	wir glaubten für uns / "
2.	ἐπιστεύσασθε	-σα-σθε	ihr glaubtet für euch / "
3.	ἐπιστεύσαντο	-σα-ντο	sie glaubten für sich / "

Infinitiv	πιστεύσασθαι	-σα-σθαι	für sich glauben

2.2.1 Anmerkungen:

a) Auch hier ist der Verbalstamm (πιστευ) gut zu erkennen. Als Präfix tritt im Indikativ das Augment hinzu. Die Endung setzt sich zusammen aus der Bildesilbe des Aorists (-σα) und der Personalendung.
Auch diese Endungen sind unbedingt auswendig zu lernen!

b) Die ursprüngliche Endung der 2.Sg lautet -σο. Sie wird ebenfalls im Perfekt wieder verwendet werden. Aus *-σασο entstand, nachdem das innervokalische σ ausgefallen war, durch Kontraktion der aufeinandertreffenden Vokale ein langes ω (< -σα-ο > σω).

c) Der Infinitiv hat kein Augment, damit auch keine Vergangenheitsbedeutung.

3 Die Imperative Präsens M/P und schwacher Aorist M

Die Imperative im Präsens und im Aorist sind sich auch bei den medialen Formen sehr ähnlich. Deshalb behandeln wir sie an dieser Stelle gemeinsam.

3.1 Imperativ Präsens M/P

Numerus	Präs Imp M/P	Endung	Übersetzung
2. Sg	πιστεύου	-ου	M: glaube für dich! P: lass dir glauben!
3.	πιστευέσθω	-έ-σθω	M: er, sie, es soll für sich glauben! P: er, sie, es soll sich glauben lassen
2. Pl	πιστεύεσθε	-ε-σθε	M: glaubt für euch! P: lasst euch glauben!
3.	πιστευέσθωσαν	-έ-σθωσαν	M: sie sollen für sich glauben! P: sie sollen sich glauben lassen!

3.2 Imperativ Aorist M

Numerus	Aor Imp M	Endung	Übersetzung
2. Sg	πίστευσαι	-σαι	glaube für dich!
3.	πιστευσάσθω	-σά-σθω	er, sie, es soll für sich glauben!
2. Pl	πιστεύσασθε	-σα-σθε	glaubt für euch!
3.	πιστευσάσθωσαν	-σά-σθωσαν	sie sollen für sich glauben!

3.2.1 Anmerkungen

a) Bis auf die 2. Sg sind die eigentlichen Endungen bei beiden Tempora dieselben. Das Präsens setzt seinen Themavokal ε voran, der Aorist seine Bildesilbe -σα.

Den aktiven Formen gegenüber ist lediglich ein -σθ zwischen Themavokal resp. Bildesilbe und eigentliche Endung getreten.

b) Die 2. Sg ist wieder speziell. Die ursprüngliche Form lautete auch hier -σο.
Im Präsens fällt wieder das innervokalische σ aus, und die aufeinandertreffenden Vokale ε und ο kontrahieren zu ου (-ου < -ε-ο < *ε-σο).
Der Aorist hat eine eigene Imperativendung -σαι.

c) Die Endung -σαι sieht auf den ersten Blick nach aktivem Infinitiv Aor aus! Beachten Sie aber, dass der Imperativ als echte Verbalform den Akzent nach vorne zieht, während der Infinitiv auf der Pänultima betont ist. Die Endung -σαι gilt als kurz: Inf πιστεῦσαι / Imp 2. Sg πίστευσαι

d) In der 2.Pl Präsens sind Imperativ und Indikativ der Form nach wiederum nicht klar zu unterscheiden. Der Kontext oder der Exeget müssen entscheiden.

4 DIE BEDEUTUNG DES MEDIUMS

Aktiv und Passiv behandeln wir analog zum deutschen Gebrauch.
Das Medium weist grundsätzlich zwei verschiedene Bedeutungen auf.

a) Direkt-reflexives Medium

> Das Subjekt ist zugleich Objekt der Verbalhandlung. Man kann daher auch von **akkusativischem Medium** sprechen (das Subjekt ist „zugleich AkkO der Handlung").

Akt: λούω τὸ τέκνον   ich wasche das Kind (AkkO)

Med: λούομαι   ich wasche mich

> Häufig kann in der deutschen Übersetzung statt dem reflexiven Verhältnis ein **intransitives Verb** gebraucht werden.

Med: λούομαι   ich wasche mich   intrans: ich bade

b) Indirekt-reflexives Medium

> Das Subjekt vollzieht die Handlung im eigenen Interesse, für sich selbst. Man kann auch von **dativischem Medium** reden. Die Verbalhandlung kann trotzdem auf ein AkkO zielen.

Akt: φυλάσσω τὸ θηρίον   ich bewache das Tier (AkkO)

Med: φυλάσσομαι τὸ θηρίον   ich bewache das Tier (AkkO) <u>für mich</u> (im eigenen Interesse)

Oft ist es nicht ganz einfach, ein griechisches Medium zu übersetzen. Die zwei erwähnten Grundbedeutungen decken nicht alle Nuancen des Mediums ab. Weitere Unterscheidungen müssen in der Übersetzungspraxis am konkreten Beispiel anhand einer ausführlichen Grammatik geklärt werden.

4.1 Zur Übersetzung des Imperativs M/P

Die Übersetzung eines Imperativs mit medialen oder passiven Formen ist nicht immer ganz einfach. Deutsch müssen wir uns immer mit Hilfsverben behelfen.

Für den passiven Imperativ helfen oft die Hilfsverben „lassen" oder „sollen" weiter. Das Medium kann mit dem Zusatz „für sich" (indirekt) oder mit dem deutschen Reflexivpronomen „sich" (direkt) recht gut umschrieben werden. Oft wirken solche Übersetzungen etwas schwerfällig. Es handelt sich aber auch hier um **Hilfsübersetzungen**! Die genauen Wiedergabemöglichkeiten müssen noch den Verbalaspekt mitberücksichtigen, der auch in dieser Lektion behandelt wird (s. Syntax).

Beispiele:

λέγου P   Lass dich nennen!
           Es soll geschehen, dass du genannt wirst!

λέγου M   Nenne dich! (direktes Medium)
           Nenne für dich! (indirektes Medium)

Beispiele aus dem NT:

ὕπαγε νίψαι   Geh, wasche dich! Joh 9,7

ὃν καὶ σὺ φυλάσσου   Den behalte auch *du* im eigenen Interesse im Auge! 2Ti 4,15

5 Unterscheidung zwischen Medium und Passiv

Da die Formen im Präsens (und im Perfekt) nicht zu unterscheiden sind, sind einige Unterscheidungskriterien unerlässlich.

a) Die passiven Formen sind weitaus häufiger als die medialen. Versuchen sie daher im Zweifelsfalle zuerst eine passive Übersetzung.

b)

> Erscheint bei einer mediopassiven Form die Präposition ὑπό mit Genitiv, so handelt es sich immer um ein Passiv.

Der Genitiv gibt dann die handelnde Person (= Agens) der passiven Handlung an. In der Koine steht statt ὑπό aber auch häufig ἀπό mit Genitiv.

ἕκαστος δὲ πειράζεται ὑπὸ τῆς ἰδίας ἐπιθυμίας Jeder aber wird von der eigenen Begierde versucht Jak 1, 14

... ἀπὸ θεοῦ πειράζομαι   ... ich werde von Gott versucht Jak 1, 13

6 Das Deponens

Einige griechische Verben haben der Form nach ihre aktiven Endungen „deponiert", also abgelegt. Sie weisen daher **keine aktiven Endungen** auf. Daher ihr Name Deponentien.
Ihre **Bedeutung ist aber immer aktiv.** Das mag auf den ersten Blick etwas verwirrend klingen. Man muss sich aber die Deponentien als solche merken. Als Vokabel lernen Sie also z. B. γίνομαι = sein, werden, geschehen. Eine Form „γίνω" gibt es nicht.
Im Präsens ist die Form klar: es gibt nur die „-ομαι-Endungen" für Medium und Passiv. Welche Endung für das Deponens aber würden Sie im Aorist wählen, der eigene Endungen für Medium und Passiv hat? Genau hier liegt oft eine Schwierigkeit.
Manche Deponentien wählen im Aorist mediale Endungen. Man nennt sie **Deponentia media.** Andere hingegen wählen die passiven Endungen auf -θην (uns noch nicht bekannt), die sogenannten **Deponentia passiva.** Leider gibt es noch solche, die manchmal mediale, manchmal passive Endungen aufweisen. Z. B. das sehr häufige γίνομαι gehört zu ihnen.
Sprachgeschichtlich lässt sich das dadurch erklären, dass die passiven Formen erst nachträglich hinzugekommen sind.
Für den Moment mag das genügen. Genaueres werden wir erst behandeln, wenn die Formen des passiven Aorists gelernt sind.

Bitte merken Sie sich aber gut:

> Deponentien haben mediale oder passive Endungen, aber immer aktive Bedeutung.

Bitte entnehmen Sie Beispiele aus dem Vokabular. Die Deponentien sind jeweils mit D gekennzeichnet.

II Syntax

7 Die Bedeutung der griechischen Tempora

Nachdem wir uns einige Zeit schon mit Hilfsübersetzungen abgemüht haben, soll hier das Geheimnis um die genauen Bedeutungen der Tempora gelüftet werden.

Vergleichen Sie aber in einem ersten Schritt mit unserem deutschen System der Zeitformen. Bei unserem Gebrauch der Tempora kommt es uns vorallem auf das Wann einer Verbalhandlung an. Geschieht es in der Vergangenheit, in der Gegenwart oder in der Zukunft? Wir sind es gewohnt, in einer chronologischen Zeitenfolge (Consecutio temporum = lat. Aufeinanderfolge der Zeiten) zu *denken*. So ordnen wir die grammatischen Tempora jeweils einer Zeit auf der Zeitlinie zu.

Für die griechische Denkweise und damit auch für das grammatische System gilt dies aber nicht!

Mit einer Ausnahme: das griechische Futur drückt wie das deutsche Futur die Zeitstufe der Zukunft aus.

System der deutschen Tempora:

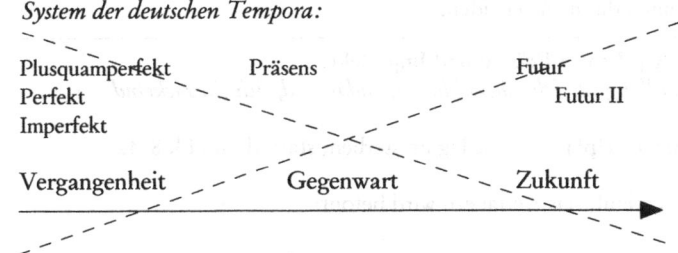

Den Griechen interessiert nicht in erster Linie *wann* eine Handlung geschieht, sondern vorallem *wie* sie geschieht. Der Blickwinkel, immer vom Subjekt aus gesehen, ist entscheidend. Daher spricht man beim griechischen Tempussystem von **Verbalaspekten**, oder kurz von Aspekten. Auch der Ausdruck Tempora ist eigentlich künstlich und entspricht nicht der griechischen Denkweise, sondern ist als Fachausdruck eine Analogie zur lateinischen Grammatik mit ihrer Zeitenfolge. Wir behalten ihn aber trotzdem bei, da er für die Morphologie ganz nützlich ist. Zudem ist er in allen gängigen Grammatiken verbreitet und daher allgemein gebräuchlich.

Beispiel:
> Ein deutsches Partizip lässt sich zeitlich auch nicht genau einordnen, sondern drückt einen Aspekt aus. Der Ausdruck „das fahrende Auto" sagt nämlich nichts darüber aus, wann dieses Auto fährt. Es kann gestern gewesen sein („ich sah das fahrende Auto"), oder allgemein in der Gegenwart („ich sehe das fahrende Auto"), aber eben auch in der Zukunft („ich werde das fahrende Auto sehen"). Wichtig ist hierbei nur der Aspekt, nämlich dass es „fahrend" ist, in einer dauernden Bewegung.

7.1 Der durative Aspekt des Präsens

Der ganze Präsensstamm, dazu gehört auch das Imperfekt, hat **durative Bedeutung**. Eine Verbalhandlung ist grundsätzlich **andauernd**, sich entwickelnd und nicht abgeschlossen.

Bitte merken Sie sich gut:

> Alle indikativischen Tempora haben zusätzlich zu den Aspekten noch eine zeitliche Bedeutung. Alle anderen Formen drücken bloss den Aspekt, ohne Zeitstufe aus.

So drückt das Präsens Indikativ zusätzlich zu dem wichtigeren Aspekt noch die Zeitstufe der Gegenwart aus. Das Imperfekt (nur im Indikativ vorhanden) setzt lediglich den durativen Aspekt des Präsens in die Vergangenheit. Wie wir später sehen werden, weist auch das Imperfekt ein Augment als Vergangenheitszeichen auf.

Grundsätzlich kommen für den durativen Aspekt drei verschiedene Bedeutungsnuancen in Betracht.

a) Linear (geradlinig)   b) iterativ (wiederholend)   c) conativ (versuchend).

Alle drei Möglichkeiten können jeweils für ein und dieselbe Form in Betracht kommen. Aber nicht alle drei ergeben immer einen Sinn. Oft zeigt der Kontext an, ob eine Form linear, iterativ oder conativ zu verstehen ist. Manchmal bleiben zwei Möglichkeiten. Der Ausleger muss dann entscheiden.

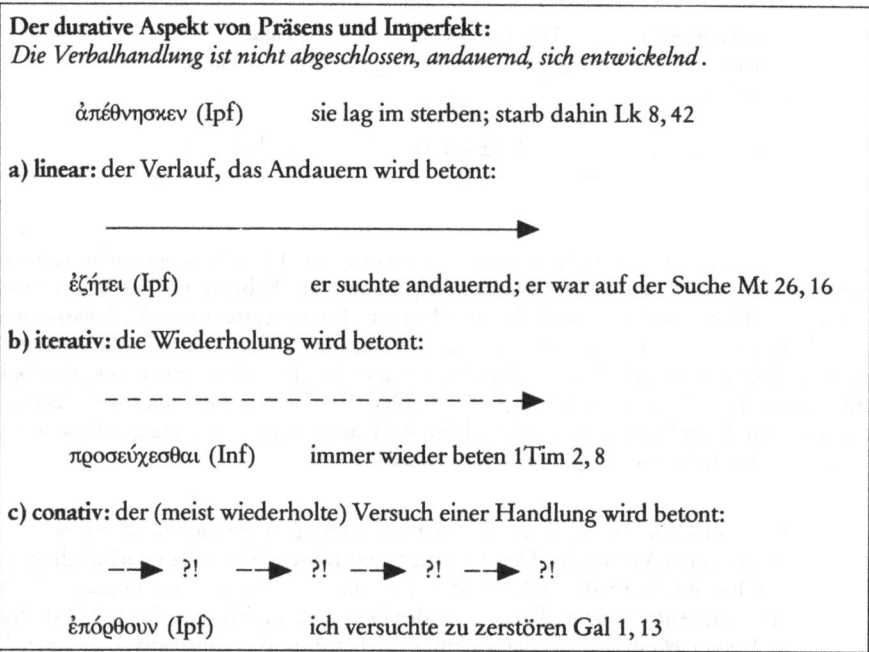

Der durative Aspekt von Präsens und Imperfekt:
Die Verbalhandlung ist nicht abgeschlossen, andauernd, sich entwickelnd.

    ἀπέθνῃσκεν (Ipf)   sie lag im sterben; starb dahin Lk 8, 42

a) linear: der Verlauf, das Andauern wird betont:

    ἐζήτει (Ipf)   er suchte andauernd; er war auf der Suche Mt 26, 16

b) iterativ: die Wiederholung wird betont:

    προσεύχεσθαι (Inf)   immer wieder beten 1Tim 2, 8

c) conativ: der (meist wiederholte) Versuch einer Handlung wird betont:

    ἐπόρθουν (Ipf)   ich versuchte zu zerstören Gal 1, 13

7.2 Der punktuelle Aspekt des Aorists

Benützt ein griechischer Schreiber einen Aorist, so will er immer eine punktuelle Aussage machen. Er betrachtet sozusagen nur einen Punkt aus einem Geschehen. Über den Verlauf einer Handlung wird nichts ausgesagt. Es wird lediglich ein einziger Punkt „herausgepickt" und besonders betrachtet. Dieser Punkt kann am Anfang einer Verbalhandlung sein, in dessen Mitte oder auch an dessen Ende. Man spricht dann vom **Anfangspunkt = ingressiver Aspekt** und vom **Endpunkt**, dem **effektiven Aspekt**. Ebenso ist es möglich, eine vielleicht lang dauernde oder komplexe Handlung **in einen einzigen Punkt zusammenzufassen**, was den **komplexiven Aspekt** darstellt. Also auch hier sind grundsätzlich drei verschiedene Möglichkeiten offen.

Der punktuelle Aspekt des Aorists:
Die Verbalhandlung wird in einem einzigen Punkt gesehen:

a) **komplexiv** (zusammenfassend): Eine natürlicherweise andauernde oder komplexe Handlung wird in einen einzigen Punkt zusammengefasst:

Betrachtungsweise

οὐκ ἐπίστευσαν   sie glaubten überhaupt nicht Joh 9, 18

b) **ingressiv** (den Anfangspunkt bez.): Der Beginn einer Handlung wird betont:

ἔφυγεν   er ergriff die Flucht Mk 14, 52

c) **effektiv** (den Endpunkt bez.): Das Ziel, der Abschluss eines Geschehens wird betont:

ἔπεισαν τοὺς ὄχλους   sie haben die Volksmenge überredet Mt 27, 20

8 Das griechische Erzähltempus

Wird in einem griechischen Text eine Geschichte erzählt (auch Gleichnisse, historische Begebenheiten ua), können verschiedene Tempora verwendet werden. Wenn wir zuerst mit unserer Sprache vergleichen, so wählen wir meistens unser Imperfekt. Um eine Erzählung spannend zu machen können wir aber auch das Präsens verwenden.

Das normale griechische Erzähltempus ist der Aorist. Man nennt ihn den **historischen Aorist**, oder auch den narrativen (erzählenden) Aorist. In diesem Falle verliert er seinen punktuellen Aspekt fast vollständig. Am besten ist dieser Aorist mit dem deutschen Imperfekt wiederzugeben. Beachten Sie aber bitte, dass dafür **nur der Indikativ** in Betracht kommt. Alle nichtindikativischen Zeitformen behalten ihre spezielle Aspektbedeutung. Ein weiteres Kennzeichen ist die Häufung von indikativen Aoristen in einem Text. Reiht sich Aorist an Aorist, so liegt ein historischer Aorist nahe.

> Beachten Sie also die drei Kennzeichen des historischen Aorists:
> 1. Textform: narrativ   2. Modus: Indikativ   3. Vorkommen: häufig

Nun können neben dem Aorist aber auch Präsens und Imperfekt als Erzähltempus verwendet werden. Man nennt sie **imperfectum historicum** und **präsens historicum**. Auch hier müssen Textform und Modus beachtet werden (vgl. Aorist).
Alle drei Erzähltempora können im selben Text vorkommen. Häufig wechseln sich zwei davon ab. Oft wird der historische Aorist von Präsentien unterbrochen, was einen sehr lebhaften Effekt hat.
Trotzdem bestehen gewisse feine Unterschiede:

> – Der Aorist bezeichnet dann in sachlicher Kürze die wichtigsten Momente einer Handlung.
> – Das Imperfekt verweilt mehr bei den Einzelheiten und malt diese anschaulich aus.
> – Das Präsens vergegenwärtigt vergangene Ereignisse und belebt damit eine Erzählung.

Beispiele:
Historischer Aorist:
... ὅστις ᾠκοδόμησεν (Aor) αὐτοῦ τὴν οἰκίαν ἐπὶ τὴν πέτραν· 25 καὶ κατέβη (Aor) ἡ βροχὴ καὶ ἦλθον (Aor) οἱ ποταμοὶ καὶ ἔπνευσεν (Aor) οἱ ἄνεμοι καὶ προσέπεσαν (Aor) τῇ οἰκίᾳ ἐκείνῃ, καὶ οὐκ ἔπεσεν (Aor)...
... welcher sein Haus auf den Felsen baute; und der Regen fiel und die Sturzbäche kamen und die Stürme überfielen jenes Haus, aber es fiel nicht ... Mt 7, 24f

Imperfectum historicum:
πάντες δὲ οἱ πιστεύοντες ἦσαν (Ipf) ἐπὶ τὸ αὐτὸ καὶ εἶχον (Ipf) ἅπαντα κοινὰ καὶ τὰ κτήματα καὶ τὰς ὑπάρξεις ἐπίπρασκον (Ipf) καὶ διεμέριζον (Ipf) αὐτὰ πᾶσιν καθότι ἄν τις χρείαν εἶχεν (Ipf).
Alle aber, welche glaubten hielten sich am selben Ort auf und hatten alles gemeinsam und sie verkauften die Grundbesitztümer und die Vermögen und verteilten sie allen, sowie irgendjemand einen Mangel hatte. Apg 2, 44f

Historischer Aorist von Präsentien unterbrochen:
43 τῇ ἐπαύριον ἠθέλησεν (Aor) ἐξελθεῖν εἰς τὴν Γαλιλαίαν καὶ εὑρίσκει (Präs) Φίλιππον. καὶ λέγει (Präs) αὐτῷ ὁ Ἰησοῦς, ἀκολούθει μοι (direkte Rede im Präs). 44 ... Einschub über Herkunft von Philippus. 45 εὑρίσκει (Präs) Φίλιππος τὸν Ναθαναὴλ καὶ λέγει (Präs) αὐτῷ ... (es folgt wieder direkte Rede im Präs) 46 καὶ εἶπεν (Aor) αὐτῷ Ναθαναήλ ... 47 εἶδεν (Aor) Ἰησοῦς ...
Am nächsten Tag wollte er nach Galiläa hinausgehen, aber er findet den Philippus. Und Jesus spricht zu ihm: Folge mir nach! 44 ... 45 Philippus findet den Nathanael und sagt ihm: ... 46 Und Nathanael sagte ihm ... 47 Jesus sah ... Joh 1, 43ff
Bitte vergleichen Sie mit einer deutschen Übersetzung!

9 Die Aspekte beim Imperativ

Bisher haben wir die Imperative von Präsens und Aorist genau gleich übersetzt. Für beide galt dies als Hilfsübersetzung. Der Imperativ ist keine indikativische Zeitform, also hat er nichts mit Gegenwart oder Vergangenheit zu tun, sondern drückt nur den jeweiligen Aspekt aus:
Der **Imperativ Präsens** ist eine durative Befehlsform und bezeichnet:
a) eine Aufforderung, mit einer bereits begonnenen Handlung weiterzufahren

        πίστευε   glaube weiter! (linear) Mk 5, 36

b) eine Aufforderung, ständig (linear) oder wiederholt (iterativ) zu tun

        αἰτεῖτε   bittet unermüdlich! (linear)
                        bittet immer wieder! (iterativ) Mt 7, 7

Wird er negiert (immer mit μή), so ergeht die Aufforderung:

a) mit einer bereits begonnenen Handlung aufzuhören (Negation des linearen oder iterativen Aspekts: „was du immer wieder tust, tue nicht!")

μὴ λυπεῖτε τὸ πνεῦμα τὸ ἅγιον   Hört auf, den Heiligen Geist zu betrüben!
(< iterativ) Eph 4, 30

b) eine Handlung niemals zu tun (Negation des linearen Aspekts: „was du immer tust, tue nicht!")

μηδὲ δίδοτε τόπον τῷ διαβόλῳ   Gebt aber dem Teufel niemals Raum!
(< linear) Eph 4, 27

Der Imperativ Aorist dient
a) als normale Befehlsform (komplexiv, um zusammenfassend zu sagen, was zu tun ist)

κήρυξον τὸν λόγον   Verkünde das Wort! 2Ti 4, 2

b) als Aufforderung, mit einer Handlung zu beginnen (ingressiv)

πίστευσον   Beginn zu glauben! Apg 16, 31

c) als Aufforderung, eine zielgerichtete Handlung abzuschliessen (effektiv)

στρέψον αὐτῷ καὶ τὴν ἄλλην   Strecke ihm auch die andere hin! Mt 5, 39

Der Imperativ Aorist kann nicht verneint werden. Um ein Verbot mit dem Aorist auszudrücken, wird der Konjunktiv gebraucht. Wir werden an betreffender Stelle darauf zurückkommen.

Oft ist es sehr schwierig, zwischen den einzelnen Aspekten zu unterscheiden.
Bitte merken Sie sich folgende allgemeine Aussagen:

> Der Imperativ Präsens hat eine Vorliebe für allgemeine Vorschriften, während der Imperativ Aorist mehr das Handeln im Einzelfall im Auge hat.

III Übungen

1. Präsens M/P
Bitte bestimmen Sie folgende Formen nach Person und Numerus und übersetzen Sie (sofern möglich) a) passivisch b) medial! Deponentien hingegen sind aktivisch zu übersetzen!
ἀποστέλλομαι – βούλεται – γίνονται – ἐκλέγεσθε – κλαιόμεθα – πάσχῃ – πορεύεσθαι – φεύγονται – χαίρεσθαι – εἰσπορεύονται – εἰσπορεύεται –

2. Aorist M
Nun dasselbe mit Aoristformen! Übersetzung mit deutschem Ipf (Hilü)!
ἐδεξάμεθα – ἐξελέξαντο – ἐλυσάμην – ἀνεχωρήσατο – ἐλυσάμεθα – ἐπροφητεύσατο – ἀδικήσασθαι – ἠκολουθησάμην – ἐπιστεύσω – καυχήσασθαι

3. Präsens → Aorist
Bitte verwandeln Sie folgende Präsentien in Aoriste, wobei Sie Numerus und Modus beibehalten!
πιστεύω – ἀκολουθέω – λύεται – δεχόμεθα – ζητέω – δουλεύεσθε – ἰσχύῃ – πιστεύονται – λύει

4. Imperative
Bitte übersetzen Sie folgende Imperative, wobei Sie die jeweiligen Aspekte zum Ausdruck bringen! Vergleichen Sie wenn nötig den Kontext, auch wenn die Aspekte in den Übersetzungen oft nicht zum Ausdruck gebracht werden!
1) λύσατε αὐτόν → kompl 2) ὑπάγετε → linear 3) λῦσον τὸ ὑπόδημα (= Akk) → kompl 4) χαίρετε → lin 5) ποιήσατε → ingr 6) μὴ φόβου μόνον πίστευσον → lin / ingr (μόνον = nur) 7) μὴ ... πασχέτω → lin 8) μὴ κλαίετε → lin 9) θεραπεύετε ... καὶ λέγετε αὐτοῖς → lin / iterat 10) φεῦγε εἰς Αἴγυπτον → lin

5. Übungssätze
1) ὑπάγετε εἰς τὴν κώμην τὴν κατέναντι (gegenüberliegend) ὑμῶν. 2) ὁ κύριος αὐτοῦ χρείαν ἔχει, καὶ εὐθὺς αὐτὸν ἀποστέλλει πάλιν ὧδε. 3) τί λύετε τὸν πῶλον; 4) λύσατε τὸν ναὸν τοῦτον. 5) τὰς δὲ νεωτερικὰς ἐπιθυμίας φεῦγε, δίωκε δὲ δικαιοσύνην ... (νεωτερικός,-ή,-όν = jugendlich, Adj) 6) Ἰησοῦς οὖν ... ἀνεχώρησεν πάλιν εἰς τὸ ὄρος αὐτὸς μόνος. (vl: Ἰησοῦς οὖν ... φεύγει εἰς ...) 7) πορεύου εἰς γῆν Ἰσραήλ. 8) πορεύεσθε ἐν εἰρήνῃ. 9) ἐγὼ ἀποστέλλω ὑμᾶς ὡς πρόβατα ἐν μέσῳ λύκων· γίνεσθε οὖν φρόνιμοι ... (ὁ λύκος = der Wolf) 10) μετὰ δύο ἡμέρας τὸ πάσχα γίνεται. 11) μὴ γίνου ἄπιστος ἀλλὰ πιστός. 12) τί γὰρ ἐποίησεν κακόν; 13) τὸν μὲν πρῶτον λόγον ἐποιησάμην ... 14) ὁ δίκαιος δικαιοσύνην ποιησάτω ἔτι. 15) Μαριὰμ γὰρ τὴν ἀγαθὴν μερίδα (Akk Sg fem = Anteil;) ἐξελέξατο. 16) οὐχ ὑμεῖς με ἐξελέξασθε, ἀλλ' ἐγὼ ἐξελεξάμην ὑμᾶς. 17) καὶ εἰ θέλετε δέξασθαι, αὐτός ἐστιν Ἠλίας. 18) μετὰ χαρᾶς δέχονται τὸν λόγον. 19) καὶ οὐκ ἐδέξαντο αὐτόν. 20) κριτὴς ἐγὼ τούτων οὐ βούλομαι εἶναι.

LEKTION 5

I Morphologie

1 FEMININA DER O-DEKLINATION

Bisher sah es so aus, als gehörten zur O-Deklination nur Maskulina und Neutra und zur A-Deklination nur Feminina. Dem ist aber nicht so. Im NT gibt es eine kleine Gruppe von Feminina, die der O-Deklination angehören. Es handelt sich im Rahmen unserer Lernvokabeln um 7 Substantive. (ἡ βίβλος das Buch; ἡ νόσος die Krankheit; ἡ ὁδός der Weg; ἡ παρθένος die Jungfrau; ἡ ῥάβδος die Rute; ἡ κοινωνός die Genossin und ἡ διάκονος die Dienerin können beide Geschlechter annehmen).

Weiter gehören in diese Gruppe:
- die geographischen Eigennamen uä: ἡ Ἄιγυπτος Ägypten, ἡ Κώρινθος Korinth, ἡ ἔρημος die Wüste, ἡ νῆσος die Insel
- ἡ συκάμινος der Maulbeerbaum, ἡ ἄμπελος der Weinstock
- mit schwankendem Genus: ὁ oder ἡ βάτος der Dornstrauch, ἡ oder ὁ λιμός der Hunger

Ihre Formen zu lernen bietet überhaupt kein Problem. Es geht lediglich darum, den femininen Artikel mit den uns geläufigen Endungen der O-Deklination zu kombinieren.

> Der Artikel gibt das Genus an, nicht die Endung!

1.1 Paradigma Feminina O-Deklination

		Weg Akut auf Ultima	Buch Akut auf Pänultima	Weinstock Akut auf Antepänultima
Nom Sg	ἡ	ὁδός	βίβλος	ἄμπελος
Gen	τῆς	ὁδοῦ	βίβλου	ἀμπέλου
Dat	τῇ	ὁδῷ	βίβλῳ	ἀμπέλῳ
Akk	τὴν	ὁδόν	βίβλον	ἄμπελον
Nom Pl	αἱ	ὁδοί	βίβλοι	ἄμπελοι
Gen	τῶν	ὁδῶν	βίβλων	ἀμπέλων
Dat	ταῖς	ὁδοῖς	βίβλοις	ἀμπέλοις
Akk	τὰς	ὁδούς	βίβλους	ἀμπέλους

1.2 Anmerkungen

a) Einige Vorsicht ist nur bei ἡ ὁδός geboten: Deutsch = mask, griechisch aber fem!
b) Beachten Sie den Akzentwechsel nach den bekannten Regeln!

2 Maskulina der A-Deklination

Wenn die O-Deklination Feminina aufweist, so existieren auch Maskulina der A-Deklination. Diese Gruppe ist im NT etwas grösser. Zu den Lernvokabeln gehören 17 Substantive.

> Meistens bezeichnen die Maskulina der A-Deklination männliche Personen oder Berufe.

Auf einfache Weise können Substantive mit der Endung -της von Verben abgeleitet werden. Sie bilden sogenannte Nomina agentis (Nomen agentis = Substantiv, das den Träger einer Handlung bezeichnet).

Beispiele:

κρίνω (richten)   >   ὁ κριτής (der Richter)

βαπτίζω (taufen)   >   ὁ βαπτιστής (der Täufer)

κλέπτω (stehlen)   >   ὁ κλέπτης (der Dieb)

Auffällig sind gegenüber dem Deutschen: ὁ μαργαρίτης die Perle (9× NT) und ὁ χάρτης das Papyrusblatt (nur 2Joh 12)

Der Hauptmann kann zwei verschiedene Endungen aufweisen: ὁ ἑκατόνταρχος / ἑκατοντάρχης (eig. der Befehlshaber über hundert ἑκατόν)

Hier gilt es, mit Ausnahme des Nom und Gen Sg den mask Artikel mit der Endung der A-Deklination zu kombinieren. Auch hier gilt: Der Artikel gibt das Genus an, nicht die Endung!

2.1 Paradigma Maskulina A-Deklination

		Prophet *Akut auf Pänultima*	Schüler *Akut auf Ultima*	Zacharias *„α-purum"*
Nom Sg	ὁ	προφήτης	μαθητής	Ζαχαρίας
Gen	τοῦ	προφήτου	μαθητοῦ	Ζαχαρίου
Dat	τῷ	προφήτῃ	μαθητῇ	Ζαχαρίᾳ
Akk	τὸν	προφήτην	μαθητήν	Ζαχαρίαν
Nom Pl	οἱ	προφῆται	μαθηταί	
Gen	τῶν	προφητῶν	μαθητῶν	
Dat	τοῖς	προφήταις	μαθηταῖς	
Akk	τοὺς	προφήτας	μαθητάς	

2.1.1 Anmerkungen

a) Merken Sie sich den Gen Sg auf -ου, welcher aus der O-Deklination entlehnt ist. Der Nom Sg wird mit der Vokabel gelernt

b) Namen auf -ας, die kein ε, ι, ρ vor der Endung haben, sind entweder nichtattische – oder nichtgriechische Namen. Sie behalten das α durchgehend in der Endung.

Ἰούδας	Λουκᾶς	Ἰησοῦς	σατανᾶς
Ἰούδα	Λουκᾶ	Ἰησοῦ	σατανᾶ
Ἰούδᾳ	Λουκᾷ	Ἰησοῦ	σατανᾷ
Ἰούδαν	Λουκᾶν	Ἰησοῦν	σατανᾶν

bb) Die Namen mit Zirkumflex auf der Ultima sind gekürzte griechische oder lateinische Namen. λουκᾶς aus Lucanus; Σιλᾶς kommt auch in Vollform Σιλουανός vor.

σατανᾶς wird klein geschrieben, da es kein Eigenname ist (hebr. satan = Widersacher). Ebenso μαμωνᾶς Mammon.

Bitte achten Sie auf die Verwechslungsgefahr von Nom und Gen. Der Dat ist am Jota subscriptum gut zu erkennen. Der Akk an seinem typischen ν. Einzig Ἰησοῦς ist Gen und Dat nicht zu unterscheiden. Der Kontext wird aber weiterhelfen.

3 ZUSAMMENGESETZTE ADJEKTIVE

Eine kleine Gruppe von Adjektiven (9 Lernvokabeln) haben nur zwei verschiedene Endungen. Es sind solche, die aus zwei Elementen zusammengesetzt sind. Z. B. ἄ-πιστος (πιστός mit α-privativum < lat privare = berauben) oder συν-εργός.

> Diese Adjektive haben keine feminine Endung. Werden sie also mit einem fem Nomen verbunden, behalten sie die mask Endung!

Man nennt sie deshalb auch **zweiendige Adjektive**.

Nicht so offensichtlich hierhin gehörend sind ἁμαρτωλός,-όν sündig, ἔρημος, -ον verlassen, öde und φρόνιμος,-ον (< ἡ φρόνις die Einsicht).

Beispiele:

ὁ φρόνιμος ἄνθρωπος

ἡ φρόνιμος γυνή

τὸ φρόνιμον τέκνον

4 KONSONANTISCHE DEKLINATION

Nach O- und A-Deklination soll nun noch die dritte Art der Deklination behandelt werden. Die Nomen dieser Klasse haben einen konsonantischen Stammauslaut, deshalb der Name „konsonantische Deklination". Man nennt sie oft auch „dritte Deklination".

Die Nomen dieser Gruppe sind sehr häufig und weisen z.T. einige Tücken auf. Die Hauptprobleme sind aber sprachwissenschaftlicher Art und müssen nicht auswendig gelernt werden. Sie werden an betreffender Stelle jeweils angemerkt.

Die schwierigste Form dieser Stämme bildet eigentlich der Nom Sg. Ihm ist häufig weder das Genus noch der genaue Stamm anzusehen. Daher muss bei dieser Klasse **unbedingt der Genitiv mitgelernt werden**! Lernen Sie also z.B. τὸ σῶμα, τοῦ σώματος. Im Vokabular und in den Wörterbüchern erscheint einfach die Genitivendung hinter dem Nominativ: τὸ σῶμα, -ατος.

Die eigentliche Genitivendung lautet natürlich -ος und nicht „-ατος". Der letzte Vokal des Stammes wird immer mitangegeben, damit man dessen Länge oder Akzent erkennen kann.

ὁ ποιμήν, -ένος der Hirte z. B. hat einen gedehnten Vokal im endungslosen Nom Sg. Es handelt sich hier um eine Ersatzdehnung, die beim Hinzutreten einer Endung wieder wegfällt.

Bei σῶμα, -ατος ist nichts dergleichen zu erkennen (α im Nom ist kurz, sonst müsste ein Akut auf dem ω stehen).

An der Genitivendung wird zudem die Zugehörigkeit zum jeweiligen Stamm erkennbar. σῶμα gehört mit dem τ-Auslaut zu den Muta-Stämmen. ποιμήν hingegen mit dem ν-Auslaut zu den Liquida-Stämmen. Je nach Stamm können die Endungen etwas variieren.

Nom Sg	Gen Sg	Wortstamm
σῶμα	σώματος	σωματ-
ποιμήν	ποιμένος	ποιμεν-

All diese Informationen stecken im **Genitiv**. Es lohnt sich also, ihn mitzulernen!

Als Überblick seien hier die Endungen von **allen** Stämmen der konsonantischen Deklination angeführt. Bitte lernen Sie sie auswendig, dann werden Sie von allen Formen Numerus und Kasus erkennen können. Diese Methode ist zwar etwas unwissenschaftlich, aber für die Praxis durchaus nützlich!

4.1 Allgemeines Paradigma der konsonantischen Deklination

	Muta- und Liquida-Stämme		Abweichungen bei		
	M. / F.	Ntr.	σ-Stämmen	Digamma-St	ι-Stämmen
Nom Sg	- / -ς	- / -ς			
Gen	-ος	-ος	-ους	-εως	-εως
Dat	-ι	-ι	-ει		
Akk	-α / -ν	- / -ς			-ν
Nom Pl	-ες	-α	-η (-εις)	-εις	-εις
Gen	-ων	-ων			
Dat	-σι(ν)	-σι(ν)			
Akk	-ας	-α	-η (-εις)	-εις	-εις

4.1.1 Anmerkung

Der Nominativ hat entweder keine Endung, oder die Endung besteht aus einem -ς. Man spricht in diesem Fall von **sigmatischer Nominativbildung**.

5 Muta-Stämme

Ergänzend zum allgemeinen Paradigma folgen hier Paradigmata zu den einzelnen Stämmen. Wie uns bekannt ist, gehören zu den Mutae Labiale, Dentale und Gutturale.

So gehören also alle Wörter, deren Stamm auf einen Labial, auf einen Dental oder auf einen Guttural endet, in diese Deklinationsklasse.

5.1 Labialstämme

Zu den Labial-Stämmen gehört keine der Lernvokabeln. Es sei hier aber doch ein Beispiel eines neutestamentlichen Wortes angeführt.

| | Wirbelsturm |
	Stamm: λαιλαπ-
Nom Sg	λαῖλαψ
Gen	λαίλαπος
Dat	λαίλαπι
Akk	λαίλαπα
Nom Pl	λαίλαπες
Gen	λαιλάπων
Dat	λαίλαψιν
Akk	λαίλαπας

5.1.1 Anmerkungen

a) Der Nom Sg hat die Endung -ς, welche mit dem π zu einem ψ verschmolzen wird. Dasselbe passiert beim Dat Pl.

5.2 Dentalstämme

Die weitaus häufigste Klasse der Mutastämme sind die Dentale. Es kommen nur Stammauslaute auf -δ oder -τ vor.

	Gnade Akut auf Pänultima	Hoffnung Endbetont	Leib Zirkumflex auf Pänultima
	χαριτ-	ἐλπιδ-	σωματ-
Nom Sg	χάρις	ἐλπίς	σῶμα
Gen	χάριτος	ἐλπίδος	σώματος
Dat	χάριτι	ἐλπίδι	σώματι
Akk	χάριν (χάριτα)	ἐλπίδα	σῶμα
Nom Pl	χάριτες	ἐλπίδες	σώματα
Gen	χαρίτων	ἐλπίδων	σωμάτων
Dat	χάρισιν	ἐλπίσιν	σώμασιν
Akk	χάριτας	ἐλπίδας	σώματα

5.2.1 Anmerkungen

a) Im Nom Sg (die sog. „sigmatische Nominativbildung") und Dat Pl wird immer folgendes Lautgesetz wirksam, welches eine Stammveränderung zur Folge hat:

> Dentale und σ fallen vor σ aus.

b) Die Feminina mit Dentalstamm weisen im Nom Sg die Endung -ς auf. Bei den meisten dieser Neutra hingegen fehlt hier die Endung: τὸ σῶμα, -ατος; τὸ αἷμα, ατος (Blut); τὸ θέλημα, -ατος (Wille); usw. Nur einige Wenige bilden eine Ausnahme mit Endung -ς im Nom Sg: τὸ κέρας, -ατος (Horn); τὸ τέρας, -ατος (Wunder); τὸ φῶς, φωτός (Licht);
Selten sind Maskulina mit Dentalstamm: ὁ παῖς, παιδός (Kind);
Der Grund für den Wegfall des Dentals bei endungslosen Nomen ist das Auslautgesetz:

> Im Auslaut sind als Konsonanten nur ν, ρ oder σ (oder Zwiekonsonanten) möglich.

c) Bei einigen Neutra tritt zudem eine **Stammänderung im Nom Sg** ein: τὸ γόνυ, -ατος (Knie); τὸ οὖς, ὠτός; Dat Pl ὠσί(ν) (Ohr); τὸ ὕδωρ, ὕδατος; τὸ φρέαρ, φρέατος (Brunnen)
Ebenso das Maskulinum ὁ πούς, ποδός (Fuss).
τὸ γάλα, γάλακτος (Milch) ist lautgesetzlich korrekt, da ein Wortauslaut -κτ nicht möglich wäre.

d) Alle einsilbigen Nomen sind im Gen und Dat Sg und Pl endbetont.
Ausnahmen: Gen Pl bleiben Stammbetont: ὁ παῖς (Pl: παῖδες, παίδων, παισί(ν), παῖδας; τὸ φῶς: Gen Pl φώτων.

e) Auffällig ist der Akk Sg auf -ιν bei allen nicht endbetonten Dentalstämmen auf -ις. Darunter fällt ausser ἡ χάρις (Gnade) weiter ἡ ἔρις, ἔριδος (Streit) Akk Sg ἔριν;
Der Akk Sg χάριτα ist jünger und nur 2× im NT belegt.

f) Recht häufig sind die Feminina auf -της. Sie bezeichnen abstrakte Dinge (nicht zu verwechseln mit den Maskulina auf -της, welche in die A-Deklination gehören!): ἡ ἁγιότης, ἁγιότητος (Heiligkeit; < ἅγιος heilig); ἡ γυμνότης, -ητος (Nacktheit; < γυμνός nackt); ἡ πραΰτης, -ητος (Sanftmut; < πραΰς sanft); ἡ χρηστότης, -ητος (Güte; < χρηστός gut);

g) Ebenfalls Dentalstämme sind die aktiven Partizipien des Perfekts: πεπιστευκώς, πεπιστευκότος (siehe Lekt 13).

5.3 Gutturalstämme

Keine besonderen Schwierigkeiten mehr bilden die Gutturalstämme. Sie sind weit weniger häufig als die Dentalstämme. Da aber einige der häufigsten Nomen zu ihnen gehören, lohnt es sich, sie gut zu beherrschen.

	Fleisch *einsilbig*	*Wächter* *Akut auf Pänultima*	*Frau* *endbetont (mit Stammänderung)*
	σαρκ-	φυλακ-	γυναικ-
Nom Sg	σάρξ	φύλαξ	γυνή
Gen	σαρκός	φύλακος	γυναικός
Dat	σαρκί	φύλακι	γυναικί
Akk	σάρκα	φύλακα	γυναῖκα
Nom Pl	σάρκες	φύλακες	γυναῖκες
Gen	σαρκῶν	φυλάκων	γυναικῶν
Dat	σαρξί(ν)	φύλαξι(ν)	γυναιξί(ν)
Akk	σάρκας	φύλακας	γυναῖκας

5.3.1 Anmerkungen

a) Bitte beachten Sie auch hier die Stammveränderung im Nom Sg, welche durch die Endung -ς verursacht wird. Ebenso im Dat Pl durch die Endung -σι(ν).

b) ἡ γυνή hat im Nom Sg einen unregelmässigen Stamm. Die Endungen sind aber ab dem Gen Sg durchaus paradigmatisch.

c) Auch hier sind die einsilbigen Stämme im Gen und Dat Sg und Pl endbetont.

6 Liquidastämme I

Die Liquidastämme sind weit weniger häufig als die Mutastämme. Sie zerfallen in drei Hauptgruppen. Die eine Gruppe bilden die Nomen, deren Stamm auf -ν oder -ντ auslautet. Die ντ-Stämme haben wohl einen Dental im Auslaut, der aber vor σ ausfällt. Dann tritt dieselbe Reaktion wie bei den Liquiden auf -ν auf.
Die zweite Gruppe bilden die Liquida auf -ρ. Als dritte Gruppe kann man die unregelmässigen auf -ηρ rechnen, die recht häufig sind. Sie werden aber erst in der nächsten Lektion behandelt.
Widmen wir uns zuerst den regelmässigen Nomen.

6.1 Nasal- und ντ- Stämme

Die Substantive dieser Klasse sind nicht sehr zahlreich (9 Lernvokabeln). Sehr häufig sind aber einige Pronomen, Numerale, ein Adjektiv und eine Form des Partizips, welche in diese Deklinationsklasse gehören. Zuerst sollen hier die Paradigmata der Substantive aufgeführt werden. Nachher erscheinen gesondert die Pronomen und das Partizip.

Nasal- und ντ-Stämme:

	Bild endbetont	Monat einsilbig	Herrscher ντ- Stamm
	εἰκον-	μην-	ἀρχοντ-
Nom Sg	εἰκών	μήν	ἄρχων
Gen	εἰκόνος	μηνός	ἄρχοντος
Dat	εἰκόνι	μηνί	ἄρχοντι
Akk	εἰκόνα	μῆνα	ἄρχοντα
Nom Pl	εἰκόνες	μῆνες	ἄρχοντες
Gen	εἰκόνων	μηνῶν	ἀρχόντων
Dat	εἰκόσι(ν)	μησί(ν)	ἄρχουσι(ν)
Akk	εἰκόνας	μῆνας	ἄρχοντας

6.1.1 Anmerkungen

a) Die Endungen sind dieselben wie bei den Mutastämmen.

b) Der Stamm im Nom Sg ist häufig endungslos, dafür aber gedehnt. Z. B. bei εἰκών mit langem ω im Nom Sg und kurzem o im Stamm. Analog dazu ὁ ποιμήν, Stamm ποιμεν- (Hirte). ὁ μήν oder ὁ Ἕλλην (der Grieche) dagegen haben einen Stamm mit langem Vokal.

c) Die einsilbigen Stämme werden auch hier im Gen und Dat endbetont.

d) Nicht als allgemeines Lautgesetz, wohl aber gültig bei allen Liquidastämmen merke man sich:

> ν vor σ fällt spurlos weg (in konsonantischer Deklination).

e) Die ντ- Stämme verlieren im Dat Pl zwei Konsonanten. Der Dental fällt vor σ sowieso. Zurück bleibt ν, welches in dieser Deklination ebenfalls fällt. Das ist zuviel, um einfach so verloren zu gehen. Es tritt eine Ersatzdehnung ein.

> ντ fällt vor σ unter Ersatzdehnung aus.

Die Ersatzdehnung lautet folgendermassen:

    o > ου   (*ἄρχ-ο-ντ-σιν > ἄρχουσιν)

7 DIE DEKLINATION DES INTERROGATIV- UND INDEFINITPRONOMENS

Das uns im Nom bereits bekannte τίς (Interrogativpron.) und τις (Indefinitpron.) gehört zu den Liquida, da es einen Stamm auf -ν besitzt. Die Deklination macht uns nun keine Schwierigkeiten mehr.

	Interrogativpronomen		Indefinitpronomen enklitisch	
	M./F.	Ntr.	M./F.	Ntr.
Nom Sg	τίς	τί	τις	τι
Gen	τίνος		τινός	
Dat	τίνι		τινί	
Akk	τίνα	τί	τινά	τι
Nom Pl	τίνες	τίνα	τινές	τινά
Gen	τίνων		τινῶν	
Dat	τίσι(ν)		τισί(ν)	
Akk	τίνας	τίνα	τινάς	τινά

7.1 Anmerkungen

a) Beachten Sie bitte den Akzent, um die enklitischen von den nichtenklitischen Formen zu unterscheiden. (Rufen Sie sich dazu das Tongesetz der Enklisis in Erinnerung → Lekt 2)

b) Zur Verwendung dieser Pronomen sei auf die Syntax in dieser Lektion verwiesen.

II Syntax

8 Syntax des Interrogativ- und Indefinitpronomens τις

Rein formal sind die beiden leicht am Akzent zu unterscheiden. Das Interrogativpronomen τίς / τί trägt den Akzent (oblique Kasus immer vorne betont), das Indefinitum ist enklitisch.

Nach derselben Regel unterscheiden sich auch folgende Pronomen:

interrogativ		indefinit	
πότε	wann?	ποτέ	irgendwann
πόθεν	woher?	[ποθέν	irgendwoher → nur kl.]
ποῦ	wo?	που	irgendwo
πῶς	wie?	πως	irgendwie, etwa

8.1 Substantivischer und adjektivischer Gebrauch

Beide, τίς und τις können sowohl substantivisch als auch adjektivisch verwendet werden. Sie sind dann folgendermassen zu übersetzen:

a) **substantivisch (allein stehend)**

Interrogativpronomen: τίς / τί = wer? / was?

    τίς δὲ ἐξ ὑμῶν ...;   Wer aber von euch ...? Mt 6, 27

Indefinitpronomen: τις / τι = jemand

μὴ γάρ τις ὑμῶν πασχέτω.   Denn nicht soll jemand von euch leiden. 1Pt 4, 15

b) adjektivisch (attributiv)

Interrogativpronomen: τίς / τί = welcher? / was für ein?

Steht immer vor dem Bezugswort.

τίς ἐξ ὑμῶν ἄνθρωπος …;   Welcher Mensch von euch …? Mt 7, 9

Indefinitpronomen: τις / τι = irgendein / etwas

Steht vor oder nach seinem Bezugswort.

γυναῖκές τινες ἐξ ἡμῶν …   irgendwelche Frauen von uns … Lk 24, 22

ἦν τις βασιλικός …   Es war irgendein königlicher Beamter … Joh 4, 46

c) adverbial

Nur das nichtenklitische Interrogativpronomen.

τί = warum? (statt διὰ τί)

τί οὗτος οὕτως λαλεῖ;   Warum redet dieser so? Mk 2, 7

d) anstatt des Relativpronomens

Weil indirekte Fragen und Relativsätze eng miteinander verwandt sind, kann das Interrogativpronomen an Stelle eines Relativums stehen (nur in der Koine).

ἀλλ' οὐ τί ἐγὼ θέλω, ἀλλὰ τί σύ.   Aber nicht was ich will, sondern was du (willst). Mk 14, 36

9 Fragesätze

Grundsätzlich unterscheidet man drei verschiedene Arten von Fragesätzen. In Lektion 2 wurde die **rhetorische Frage** bereits behandelt. Bei dieser Art von Frage kennt der Fragende die Antwort bereits und sie ist bloss ein Stilmittel.

Zweitens ist davon die **Entscheidungsfrage** zu unterscheiden. Hier kennt der Fragende die Antwort nicht. Die Antwort lautet einfach Ja oder Nein (oder wird durch einen Satz erläutert).

Zum dritten gibt es die **Ergänzungsfrage**. Hier wird nach einem Sachverhalt, nach einem Umstand usw. gefragt.

9.1 Rhetorische Fragen

Rhetorische Fragen werden **mit einer Negation eingeleitet**. Am Satzende steht ein **Fragezeichen**.

| Erwartete Antwort: | Ja | Einleitung mit: οὐ | (verstärkt durch οὐχί) |

*Zur Verdeutlichung kann in der Übersetzung ein „etwa" verwendet werden. Die ganze Frage wird aber besser **positiv übersetzt**. Dann muss ein „doch wohl" ergänzt werden.*

οὐκ οἴδατε ὅτι ναὸς θεοῦ ἐστε;	Ihr wisst doch wohl, dass ihr Gottes Tempel seid? (Wisst ihr etwa nicht, dass ihr Gottes Tempel seid?) 1Kor 3, 16
οὐχὶ καὶ οἱ τελῶναι τὸ αὐτὸ ποιοῦσιν;	Die Zöllner tun doch wohl auch dasselbe? (Tun die Zöllner nicht etwa auch dasselbe?) Mt 5, 46

Erwartete Anwort: Nein Einleitung mit: μή oder ἆρα (verstärkt durch μήτι)

Zur Verdeutlichung kann in der Übersetzung ein „doch nicht etwa" verwendet werden.

μή τινος ὑστερήσατε;	Euch mangelte doch nicht etwa irgendetwas? Lk 22, 35
μήτι ἐγώ εἰμι, κύριε;	Ich bin es doch nicht etwa, Herr? Mt 26, 22
ἆρα γε γινώσκεις ἃ ἀναγινώσκεις;	Du verstehst doch nicht etwa, was du liest? Apg 8, 30

9.2 Entscheidungsfragen

Die Entscheidungsfrage erfordert eine Antwort vom Gegenüber. Am Satzende steht ein **Fragezeichen**· Diese Art von Frage wird **ohne Interrogativpronomen** eingeleitet. Die Antwort ist oft ein blosses Ja oder Nein.
Im Gegensatz zum Deutschen gibt es **keine besondere Wortstellung** zur Kennzeichnung eines Fragesatzes. Da die Interpunktion nicht ursprünglich ist, besteht manchmal eine gewisse Zweideutigkeit.

πιστεύετε ὅτι δύναμαι τοῦτο ποιῆσαι;	Glaubt ihr, dass ich dies tun kann?
λέγουσιν αὐτῷ, Ναὶ κύριε.	Sie sagen ihm: Ja, Herr. Mt 9, 28
ὁ προφήτης εἶ σύ; καὶ ἀπεκρίθη, Οὔ.	Bist *du* der Prophet? Und er antwortete: Nein. Joh 1, 21

9.3 Ergänzungsfragen

Die Ergänzungsfragen fragen nach einem Satzteil, der durch die Antwort zu ergänzen ist. (*Wen* suchst du? Frage nach AkkO ⇒ *Ihn* =AkkO). Natürlich kann auch nach dem Subjekt oder nach einem DatO, nach einer adverbiellen Bestimmung usw. gefragt werden.
Die **Einleitung** geschieht meist **durch ein Fragepronomen**.

Bitte merken Sie sich folgende Fragepronomen:

τίς / τί	wer? / was?
ποῖος, -α, -ον	wie beschaffen? / welcher?
πόσος, -η, -ον	wie gross? / wieviel?
	oft in der Wendung: πόσῳ μᾶλλον = um wieviel mehr?
ποῦ	wo? wohin?
πόθεν	woher?
πότε	wann?
πῶς	wie?

Beispiele:

πόσους ἄρτους ἔχετε;   Wieviele Brote habt ihr? Mt 15, 34

ποία ἐστὶν ἐντολὴ πρώτη πάντων;   Welches ist das erste Gebot von allen? Mk 12, 28

ποῦ ἡ πίστις ὑμῶν;   Wo ist euer Glaube? Lk 8, 25

Alle diese Fragepronomen können aber auch als **Relativpronomen verwendet** werden!

ὑμεῖς δὲ οὐκ οἴδατε πόθεν ἔρχομαι ἢ ποῦ ὑπάγω.
Ihr aber wisst nicht, woher ich komme oder wohin ich gehe. Joh 8, 14

III Übungen

1. O- und A-Deklination
Bitte übersetzen Sie!
τῆς πονηρᾶς ἀσθένειας – τῇ ἁγίᾳ γλώσσῃ – ἡ καλὴ ὁδός – τοὺς ἁγίους προφήτας – τῇ βίβλῳ τῇ καινῇ – δίκαιον τελώνην – ἡ χρηστότης καθαρή – καλὸς ὁ μαθητής – μετὰ ξύλων – ἐν τῇ ἐπιστολῇ

2. Konsonantische Deklination
Bitte bestimmen Sie folgende Formen und übersetzen Sie!
πνεύματος – νύκτα – σαρκί – ἐλπίς – αἱ χάριτες – τὸν ποιμένα – τοῖς ἄρχουσιν – ὁ ὁδούς – σώματα – ταῖς γυναιξί – τοῦ παιδός – ὕδατι – φωτός – τὴν χρηστότητα – εἰκόνες – μηνί – ὦτα – οὕς – τοῦ ποδός – πραΰτητα – ὑπὸ σάρκα – περὶ νυκτός – μετὰ γόνατος – μετὰ ποιμένα – δι᾽ ὕδατα – ἀπ᾽ ἐλπίδος – ἐν φωτί – πρὸς ἄρχοντα – εἰς σῶμα – ἐκ παιδός – ἐξ Ἕλληνος – τοῖς Ἰουδαίοις ἢ τοῖς Ἕλλησιν; – τὸν δράκοντα – τοῦ βήματος – βήματι

3. Interrogativ- (Int) oder Indefinitpronomen (Indef)?
Bitte übersetzen Sie folgende Ausdrücke und bestimmen Sie die Art des Pronomens!
1) εἰσίν τινες ὧδε. 2) εἴ τις θέλει 3) τινὲς αὐτῶν 4) τινὸς ἀδελφός 5) τινὲς δὲ τῶν Φαρισαίων 6) τί γάρ; 7) τί οὖν; 8) σύ τίς εἶ; 9) ἄνθρωπός τις 10) τί πάλιν θέλετε ἀκούειν; 11) τίς ἄνθρωπος; 12) τίς ἐστιν οὗτος; 13) προφήτης τις τῶν ἀρχαίων

4. Übungssätze
Bitte übersetzen Sie!
1) εἴ τις ἔχει ὦτα ἀκούειν ἀκουέτω. 2) εἰ δὲ ἐγὼ ἐν Βεελζεβοὺλ ἐκβάλλω τὰ δαιμόνια, οἱ υἱοὶ ὑμῶν ἐν τίνι ἐκβάλλουσιν; 3) τίς ἄρα ἐστὶν ὁ πιστὸς οἰκονόμος ὁ φρόνιμος; 4) οὐχὶ υἱός ἐστιν Ἰωσὴφ οὗτος; 5) οὐχὶ σὺ εἶ ὁ Χριστός; 6) μήτι οὗτός ἐστιν ὁ Χριστός; 7) μὴ ἔχει χάριν τῷ δούλῳ ὅτι ἐποίησεν τὰ διαταχθέντα (= das Befohlene); 8) μὴ καὶ ὑμεῖς θέλετε ὑπάγειν; 9) ἀκούεις τί οὗτοι λέγουσιν; ὁ δὲ Ἰησοῦς λέγει αὐτοῖς, Ναί. 10) εἰ οὖν τὸ φῶς τὸ ἐν σοὶ σκότος ἐστὶν τὸ σκότος πόσον; 11) ποῦ ἐστιν ἐκεῖνος; 12) πότε ἔρχεται ἡ βασιλεία τοῦ θεοῦ; 13) ἆρα Χριστὸς ἁμαρτίας διάκονος; 14) πιστεύεις τοῦτο; λέγει αὐτῷ, Ναί. 15) λέγει αὐτῷ Ναθαναήλ πόθεν με γινώσκεις; 16) οἵ ποτε οὐ λαὸς νῦν δὲ λαὸς θεοῦ. 17) τὸ πνεῦμα (der Wind) ὅπου (wo) θέλει πνεῖ (er weht) καὶ τὴν φωνὴν (das Geräusch) αὐτοῦ ἀκούεις, ἀλλ᾽ οὐκ οἶδας (du weisst) πόθεν ἔρχεται καὶ ποῦ ὑπάγει. 18) βλέπετε οὖν πῶς ἀκούετε. 19) οὐκ οἴδατε (ihr wisst) γὰρ πότε ὁ κύριος τῆς οἰκίας ἔρχεται. 20) ὑμῶν δὲ μακάριοι οἱ ὀφθαλμοὶ ὅτι βλέπουσιν καὶ τὰ ὦτα ὑμῶν ὅτι ἀκούουσιν.

LEKTION 6

I Morphologie

1 Die Deklination des Numerales „eins" und „keins"

Die Kardinalzahlen (Grundzahlen) von eins bis vier werden dekliniert. Ebenso die Hunderter ab 200 und die Tausender. Uns interessieren hier erst das Zahlwort „eins" und dessen Negation „keins". Der Form nach passen sie sich dem Zugehörigen Nomen an. Folglich sind sie wie die meisten Adjektive dreiendig.
Die mask und ntr Formen laufen nach dem Muster der konsonantischen Deklination (Liquidastamm). Das Femininum läuft nach der bekannten A-Deklination (α- purum).
Logischerweise kommen nur Singularformen vor.

	Mask		*Fem*		*Ntr*	
Nom	εἷς	einer	μία	eine	ἕν	ein
Gen	ἑνός	eines	μιᾶς	einer	ἑνός	eines
Dat	ἑνί	einem	μιᾷ	einer	ἑνί	einem
Akk	ἕνα	einen	μίαν	eine	ἕν	ein

Die zugehörige Negation οὐδείς ist aus οὐδὲ εἷς (auch nicht einer = keiner) entstanden. Wird syntaktisch die Negation μή verwendet, so lautet die Form μηδείς. Analog dazu die fem und ntr Formen.

	Mask		*Fem*		*Ntr*	
Nom	οὐδείς	keiner	οὐδεμία	keine	οὐδέν	kein
Gen	οὐδενός	keines	οὐδεμιᾶς	keiner	οὐδενός	keines
Dat	οὐδενί	keinem	οὐδεμιᾷ	keiner	οὐδενί	keinem
Akk	οὐδένα	keinen	οὐδεμίαν	keine	οὐδέν	kein

1.1 Anmerkungen

a) Der Nom Sg εἷς ist aus *ἑν-ς entstanden. Das ν fiel unter Ersatzdehnung (ε > ει) aus.

b) Bereits wohlbekannt ist uns die Endbetonung von Gen und Dat.

c) Die mask Form εἷς bedeutet auch „jemand". οὐδείς / μηδείς analog dazu auch „niemand". Das Neutrum οὐδέν / μηδέν kann auch „nichts" bedeuten.

2 Die Deklination des Adjektivs πᾶς, πᾶσα, πᾶν

Zu den Nomen mit ντ- Stamm gehört das Adjektiv πᾶς, πᾶσα, πᾶν (jeder, jede, jedes). Es tritt in allen drei Genera auf. Die Formen werden keine besondere Mühe bereiten.

	Mask		Fem		Ntr	
Nom Sg	πᾶς	jeder	πᾶσα	jede	πᾶν	jedes
Gen	παντός	jedes	πάσης	jeder	παντός	jedes
Dat	παντί	jedem	πάσῃ	jeder	παντί	jedem
Akk	πάντα	jeden	πᾶσαν	jede	πᾶν	jedes
Nom Pl	πάντες	alle	πᾶσαι	alle	πάντα	alle
Gen	πάντων	aller	πασῶν	aller	πάντων	aller
Dat	πᾶσι(ν)	allen	πάσαις	allen	πᾶσι(ν)	allen
Akk	πάντας	alle	πάσας	alle	πάντα	alle

2.1 Anmerkungen

a) Die mask und ntr Formen werden konsonantisch dekliniert. Die fem Formen nach der A-Deklination (α-impurum).

b) Das Maskulinum hat sogenannte „sigmatische Nominativbildung". D. h., der Nom erhält die Endung -ς, wobei ντ unter Ersatzdehnung (kurzes α > langes α) ausfällt. Daher der Zirkumflex im Nom. Die urspr. Form lautete *παντς.

Gen und Dat sind im Sg endbetont, im Pl stammbetont (Ausnahme!).

c) Das lange α des Neutrums muss als Ausnahme gelernt werden.

d) Die Feminina mit ντ-Stamm gehen auf einen alten j-Stamm zurück. πᾶσα entstand aus ursprünglichem *παντja. Nach den Lautgesetzen wurde τj zu σ, vor welchem dann das ν ausfiel. Beim Ausfall des alten j tritt Ersatzdehnung ein (langes α, deshalb Zirkumflex!).

e) Ebenfalls hierher gehört das Adjektiv ἑκών, -όντος (freiwillig). Es hat ebenfalls drei Genera. Das Neutrum lautet ἑκόν, -όντος; das Femininum ἑκοῦσα, ἑκούσης. Enstanden aus ursprünglichem *ἑκοντja. τj wird wieder unter Ersatzdehnung (ο > ου) zu σ, ν fällt aus.

f) Nach demselben Muster, aber mit entsprechend verschobenem Akzent werden dekliniert:
ἅπας, ἅπασα, ἅπαν (gleiche Bdtg wie πᾶς); ἄκων, ἄκουσα, ἆκον (unfreiwillig);

3 Die Deklination des aktiven Partizips

Das Partizip Aktiv weist ebenfalls einen ντ-Stamm auf. Es wird analog zu πᾶς, πᾶσα, πᾶν dekliniert. Beim Partizip handelt es sich um eine Form „zwischen" Verb und Nomen. Daher der deutsche Name „Mittelwort" (Griech: ἡ μετοχή = der Anteil). Der Form nach hat es Anteil am Nomen, wird also dekliniert. Seine Bedeutung bekommt es aber vom Verb. Näheres dazu in der Syntax. Hier sollen zuerst die Formen behandelt werden.

3.1 Paradigma Partizip Präsens Aktiv:

	Mask		Fem		Ntr	
Nom Sg	πιστεύων	-ων	πιστεύουσα	-ουσα	πιστεῦον	-ον
Gen	πιστεύοντος	-οντος	πιστευούσης	-ούσης	πιστεύοντος	-οντος
Dat	πιστεύοντι	-οντι	πιστευούσῃ	-ούσῃ	πιστεύοντι	-οντι
Akk	πιστεύοντα	-οντα	πιστεύουσαν	-ουσαν	πιστεῦον	-ον
Nom Pl	πιστεύοντες	-οντες	πιστεύουσαι	-ουσαι	πιστεύοντα	-οντα
Gen	πιστευόντων	-όντων	πιστευουσῶν	-ουσῶν	πιστευόντων	-όντων
Dat	πιστεύουσι(ν)	-ουσι(ν)	πιστευούσαις	-ούσαις	πιστεύουσι(ν)	-ουσι(ν)
Akk	πιστεύοντας	-οντας	πιστευούσας	-ούσας	πιστεύοντα	-οντα

3.1.1 Anmerkungen

a) Der Partizipstamm von πιστεύω lautet πιστευοντ-. Im Nom Sg tritt eine Dehnung des letzten Stammvokals ein (sog. Dehnstufe).
Im Ntr Sg unterbleibt diese Dehnung (sog. Grundstufe). Zudem tritt beim Neutrum wieder das bekannte Phänomen auf, dass die Aussenkasus jeweils identisch sind.

b) Die Formen des Femininums gehen auf den Stamm πιστευοντϳ- zurück. Es tritt der genau gleiche Fall wie bei πᾶς, πᾶσα, πᾶν ein, nur dass die Ersatzdehnung des o den Diphtong ου bewirkt (vgl. o. ἑκών).

c) Bitte beachten Sie den Dat Pl besonders. Rein formal ist er mask und ntr mit der 3. Pl Präsens identisch! (πιστεύουσιν < *πιστευ-ο-ντ-σιν)
Ebenso gleichen sich die mask und ntr Formen der Innenkasus.

d) Formal zu verwechseln sind auch der Akk Sg Mask mit dem Pl Nom und Akk des Neutrums!

e) Der Gen Pl ist fem endbetont, mask und ntr allerdings nicht!

f) Die Endungen sind nochmals separat aufgeführt. Bitte lernen Sie diese als Sprüchlein auswendig! Es dient als Grundlage für alle ντ-Deklinationen. Es hat zudem den Vorteil, dass Sie damit auch das aktive Partizip von εἰμί gleich mitgelernt haben! Dieses hat, bis auf die Akzente, genau dieselben Formen.

3.2 Partizip Aktiv Präsens von εἰμί

	Mask	Fem	Ntr
Nom Sg	ὤν	οὖσα	ὄν
Gen	ὄντος	οὔσης	ὄντος
Dat	ὄντι	οὔσῃ	ὄντι
Akk	ὄντα	οὖσαν	ὄν
Nom Pl	ὄντες	οὖσαι	ὄντα
Gen	ὄντων	οὐσῶν	ὄντων
Dat	οὖσι(ν)	οὔσαις	οὖσι(ν)
Akk	ὄντας	οὔσας	ὄντα

3.2.1 Anmerkungen

a) In bezug auf Verwechslungsgefahren und Betonung gilt hier dasselbe wie oben.

4 Konsonantische Deklination: Liquida-Stämme

4.1 Unregelmässige auf -ηρ

Einige wenige Nomen der konsonantischen Deklination, welche z.T. aber sehr häufig vorkommen, werden unregelmässig gebildet. Es handelt sich um 5 Lernvokabeln mit der Endung -(τ)ηρ.

Paradigma der unregelmässigen auf -ηρ

	Vater endbetont	Mutter Pänultimabetont	Mann
Nom Sg	πατήρ	μήτηρ	ἀνήρ
Gen	πατρός	μητρός	ἀνδρός
Dat	πατρί	μητρί	ἀνδρί
Akk	πατέρα	μητέρα	ἄνδρα
Nom Pl	πατέρες	μητέρες	ἄνδρες
Gen	πατέρων	μητέρων	ἀνδρῶν
Dat	πατράσι(ν)	μητράσι(ν)	ἀνδράσι(ν)
Akk	πατέρας	μητέρας	ἄνδρας

4.1.1 Anmerkungen

a) Die Deklination des Stammes von πατήρ lässt drei verschiedene Stufen erkennen (nicht drei verschiedene Stämme).
  – Grundstufe πατ-έρ-α nicht gedehnt
  – Dehnstufe πατ-ηρ gedehnt zu η
  – Schwundstufe πατ-ρ-ός Vokal geschwunden

Dasselbe tritt bei folgenden Nomen ein: ἡ θυγάτηρ (Tochter); ἡ γάστηρ (Bauch);

Im Dat Pl wurde ein α eingefügt. Ansonsten müsste zuviel wegfallen und der Stamm würde unkenntlich.

b) Die Nomen ὁ ἀστήρ, -έρος (Stern), ἡ ἀήρ (Gen: ἀέρος, Luft) zeigen keine Unregelmässigkeiten. Im Nom Sg mit Dehnstufe, sonst mit Grundstufe: ἀστήρ, ἀστέρος, ἀστέρι, ἀστέρα, ἀστέρες, ἀστέρων, ἀστέρσιν, ἀστέρας

c) Ebenfalls regelmässig, aber immer mit Dehnstufe, ist ὁ σωτήρ, -ῆρος (Retter).

4.2 Liquida auf -ρ

Einige Liquidastämme enden auf ein ρ. Sie sind ebenfalls nicht sehr zahlreich, aber auch nicht schwierig zu lernen. Sie sind fast völlig regelmässig dekliniert.

	Zeuge /-in Pänultimabetont	Hand Ultimabetont	Feuer Neutrum
Nom Sg	μάρτυς	χείρ	πῦρ
Gen	μάρτυρος	χειρός	πυρός
Dat	μάρτυρι	χειρί	πυρί
Akk	μάρτυρα	χεῖρα	πῦρ
Nom Pl	μάρτυρες	χεῖρες	
Gen	μαρτύρων	χειρῶν	
Dat	μάρτυσι(ν)	χερσί(ν)	
Akk	μάρτυρας	χεῖρας	

4.2.1 Anmerkungen

a) Der Dat Pl ist besonders zu beachten: Das ρ fällt bei μάρτυσι vor dem σ aus. Bei χερσί hingegen bleibt es erhalten, dafür tritt der alte Stamm χερ- wieder hervor.

5 Unregelmässige Adjektive

Die beiden Adjektive μέγας (gross) und πολύς (viel) sind etwas unregelmässig dekliniert. Beide sind dreiendig.

μέγας (gross)

	Mask	Ntr	Fem
Nom Sg	μέγας	μέγα	μεγάλη
Gen		μεγάλου	μεγάλης
Dat		μεγάλῳ	μεγάλῃ
Akk	μέγαν	μέγα	μεγάλην
Nom Pl	μεγάλοι	μεγάλα	μεγάλαι
Gen		μεγάλων	
Dat		μεγάλοις	μεγάλαις
Akk	μεγάλους	μεγάλα	μεγάλας

5.1 Anmerkungen

a) Diese Formen werden mit **verschiedenen Stämmen** gebildet. Mask und Ntr bilden im Sg den Nom und Akk vom Stamm μεγα-; die übrigen Formen aber vom Stamm μεγαλο-. Das Fem bildet seine Formen vom Stamm μεγαλα-.

πολύς (viel)

	Mask	Ntr	Fem
Nom Sg	πολύς	πολύ	πολλή
Gen		πολλοῦ	πολλῆς
Dat		πολλῷ	πολλῇ
Akk	πολύν	πολύ	πολλήν

	Mask	*Ntr*	*Fem*
Nom Pl	πολλοί	πολλά	πολλαί
Gen		πολλῶν	
Dat		πολλοῖς	πολλαῖς
Akk	πολλούς	πολλά	πολλάς

5.2 Anmerkungen

a) Auch hier liegen verschiedene Stämme zugrunde: Mask und Ntr weisen im Nom und Akk Sg den Stamm πολυ- auf. In den übrigen Formen lautet der Stamm πολλο-. Das Fem wird durchwegs vom Stamm πολλα- gebildet.

b) Alle Formen sind in der Übersetzungspraxis an ihrer Endung leicht zu erkennen.

c) Einfaches λ erscheint nur vor υ, sonst immer λλ.

III Syntax

6 STELLUNG VON πᾶς, πᾶσα, πᾶν UND ὅλος

Je nach Wortstellung im Satz kann die Bedeutung des Adjektivs πᾶς, πᾶσα, πᾶν variieren. Da dieses Nomen sehr häufig vorkommt, muss man sich die verschiedenen Bedeutungen sehr gut einprägen.

6.1 Ohne Artikel

> Steht πᾶς, πᾶσα, πᾶν bei einem Substantiv ohne Artikel, so bedeutet es „jeder, jede, jedes"; im Pl „alle".

πᾶς ἄνθρωπος	jeder Mensch Joh 2, 10
πᾶν ὄρος	jeder Berg Lk 3, 5
πᾶσα σάρξ	jedes Fleisch Lk 3, 6

Absolut gebraucht ohne Artikel:

    Mask: alle (Menschen, Personen ua.)
    Ntr: alle Dinge

| πάντες γὰρ ἥμαρτον | denn alle haben gesündigt Rö 3, 23 |
| πάντα ὑπέταξεν ὑπὸ τοὺς πόδας αὐτοῦ | Alle Dinge hat er unter seine Füsse unterworfen Eph 1, 22 |

6.2 πᾶς Mittelstellung zwischen Artikel und Nomen

> In attributiver Stellung zwischen Artikel und Nomen ist πᾶς mit „gesamt" zu übersetzen.

In dieser Stellung wird die **Vollständigkeit als Einheit** betont.

ὁ πᾶς νόμος	das gesamte Gesetz Gal 5, 14
αἱ πᾶσαι ψυχαί	die Gesamtzahl der Seelen (Menschen) Apg 27, 37

6.3 πᾶς in prädikativer Wortstellung

> In prädikativer Wortstellung, meist vor dem Nomen mit Artikel, bedeutet πᾶς „ganz", im Pl „alle"

Es wird mit dieser Wortstellung die **Vollzähligkeit aller Teile** betont.

πᾶς ὁ κόσμος	der ganze Kosmos Rö 3, 19
πᾶσα ἡ κτίσις	die ganze Schöpfung Rö 8, 22
πᾶν τὸ σῶμα	der ganze Leib Eph 4, 16
πᾶσαι αἱ γενεαί	alle Geschlechter Lk 1, 48

Absolut gebraucht mit Artikel:

Ntr: τὰ πάντα	die Gesamtheit, alles was es gibt, das All
ἵνα πληρώσῃ τὰ πάντα	Damit er das All erfülle Eph 4, 10

6.4 Die Stellung von ὅλος

Die Wortstellung von ὅλος (ganz) zeigt Ähnlichkeiten mit derjenigen von πᾶς, πᾶσα, πᾶν. Jedoch variiert dessen Bedeutung nicht.
Es steht meist in prädikativer Stellung, vor oder nach dem Substantiv, mit oder ohne Artikel. Die Bedeutung ist immer „ganz, ungeteilt, unversehrt".

ἐξ ὅλης καρδίας σου	aus deinem ganzem Herzen und
καὶ ἐξ ὅλης τῆς ψυχῆς σου ...	aus deiner ganzen Seele Mk 12, 30

7 Das Partizip

Das Partizip ist eigentlich ein **Verbaladjektiv**. Es ist Adjektiv, insofern es wie dieses dekliniert wird und ebenfalls drei Genera aufweist. Seine Bedeutung erhält es aber vom Verb. Als nichtindikativische Verbalform drückt es den reinen Aspekt eines Tempus aus. Seinen Namen (aus lat. participium = das Teilnehmen) hat es aufgrund seiner Anteilnahme an Verb und Nomen. Sein griechischer Name ἡ μετοχή bedeutet „die Anteilnahme, die Gemeinschaft" (1× NT 2Kor 6, 14 natürlich nicht als grammatischer Ausdruck).
Die griechische Sprache ist ausgesprochen reich an Partizipien. Die alten Griechen wurden φιλομέτοχοι, also „Partizipienliebhaber" genannt. Die reiche Verwendung der Partizipien, die uns heute oft einige Mühe bereitet und das Verständnis eines Textes erschwert, diente der Anschaulichkeit, der Klarheit und der Präzision einer Aussage. Die Griechen verwendeten die Partizipien nicht um Verwirrung zu stiften, sondern um sich möglichst präzis auszudrücken. Natürlich ist dies in schriftlichen Texten in noch grösserem Masse möglich als in der Umgangssprache.

Im **NT** schwankt der **Gebrauch** von Partizipien beträchtlich, da nicht alle ntl. Schriftsteller die Sprache gleich gut beherrschten. Die grössten Unterschiede bestehen wohl zwischen dem Hebräerbrief und Johannes.

Rein **formal** erscheinen griechische Partizipien in allen Tempora, sowohl aktiv, als auch medial und passiv. Die verschiedenen Formen werden jeweils hauptsächlich an ihren Endungen erkannt. Es müssen aber nicht unzählige verschiedene Endungen gelernt werden, da sie sich in vielem recht ähnlich sind und deshalb relativ leicht einzuprägen.

Syntaktisch können Partizipien attributiv, substantiviert, adverbial und prädikativ verwendet werden. Dies ergibt einige verschiedene und interessante Gebrauchsmöglichkeiten. Wir widmen uns in dieser Lektion erst einmal der attributiven und der substantivierten Verwendungsart.

8 Das attributive Partizip

Wie der Name schon sagt, wird dieses Partizip als Attribut verwendet.

> Es steht wie ein Adjektiv bei einem Substantiv mit oder ohne Artikel und wird mit einem Relativsatz übersetzt.

Bildet das Partizip ein Attribut, so muss beim Übersetzen immer nach dem Bezugswort (BW) gesucht werden.

> Das attributive Partizip passt sich in Genus, Numerus und Kasus seinem Bezugswort an.

Bildet es ein Attribut zum Subjekt, so steht es ebenfalls im Nom. Es steht wie auch das Adjektiv **in attributiver Wortstellung**:

a) zwischen Artikel und Substantiv:

    ἡ οὖσα αἵρεσις τῶν Σαδδουκαίων   die bestehende Sekte der Sadduzäer Apg 5, 17

Attribut zu einem Nomen in obliquem Kasus:

    Παῦλος δοῦλος Χριστοῦ Ἰησοῦ ... πᾶσιν τοῖς οὖσιν ἐν Ῥώμῃ ...
    Paulus, Sklave Jesu Christi ... allen, die in Rom sind. Rö 1, 1.7

b) nachgestellt mit wiederholtem Artikel:

    ὁ ἄνθρωπος ὁ ... διδάσκων   der Mensch., der ... lehrt Apg 21, 28

Ein Mensch, der lehrt ist anders ausgedrückt ein Lehrer (διδάσκαλος). Wird aber nicht das Substantiv, sondern das attributive Partizip verwendet, so kann durch Aspekt und weitere Nebenbestimmungen viel mehr als durch ein starres Substantiv ausgedrückt werden.

Ein Attribut kann in sich noch andere Elemente enthalten. Der ganze Satz des obigen Beispieles enthält innerhalb des Attributes zum Subjekt noch einige adverbiale Bestimmungen und ein AkkO. Beachten Sie, wie weit Artikel und Partizip auseinandertreten können!

Lektion 6 77

PrädNo Kop   [Attr   advBest −   −   −
οὗτός ἐστιν ὁ ἄνθρωπος ὁ κατὰ τοῦ λαοῦ καὶ τοῦ νόμου καὶ τοῦ τόπου τούτου

AkkO   advBest lok   ]
πάντας πανταχῇ διδάσκων.

Dies ist der Mensch, der gegen das Volk und das Gesetz und diesen Ort alle an allen Orten (dauernd) lehrt. Apg 21, 28

c) Ist das Nomen nicht determiniert, so trägt auch das attributive Partizip keinen Artikel.

γυνὴ ἔχουσα ἀλάβαστρον   eine Frau, die eine Alabasterflasche hat Mt 26, 6

ὅμοιός ἐστιν ἀνθρώπῳ οἰκοδομοῦντι οἰκίαν   Er ist gleich einem Menschen, der ein Haus baut. Lk 6, 48

cc) Zur Verdeutlichung des attributiven Verhältnisses, kann das Partizip aber trotzdem determiniert sein:

εἰ πατέρα ἐπικαλεῖσθε τόν ἀπροσωπολήμπτως κρίνοντα

Wenn ihr (den) Vater anruft, der ohne Ansehen der Person richtet ... 1Pt 1, 17

9 Das substantivierte Partizip

Wie früher schon erwähnt, kann mit dem Artikel beinahe alles substantiviert werden. Mit dem Partizip geschieht dies sehr oft. Diese Verwendungsart des Partizips ist eng mit der attributiven verwandt. Sie wird beim Übersetzen kaum Schwierigkeiten bereiten.

Im Nom als Subjekt verwendet:

οὗτός ἐστιν ὁ βαπτίζων   Dieser ist der Täufer Joh 1, 33

In obliquen Kasus in diversen syntaktischen Funktionen. Z. B. als AkkO:

καὶ τὸν θέλοντα ἀπὸ σοῦ δανίσασθαι μὴ ἀποστραφῇς.
Und von dem, der von dir borgen will, wende dich nicht ab! (dt mit DatO) Mt 5, 42

Im substantivierten Partizip steckt im Gegensatz zum blossen Substantiv der Verbalaspekt:

ἐκεῖνος κλέπτης ἐστίν   Jener ist ein Dieb Joh 10, 1

ὁ κλέπτων μηκέτι κλεπτέτω   Der Gewohnheitsdieb (der immer stiehlt) soll nicht mehr stehlen! Eph 4, 28

10 Das neutrische Subjekt im Plural

Eine Besonderheit ist bei einem neutrischen Subjekt zu beachten:

> Steht ein Subjekt im Neutrum Plural, so steht das zugehörige Prädikat im Singular.

Es rührt daher, dass das neutrische Pl auf ein Kollektivum im Sg zurückgeht. Im NT wird diese Regel mit wenigen Ausnahmen durchgehalten.

τὰ πνεύματα ὑμῖν ὑποτάσσεται.   Die Geister unterordnen sich euch. Lk 10, 20

11 Besonderheiten der Konjunktion „und"

11.1 Die Konjunktion καί

> καί ist eine kopulative (beiordnende) Konjunktion. Sie verbindet also immer gleichwertige Teile miteinander. Das können einzelne Begriffe sein, ganze Ausdrücke, oder auch ganze Sätze. Mit καί verbundene Sätze sind dann immer beigeordnet (parataktisch).

11.2 Die Konjunktion τε

Die Konjunktion τε ist enklitisch und steht **nie an erster Stelle** im Satz. Sie **verbindet meistens ganze Sätze**. So verbundene Sätze gehören enger zusammen, als wenn sie mit καί verknüpft sind.

> καὶ πολλῷ πλείους ἐπίστευσαν διὰ τὸν λόγον αὐτοῦ, τῇ τε γυναικὶ ἔλεγον ὅτι ...
>
> Und noch viel mehr (Leute) glaubten wegen seinem Wort, und der Frau sagten sie: ... Joh 4, 41f

11.3 sowohl als auch

Tritt in einem Satz die Konjunktion καί mehr als einmal auf, so kann sie die Bedeutung „sowohl ... als auch" uä. annehmen.

> καί ... καί = sowohl ... als auch / einerseits ... andererseits

> μεμισήκασιν καὶ ἐμὲ καὶ τὸν πατέρα μου.   Sie haben sowohl mich als auch meinen Vater gehasst. Joh 15, 24

In Verbindung mit der enklitischen Konjunktion τε verknüpft καί Begriffe oä noch etwas enger. In der Übersetzung kommt dies aber kaum zum Ausdruck.

> τε ... καί / τε καί = sowohl ... als auch

> συνήγαγον πάντας οὓς εὗρον, πονηρούς τε καὶ ἀγαθούς.
> Sie versammelten alle, die sie fanden, sowohl Böse als auch Gute. Mt 22, 10

> Ἰουδαίῳ τε πρῶτον καὶ Ἕλληνι.   sowohl zuerst dem Juden, als (dann) auch dem Griechen. Rö 1, 16

11.4 Die Konjunktion μέν

Die im klassischen überaus häufig verwendete Partikel μέν (wahrlich, zwar) ist im NT nicht mehr so oft anzutreffen und steht **nie an erster Stelle im Satz**.

| μέν ... δέ ... = zwar ... aber / einerseits ... andererseits / erstens ... zweitens |

ἐγὼ μέν ὑμᾶς βαπτίζω ἐν ὕδατι ... ὁ δὲ ὀπίσω μου ἐρχόμεος ...
Ich taufe euch zwar mit Wasser ... der aber, der nach mir kommt ... Mt 3, 11
Die Partikel μέν steht auch oft allein und führt lediglich einen Satz ein. Sie wird dann häufig gar nicht übersetzt.

III Übungen

1. Konsonantische Deklination
Bitte bestimmen Sie folgende Formen und übersetzen Sie!
πατήρ – μητρός – μητέρες – χειρί – ἀνδράσι – ἀστέρος – πῦρ – χεῖρα – χάριν – μαρτύρων – χεῖρας – σωτῆρι – ἄνδρα – πατέρες – χέρσι – σωτήρ

2. πολύς und μέγας
Bitte übersetzen Sie!
1) πολλοὺς τῶν Φαρισαίων 2) ὄχλοι πολλοί 3) προφήτης μέγας 4) πολὺν ὄχλον 5) φωνῇ μεγάλῃ 6) ἡ ἀγάπη τῶν πολλῶν 7) μετὰ δὲ πολὺν χρόνον 8) χαρὰν μεγάλην 9) πολλοὶ τελῶναι 10) οἱ μεγάλοι αὐτῶν 11) ἐν ἡμέραις πολλαῖς 12) μεγάλη σου ἡ πίστις

3. πᾶς, πᾶσα, πᾶν
Bitte übersetzen Sie folgende Ausdrücke!
1) πάντα ἄνθρωπον 2) εἰς πάντας ἀνθρώπους 3) πρὸς πάντας ἀνθρώπους 4) μετὰ πάντων ἀνθρώπων 5) ὑπὸ πάντων ἀνθρώπων 6) εἰς πάντας τοὺς ἁγίους 7) πᾶσαν τὴν ἀλήθειαν 8) πάντας τοὺς λόγους τούτους 9) πάντα ἅγιον 10) τὸν πάντα χρόνον 11) οἱ πάντες ἄνδρες 12) ὁ πᾶς νόμος 13) πάντες οἱ προφῆται 14) ἐπὶ πᾶσαν ψυχήν ἀνθρώπου 15) οἱ σὺν ἐμοὶ πάντες ἀδελφοί 16) εἰς πάντα τόπον 17) αἱ πᾶσαι ψυχαί 18) πᾶς ὀφθαλμός

4. πᾶς, πᾶσα, πᾶν mit attributivem oder substantiviertem Partizip
Bitte übersetzen Sie!
1) πάντες οἱ ἀκούοντες 2) πάντων τῶν πιστευόντων 3) ἐπὶ πάντας τοὺς ἀκούοντας ταῦτα 4) πᾶσιν τοῖς πιστεύουσιν 5) πάντι τῷ ἔχοντι 6) πᾶς ὁ ὤν 7) πᾶς ὁ πιστεύων 8) πάντα τὸν πιστεύοντα εἰς αὐτόν 9) πᾶς ὁ κρίνων 10) πάντες δὲ οἱ θέλοντες

5. ὅλος
Bitte übersetzen Sie!
1) δι' ὅλης νυκτός 2) ὅλον τὸ σῶμα σου 3) ὅλην τὴν χώραν ἐκείνην 4) ἐξ ὅλης καρδίας σου καὶ ἐξ ὅλης τῆς ψυχῆς σου 5) ὅλην τὴν ἡμέραν

6. Partizipformen
a) *Bitte bestimmen Sie folgende Formen und übersetzen Sie sie als substantivierte Partizipien mit einem deutschen Relativsatz!*
Bsp: κλέπτων = einer, der stiehlt
βαπτίζων – φέροντες – λέγων – τοῖς μὴ ὑπακούουσιν – φέρον – προαγούσης – μένοντα – λέγοντος – τὴν μένουσαν – προάγουσαι – διδάσκοντες τὸν λαόν – κρίνων με κατα τὸν νόμον – δοκιμάζοντι τὰς καρδίας ἡμῶν – κρίνοντες – ἔχει τὸν κρίνοντα αὐτόν – πᾶς ὁ κρίνων – τὸ μένον ἐν δόξῃ
b) *Bitte übersetzen Sie!*
1) οἱ ὄχλοι οἱ προάγοντες αὐτόν 2) κατὰ τὰς προαγούσας ἐπὶ σὲ προφητείας 3) σὺ δὲ τίς εἶ

ὁ κρίνων τὸν πλησίον; (ὁ πλησίον = der Nächste) 4) ὁ μένων ἐν ἐμοὶ κἀγὼ ἐν αὐτῷ οὗτος φέρει καρπόν. (κἀγώ = καὶ ἐγώ; ὁ καρπός = die Frucht) 5) ὁ ὄχλος οὗτος ὁ μὴ γινώσκων τὸν νόμον 6) μακάριος ὁ ἀναγινώσκων καὶ οἱ ἀκούοντες τοὺς λόγους τῆς προφητείας.

7. Übungssätze

1) ἀποστέλλει δύο τῶν μαθητῶν αὐτοῦ καὶ λέγει αὐτοῖς, ὑπάγετε εἰς τὴν κώμην τὴν κατέναντι (gegenüberliegend) ὑμῶν. 2) ὁ πατήρ σου ὁ βλέπων ἐν τῷ κρυπτῷ ... 3) μὴ παντὶ πνεύματι πιστεύετε ἀλλὰ δοκιμάζετε τὰ πνεύματα εἰ ἐκ θεοῦ ἐστιν, ὅτι πολλοὶ ψευδοπροφῆται ἐξεληλύθησαν (sie sind hinausgegangen) εἰς τὸν κόσμον. 4) πᾶς ὁ ὢν ἐκ τῆς ἀληθείας ἀκούει μου τῆς φωνῆς. 5) τέλος γὰρ νόμου Χριστὸς εἰς δικαιοσύνην παντὶ τῷ πιστεύοντι. 6) καὶ ἐπίστευσεν αὐτὸς καὶ ἡ οἰκία αὐτοῦ ὅλη. 7) οὗτός ἐστιν ὁ βαπτίζων ἐν πνεύματι ἁγίῳ. 8) καὶ λέγει τῷ ἀνθρώπῳ τῷ τὴν ξηρὰν (ξηρός,-ά,-όν = vertrocknet) χεῖρα ἔχοντι, ἔγειρε εἰς τὸ μέσον. 9) τίς ἄρα οὗτός ἐστιν ὅτι καὶ ὁ ἄνεμος καὶ ἡ θάλασσα ὑπακούει αὐτῷ; 10) πᾶς ὁ προάγων καὶ μὴ μένων ἐν τῇ διδαχῇ τοῦ Χριστοῦ θεὸν οὐκ ἔχει· ὁ μένων ἐν τῇ διδαχῇ, οὗτος καὶ τὸν πατέρα καὶ τὸν υἱὸν ἔχει. εἴ τις ἔρχεται πρὸς ὑμᾶς καὶ ταύτην τὴν διδαχὴν οὐ φέρει, μὴ λαμβάνετε (nehmt nicht) αὐτὸν εἰς οἰκίαν καὶ χαίρειν αὐτῷ μὴ λέγετε· ὁ λέγων γὰρ αὐτῷ χαίρειν κοινωνεῖ (3.Sg κοινωνέω = Gemeinschaft haben) τοῖς ἔργοις αὐτοῦ τοῖς πονηροῖς.

LEKTION 7

I Morphologie

1 Deklination Partizip Präsens M/P

Nachdem wir in Lektion 6 die Formen des aktiven Partizips im Präsens kennengelernt haben, folgen hier die Formen des präsentischen Partizips im Medium und Passiv. Auch hier decken sich die medialen und passiven Formen im Präsens.

Die Formen sind sehr einfach: Sie fügen einfach an den Verbalstamm das Element -ομεν- an (bestehend aus Themavokal + μεν). An dieses Element hängen Sie für das Maskulinum die bekannten Endungen der O-Deklination. Ebenso die Endungen der O-Deklination für das Neutrum. Um die femininen Formen zu bilden, verwenden Sie einfach die Endungen der A-Deklination auf -η. Schon kennen Sie alle Formen des Part Präs M/P!

1.1 Paradigma Partizip Präsens M/P

	Mask		Fem		Ntr	
Nom Sg	πιστευόμενος	-όμεν-ος	πιστευομένη	-ομέν-η	πιστευόμενον	-όμεν-ον
Gen	πιστευομένου	-ομέν-ου	πιστευομένης	-ομέν-ης	πιστευομένου	-ομέν-ου
Dat	πιστευομένῳ	-ομέν-ῳ	πιστευομένῃ	-ομέν-ῃ	πιστευομένῳ	-ομέν-ῳ
Akk	πιστευόμενον	-όμεν-ον	πιστευομένην	-ομέν-ην	πιστευόμενον	-όμεν-ον
Nom Pl	πιστευόμενοι	-όμεν-οι	πιστευόμεναι	-όμεν-αι	πιστευόμενα	-όμεν-α
Gen	πιστευομένων	-ομέν-ων	πιστευομένων	-ομέν-ων	πιστευομένων	-ομέν-ων
Dat	πιστευομένοις	-ομέν-οις	πιστευομέναις	-ομέν-αις	πιστευομένοις	-ομέν-οις
Akk	πιστευομένους	-ομέν-ους	πιστευομένας	-ομέν-ας	πιστευόμενα	-όμεν-α

1.1.1 Anmerkungen

a) Der Akzent ist wie bei den Nomen statisch. Soweit es die Akzentregeln zulassen, wird auf dem Themavokal akzentuiert.

b) Alle Deponentien verwenden zur Partizipbildung diese Formen. Die Bedeutung ist dann selbstverständlich aktiv.

c) Verwechslungsmöglichkeiten gibt es zwischen Mask Akk Sg und Ntr Nom/Akk Sg!

2 Deklination Partizip schwacher Aorist Medium

Auch der Aorist bildet ein eigenes Partizip. Auch diese Formen sind sehr einfach zu bilden. Wegen der Ähnlichkeit mit dem Präsens Medium, werden hier zuerst die medialen Formen des Part Aor aufgeführt.

Wieder bildet der Verbalstamm die Grundlage. Anstatt des Präsens-Elementes -ομεν-, wird das Aorist-Element -σαμεν- verwendet. Die Aorist-Bildesilbe -σα ist uns bereits bekannt. Die Endungen sind dann exakt dieselben wie beim Part Präs.

2.1 Paradigma Partizip schwacher Aorist Medium

Mask		Fem		Ntr	
πιστευσάμενος	-σάμεν-ος	πιστευσαμένη	-σαμέν-η	πιστευσάμενον	-σάμεν-ον
πιστευσαμένου	-σαμέν-ου	πιστευσαμένης	-σαμέν-ης	πιστευσαμένου	-σαμέν-ου
πιστευσαμένῳ	-σαμέν-ῳ	πιστευσαμένῃ	-σαμέν-ῃ	πιστευσαμένῳ	-σαμέν-ῳ
πιστευσάμενον	-σάμεν-ον	πιστευσαμένην	-σαμέν-ην	πιστευσάμενον	-σάμεν-ον
πιστευσάμενοι	-σάμεν-οι	πιστευσάμεναι	-σάμεν-αι	πιστευσάμενα	-σάμεν-α
πιστευσαμένων	-σαμέν-ων	πιστευσαμένων	-σαμέν-ων	πιστευσαμένων	-σαμέν-ων
πιστευσαμένοις	-σαμέν-οις	πιστευσαμέναις	-σαμέν-αις	πιστευσαμένοις	-σαμέν-οις
πιστευσαμένους	-σαμέν-ους	πιστευσαμένας	-σαμέν-ας	πιστευσάμενα	-σάμεν-α

2.1.1 Anmerkungen

a) Als nichtindikativische Verbform weist das Partizip kein Augment auf. Es hat deshalb auch keine Vergangenheitsbedeutung. Wichtig ist der punktuelle Aspekt des Aorists.

b) Beachten Sie wieder die Verwechslungsmöglichkeit zwischen Mask Akk Sg und Ntr Nom/Akk Sg!

c) Auch hier als Nominalform statisch auf der Bildesilbe akzentuiert.

3 Partizip schwacher Aorist Aktiv

Das aktive Part Aor weist grosse Ähnlichkeit mit dem Part Präs Akt auf. Wie dieses hat es einen ντ-Stamm und wird folglich konsonantisch dekliniert. Die Bildesilbe ist wiederum -σα.

3.1 Paradigma Partizip schwacher Aorist aktiv

	Mask		Fem		Ntr	
Nom Sg	πιστεύσας	-σα-ς	πιστεύσασα	-σα-σα	πιστεῦσαν	-σα-ν
Gen	πιστεύσαντος	-σαντ-ος	πιστευσάσης	-σά-σης	πιστεύσαντος	-σαντ-ος
Dat	πιστεύσαντι	-σαντ-ι	πιστευσάσῃ	-σά-σῃ	πιστεύσαντι	-σαντ-ι
Akk	πιστεύσαντα	-σαντ-α	πιστεύσασαν	-σα-σαν	πιστεῦσαν	-σα-ν
Nom Pl	πιστεύσαντες	-σαντ-ες	πιστεύσασαι	-σα-σαι	πιστεύσαντα	-σαντ-α
Gen	πιστευσάντων	-σάντ-ων	πιστευσασῶν	-σά-σων	πιστευσάντων	-σάντ-ων
Dat	πιστεύσασιν	-σα-σιν	πιστευσάσαις	-σά-σαις	πιστεύσασιν	-σα-σιν
Akk	πιστεύσαντας	-σαντ-ας	πιστευσάσας	-σά-σας	πιστεύσαντα	-σαντ-α

3.1.1 Anmerkungen

a) Bei den mask und ntr Formen treten dieselben Phänomene im Zusammenhang mit dem ντ-Stamm auf, wie in Lekt 5 besprochen.
Es seien die beiden wichtigsten Lautgesetze nochmals angeführt:
- Nom Sg Mask wird sigmatisch gebildet, ντ fällt unter Ersatzdehnung (langes α, deshalb Akut!) aus (< *πιστευ-σαντ-ς)

– Nom Sg Ntr ist endungslos, wegen Auslautgesetz fällt das τ weg. Die Silbe -σαν ist kurz (Zirkumflex!)
– ντ fällt vor σ unter Ersatzdehnung aus (Dat Pl: < *πιστευ-σαντ-σιν)

b) Die fem Endungen gehen auch hier wieder auf einen ursprünglichen j-Stamm zurück.
– ursprüngl. -τj wird zu σ, vor welchem ν ausfällt (< *πιστευ-σαν-σα < *πιστευ-σαντj-α)

Die Endungen laufen nach der A-Deklination mit α-impurum.

c) Wiederum sind die Formen des Akk Mask Sg mit dem Nom/Akk Ntr Pl identisch.

d) Der Akzent steht, soweit es die Regeln zulassen, auf dem Stammauslaut.

4 Das Adverb

Das Adverb ist eigentlich „das zum Verb gehörende Wort" (< lat. adverbium). Oft wird es als Umstandswort bezeichnet, da es den näheren Umstand einer Verbalhandlung bezeichnet. Zur genauen Verwendungsart sei aber auf die Syntax in diesem Kapitel verwiesen. Hier geht es zunächst einmal um die Formen.

Das Adverb gehört zu den **Partikeln**, also zu den **unflektierbaren Wortarten**. Man muss sich hier also kein ganzes Paradigma, sondern nur eine einzige Form merken.

Wir merken uns folgende Adverbbildungsmöglichkeiten:

4.1 Adverbbildung auf -ως

Die meisten Adverbien sind **von Adjektiven** abgeleitet. Das ist uns vom deutschen Gebrauch her gut geläufig.

Bsp: die gute Zeit = Adjektiv   Du kochst gut = Adverb

| Das griechische Adverb wird vom Gen Pl Stamm des Adjektivs mit der Endung -ως gebildet. |

Adj	Gen Pl	Adv	Btg
δίκαιος	δικαί-ων	δικαίως	gerecht
ἀληθής	ἀληθ-ῶν	ἀληθῶς	wahrhaftig
ταχύς	ταχέ-ων	ταχέως	schnell
σώφρων	σωφρόν-ων	σωφρόνως	vernünftig

4.1.1 Anmerkungen

a) Bei den dreiendigen Adjektiven und den Adjektiven mit σ-Stamm (auf -ης) gleicht der Nom-Stamm dem Gen-Pl-Stamm.

b) Ausser den dreiendigen Adjß ist die Deklination der Adj noch nicht behandelt. Die

Bildung des Adverbs von solchen Adj aus wird aber der Vollständigkeit halber trotzdem aufgeführt.

c) Zu den Lernvokabeln gehören hier: κακῶς (schlecht); καλῶς (gut); ὁμοίως (gleich); ὄντως (in Wahrheit, wirklich); uva.

d) Die Adverbien auf -έως sind nicht allzu häufig. Zu den Lernvokabeln gehören lediglich ταχέως (schnell); εὐθέως (sofort, sogleich);

e) Es gibt auch Adverbien, die nicht von Adjektiven abgeleitet werden, diesen aber sehr ähnlich sind. Ihre Formen werden am besten über das Vokabular gelernt: ἐγγύς (nahe); εὐθύς (sofort, sogleich); ταχύ (schnell);

4.2 Adverbbildung auf -ω

Diese Adverbien werden von Präpositionen gebildet. Z. B. ἄνω (oben) < ἀνά ; ἔξω (ausserhalb) < ἐκ usw.

Als Lernvokabeln gelten nur drei: ἔξω (ausserhalb); ἐπάνω (oberhalb); ὑποκάτω (unterhalb, unten);

4.3 Adverbbildung mit dem Suffix -θεν

Das Suffix -θεν hat die Bedeutung „von" oder „von ... her".

Zugrundeliegen kann ein Adverb auf -ω (ἄνω > ἄνωθεν von oben) oder es wird aus einem Adj gebildet (μακρός > μακρόθεν von weit her).

Als Lernvokabeln gelten: ἄνωθεν (von oben, von neuem); ἐκεῖθεν (von dort); ἔμπροσθεν (vor, in Gegenwart von); ἔξωθεν (von aussen); ἔσωθεν (von innen her, inwendig); κἀκεῖθεν (und dorther); μακρόθεν (von weit her); ὅθεν (von wo, woher).

4.4 Adverbialer Akkusativ

Viele Adverbien sehen der Form nach genau gleich aus wie der **Akk Sg Ntr eines Adjektivs**. Ursprünglich handelte es sich um echte Akkusative (der Ausdehnung, des Inhalts oder der Beziehung), die zu Adverbien erstarrt sind.

  ζητεῖτε δὲ <u>πρῶτον</u> τὴν βασιλείαν τοῦ θεοῦ Sucht aber <u>zuerst</u> das Königreich Gottes Mt 6, 33

Oft trifft man dieses Adverb mit dem Artikel an (ohne Bedeutungsunterschied).

  καθεύδετε <u>τὸ λοιπόν</u> Schlaft <u>weiterhin</u>! Mt 26, 45

4.5 Unregelmässige Adverbien

Daneben gibt es Adverbien, die in kein Schema passen. Sie sind unregelmässig oder selbständige Wörter und werden einfach mit den Vokabeln als Adverbien gelernt: ἄρτι (jetzt, eben); εἶτα (dann, danach, ferner); ἐκεῖ (dort); νῦν (nun, jetzt); πολλάκις (oft, häufig; < πολύς); πρωΐ (früh, frühmorgens); ὧδε (hier, hierher);

Das unregelmässige Adverb zu ἀγαθός lautet εὖ.

II Syntax

5 Kasussyntax: Der Dativ

Die griechischen Kasus können z.T. recht vielfältig verwendet werden. In Lektion 1 wurden einige sehr kurze Hinweise auf die Funktionen der Kasus gegeben. Die wichtigsten Gebrauchsarten der einzelnen Kasus sollen aber noch etwas genauer behandelt werden. Wir beginnen mit einigen wichtigen Verwendungsarten des Dativs. Die Syntax des Genitivs folgt dann in Lektion 16. Für eine vollständige Übersicht muss eine Grammatik konsultiert werden.

Im griechischen Dativ sind drei indogermanische Kasus verschmolzen. Deshalb hat er drei grundsätzlich verschiedene Einsatzmöglichkeiten. Die folgende Übersicht mag diesen Umstand etwas verdeutlichen:

Indogermanischer Kasus zum Ausdruck von:

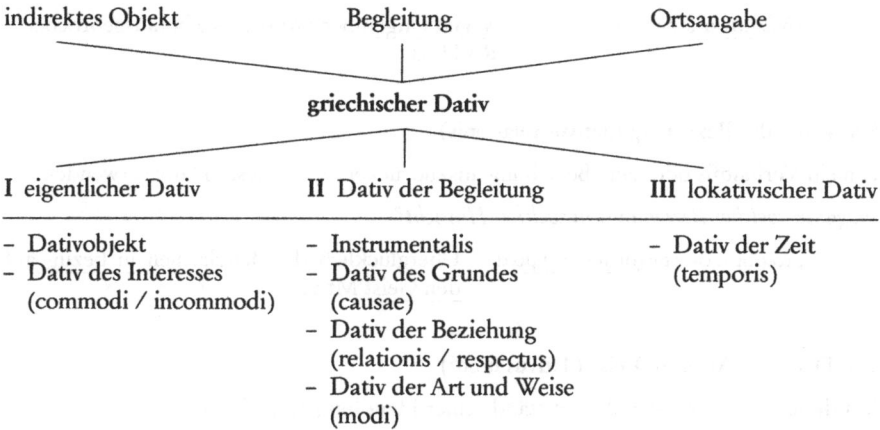

I eigentlicher Dativ	II Dativ der Begleitung	III lokativischer Dativ
– Dativobjekt – Dativ des Interesses (commodi / incommodi)	– Instrumentalis – Dativ des Grundes (causae) – Dativ der Beziehung (relationis / respectus) – Dativ der Art und Weise (modi)	– Dativ der Zeit (temporis)

5.1 Objektsdativ

Die Verwendung als Dativ-Objekt ist uns bereits geläufig. Beachten Sie aber, dass einige griechische Verben ein DatO verlangen, ihre deutsche Entsprechung aber z.B. ein AkkO. Im Zweifelsfall muss ein Wörterbuch konsultiert werden.

οἱ δὲ ἐν τῷ πλοίῳ προσεκύνησαν αὐτῷ   Die aber im Schiff waren, beteten ihn an. (Dt mit AkkO) Mt 14,33

5.2 Dativ des Interesses (dativus commodi et incommodi)

Der dativus commodi bezeichnet eine Person, die ein Interesse am Verbalinhalt hat, zu deren Vor- oder Nachteil etwas geschieht. Er ist nicht immer scharf vom Objektsdativ zu unterscheiden.

Frage: für wen? in wessen Interesse? zu wessen Vor- oder Nachteil?

τὰ βρώματα τῇ κοιλίᾳ καὶ ἡ κοιλία τοῖς βρώμασιν
Die Speisen sind für den Bauch und der Bauch für die Speisen. 1Kor 6,13

5.3 Dativ des Instrumentes (dativus instrumentalis)

Dieser häufige Dativ bezeichnet das Mittel oder das Werkzeug einer Verbalhandlung. In der Übersetzung muss ein „mit" oder „durch" eingefügt werden. Mit der Präposition ἐν + Dat wird er verstärkt.

Frage: womit? wodurch?

κοπιάτω ἐργαζόμενος ταῖς ἰδίαις χέρσιν τὸ ἀγαθόν.
Er soll sich abmühen, wobei er mit den eigenen Händen das Gute wirkt. Eph 4, 28

5.4 Dativ des Grundes (dativus causae)

Mit diesem Dativ wird der Grund, oder das Motiv einer Verbalhandlung angegeben.

Frage: warum? aufgrund wessen? infolge wessen?

τῇ ἀπιστίᾳ ἐξεκλάσθησαν   wegen Unglaubens wurden sie herausgebrochen Rö 11, 20

5.5 Dativ der Beziehung (dativus relationis)

Um ein Verhältnis oder eine Beziehung auszudrücken, wird dieser Dativ verwendet.

Frage: in welcher Beziehung? in welcher Hinsicht?

μακάριοι οἱ πτωχοὶ τῷ πνεύματι   Überglücklich die Bettelarmen in bezug auf den Geist Mt 5, 3

5.6 Dativ der Art und Weise (dativus modi)

Mit diesem Dativ werden die Umstände einer Handlung ausgedrückt.

Frage: unter welchen Umständen? wie?

καὶ παρρησίᾳ τὸν λόγον ἐλάλει   Und freimütig redete er das Wort. Mk 8, 32

5.7 Dativ der Zeit (dativus temporis)

Um eine Zeitangabe zu machen, kann ein einfacher Dativ verwendet werden. Er bezeichnet dann einen Zeitpunkt (selten eine Zeitdauer).

Frage: wann?

ἔξεστιν τοῖς σάββασιν καλῶς ποιεῖν;   Ist es erlaubt, am Sabbat gut zu handeln? Mt 12, 12

6 Die Syntax des Adverbs

Adverbien sind Partikel und werden nicht flektiert. **Formal** stimmen sie mit keinem anderen Wort im Satz überein. Sie stehen aber **inhaltlich** in Beziehung zu einer Verbalaussage und bezeichnen deren **Umstand** näher.

Die näheren Umstände können in sehr verschiedener Art ausgedrückt werden. Man unterscheidet folgende Umstandsangaben:

a) lokal (Raum, Ort)

Frage: wo? wohin?

φέρετέ μοι ὧδε αὐτούς.   Bringt sie mir hierher! Mt 14.18

b) temporal (Zeit)

Frage: wann?

καὶ εὐθὺς πρωῒ συμβούλιον ποιήσαντες   Und sogleich, frühmorgens fassten sie einen Beschluss Mk 15,1

c) modal (Art und Weise)

Frage: wie? unter welchen Umständen?

ἐχάρην λίαν.   Ich habe mich sehr gefreut. 2Joh 1,4

d) kausal (Grundangabe)

Frage: warum? aus welchem Grunde?

ὅθεν γινώσκομεν ὅτι ἐσχάτη ὥρα ἐστίν.   Deshalb wissen wir, dass es die letzte Stunde ist. 1Joh 2,18

6.1 Substantivierung des Adverbs

Wie alle Wortarten, kann natürlich auch das Adverb durch hinzufügen des Artikels substantiviert werden.

ἀπὸ τοῦ νῦν   von jetzt an (eig. „von dem Jetzt an") Lk 1,48

6.2 Prädikativer Gebrauch des Adverbs

Das Adverb kann nicht nur adverbial, sondern auch prädikativ verwendet werden.

ὁ καιρὸς γὰρ ἐγγὺς ἐστιν.   Denn der Zeitpunkt ist nahe. Offb 22,10

7 Das Adverbiale

Ein **Adverbiale** ist ein syntaktisches Mittel, um eine Umstandsangabe auszudrücken. Bitte unterscheiden Sie bei der Analyse sorgfältig die Syntax- und die Morphologie-Ebene. Ein Adverbiale (syntaktisch) kann auf die verschiedensten Weisen (morphologisch) gebildet werden. Ein **Adverb** ist nur eine Möglichkeit davon. Häufig werden z. B. **Partizip-** oder **Infinitivkonstruktionen, Kasuskonstruktionen, Präpositionalgefüge, Nebensätze** ua verwendet, um ein Adverbiale zu bilden.

Machen Sie sich das Adverbiale syntaktisch und morphologisch an folgenden Beispielen klar (ohne die noch unbekannten Konstruktionen genau verstehen zu müssen):

Präpositionalgefüge (lokal) und Partizipkonstruktion (modal):

Konj	Verb	Präp-Gef		Adj	Partizip	Pers-Pron
καὶ	ἔρχεται	πρὸς	αὐτὸν	λεπρὸς	παρακαλῶν	αὐτὸν …
P		[lokAdv	]	S	[modAdv	AkkO]

Und es kommt zu ihm ein Leprakranker, wobei er ihn bittet… Mk 1, 40

Infinitivkonstruktion (AcI) (kausal):

Präp	Art	Neg	Verb	Subst	Verb
διὰ	τὸ	μὴ	ἔχειν	ῥίζαν	ἐξηράνθη
[kausAdv				AkkO]	S + P

Weil es keine Wurzel hatte, verdorrte es Mt 13, 6

Kasuskonstruktion (Dativ der Zeit) (temporal):

Partikel	Verb	Art	Subst	Verb Inf
εἰ	ἔξεστιν	τοῖς	σάββασιν	θεραπεῦσαι;
P	[	tempAdv	]	Ergänzung z. P

Ist es erlaubt, am Sabbat zu therapieren? Mt 12, 10

8 Das adverbiale Partizip (Participium coniunctum)

Sehr häufig wird im NT eine Partizipkonstruktion verwendet, um eine Umstandsangabe (Adverbiale) zu machen. Es gibt im deutschen Sprachgebrauch keine genaue Analogie dieses Partizipgebrauchs.

Grundsätzlich gibt es zwei verschiedene Konstruktionen, ein Partizip adverbial zu gebrauchen: das Participium coniunctum und den Genetivus absolutus (zur näheren Bdtg vgl Lekt. 8).

Das Participium coniunctum (= verbundenes Partizip) wird, wie es sein Name andeutet, immer mit einem Bezugswort verbunden (lat. coniungere = verbinden). **Mit diesem Bezugswort stimmt es in Kasus, Numerus und Genus überein. Zudem hat dieses Partizip nie den Artikel** bei sich.

Um solch eine Partizipkonstruktion zu übersetzen, verwenden wir immer in einem ersten Schritt eine Hilfsübersetzung. Erst in einem zweiten Schritt lösen wir diese Hilfsübersetzung durch passendere Ausdrücke ab.

> Die Hilfsübersetzung für das Participium coniunctum Präsens lautet „… , indem …", für das Partizip im Aorist „… , nachdem …".

Wie das Komma im unteren Beispiel anzeigt, bilden wir deutsch zuerst einen Nebensatz. (Dieser kann später evtl. durch einen beigeordneten Hauptsatz oder auch durch eine adverbiale Bestimmung abgelöst werden.)

> ἦλθεν ὁ Ἰησοῦς (BW) εἰς τὴν Γαλιλαίαν κηρύσσων τὸ εὐαγγέλιον τοῦ θεοῦ
> Jesus (BW) kam nach Galiläa, indem er das Evangelium Gottes verkündete. Mk 1, 14

> Das Partizip wird zum Prädikat des NS, das Bezugswort wird mit einem deutschen Personalpronomen als dessen Subjekt eingesetzt.

Lektion 7 89

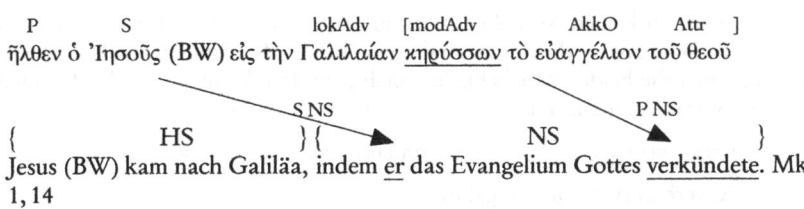

Jesus (BW) kam nach Galiläa, indem er das Evangelium Gottes verkündete. Mk 1, 14

Bei diesem Beispiel ist das Partizip mit dem Subjekt „Jesus" verbunden. Der HS lautet: „Jesus kam nach Galiläa". Nun werden durch das Partizip die näheren Umstände dieses Kommens angegeben. Er kam, *indem er verkündete*.
Das Bezugswort steht im Nom Sg Mask, also auch das Partizip. Sehr schön werden hier sowohl der nominale wie auch der verbale Aspekt des Partizips deutlich. Die handelnde Person „er" (nominal) und eine verbale Aussage (verbal) stecken darin. Die Person ist allerdings nur ungenau definiert, da das Partizip nicht konjugiert wird. In κηρύσσων könnte ein „ich, du" oder ein „er" stecken. Erst durch das Bezugswort wird die Person genau angegeben.

In diesem Beispiel muss das κηρύσσων deutsch in der Vergangenheit wiedergegeben werden. Das Partizip hat als nichtindikativische Form **keine Zeitbedeutung**, sondern lediglich **Aspektbedeutung**. Die ganze Aussage steht mit dem aoristischen Prädikat aber in der Vergangenheit. Aus diesem Grunde muss auch der NS in die Vergangenheit gesetzt werden. Vom Aspekt her macht das Partizip Präsens eine durative Aussage. Man könnte also übersetzen: „Jesus kam nach Galiläa, indem er dauernd das Evangelium Gottes verkündete". Das wäre mit linearem Aspekt wiedergegeben. Das würde bedeuten, dass die normale oder dauernde Tätigkeit Jesu, bei seinem Kommen nach Galiläa, eben das Verkünden war.

In bezug auf die Zeitstufe kann ganz allgemein folgendes ausgesagt werden:

> Das Partizip **Präsens** stellt eine Handlung meistens **gleichzeitig** mit dem übergeordneten HS dar.
> Das Partizip **Aorist** hingegen stellt sie meistens **vorzeitig** dar.

Im obigen Beispiel geschieht das Verkünden gleichzeitig mit dem Kommen.

Mit Partizip Aorist hingegen vorzeitig:

καὶ ἀκούσας ὁ Ἰησοῦς (BW) λέγει αὐτοῖς
Und <u>nachdem</u> es Jesus <u>gehört hatte</u>, spricht er zu ihnen Mk 2, 17

Um diese Partizipkonstruktion sicher übersetzen zu können, braucht es einige Übung. Da sie aber sehr häufig vorkommt, werden sie diese Übung bald bekommen. Merken Sie sich zusammenfassend folgende Erkennungsmerkmale des adverbialen Partizips gut:

> Das Participium coniunctum
> - hat nie den Artikel;
> - stimmt mit seinem Bezugswort in Kasus, Numerus und Genus überein;
> - wird in einem ersten Schritt mit einer Hilfsübersetzung (Präs = indem; Aor = nachdem) und einem NS wiedergegeben;
> - steht in prädikativer Wortstellung.

Hat ein Partizip keinen Artikel bei sich, so ist es nicht immer klar, ob adverbiale oder attributive Funktion vorliegt. Oft sind sogar beide Möglichkeiten offen. Der Grieche unterscheidet die beiden Möglichkeiten nicht, sondern kann sie sich beide miteinander denken. Wir müssen uns immer für eine der beiden entscheiden.

μηδεὶς πειραζόμενος λεγέτω ὅτι ἀπὸ θεοῦ πειράζομαι. Jak 1, 13

Adverbial (Umstandsangabe):
Keiner, indem er versucht wird soll sagen: Von Gott werde ich versucht.

Attributiv (nähere Beschreibung des Subjekts):
Keiner, der versucht wird, soll sagen: Von Gott werde ich versucht.

8.1 Die Sinnrichtungen des Participium coniunctum

Wurde in einem ersten Übersetzungsschritt ein Partizip mit der Hilfsübersetzung übersetzt, so muss in einem zweiten Schritt das genauere adverbielle Verhältnis entschieden werden. Folgende sechs Möglichkeiten sind grundsätzlich offen. Hier in einer Übersicht mit den dazugehörenden Ablöseworten:

adverbiales Verhältnis	mögliche Ablöseworte
1. Zeitverhältnis (temporal)	mit Part Präs: als, während, bei, sooft, wenn mit Part Aor: nachdem, nach, sobald
2. Art und Weise (modal)	indem, dadurch dass, wobei, dabei, wie wenn
3. Grundangabe (kausal)	weil, da, zumal
4. Einräumung (konzessiv)	obwohl, obgleich, wenn auch, wenngleich
5. Bedingungsangabe (konditional)	wenn, falls
6. Zielangabe (final)	damit, um ... zu, in der Erwartung dass

Beispiele:

ἦλθεν ὁ Ἰησοῦς (BW) εἰς τὴν Γαλιλαίαν κηρύσσων τὸ εὐαγγέλιον τοῦ θεοῦ

Hilü: Jesus kam nach Galiläa, <u>indem er</u> das Evangelium Gottes <u>verkündete</u>. Mk 1, 14

Ablösen: Jesus kam nach Galiläa   a) <u>wobei</u> er das Evangelium Gottes verkündete (= mod)
    b) <u>um</u> das Evangelium Gottes <u>zu</u> verkünden (fin)

καὶ ἀκούσας ὁ Ἰησοῦς (BW) λέγει αὐτοῖς

Hilü: Und <u>nachdem</u> es Jesus <u>gehört hatte</u>, spricht er zu ihnen Mk 2, 17

Ablösen: a) Und als es Jesus gehört hatte ... (temp)
        b) Und weil es Jesus gehört hatte ... (kaus)
        c) Und obwohl es Jesus gehört hatte ... (konz)

μηδεὶς πειραζόμενος λεγέτω ὅτι ἀπὸ θεοῦ πειράζομαι. Jak 1, 13
Hilü: Keiner, indem er versucht wird soll sagen: Von Gott werde ich versucht.
ablösen: a) Keiner, falls er versucht wird ... (kond)
          b) Keiner, während er versucht wird ... (temp)
Bitte beachten Sie den Kontext, um das richtige Verhältnis zwischen Haupt- und Nebensatz ausfindig zu machen. Oft wird es dadurch klar, manchmal bleiben aber zwei oder auch mehrere Möglichkeiten offen. In diesem Fall muss die Exegese entscheiden.

9 ÜBERSETZUNGSREGELN

Oft ist es nicht ganz einfach, einen langen griechischen Satz zu übersetzen. Man sieht konjugierte Verben, Substantive, Partizipien, Infinitive, Präpositionen usw. und bekommt fast einen heissen Kopf. Deshalb sind einige Tips im Vorgehen sehr nützlich.

Übersetzen Sie einen Satz nicht einfach Wort für Wort der Reihe nach, sondern halten Sie sich an folgende Reihenfolge:

> 1. Prädikat suchen und für sich alleine übersetzen. (= alle finiten Verben suchen!)
> 2. Subjekt (evtl. im Präd enthalten) suchen (= alle Nominative suchen!) und mit dem Prädikat zusammen übersetzen.
> 3. AkkO suchen und beiordnen (nur bei trans. Verb)
> 4. Ganzer HS übersetzen
> 5. Durch Bestimmung von entsprechenden Wörtern in NS einteilen und einzeln übersetzen

Seien Sie sich immer im klaren darüber, warum ein bestimmter Kasus verwendet wird. „Wer verlangt den Kasus?"

Beispiel:

παρακαλῶ οὖν ὑμᾶς ἐγὼ ὁ δέσμιος ἐν κυρίῳ ἀξίως περιπατῆσαι τῆς κλήσεως ἧς ἐκλήθητε, μετὰ πάσης ταπεινοφροσύνης καὶ πραΰτητος, μετὰ μακροθυμίας, ἀνεχόμενοι ἀλλήλων ἐν ἀγάπῃ, σπουδάζοντες τηρεῖν τὴν ἑνότητα τοῦ πνεύματος ἐν τῷ συνδέσμῳ τῆς εἰρήνης. Eph 4, 1–3

Unbekannte Vokabeln:
περιπατέω = wandern, leben; ἡ κλῆσις,-εως = die Berufung; ἧς = Relativpronomen Fem Gen Sg; ἡ ταπεινοφροσύνη = die Demut; ἡ πραΰτης,-τητος = die Sanftmut; ἡ μακροθυμία = die Langmut; ἀλλήλων = einander; ἀνέχω = M ertragen; ἡ ἑνότης,-ητος = die Einheit; ὁ σύνδεσμος = das Band;

Drei Verse bilden hier griechisch einen einzigen Satz. Das ist bei manchen ntl. Schriftstellern keine Seltenheit.
1. Prädikat suchen: Hat es mehrere finite Verben, so handelt es sich um mehrere Prädikate.
a) παρακαλῶ (< *παρακαλε-ω; 1. Sg Präs) = **ich ermahne**
b) ἐκλήθητε Aor Pass 2. Pl = **ihr seid berufen worden**
Führen sie die Punkte 1–5 für den ersten Satz durch, erst dann mit dem zweiten Prädikat dasselbe nochmals!

2. Subjekt suchen: Bestimmungen des Subjektes (Attribute, Appositionen ...) stehen ebenfalls im Nom!
ἐγώ / ὁ δέσμιος = *ich*, der Gefangene (= Apposition) **ermahne**

3. AkkO = ὑμᾶς = *ich*, der Gefange **ermahne euch**

4. *Ich*, der Gefangene im Herrn (Dat von ἐν verlangt) **ermahne euch nun**

5. a) περιπατῆσαι Inf Aor = *ich*, der Gefangene im Herrn ermahne euch nun, **würdig zu wandeln** τῆς κλήσεως = **der Berufung** (Gen: wessen würdig zu wandeln?)

b) ἧς Relativpronomen Gen Sg = relativer NS = *ich*, der Gefangene im Herrn ermahne euch nun, würdig zu wandeln der Berufung, **mit welcher ihr berufen worden seid**

c) Adverbielle Bestimmungen (Präpositionalgefüge) übersetzen: *Ich*, der Gefangene im Herrn ermahne euch nun, würdig zu wandeln der Berufung, mit welcher ihr berufen worden seid, **mit aller Demut und Sanftmut** (Gen von μετά verlangt) **mit Langmut**

d) ἀνεχόμενοι Part Nom Pl Mask Präs M/P ἀνέχω hochhalten, medial = aushalten = indem wir, ihr, sie für sich hochhalten; Bezugswort? Muss im Nom Pl stehen, also das Subjekt „ihr" des relativen NS (im Präd enthalten!).

Ich, der Gefangene im Herrn ermahne euch nun, würdig zu wandeln der Berufung, mit welcher ihr berufen worden seid, mit aller Demut und Sanftmut mit Langmut **indem ihr einander** (Gen = Reziprokpron) **aushaltet in Liebe** (Dat von ἐν verlangt)

e) σπουδάζοντες Part Nom Pl Mask Präs σπουδάζω sich sputen = indem wir, ihr, sie sich sputen
Ich, der Gefangene im Herrn ermahne euch nun, würdig zu wandeln der Berufung, mit welcher ihr berufen worden seid, mit aller Demut und Sanftmut mit Langmut indem ihr einander aushaltet in Liebe, **indem ihr euch sputet zu bewahren die Einheit** (Akk = AkkO) **des Geistes** (Gen = Attr) **durch das Band** (Dat von ἐν verlangt) **des Friedens** (Gen = Attr).

Voilà, nun müssen nur noch die Partizipien abgelöst und die deutsche Satzstellung etwas verschönert werden. Zusätzlich können die Aspekte berücksichtigt werden. Z.B. so:

„Nun ermahne ich euch, ich, der Gefangene im Herrn, beginnt der Berufung, mit welcher ihr berufen worden seid, würdig zu wandeln, mit aller Demut und Sanftmut, indem ihr einander mit Langmut aushaltet in Liebe, aufgrund dessen, dass ihr euch sputet die Einheit des Geistes durch das Band des Friedens dauerhaft zu bewahren."

III Übungen

1. Partizipformen
Bitte bestimmen Sie folgende Formen nach Tempus, Kasus, Numerus, Genus und evtl. Diathese und übersetzen Sie!
1) τῷ λογιζομένῳ 2) λογιζόμενος 3) ἐρχόμενος 4) τὴν ἐρχομένην 5) οἱ ἐργαζόμενοι 6) παρακαλέσας 7) τοῦ κηρύσσοντος 8) τοὺς τηρήσαντας 9) σπουδάζοντες 10) προσκυνήσαντις 11) καταγγέλλων

2. Participium coniunctum
Bitte übersetzen Sie!
1) καὶ ἔρχονται φέροντες πρὸς αὐτὸν παραλυτικόν. (παραλυτικός,-ή,-όν = gelähmt) 2) σὺν ὑμῖν εἰμι χαίρων. 3) ὀφθαλμοὺς ἔχοντες οὐ βλέπετε καὶ ὦτα ἔχοντες οὐκ ἀκούετε; 4) Ἰωσὴφ δὲ ὁ ἀνὴρ αὐτῆς, δίκαιος ὤν ... 5) προσεκύνησαν τῷ θεῷ λέγοντες ... ἡ δόξα ... τῷ θεῷ ἡμῶν. 6) ἐπεφάνη γὰρ (es ist erschienen) ἡ χάρις τοῦ θεοῦ ... παιδεύουσα ἡμᾶς ... 7) οὐδὲν ἀπόβλητον μετὰ εὐχαριστίας λαμβανόμενον (ἀπόβλητος, -ον = verworfen; ἡ εὐχαριστία = die Danksagung; λαμβάνω = nehmen) 8) εἰ οὖν ὑμεῖς πονηροὶ ὄντες 9) αὐτὸς ἐδίδασκεν ἐν ταῖς συναγωγαῖς αὐτῶν δοξαζόμενος ὑπὸ πάντων. (ἐδίδασκεν = Ipf 3. Sg er lehrte; δοξάζω = verherrlichen) 10) καὶ περιῆγεν (er ging umher) ἐν ὅλῃ τῇ Γαλιλαίᾳ διδάσκων ἐν ταῖς συναγωγαῖς αὐτῶν.

3. Participium coniunctum (Pc), substantiviertes Partizip (sP) oder attributives Partizip (attrP)?
Bitte übersetzen Sie folgende Ausdrücke und bestimmen Sie die Art des Partizips!
1) τῷ ... πιστεύοντι ... λογίζεται ἡ πίστις αὐτοῦ εἰς δικαιοσύνην. 2) οὕτως λαλοῦμεν, οὐχ ὡς ἀνθρώποις ἀρέσκοντες ἀλλὰ θεῷ τῷ δοκιμάζοντι τὰς καρδίας ἡμῶν. (λαλοῦμεν < *λαλε-ομεν; ἀρέσκω = gefallen 3) καὶ ἐθεράπευσεν πολλοὺς κακῶς ἔχοντας. 4) πορευόμενοι δὲ κηρύσσετε ... 5) ὁ κηρύσσων μὴ κλέπτειν κλέπτεις; 6) ἐπὶ τοὺς ἀνθρώπους τοὺς ἔχοντας τὸ χάραγμα (das Zeichen) 7) οἱ Φαρισαῖοι καὶ Σαδδουκαῖοι πειράζοντες ἐπηρώτησαν αὐτόν ... 8) βλέποντες οὐ βλέπουσιν καὶ ἀκούοντες οὐ ἀκούουσιν. 9) ὑμῖν οὖν ἡ τιμὴ τοῖς πιστεύουσιν. 10) διακόνους ... ἔχοντας τὸ μυστήριον τῆς πίστεως

4.
Bitte übersetzen Sie folgende Sätze und Ausdrücke und geben Sie jeweils die Art des Dativs an!
1) καὶ τῇ ἐνάτῃ ὥρᾳ ἐβόησεν ὁ Ἰησοῦς φωνῇ μεγάλῃ. (ἡ ἐνατη = die neunte) 2) Ἰωσὴφ δὲ ... Λευίτης, Κύπριος τῷ γένει. Nom. Sg. = τὸ γένος 3) τοῖς ἔθεσιν περιπατεῖν (τοῖς ἔθεσιν = Dat Pl; τὸ ἔθος περιπατέω = leben) 4) ὁμοία ἐστὶν ἡ βασιλεία τῶν οὐρανῶν ζύμῃ ... 5) ἀδελφοί, μὴ παιδία γίνεσθε ταῖς φρεσὶν ἀλλὰ τῇ κακίᾳ νηπιάζετε. (τὸ παιδίον = das kleine Kind; ἡ φρήν,-ενος = der Verstand; νηπιάζω = ein Kind sein) 6) ὑμῖν γάρ ἐστιν ἡ ἐπαγγελία καὶ τοῖς τέκνοις ὑμῶν καὶ πᾶσιν τοῖς εἰς μακράν. 7) παντὶ τρόπῳ ... Χριστὸς καταγγέλλεται.

5. Übungssätze
Bitte übersetzen Sie!
1) θλῖψις ... ἐπὶ πᾶσαν ψυχὴν ἀνθρώπου τοῦ κατεργαζομένου τὸ κακόν, Ἰουδαίου τε πρῶτον καὶ Ἕλληνος· δόξα δὲ καὶ τιμὴ καὶ εἰρήνη παντὶ τῷ ἐργαζομένῳ τὸ ἀγαθόν, Ἰουδαίῳ τε πρῶτον καὶ Ἕλληνι· (κατεργάζομαι = bewirken) 2) καὶ ἀκούσας ὁ Ἰησοῦς λέγει αὐτοῖς ὅτι οὐ χρείαν ἔχουσιν οἱ ἰσχύοντες ἰατροῦ ἀλλ' οἱ κακῶς ἔχοντες. (ὁ ἰατρός = der Arzt) 3) ἔξεστιν τοῖς σάββασιν θεραπεῦσαι; 4) ἐν δὲ ταῖς ἡμέραις ἐκείναις παραγίνεται (er tritt auf) Ἰωάννης ὁ βαπτιστὴς κηρύσσων ἐν τῇ ἐρήμῳ Ἰουδαίας. 5) κήρυξον τὸν λόγον. (κήρυξον < *κηρυσσ-σον) 6) οὐχ οὗτός ἐστιν ὁ τέκτων, ὁ υἱὸς τῆς Μαρίας καὶ ἀδελφὸς Ἰακώβου καὶ Ἰωσῆτος καὶ Ἰούδα καὶ Σίμωνος; καὶ οὐκ εἰσὶν αἱ ἀδελφαὶ αὐτοῦ ὧδε πρὸς ἡμᾶς; (ὁ τέκτων = der Bauhandwerker) 7) καὶ λίαν πρωῒ τῇ μιᾷ τῶν σαββάτων ἔρχονται ἐπὶ τὸ μνημεῖον. 8) λογίζομαι γὰρ ὅτι οὐκ ἄξια τὰ παθήματα τοῦ νῦν καιροῦ πρὸς τὴν μέλλουσαν δόξαν ἀποκαλυφθῆναι εἰς ἡμᾶς. (ἀποκαλυφθῆναι = Aor Inf Pass ἀποκαλύπτω = offenbaren) 9) οὕτως ἡμᾶς λογιζέσθω ἄνθρωπος ὡς ὑπηρέτας Χριστοῦ καὶ οἰκονόμους μυστηρίων θεοῦ. (ὁ ὑπηρέτης = der Ruderknecht) 10) καὶ προσκυνησάτωσαν αὐτῷ πάντες ἄγγελοι θεοῦ. 11) καὶ προσκυνήσατε τῷ ποιήσαντι τὸν οὐρανὸν καὶ τὴν γῆν καὶ θάλασ-

σαν καὶ πηγὰς ὑδάτων. (ἡ πηγή = die Quelle) 12) μηδεὶς πειραζόμενος λεγέτω ὅτι ἀπὸ θεοῦ πειράζομαι· ὁ γὰρ θεὸς ἀπείραστός ἐστιν κακῶν, πειράζει δὲ αὐτὸς οὐδένα. ἕκαστος δὲ πειράζεται ὑπὸ τῆς ἰδίας ἐπιθυμίας ... (ἀπείραστος = unversucht) 13) εἰ θέλετε δέξασθαι, αὐτός ἐστιν Ἠλίας ὁ μέλλων ἔρχεσθαι. 14) μέλλει γὰρ ὁ υἱὸς τοῦ ἀνθρώπου ἔρχεσθαι ἐν τῇ δόξῃ τοῦ πατρὸς αὐτοῦ μετὰ τῶν ἀγγέλων αὐτοῦ, καὶ τότε ἀποδώσει ἑκάστῳ κατὰ τὴν πρᾶξιν αὐτοῦ. (ἀποδώσει = er wird geben; τὴν πρᾶξιν = Akk Sg ἡ πρᾶξις, -εως = die Tat) 15) μακάριοι οἱ καθαροὶ τῇ καρδίᾳ. 16) καὶ οὐχ ὡς δι' ἑνὸς ἁμαρτήσαντος τὸ δώρημα· τὸ μέν γὰρ κρίμα ἐξ ἑνὸς εἰς κατάκριμα, τὸ δὲ χάρισμα ἐκ πολλῶν παραπτωμάτων εἰς δικαίωμα. (ἁμαρτάνω = sündigen; τὸ δώρημα,-ατος = das Geschenk, Gabe; τὸ κατάκριμα = die Verdammnis; τὸ παράπτωμα,-ατος = die Übertretung)

LEKTION 8

I Morphologie

1 Die Verba vocalia contracta im Präsens

Schon in Lektion 1 haben wir die Verba vocalia kennengelernt. Also Verben, die einen vokalischen Stammauslaut haben. Diese gelten als die regelmässigen Verben. Die Endung tritt einfach an den Verbalstamm, ohne dass dieser irgendwelchen Änderungen unterliegt.

Bei der grössten Gruppe von Verben tritt jedoch jeweils eine kleine Stammveränderung ein. Es handelt sich um die Verben, deren Stamm auf ein -ε, ein -α oder ein -ο auslautet. Die **Lexikonform** lautet z. B. ζητέω (suchen), ἀγαπάω (lieben) oder πληρόω (erfüllen). Wegen ihrer Endung spricht man bei dieser Gruppe oft auch von den „έω-Verben", den „άω-" oder den „όω-Verben". Manchmal nennt man sie auch einfach kurz, „Verba contracta".

Das besondere an ihnen ist eben, dass sie im Präsens **kontrahieren** (lat contrahere = zusammenziehen). D. h. der Vokal des Stammauslautes (ε, α oder ο) kontrahiert mit dem Themavokal (ε oder ο) der Endung. Der Grund dafür liegt in der Aussprache. Es wäre umständlich, wenn man z. B. ζητέει (er sucht) sagen müsste. Die beiden ε, die hier aufeinandertreffen verschmelzen zu einem einzigen, wobei in diesem Fall ein Diphtong entsteht: ζητεῖ. Der Zirkumflex auf der Endung zeigt zudem diese Kontraktion an.

Die Kontraktion geschieht nach wenigen festen Regeln. Bitte prägen Sie sich diese gut ein. Die Paradigmata dieser Verben müssen dann nicht einzeln gelernt werden, weil die Formen mit den bekannten Kontraktionsregeln abgeleitet oder analysiert werden können.

έω-Verben:	ε + ε = ει
	ε + ω = ω
	ε + ο = ου

άω-Verben:	α + ε-Laut = α
	α + ο-Laut = ω

όω-Verben:	ο + Langvokal = ω
	ο + Kurzvokal oder ου = ου
	ο + ει oder ῃ = οι

Merken Sie sich bitte als Faustregel:

ω ist stärker als α subskribiert	α ist stärker als ε,	ι wird

Hier seien folgend noch die Paradigmata der uns bereits bekannten Formen (Ind, Imp, Inf und Part) dieser Verben aufgeführt. Zuerst alle aktiven Formen, anschliessend alle Formen des M/P.

1.1 Verba contracta Präsens aktiv:

Paradigma έω-Verben Präsens Ind Akt:

	ποιέω machen, tun			
	*	Ind Akt	*	Imp Akt
1.Sg	ποιέ-ω	ποιῶ		
2.	ποιέ-εις	ποιεῖς	ποίε-ε	ποίει
3.	ποιέ-ει	ποιεῖ	ποιε-έτω	ποιείτω
1.Pl	ποιέ-ομεν	ποιοῦμεν		
2.	ποιέ-ετε	ποιεῖτε	ποιέ-ετε	ποιεῖτε
3.	ποιέ-ουσι(ν)	ποιοῦσι(ν)	ποιε-έτωσαν	ποιείτωσαν

Inf	ποιέ-ε(σ)εν	ποιεῖν

Paradigma άω-Verben Präsens Ind Akt:

	ἀγαπάω lieben			
	*	Ind Akt	*	Imp Akt
1.Sg	ἀγαπά-ω	ἀγαπῶ		
2.	ἀγαπά-εις	ἀγαπᾷς	ἀγάπα-ε	ἀγάπα
3.	ἀγαπά-ει	ἀγαπᾷ	ἀγαπα-έτω	ἀγαπάτω
1.Pl	ἀγαπά-ομεν	ἀγαπῶμεν		
2.	ἀγαπά-ετε	ἀγαπᾶτε	ἀγαπά-ετε	ἀγαπᾶτε
3.	ἀγαπά-ουσι(ν)	ἀγαπῶσι(ν)	ἀγαπα-έτωσαν	ἀγαπάτωσαν

Inf	ἀγαπά-ε(σ)εν	ἀγαπᾶν

Paradigma όω-Verben Präsens Ind Akt:

	πληρόω erfüllen			
	*	Ind Akt	*	Imp Akt
1.Sg	πληρό-ω	πληρῶ		
2.	πληρό-εις	πληροῖς	πλήρο-ε	πλήρου
3.	πληρό-ει	πληροῖ	πληρο-έτω	πληρούτω
1.Pl	πληρό-ομεν	πληροῦμεν		
2.	πληρό-ετε	πληροῦτε	πληρό-ετε	πληροῦτε
3.	πληρό-ουσι(ν)	πληροῦσι(ν)	πληρο-έτωσαν	πληρούτωσαν

Inf	πληρό-ε(σ)εν	πληροῦν

1.1.1 Anmerkungen

a) Das bewegliche ν der 3. Sg fehlt bei allen Formen der Verba contracta. In der 3. Pl allerdings kommt es vor.

b) Zu verwechseln sind auch hier 2. Pl Ind und Imp.

c) Die Silbe ει ist typisch έω-Verben, α typisch άω-Verben und οι ist typisch όω-Verben.

d) Der Inf hat die ursprüngliche Endung als Kontraktionsgrundlage (< *-εεν < *εσεν).

1.2 Verba contracta Partizip Präsens Aktiv

Paradigma έω-Verben Partizip Präsens Akt:

	Mask	Fem	Ntr
N Sg	ποιῶν	ποιοῦσα	ποιοῦν
G	ποιοῦντος	ποιούσης	ποιοῦντος
D	ποιοῦντι	ποιούσῃ	ποιοῦντι
A	ποιοῦντα	ποιοῦσαν	ποιοῦν
N Pl	ποιοῦντες	ποιοῦσαι	ποιοῦντα
G	ποιούντων	ποιουσῶν	ποιούντων
D	ποιοῦσι(ν)	ποιούσαις	ποιοῦσι(ν)
A	ποιοῦντας	ποιούσας	ποιοῦντα

Paradigma άω-Verben Partizip Präsens Akt:

	Mask	Fem	Ntr
N Sg	ἀγαπῶν	ἀγαπῶσα	ἀγαπῶν
G	ἀγαπῶντος	ἀγαπώσης	ἀγαπῶντος
D	ἀγαπῶντι	ἀγαπώσῃ	ἀγαπῶντι
A	ἀγαπῶντα	ἀγαπῶσαν	ἀγαπῶν
N Pl	ἀγαπῶντες	ἀγαπῶσαι	ἀγαπῶντα
G	ἀγαπώντων	ἀγαπωσῶν	ἀγαπώντων
D	ἀγαπῶσι(ν)	ἀγαπώσαις	ἀγαπῶσι(ν)
A	ἀγαπῶντας	ἀγαπώσας	ἀγαπῶντα

Paradigma όω-Verben Partizip Präsens Akt:

	Mask	Fem	Ntr
N Sg	πληρῶν	πληροῦσα	πληροῦν
G	πληροῦντος	πληρούσης	πληροῦντος
D	πληροῦντι	πληρούσῃ	πληροῦντι
A	πληροῦντα	πληροῦσαν	πληροῦν

	Mask	Fem	Ntr
N Pl	πληροῦντες	πληροῦσαι	πληροῦντα
G	πληρούντων	πληρουσῶν	πληρούντων
D	πληροῦσι(ν)	πληρούσαις	πληροῦσι(ν)
A	πληροῦντας	πληρούσας	πληροῦντα

1.2.1 Anmerkungen

a) Die έω- und die όω-Verben haben im Aktiv exakt dieselben Partizipendungen.

b) Verwechselbar sind auch hier die bekannten Formen: Akk Sg Mask mit Nom / Akk Pl Ntr.

1.3 Verba contracta Präsens M/P

Paradigma έω-Verben Präsens M/P:

	ποιοῦμαι *für sich machen, getan werden*			
	*	M/P Ind	*	Imp M/P
1.Sg	ποιέ-ομαι	ποιοῦμαι		
2.	ποιέ-ῃ	ποιῇ	ποιέ-ου	ποιοῦ
3.	ποιέ-εται	ποιεῖται	ποιε-έσθω	ποιείσθω
1.Pl	ποιε-όμεθα	ποιούμεθα		
2.	ποιέ-εσθε	ποιεῖσθε	ποιέ-εσθε	ποιεῖσθε
3.	ποιέ-ονται	ποιοῦνται	ποιε-έσθωσαν	ποιείσθωσαν

Inf	ποιέ-ε(σ)εσθαι	ποιεῖσθαι

Paradigma άω-Verben Präsens M/P:

	ἀγαπῶμαι *für sich lieben / geliebt werden*			
	*	M/P Ind	*	Imp M/P
1.Sg	ἀγαπά-ομαι	ἀγαπῶμαι		
2.	ἀγαπά-εσαι	ἀγαπᾶσαι	ἀγαπά-ου	ἀγαπῶ
3.	ἀγαπά-εται	ἀγαπᾶται	ἀγαπα-έσθω	ἀγαπάσθω
1.Pl	ἀγαπα-όμεθα	ἀγαπώμεθα		
2.	ἀγαπά-εσθε	ἀγαπᾶσθε	ἀγαπά-εσθε	ἀγαπᾶσθε
3.	ἀγαπά-ονται	ἀγαπῶνται	ἀγαπα-έσθωσαν	ἀγαπάσθωσαν

Inf	ἀγαπά-ε(σ)εσθαι	ἀγαπᾶσθαι

Paradigma όω-Verben Präsens M/P:

		πληροῦμαι *für sich erfüllen / erfüllt werden*		
	*	*Ind M/P*	*	*Imp M/P*
1.Sg 2. 3.	πληρό-ομαι πληρό-εσαι πληρό-εται	πληροῦμαι [πληροῦσαι] πληροῦται	πληρό-ου πληρο-έσθω	πληροῦ πληρούσθω
1.Pl 2. 3.	πληρο-όμεθα πληρό-εσθε πληρό-ονται	πληρούμεθα πληροῦσθε πληροῦνται	πληρό-εσθε πληρο-έσθωσαν	πληροῦσθε πληρούσθωσαν

Inf	πληρό-ε(σ)εσθαι	πληροῦσθαι

1.3.1 Anmerkungen

a) Besonders fallen die Formen der 2. Sg auf: Die έω-Verben übernehmen die bereits kontrahierte Endung ῃ (< *ε-αι < *εσαι) der regelmässigen Verben. Die άω- und die όω-Verben nehmen als Kontraktionsgrundlage die ursprüngliche Endung -εσαι, wobei aber das innervokalische σ nicht ausfällt. Die 2. Sg der όω-Verben kommt im NT allerdings nicht vor.

b) Der Inf hat ebenfalls die ursprüngliche Endung als Grundlage (< *-εεσθαι < *-εσεσθαι).

1.4 Verba contracta Partizip Präsens M/P

Paradigma έω-Verben Partizip Präsens M/P:

	Mask	*Fem*	*Ntr*
N Sg G D A	ποιούμενος ποιουμένου ποιουμένῳ ποιούμενον	ποιουμένη ποιουμένης ποιουμένῃ ποιουμένην	ποιούμενον ποιουμένου ποιουμένῳ ποιούμενον
N Pl G D A	ποιούμενοι ποιουμένων ποιουμένοις ποιουμένους	ποιούμεναι ποιουμένων ποιουμέναις ποιουμένας	ποιούμενα ποιουμένων ποιουμένοις ποιούμενα

Paradigma άω-Verben Partizip Präsens M/P:

	Mask	*Fem*	*Ntr*
N Sg G D A	ἀγαπώμενος ἀγαπωμένου ἀγαπωμένῳ ἀγαπώμενον	ἀγαπωμένη ἀγαπωμένης ἀγαπωμένῃ ἀγαπωμένην	ἀγαπώμενον ἀγαπωμένου ἀγαπωμένῳ ἀγαπώμενον

	Mask	Fem	Ntr
N Pl	ἀγαπώμενοι	ἀγαπώμεναι	ἀγαπώμενα
G	ἀγαπωμένων	ἀγαπωμένων	ἀγαπωμένων
D	ἀγαπωμένοις	ἀγαπωμέναις	ἀγαπωμένοις
A	ἀγαπωμένους	ἀγαπωμένας	ἀγαπώμενα

Paradigma όω-Verben Partizip Präsens M/P:

	Mask	Fem	Ntr
N Sg	πληρούμενος	πληρουμένη	πληρούμενον
G	πληρουμένου	πληρουμένης	πληρουμένου
D	πληρουμένῳ	πληρουμένῃ	πληρουμένῳ
A	πληρούμενον	πληρουμένην	πληρούμενον
N Pl	πληρούμενοι	πληρούμεναι	πληρούμενα
G	πληρουμένων	πληρουμένων	πληρουμένων
D	πληρουμένοις	πληρουμέναις	πληρουμένοις
A	πληρουμένους	πληρουμένας	πληρούμενα

1.4.1 Anmerkungen

a) Auch hier sind die Partizip-Formen der έω- und der όω-Verben identisch. Die άω-Verben unterscheiden sich von ihnen bloss durch das ω beim Kontraktionspunkt.

b) Verwechselbar sind die bekannten Formen.

1.5 Verba contracta: Zur Akzentuierung im Allgemeinen

Die Anmerkungen zur Akzentuierung betreffen alle oben angeführten Paradigmata und werden deshalb zusammengefasst.

a) Die Kontraktionssilbe hat immer dann den Akzent, wenn eine der beiden unkontrahierten Vokale (oder Diphtonge) den Akzent trug. So erklärt sich, weshalb bei den Verbformen nicht immer möglichst weit vorne akzentuiert wird.

b) Der Zirkumflex steht immer dann, wenn vor der Kontraktion die erste der beiden Silben betont war.

c) Der Akut steht dann, wenn vor der Kontraktion die zweite der beiden Silben betont war.

2 UNREGELMÄSSIGKEITEN UND BESONDERHEITEN DER VERBA CONTRACTA

a) Ganz besonders zu merken sind die Formen der Verben ζάω (leben) und χράομαι (gebrauchen). ζάω ist mit 140 Belegen sehr häufig, χράομαι hat nur 11 Belege im NT.

> ζάω und χράομαι haben immer η statt α

Die Formen lauten dann:
ζῶ, ζῇς, ζῇ, ζῶμεν, ζῆτε, ζῶσι(ν); Inf = ζῆν (alle Formen im NT!)
(Nicht zu verwechseln mit ζέω = kochen in Apg 18, 25 und Rö 12, 11)

[χρῶμαι], [χρᾶσαι], [χρῆται], χρώμεθα, [χρῆσθε], χρῶνται
χρῆσαι (1× NT 1Kor 7, 21) ist Aor Imp 2.Sg; 1Tim 5, 23 ist zudem der Präs Imp 2.Sg
χρῶ bezeugt. (Die Form χρῆσον in Lk 11, 5 ist Aor Imp 2.Sg zu κίχρημι (= χράω) = leihen.)

b) Die einsilbigen έω-Verben kontrahieren nur dann, wenn das Ergebnis ει ist, sonst unterbleibt die Kontraktion (zur Verdeutlichung des Verbalstammes).
Z. B. δέω (binden) und δέομαι (bitten): δεῖ es ist nötig, man muss (< *δέ-ει), aber τὸ δέον (das Nötige; Part Ntr Sg); ebenso δέομαι (ich bitte), aber ἐδεῖτο (Ipf er bat < *ἐδε-ετο);

c) Ausbleiben der Kontraktion: In der Koine wird manchmal die nichtkontrahierte Form geschrieben. Z. B. Offb 16, 1 ἐκχέετε (statt ἐκχεῖτε ihr giesst aus);

d) Vermischung von έω- und άω-Paradigmata: In der Koine ist manchmal eine Tendenz zur Vereinheitlichung der beiden Paradigmata zu einem einzigen zu beobachten. Statt ου steht dann ω und statt ει steht α. Z. B. Rö 9, 16 τοῦ ἐλεῶντος (statt ἐλεοῦντος dessen, der sich erbarmt); Jud 22. 23 ἐλεᾶτε (statt ἐλεεῖτε ihr erbarmt euch); Phm 18 ἐλλόγα (statt ἐλλόγει Ipf er rechnete an);

3 Der Aorist der Verba contracta

Wie in Lekt 3 bereits angemerkt, dehnen die Verba contracta ihren Vokal im Stammauslaut bei Hinzutreten eines σ.

> Die Verba contracta dehnen den Schlussvokal vor dem σ.

λαλέω ⇒ ἐλάλησα (> *ἐλαλε-σα) Aor

ἀγαπάω ⇒ ἠγάπησα (> *ἠγαπα-σα) Aor

πληρόω ⇒ ἐπλήρωσα (> *ἐπληρο-σα) Aor

Die άω-Verben dehnen ihren Vokal aber nur bei α-impurum zu η, sonst wird er zu einem langen α.

κοπιάω (sich abmühen) ⇒ ἐκοπίασα Aor

Dto bei ἀγαλλιάω (jubeln): Aor ἠγαλλίασα, od als Dep. ἠγαλλιασάμην.

Ausnahmen: Bei einigen Verben unterbleibt die Dehnung des Vokals. πεινάω (hungern) > Aor ἐπείνασα; καλέω (rufen) > Aor ἐκάλεσα; σπάω (ziehen) > Aor ἔσπασα; τελέω (vollenden) > Aor ἐτέλεσα;

4 Konsonantische Deklination: σ-Stämme

Als Ergänzung zur konsonantischen Deklination folgen in dieser Lektion die σ-Stämme und die ι-Stämme. In der nächsten Lektion werden wir diese Deklination mit den υ-Stämmen und den Digamma-Stämmen abschliessen. Inhaltlich erscheint gegenüber dem allgemeinen Paradigma in Lekt 5 nur wenig neues. Es seien lediglich der Vollständigkeit halber die fehlenden Paradigmata ergänzt.

4.1 Neutra auf -ος

Die Neutra auf -ος haben durchwegs Stämme auf -εσ.

τὸ ἔθνος (das Volk)   Stamm: ἔθνεσ

Im Nom Sg liegt ein Ablaut von ε zu ο vor (endungslos). In den übrigen Formen fällt das σ vor der vokalischen Endung aus (= innervokalisches σ) und die aufeinandertreffenden Vokale kontrahieren nach den uns nun bekannten Regeln.

> Das stammauslautende σ fällt vor allen vokalischen Endungen aus.
> Aufeinandertreffende Vokale kontrahieren.

4.2 Paradigma der σ-Stämme

Stamm	*	das Volk	*	die Menge
		ἔθνεσ		πλῆθεσ
N Sg	Ablaut zu o	ἔθνος	Ablaut zu o	πλῆθος
Gen	ἔθνε(σ)-ος	ἔθνους	πλήθε(σ)-ος	πλήθους
D	ἔθνε(σ)-ι	ἔθνει	πλήθε(σ)-ι	πλήθει
A	= Nom	ἔθνος	= Nom	πλῆθος
N Pl	ἔθνε(σ)-α	ἔθνη	πλήθε(σ)-α	πλήθη
G	ἔθνε(σ)-ων	ἐθνῶν	πλήθε(σ)-ων	πληθῶν
D	ἔθνε(σ)-σι(ν)	ἔθνεσι(ν)	πλήθε(σ)-σιν	πλήθεσι(ν)
A	= Nom	ἔθνη	= Nom	πλήθη

4.2.1 Anmerkungen

a) Auffällig ist der Nom / Akk Pl auf -η! Diese Endung entsteht aus der Kontraktion von ε und α (beachte: ε + α = η; aber: α + ε = α).

b) Im Dat Pl fällt eines der beiden σ ersatzlos aus.

c) Der Gen Pl ist endbetont. Zwei Substantive kontrahieren im Gen Pl nicht: τὸ ὄρος (der Berg) > τῶν ὀρέων; τὸ χεῖλος (die Lippe) > τῶν χειλέων;

d) Ein Femininum ἡ αἰδώς (Stamm: αἰδοσ- die Schamhaftigkeit; nur 1Ti 2,9;) kontrahiert ebenfalls: Gen Sg αἰδοῦς.

4.3 Adjektive mit σ-Stamm

Einige Adjektive, gut erkennbar an ihrem Nom auf -ης, haben ebenfalls einen σ-Stamm. Betrachten Sie bitte das Paradigma von ἀληθής (wahr).

Lektion 8

	wahr			
	M / F *	M / F	Ntr	Ntr *
Stamm		ἀληθεσ-	ἀληθεσ-	
N Sg	Dehnstufe	ἀληθής	ἀληθές	ἀληθες
G	ἀληθε(σ)-ος		ἀληθοῦς	
D	ἀληθε(σ)-ι		ἀληθεῖ	
A	ἀληθε(σ)-α	ἀληθῆ	ἀληθές	= Nom
N Pl	ἀληθε(σ)-ες	ἀληθεῖς	ἀληθῆ	ἀληθε(σ)-α
G	ἀληθε(σ)-ων		ἀληθῶν	
D	ἀληθε(σ)-σιν		ἀληθέσιν	
A	= Nom	ἀληθεῖς	ἀληθῆ	= Nom

4.3.1 Anmerkungen

a) Diese Adjektive sind durchwegs zweiendig, haben also Mask und Fem identische Formen. Der Nom Sg Mask / Fem dehnt den Stamm, wobei das Ntr den reinen Stamm aufweist.

b) Verwechslungsgefahr besteht bei den drei Formen auf -ῆ! (Kl lautete das Ntr Pl auf -ᾰ.)

c) Die Betonung ist durchwegs auf der Endsilbe. Eine Ausnahme bietet πλήρης (voll), welches z. T. undekliniert als Partikel gebraucht wird (Joh 1, 14; Apg 6, 5)

5 Konsonantische Deklination: ι-Stämme

Recht häufig sind die ι-Stämme. Fast alle sind Feminina (nur eine mask Lernvokabel: ὁ ὄφις, -εως die Schlange; Ntr: τὸ σίναπι, -εως der Senf).

Fast alle (nicht endbetonten) Wörter auf -ις sind feminine **Nomina actionis** (Bezeichnung eines Geschehens):

    ἡ ἀποκάλυψις   die Offenbarung
    ἡ γνῶσις   die Erkenntnis
    ἡ πίστις   der Glaube

5.1 Paradigma der ι-Stämme

	Stadt
Stamm	πολε(j)- / πολη(j) / πολι
N Sg	πόλις
G	πόλεως
D	πόλει
A	πόλιν

N Pl	πόλεις
G	πόλεων
D	πόλεσι(ν)
A	πόλεις

5.1.1 Anmerkungen

a) Den ι-Stämmen liegt ursprünglich ein Stamm mit j zugrunde. (Das j ging der griechischen Sprache noch vor den ersten schriftlichen Zeugnissen verloren. Sein Ausfall bewirkt meist gewisse Lautveränderungen.)

b) Gen Sg πόλεως < *πoληjoς (Ausfall des j; dann Quantitätentausch, „Metathesis quantitatis")
Die Betonung des Gen Pl ist wohl eine Analogiebildung zur Betonung des Sg (wäre sonst *πολέων).

c) Nom / Akk Pl enstanden durch Kontraktion < *πολε-ες.

II Syntax

6 Adverbiales Partizip: Genetivus absolutus

Der Genetivus absolutus, kurz „Genabs", ist eine besondere Form des adverbialen Partizipgebrauchs. Damit ist er eng mit dem Participium coniunctum verwandt. Der entscheidende Unterschied besteht darin, dass hier das Partizip von allem anderen abgelöst ist (daher „absolutus" aus lat. absolvere = ablösen). Das Part coni hat immer ein Bezugswort, mit dem es in Kasus, Numerus und Genus übereinstimmt. Der Genabs hat **kein Bezugswort**. Er steht **mit einem Nomen zusammen immer im Genitiv**. Der Sinn dieser Konstruktion besteht darin, dass eine Verbalhandlung des übergeordneten Satzes näher beschrieben wird. Meistens werden mit dem Genabs temporale Adverbiale gebildet. Er kann aber auch andere, dem Part coni analoge Sinnrichtungen annehmen (mit Ausnahme der finalen Richtung).

> In der deutschen Übersetzung wird immer ein NS gebildet, wobei das Partizip im Genitiv zum Prädikat des NS und das Nomen im Gen zu dessen Subjekt wird. Als Nebensatzeinleitung und Hilfsübersetzung wählen wir „..., als".

ἔτι αὐτοῦ λαλοῦντος ἔρχεταί τις.

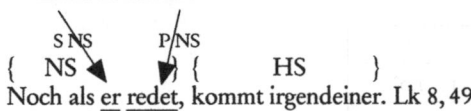

Noch als er redet, kommt irgendeiner. Lk 8, 49

Während beim Part coni im Nom HS und NS dasselbe Subjekt aufweisen, sind hier im Genabs die beiden **verschiedenen Subjekte** von Haupt- und Nebensatz sehr schön zu erkennen.

Das **Subjekt** des Genabs kann aber auch **fehlen**, wenn es aus dem Kontext leicht zu ergänzen ist.

καὶ εὐθὺς ἔτι λαλοῦντος παραγίνεται Ἰούδας.
Und sofort, noch während er redet, kommt Judas an. Mk 14, 43

Häufig kann der temporale Sinn des Adverbiales mit „während" abgelöst werden:

ἔτι λαλοῦντος αὐτοῦ ἐφώνησεν ἀλέκτωρ.
Noch während er redete, krähte ein Hahn. Lk 22, 60:

In demselben Satz können auch ein Genabs und ein oder mehrere Part coni verwendet werden:

```
{      tempA = Genabs      } {                  HS                    }
[ AkkO    S         P      DatO ]    S    [tempAdv]    P    DatO [modAdv]
```
ταῦτα αὐτοῦ λαλοῦντος αὐτοῖς, ἰδοὺ ἄρχων εἷς ἐλθὼν προσεκύνει αὐτῷ λέγων
Als er diese Dinge zu ihnen redete, siehe, ein Anführer, als er kam, fiel er vor ihm auf die Knie, indem er sprach:

```
{              NS                }
[NS     S     Attr  Adv    P     ]
```
ὅτι ἡ θυγάτηρ μου ἄρτι ἐτελεύτησεν.
Meine Tochter ist soeben verstorben. Mt 9, 18

7 Die doppelte Negation

Recht häufig enthalten griechische Sätze zwei Negationen. Man spricht dann von einer doppelten Negation. In solch einem Fall ist es nicht immer möglich, wörtlich zu übersetzen. Man muss folgendes beachten:

> a) Ist die zweite Negation zusammengesetzt, so verstärkt sie die erste.

οὐκ ἀποκρίνῃ οὐδέν; Antwortest du überhaupt nichts? Mk 15, 4

> b) Ist die zweite Negation einfach, so hebt sie die erste auf und verstärkt die positive Aussage.

οὐ δυνάμεθα ... μὴ λαλεῖν Wir müssen unbedingt reden. (wörtl: nicht können wir ... nicht reden.) Apg 4, 20

Im Falle einer rhetorischen Frage gilt genau dieselbe Regel.

μὴ οὐκ ἔχομεν ἐξουσίαν φαγεῖν καὶ πεῖν;
Wir haben doch wohl das Recht zu essen und zu trinken? (wörtl: Nicht haben wir nicht das Recht...) 1Kor 9, 4

III Übungen

1. Verba contracta
Alle folgenden Verbformen sind aus Joh 4 entnommen. Bitte analysieren und übersetzen Sie!
unbekannte Vokabeln: αἰτέω = bitten; ἀντλέω = schöpfen; θεάομαι = betrachten; θεωρέω = beobachten; συγχράομαι = Umgang haben; φωνέω = rufen;

ἀντλῆσαι – ἀντλεῖν – αἰτεῖς – συγχρῶνται – ζῶν – ζῇ – ᾔτησας – φώνησον – θεωρῶ – προσεκύνησαν – προσκυνεῖν – προσκυνεῖτε – προσκυνοῦμεν – τοὺς προσκυνοῦντας – ζητεῖ – ζητεῖς – ὁ λαλῶν – λαλεῖς – ἐποίησα – θεάσασθε – μαρτυρούσης – ἐμαρτύρησεν – ἀπολογοῦμαι – ἀπολογεῖσθαι

2. Konsonantische Deklination: σ- und ι- Stämme
Bitte bestimmen Sie folgende Formen und übersetzen Sie!
πόλεις – πόλεως – εἰς πόλιν – ἐν πόλει – πόλεων – θλίψεως – θλῖψιν – θλίψεις – θλίψεσι – θλίψει – θλίψεων – τὴν ἀληθῆ ὁδόν – ἀληθεῖ ἔθνει – ἐκ μέρους – τὸ πλῆθος ἀσθενές – ὀρέων – ὄρεσι – ἐπ' ὄρει – εἰς ἀπολύτρωσιν – ὁ δράκων ὁ μέγας ὁ ὄφις ὁ ἀρχαῖος – τὴν βρῶσιν – ὁ ποιήσας με ὑγιῆς

3. Genabs
Bitte übersetzen Sie!
1) ἔτι αὐτοῦ λαλοῦντος ἔρχονται ἀπὸ τοῦ ἀρχισυναγώγου. (ὁ ἀρχισυνάγωγος = der Synagogenleiter) **2)** καὶ ἤκουσαν οἱ δύο μαθηταὶ αὐτοῦ λαλοῦντος. **3)** ἤκουσα δὲ καὶ φωνῆς λεγούσης μοι. **4)** ταῦτα αὐτοῦ λαλοῦντος πολλοὶ ἐπίστευσαν εἰς αὐτόν. **5)** σοῦ δὲ ποιοῦντος ἐλεημοσύνην, μὴ γνώτω ἡ ἀριστερά σου τί ποιεῖ ἡ δεξιά σου. (γνώτω = Imp Aor γινώσκω; ἀριστερός,-ά,-όν = links) **6)** καὶ ἤκουσα μεγάλης φωνῆς ἐκ τοῦ ναοῦ λεγούσης τοῖς ἑπτὰ ἀγγέλοις. **7)** καὶ ἐν τῷ ἱερῷ περιπατοῦντος αὐτοῦ ἔρχονται πρὸς αὐτὸν ... οἱ πρεσβύτεροι. **8)** οὔσης οὖν ὀψίας τῇ ἡμέρᾳ ἐκείνῃ τῇ μιᾷ σαββάτων ... ἦλθεν (er ging) ὁ Ἰησοῦς ... εἰς τὸ μέσον καὶ λέγει αὐτοῖς, εἰρήνη ὑμῖν. **9)** τοῦ Παύλου ἀπολογουμένου ... **10)** καὶ ὄντος τοῦ Πέτρου κάτω ἐν τῇ αὐλῇ ἔρχεται μία τῶν παιδισκῶν. (κάτω = unten; ἡ παιδισκή = die Magd)

4. Doppelte Negation
1. οὐκέτι πολλὰ λαλήσω μεθ' ὑμῶν, ἔρχεται γὰρ ὁ τοῦ κόσμου ἄρχων· καὶ ἐν ἐμοὶ οὐκ ἔχει οὐδέν. (λαλήσω Fut 1.Sg λαλέω = ich kann reden) **2.** καὶ οὐκ ἀφῆκεν οὐδένα μετ' αὐτοῦ συνακολουθῆσαι εἰ μὴ τὸν Πέτρον καὶ Ἰάκωβον καὶ Ἰωάννην τὸν ἀδελφὸν Ἰακώβου. (ἀφῆκεν = er liess; συνακολουθέω = mitgehen, zusammen gehen; εἰ μή = ausser). Ipf 3.Sg. **3.** οὐκ ἔχομεν ἐξουσίαν μὴ ἐργάζεσθαι; **4.** καὶ οὐδεὶς οὐκέτι ἐτόλμα αὐτὸν ἐπερωτῆσαι. (ἐτόλμα = Ipf 3.Sg τολμάω = er wagte) **5.** ὑμεῖς κατα τὴν σάρκα κρίνετε, ἐγὼ οὐ κρίνω οὐδένα.

5. Übungssätze
1) καὶ αὐτὸς διώδευεν κατὰ πόλιν καὶ κώμην κηρύσσων καὶ εὐαγγελιζόμενος τὴν βασιλείαν τοῦ θεοῦ καὶ οἱ δώδεκα σὺν αὐτῷ καὶ γυναῖκές τινες... (διώδευεν = er zog umher) **2)** τί ζητεῖς ἢ τί λαλεῖς μετ' αὐτῆς; **3)** ἐκ δὲ τῆς πόλεως ἐκείνης πολλοὶ ἐπίστευσαν εἰς αὐτὸν τῶν Σαμαριτῶν διὰ τὸν λόγον τῆς γυναικὸς μαρτυρούσης. **4)** αὐτὸς γὰρ Ἰησοῦς ἐμαρτύρησεν ὅτι προφήτης ἐν τῇ ἰδίᾳ πατρίδι τιμὴν οὐκ ἔχει. (ἡ πάτρις, -ιδος = Vaterland, Heimat) **5)** μηκέτι ὑδροπότει, ἀλλὰ οἴνῳ ὀλίγῳ χρῶ διὰ τὸν στόμαχον καὶ τὰς πυκνάς σου ἀσθενείας. (ὑδροποτέω = Wasser trinken; ὁ στόμαχος = der Magen; πυκνός,-ή,-όν = häufig, zahlreich; **6)** εἰ γὰρ δοκεῖ τις εἶναί τι μηδὲν ὤν ... **7)** κρατοῦντος δὲ αὐτοῦ τὸν Πέτρον καὶ τὸν Ἰωάννην συνέδραμεν πᾶς ὁ λαὸς πρὸς αὐτοὺς ἐπὶ τῇ στοᾷ τῇ καλουμένῃ Σολομῶντος ἔκθαμβοι. (συνέδραμεν = es lief zusammen; ἡ στοά,-ᾶς = die Säulenhalle; ἔκθαμβος = ganz erschrocken;) **8)** ἔτι αὐτοῦ λαλοῦντος ἰδοὺ νεφέλη φωτεινὴ ἐπεσκίασεν αὐτούς, καὶ ἰδοὺ φωνὴ ἐκ τῆς νεφέλης λέγουσα: οὗτός ἐστιν ὁ υἱός μου ὁ ἀγαπητός ... (φωτεινός, -ή, -όν = hell, licht; ἐπισκίασεν < *ἐπισκιαζ-σεν; ἐπισκιάζω = überschatten) **9)** ἀληθὴς εἶ καὶ οὐ μέλει σοι περὶ οὐδενός· οὐ γὰρ βλέπεις εἰς πρόσωπον ἀνθρώπων, ἀλλ' ἐπ' ἀληθείας τὴν ὁδὸν τοῦ θεοῦ διδάσκεις. **10)** καὶ οὐκ ἔστιν ἐν ἄλλῳ οὐδενὶ ἡ σωτηρία. **11)** ὁ θεὸς φῶς ἐστιν καὶ σκοτία ἐν αὐτῷ οὐκ ἔστιν οὐδεμία. (ἡ σκοτία = die Finsternis) **12)** ἐπισκέψασθε δὲ ἀδελφοί, ἄνδρας ἐξ ὑμῶν μαρτυρουμένους ἑπτά, πλήρεις πνεύματος καὶ σοφίας. (ἐπι-

σκέψασθε < *ἐπισκεπτ-σασθε) 13) διὰ τοῦτο λέγω ὑμῖν ὅτι ἀρθήσεται ἀφ' ὑμῶν ἡ βασιλεία τοῦ θεοῦ καὶ δοθήσεται ἔθνει ποιοῦντι τοὺς καρποὺς αὐτῆς. (ἀρθήσεται = es wird weggenommen werden; δοθήσεται = es wird gegeben werden) 14) οὐκ ᾔδει ὅτι ἀληθές ἐστιν τὸ γινόμενον διὰ τοῦ ἀγγέλου. (ᾔδει = er wusste) 15) τὰ μωρὰ τοῦ κόσμου ἐξελέξατο ὁ θεός, ... καὶ τὰ ἀσθενῆ τοῦ κόσμου ἐξελέξατο ὁ θεός ... 16) οὐκ ἔστιν ὁ θεὸς νεκρῶν ἀλλὰ ζώντων. 17) πόθεν οὖν ἔχεις τὸ ὕδωρ τὸ ζῶν; 18) Κορνήλιος ἑκαντοντάρχης, ἀνὴρ δίκαιος καὶ φοβούμενος τὸν θεόν, μαρτυρούμενός τε ὑπὸ ὅλου τοῦ ἔθνους τῶν Ἰουδαίων ... 19) οἱ πατέρες ἡμῶν ἐν τῷ ὄρει τούτῳ προσεκύνησαν. 20) ἐκ μέρους γὰρ γινώσκομεν καὶ ἐκ μέρους προφητεύομεν.

LEKTION 9

I Morphologie

1 Das Imperfekt

Im Zusammenhang mit den Aspekten wurden in Lekt 4 das Präsens und das Imperfekt zusammen erwähnt. Beide gehören tatsächlich sehr eng zusammen.
Das griechische Imperfekt ist lediglich ein **Nebentempus** des Präsens. Das heisst:
a) Es setzt das Präsens in die Vergangenheit. In bezug auf den Aspekt haben beide dieselbe Bedeutung.
b) Das Imperfekt besitzt nur einen Indikativ. Es hat keinen eigenen Imperativ, keinen Infinitiv und auch kein eigenes Partizip.

Das Imperfekt weist aber **eigene Personalendungen** auf. Die aktiven müssen neu gelernt werden. Lernen Sie diese bitte gut auswendig! Denn Sie werden auch für andere Verbalformen noch wichtig werden. Die mediopassiven (wiederum beide zusammen nur eine Form) sind dieselben wie diejenigen des Aorists Medium (Lekt 4), aber mit dem Themavokal anstelle der Aoristbildesilbe -σα.
Das Imperfekt besitzt als Vergangenheitstempus ein **Augment**. Für die Bildung des Augments gelten dieselben Regeln wie in Lekt 3 beim Aor dargestellt.

1.1 Paradigma Ipf Akt

	Ipf Ind Akt	*Endung*	*Übersetzung*
1.Sg	ἐπίστευον	-ο-ν	ich glaubte
2.	ἐπίστευες	-ε-ς	du glaubtest
3.	ἐπίστευε(ν)	-ε-(ν)	er, sie, es glaubte
1.Pl	ἐπιστεύομεν	-ο-μεν	wir glaubten
2.	ἐπιστεύετε	-ε-τε	ihr glaubtet
3.	ἐπίστευον	-ο-ν	sie glaubten

1.1.1 Anmerkungen

a) Betrachten wir die Endungen, so fällt sofort die Formgleichheit von 1.Sg und 3.Pl auf. Das ist leider so. Im Kontext jedoch wird es wohl immer klar sein, welche Form gemeint ist.

b) Für die Übersetzung wählen wir das deutsche Ipf. Beachten Sie aber, dass es sich auch hier eigentlich um eine Hilfsübersetzung handelt. Der Aspekt wird dadurch nämlich nicht zum Ausdruck gebracht.

c) Die Endungen können weiter in Themavokal und eigentliche Endung aufgetrennt werden. Der Themavokal ist wie beim Präsens immer ο oder ε. Die eigentliche Endung gleicht (bis auf die 1.Sg) der Aoristendung.

1.2 Paradigma Ipf M/P

	Ipf M/P	Endung	Übersetzung
1.Sg	ἐπιστευόμην	-ό-μην	M: ich glaubte für mich/ P: mir wurde geglaubt
2.	ἐπιστεύου	-ου	M: du glaubtest für dich / P: dir wurde geglaubt
3.	ἐπιστεύετο	-ε-το	M: er, sie, es glaubte für sich / P: ihm, ihr, ihm ...
1.Pl	ἐπιστευόμεθα	-ό-μεθα	M: wir glaubten für uns / P: uns wurde geglaubt
2.	ἐπιστεύεσθε	-ε-σθε	M: ihr glaubtet für euch / P: euch wurde geglaubt
3.	ἐπιστεύοντο	-ο-ντο	M: sie glaubten für sich / P: ihnen wurde geglaubt

1.2.1 Anmerkungen

a) Die Endungen sind dieselben wie die des Aorist Medium (vgl. Lekt 4), aber mit Themavokal (das Imperfekt ist ja nur Nebentempus des Präsens, deshalb dasselbe Tempuskennzeichen!) statt Aoristbildesilbe -σα.

b) Wieder sind die eigentlichen Endungen von Aor und Ipf identisch.
Die ursprüngliche Endung der 2.Sg lautete -σο. Das innervokalische σ fiel aus und der urspr. Themavokal ε kontrahierte mit der Endung ο zu einem ου (ἐπιστεύ-ου < *ἐπιστευ-ε-(σ)ο).

2 Das Imperfekt der Verba contracta

Da die Imperfektendungen einen Themavokal aufweisen, muss dieser mit einem vokalischen Stammauslaut kontrahieren. Die Kontraktionsregeln bleiben dieselben wie in Lekt 8 dargestellt. Das ergibt folgende Paradigmen:

2.1 Ipf Ind Akt Verba contracta

*	-έω ποιέω	*	-άω ἀγαπάω	*	-όω πληρόω
ἐποίε-ον	ἐποίουν	ἠγάπα-ον	ἠγάπων	ἐπλήρο-ον	ἐπλήρουν
ἐποίε-ες	ἐποίεις	ἠγάπα-ες	ἠγάπας	ἐπλήρο-ες	ἐπλήρους
ἐποίε-ε	ἐποίει	ἠγάπα-ε	ἠγάπα	ἐπλήρο-ε	ἐπλήρου
ἐποιέ-ομεν	ἐποιοῦμεν	ἠγαπά-ομεν	ἠγαπῶμεν	ἐπληρό-ομεν	ἐπληροῦμεν
ἐποιέ-ετε	ἐποιεῖτε	ἠγαπά-ετε	ἠγαπᾶτε	ἐπληρό-ετε	ἐπληροῦτε
ἐποίε-ον	ἐποίουν	ἠγάπα-ον	ἠγάπων	ἐπλήρο-ον	ἐπλήρουν

2.1.1 Anmerkungen

a) Alles läuft regelmässig nach den bekannten Regeln ab. Die 3.Sg hat im Ipf allerdings nie ein bewegliches ν!

b) Einige Formen unterscheiden sich nur noch durch das Augment vom Präsens (3.Sg und Imp 2.Sg; 1. und 2.Pl;

2.2 Ipf Ind M/P Verba contracta

*	-έω ποιοῦμαι	*	-άω ἀγαπῶμαι	*	-όω πληροῦμαι
ἐποιε-όμην ἐποιέ-ου ἐποιέ-ετο	ἐποιούμην [ἐποιοῦ] ἐποιεῖτο	ἠγαπα-όμην ἠγαπά-ου ἠγαπά-ετο	ἠγαπώμην [ἠγαπᾶσο ?] ἠγαπᾶτο	ἐπληρο-όμην ἐπληρό-ου ἐπληρό-ετο	ἐπληρούμην [ἐπληροῦ ?] ἐπληροῦτο
ἐποιε-όμεθα ἐποιέ-εσθε ἐποιέ-οντο	ἐποιούμεθα ἐποιεῖσθε ἐποιοῦντο	ἠγαπα-όμεθα ἠγαπά-εσθε ἠγαπά-οντο	ἠγαπώμεθα ἠγαπᾶσθε ἠγαπῶντο	ἐπληρο-όμεθα ἐπληρό-εσθε ἐπληρό-οντο	ἐπληρούμεθα ἐπληροῦσθε ἐπληροῦντο

2.2.1 Anmerkung

a) Von der 2.Sg ist im NT keine Form belegt. Das ist wohl Zufall. Wir wissen deshalb aber nicht, ob sie jeweils mit der ursprünglichen (-σο) oder der jüngeren Endung (-ου) kontrahierten.
b) 1.Sg. ἀγαπάω kl. ἠγαπῶ < * ηγαπα-ον

3 Das Imperfekt von εἰμί

Das in wohl allen Sprachen unregelmässige Verb „sein" hat auch im Griechischen selbstverständlich ein unregelmässiges Imperfekt. Da es sehr häufig vorkommt, muss es deshalb separat gelernt werden.

3.1 Ipf Akt εἰμί

	Ipf
1.Sg	ἤμην
2.	ἦς / ἦσθα
3.	ἦν
1.Pl	ἦμεν / ἤμεθα
2.	ἦτε
3.	ἦσαν

3.1.1 Anmerkungen

a) Die Endungen lassen eine gewisse Vermischung von eigentlichen Aktiv- und Mediopassiv-Endungen erkennen. Die 2.Sg (selten im NT) und die 1.Pl kennen jeweils zwei verschiedene Formen.

b) Die klassischen Formen lauteten: ἦν (od. ἦ), ἦσθα, ἦν, ἦμεν, ἦτε (od. ἦστε), ἦσαν

c) Das Ipf ist, im Gegensatz zum Präs, **nicht enklitisch**.

4 Der starke Aorist (Aorist II)

Den schwachen Aorist haben wir als „schwach" bezeichnet, weil er der Bildesilbe -σα bedarf. Der Stamm bleibt beim schwachen Aorist durchwegs erhalten.

Anders der starke Aorist. Er weist **keine Bildesilbe** auf. Sein **Stamm** wird aber gegenüber dem Präsens **verändert**.

In unserer Sprache kennen wir dasselbe Phänomen ebenfalls: – schwach: ich mach-e, du mach-st → ich mach-te, du mach-test (Stamm bleibt gleich); – stark: ich geh-e, du geh-st → ich ging-, du ging-st (Stammänderung) usw.

Da sich der Stamm des starken Aorists ändert, braucht er keine eigenen Endungen. Er übernimmt **dieselben Endungen wie das Präsens**. Verwechslung ist aufgrund der verschiedenen Tempusstämme ausgeschlossen. Man muss sich also lediglich den jeweiligen Aoriststamm merken und die bekannten Präsensendungen anfügen. Beachten Sie aber, dass der Aorist als Vergangenheitstempus (mit Augment), **im Ind die Endungen des Ipf** und nicht die des Präs übernimmt. In allen andern Formen (Imp, Inf, Part, Konj, Opt) erhält er Präsens-Endungen.

Zusammenfassend: Bsp 1.Pl

Tempus	Augment	Stamm	Themavokal/ Bildesilbe	Personal-endung
Präs	–	πιστευ-	o -	μεν
Aor I	ἐ-	πιστευ-	(σα-)	μεν
Präs	–	λαμβαν-	o-	μεν
Aor II	ἐ-	(λαβ-)	o-	μεν

In der Regel wird ein Verb entweder stark oder schwach gebildet.
Ausnahmen dazu bilden: ἁμαρτάνω (sündigen) > Aor I ἡμάρτησα Aor II ἥμαρτον; λείπω (lassen) im NT nur in Komposita > Aor I -έλειψα Aor II -έλιπον; ἄγω (führen) in Komposita > Aor I -ἦξα Aor II -ἤγαγον

4.1 Paradigma des starken Aorists Akt:

	Ind	*Imp*			*Part*
1.Sg	ἔλαβον		Mask	λαβών, λαβόντος
2.	ἔλαβες	λάβε		
3.	ἔλαβε(ν)	λαβέτω	Fem	λαβοῦσα, λαβούσης
1.Pl	ἐλάβομεν			
2.	ἐλάβετε	λάβετε	Ntr	λαβόν, λαβόντος
3.	ἔλαβον	λαβέτωσαν		

Inf	λαβεῖν

4.1.1 Anmerkungen

a) Der Imp 2.Sg ist bei zwei Verben endbetont: εἰπέ sage! (< εἶπον < λέγω); ἐλθέ komm! (< ἦλθον < ἔρχομαι)

4.2 Paradigma des starken Aorists Med:

	Ind	Imp		Part
1.Sg	ἐλαβόμην		Mask	λαβόμενος, λαβομένου
2.	ἐλάβου	λαβοῦ		
3.	ἐλάβετο	λαβέσθω	Fem	λαβομένη, λαβομένης
1.Pl	ἐλαβόμεθα			
2.	ἐλάβεσθε	λάβεσθε	Ntr	λαβόμενον, λαβομένου
3.	ἐλάβοντο	λαβέσθωσαν		

Inf	λαβέσθαι

4.2.1 Anmerkungen

a) Entgegen der Akzentregel ist der Imp 2.Sg immer endbetont.

b) ἰδού (siehe!) mit dem Akut wird als Partikel behandelt, die aus dem Aor Imp M ἰδοῦ (von ὁράω) gebildet ist.

5 Mixtus

Zwischen schwachem und starkem Aorist gibt es noch eine Mischform. Wir nennen sie den „Mixtus". Der **Stamm** ist gegenüber dem Präsens wie beim starken Aorist **verändert**. Die Endungen weisen den **Kennvokal** α auf, jedoch **ohne das Tempuszeichen** σ. Dieses Phänomen tritt aber **nur im Aktiv** auf.

Deponentien (z.B. γίνομαι) können neben passiven Aorist-Endungen auch mediale Aorist-Endungen aufweisen.

Z.T. erscheint dieses Phänomen schon in klassischer Zeit, z.T. aber bildet die Koine neue Aoriste mit dem Kennvokal α.

5.1 Paradigma Aorist Mixtus

	Ind	Imp		Part
1.Sg	εἶπα		Mask	εἴπας (Apg 22,24)
2.	εἶπας	εἰπόν / (εἶπον)		
3.	εἶπε(ν)	εἰπάτω	Fem	–
1.Pl	εἴπαμεν			
2.	εἴπατε	εἴπατε	Ntr	–
3.	εἶπαν	εἰπάτωσαν		

Inf	εἰπεῖν

5.1.1 Anmerkungen

a) Die Endungen mit dem Kennvokal α treten vorallem im Ind auf. Imp und Part haben meistens die normalen starken Endungen, der Inf immer.

b) εἶπα weist den Imp εἰπόν (selten εἶπον je nach Akzentuierung) auf! (Apg 28, 26)

c) Aoriste mit Mixtus-Formen im NT: εἷλον / εἷλα (< αἱρέω nehmen); εἶπον / εἶπα (> λέγω sagen); εὗρον / εὗρα (< εὑρίσκω finden); ἤνεγκον / ἤνεγκα (< φέρω tragen); ἦλθον / ἦλθα (< ἔρχομαι kommen); εἶδον / εἶδα (< ὁράω sehen);

d) Der Aorist ἔπεσα zu πίπτω (fallen) hat den kl starken Aor ἔπεσον verdrängt. Er sieht auf den ersten Blick schwach aus, aber sein Stamm lautet πεσ-.

6 Verben mit starkem Aorist

An dieser Stelle seien alle bereits gelernten Verben mit starkem Aorist aufgeführt. Lernen Sie bitte den starken Aorist wie eine eigene Vokabel. In Zukunft werden solch Aoriste im Vokabular vermerkt sein. Die Komposita solcher Verben bilden den Aorist selbstverständlich ebenfalls stark.

Präs	Aor II	Bdtg	Aor-Stamm
ἄγω	ἤγαγον	führen	ἀγαγ-
ἁμαρτάνω	ἥμαρτον	sündigen	ἁμαρτ-
ἀποθνῄσκω	ἀπέθανον	sterben	(ἀπο)-θαν-
βάλλω	ἔβαλον	werfen	βαλ-
γίνομαι	ἐγενόμην	werden ua.	γεν-
ἔρχομαι	ἦλθον / ἦλθα	kommen, gehen	ἐλθ-
ἐσθίω	ἔφαγον	essen	φαγ-
εὑρίσκω	εὗρον / εὗρα	finden	εὑρ-
ἔχω	ἔσχον	haben, halten	σχ-
λαμβάνω	ἔλαβον	nehmen	λαβ-
λέγω	εἶπον / εἶπα	sagen	εἰπ-
ὁράω	εἶδον / εἶδα	sehen	ἰδ-
πάσχω	ἔπαθον	leiden	παθ-
πίπτω	ἔπεσα	fallen	πεσ-
φέρω	ἤνεγκον / -κα	bringen	ενεγκ-
φεύγω	ἔφυγον	fliehen	φυγ-

7 Der Vokativ

Das Griechische weist dem Deutschen gegenüber einen Kasus mehr auf. Neben den bekannten vier Kasus erscheint der auch im NT recht häufige Vokativ (lat. vocativus = zum Rufen dienlich). Es handelt sich um die **Anrufeform**. Die Sache ist der deutschen Sprache ebenfalls bekannt: Vgl: „der Mensch"; aber: „(oh) Mensch!" Nur sind formal in unserer Sprache Nom und Vok identisch.

Das Griechische hat eigene Formen für den Vokativ. Sie sind relativ einfach zu lernen. Klassisch trat immer die Partikel ὦ vor den Vokativ.

  ὦ ἄνθρωπε θεοῦ Oh Mensch Gottes! 1Tim 6, 11

Im NT ist diese Partikel sehr selten. Meist steht nur die reine Vokativ-Form.

  ἄνθρωπε Oh Mensch! Lk 12, 14

a)

> Die Form des Vokativs ist meistens der reine Wortstamm.
> Im Sg entfällt die Nom-Endung -ς. Stammauslautendes o wird zu ε.

Nom Sg: κύριος > *κύριο > Vok Sg: κύριε

ἐξομολογοῦμαί σοι, πάτερ, κύριε τοῦ οὐρανοῦ καὶ τῆς γῆς.
Ich preise dich, <u>Vater</u>, <u>Herr</u> des Himmels und der Erde. Mt 11, 25 (vgl. c) und f))

Eine besondere Form hat ἡ γυνή:

Nom Sg: γυνή Vok Sg: γύναι Lk 22, 57

> Die Maskulina auf -ης, -ας, -ᾶς, -οῦς, -εύς verlieren die Endung -ς.
> Ihr Akzent bleibt stabil.

Nom Sg: βασιλεύς Vok Sg: βασιλεῦ Mt 27, 29

b)

> In allen Pluralformen und im Sg Ntr sind Vok und Nom identisch.
> Der ntr Vok hat den Artikel immer bei sich, der mask und fem im NT nur zum Teil.

Nom Pl: γυναίκες Vok Pl: αἱ γυναίκες Eph 5, 22
Nom Pl: τέκνα Vok Pl: τὰ τέκνα Eph 6, 1

c)

> Substantive mit Dehnstufe im Nom, verlieren diese. Der Akzent wird dabei häufig zurückgezogen.

Nom Sg: πατήρ Vok Sg: πάτερ Mt 11, 25
Nom Sg: θυγάτηρ Vok Sg: θύγατερ (Tochter) Mt 9, 22

d)

> Die Maskulina auf -της haben den Vokativ auf -τα.

Nom Sg: δεσπότης Vok Sg: δέσποτα (Herr) Lk 2, 29

e)

> Häufig wird für den Vokativ die Nominativform mit Artikel verwendet. Oft auch dann, wenn eine eigene Vokativform existiert.

Nom Sg: πατήρ Vok Sg: ὁ πατήρ

ναί, ὁ πατήρ, ὅτι οὕτως εὐδοκία ἐγένετο ἔμπροσθέν σου.
Ja, Vater, denn auf diese Weise ist ein Wohlgefallen geworden vor dir (= ... ist es wohlgefällig gewesen·) Mt 11, 26

Für Gott kann das blosse θεός, wie auch der eigentliche Vok θεέ oder die Form mit Artikel ὁ θεός verwendet werden.

  θεέ μου, θεέ μου   Mein Gott, mein Gott! Mt 27, 46

Syntaktisch ist bedeutsam anzumerken, dass der Vokativ ausserhalb des eigentlichen Satzverbandes steht. Er stimmt formal nicht mit dem Prädikat überein. Auch dann nicht, wenn seine Form dem Nominativ gleicht. Das zugehörige Verb steht oft im Imperativ.

  οἱ ἄνδρες, ἀγαπᾶτε τὰς γυναῖκας Ihr Männer, liebt die Frauen! Eph 5, 25

Tritt ein **Adjektiv** oder sonst ein **Zusatz** zum vokativischen Substantiv, so gleicht sich seine Form dem Substantiv an.

  πάτερ ἅγιε   Heiliger Vater! Joh 17, 11

8 Das Reflexivpronomen (Rückbezügliches Fürwort)

Wenn sich ein Personalpronomen direkt auf das Subjekt des Satzes bezieht, so hat es spezielle Reflexivformen. Im Deutschen wird dafür „sich" verwendet (nur in der 3.Pers, sonst normale Formen der Personalpronomina).

Griechisch sind in allen drei Personen Formen der Reflexivpronomen vorhanden. Sie kommen zudem in allen Kasus vor, ausgenommen im Nominativ, denn sie können ja nie selbst Subjekt sein.

8.1 Formen des Reflexivpronomens:

	1. Person Sg Mask/Ntr, Fem		2. Person Sg Mask/Ntr, Fem		3.Person Sg Mask/Ntr, Fem	
G	ἐμαυτοῦ, -ῆς	meiner	σεαυτοῦ, -ῆς	deiner	ἑαυτοῦ, -ῆς	seiner, ihrer
D	ἐμαυτῷ, -ῇ	mir	σεαυτῷ, -ῇ	dir	ἑαυτῷ, -ῇ	sich
A	ἐμαυτόν, -ήν	mich	σεαυτόν, -ήν	dich	ἑαυτόν, -ήν	sich

	1.-3.Person Pl Mask/Ntr, Fem	
G	ἑαυτῶν	unser, euer, ihrer
D	ἑαυτοῖς, -αῖς	uns, euch, sich
A	ἑαυτούς, -άς	uns, euch, sich

8.1.1 Anmerkungen

a) Die Formen bestehen aus der 3. Person des Personalpronomens mask mit einem Präfix, welches die Person angibt. ἐμ- für die 1. Pers; σε- für die 2. Pers und ἑ- für die 3. Pers.

Im Pl stehen die Formen der 3. Pers stellvertretend für alle anderen.

b) Kl wurden die Formen ἡμῶν αὐτῶν, ἡμῖν αὐτοῖς, ἡμᾶς αὐτούς (1.Pers); ὑμῶν αὐτῶν (2.Pers), σφῶν αὐτῶν σφίσιν αὐτοῖς, σφᾶς αὐτούς (3.Pers) usw. verwendet.
Die Formen konnten kl kontrahiert werden: ἑαυτοῦ > αὑτοῦ usw. In der Koine sind diese Formen ungebräuchlich. (evtl. Lk 23, 12; Joh 2, 24 nach BDR § 64.2 zwei Stellen;)

9 Das Reziprokpronomen (wechselseitiges Fürwort)

Zum Ausdruck der Gegenseitigkeit kennt die griechische Sprache wie die unsrige auch ein eigenes Pronomen (Dt: „einander"). Logischerweise gibt es nur Pluralformen.

9.1 Formen des Reziprokpronomens

	1.-3.Person Pl Mask/Ntr, Fem	
G	ἀλλήλων	einander
D	ἀλλήλοις, -αις	einander
A	ἀλλήλους, -ας	einander

9.1.1 Anmerkung

a) Die Formen entstehen durch Verdoppelung des Stammes von ἄλλο und ἄλλος (ein anderer).

II Syntax

10 Syntax der Reflexiv- und Reziprokpronomina

Zum syntaktischen Gebrauch der Reflexiv- und Reziprokpronomina muss man sich einige wenige Dinge merken.

10.1 Syntax des Reflexivpronomens

a) Das Reflexivpronomen wird zum Ausdruck des wirklich reflexiven Verhältnisses verwendet. Es muss also direkt auf das Subjekt bezogen werden.

 ἐγὼ μαρτυρῶ περὶ ἐμαυτοῦ *Ich* bezeuge in Hinsicht auf *mich* (selbst). Joh 5, 31
          reflexiv: ich → mich

Aber:
 ἄλλος ἐστὶν ὁ μαρτυρῶν περὶ ἐμοῦ Ein anderer ist es, der bezeugt in Hinsicht
          auf *mich*. Joh 5, 32
          nicht reflexiv: er → mich

 βάλε σεαυτὸν κάτω Wirf *dich* (selbst) hinunter. Mt 4, 6
       refl: du → dich

τινὲς τῶν γραμματέων εἶπαν ἐν ἑαυτοῖς
Einige der Schriftgelehrten sprachen bei sich selbst. Mt 9, 3 refl: sie → bei sich

b) Wie sonst in der Koine üblich, steht im NT anstatt des Reflexivpronomens oft das **einfache Personalpronomen** zum Ausdruck des reflexiven Verhältnisses.

παράλαβε μετὰ σοῦ ἔτι ἕνα ἢ δύο Nimm mit dir noch einen oder zwei! Mt 18, 16
refl: du → dir

c) Das Reflexivpronomen kann auch zum Ausdruck eines **possessiven Verhältnisses** verwendet werden. In der Übersetzung kann durch den Zusatz „eigen" das reflexive Besitzverhältnis zum Ausdruck gebracht werden.

ἄφες τοὺς νεκροὺς θάψαι τοὺς ἑαυτῶν νεκρούς.
Lass die Toten ihre eigenen Toten begraben. Mt 8, 22

10.2 Syntax des Reziprokpronomens

a) Ganz einfache Verwendung:

ἔλεγον πρὸς ἀλλήλους Sie sprachen zu einander Mk 4, 41

b) Mit einer entsprechenden Präposition kann das **Reflexivpronomen** auch anstelle des Reziprokpronomens stehen.

ἔλεγον πρὸς ἑαυτάς Sie (Frauen) sagten zu einander („zu sich selbst")
Mk 16, 3

c) Anstatt des Reziprokpronomens kann auch die Wendung εἷς τὸν ἕνα (einer den andern) stehen.

οἰκοδομεῖτε εἷς τὸν ἕνα. Baut euch gegenseitig (einander; einer den andern) auf! 1Thes 5, 11

11 Prädikatives Partizip: Accusativus cum participio (AcP)

Bisher sind uns das substantivierte, das attributive und das adverbiale Partizip bekannt.
Nun tritt noch das prädikativ gebrauchte Partizip hinzu.
Das Partizip im AcP bildet immer eine **Ergänzung zu einem AkkO**. Diese Ergänzung steht **in Beziehung zum Prädikat** des Satzes (prädikativ).

Im NT hängt der AcP immer von **Verben der sinnlichen oder geistigen Wahrnehmung** ab (sehen, hören, erkennen usw.).

> Die häufigsten Verben, von denen ein AcP abhängen kann:
> Sehen: βλέπω (blicken); θεάομαι (betrachten); θεωρέω (beobachten); ὁράω (sehen);
> Hören: ἀκούω (hören)
> geistige Wahrnehmung: γινώσκω (erkennen); ἐπίσταμαι (verstehen); εὑρίσκω (finden); κατανοέω (wahrnehmen); οἶδα (wissen); πυνθάνομαι (sich erkundigen);

Es wird dabei vom Subjekt nicht nur ein AkkO wahrgenommen, sondern immer ein AkkO mit einer prädikativen Ergänzung. Mit anderen Worten: es wird eine **komplexe Situation**, nicht nur ein einfaches AkkO wahrgenommen.

```
        AkkO           [        AcP                    lokAdv            ]
εἶδεν δύο ἀδελφούς ... βάλλοντας ἀμφίβληστρον εἰς τὴν θάλασσαν.
```

Er sah zwei Brüder, ... wie sie ein Rundnetz ins Meer warfen. Mt 4, 18

Er sah eben nicht bloss zwei Brüder (AkkO), sondern zwei Brüder, wie sie etwas taten. Das ist die komplexe Situation, die wahrgenommen wird.

> Für die Übersetzung wählen wir einen deutschen NS mit der Einleitung „..., dass" oder „..., wie". Das Partizip wird dabei zum Prädikat des deutschen NS und das AkkO des HS wird mittels einem Pronomen als Subjekt des NS übernommen. Der NS erhält als AkkO den vom griechischen Partizip abhängigen Akk.

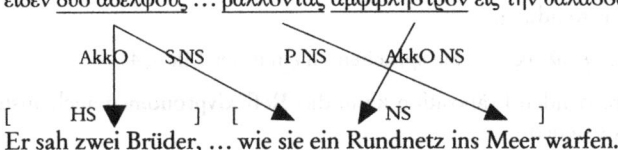

```
        AkkO           Part            Akk
εἶδεν δύο ἀδελφούς ... βάλλοντας ἀμφίβληστρον εἰς τὴν θάλασσαν.

    AkkO     S-NS         P NS         AkkO NS

[    HS        ]    [           ▶  NS            ]
Er sah zwei Brüder, ... wie sie ein Rundnetz ins Meer warfen.
```

III Übungen

1. Imperfekte
Bitte bestimmen und übersetzen Sie folgende Formen und geben Sie jeweils die Grundform an!
ἀπέθνῃσκε – ἔβαλλον – ἤσθιον – εὕρισκον – εὑρίσκετο – ἐλάμβανεν – ἑώρων – προσήρχοντο – ὑπήκουον – ἐποιοῦντο – ἠκολούθει – ἐλαλοῦμεν – ἐζητεῖτε – ἐκάλουν – ἐφοβούμην – ἔζων – ἐθεώρουν

2. Unterschied Aorist / Imperfekt / Präsens
Bitte unterscheiden Sie zwischen Aor und Ipf. Übersetzen Sie den Aor mit dt Pf und das Ipf mit dt Ipf. Geben Sie jeweils die Grundform des Verbes an.
ἥμαρτες – ἀπεθάνετε – ἔβαλλον – ἔβαλον – εὑρίσκει – ἥμαρτον – φαγεῖν – φάγοντες – φάγε – εὕρισκον – εὑρίσκον – εὑρών – εὑράμενος – ἔλαβες – ἐλάβετε – λάβετε – λαβοῦσα – εἶδες – ἰδού – ἰδόντες – ὁρῶντες – ὁρῶ – ἔπεσαν – πέσετε – πεσόν – προσῆλθαν – προσελθόντες – ὑπήκουσαν – γινέσθω – ἐγένετο – ἐγίνετο

3. Vokative
Bitte übersetzen Sie!
1) θυγατέρες Ἰηρουσαλήμ, μὴ κλαίετε ἐπ᾽ ἐμέ. 2) χαῖρε, βασιλεῦ τῶν Ἰουδαίων. 3) ὑμεῖς οἱ Φαρισαῖοι 4) ὦ γύναι, μεγάλη σου ἡ πίστις. 5) ὦ γενεὰ ἄπιστος 6) ὑποκριταί, ἔκβαλε πρῶτον ἐκ τοῦ ὀφθαλμοῦ σοῦ τὴν δοκόν. (ἡ δοκός = der Balken)

4. Reflexiv- und Reziprokpronomina
1) τί λέγεις περὶ σεαυτοῦ; 2) θησαυρίζεις σεαυτῷ ὀργὴν ἐν ἡμέρᾳ ὀργῆς. (θησαυρίζω = sammeln) 3) καὶ προσῆλθον αὐτῷ ὄχλοι πολλοὶ ἔχοντες μεθ᾽ ἑαυτῶν χωλούς... 4) οὐκ

ἔλαβον μεθ' ἑαυτῶν ἔλαιον. **5)** ἑαυτοῖς ποιήσατε φίλους. **6)** ἔβλεπον εἰς ἀλλήλους οἱ μαθηταί. **7)** ἄνθρωπός εἰμι ... ἔχων ὑπ' ἐμαυτὸν στρατιώτας. **8)** ἀπ' ἐμαυτοῦ ποιῶ οὐδέν. **9)** διὰ τῆς ἐν ἀλλήλοις πίστεως ὑμῶν **10)** ἦμεν γάρ ποτε καὶ ἡμεῖς ἀνόητοι ... δουλεύοντες ἐπιθυμίαις καὶ ἡδοναῖς ποικίλαις, ἐν κακίᾳ φθόνῳ διάγοντες, στυγητοί, μισοῦντες ἀλλήλους. (ἀνόητος,-ον = unvernünftig; ἡ ἡδονή = die Lust, Vergnügen; ὁ φθόνος = der Neid; διάγω = sein Leben zubringen; στυγητός = verhasst, abscheulich)

5. AcP
Bitte übersetzen Sie!
1) βλέπεις τὸν ὄχλον συνθλίβοντά σε. (συνθλίβω = drängen) **2)** εἶδεν σχιζομένους τοὺς οὐρανοὺς καὶ τὸ πνεῦμα ὡς περιστερὰν καταβαῖνον εἰς αὐτόν. (καταβαίνω = herabkommen) **3)** θεωροῦσιν τὸν δαιμονιζόμενον ... σωφρονοῦντα. (σωφρονέω = vernünftig sein) **4)** βλέπει τὸν Ἰησοῦν ἐρχόμενον πρὸς αὐτόν. **5)** ὁ Πέτρος βλέπει τὸν μαθητὴν ... ἀκολουθοῦντα. **6)** ἐθεώρουν τὸν Σατανᾶν ὡς ἀστραπὴν ἐκ τοῦ οὐρανοῦ πεσόντα. (ἡ ἀστραπή = der Blitz); **7)** βλέπω τοὺς ἀνθρώπους ὅτι ὡς δένδρα ὁρῶ περιπατοῦντας. **8)** εἰς γὰρ χολὴν πικρίας καὶ σύνδεσμον ἀδικίας ὁρῶ σε ὄντα. (ἡ χολή = die Galle; ἡ πικρία = die Bitterkeit; ὁ σύνδεσμος = das Band; **9)** ὁ δὲ Ἰησοῦς παρακούσας τὸν λόγον λαλούμενον λέγει τῷ ἀρχισυναγώγῳ, μὴ φοβοῦ, μόνον πίστευε. (παρακούω = überhören, nebenbei hören; ὁ ἀρχισυνάγωγος = der Synagogenleiter)

6. Übungssätze
1) πάτερ ἅγιε, τήρησον αὐτοὺς ἐν τῷ ὀνόματί σου. **2)** οἱ δοῦλοι, ὑπακούετε τοῖς κατὰ σάρκα κυρίοις μετὰ φόβου καὶ τρόμου. (ὁ τρόμος,-ου = das Zittern) **3)** ἡ δὲ ἐλθοῦσα προσεκύνει αὐτῷ λέγουσα, Κύριε, βοήθει μοι. (βοηθέω = helfen) **4)** πῶς δύνασθε ὑμεῖς πιστεῦσαι δόξαν παρὰ ἀλλήλων λαμβάνοντες, καὶ τὴν δόξαν τὴν παρὰ τοῦ μόνου θεοῦ οὐ ζητεῖτε; (δύνασθε = ihr könnt;) **5)** τῇ δὲ μιᾷ τῶν σαββάτων Μαρία ἡ Μαγδαληνὴ ἔρχεται πρωῒ σκοτίας ἔτι οὔσης εἰς τὸ μνημεῖον καὶ βλέπει τὸν λίθον ἠρμένον ἐκ τοῦ μνημείου (ἠρμένον =Pf Part M/P Akk Sg Mask αἴρω). **6)** ἕκαστον γὰρ δένδρον ἐκ τοῦ ἰδίου καρποῦ γινώσκεται. **7)** αὐτὸς γὰρ ἐγίνωσκεν τί ἦν ἐν τῷ ἀνθρώπῳ. **8)** γινώσκετε ὅτι ἐγγύς ἐστιν ἡ βασιλεία τοῦ θεοῦ. **9)** θεωροῦντες δὲ τὴν τοῦ Πέτρου παρρησίαν καὶ Ἰωάννου καὶ καταλαβόμενοι ὅτι ἄνθρωποι ἀγράμματοί εἰσιν καὶ ἰδιῶται, ἐθαύμαζον ἐπεγίνωσκόν τε αὐτοὺς ὅτι σὺν τῷ Ἰησοῦ ἦσαν. (ἀγράμματος,-ον = ungebildet; ὁ ἰδιώτης = der Nichtstudierte;) **10)** διδάσκαλε, θέλομεν ἀπὸ σοῦ σημεῖον ἰδεῖν.

LEKTION 10

I Morphologie

1 Das Futur (Zukunft)

Als weiteres Tempus soll uns hier das Futur beschäftigen. Es bietet weder morphologisch noch syntaktisch besondere Probleme.

Es weist, wie der Aorist, das **Tempuszeichen σ** auf. Dieses wird zwischen Wortstamm und Endung eingefügt. Der **Themavokal bleibt** erhalten. Die **aktiven** und die **medialen Endungen** sind grundsätzlich dieselben wie im Präsens, inklusive dem Infinitiv und dem Partizip. Wie der Aorist bildet das Futur aber **eigene Passivformen**.

Das Futur hat keinen Imperativ und keinen Konjunktiv!

Die **Verba contracta dehnen**, wie beim Aorist, ihren **stammauslautenden Vokal**. Das ist bereits alles zum regelmässigen Futur.

1.1 Paradigma Futur Akt

	Ind	Endungen
1.Sg	πιστεύσω	-σ-ω
2.	πιστεύσεις	-σ-εις
3.	πιστεύσει	-σ-ει
1.Pl	πιστεύσομεν	-σ-ομεν
2.	πιστεύσετε	-σ-ετε
3.	πιστεύσουσι(ν)	-σ-ουσι(ν)
Inf	πιστεύσειν	-σ-ειν

	Part
N Sg Mask	πιστεύσων
G	πιστεύσοντος
N Sg Fem	πιστεύσουσα
G	πιστευσούσης
N Sg Ntr	πιστεύσον
G	πιστεύσοντος

1.1.1 Anmerkung

a) Das Partizip wird folgendermassen übersetzt (Hilü):
  - ohne Artikel: πιστεύσων indem ich, du, er glauben wird (Part coni); od: einer, der glauben wird (subst)
  - mit Artikel: ὁ πιστεύσων der, der glauben wird

1.2 Paradigma Futur M

	Ind	Endungen
1.Sg	πιστεύσομαι	-σ-ο-μαι
2.	πιστεύσῃ	-σ-ῃ
3.	πιστεύσεται	-σ-ε-ται
1.Pl	πιστευσόμεθα	-σ-ό-μεθα
2.	πιστεύσεσθε	-σ-ε-σθε
3.	πιστεύσονται	-σ-ο-νται
Inf	πιστεύσεσθαι	-σ-ε-σθαι

	Part
N Sg Mask	πιστευσόμενος
G	πιστευσομένου
N Sg Fem	πιστευσομένη
G	πιστευσομένης
N Sg Ntr	πιστευσόμενον
G	πιστευσομένου

1.2.1 Anmerkung

a) Übersetzung des Partizips (Hilü):
- ohne Art: πιστευσόμενος indem ich, du, er für sich glauben wird (Part coni); od: einer, der für sich glauben wird (subst)
- mit Art: ὁ πισετυσόμενος der, der für sich glauben wird

Auch die **passiven Futurformen** sind nicht besonders schwierig zu lernen. Das **Tempuszeichen σ** bleibt. Als Endungen werden die bekannten **medialen Endungen** verwendet (wie im Präsens). Als einzige Neuerung tritt das **Suffix -θη** zwischen Wortstamm und Tempuszeichen.
Genau dasselbe passiert beim Infinitiv und beim Partizip.

1.3 Paradigma Futur Pass

	Ind	Endungen
1.Sg	πιστευθήσομαι	-θή-σ-ο-μαι
2.	πιστευθήσῃ	-θή-σ-ῃ
3.	πιστευθήσεται	-θή-σ-ε-ται
1.Pl	πιστευθησόμεθα	-θη-σ-ό-μεθα
2.	πιστευθήσεσθε	-θή-σ-ε-σθε
3.	πιστευθήσονται	-θή-σ-ο-νται
Inf	πιστευθήσεσθαι	-θή-σ-ε-σθαι

	Part
N Sg Mask	πιστευθησόμενος
G	πιστευθησομένου
N Sg Fem	πιστευθησομένη
G	πιστευθησομένης
N Sg Ntr	πιστευθησόμενον
G	πιστευθησομένου

1.3.1 Anmerkung

a) Übersetzung des passiven Partizip Futur (Hilü):
- ohne Art: πιστευθησόμενος indem mir, dir, ihm geglaubt werden wird (Part coni); od: einer, dem geglaubt werden wird (subst)
- mit Art: ὁ πιστευθησόμενος der, dem geglaubt werden wird

2 Das Futur von εἰμί

Im Futur ist εἰμί recht einfach gebildet. Es setzt sich zusammen aus einem ε plus dem Tempuszeichen σ mit medialen Endungen. (Nur in der 3.Sg fehlt der Themavokal ε vor der Endung.)

2.1 Futur εἰμί

	Ind	Endungen
1.Sg	ἔσομαι	-σ-ο-μαι
2.	ἔσῃ	-σ-ῃ
3.	ἔσται	-σ-ται
1.Pl	ἐσόμεθα	-σ-ό-μεθα
2.	ἔσεσθε	-σ-ε-σθε
3.	ἔσονται	-σ-ο-νται

Inf	ἔσεσθαι	-σ-ε-σθαι

Das seltene **Futur Partizip** von εἰμί lautet ἐσόμενος.

    τὸ ἐσόμενον   was sein wird Lk 22,49

3 Imperativ von εἰμί

Der Imperativ von εἰμί wurde im NT in der 2.Pl durch das Futur ἔσεσθε ersetzt (wohl durch das Gebotsfutur begünstigt).

    ἔσεσθε οὖν ὑμεῖς τέλειοι   *Ihr nun sollt vollkommen sein* Mt 5,48

Oft wird stattddessen aber auch eine Form von γίνομαι verwendet. Überhaupt können die Formen von εἰμί (sein), γίνομαι (werden, sein) und ὑπάρχω (eig. vorhanden sein) einander gegenseitig ersetzen.

Das Futur von εἰμί ersetzt auch gerne dasjenige von γίνομαι.

    οὐ μὴ ἔσται σοι τοῦτο   Das soll dir ja nicht geschehen! Mt 16,22

3.1 Imperativ εἰμί

2.Sg	ἴσθι
3.	ἔστω (ἤτω)
2.Pl	ἔσεσθε
3.	ἔστωσαν

3.1.1 Anmerkungen

a) Die 2.Sg hat die alte Endung auf -θι (vgl. Imp des Aor Pass).

b) Die 3.Sg wird im NT manchmal durch die Koineform ἤτω ersetzt.

c) Die 2.Pl lautete kl ἔστε; die 3.Pl kl ἔστων.

4 Das Relativpronomen (bezügliches Fürwort)

Das einfache Relativpronomen hat eine leicht einzuprägende Form. Es ist dem Artikel sehr ähnlich. Anstatt wie der Artikel ein anlautendes τ hat das Relativpronomen einfach den Spiritus asper. Zudem trägt es immer den Akzent.

4.1 Formen des einfachen Relativpronomens

	Mask	Fem	Ntr
N Sg	ὅς	ἥ	ὅ
G	οὗ	ἧς	οὗ
D	ᾧ	ᾗ	ᾧ
A	ὅν	ἥν	ὅ
N Pl	οἵ	αἵ	ἅ
G	ὧν	ὧν	ὧν
D	οἷς	αἷς	οἷς
A	οὕς	ἅς	ἅ

4.1.1 Anmerkung

a) Die Übersetzung variiert je nach Anwendung des Pronomens. Im Deutschen kennen wir drei Formen: der, welcher, wer

4.2 Verallgemeinerndes Relativpronomen

Ein weiteres Relativpronomen ist aus dem einfachen Relativpronomen und dem enklitischen τις zusammengesetzt. Es hat im NT meist verallgemeinernde Bedeutung (kl immer): ὅστις = jeder beliebige, der ...
Im NT sind nur noch die Nominative Sg und Pl vorhanden. (Kl konnten diese Formen auch dekliniert werden.)

	Mask	Fem	Ntr
N Sg	ὅστις	ἥτις	ὅ τι
N Pl	οἵτινες	αἵτινες	ἅτινα

4.2.1 Anmerkungen

a) Das Ntr Sg wird getrennt geschrieben, um nicht mit ὅτι verwechselt zu werden.

b) Die weiteren klassischen Formen lauteten οὗτινος, ἧστινος usw.

4.3 Weitere Relativpronomen

Wie in unserer Sprache auch, gibt es im Griechischen noch einige weitere Relativpronomen. Bitte merken Sie sich die folgenden, z. T. recht häufig vorkommenden Relativa. Es wird jeweils nur der Nom aufgeführt.

Sg: ὅσος, ὅση, ὅσον   wie gross   Pl: ὅσοι, ὅσαι, ὅσα   wie viele

οἷος, οἵα, οἷον   wie beschaffen, was für ein   Pl: οἷοι, οἷαι, οἷα   wie beschaffene

5 Konsonantische Deklination: Digamma-Stämme

Die Substantive mit einem **Diphtong im Auslaut (αυ, ου oder ευ)** gehören zu den Digamma-Stämmen. Digamma ϝ ist ein alter Buchstabe mit dem Lautwert w, der in vorklassischer Zeit verloren (vor 500 v.C.) ging. (Unser Schriftzeichen F enstand daraus.)

Im NT sind diese Wörter, abgesehen von ὁ βασιλεύς (der König) nicht sehr häufig. Die Kasus werden nicht sehr schwierig zu erkennen sein.

5.1 Paradigma der Digamma-Stämme

	König	Rind, Kuh
Stamm	βασιλευ-	βου-, βο
N Sg	βασιλεύς	βοῦς
G	βασιλέως	βοός
D	βασιλεῖ	βοΐ
A	βασιλέα	βοῦν
N Pl	βασιλεῖς	βόες
G	βασιλέων	βοῶν
D	βασιλεῦσι(ν)	βουσί(ν)
A	βασιλεῖς	βόας

5.1.1 Anmerkungen

a) Der ursprüngliche Stamm lautete βασιληϝ-. Gen Sg *βασιληϝος > *βασιλη-ος > βασιλε-ως (Quantitätentausch). Das υ im Nom stammt noch aus der Zeit vor dem Digamma. ϝ wurde vor Konsonanten und im Auslaut zu υ.

b) Der Akk Pl βασιλεῖς ist eine Angleichung der Koine an die ι-Stämme. Kl lautete er βασιλέας. Ebenso der Nom Pl: Kl auch βασιλῆς (< *βασιλη-ες).

c) Von βοῦς sind nicht alle Formen im NT belegt. Der Stamm lautete βοϝ. (Der Boas lautet Griechisch Mt 1, 5 βόες.)

d) Das recht häufige ὁ νοῦς (Vernunft), im NT nur im Sg, wird gleich wie βοῦς dekliniert. Es ist aber kein Digamma-Stamm, sondern gehört zu den kontrahierten Substantiven (aus ὁ νοός).

Deklination: ὁ νοῦς, τοῦ νοός, τῷ νοΐ, τὸν νοῦν.

6 Konsonantische Deklination: υ-Stämme

Die υ-Stämme sind einfach einzuprägen. Sie weisen die normalen Endungen der konsonantischen Deklination auf. Die einzige Besonderheit ist, dass sie einen vokalisch auslautenden Stamm haben (wie die ι-Stämme) aber trotzdem Endungen der konsonantischen Deklination.

6.1 Paradigma der υ-Stämme

	Fisch
Stamm	ἰχθυ-
N Sg	ἰχθύς
G	ἰχθύος
D	ἰχθύι
A	ἰχθύν
N Pl	ἰχθύες
G	ἰχθύων
D	ἰχθύσιν
A	ἰχθύας

II Syntax

7 Die Syntax des Futurs

Wie in Lekt 4 im Zusammenhang mit den Verbalaspekten bereits angedeutet, gleicht das griechische Futur in seiner Bedeutung dem deutschen.

> Das griechische Futur drückt die reine Zeitstufe der Zukunft aus. Sein Aspekt wird dabei offengelassen.

Trotzdem müssen wir etwas genauer vorgehen und einige Unterteilungen vornehmen.

1. Der **Aspekt** wird durch das Futur **nicht ausgedrückt** und kann deshalb grundsätzlich durativ oder punktuell sein.

a) durativ:

οἰκοδομήσω μου τὴν ἐκκλησίαν.   Ich werde meine Gemeinde immer bauen.
Mt 16, 18

b) punktuell:

ἀλλαγησόμεθα ἐν ἀτόμῳ.   Wir werden in einem Augenblick verwandelt werden. 1Kor 15, 51f

2. Das Futur kann auch ein Wollen oder ein Sollen ausdrücken. Der Bedeutung nach, liegen diese Aussagen ohnehin sehr nahe beieinander (vgl. „ich will tun" und „ich werde tun"). Durch die hebräische und aramäische Sprache wurde dieser Gebrauch im NT gegenüber dem klassischen Griechisch jedoch noch stark ausgeweitet.

Das Futur drückt aus:

> a) ein Wollen

προσεύξομαι   ich will beten 1Kor 14, 15

> b) ein Können

πῶς ἐρεῖς τῷ ἀδελφῷ σου ...   Wie kannst du deinem Bruder sagen... Mt 7, 4

> c) ein Sollen

πρὸς τίνα ἀπελευσόμεθα;   Zu wem sollten wir fortgehen? Joh 6, 68

3. Die Möglichkeit des Futurs, ein Sollen auszudrücken, wurde im NT besonders ausgeweitet. Strenge Gebote werden so durch das Futur ausgesagt. Man nennt dies das **Gebotsfutur**. Sicher wurde dieser Gebrauch durch das hebr. AT gefördert, in welchem **strenge Gebote** in einer hebr. „Futurform" (hebr. Imperfekt od. Präformativkonjugation) ausgedrückt werden. Die LXX hat diesen Gebrauch bereits vorbereitet. Der Dekalog z. B. wurde mit griechischem Futur übersetzt. Im NT finden sich Zitate des Dekalogs ebenfalls häufig im Futur (neben Konj Aor).

> Gebotsfutur

ἀγαπήσεις τὸν πλησίον σου.   Du sollst deinen Nächsten lieben. Mk 12, 31

4. Das Futur kann durch das Verb μέλλω mit Inf umschrieben werden. Im NT ist dies häufig der Fall.

μέλλει ... ὁ υἱὸς τοῦ ἀνθρώπου ἔρχεσθαι.   Der Sohn des Menschen wird kommen. Mt 16, 27

μέλλω mit Inf kann aber auch andere Bedeutungen annehmen. So drückt es z. B. auch eine beabsichtigte oder kurz bevorstehende Handlung aus. Weiter kann es ebenfalls ein müssen oder sollen beinhalten. (Für weitere Bdtg vgl. das Wörterbuch)

μέλλει ἡ βασιλεία τοῦ θεοῦ ἀναφαίνεσθαι.   Das Königreich Gottes steht im Begriff, in Erscheinung zu treten. Lk 19, 11

5. Um einen unmittelbar bevorstehenden, einen in der Zukunft wahrscheinlichen oder gewissen Vorgang zu bezeichnen, kann auch der Ind Präs verwendet werden. Man spricht hier von **futurischem Präsens**.

πάλιν ἔρχομαι καὶ παραλήμψομαι ὑμᾶς πρὸς ἐμαυτόν.
Ich komme (bestimmt) wieder und werde euch zu mir nehmen. Joh 14, 3

8 Syntax des Relativpronomens

Relativpronomen, kurz einfach Relativa, sind bezügliche Fürwörter. Sie stehen immer in bezug zu einem Nomen im HS.
Das Relativpronomen steht **an der Spitze eines NS, eines Relativsatzes und greift ein Nomen des HS auf.** Z. B. „Alles, was ihr tut, das tut von Herzen." Das Relativpronomen „was" greift das „alles" aus dem HS auf, und leitet den relativen NS ein. Deutsch steht immer das Komma zwischen HS und NS. Griechisch hingegen steht kein Komma an dieser Stelle.

Griechische Relativsätze werden wie HS konstruiert. Sie haben also ein eigenes finites Verb (Prädikat) und ein eigenes Subjekt.

8.1 Normalgebrauch

Das Relativum steht hinter dem HS, als Einleitung des Relativsatzes (NS). Es stimmt in Genus und Numerus mit seinem Bezugswort (BW) überein.

Meistens bildet der Relativsatz ein **Attribut** zum Nomen im übergeordneten Satz (= **Attributsatz**).

{   HS   } {   NS   }
ἀληθής ἐστιν ἡ μαρτυρία (BW) ἥν (Akk) μαρτυρεῖ περὶ ἐμοῦ.
Wahr ist das Zeugnis, welches (Akk) er in Hinsicht auf mich ablegt. Joh 5, 32

Der Relativsatz bildet hier ein Attribut zum Subjekt des HS. Das Relativpronomen nimmt das Subjekt im Akk auf (wen oder was bezeugt er?).

σὺ δὲ παρηκολούθησάς μου ... τοῖς παθήμασιν οἷα μοι ἐγένετο ἐν Ἀντιοχείᾳ.
Du aber, du bist genau gefolgt meinen ... Leiden, welche mir in Antiochia geschehen sind. 2Tim 3, 11

Hier stellt der Relativsatz ein Attribut zum DatO des HS dar. Das Pronomen nimmt sein BW im Nom (Ntr Pl) auf (wer oder was ist mir geschehen?).

8.2 Das Bezugswort fehlt

Der Relativsatz kann auch eine Funktion als Satzglied haben. Das heisst, er kann z.B. Subjekt oder Objekt eines Satzes sein. In solch einem Fall fehlt logischerweise ein Bezugswort.

a) Subjekt

ὅστις δὲ ὑψώσει ἑαυτὸν ταπεινωθήσεται.   Jeder, der sich selbst erhöhen wird, wird erniedrigt werden. Mt 23, 12

Der HS besteht hier nur aus dem Prädikat ταπεινωθήσεται und dem Gliedsatz als **Subjekt** (wer wird erniedrigt werden?).

b) Objekt

ἀπαγγείλατε Ἰωάννῃ ἃ εἴδετε καὶ ἠκούσατε.
Berichtet Johannes, was ihr gesehen und gehört habt. Lk 7, 22

ἀπαγγέλλω (berichten) verlangt als trans Verb ein **AkkO**. Der Relativsatz nimmt diese Funktion wahr. (Wen oder was sollt ihr berichten?)

c) Bezugswort im Relativsatz

Das Bezugswort fehlt auch dann, wenn **HS und Relativsatz zusammenfallen**. Das heisst, das Bezugswort wird in den Relativsatz mithineingenommen.

καὶ ἐν ᾧ μέτρῳ μετρεῖτε μετρηθήσεται ὑμῖν.
Und mit dem Mass, mit dem ihr messt, wird euch zugemessen werden. Mt 7, 2

8.3 Relativische Attraktion (attractio relativi)

Abweichend vom Normalgebrauch, kann das Relativum nicht nur Numerus und Genus von seinem Bezugswort übernehmen, sondern sich auch **im Kasus** an dieses **angleichen**. Das Relativpronomen wird dann sozusagen vom Kasus seines Bezugselementes „angezogen", eben attrahiert. Diese Konstruktion ist sehr häufig, besonders dann, wenn das Bezugswort im Gen oder Dat steht und das Relativum im Akk stehen müsste.

Von der Konstruktion her sind die oben genannten Möglichkeiten, Normalgebrauch und Bezugswort im Relativsatz, ebenfalls möglich.

> ... αἰνοῦντες τὸν θεὸν ἐπὶ πᾶσιν οἷς ἤκουσαν ...
> ... indem sie Gott lobten über allem, was sie gehört hatten ... Lk 2, 20

Wen oder was haben sie gehört? Eigentlich müsste hier ein Relativum im Akk (ἅ) oder Gen (ὧν) stehen, aber das Relativum wird vom Dat von ἐπὶ πᾶσιν angezogen.

8.4 Relativer Anschluss

Wenn ein Relativsatz sich zwar auf etwas vorher erwähntes bezieht, sich aber verselbständigt hat (zum HS geworden ist), spricht man von relativem Anschluss. Solch ein Satz wird mit einem Relativpronomen eingeleitet. Deutsch muss in diesem Fall ein Demonstrativpronomen eingesetzt werden.
In den griechischen Bibelausgaben wird in der Regel beim relativischem Anschluss ein Satzzeichen vor das Relativum gesetzt.

> τὸν ἀρχηγὸν τῆς ζωῆς ἀπεκτείνατε, ὃν ὁ θεὸς ἤγειρεν ἐκ νεκρῶν ...
> Ihr habt den Anfänger des Lebens getötet; den hat Gott von den Toten auferweckt ... Apg 3, 15

8.5 Possessiver Gebrauch

Das Relativpronomen kann auch possessiv (besitzanzeigend) gebraucht werden. Das Substantiv muss in diesem Fall den Artikel haben.

> ... ἀκούσασα γυνὴ περὶ αὐτοῦ, ἧς εἶχεν τὸ θυγάτριον αὐτῆς πνεῦμα ἀκάθαρτον ...
> ... als eine Frau von ihm hörte, deren Töchterchen einen unreinen Geist hatte ... Mk 7, 25

Das Personalpronomen αὐτῆς wäre in diesem Satz nicht unbedingt nötig. Man spricht hier von pleonastischem (überflüssigem) Gebrauch.

8.6 ὃς μέν ... ὁ δέ

Für die Aussage „der eine ... der andere" kann in Verbindung mit der Partikel μέν neben dem einfachen Artikel auch das Relativpronomen verwendet werden.

> ὃς μὲν πιστεύει φαγεῖν πάντα, ὁ δὲ ἀσθενῶν λάχανα ἐσθίει.
> Der eine glaubt alles essen zu können, der Schwache aber isst Gemüse. Rö 14, 2

9 Infinitivkonstruktionen: AcI (Accusativus cum infinitivo)

9.1 Allgemeines zum Infinitiv

Der Gebrauch des griechischen Infinitivs ist um einiges vielfältiger als der deutsche. Der Infinitiv ist eigentlich ein Verbalsubstantiv. Er hat also sowohl Eigenschaften des Verbs als auch des Substantivs.

Verbale Eigenschaften: – verschiedene Tempora und Diathesen
– Näherbestimmung durch Adverbien und nicht durch Adjektive

Eigenschaften des Substantivs: – kann alle syntaktischen Funktionen des Substantivs erfüllen (Subjekt, Objekt, Attribut)
– kann mit dem ntr Artikel dekliniert werden (nur im Sg); oft mit Präpositionen zusammen

9.2 AcI

Eine griechische Konstruktion, die keine Entsprechung in unserer Sprache hat[1], ist der Akkusativ mit Infinitv (AcI). An dieser Stelle soll der AcI ganz allgemein behandelt werden. Er wird später noch einige Male in speziellen Fällen auftauchen.

In dieser Konstruktion werden in einem einzigen Satz eigentlich „zwei Sätze" mit je eigenem Subjekt und Prädikat ineinander verschachtelt. Deutsch ist das unmöglich, wir müssen in solch einem Fall in Haupt- und Nebensatz aufteilen. Ein AcI wird deutsch dann auch immer mit einem NS übersetzt. Die **Nebensatzeinleitung** heisst „..., dass". (Es handelt sich um dieselbe Einleitung wie beim AcP, aber um eine völlig andere Konstruktion.)

οὐ θέλω δὲ ὑμᾶς ἀγνοεῖν
Ich will aber nicht, dass ihr nicht versteht Rö 1, 13

Beachten Sie in der Übersetzung die **zwei verschiedenen Subjekte** „ich" und „ihr" mit den **zwei verschiedenen Prädikaten** „will" und „nicht versteht". Daran sind Haupt- und Nebensatz deutlich zu erkennen. Griechisch hingegen bildet das Ganze nur einen einzigen Satz. Damit aber die verschiedenen Subjekte und Prädikate auseinandergehalten werden können, steht das eine normal im Nom, das andere aber im Akk. Man spricht hier von **Subjektsakkusativ**. Das eine Prädikat steht normal als finites Verb, das andere aber im Infinitv. Man könnte ihn **Prädikatsinfinitv** nennen. Selbstverständlich gehören einerseits immer das Subjekt im Nom und das finite Verb zusammen. Andererseits aber der Subjektsakkusativ und der Infinitiv.

Um einen AcI zu übersetzen, geht man am Besten folgendermassen vor.

1. Hauptsatz mit S im Nom und finitem Verb (= Prädikat) übersetzen.
2. NS bilden mit Einleitung „..., dass"; der Akk wird S und der Inf wird P dieses Nebensatzes.

---

[1] Ähnlich ist z.B. die Aussage: „Ich höre ihn sprechen". Mit einem NS gebildet wäre die Entsprechung „ich höre, dass er spricht". Der Akk „ihn" wird jedoch als Objekt und nicht als Subjekt empfunden.

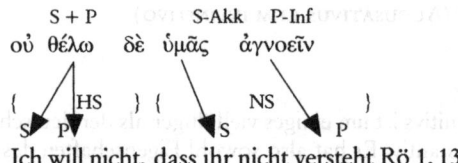

Ich will nicht, dass ihr nicht versteht Rö 1, 13

9.2.1 Weitere Details

a) Unpersönliche Ausdrücke
Sehr häufig wird der AcI bei unpersönlichen Ausdrücken verwendet. Oft werden das Verb δεῖ oder Partikel wie ὥστε oder πρίν (ua) mit dem AcI verwendet.

δεῖ (es ist nötig, man muss)
    δεῖ γὰρ ταῦτα γενέσθαι πρῶτον.   Es ist nötig, dass diese Dinge zuerst geschehen. Lk 21, 9

ὥστε (so dass)
    ... ὥστε γενέσθαι ὑμᾶς τύπον πᾶσιν τοῖς πιστεύουσιν ἐν τῇ Μακεδονίᾳ καὶ ἐν τῇ Ἀχαΐᾳ.
    ..., so dass ihr ein Vorbild geworden seid, allen Gläubigen in Makedonien und in Achaja. 1Th 1, 7

πρίν (bevor)
    πρὶν ἀλέκτορα φωνῆσαι τρὶς ἀπαρνήσῃ με.   Bevor der Hahn kräht, wirst du mich dreimal verleugnen. Mt 26, 34

b) Bestimmungen des Subjektsakkusativs
Weist der Subjektsakkusativ weitere Bestimmungen auf, so treten diese ebenfalls in den Akk.

    θέλω δὲ ὑμᾶς σοφοὺς εἶναι εἰς τὸ ἀγαθόν.   Ich will aber, dass ihr weise seid zum Guten. Rö 16, 19

c) Gleiches Subjekt im AcI
Entgegen der klassischen Regel, dass der AcI ein anderes Subjekt als der HS aufweisen muss, wird im NT der AcI manchmal auch dann verwendet, wenn das Subjekt beidemale dasselbe ist.

    λογίζεσθε ἑαυτοὺς εἶναι νεκροὺς ...   Bewertet euch selbst, dass ihr Tote seid ...
    Rö 6, 11

III Übungen

1. Futur
Bitte bestimmen und übersetzen Sie folgende Futurformen und geben Sie die Grundform an!
ἀπελευσόμεθα – πεσοῦνται – εἰσελεύσομαι – τῶν λαληθησομένων – ἐλεύσεται – ἕξεις – πλανήσουσι – πεινάσετε – πωλήσει – τηρήσουσιν – γενήσεσθε – ἐρωτήσω – μετρηθήσεται – ἔσῃ – ἔσται

2. Digammastämme
οἱ βασιλεῖς - ἰχθύν - νοός - ἱερεῖ - σὺ ἱερεύς - βασιλέων - τοῦ ἀρχιερέως - βασιλέα - οἱ ἱερεῖς - βασιλέως - ἰχθύας - τῷ νοΐ - τοῖς ἱερεῦσι - οἱ ἀρχιερεῖς

3. Relativsätze
Bitte übersetzen Sie und bestimmen Sie die Verwendungsart des Relativpronomens!
1) καὶ ὃ ἔχει ἀρθήσεται ἀπ᾽ αὐτοῦ. 2) λέγω γὰρ ὑμῖν ὅτι πολλοὶ προφῆται ... ἠθέλησαν ἰδεῖν ἃ ὑμεῖς βλέπετε ... καὶ ἀκοῦσαι ἃ ἀκούετε ... 3) ὁ Πέτρος βλέπει τὸν μαθητὴν ὃν ἠγάπα ὁ Ἰησοῦς ἀκολουθοῦντα, ὃς καὶ ἀνέπεσεν ἐν τῷ δείπνῳ ἐπὶ τὸ στῆθος αὐτοῦ ... (τὸ στῆθος = die Brust) 4) καὶ σεισμὸς ἐγένετο μέγας, οἷος οὐκ ἐγένετο ἀφ᾽ οὗ ἄνθρωπος ἐγένετο. (ὁ σεισμός = das Erdbeben) 5) ἃ μὲν ἔπεσεν παρὰ τὴν ὁδόν, ... ἄλλα δὲ ἔπεσεν ἐπὶ τὰ πετρώδη, ὅπου οὐκ εἶχεν γῆν πολλήν. (πετρώδης, -ες = felsig) 6) ... ἐν ᾧ καὶ πιστεύσαντες ἐσφραγίσθητε τῷ πνεύματι τῆς ἐπαγγελίας τῷ ἁγίῳ, ὅ ἐστιν ἀρραβὼν τῆς κληρονομίας ἡμῶν. (ἐσφραγίσθητε = ihr seid versiegelt worden; ὁ ἀρραβών, -ῶνος = die Anzahlung) 7) καὶ ἐξελεύσεται πλανῆσαι τὰ ἔθνη ... ὧν ὁ ἀριθμὸς αὐτῶν ὡς ἡ ἄμμος τῆς θαλάσσης. (ἡ ἄμμος = der Sand) 8) ὅστις οὐ βαστάζει τὸν σταυρὸν ἑαυτοῦ καὶ ἔρχεται ὀπίσω μου, οὐ δύναται εἶναί μου μαθητής. (δύναται = er kann)

4. AcI
Bitte übersetzen Sie folgende Sätze mit AcI!
1) θέλω δὲ πάντας ὑμᾶς λαλεῖν γλώσσαις. 2) Ἀνανία, διὰ τί ἐπλήρωσεν ὁ σατανᾶς τὴν καρδίαν σου, ψεύσασθαί σε τὸ πνεῦμα τὸ ἅγιον ...; (ψεύσασθαι < * ψευδ-σασθαι) 3) θέλω δὲ πάντας ἀνθρώπους εἶναι ὡς καὶ ἐμαυτόν. 4) δεῖ τὸν υἱὸν τοῦ ἀνθρώπου πολλὰ παθεῖν. 5) πρῶτον μὲν γὰρ συνερχομένων ὑμῶν ἐν ἐκκλησίᾳ ἀκούω σχίσματα ἐν ὑμῖν ὑπάρχειν ... 6) δεῖ γὰρ καὶ αἱρέσεις ἐν ὑμῖν εἶναι ... (ἡ αἵρεσις, -έσεως = die Partei) 7) ὁ μὲν οὖν Φῆστος ἀπεκρίθη τηρεῖσθαι τὸν Παῦλον εἰς Καισάρειαν. (ἀπεκρίθη = er antwortete) 8) κελεύσαντες δὲ αὐτοὺς ἔξω τοῦ συνεδρίου ἀπελθεῖν συνέβαλλον πρὸς ἀλλήλους ... (συμβάλλω = beratschlagen) 9) πνεῦμα ὁ θεὸς καὶ τοὺς προσκυνοῦντας αὐτὸν ἐν πνεύματι καὶ ἀληθείᾳ δεῖ προσκυνεῖν.

5. Übungssätze
Bitte übersetzen Sie!
1) ὁ δὲ θεός, ἃ προκατήγγειλεν διὰ στόματος πάντων τῶν προφητῶν παθεῖν τὸν Χριστὸν αὐτοῦ, ἐπλήρωσεν οὕτως. (προκατήγγειλεν = Aor 3.Sg προκαταγγέλλω = zuvor verkünden) 2) πολλοὶ γὰρ ἐλεύσονται ἐπὶ τῷ ὀνόματί μου λέγοντες· ἐγώ εἰμι ὁ Χριστός, καὶ πολλοὺς πλανήσουσιν. μελλήσετε δὲ ἀκούειν πολέμους καὶ ἀκοὰς πολέμων· ὁρᾶτε μὴ θροεῖσθε· δεῖ γὰρ γενέσθαι, ἀλλ᾽ οὔπω ἐστὶν τὸ τέλος. (θροέω = in Schrecken versetzen) 3) ὃς γὰρ ἔχει, δοθήσεται αὐτῷ· καὶ ὃς οὐκ ἔχει, καὶ ὃ ἔχει ἀρθήσεται ἀπ᾽ αὐτοῦ. (δοθήσεται es wird gegeben werden; ἀρθήσεται = Fut pass αἴρω) 4) οὐδέποτε ἀνέγνωτε τί ἐποίησεν Δαυὶδ ὅτε χρείαν ἔσχεν καὶ ἐπείνασεν αὐτὸς καὶ οἱ μετ᾽ αὐτοῦ, πῶς εἰσῆλθεν εἰς τὸν οἶκον τοῦ θεοῦ ἐπὶ Ἀβιαθὰρ ἀρχιερέως καὶ τοὺς ἄρτους τῆς προθέσεως ἔφαγεν, οὓς οὐκ ἔξεστιν φαγεῖν εἰ μὴ τοὺς ἱερεῖς, καὶ ἔδωκεν καὶ τοῖς σὺν αὐτῷ οὖσιν; (ἀνέγνωτε = ihr habt gelesen;) 5) ὁ πιστεύων εἰς ἐμέ, καθὼς εἶπεν ἡ γραφή, ποταμοὶ ἐκ τῆς κοιλίας αὐτοῦ ῥεύσουσιν ὕδατος ζῶντος. τοῦτο δὲ εἶπεν περὶ τοῦ πνεύματος ὃ ἔμελλον λαμβάνειν οἱ πιστεύσαντες εἰς αὐτόν. (ῥεύσω = Fut ῥέω = fliessen) 6) οἱ δὲ λέγουσιν αὐτῷ, οὐκ ἔχομεν ὧδε εἰ μὴ πέντε ἄρτους καὶ δύο ἰχθύας. 7) καὶ ἓν ἐξ αὐτῶν οὐ πεσεῖται ἐπὶ τὴν γῆν ἄνευ τοῦ πατρὸς ὑμῶν. (ἄνευ m. Gen = ohne) 8) ὁ Πέτρος εἶπεν, κύριε, εἰ σὺ εἶ, κέλευσόν με ἐλθεῖν πρός σε ἐπὶ τὰ ὕδατα. ὁ δὲ εἶπεν, ἐλθέ. 9) ὁ δὲ στυγνάσας ἐπὶ τῷ λόγῳ ἀπῆλθεν λυπούμενος. (στυγνάζω = sich entsetzen; Aor = ἐστύγνασα) 10) οὗτος ὁ λαὸς τοῖς χείλεσίν με τιμᾷ. (τὸ χεῖλος, -ους = die Lippe)

Lektüre Mt 19,16–22: Der reiche Jüngling
Bitte vergleichen Sie zur Übersetzung eine gängige Bibelausgabe!

16 καὶ ἰδοὺ εἷς προσελθὼν αὐτῷ εἶπεν, διδάσκαλε, τί ἀγαθὸν ποιήσω ἵνα σχῶ[1] ζωὴν αἰώνιον; 17 ὁ δὲ εἶπεν αὐτῷ, τί με ἐρωτᾷς περὶ τοῦ ἀγαθοῦ; εἷς ἐστιν ὁ ἀγαθός· εἰ δὲ θέλεις εἰς τὴν ζωὴν εἰσελθεῖν, τήρησον τὰς ἐντολάς. 18 λέγει αὐτῷ, ποίας; ὁ δὲ Ἰησοῦς εἶπεν, τὸ οὐ φονεύσεις, οὐ μοιχεύσεις, οὐ κλέψεις, οὐ ψευδομαρτυρήσεις[2], 19 τίμα τὸν πατέρα καὶ τὴν μητέρα, καί, ἀγαπήσεις τὸν πλησίον σου ὡς σεαυτόν. 20 λέγει αὐτῷ ὁ νεανίσκος, πάντα ταῦτα ἐφύλαξα[3]· τί ἔτι ὑστερῶ; 21 ἔφη αὐτῷ ὁ Ἰησοῦς, εἰ θέλεις τέλειος εἶναι, ὕπαγε πώλησόν σου τὰ ὑπάρχοντα καὶ δὸς[4] τοῖς πτωχοῖς, καὶ ἕξεις θησαυρὸν ἐν οὐρανοῖς, καὶ δεῦρο[5] ἀκολούθει μοι. 22 ἀκούσας δὲ ὁ νεανίσκος τὸν λόγον ἀπῆλθεν λυπούμενος· ἦν γὰρ ἔχων κτήματα[6] πολλά.

---

[1] ἵνα σχῶ = damit ich habe
[2] ψευδομαρτυρέω = falsches Zeugnis ablegen
[3] ἐφύλαξα = Aor 1.Sg φυλάσσω = halten (< *ἐφύλακ-σα)
[4] δός = Imp Aor 2.Sg δίδωμι = gib!
[5] δεῦρο = Auf! (Aufforderungspartikel)
[6] τὸ κτῆμα, -ατος = der Besitz (Äcker, Häuser und mobiler Besitz)

LEKTION 11

I Morphologie

1 Schwacher Aorist Passiv

Der Aorist hat, wie schon früher erwähnt, eigene Passivformen. Wir können hier an das passive Futur aus der letzten Lektion anknüpfen.[1] Der schwache Aorist hat nämlich ebenfalls die **Bildesilbe** -θη. Die Endungen, die an die Bildesilbe anschliessen, sind grösstenteils bereits bekannt. Es bleibt also nicht sehr viel Neues zu lernen.
Selbstverständlich hat auch der passive Aorist ein Augment und damit zusätzlich zum punktuellen Aspekt noch Vergangenheitsbedeutung.

1.1 Paradigma schwacher Aor Pass

	Ind	Endungen	Imp	Endungen
1. Sg	ἐπιστεύθην	-θη-ν		
2.	ἐπιστεύθης	-θη-ς	πιστεύθητι	-θη-τι
3.	ἐπιστεύθη	-θη	πιστευθήτω	-θή-τω
1.Pl	ἐπιστεύθημεν	-θη-μεν		
2.	ἐπιστεύθητε	-θη-τε	πιστεύθητε	-θη-τε
3.	ἐπιστεύθησαν	-θη-σαν	πιστευθήτωσαν	-θή-τω-σαν

| Inf | πιστευθῆναι | -θῆ-ναι |

1.1.1 Anmerkungen

a) Die eigentlichen Endungen des Ind sind meist schon bekannt (vgl. die Imperfekt-Endungen Lekt 9). Die 3.Sg weist hier *nie* ein bewegliches ν auf! Am besten werden diese Endungen als eigenes Sprüchlein auswendig gelernt.

b) Die Endungen des Imp sind bis auf die 2.Sg ebenfalls schon bekannt (wie Aor Akt). Die Endung -τι ist eine uralte Endung, die hier erhalten ist (urspr. -θι, wegen Aspirataregel zu -τι geworden).

---

[1] Die sprachgeschichtliche Entstehung ist umgekehrt: Das passive Futur wurde aus dem passiven Aor gebildet.

1.2 Paradigma Partizip schwacher Aor Pass

	Mask	Fem	Ntr
N Sg	πιστευθείς	πιστευθεῖσα	πιστευθέν
G	πιστευθέντος	πιστευθείσης	πιστευθέντος
D	πιστευθέντι	πιστευθείσῃ	πιστευθέντι
A	πιστευθέντα	πιστευθεῖσαν	πιστευθέν
N Pl	πιστευθέντες	πιστευθεῖσαι	πιστευθέντα
G	πιστευθέντων	πιστευθεισῶν	πιστευθέντων
D	πιστευθεῖσι(ν)	πιστευθείσαις	πιστευθεῖσι(ν)
A	πιστευθέντας	πιστευθείσας	πιστευθέντα

1.2.1 Anmerkungen

a) Die mask und ntr Endungen weisen einen **ντ-Stamm** auf (wie andere Part). Damit werden sie konsonantisch dekliniert. Der Partizipstamm lautet πιστευθεντ-. Im Nom Sg und Dat Pl wird der Stamm durch das σ in der Endung verändert: Nom Sg πιστευθείς < *πιστευθε-ντ-ς; Dat Pl πιστευθεῖσι(ν) < *πιστευθε-ντ-σι(ν). (ντ fällt vor σ unter Ersatzdehnung aus: ε > ει);
Beachten Sie: Die Bildesilbe -θη wird vor -ντ oder Vokal zu -θε verkürzt!

b) Die fem Endungen gehen auf einen j-Stamm zurück: *πιστευθεντj-. πιστευθεῖσα < *πιστευθε-ντ-j-α.
Die Endungen laufen dann nach den Regeln des α-impurum.

2 Starker Aorist Passiv (Aor II Pass)

Der starke Aor Pass bietet keinerlei Probleme. Die einzige Besonderheit ist die, dass er das θ in der Bildesilbe nicht braucht. Seine **Bildesilbe** lautet also einfach **-η**. Dieses -η wird vor Vokalen und ντ zu ε verkürzt.
Ansonsten sind die Endungen mit denen des schwachen Aor Pass identisch. Der Vollständigkeit halber sei aber das Paradigma trotzdem aufgeführt. Als Beispielverb wählen wir γράφω (schreiben).

2.1 Paradigma starker Aor Pass

	Ind	Endungen	Imp	Endungen
1. Sg	ἐγράφην	-η-ν		
2.	ἐγράφης	-η-ς	γράφηθι	-η-θι
3.	ἐγράφη	-η	γραφήτω	-ή-τω
1.Pl	ἐγράφημεν	-η-μεν		
2.	ἐγράφητε	-η-τε	γράφητε	-η-τε
3.	ἐγράφησαν	-η-σαν	γραφήτωσαν	-ή-τω-σαν

| Inf | γραφῆναι | -ῆ-ναι |

2.1.1 Anmerkung

a) Der Imp 2.Sg weist die urspr Endung -θι auf.

2.2 Paradigma Partizip starker Aor Pass

	Mask	Fem	Ntr
N Sg	γραφείς	γραφεῖσα	γραφέν
G	γραφέντος	γραφείσης	γραφέντος
D	γραφέντι	γραφείσῃ	γραφέντι
A	γραφέντα	γραφεῖσαν	γραφέν
N Pl	γραφέντες	γραφεῖσαι	γραφέντα
G	γραφέντων	γραφεισῶν	γραφέντων
D	γραφεῖσι(ν)	γραφείσαις	γραφεῖσι(ν)
A	γραφέντας	γραφείσας	γραφέντα

2.2.1 Anmerkung

a) Die Bildesilbe ist überall zu ε gekürzt (η vor Vokal und vor ντ). Ansonsten gilt zur Bildung dasselbe wie oben beim Aor I beschrieben.

3 MEDIALE ODER PASSIVE ENDUNGEN BEI DEPONENTIEN IN AORIST UND FUTUR

Bisher wiesen Deponentien zwar medio-passive Endungen auf, hatten aber immer aktive Bedeutung. Im Präs fallen mediale und passive Endungen sowieso in eins. Welche Endungen haben aber nun Deponentien im Aorist oder im Futur?
Hier gibt es einige Eigentümlichkeiten, die es zur Kenntnis zu nehmen gilt. Da die griechische Sprache nicht aktiv gelernt werden muss, wird es auch keine grösseren Probleme geben.

> a) **Intransitive Deponentien** haben in der Regel immer aktive Bedeutung, können in Aor und Fut aber entweder mediale oder passive, oder auch beide Endungen aufweisen.

Beispiele:

πορεύομαι (gehen, reisen)   Aor ἐπορεύθην
                            Fut πορεύσομαι

    μὴ πορευθῆτε ὀπίσω αὐτῶν.   Geht nicht hinter ihnen her! Lk 21,8

γίνομαι (werden ua)   Aor ἐγενήθην und ἐγενόμην
                     Ipf ἐγινόμην
                     Fut γενήσομαι

    πάντα δι' αὐτοῦ ἐγένετο.   Alles ist durch ihn geworden. Joh 1,3

    οὗτος ἐγενήθη εἰς κεφαλὴν γωνίας.   Dieser ist zum Eckstein geworden. Mt 21,42

> b) **Transitive Deponentien** können aktive und passive Bedeutung haben.

Im **Präs** meist aktive, sehr selten passive Bdtg; formal nicht unterschieden.

λογίζομαι (anrechnen):

    ὁ μισθὸς οὐ λογίζεται κατὰ χάριν.   der Lohn wird nicht angerechnet gemäss Gnade. Rö 4,4 (pass Bdtg)

    ὁ θεὸς λογίζεται δικαιοσύνην χωρὶς ἔργων.   Gott rechnet Gerechtigkeit ohne Werke an. Rö 4,6 (akt Bdtg)

In **Aor und Fut** haben in der Regel:
– mediale Endungen = akt Btg

ἰάομαι (heilen)   Aor I ἰάθην
    Ipf ἰώμην

ἰάσατο τὸν παῖδα.   Er heilte das Kind. (akt Bdtg) Lk 9,42

ἰάσομαι αὐτούς.   Ich werde sie heilen. (akt Bdtg) Mt 13,15

– pass Endungen = pass Btg

ἰάθη ἡ θυγάτηρ αὐτῆς.   Ihre Tochter wurde geheilt. (pass Bdtg) Mt 15,28

4 Unregelmässige passive Aoriste und Future

Wir haben bereits einige unregelmässige Aoriste und Future kennengelernt. Dazu kommen jetzt hier noch die unregelmässigen passiven Aoriste. Auch die Futurformen werden aufgeführt. Einige sind bereits bekannt.
Bitte prägen Sie sich diese Formen gut ein!

Grundform	Futur	Aor Pass (z.T. intrans.)	Bdtg
αἴρω		ἤρθην	wegnehmen
ἀκούω	ἀκούσω	ἠκούσθην	hören
ἀποθνῄσκω	ἀποθανοῦμαι	–	sterben
βάλλω		ἐβλήθην	werfen
γίνομαι	γενήσομαι	ἐγενήθην	werden ua.
διδάσκω	διδάξω	ἐδιδάχθην	lehren
εὑρίσκω	εὑρήσω	εὑρέθην	finden
καλέω	καλέσω	ἐκλήθην	rufen
λαμβάνω	λήμψομαι	ἐλήμφθην	nehmen
λέγω		ἐρρέθην ο. ἐλέχθην	reden
ὁράω	ὄψομαι	ὤφθην	sehen
πάσχω	πείσομαι ο. παθοῦμαι		leiden
πείθω	πείσω	ἐπείσθην	überreden
πίπτω	πεσοῦμαι	–	fallen

σῴζω	σώσω	ἐσώθην	retten/bewahren
φέρω	οἴσω	ἠνέχθην	bringen
χαίρω	χαρήσομαι	–	sich freuen

5 Komparation (Steigerung) der Adjektive

Die Komparation (Steigerung) eines Adjektivs kennt drei verschiedene Stufen. Den **Positiv** (z.B. schön), den **Komparativ** (schöner) und den **Superlativ** (am schönsten).
Bei der regelmässigen Bildung wird im Griechischen der Stamm eines Adjektivs unverändert gelassen und nur die Endung wechselt. Sie kennen, wie die meisten Adjektive auch, drei Endungen (mask, fem, ntr). Da sie sich der Form nach wie das nichtgesteigerte Adjektiv dem zugehörigen Bezugswort in Genus, Numerus und Kasus anpassen, werden die Endungen dekliniert.

Die Endungen lauten:

    Komparativ: -τερος, τέρα, -τερον   Superlativ: -τατος, -τάτη, -τατον

Sie werden ganz regelmässig nach O- und A-Deklination dekliniert.

5.1 Regelmässige Komparativ- und Superlativ-Endungen

	Komparativ			Superlativ		
	Mask	Fem	Ntr	Mask	Fem	Ntr
N Sg	-τερος	-τέρα	-τερον	-τατος	-τάτη	-τατον
G	-τέρου	-τέρας	-τέρου	-τάτου	-τάτης	-τάτου
D	-τέρῳ	-τέρᾳ	-τέρῳ	-τάτῳ	-τάτῃ	-τάτῳ
A	-τερον	-τέραν	-τερον	-τατον	-τάτην	-τατον
N Pl	-τεροι	-τεραι	-τερα	-τατοι	-ταται	-τατα
G	-τέρων	-τέρων	-τέρων	-τάτων	-τάτων	-τάτων
D	-τέροις	-τέραις	-τέροις	-τάτοις	-τάταις	-τάτοις
A	-τέρους	-τέρας	-τερα	-τάτους	-τάτας	-τατα

5.1.1 Anmerkung

a) Auch zweiendige Adjektive haben in gesteigerten Formen drei Endungen.

5.2 Bildung der einzelnen Formen

a) Die jeweilige Endung wird an den Stamm des Mask angehängt

Beispiele:

Pos	Bdtg	mask Stamm	Komp	Sup
βέβαιος	fest	βεβαιο-	βεβαιότερος	βεβαιότατος
ἰσχυρός	stark	ἰσχυρο-	ἰσχυρότερος	ἰσχυρότατος

| βαθύς | tief | βαθυ- | βαθύτερος | βαθύτατος |
| ἀκριβής | genau | ἀκριβεσ- | ἀκριβέστερος | ἀκριβέστατος |

b) Stammauslautendes -o wird zu -ω gedehnt, wenn die vorausgehende Silbe kurz ist.

Keine Dehnung tritt aber bei Positionslänge (doppelt geschlossene Silbe mit kurzem Vokal) ein.

Beispiele:

Pos	Bdtg	mask Stamm	Komp	Sup
σοφός	weise	σοφο-	σοφώτερος	σοφώτατος
νέος	jung	νεο-	νεώτερος	νεώτατος

c) Adjektive mit einem Stamm auf -ων oder -ον bekommen zusätzlich das Element -εσ- vor der Endung.

Beispiele:

Pos	Bdtg	mask Stamm	Komp	Sup
σώφρων	verständig	σωφρον-	σωφρονέστερος	σωφρονέστατος

5.3 Unregelmässige Komparative

Einige Adjektive steigern unregelmässig. Sie haben andere Endungen als die Regelmässigen und verändern zudem meistens ihren Stamm. (Vgl dt: gut, besser, am besten).

Die Komparativendungen sind zweiendig, die des Superlativs hingegen dreiendig.

5.4 Endungen der unregelmässigen Komparative und Superlative

	Komparativ		Superlativ		
	Mask / Fem	Ntr	Mask	Fem	Ntr
N Sg	-ίων	-ιον	-ιστος	-ίστη	-ιστον
G	-ίονος		-ίστου	-ίστης	-ίστου
D	-ίονι		-ίστῳ	-ίστῃ	-ίστῳ
A	-ίονα / -ίω	-ιον	-ιστον	-ίστην	-ιστον
N Pl	-ίονες /-ίους	-ίονα / -ίω	-ιστοι	-ισται	-ιστα
G	-ιόνων		-ίστων	-ιστῶν	-ίστων
D	-ιοσι(ν)		-ίσι(ν)	-ισταῖς	-ίσι(ν)
A	-ίονας/-ίους	-ίονα / -ίω	-ίστους	-ίστας	-ιστα

5.4.1 Anmerkungen

a) Die Endungen -ίω und -ίους sind kontrahierte Formen. Sie gehen auf Sigmastämme zurück: -ίους < *-ιο(σ)ες; -ίω < *-ιο(σ)α

b) Bei den meisten unregelmässigen Steigerungsformen fällt das ι der Endung weg.

Z.B. **μέγας** (gross); Mask/Fem: μείζων (grösser), μείζονος, μείζονι, μείζονα od. μείζω, μείζονες od. μείζους, μειζόνων, μείζοσιν, μείζονας od. μείζους; Ntr: N/A Sg μεῖζον, N/A Pl μείζονα od. μείζω

Aber mit ι:

πολύς (viel); Mask/Fem: πλείων, πλείονος, πλείονι, πλείονα od. πλείω, πλείονες od. πλείους, πλειόνων, πλείοσι(ν), πλείονας od. πλείους; Ntr: N/A Sg πλεῖον od. πλέον, N/A Pl πλείονα od. πλείω

| c) Folgende unregelmässige Steigerungsformen sind zu merken: |

Pos	Bdtg	Komp	Sup
ἀγαθός	gut	κρείσσων ο. κρείττον, κρεῖσσον [βελτίων], βέλτιον	κράτιστος [βέλτιστος]
κακός	schlecht	χείρων, χεῖρον ἥσσων, ἧσσον	[χείριστος]
καλός	schön	καλλίων, κάλλιον	[κάλλιστος]
μέγας	gross	μείζων, μεῖζον	μέγιστος
ὀλίγος	wenig, gering	ἐλάσσων, ἔλασσον	ἐλάχιστος
πολύς	viel	πλείων, πλεῖον od πλέον	πλεῖστος
ταχύς	schnell	ταχίων, τάχιον	τάχιστος

Besondere Bedeutungen:
ἀγαθός hat mehrere Formen:
- κράτιστος wird auch als Anrede verwendet = hochverehrt. So 3× im NT als Vok κράτιστε
- κρείσσων meint eig. „den stärkeren", βελτίων (nur 2Ti 1,18) eig. „sittlich besser"; (der im NT nicht bezeugte Sup ἄριστος meint eig. „den Tüchtigsten" → Aristokratie)

ἥσσων (eig. „schwächer"; ohne Pos, wohl aus dem Adv ἧκα = schwach gebildet) Komp zu κακός in der Bdtg „geringer, unterlegen, weniger" (nur 1Kor 11,17 u. 2Kor 12,15)

6 Komparation der Adverbien

Die Komparation der Adverbien ist recht einfach.

6.1 Normalfall

| In den meisten Fällen hat der Komparativ des Adverbs die gleiche Form wie der Komp Ntr Sg Akk des Adjektivs. Der Superlativ hat die gleiche Form wie der Sup Ntr Pl Akk des Adjektivs. Er entspricht also dem adverbialen Akkusativ (s. Lekt. 7) |

Adj N Sg		Pos Adverb	Komp Adv	Sup Adv
δίκαιος	gerecht	δικαίως	δικαιότερον	δικαιότατα

σώφρων	verständig	σωφρόνως	[σωφρονέστερον]	[σωφρονέστατα]
[ἡδύς]	süss	ἡδέως	[ἥδιον]	ἥδιστα
ἀγαθός	gut	εὖ	κρεῖσσον	[κράτιστα]

6.2 Endung -τέρως

Selten wird auch die **Endung** -τέρως als Komparativ des Adverbs verwendet.

περισσοτέρως ὑμᾶς ἀγαπῶ   ich liebe euch überreichlicher 2Kor 12,15

6.3 Nicht von Adj abgeleitete Adv

Auch Adverbien, die nicht von Adjektiven abgeleitet werden, können gesteigert werden.

a) Die Endung gleicht ebenfalls dem Ntr Sg Akk (Komp) und dem Ntr Pl Akk (Sup). Entweder mit den -τέρος / -τάτος-Endungen oder mit den -ίων / -ιστος-Endungen.

Pos Adv		Komp Adv	Sup Adv
[μάλα] dafür: λίαν u. σφόδρα	sehr	μᾶλλον	μάλιστα
ἐγγύς	nahe	ἐγγύτερον	[ἐγγύτατα]

b) Adverbien auf -ω steigern entweder mit der Endung -τέρω oder -τέρον.

πόρρω	fern	πορρωτέρω
ἔξω	draussen	ἐξώτερον

6.4 Adj aus gesteigerten Adverbien

Aus einem gesteigerten Adverb kann ein Adjektiv entstehen.

Adv		Adj Komp
ἐξώτερον	draussen	ἐξώτερος, -α, -ον
κατώτερον	unterst	κατώτερος, -α, -ον

II Syntax

7 Syntax der Komparation

In einer Komparation werden zwei Dinge oder Personen miteinander verglichen. Wird im Deutschen die Komparation jeweils mit der Partikel „als" gebildet (dieses Buch ist dicker als jenes), so kennt das Griechische grundsätzlich zwei verschiedene Bildungsmöglichkeiten. Entweder mit dem Genitiv des Vergleichs oder mit der Partikel als = ἤ (recht selten).

> Der Komparativ bildet oft ein Attribut zu einem Nomen. Er stimmt somit in Kasus, Genus und Numerus mit ihm überein.

> Die folgenden Regeln gelten grundsätzlich auch für die Syntax des gesteigerten Adverbs.

7.1 Komparation mit dem Genetivus comparationis

Die häufigste Konstruktion verwendet den Genitiv des Vergleichs (Gen comparationis) für die verglichene Grösse. Es braucht also keine extra Partikel, sondern lediglich einen Komparativ und einen Genitiv.

παραλαμβάνει μεθ' ἑαυτοῦ ... πνεύματα πονηρότερα ἑαυτοῦ.
Er nimmt mit sich (selbst) ... schlimmere Geister als er selbst. Mt 12,45

μείζω τούτων ὄψῃ.   Du wirst grösseres als diese Dinge sehen. Joh 1,50

7.2 Komparation mit der Partikel ἤ

Analog der deutschen Komparativbildung verwendet das Griechische die Partikel ἤ (als; nicht mit ἤ = oder zu verwechseln). In diesem Fall stehen beide Grössen im selben Kasus.

μείζων δὲ ὁ προφητεύων ἢ ὁ λαλῶν γλώσσαις.
Grösser aber ist der, der prophetisch redet, als der, der in Zungen spricht. 1Kor 14,5

7.3 Komparativ- anstatt Superlativformen

Die Koine hat allgemein die Tendenz, anstatt den Superlativformen diejenigen des Komparativs zu verwenden. So kommt es, dass im NT der Komparativ genausogut für eine superlativische Aussage verwendet werden kann. Der Superlativ ist im NT überhaupt recht selten.

μείζων δὲ τούτων ἡ ἀγάπη.   Die grösste aber von diesen ist die Liebe
                                                1Kor 13,13

7.4 Positiv anstatt Komparativ oder Superlativ

Auf hebräischen Einfluss geht die Eigenart des NT's zurück, anstatt einem Komparativ oder Superlativ ganz einfach den Positiv zu verwenden. (Das Hebräische kennt keine eigentlichen Komparationsformen.)

statt Komp:
   καλόν ἐστίν σε εἰσελθεῖν εἰς τὴν ζωὴν χωλὸν ἢ τοὺς δύο πόδας ἔχοντα βληθῆναι εἰς τὴν γέενναν.
   Es ist besser dass du lahm in das Leben hineingehst, als mit zwei Füssen in die Gehenna geworfen wirst. Mk 9,45

statt Sup:
>   ποία ἐντολὴ μεγάλη ἐν τῷ νόμῳ;   Welches ist das grösste Gebot im Gesetz?
>   Mt 22,36

7.5 Ellipse des zweiten Vergleichs

Ist aus dem Zusammenhang klar, was gemeint ist, kann das zweite Glied des Vergleichs auch wegfallen. (Deutsch ist das allenfalls auch möglich.)

>   ἐγὼ δὲ ἔχω τὴν μαρτυρίαν μείζω ( ) τοῦ Ἰωάννου.
>   Ich aber habe das grössere Zeugnis als das, des Johannes. Joh 5,36

7.6 Komparativ oder Superlativ ohne Vergleich

Ohne Vergleichsgrösse können sowohl der Komparativ als auch der Superlativ verwendet werden, wenn sie einen Teil von einem Ganzen bezeichnen. Sie stehen dann entweder mit ἐκ + Gen oder mit dem Genetivus partitivus.

Der **Gen partitivus** ist der Genitiv des geteilten Ganzen. Er bezeichnet eine „Partie", ein Stück aus einem Ganzen, ganz analog dem deutschen Gen part (das Stück der Torte). Durch die Präposition ἐκ mit Gen geschieht nichts völlig anderes (das Stück von der Torte).

Beide Formen, der Komparativ und der Superlativ, können sowohl den Superlativ, als auch den Elativ (relative Hervorhebung) vertreten:

a) Komp od. Sup vertreten den Sup (jede weitere Möglichkeit ausgeschlossen):

mit Komp
>   ἐξ ὧν οἱ πλείονες μένουσιν ἕως ἄρτι.   Von denen die meisten bis jetzt bleiben
>   (= am Leben sind). 1Kor 15,6

mit Sup
>   κατὰ τὴν ἀκριβεστάτην αἵρεσιν τῆς ἡμετέρας θρησκείας ἔζησα.
>   Gemäss der strengsten Richtung unserer Religion habe ich gelebt. Apg 26,5

b) Komp od. Sup vertreten den Elativ (nur relative Hervorhebung):
Elativ (lat. elativus = erhaben, hoch): modernste Maschinen (also nicht die absolut modernsten, aber doch sehr moderne)

mit Komp
>   σπουδαιότερος δὲ ὑπάρχων αὐθαίρετος ἐξῆλθεν πρὸς ὑμᾶς
>   Weil er aber sehr eifrig ist, ging er freiwillig zu euch hinaus. 2Kor 8,17

mit Sup
>   ἐκ ξύλου τιμιωτάτου   aus kostbarstem Holz Offb 18,12

8 INFINITIVKONSTRUKTIONEN: INFINITIV ODER AcI MIT ARTIKEL

Der Infinitiv kann griechisch, ebenso wie deutsch, durch den Artikel substantiviert werden (vgl ich brauche das Lesen zur Bildung; = AkkO; dt als Subst empfunden).
Es spielt dabei keine Rolle, ob der Inf einfach oder in einem AcI steht.

Gegenüber dem Deutschen kann er aber zusätzlich noch in die verschiedenen Kasus gesetzt werden. Dies geschieht durch Hinzufügung des ntr Artikels, welcher dekliniert wird. Das ist allerdings nur im Sg möglich. Der Infinitiv kann seine Form natürlich nicht verändern.

8.1 Funktion je nach Kasus

Je nach Kasus, welcher durch den Artikel angezeigt wird, übernimmt der Inf verschiedene Funktionen im Satz. So kann er Objekt, Subjekt, Apposition oder (selten) Adverbiale sein.

a) Als Subjekt (Art = Ntr N Sg)

ἐμοὶ γὰρ τὸ ζῆν Χριστὸς καὶ τὸ ἀποθανεῖν κέρδος.
Denn mir ist das Leben Christus und das Sterben ein Gewinn. Phil 1,21 (wer oder was ist mir Christus? = S)

b) Als Objekt (hier: Art = Ntr Akk Sg)

οὐχ ἁρπαγμὸν ἡγήσατο τὸ εἶναι ἴσα θεῷ.
Er hielt es nicht für einen Raub, Gott gleich zu sein. Phil 2,6 (wen oder was hielt er nicht für einen Raub? = AkkO)

8.2 Infinitiv od AcI mit τοῦ

Der Inf im Gen muss gesondert behandelt werden. Er taucht im NT nur bei sprachlich gebildeteren Autoren auf (Mt, Lk, Pls, Jak, Pt u. im Hebr; in LXX oft).

Meistens wird dieser Gen verwendet, um ein **finales oder konsekutives Adverbiale** zu bilden. (Der Inf hat an sich schon finalen od. konsekutiven Sinn, welcher durch τοῦ noch verstärkt wird.) Er wird immer mit einem andern Element verbunden (Subst, Adj, Verb) und bildet so Attribute, Objekte oder Adverbiale.

> In der Übersetzung wird „zu + Inf" verwendet.

In Verbindung mit Subst:
  δέδωκα ὑμῖν τὴν ἐξουσίαν τοῦ πατεῖν ἐπάνω ὄφεων καὶ σκορπίων.
  Ich habe euch Vollmacht gegeben, auf Schlangen und Skorpione zu treten. Lk 10,19
  (fin Sinn: wozu Vollmacht gegeben? = um zu ...)

In Verbindung mit Verb:
  ἐξῆλθεν ὁ σπείρων τοῦ σπείρειν.   Der Sämann ging hinaus, um zu säen.
  Mt 13,13 (fin Adverbiale)

  (Die Par Mk 4,3 hat den einf Inf: ἐξῆλθεν ὁ σπείρων σπεῖραι)

  σκοτισθήτωσαν οἱ ὀφθαλμοὶ αὐτῶν τοῦ μὴ βλέπειν.
  Ihre Augen sollen verfinstert werden, so dass (sie) nicht sehen. Rö 11,10
  (kons Adverbiale)

III Übungen

1. Formen des passiven Aoristes und Deponentien mit passiven Endungen
Bitte bestimmen Sie folgende Formen, übersetzen Sie mit deutschem Perfekt und geben Sie die Grundform an!
λυπηθῆναι – παρεκλήθημεν – ἐλυπήθησαν – ἐσώθην – σωθῆναι – ἐθεραπεύθησαν – ἄρθητι – ἤρθη – ἐπορεύθημεν – ἠκούσθη – ἐβουλήθη – ἀπεκρίθη – ἀποκριθείς – βληθέν – βληθῆναι – εὑρέθημεν – ἐγενήθησαν – ἐλύθη – ἐκλήθητε – ἐρρέθη – ἐπείσθησαν – ἠνέχθη – ὤφθην – ἐκλήθη – ἐπληρώθη

2. Komparation
Bitte übersetzen sie und bestimmen Sie die Form des Komparativs oder Superlativs!
1) τί γάρ ἐστιν εὐκοπώτερον εἰπεῖν ...; (εὔκοπος, -ον = leicht) 2) γίνεται μείζων πάντων. 3) μὴ πλείονα σημεῖα ποιήσει ὧν οὗτος ἐποίησεν; 4) ἱκανὸν τῷ τοιούτῳ ἡ ἐπιτιμία αὕτη ἡ ὑπὸ τῶν πλειόνων. (ἡ ἐπιτιμία = die Strafe) 5) ἑτέροις τε λόγοις πλείοσιν διεμαρτύρατο καὶ παρεκάλει αὐτούς. (διεμαρτύρατο < διεμαρτύρ-σατο) 6) περισσότερον αὐτῶν πάντων ἐκοπίασα. 7) ὅτι τὸ μωρὸν τοῦ θεοῦ σοφώτερον τῶν ἀνθρώπων ἐστὶν καὶ τὸ ἀσθενὲς τοῦ θεοῦ ἰσχυρότερον τῶν ἀνθρώπων. 8) ... ἐν ἐκκλησίᾳ θέλω πέντε λόγους τῷ νοΐ μου λαλῆσαι ... ἢ μυρίους λόγους ἐν γλώσσῃ. (μυρίος, -α, -ον = unzählig) 9) κράτιστε θεόφιλε 10) χαρὰ ἐν τῷ οὐρανῷ ἔσται ἐπὶ ἑνὶ ἁμαρτωλῷ μετανοοῦντι ἢ ἐπὶ ... δικαίοις ...

3. Infinitive mit Artikel
Bitte übersetzen Sie folgende Sätze und geben sie jeweils die Funktion des Infinitivs an.
1) τὸ γὰρ θέλειν παράκειταί μοι, τὸ δὲ κατεργάζεσθαι τὸ καλὸν οὔ. (παράκειταί μοι = es liegt mir zur Hand) 2) καλὸν ἀνθρώπῳ τὸ οὕτως εἶναι. 3) νυνὶ δὲ καὶ τὸ ποιῆσαι ἐπιτελέσατε. 4) ... ἐλευθέρα ἐστὶν ἀπὸ τοῦ νόμου, τοῦ μὴ εἶναι αὐτὴν μοιχαλίδα. (ἡ μοιχαλίς, -ίδος = die Ehebrecherin) 5) εἰ δὲ αἰσχρὸν γυναικὶ τὸ κείρασθαι ἢ ξυρᾶσθαι, κατακαλυπτέσθω. (αἰσχρός, -ά -όν = unanständig; κείρασθαι < κείρ-(σ)ασθαι, κείρω = scheren; ξυράω = ganz kahl scheren; κατακαλύπτω = sich verhüllen) 6) ἔδωκεν αὐτοῖς ὁ θεὸς ... ὦτα τοῦ μὴ ἀκούειν. 7) οὐ παραιτοῦμαι τὸ ἀποθανεῖν. 8) μηδενὶ μηδὲν ὀφείλετε εἰ μὴ τὸ ἀλλήλους ἀγαπᾶν. 9) Denn ich habe für mich so entschieden, τὸ μὴ πάλιν ἐν λύπῃ πρὸς ὑμᾶς ἐλθεῖν.

4. Übungssätze
1) ἐγὼ δὲ ἥδιστα δαπανήσω καὶ ἐκδαπανηθήσομαι ὑπὲρ τῶν ψυχῶν ὑμῶν. εἰ περισσοτέρως ὑμᾶς ἀγαπῶ, ἧσσον ἀγαπῶμαι; (δαπανάω = ausgeben, aufwenden; ἐκδαπανάω = völlig verausgaben; ἡδέως = gerne; Adv) 2) τότε ἤρξατο ὀνειδίζειν τὰς πόλεις ἐν αἷς ἐγένοντο αἱ πλεῖσται δυνάμεις αὐτοῦ, ὅτι οὐ μετενόησαν. (ἄρχομαι = anfangen; ὀνειδίζω = schelten, Vorwürfe machen) 3) τότε πορεύεται καὶ παραλαμβάνει ἕτερα πνεύματα πονηρότερα ἑαυτοῦ ἑπτὰ καὶ εἰσελθόντα κατοικεῖ ἐκεῖ· καὶ γίνεται τὰ ἔσχατα τοῦ ἀνθρώπου ἐκείνου χείρονα τῶν πρώτων. 4) οὗτος ἤκουσεν τοῦ Παύλου λαλοῦντος· ὃς ἀτενίσας αὐτῷ καὶ ἰδὼν ὅτι ἔχει πίστιν τοῦ σωθῆναι, εἶπεν μεγάλῃ φωνῇ, ἀνάστηθι ἐπὶ τοὺς πόδας σου ὀρθός. (ἀτενίσας < ἀτενι(ζ)-σας < ἀτενίζω mit Dat = gespannt auf jmd blicken; ἀνάστηθι = Imp 2.Sg ἀνίσταμαι = aufstehen; ὀρθός, -ή, -όν = gerade, aufrecht) 5) γενομένης δὲ ἡμέρας ἐξελθὼν ἐπορεύθη εἰς ἔρημον τόπον· καὶ οἱ ὄχλοι ἐπεζήτουν αὐτὸν καὶ ἦλθον ἕως αὐτοῦ καὶ κατεῖχον αὐτὸν τοῦ μὴ πορεύεσθαι ἀπ' αὐτῶν. 6) μακάριοι οἱ πενθοῦντες, ὅτι αὐτοὶ παρακληθήσονται. 7) νῦν χαίρω, οὐχ ὅτι ἐλυπήθητε ἀλλ' ὅτι ἐλυπήθητε εἰς μετάνοιαν· 8) ὁ πιστεύσας καὶ βαπτισθεὶς σωθήσεται, ὁ δὲ ἀπιστήσας κατακριθήσεται. (ἀπιστέω = nicht glauben; βαπτισθείς < *βαπτιζ-θεις; κατακριθήσεται < κατακριν-θήσεται, κατακρίνω = verurteilen) 9) καὶ ἦν χεὶρ κυρίου μετ' αὐτῶν, πολύς τε ἀριθμὸς ὁ πιστεύσας ἐπέστρεψεν

ἐπὶ τὸν κύριον. ἠκούσθη δὲ ὁ λόγος εἰς τὰ ὦτα τῆς ἐκκλησίας τῆς οὔσης ἐν Ἱερουσαλὴμ ... (ἐπέστρεψεν < *ἐπέστρεφ-σεν, ἐπιστρέφω ἐπί τινα = umkehren zu jmd) 10) οἱ δὲ λαβόντες τὰ ἀργύρια ἐποίησαν ὡς ἐδιδάχθησαν. 11) ἠκούσατε ὅτι ἐρρέθη, ὀφθαλμὸν ἀντὶ ὀφθαλμοῦ καὶ ὀδόντα ἀντὶ ὀδόντος. 12) καὶ γὰρ ὁ υἱὸς τοῦ ἀνθρώπου οὐκ ἦλθεν διακονηθῆναι ἀλλὰ διακονῆσαι.

5. Lektüre Mk 12,28-34 Ein Gespräch

28 καὶ προσελθὼν εἷς τῶν γραμματέων ἀκούσας αὐτῶν συζητούντων, ἰδὼν ὅτι καλῶς ἀπεκρίθη αὐτοῖς ἐπηρώτησεν αὐτόν, ποία ἐστὶν ἐντολὴ πρώτη πάντων; 29 ἀπεκρίθη ὁ Ἰησοῦς ὅτι πρώτη ἐστίν, ἄκουε Ἰσραήλ, κύριος ὁ θεὸς ἡμῶν κύριος εἷς ἐστιν, 30 καὶ ἀγαπήσεις κύριον τὸν θεόν σου ἐξ ὅλης τῆς καρδίας σου καὶ ἐξ ὅλης τῆς ψυχῆς σου καὶ ἐξ ὅλης τῆς διανοίας σου καὶ ἐξ ὅλης τῆς ἰσχύος σου. 31 δευτέρα αὕτη, ἀγαπήσεις τὸν πλησίον σου ὡς σεαυτόν. μείζων τούτων ἄλλη ἐντολὴ οὐκ ἔστιν. 32 καὶ εἶπεν αὐτῷ ὁ γραμματεύς, καλῶς, διδάσκαλε, ἐπ' ἀληθείας εἶπες ὅτι εἷς ἐστιν καὶ οὐκ ἔστιν[1] ἄλλος πλὴν αὐτοῦ· 33 καὶ τὸ ἀγαπᾶν αὐτὸν ἐξ ὅλης τῆς καρδίας καὶ ἐξ ὅλης τῆς συνέσεως[2] καὶ ἐξ ὅλης τῆς ἰσχύος καὶ τὸ ἀγαπᾶν τὸν πλησίον ὡς ἑαυτὸν περισσότερόν ἐστιν πάντων τῶν ὁλοκαυτωμάτων[3] καὶ θυσιῶν. 34 καὶ ὁ Ἰησοῦς ἰδὼν αὐτὸν ὅτι νουνεχῶς[4] ἀπεκρίθη εἶπεν αὐτῷ, οὐ μακρὰν εἶ ἀπὸ τῆς βασιλείας τοῦ θεοῦ. καὶ οὐδεὶς οὐκέτι ἐτόλμα αὐτὸν ἐπερωτῆσαι.

---

[1] Beachten Sie: εἰμί einmal als Hilfsverb, dann als Vollverb!
[2] ἡ σύνεσις, -εως = die Auffassungsgabe, Einsicht, Verständnis
[3] τὸ ὁλοκαύτωμα, -ατος = das Brandopfer, Ganzopfer
[4] νουνεχῶς = verständig, überlegt (Adv.)

LEKTION 12

I Morphologie

1 Der Konjunktiv

In dieser Lektion soll als weiterer Modus der Konjunktiv (lat. coniunctivus = verbindend) eingeführt werden. Der griechische Konjunktiv ist aber nur dem Namen nach mit dem deutschen verwandt. In der deutschen Sprache bezeichnet der Konjunktiv die Möglichkeitsform. Der griechische hingegen hat z.T. ganz andere Verwendungsmöglichkeiten. Zur genauen Anwendung des griechischen Konjunktivs sei auf die Syntax in dieser Lektion verwiesen. Hier beschäftigen wir uns zuerst rein morphologisch mit diesem Modus.

> Der Konjunktiv erscheint als Modus grundsätzlich in allen Tempora (ausser dem Futur!) und in allen Diathesen.

Seine Bildung ist recht einfach:

> Der Themavokal wird jeweils gedehnt, ansonsten bleiben die Endungen dieselben. Allfällige Tempuszeichen (Aorist-σ) werden beibehalten.

Dehnung des Themavokals:

o	>	ω
ου	>	ω
ε	>	η

Das ist für die uns bekannten Tempora eigentlich schon alles. Um auf allfällige Verwechslungsmöglichkeiten mit anderen Formen aufmerksam zu machen und um der Übersicht willen, werden die Paradigmen noch vollständig aufgeführt.

2 Der Konjunktiv im Präsens

2.1 Paradigma Konjunktiv Präsens Verba vocalia non contracta

	Konj Präs Akt	Endungen	*	Konj Präs M/P	Endungen	*
1.Sg	πιστεύω	-ω	(<-ω)	πιστεύωμαι	-ω-μαι	(<ο-μαι)
2.	πιστεύῃς	-ῃς	(<-εις)	πιστεύῃ	-ῃ	(<ῃ<*εσαι)
3.	πιστεύῃ	-ῃ	(<-ει)	πιστεύηται	-η-ται	(<ε-ται)
1.Pl	πιστεύωμεν	-ω-μεν	(<-ο-μεν)	πιστευώμεθα	-ώ-μεθα	(<ο-μεθα)
2.	πιστεύητε	-η-τε	(<-ε-τε)	πιστεύησθε	-η-σθε	(<ε-σθε)
3.	πιστεύωσιν	-ω-σιν	(<-ου-σιν)	πιστεύωνται	-ω-νται	(<ο-νται)

2.2 Paradigma Konjunktiv Präsens Verba contracta auf -έω

	Konj Präs Akt	Endungen	*	Konj Präs M/P	Endungen	*
1.Sg	ποιῶ	-ῶ	(<έ-ω)	ποιῶμαι	-ῶ-μαι	(<έ-ωμαι)
2.	ποιῇς	-ῇς	(<έ-ῃς)	ποιῇ	-ῇ	(<έ-ῃ)
3.	ποιῇ	-ῇ	(<έ-ῃ)	ποιῆται	-ῆ-ται	(<έ-ηται)
1.Pl	ποιῶμεν	-ῶ-μεν	(<έ-ωμεν)	ποιώμεθα	-ώ-μεθα	(<ε-ώμεθα)
2.	ποιῆτε	-ῆ-τε	(<έ-ητε)	ποιῆσθε	-ῆ-σθε	(<έ-ησθε)
3.	ποιῶσι(ν)	-ῶ-σι(ν)	(<έ-ωσιν)	ποιῶνται	-ῶ-νται	(<έ-ωνται)

2.2.1 Anmerkungen

a) Die Konjunktivendungen der Verba non contracta und der Verba contracta auf έω gleichen sich bis auf den Akzent genau. Der Zirkumflex zeigt auch hier die Kontraktion an. (Ausnahme 1.Pl M/P wegen Widerspruch zu den Akzentregeln.)

b) Kontraktionsregeln: ε + η = η / ε + ω = ω

2.3 Paradigma Konjunktiv Präsens Verba contracta auf άω

	Konj Präs Akt	Endungen	*	Konj Präs M/P	Endungen	*
1.Sg	ἀγαπῶ	-ῶ	(<ά-ω)	ἀγαπῶμαι	-ῶ-μαι	(<ά-ωμαι)
2.	ἀγαπᾷς	-ᾷς	(<ά-ῃς)	ἀγαπᾶσαι	-ᾶ-σαι	(<ά-εσαι)
3.	ἀγαπᾷ	-ᾷ	(<ά-ῃ)	ἀγαπᾶται	-ᾶ-ται	(<ά-ηται)
1.Pl	ἀγαπῶμεν	-ῶ-μεν	(<ά-ωμεν)	ἀγαπώμεθα	-ώ-μεθα	(<α-ώμεθα)
2.	ἀγαπᾶτε	-ᾶ-τε	(<ά-ητε)	ἀγαπᾶσθε	-ᾶ-σθε	(<ά-ησθε)
3.	ἀγαπῶσι(ν)	-ῶ-σι(ν)	(<ά-ωσιν)	ἀγαπῶνται	-ῶ-νται	(<ά-ωνται)

2.3.1 Anmerkungen

a) Die Endungen der άω-Verben sind im Indikativ und im Konjunktiv absolut identisch! Nur der Kontext kann angeben, ob Ind oder Konj vorliegt.

b) Kontraktionsregeln: α + η = α / α + ω = ω

2.4 Paradigma Konjunktiv Präsens Verba contracta auf -όω

	Konj Präs Akt	Endungen	*	Konj Präs M/P	Endungen	*
1.Sg	πληρῶ	-ῶ	(<ό-ω)	[πληρῶμαι]	-ῶ-μαι	(<ό-ωμαι)
2.	πληροῖς	-οῖς	(<ό-ῃς)	[πληρῶσαι]	-ῶ-σαι	(<ό-εσαι)
3.	πληροῖ	-οῖ	(<ό-ῃ)	[πληρῶται]	-ῶ-ται	(<ό-ηται)
1.Pl	πληρῶμεν od. πληροῦμεν	-ῶ-μεν od. -οῦ-μεν	(<ό-ωμεν)	[πληρούμεθα]	-ού-μεθα	(<ο-ώμεθα)
2.	πληρῶτε od. πληροῦτε	-ῶ-τε od. -οῦ-τε	(<ό-ητε)	πληροῦσθε	-οῦ-σθε	(<ό-ησθε)
3.	πληρῶσι(ν)	-ῶ-σι(ν)	(<ό-ωσιν)	[πληρῶνται]	-ῶ-νται	(<ό-ωνται)

2.4.1 Anmerkungen

a) Im Sg Akt sind die Endungen Ind und Konj identisch. Die 1. und 2. Pl Akt weisen zwei verschiedene Formen auf. Das Kontraktionsergebnis würde richtigerweise bei beiden ῶ heissen. Die Endungen mit οῦ sind Koinebildungen in Analogie zu den Indikativformen (Formgleichheit von Ind und Konj im Sg).

b) Im M/P ist im NT nur die 2.Pl Konj belegt. Auch diese Form ist Koinebildung. Sie müsste richtigerweise πληρῶσθε heissen.

c) Kontraktionsregeln: ο + η = ω / ο + ω = ω / ο + ῃ = οι

3 Der Konjunktiv des Aorists

Die Konjunktivendungen Präsens (Verba non contracta) und Aorist sind bis auf das Aorist-σ (im Pass das θ) absolut identisch. Als nichtindikativischer Modus besitzt der Konjunktiv natürlich auch kein Augment. Er hat somit keine Vergangenheitsbedeutung. Die Wahl zwischen Konjunktiv Präsens und Aorist ist rein aspektbedingt.

Nochmals: der einzige Unterschied zwischen Konjunktiv Präsens und - Aorist ist das Tempuszeichen σ im Aorist. Im Aor Pass erscheint wieder das θ in der Endung.

In der Praxis wird der Konj Aor häufig mit dem Futur verwechselt. Tatsächlich gibt es sogar formal identische Formen. Der Kontext wird aber immer Klarheit verschaffen. Es mag auch passieren, dass man beim Übersetzen meint, auf einen Konjunktiv Futur gestossen zu sein. Aber es gibt keinen Konjunktiv Futur! In solch einem Fall handelt es sich immer um einen Konj Aor.

3.1 Paradigma Konjunktiv schwacher Aorist (Aorist I)

	Konj Aor I Akt	Endungen	Konj Aor I M	Endungen	Konj Aor I P	Endungen
1.Sg	πιστεύσω	-σ-ω	πιστεύσωμαι	-σ-ω-μαι	πιστευθῶ	-θῶ
2.	πιστεύσῃς	-σ-ῃς	πιστεύσῃ	-σ-ῃ	πιστευθῇς	-θῇς
3.	πιστεύσῃ	-σ-ῃ	πιστεύσηται	-σ-η-ται	πιστευθῇ	-θῇ
1.Pl	πιστεύσωμεν	-σ-ω-μεν	πιστευσώμεθα	-σ-ώ-μεθα	πιστευθῶμεν	-θῶ-μεν
2.	πιστεύσητε	-σ-η-τε	πιστεύσησθε	-σ-η-σθε	πιστευθῆτε	-θῆ-τε
3.	πιστεύσωσιν	-σ-ω-σιν	πιστεύσωνται	-σ-ω-νται	πιστευθῶσι(ν)	-θῶ-σι(ν)

3.1.1 Anmerkungen

a) Im Akt und M wird ganz normal, also möglichst weit vorne, betont. Das Passiv hingegen betont durchgehend die Endung (mit Zirkumflex). Der Grund für den Zirkumflex liegt in der Kontraktion der Bildesilbe θη- mit der gedehnten Konjunktiv-Endung.

b) Kontraktionsregeln für das Passiv: θ + η = η / θ + ω = ω

3.2 Paradigma Konjunktiv starker Aorist (Aorist II)

	Konj Aor II Akt	Endungen	Konj Aor II M	Endungen	Konj Aor II P	Endungen
1.Sg	λάβω	-ω	λάβωμαι	-ω-μαι	γραφῶ	-ῶ
2.	λάβῃς	-ῃς	λάβῃ	-ῃ	γραφῇς	-ῇς
3.	λάβῃ	-ῃ	λάβηται	-η-ται	γραφῇ	-ῇ
1.Pl	λάβωμεν	-ω-μεν	λαβώμεθα	-ώ-μεθα	γραφῶμεν	-ῶ-μεν
2.	λάβητε	-η-τε	λάβησθε	-η-σθε	γραφῆτε	-ῆ-τε
3.	λάβωσι(ν)	-ω-σιν	λάβωνται	-ω-νται	γραφῶσι(ν)	-ῶ-σι(ν)

3.2.1 Anmerkungen

a) In bezug auf die Endungen geschieht hier nichts Neues. Gegenüber dem schwachen Aor ist einfach das Tempuszeichen weggefallen. Dafür tritt die bekannte Stammänderung des starken Aor ein.

4 Der Konjunktiv von εἰμί

Auch die Konjunktivformen des unregelmässigen Verbes εἰμί (sein) seien hier aufgeführt. Sie sind in diesem Fall nicht unregelmässig, sondern entsprechen ganz einfach den normalen Endungen des Konjunktivs. (Ein ähnliches Phänomen ist uns schon beim Partizip von εἰμί begegnet.) Die Formen tragen alle den Zirkumflex auf der langen Silbe.

	Konj εἰμί
1.Sg	ὦ
2.	ᾖς
3.	ᾖ
1.Pl	ὦμεν
2.	ἦτε
3.	ὦσι(ν)

5 Übersicht über verwechselbare Formen

Rein formal sind einige Formen miteinander zu verwechseln. Sie seien hier für die Tempora Präsens, Futur und Aorist zusammengestellt.
Nicht extra aufgeführt wird die Verwechselbarkeit von: Ind und Imp in der 2.Pl und Part Ntr Nom u. Akk / Part Gen und Dat Mask u. Ntr

a) Verba non contracta

πιστεύσω	1.Sg Fut Ind Akt	od. 1.Sg Aor Konj
πιστεύσῃ	2.Sg Fut Ind M	od. 3.Sg Aor Konj
πιστεύῃ	3.Sg Präs Konj Akt	od. 2.Sg Präs Konj M/P

b) Verba contracta

ποιῶ   1.Sg Präs Ind Akt   od. 1.Sg Präs Konj Akt

ποιῇ   2.Sg Präs Ind M/P   od. 2.Sg Präs Konj M/P   od. 3.SgPräs Konj Akt

Durchgehend Ind u. Konj der άω-Verben Akt und M; 2.Pl auch Imp

ἀγαπῶ   1.Sg Präs Ind Akt   od. 1.Sg Präs Konj Akt   od. 2.Sg Präs Imp M/P

Durchgehend Sg Ind u. Konj Akt der όω-Verben (z.T. auch im Pl); 2.Pl auch Imp

πληροῦσθε 2.Pl Präs Ind M/P   od. 2.Pl Präs Konj M/P   od. 2.Pl Präs Imp M/P

6 Das Possessivpronomen (besitzanzeigendes Fürwort)

Um das Besitzverhältnis anzuzeigen, wurde bisher immer das Personalpronomen im Genitiv verwendet. Das wird auch weiterhin die häufigste Art sein, ein solches Verhältnis zu beschreiben.
Daneben kennt das Griechische aber auch ein eigentliches Possessivpronomen. Es soll uns hier als letztes Pronomen noch beschäftigen.

> Der Form nach gibt es nur für die 1. und 2. Person sowohl im Sg wie auch im Pl ein eigentliches Possessivpronomen. Für die 3. Person wird immer der Genitiv des Personalpronomens verwendet.

6.1 Formen des Possessivpronomens

	Mask	Fem	Ntr	
1.Sg	ἐμός	ἐμή	ἐμόν	mein
2.Sg	σός	σή	σόν	dein
1.Pl	ἡμέτερος	ἡμετέρα	ἡμέτερον	unser
2.Pl	ὑμέτερος	ὑμετέρα	ὑμέτερον	euer

6.1.1 Anmerkungen

a) In der obigen Tabelle sind nur die Nominative aufgeführt. Selbstverständlich können diese Formen dekliniert werden. Die Deklinationen laufen wie gewohnt für Mask und Ntr nach der O-Deklination, im Fem nach der A-Deklination auf -η.
Also Gen bis Akk: Mask/Ntr: ἐμοῦ, ἐμῷ, ἐμόν, ἐμοί / ἐμά, ἐμῶν, ἐμοῖς, ἐμούς / ἐμά;
σου, σῷ, σόν, σοί / σά, [σῶν], [σοῖς], σούς / σά;
[ἡμετέρου], [ἡμετέρῳ], ἡμέτερον, [ἡμέτεροι] / [ἡμέτερα], [ἡμετέρων], ἡμετέροις, [ἡμετέρους] / [ἡμέτερα];
[ὑμετέρου], ὑμετέρῳ, ὑμέτερον, [ὑμέτεροι] / [ὑμέτερα], [ὑμετέρων], [ὑμετέροις], [ὑμετέρους] / [ὑμέτερα]
Fem: ἐμῆς, ἐμῇ, ἐμήν, [ἐμαί], [ἐμῶν], [ἐμαῖς], ἐμάς;
σῆς, σῇ, σήν, [σαί], [σῶν], [σαῖς], [σάς];
ἡμετέρας, [ἡμετέρῃ], ἡμετέραν, [ἡμέτεραι], ἡμετέρων, [ἡμετέραις], ἡμετέρας;
ὑμετέρας, ὑμετέρῃ, ὑμετέραν, [ὑμετέρων], [ὑμετέραις], [ὑμετέρας];

b) Einige Formen fallen mit solchen des Personalpronomens zusammen. Der Kontext muss jeweils entscheiden, ob Possessiv- oder Personalpronomen vorliegt: σου (enkl), σοί.

II Syntax

7 Syntax des griechischen Konjunktivs

Die Grundbedeutung des griech. Konjunktiv ist entweder **voluntativ** (zur Bezeichnung eines Wollens) oder **prospektiv** (zur Bezeichnung einer nachdrücklichen Erwartung).

Als nichtindikativische Form hat er *keine Zeitbedeutung*. Das Tempus drückt jedoch den jeweiligen Aspekt aus.

Bei der Übersetzung muss zuerst geklärt werden, ob der Konj in einem Haupt- oder in einem Nebensatz steht. Die Bezeichnungen HS 1, HS 2 usw. dienen lediglich der Numerierung.

7.1 Der Konjunktiv im Hauptsatz (HS)

| HS 1: Adhortativer Konjunktiv (Aufforderung): |

Diese Art Konj ist nur in der 1.Pers möglich. Sie dient der Selbstaufforderung.

1. Pers Pl. ⇒ Lasst uns ... ! / Wir wollen ... !
Evt. mit Aufforderungspartikel δεῦτε oder ἄφετε

    ὡς ἐν ἡμέρᾳ εὐσχημόνως περιπατήσωμεν.   Lasst uns wie am Tag anständig leben! Rö 13,13

1. Pers Sg. (immer) mit Aufforderungspartikel δεῦρο oder ἄφες ⇒ Komm, ich will ... ! / Lass mich .. !

    ἄφες ἐκβάλω τὸ κάρφος ἐκ τοῦ ὀφθαλμοῦ σου.
    Lass mich den Splitter aus deinem Auge herausziehen! Mt 7,4

| HS 2: Prohibitiver Konjunktiv (Verbot): |

Im Aor wird ein negiertes Gebot (mit μή) immer mit dem Konj verbunden. Es gibt keinen negativen Aor Imp. Öfter steht im NT noch etwas wie βλέπετε oder ὁρᾶτε (seht zu, dass...) als Verstärkung dabei.

    μὴ νομίσητε Meint nicht! Mt 5,17

| HS 3: Dubitativer Konjunktiv (zweifelnd): |

Dieser Konjunktiv steht in überlegenden (deliberativen) oder zweifelnden (dubitativen) Fragen (meist in der 1.Pers.). In der Übersetzung muss ein „sollen wir...?" oder etwas ähnliches ergänzt werden.

    τί οὖν ποιήσωμεν;   Was also sollen wir tun? Lk 3,10

| HS 4 (auch im NS): οὐ μή + Konj |

Der Konj mit οὐ μή bezeichnet die stärkste mögliche Verneinung zukünftigen Geschehens. In der Übersetzung muss ein „gewiss nicht (nie) ... / keinesfalls ... / nimmermehr" eingefügt werden.
οὐ μή steht immer zusammen, verwechseln Sie es bitte nicht mit der doppelten Negation (Lekt 8)!

οἱ δὲ λόγοι μου οὐ μὴ παρέλθωσιν.   Meine Worte werden gewiss nie vergehen
Mt 24,35

7.2 Der Konjunktiv im Nebensatz (NS):

| NS 1: ἵνα + Konj |

Die im NT wohl häufigste Verwendungsart des Konj ist die zusammen mit ἵνα. Diese Partikel kann in ihrer Bedeutung grundsätzlich dreifach gefärbt sein. In einer ersten Übersetzung wird man wohl mit „damit" übersetzen.

a) final: damit / um zu

ἵνα καταισχύνῃ τοὺς σοφούς   ..., damit er die Weisen zuschanden mache
1K 1,27

b) konsekutiv: so dass

ἵνα καταισχύνῃ τοὺς σοφούς   ..., so dass er die Weisen zuschanden macht
1K 1,27

c) begehrend: dass

ἵνα προφητεύητε   ..., dass ihr doch prophetisch redet 1K 14,5

| NS 2: ὅπως + Konj |

Die Partikel ὅπως hat mit dem Konj zwei grundsätzliche Bedeutungsnuancen.

a) final: damit

ὅπως μὴ καυχήσηται πᾶσα σάρξ   ..., damit sich kein Fleisch rühme 1K 1,29

b) begehrend: dass

ὅπως λάβωσιν πνεῦμα ἅγιον   ..., dass sie den Heiligen Geist empfangen
Apg 8,15

| NS 3: Ausdruck einer Befürchtung oder Besorgnis: |

Aus der prospektiven Grundbedeutung ist der Konj zum Ausdruck einer Befürchtung oder einer Besorgnis entstanden. Zusammen mit den Partikeln μήποτε (= temporal) und μήπως (= modal) wird diese Bedeutung besonders deutlich. Es kann aber auch nur der Konjunktiv mit der Negation μή verwendet werden.

a) temporal: μήποτε + Konj = damit nicht irgendwann... / damit nicht einmal... / dass nicht etwa ...

μήποτε καὶ θεομάχοι εὑρεθῆτε.   ..., damit ihr nicht irgendwann als gegen Gott kämpfend erfunden werdet. Apg 5,39

b) **modal**: μήπως (auch: μή πως) + Konj = damit nicht irgendwie ... / damit nicht etwa ... / dass vielleicht ...

μήπως ἄλλοις κηρύξας αὐτὸς ἀδόκιμος γένωμαι.
..., damit ich nicht etwa, während ich anderen predige, selbst untauglich sei 1Kor 9,27

c) **temporal oder modal**, zum Ausdruck einer Besorgnis, dass etwas geschehen könnte; μή + Konj = dass nicht etwa ... / dass nicht...

... καὶ μὴ ὅλον τὸ σῶμά σου βληθῇ εἰς γέενναν.
... und dass nicht etwa dein ganzer Leib in die Gehenna geworfen werde. Mt 5,29

| NS 4: φοβέομαι μή + Konj: |

Dieser Konj ist auf die Verwendung mit dem negierten Verb φοβέομαι beschränkt. Er dient zum Ausdruck einer Besorgnis oder einer Befürchtung, dass etwas geschieht. Die Übersetzung ist positiv mit einem durch „..., dass" eingeleiteten NS (μή wird nicht übersetzt).

... φοβούμενοι, μὴ εἰς τὴν Σύρτιν ἐκπέσωσιν   ... weil sie fürchteten, dass sie in die Syrte geraten könnten. Apg 27,17

(Ganz wörtlich wäre etwa zu übersetzen: „sie fürchten, nicht wollen sie in die Syrte geraten!")

| NS 5: Konjunktiv mit ἄν |

Die **Partikel ἄν** ist dem Griechischen eigentümlich und kann nicht übersetzt werden. Sie zeigt an, dass ein Satzinhalt an eine Bedingung geknüpft ist. In Verbindung mit dem Konj zeigt sie an, dass ein Konditional-, ein Temporal- oder ein Relativsatz vorliegt.

ἄν kann mit anderen Partikeln verschmelzen: ἐάν (< εἰ + ἄν); ὅταν (< ὅτε + ἄν); κἄν (< καὶ + ἄν);

a) **konditional**, nur prospektiv: ἐάν / ἄν   wenn (wie zu erwarten ist) ...

ἐὰν θέλῃς δύνασαί με καθαρίσαι.   Wenn du willst (was zu erwarten ist), kannst du mich rein machen. Mk 1,40

b) **temporal**:   ὅταν

prospektiv: wenn (wie zu erwarten ist) ...
... ὅταν ἴδητε ταῦτα γινόμενα, γινώσκετε ὅτι ...
..., wenn ihr seht, dass diese Dinge kommen (es ist zu erwarten, dass ihr das sehen werdet), erkennt ihr, dass ... Mk 13,29

iterativ: immer wenn ... / sooft als ...

ὅταν οὖν ποιῇς ἐλεημοσύνην ...   Immer also, wenn du Almosen gibst... Mt 6,2

c) **temporal**, nur prospektiv: ἕως ἄν   solange bis (wie zu erwarten ist) ... / während ...

... καὶ ἴσθι ἐκεῖ ἕως ἂν εἴπω σοι.   ... und bleibe dort, solange bis ich es dir sage. Mt 2,13

d) temporal, nur prospektiv: ὡς ἄν (selten im NT) sobald (wie zu erwarten ist) ... / wenn

... ὡς ἂν πορεύωμαι εἰς τὴν Σπανίαν ... ... sobald ich nach Spanien gehe
Rö 15,24

e) relativ: ὃς ἐάν / ὃς ἄν / ὅστις ἐάν / ὅστις ἄν oder blosses ὅστις oder ὅς + Konj

prospektiv: wer (wie zu erwarten ist) ...

..., ὃς ἂν μὴ δέξηται τὴν βασιλείαν τοῦ θεοῦ ὡς παιδίον ...
..., wer das Königreich Gottes nicht annimmt wie ein Kind ... Mk 10,15

iterativ: wer immer ...

ὅ τι ἂν λέγῃ ὑμῖν ποιήσατε. Was immer er euch sagt, tut es! Joh 2,5

8 Syntax des Possessivpronomens

Einige einfache Regeln sind in bezug auf die syntaktische Verwendung des Possessivpronomens zu merken.

> a) Das Possessivpronomen steht in attributiver Wortstellung beim Substantiv mit Artikel.

Zwischen Artikel und Nomen:
πῶς τοῖς ἐμοῖς ῥήμασι πιστεύσετε; Wie werdet ihr *meinen* Worten glauben?
Joh 5,47

Nachgestellt, mit wiederholtem Artikel:
ἵνα ποιῶ τὸ θέλημα τὸ ἐμόν. Damit ich *meinen* Willen tue. Joh 6,38

> b) Das Possessivpronomen bezeichnet gegenüber dem Genitiv des Personalpronomens ein stark betontes Besitzverhältnis.

Betont:
ὁ λόγος ὁ ἐμὸς οὐ χωρεῖ ἐν ὑμῖν *Mein* Wort hat keinen Raum in euch. Joh 8,37

Unbetont:
ὁ μὴ ἀγαπῶν με τοὺς λόγους μου οὐ τηρεῖ. Wer mich nicht liebt, wird meine Worte nicht bewahren. Joh 14,24

9 Infinitiv (od. AcI) mit Artikel und Präposition

Eine weitere, sehr häufige Verwendungsmöglichkeit des substantivierten Infinitivs (mit Artikel) ist die Verbindung mit einer Präposition. Der Artikel setzt den Infinitiv jeweils in den Kasus, den die Präposition verlangt. In den meisten Fällen im NT handelt es sich um einen AcI mit Präposition und Artikel und nur relativ selten um einen blossen Infinitiv mit Artikel und Präposition.

Lektion 12 155

Diese Konstruktion bildet im Satzbau immer ein Adverbiale. Je nach Präposition und Tempus des Inf können temporale, modale, kausale, finale oder konsekutive Adverbiale gebildet werden.

Die Präposition nimmt in dieser Konstruktion z.T. eine etwas andere Bedeutung an, als sie sie sonst hat. Am besten prägt man sich diese wie eine neue Vokabel ein. In der deutschen Übersetzung bildet sie dann eine Konjunktion als Einleitung des NS.

9.1 Übersicht über die häufigsten Präpositionen mit Inf u. Art

Präposition	Bedeutung der Präp	NS-Konjunktion	adv Bedeutung
πρό + Gen	vor	bevor, ehe	temporal
ἐν + Dat	während, bei	während (+ Inf Präs)	temporal
		als, nachdem (+ Inf Aor)	temporal
	mit, durch	indem, dadurch dass	modal
διά + Akk	wegen	weil	kausal
εἰς + Akk	zu	um zu, damit	final
		so dass	konsekutiv
μετά + Akk	nach	nachdem	temporal
πρός + Akk	zu	um zu, damit	final
		so dass	konsekutiv

Beispiel:

      P [tempAdv   (adv Best des Ortes)]   S
καὶ ἐγένετο ἐν τῷ εἶναι αὐτὸν ἐν μιᾷ τῶν πόλεων καὶ ἰδοὺ ἀνὴρ ...

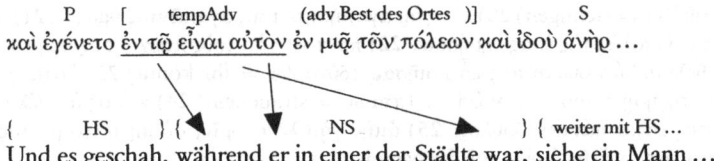

{   HS   } {   NS   } { weiter mit HS ...
Und es geschah, während er in einer der Städte war, siehe ein Mann ...

Hier ist ein klassischer AcI zu erkennen. Die Präposition ἐν wird in der Übersetzung zur NS-Einleitung „während"; der Inf wird zum Prädikat des NS (in der Zeit dem HS angeglichen) und der Akk αὐτόν wird als Personalpronomen zum Subjekt des deutschen NS. Der Artikel τῷ wird nicht übersetzt, denn er dient lediglich dazu, den Inf in den Dativ (von ἐν verlangt) zu setzen.

Um sich die verschiedenen Präpositionen in dieser Verwendungsart zu merken, sind nachfolgend Beispiele konstruiert. Alle mit demselben Verb ἔρχομαι.

πρὸ τοῦ ἐλθεῖν αὐτόν	bevor er kam (tempA)
ἐν τῷ ἔρχεσθαι αὐτόν	während er kommt (tempA) / indem er kommt (modA)
ἐν τῷ ἐλθεῖν αὐτόν	als er kam (tempA)
διὰ τὸ ἐλθεῖν αὐτόν	weil er kommt (kauA)

εἰς τὸ ἐλθεῖν αὐτόν   damit er kommt (finA) / so dass er kommt (konsA)
μετὰ τὸ ἐλθεῖν αὐτόν   nachdem er kommt (tempA)
πρὸς τὸ ἐλθεῖν αὐτόν   damit er kommt (finA) / so dass er kommt (konsA)

III Übungen

1. Formen des Konjunktivs
Bitte bestimmen Sie folgende Formen und geben Sie die Grundform an!
ἀποκτείνωμεν – γρηγορήσῃς – γρηγορῶμεν – δικαιωθῶμεν – θελήσω – θέλῃς – θελήσῃ – ἔλθῃ – ἔλθω – ἐλεῶ – ἰάσωμαι – μνημονεύητε – περιβαλώμεθα – σχῶ – γένηται – εἴπῃ – λαλῶσιν – λαλήσω – λέγωσι – ἀποθάνῃ – προσκαρτερῇ – διψῶ – θλίβωσιν

2. Konjunktiv
Bitte übersetzen Sie folgende Ausdrücke und bestimmen Sie die Verwendungsart des Konjunktivs!
1) ἐγείρεσθε, ἄγωμεν ἐντεῦθεν. 2) ἄφετε ἴδωμεν εἰ ἔρχεται Ἠλίας. 3) δεῦτε ἀποκτείνωμεν αὐτόν. 4) μὴ καθεύδωμεν ὡς οἱ λοιποὶ ἀλλὰ γρηγορῶμεν καὶ νήφωμεν. (νήφω = nüchtern sein) 5) βλέπετε, μή τις ὑμᾶς πλανήσῃ. 6) μὴ φονεύσῃς, μὴ μοιχεύσῃς ... 7) τί φάγωμεν; ἢ τί πίωμεν; ἢ τί περιβαλώμεθα; 8) ἀπελθόντες ἀγοράσωμεν ...; (ἀγοράσωμεν < *ἀγοράζ-σωμεν) 9) ... καὶ οὐδὲν ὑμᾶς οὐ μὴ ἀδικήσῃ. 10) ἀμὴν λέγω ὑμῖν ὅτι οὐ μὴ παρέλθῃ ἡ γενεὰ αὕτη ... 11) ... ἵνα πληρωθῶσιν αἱ γραφαὶ τῶν προφητῶν. 12) ... ἵνα δὲ εἰδῆτε ὅτι ... (εἰδῆτε Konj 2.Pl wissen) 13) καὶ ἐποίησεν δώδεκα ... ἵνα ὦσιν μετ' αὐτοῦ. 14) ... ὅπως γένησθε υἱοὶ τοῦ πατρὸς ὑμῶν τοῦ ἐν οὐρανοῖς. 15) ὅπως ἂν δικαιωθῇς ἐν τοῖς λόγοις σου ... 16) ... μήποτε ἐκλυθῶσιν ἐν τῇ ὁδῷ. (ἐκλύω = ermatten) 17) ... μή πως ἐπείρασεν ὑμᾶς ὁ πειράζων καὶ εἰς κενὸν γένηται ὁ κόπος ἡμῶν. (ἐπείρασεν < *ἐπείρα-ζ-σεν) 18) ὥστε ὁ δοκῶν ἑστάναι βλεπέτω μὴ πέσῃ. (ἑστάναι = Inf stehen) 19) ... ἦγεν αὐτοὺς οὐ μετὰ βίας, ἐφοβοῦντο γὰρ τὸν λαὸν μὴ λιθασθῶσιν. (ἡ βία = die Gewalt; λιθασθῶσιν < *λιθαζ-θῶσιν, λιθάζω = steinigen) 20) ἐὰν γὰρ ἀγαπήσητε τοὺς ἀγαπῶντας ὑμᾶς ... 21) ἐὰν ἀγαπᾶτέ με, τὰς ἐντολὰς τὰς ἐμὰς τηρήσετε. 22) πάντοτε γὰρ τοὺς πτωχοὺς ἔχετε μεθ' ἑαυτῶν καὶ ὅταν θέλητε δύνασθε αὐτοῖς εὖ ποιῆσαι. (δύνασθε = ihr könnt) 23) ὅστις γὰρ ὅλον τὸν νόμον τηρήσῃ πταίσῃ δὲ ἐν ἑνί ... (πταίω = straucheln) 24) καὶ ὃς ἂν θέλῃ ἐν ὑμῖν εἶναι πρῶτος ἔσται πάντων δοῦλος. 25) ἀμὴν γὰρ λέγω ὑμῖν, οὐ μὴ τελέσητε τὰς πόλεις τοῦ Ἰσραὴλ ἕως ἂν ἔλθῃ ὁ υἱὸς τοῦ ἀνθρώπου.

3. Possessivpronomina
Bitte übersetzen Sie folgende Ausdrücke und achten Sie dabei auf die Betonung!
1) εἰς τὴν ἐμὴν ἀνάμνησιν (ἡ ἀνάμνησις, -εως = die Erinnerung) 2) ἡ κρίσις ἡ ἐμὴ δικαία ἐστίν. 3) μὴ τὸ θέλημά μου ἀλλὰ τὸ σὸν γινέσθω. 4) ὁ λόγος ὁ ἐμός 5) καὶ τῷ σῷ ὀνόματι δαιμόνια ἐξεβάλομεν. 6) οὐκ ἐστὲ ἐκ τῶν προβάτων τῶν ἐμῶν. 7) καὶ τὰ ἐμὰ πάντα σά ἐστιν καὶ τὰ σὰ ἐμά. 8) ὑμῶν καὶ τοῦ ἐμοῦ πνεύματος 9) ὑμετέρα ἐστὶν ἡ βασιλεία τοῦ θεοῦ. 10) τὸ ὑμέτερον 11) ἡ κοινωνία δὲ ἡ ἡμετέρα 12) κοινωνὸς ἐμός 13) ἵνα ἀκούω τὰ ἐμὰ τέκνα 14) τὴν ὑμετέραν καύχησιν 15) κατὰ τὸν ἡμέτερον νόμον

4. Infinitiv mit Artikel und Präposition
Bitte übersetzen Sie folgende Ausdrücke und bestimmen Sie die Art des Adverbiales!
1) διὰ τὸ καλῶς οἰκοδομῆσθαι αὐτήν (= ἡ οἰκία). (οἰκοδομῆσθαι = Pf Inf Pass οἰκοδομέω bauen) 2) πᾶς ὁ βλέπων γυναῖκα πρὸς τὸ ἐπιθυμῆσαι αὐτὴν ... 3) ἐν τῷ ἀκούειν αὐτοὺς καὶ βλέπειν τὰ σημεῖα ... 4) πρὸ τοῦ ὑμᾶς αἰτῆσαι αὐτόν ... 5) διὰ τὸ μὴ ἔχειν ῥίζαν

6) εἰς τὸ περισσεύειν ὑμᾶς 7) ἐγένετο δὲ ἐν τῷ τὸν Ἀπολλῶ εἶναι ἐν Κορίνθῳ ... 8) πρὸ τοῦ με πάσχειν 9) ὁ ... κύριος ... μετὰ τὸ λαλῆσαι αὐτοῖς 10) διὰ τὸ εἶναι αὐτὸν ἐξ οἴκου ... Δαυίδ 11) ἐν τῷ βαπτισθῆναι ἅπαντα τὸν λαὸν ... (βαπτισθῆναι < *βαπτι-ζ-θῆναι) 12) εἰς τὸ γενέσθαι αὐτὸν πατέρα πολλῶν ἐθνῶν 13) μετὰ δὲ τὸ ἐγερθῆναί με (ἐγερθῆναι = Aor Inf pass ἐγείρω) 14) ... εἰς τὸ μηκέτι ἀνθρώπων ἐπιθυμίαις ἀλλὰ θελήματι θεοῦ τὸν ἐπίλοιπον ἐν σαρκὶ βιῶσαι χρόνον (ἐπίλοιπος, -ον = übrig; βιόω = leben) 15) καὶ διὰ τοῦτο πέμπει αὐτοῖς ὁ θεὸς ἐνέργειαν πλάνης εἰς τὸ πιστεῦσαι αὐτοὺς τῷ ψεύδει. (ἡ ἐνέργεια = die Kraft, Wirksamkeit)

5. Übungssätze

1) εἰ ζῶμεν πνεύματι, πνεύματι καὶ στοιχῶμεν. μὴ γινώμεθα κενόδοξοι, ἀλλήλους προκαλούμενοι, ἀλλήλοις φθονοῦντες. (στοιχέω = in Einklang stehen; κενόδοξος, -ον = prahlerisch; προκαλέομαι = herausfordern; φθονέω = beneiden) 2) εἴ τις πεινᾷ, ἐν οἴκῳ ἐσθιέτω, ἵνα μὴ εἰς κρίμα συνέρχησθε. τὰ δὲ λοιπὰ ὡς ἂν ἔλθω διατάξομαι. (διατάξομαι = ich werde anordnen) 3) μανθανέτωσαν δὲ καὶ οἱ ἡμέτεροι καλῶν ἔργων προΐστασθαι εἰς τὰς ἀναγκαίας χρείας, ἵνα μὴ ὦσιν ἄκαρποι. (προΐστασθαι = Inf Aor; + Gen = an die Spitze von etwas treten; ἀναγκαῖος, -α, ον = notwendig; ἄκαρπος, -ον = unfruchtbar) 4) τί δὲ βλέπεις τὸ κάρφος τὸ ἐν τῷ ὀφθαλμῷ τοῦ ἀδελφοῦ σου, τὴν δὲ ἐν τῷ σῷ ὀφθαλμῷ δοκὸν οὐ κατανοεῖς; (τὸ κάρφος = der Splitter; ἡ δοκός, -οῦ = Balken) 5) μνημονεύετε τοῦ λόγου οὗ ἐγὼ εἶπον ὑμῖν, οὐκ ἔστιν δοῦλος μείζων τοῦ κυρίου αὐτοῦ. εἰ ἐμὲ ἐδίωξαν, καὶ ὑμᾶς διώξουσιν· εἰ τὸν λόγον μου ἐτήρησαν, καὶ τὸν ὑμέτερον τηρήσουσιν. (ἐδίωξαν < *ἐδίω-κ-σαν; διώξουσιν < *διώ-κ-σουσιν;) 6) διὸ παρακαλῶ ὑμᾶς μεταλαβεῖν τροφῆς· τοῦτο γὰρ πρὸς τῆς ὑμετέρας σωτηρίας ὑπάρχει. (διό = deshalb; μεταλαμβάνω = erhalten, zu sich nehmen; πρός + Gen zum Vorteil für;) 7) προσέχετε δὲ τὴν δικαιοσύνην ὑμῶν μὴ ποιεῖν ἔμπροσθεν τῶν ἀνθρώπων πρὸς τὸ θεαθῆναι αὐτοῖς. 8) πορευθέντες δὲ μάθετε τί ἐστιν, ἔλεος θέλω καὶ οὐ θυσίαν· οὐ γὰρ ἦλθον καλέσαι δικαίους ἀλλὰ ἁμαρτωλούς. 9) ὁ δὲ θεὸς τῆς ὑπομονῆς καὶ τῆς παρακλήσεως δῴη ὑμῖν τὸ αὐτὸ φρονεῖν ἐν ἀλλήλοις κατὰ Χριστὸν Ἰησοῦν, ἵνα ὁμοθυμαδὸν ἐν ἑνὶ στόματι δοξάζητε τὸν θεὸν καὶ πατέρα τοῦ κυρίου ἡμῶν Ἰησοῦ Χριστοῦ. (δῴη = er gebe;) 10) ἦλθεν γὰρ Ἰωάννης μήτε ἐσθίων μήτε πίνων, καὶ λέγουσιν, δαιμόνιον ἔχει. ἦλθεν ὁ υἱὸς τοῦ ἀνθρώπου ἐσθίων καὶ πίνων, καὶ λέγουσιν, ἰδοὺ ἄνθρωπος φάγος καὶ οἰνοπότης, τελωνῶν φίλος καὶ ἁμαρτωλῶν. καὶ ἐδικαιώθη ἡ σοφία ἀπὸ τῶν ἔργων αὐτῆς. (ὁ φάγος = der Fresser, Vielfrass; ὁ οἰνοπότης = der Weintrinker, Säufer) 11) οὐ πεινάσουσιν ἔτι οὐδὲ διψήσουσιν ἔτι οὐδὲ μὴ πέσῃ ἐπ᾽ αὐτοὺς ὁ ἥλιος οὐδὲ πᾶν καῦμα. (τὸ καῦμα, -ατος = die Glut, Hitze) 12) μὴ οὖν μεριμνήσητε εἰς τὴν αὔριον, ἡ γὰρ αὔριον μεριμνήσει ἑαυτῆς· ἀρκετὸν τῇ ἡμέρᾳ ἡ κακία αὐτῆς. (ἀρκετός, -ον = genügend, hinreichend) 13) καὶ εἶπεν τοῖς μαθηταῖς αὐτοῦ ἵνα πλοιάριον προσκαρτερῇ αὐτῷ διὰ τὸν ὄχλον ἵνα μὴ θλίβωσιν αὐτόν. (τὸ πλοιάριον = das kleine Schiff, Boot) 14) ... εἰς τὸ παρακαλέσαι ἡμᾶς Τίτον, ἵνα ... ἐπιτελέσῃ εἰς ὑμᾶς καὶ τὴν χάριν ταύτην.

6. Lektüre Lk 17,11–19: Heilung der zehn Aussätzigen

11 καὶ ἐγένετο ἐν τῷ πορεύεσθαι εἰς Ἰερουσαλὴμ καὶ αὐτὸς διήρχετο διὰ μέσον Σαμαρείας καὶ Γαλιλαίας. 12 καὶ εἰσερχομένου αὐτοῦ εἴς τινα κώμην ἀπήντησαν[1] αὐτῷ δέκα λεπροὶ[2] ἄνδρες, οἳ ἔστησαν[3] πόρρωθεν[4] 13 καὶ αὐτοὶ ἦραν φωνὴν λέγοντες, Ἰησοῦ ἐπιστάτα[5],

---

[1] ἀπαντάω = entgegenkommen
[2] λεπρός, -ά, -όν = aussätzig
[3] ἔστησαν = sie standen
[4] πόρρωθεν = Adv, von ferne

ἐλέησον ἡμᾶς. 14 καὶ ἰδὼν εἶπεν αὐτοῖς, πορευθέντες ἐπιδείξατε⁶ ἑαυτοὺς τοῖς ἱερεῦσιν. καὶ ἐγένετο ἐν τῷ ὑπάγειν αὐτοὺς ἐκαθαρίσθησαν⁷. 15 εἷς δὲ ἐξ αὐτῶν, ἰδὼν ὅτι ἰάθη, ὑπέστρεψεν⁸ μετὰ φωνῆς μεγάλης δοξάζων τὸν θεὸν, 16 καὶ ἔπεσεν ἐπὶ πρόσωπον παρὰ τοὺς πόδας αὐτοῦ εὐχαριστῶν αὐτῷ· καὶ αὐτὸς ἦν Σαμαρίτης. 17 ἀποκρίθεις δὲ ὁ Ἰησοῦς εἶπεν, οὐχὶ οἱ δέκα ἐκαθαρίσθησαν; οἱ δὲ ἐννέα⁹ ποῦ; 18 οὐχ εὑρέθησαν ὑποστρέψαντες¹⁰ δοῦναι¹¹ δόξαν τῷ θεῷ εἰ μὴ ὁ ἀλλογενὴς¹² οὗτος; 19 καὶ εἶπεν αὐτῷ, ἀναστὰς¹³ πορεύου· ἡ πίστις σου σέσωκέν¹⁴ σε.

---

⁵ ὁ ἐπιστάτης, -ου = der Meister
⁶ ἐπιδείξατε = Imp Aor 2.Pl zeigt euch!
⁷ ἐκαθαρίσθησαν < *ἐκαθαρί-ζ-θησαν
⁸ ὑπέστρεψεν < *ὑπέστρε-φ-σεν
⁹ ἐννέα = neun (Numerale)
¹⁰ ὑποστρέψαντες < *ὑποστρέ-φ-σαντες
¹¹ δοῦναι = Aor Inf geben
¹² ἀλλογενής = aus anderem Volke stammend
¹³ ἀναστάς = Aor Part N Sg Mask = nachdem du aufgestanden bist ...
¹⁴ σέσωκεν = Pf 3.Sg σῴζω = er, sie, es hat gerettet

LEKTION 13

I Morphologie

1 Das schwache Perfekt

Als letztes Tempus des Griechischen wird in dieser Lektion das Perfekt (Pf) eingeführt. Ähnlich dem Präsens weist diese Zeitform ebenfalls einen Nebentempus auf: das Plusquamperfekt. Dieses soll aber an späterer Stelle gesondert behandelt werden.
Wie der Titel schon vermuten lässt, werden wir zu einem späteren Zeitpunkt neben dem schwachen Perfekt, ähnlich dem Aorist, auch ein starkes Perfekt kennenlernen.
Nun zur Bildung des Perfekts: Wie wir uns das bereits gewohnt sind, bleibt bei der regelmässigen Bildung eines Tempus der Verbalstamm möglichst erhalten. Zu diesem treten jeweils als Affixe gewisse Bildungselemente.

> Das Perfekt weist als Präfix die Reduplikation und als Suffix eigene Personalendungen auf.

In einem ersten Schritt richten wir unser Augenmerk vorallem auf die Endungen. Die Reduplikation folgt unter Punkt 3.

1.1 Paradigma des schwachen Perfekts Akt

	Pf Ind Akt	*Endungen*	*Übersetzung*
1. Sg	πε-πίστευ-κα	-κα	ich habe geglaubt
2.	πε-πίστευ-κα-ς	-κα-ς	du hast geglaubt
3.	πε-πίστευ-κε-(ν)	-κε-(ν)	er, sie, es hat geglaubt
1. Pl	πε-πιστεύ-κα-μεν	-κα-μεν	wir haben geglaubt
2.	πε-πιστεύ-κα-τε	-κα-τε	ihr habt geglaubt
3.	πε-πιστεύ-κα-σι(ν)	-κα-σι(ν)	sie haben geglaubt
	od: πε-πίστευ-κα-ν	-κα-ν	

Inf	πε-πιστευ-κέ-ναι	-κέ-ναι	geglaubt haben

1.1.1 Anmerkungen

a) Das schwache Perfekt besitzt die Bildesilbe -κα. Daran werden dieselben Personalendungen wie die des schwachen Aorists Akt angefügt.
Die Endung der 3. Pl entstand aus < *-κα-ντι, welches zu *-κα-νσι wurde, wobei ν unter Ersatzdehnung (langes α) ausfiel.
Die Koine und das NT weisen z.T. die Endung -καν in der 3. Pl. auf, welche Analogiebildung zum Aorist ist.

b) Die 3. Sg und die 3. Pl haben bewegliches ν.

c) Bei der Übersetzung mit deutschem Pf handelt es sich hier immer um eine Hilfsübersetzung. Das griechische Pf ist ein Gegenwartstempus (vgl. die Syntax in dieser Lektion).

πεπίστευκα = „ich bin zum Glauben gekommen und glaube jetzt"

1.2 Paradigma des schwachen Perfekts M/P

Das Perfekt bildet, genau wie das Präsens, keine eigenen Passivendungen. Die Formen des Mediums und des Passivs fallen somit zusammen.

	Pf Ind M/P	*Endungen*	*Übersetzung*
1. Sg	πε-πίστευ-μαι	-μαι	ich habe für mich geglaubt / mir ist geglaubt worden
2.	πε-πίστευ-σαι	-σαι	du ...
3.	πε-πίστευ-ται	-ται	er, sie, es ...
1. Pl	πε-πιστεύ-μεθα	-μεθα	wir ...
2.	πε-πίστευ-σθε	-σθε	ihr ...
3.	πε-πίστευ-νται	-νται	sie ...

| Inf | πε-πιστεῦ-σθαι | -σθαι | für sich glauben / geglaubt werden |

1.2.1 Anmerkungen

a) Beim Pf M/P werden dieselben Endungen wie im Präsens M/P verwendet, nur dass diese hier athematisch an den Stamm gefügt werden. In der 2. Sg erscheint das ursprüngliche -σαι (im Präs unter Wegfall des innervokalischen σ zu ῃ kontrahiert).

b) Der Diphtong -αι in der Endung gilt auch hier durchgehend als kurz.

1.3 Das Perfekt der Verba contracta

Die Verba contracta dehnen auch im Perfekt ihren stammauslautenden Vokal.

  ποιέω ⇒ πεποίη-κα (ich habe getan)

  ἀγαπάω ⇒ ἠγάπη-κα (ich habe geliebt)

  πληρόω ⇒ πεπλήρω-κα (ich habe erfüllt)

2 Das Partizip des schwachen Perfekts

Das Partizip Perfekt wird im NT häufig verwendet. Bis ins Neugriechische wurden seine Formen bewahrt. Das hat seinen Grund vorallem in der häufigen „umschreibenden Konjugation" (vgl. die Syntax in dieser Lektion). Ebenfalls recht häufig sind substantivierte Formen des Part Pf. Z.B. ἡ ἀπολελυμένη wie deutsch (ebenfalls substantiviertes Part Pf!) Geschiedene.

2.1 Paradigma schwaches Part Pf Akt

	Mask.	Fem.	Ntr.
N Sg	πε-πιστευ-κώς	πε-πιστευ-κυῖα	πε-πιστευ-κός
G	πε-πιστευ-κότος	πε-πιστευ-κυίας	πε-πιστευ-κότος
D	πε-πιστευ-κότι	πε-πιστευ-κυίᾳ	πε-πιστευ-κότι
A	πε-πιστευ-κότα	πε-πιστευ-κυῖαν	πε-πιστευ-κός
N Pl	πε-πιστευ-κότες	πε-πιστευ-κυῖαι	πε-πιστευ-κότα
G	πε-πιστευ-κότων	πε-πιστευ-κυιῶν	πε-πιστευ-κότων
D	πε-πιστευ-κόσι(ν)	πε-πιστευ-κυίαις	πε-πιστευ-κόσι(ν)
A	πε-πιστευ-κότας	πε-πιστευ-κυίας	πε-πιστευ-κότα

2.1.1 Anmerkungen

a) In einem ersten Schritt könnte folgendermassen übersetzt werden (das griechische Perfekt ist ein Gegenwartstempus!): πεπιστευκώς einer, der glaubt (= zum Glauben gekommen ist); oder als Part coni: indem ich, du, er glaubt (zum Glauben gekommen ist).

b) Die mask. und ntr. Formen weisen einen Dentalstamm auf (keinen ντ- Stamm wie die übrigen akt Partizipien!), werden also konsonantisch dekliniert. Der Nom wird sigmatisch gebildet, wobei das τ ausgefallen ist. Im Dat Pl fällt der Dental vor dem σ ebenfalls.

c) Die fem. Formen (im NT selten) werden nach α-purum dekliniert.

> Gen und Dat Sg können im NT aber auch mit den Endungen -κυίης und κυίῃ gebildet werden!

2.2 Paradigma schwaches Part Pf M/P

	Mask.	Fem.	Ntr.
N Sg	πε-πιστευ-μένος	πε-πιστευ-μένη	πε-πιστευ-μένον
G	πε-πιστευ-μένου	πε-πιστευ-μένης	πε-πιστευ-μένου
D	πε-πιστευ-μένῳ	πε-πιστευ-μένῃ	πε-πιστευ-μένῳ
A	πε-πιστευ-μένον	πε-πιστευ-μένην	πε-πιστευ-μένον
N Pl	πε-πιστευ-μένοι	πε-πιστευ-μέναι	πε-πιστευ-μένα
G	πε-πιστευ-μένων	πε-πιστευ-μένων	πε-πιστευ-μένων
D	πε-πιστευ-μένοις	πε-πιστευ-μέναις	πε-πιστευ-μένοις
A	πε-πιστευ-μένους	πε-πιστευ-μένας	πε-πιστευ-μένα

2.2.1 Anmerkungen

a) Die Endungen sind durchwegs dieselben wie beim Part Präs M/P, aber sämtlich athematisch an den Stamm angefügt!

b) Übersetzung: πεπιστευμένος = P: einer, dem geglaubt wird („ein Vertrauenswürdiger"); M: einer, der für sich glaubt („ein Vertrauender").

3 Die Reduplikation

Die Reduplikation ist, wie ihr Name schon sagt, eine Verdoppelung. Sie tritt beim Perfektstamm als Präfix vor den entsprechenden Verbalstamm. Die Reduplikation ist ein deutliches Kennzeichen des gesamten Perfektstammes. Man muss sie streng vom Augment (bei Imperfekt und Aorist Ind) unterscheiden. Sie hat **keinerlei Vergangenheitsbedeutung** und tritt im Gegensatz zum Augment **bei allen Verbalformen des Perfekts** in Erscheinung (alle Modi, Partizipien und Infinitive).

Je nach Anlaut eines Verbes im Perfekt, wird die Reduplikation etwas verschieden, aber immer nach festen Regeln gebildet.

3.1 Konsonantisch anlautende Verben

a) Hauptregel der Reduplikation:
Der Anfangskonsonant eines Verbalstammes wird zusammen mit einem ε als Präfix angefügt.

Beispiele:

π̱ιστεύω ⇒ π̱ε-πιστευ-κα (ich habe geglaubt)

λ̱αλέω ⇒ λ̱ε-λάλη-κα (ich habe geredet)

b) Lautet ein Verb mit der Verbindung „**Muta mit Liquida**" an, so wird ebenfalls der erste Konsonant zusammen mit einem ε als Präfix angefügt.

Der Ausdruck „Muta mit Liquida" meint eine Konsonantenverbindung, bei der an erster Stelle eine Muta (β, π, φ, δ, τ, θ, γ, κ, χ) und an zweiter Stelle eine Liquida (λ, μ, ν, ϱ) steht. Also z.B. γϱάφω, κϱατέω, χϱάομαι usw.

Beispiele:

γ̱ϱάφω ⇒ γ̱έ-γϱαφ-α (ich habe geschrieben)

κ̱ϱατέω ⇒ κ̱ε-κϱάτη-κα (ich habe festgehalten)

c) Vor allen anderen Konsonantenverbindungen, vor Zwiekonsonanten (ζ, ξ, ψ) und vor ϱ hat die Reduplikation die gleiche Form wie das Augment.

στϱέφω ⇒ ἔ-στϱοφ-α (ich habe gewendet)

ζητέω ⇒ ἐ-ζήτη-κα (ich habe gesucht)

ϱίπτω ⇒ ἔ-ϱϱιφ-α (ich habe geworfen) → ϱ wird meistens verdoppelt!

d) Lautet ein Verb mit einer Aspirata (θ, φ, χ) an, so wird mit der jeweiligen Tenuis (τ, π, κ) redupliziert.

φανεϱόω ⇒ πε-φανέϱω-κα (ich habe offenbart)

θεϱαπεύω ⇒ τε-θεϱάπευ-κα (ich habe gedient)

3.2 Vokalisch anlautende Verben

Vokalisch (auch mit einem Diphtong) anlautende Verben dehnen den jeweiligen Vokal (wie das Augment).

ἀγαπάω ⇒ ἠ-γάπη-κα (ich habe geliebt)
αἰτέω ⇒ ᾔ-τη-κα (ich habe gebeten)

3.3 Komposita

Bei Komposita wird das jeweilige Simplex redupliziert.

διαμένω ⇒ δια-με-μένηκα (ich habe ausgeharrt)
εὐαρεστέω ⇒ εὐ-η-ρέστη-κα (mir hat gefallen)

3.4 Sonderfälle

a) Attische Reduplikation
Bei der „attischen Reduplikation" treten bei einigen vokalisch anlautenden Verben die beiden ersten Buchstaben vor die temporale (gedehnte) Reduplikation. Wir lernen solche Verben speziell als unregelmässige (im NT nicht häufig).

ἀκούω ⇒ ἀκ-ή-κο-α (ich habe gehört)
ὄμνυμι ⇒ ὀμ-ώ-μο-κα (ich habe geschworen) nur in LXX
ἐγείρομαι ⇒ ἐγ-ή-γερμαι (ich bin aufgewacht)

b) Syllabische und temporale Reduplikation zusammen kommen ebenfalls (selten) vor.

ὁράω ⇒ ἑ-ώ-ρα-κα (ich habe gesehen)
im NT auch mit blosser syllabischer Reduplikation: ἑ-όρακα
ἀνοίγω ⇒ ἀν-έ-ῳ-γα (ich habe geöffnet)
Der Aorist von ἀνοίγω (öffnen) kommt sogar in der folgenden Form vor (neben noch anderen Formen): ἠνέῳξα

c) Die Reduplikation ist nicht nur auf das Perfekt beschränkt, sondern kommt auch bei gewissen Verben im Präsens und Aorist vor.
So weisen z.B. die Verben γί(γ)νομαι (sein), γι(γ)νώσκω (erkennen), διδάσκω (lehren), δίδωμι (geben), μιμνήσκω (erinnern) ua. eine Präsensreduplikation auf.
Der Aorist von ἄγω (führen) verdoppelt seinen Stamm gegenüber dem Präsens: ἤγαγον.

4 DIE STAMMFORMEN

Mit dem Perfekt haben wir das letzte Tempus des griechischen Verbes gelernt. Damit können wir nun die Stammformentabelle vervollständigen. Wir kennen schon einige Stammformen von unregelmässigen Verben, bisher aber bloss im Präsens, im Futur und im Aorist. Die Stammformenreihe ist wichtig um die verschiedenen Tempora zu erkennen und zu bilden. Wenn Sie sie auswendig lernen, so merken Sie sich die einzelnen Formen bitte in der folgenden Reihenfolge: Präsens – Futur Akt – Aorist Akt – Perfekt

Akt – Perfekt Pass – Aorist Pass. Lernen Sie die Stammformen so gut auswendig, dass Sie sie mühelos in einer Reihe aufsagen können.
Werden diese Formen aufgeschrieben, so sieht das folgendermassen aus (mit Pfeilen für die Leserichtung):

Präs ⟶ Fut Akt ⟶ Aor Akt ⟶ Pf Akt ⎫ Bedeutung Stamm
                           Aor Pass ⟵ Pf Pass ⎭

> Auch für die regelmässigen Verben kann man die Stammformen aufschreiben. Versuchen Sie bitte auch diese, jeweils durch ein Beispielverb vertreten, auswendig aufzusagen!

a) Verba vocalia non contracta:

πιστεύω	πιστεύσω	ἐπίστευσα	πεπίστευκα	glauben	πιστευ-
		ἐπιστεύθην	πεπίστευμαι		

b) Verba vocalia contracta:

ποιέω	ποιήσω	ἐποίησα	πεποίηκα	tun, machen	ποιε-
		ἐποιήθην	πεποίημαι		
ἀγαπάω	ἀγαπήσω	ἠγάπησα	ἠγάπηκα	lieben	ἀγαπα-
		ἠγαπήθην	ἠγάπημαι		
πληρόω	πληρώσω	ἐπλήρωσα	πεπλήρωκα	(er)füllen	πληρο-
		ἐπληρώθην	πεπλήρωμαι		

Die unregelmässigen Verben sind schwer einzuprägen und brauchen sehr viel Übung und Repetition. Trotzdem kommen wir nicht darum herum. Bitte lernen Sie die nachfolgende Tabelle nicht auf einmal auswendig, sondern prägen Sie sie sich portionenweise ein.

> Folgende Stammformen der unregelmässigen Verben sind häufig und deshalb wichtig zu lernen!

ἁμαρτάνω	ἁμαρτήσω	ἥμαρτον o. ἡμάρτησα	[ἡμάρτηκα]	sündigen	ἁμαρτ- / ἁμαρτη-
ἀκούω	ἀκούσω	ἤκουσα ἠκούσθην	ἀκήκοα [ἤκουσμαι]	hören	ἀκου- ἀκουσ-
ἀποθνῄσκω	ἀποθανοῦμαι	ἀπέθανον	ἀποτέθνηκα	sterben	θνη- θαν-
γίνομαι	γενήσομαι	ἐγενόμην o. ἐγενήθην	γέγονα o. γεγένημαι	werden, sein geschehen	γιν- γεν-
διδάσκω	διδάξω	ἐδίδαξα ἐδιδάχθην	[δεδίδαχα] [δεδίδαγμαι]	lehren	διδαχ-
ἔρχομαι	ἐλεύσομαι	ἦλθον o. ἦλθα	ἐλήλυθα	gehen, kommen	ἐρχ- / ἐλευθ- ἐλθ- / λυθ-
ἐσθίω	φάγομαι	ἔφαγον	βέβρωκα	essen	ἐσθ- / φαγ- / βρω-

εὑρίσκω	εὑρήσω	εὗρον o. εὗρα εὑρέθην	εὕρηκα [εὕρημαι]	finden		εὑρ- / εὑρη- εὑρε-
ἔχω	ἕξω	ἔσχον	ἔσχηκα	haben, halten		σεχ > ἐχ- ἐχ- / σχ-
καλέω	καλέσω	ἐκάλεσα ἐκλήθην	κέκληκα κέκλημαι	rufen		καλε- κλη-
λαμβάνω	λήμψομαι	ἔλαβον ἐλήμφθην	εἴληφα εἴλημμαι	nehmen		λαβ- ληβ-
λέγω	ἐρῶ	εἶπον o. εἶπα ἐρρέθην o. ἐλέχθην	εἴρηκα εἴρημαι	reden		λεγ- / ϝειπ- ϝερ- / ϝρη-
ὁράω	ὄψομαι	εἶδον o. -α ὤφθην	ἑώρακα o. ἑόρακα [ἑόραμαι]	sehen		ὁρα- / ὀπ- ἰδ-
πάσχω	πείσομαι o. παθοῦμαι	ἔπαθον	πέπονθα	leiden		παθ- / πενθ-
πίπτω	πεσοῦμαι	ἔπεσον o. ἔπεσα	πέπτωκα	fallen		πετ- / πεσ- πτω-
σῴζω	σώσω	ἔσωσα ἐσώθην	σέσωκα σέσῳσμαι	retten, bewahren		σῳδ- / σω-
φέρω	οἴσω	ἤνεγκον o. -κα ἠνέχθην	[ἐνήνοχα] [ἐνήνεγμαι]	bringen		φερ- / οἰ- ἐνεγκ- / ἐνεκ-
φεύγω	φεύξομαι	ἔφυγον	πέφευγα	fliehen		φευγ- / φυγ-
χαίρω	χαρήσομαι	ἐχάρην	[κεχάρηκα]	sich freuen		χαρ-

5 Übrige Formen des Perfekts

5.1 Der Konjunktiv des Perfekts

Der im NT nicht allzu häufig erscheinende Konjunktiv des Perfekts hat keine eigenen Formen. Er wird recht einfach aus dem Konjunktiv von εἰμί und einem Partizip Perfekt gebildet. Die Person wird jeweils durch εἰμί im Konj angegeben, das Part steht im Nominativ und passt sich lediglich im Numerus an.

Nachfolgend werden nur die maskulinen Formen aufgeführt.

5.1.1 Paradigma Konj Pf Akt

	Pf Konj Akt	Übersetzung
1. Sg	πεπιστευκὼς ὦ	(damit) ich gläubig sei
2.	πεπιστευκὼς ᾖς	(damit) du gläubig seist
3.	πεπιστευκὼς ᾖ	(damit) er, sie, es gläubig sei
1. Pl	πεπιστευκότες ὦμεν	(damit) wir gläubig seien
2.	πεπιστευκότες ἦτε	(damit) ihr gläubig seit
3.	πεπιστευκότες ὦσι(ν)	(damit) sie gläubig seien

5.1.2 Paradigma Konj Pf M/P

	Pf Konj M/P	Übersetzung
1. Sg	πεπιστευμένος ὦ	M: (damit) ich für mich gläubig sei / P: (damit) ich gläubig geworden sei
2.	πεπιστευμένος ᾖς	M: (damit) du für dich gläubig seist / P: (damit) du gläubig geworden seist
3.	πεπιστευμένος ᾖ	M: (damit) er, sie, für sich gläubig sei / P: (damit) er, sie, es gläubig geworden sei
1. Pl	πεπιστευμένοι ὦμεν	M: (damit) wir für uns gläubig seien / P: (damit) wir gläubig geworden seien
2.	πεπιστευμένοι ἦτε	M: (damit) ihr für euch gläubig seit / P: (damit) ihr gläubig geworden seit
3.	πεπιστευμένοι ὦσι(ν)	M: (damit) sie für sich gläubig seien / P: (damit) sie gläubig geworden seien

5.2 Perfekt Imperativ

Der Imperativ des Perfekts existiert nur für die medio-passiven Formen. Im NT sind solche Imperative allerdings äusserst selten und nur im Passiv belegt. Die 3. Person fehlt im NT ganz. Die Formen lauten wie folgt:

5.2.1 Paradigma Imp Pf M/P

	Pf Imp M/P	Übersetzung
2. Sg	πεπίστευ-σο	sei gläubig!
3.	[πεπιστεύ-σθω]	–
2. Pl	πεπίστευ-σθε	seid gläubig!
3.	[πεπιστεύ-σθων od. πεπιστεύ-σθωσαν]	–

II Syntax

6 Der Aspekt des Perfekts

Der Aspekt des Perfekts ist nicht so vielfältig wie der des Präsens oder des Aoristes. Grundsätzlich bezeichnet das griechische Perfekt einen **Zustand**. Dieser Zustand wurde meistens aus einer vorhergehenden Handlung erreicht und stellt somit das **Ergebnis** dieser Handlung dar. Anders ausgedrückt: Das Perfekt besitzt einen **resultativen Aspekt**.

Bei einigen Verben wird durch das Perfekt **bloss der Zustand**, ohne voraufgehende Handlung, ausgedrückt.

Im Indikativ weist das Perfekt zusätzlich zu seinem resultativen Aspekt auch eine Zeitbedeutung auf. Aber bitte Vorsicht! **Das indikativische Perfekt ist ein Gegenwartstempus.** Der erreichte Zustand befindet sich also nicht in der Vergangenheit, sondern dauert gegenwärtig an.

Zu einem späteren Zeitpunkt werden wir das griechische Plusquamperfekt kennenlernen. Es wird von seiner Bedeutung her lediglich das Perfekt in die Vergangenheit setzen. Sein Aspekt ist deshalb derselbe wie der des Perfekts. (Ganz analog zum Präsens mit seinem Nebentempus Imperfekt.)

> **Der resultative Aspekt des Perfekts / Plusquamperfekts:**
> *Es wird ein Resultat einer früher erfolgten Handlung ausgedrückt, die in der Gegenwart weiterbesteht.*
>
>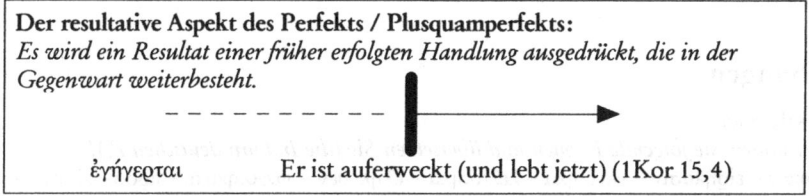
>
> ἐγήγερται   Er ist auferweckt (und lebt jetzt) (1Kor 15,4)

Anm.: Das Perfekt der Vergangenheit wird in der Koine immer häufiger, daher ist die Form insgesamt häufiger anzutreffen als im klassischen Griechisch.

7 Partizipialkonstruktionen: Die umschreibende Konjugation

Bei der umschreibenden Konjugation handelt es sich um die Umschreibung einer normalen Zeitform durch ein Verb des Seins (meistens εἰμί, aber auch γίνομαι, ὑπάρχω) mit einem Partizip.
Umschrieben werden Formen des Präsens, des Imperfekts, des Futurs, des Perfekts oder des Plusquamperfekts.

> Häufig handelt es sich dabei um eine **Verstärkung des Verbalaspekts**. Im Einzelnen muss jedoch geprüft werden, wo das der Fall ist. Denn die umschriebene Form ist der normalen inhaltlich oft gleich.

Bsp:
Betonung des durativen Aspekts (vgl. u. c):
  ἔσεσθε μισούμενοι. = ihr werdet anhaltend (durativ) gehasst werden. Mt 10,22

Blosse Umschreibung, ohne Betonung des Aspekts (vgl. u. a):
  ἐγὼ ἄνθρωπός εἰμι ὑπὸ ἐξουσίαν τασσόμενος. = *Ich* bin ein Mensch, unter Vollmacht gesetzt. Lk 7,8

> **Umschreibungen der einzelnen Tempora:**

a) Zur Umschreibung des Präsens = Präs von εἰμί + Part Präs

καὶ γὰρ ἐγὼ ἄνθρωπός εἰμι ὑπὸ ἐξουσίαν τασσόμενος...
Denn auch *ich* bin ein Mensch unter Vollmacht gesetzt... Lk 7,8

b) Zur Umschreibung des Imperfekts = Ipf von εἰμί + Part Präs

ἦσαν δέ τινες τῶν γραμματέων... διαλογιζόμενοι ἐν ταῖς καρδίαις αὐτῶν.
Einige der Schriftgelehrten aber... erwägten in ihren Herzen. Mk 2,6

c) Zur Umschreibung des Futurs = Fut von εἰμί + Part Präs

καὶ ἔσεσθε μισούμενοι ὑπὸ πάντων διὰ τὸ ὄνομά μου.
Und ihr werdet von allen gehasst werden wegen meinem Namen. Mt 10,22

d) Zur Umschreibung des Perfekts = Präs von εἰμί + Part Pf

γλεύκους μεμεστωμένοι εἰσίν.
Sie sind voll Most. Apg 2,13

e) Zur Umschreibung des Plusquamperfekts = Ipf von εἰμί + Part Pf

καὶ ἦν τὸ ῥῆμα τοῦτο κεκρυμμένον ἀπ᾽ αὐτῶν.
Und dieses Wort war vor ihnen verborgen gewesen. Lk 18,34

III Übungen

1. Perfektformen
Bitte bestimmen Sie folgende Formen und übersetzen Sie (die Ind mit deutschen Pf)!
πεπίστευκεν – εἰρήκασιν – νενίκηκα – λελάληκα – ἐλήλυθεν – πεφιλήκατε – προσκέκληται – πεπιστευκώς – πεπιστεύκατε – ὁ ἑωρακώς – τοῖς γεγαμηκόσι – γεγεννήμεθα – τὰ γεγεννημένα – ἐνδεδυμένοι – νενικήκατε – γεγέννηται

2. Umschreibende Konjugation
1) καὶ ἦν προάγων αὐτοὺς ὁ Ἰησοῦς. 2) ἦσαν δὲ ἐκεῖ γυναῖκες πολλαὶ ἀπὸ μακρόθεν θεωροῦσαι. 3) καὶ δεηθέντων αὐτῶν ἐσαλεύθη ὁ τόπος ἐν ᾧ ἦσαν συνηγμένοι. 4) καὶ ὃ ἐὰν δήσῃς ἐπὶ τῆς γῆς ἔσται δεδεμένον ἐν τοῖς οὐρανοῖς, καὶ ὃ ἐὰν λύσῃς ἐπὶ τῆς γῆς ἔσται λελυμένον ἐν τοῖς οὐρανοῖς. 5) καὶ πᾶν τὸ πλῆθος ἦν τοῦ λαοῦ προσευχόμενον ἔξω τῇ ὥρᾳ τοῦ θυμιάματος. (τὸ θυμίαμα, -ατος = das Räucheropfer) 6) καὶ ἦν ὁ Ἰωάννης ἐνδεδυμένος τρίχας καμήλου καὶ ζώνην δερματίνην περὶ τὴν ὀσφὺν αὐτοῦ καὶ ἐσθίων ἀκρίδας καὶ μέλι ἄγριον. (ὁ κάμηλος = das Kamel; ἡ ζώνη = der Gürtel; δερμάτινος = ledern; ἡ ὀσφῦς, -ύος = die Hüfte; ἡ ἀκρίς, -ίδος = die Heuschrecke; τὸ μέλι, -ιτος = Honig; ἄγριος, -ία, -ον = im freien befindlich, wild) 7) καὶ ἦν ἐν τῇ ἐρήμῳ τεσσεράκοντα ἡμέρας πειραζόμενος ὑπὸ τοῦ Σατανᾶ, καὶ ἦν μετὰ τῶν θηρίων, καὶ οἱ ἄγγελοι διηκόνουν αὐτῷ. 8) καὶ ἐπυνθάνετο... τί ἐστιν πεποιηκώς. 9) ἦσαν γὰρ προεωρακότες Τρόφιμον τὸν Ἐφέσιον ἐν τῇ πόλει σὺν αὐτῷ. (προοράω = vorher sehen) 10) καὶ ὑμᾶς ποτε ὄντας ἀπηλλοτριωμένους καὶ ἐχθροὺς τῇ διανοίᾳ ἐν τοῖς ἔργοις τοῖς πονηροῖς νυνὶ δὲ ἀποκατήλλαξεν. (ἀπαλλοτριόω = entfremden; ἀποκατήλλαξεν = er hat versöhnt) 11) καὶ ἰδοὺ ἔσῃ σιωπῶν καὶ μὴ δυνάμενος λαλῆσαι. (δυνάμενος = Part Präs δύναμαι = können) 12) ἀπὸ τοῦ νῦν ἀνθρώπους ἔσῃ ζωγρῶν. (ζωγρέω = lebendig fangen) 13) καὶ ἡ γυνὴ ἦν περιβεβλημένη πορφυροῦν καὶ κόκκινον καὶ κεχρυσωμένη χρυσῷ καὶ λίθῳ τιμίῳ καὶ μαργαρίταις. (πορφυροῦς, -ᾶ, -οῦν = purpurfarbig; κόκκινος, -η, -ον = scharlachrot; χρυσόω = mit Gold schmücken; ὁ μαργαρίτης = die Perle)

3. Übungssätze

1) αὕτη δέ ἐστιν ἡ κρίσις ὅτι τὸ φῶς ἐλήλυθεν εἰς τὸν κόσμον καὶ ἠγάπησαν οἱ ἄνθρωποι μᾶλλον τὸ σκότος ἢ τὸ φῶς· ἦν γὰρ αὐτῶν πονηρὰ τὰ ἔργα. 2) τοσαῦτα δὲ αὐτοῦ σημεῖα πεποιηκότος ἔμπροσθεν αὐτῶν οὐκ ἐπίστευον εἰς αὐτόν, ἵνα ὁ λόγος Ἡσαΐου τοῦ προφήτου πληρωθῇ ὃν εἶπεν, κύριε, τίς ἐπίστευσεν τῇ ἀκοῇ ἡμῶν; 3) ἐπὶ δὲ τὸν Ἰησοῦν ἐλθόντες, ὡς εἶδον ἤδη αὐτὸν τεθνηκότα, οὐ κατέαξαν αὐτοῦ τὰ σκέλη ... καὶ ὁ ἑωρακὼς μεμαρτύρηκεν, καὶ ἀληθινὴ αὐτοῦ ἐστιν ἡ μαρτυρία. (τέθνηκα = Pf von θνῄσκω = sterben; κατέαξαν = Aor 3.Pl κατάγνυμι = zerbrechen; τὸ σκέλος = der Schenkel;) 4) κατακολουθῆσαι δὲ αἱ γυναῖκες, αἵτινες ἦσαν συνεληλυθυῖαι ἐκ τῆς Γαλιλαίας αὐτῷ, ἐθεάσαντο τὸ μνημεῖον. (κατακολουθέω = nachfolgen) 5) καὶ ὁ πέμπτος ἄγγελος ἐσάλπισεν· καὶ εἶδον ἀστέρα ἐκ τοῦ οὐρανοῦ πεπτωκότα εἰς τὴν γῆν, καὶ ἐδόθη αὐτῷ ἡ κλεὶς τοῦ φρέατος τῆς ἀβύσσου. (ὁ πέμπτος, -η, -ον = der, die, das fünfte; ἐσάλπισεν < *ἐσαλπιζ-σεν; ἐδόθη = es wurde gegeben; ἡ κλείς, -δός = der Schlüssel; τὸ φρέαρ, -ατος = der Brunnen, Schacht; ἡ ἄβυσσος, -ου = der Abgrund, Tiefe, Unterwelt) 6) τὸ γεγεννημένον ἐκ τῆς σαρκὸς σάρξ ἐστιν, καὶ τὸ γεγεννημένον ἐκ τοῦ πνεύματος πνεῦμά ἐστιν. 7) ἰδὼν δὲ ὁ Πέτρος ἀπεκρίνατο πρὸς τὸν λαόν, ἄνδρες Ἰσραηλῖται, τί θαυμάζετε ἐπὶ τούτῳ ἢ ἡμῖν τί ἀτενίζετε ὡς ἰδίᾳ δυνάμει ἢ εὐσεβείᾳ πεποιηκόσιν τοῦ περιπατεῖν αὐτόν; 8) ὅταν κληθῇς ὑπό τινος εἰς γάμους, μὴ κατακλιθῇς εἰς τὴν πρωτοκλισίαν, μήποτε ἐντιμότερός σου ᾖ κεκλημένος ὑπ' αὐτοῦ ... (κατακλιθῇς < *κατακλιν-θῇς < κατακλίνω = sich zum Essen niederlegen; ἡ πρωτοκλισία = der Ehrenplatz; ἔντιμος, -ον = geehrt) 9) ἀναγαγών τε αὐτοὺς εἰς τὸν οἶκον παρέθηκεν τράπεζαν καὶ ἠγαλλιάσατο πανοικεὶ πεπιστευκὼς τῷ θεῷ. (παρέθηκεν = er setzte vor; πανοικεί = Adv mit dem ganzen Haus) 10) ἐγὼ ἐν αὐτοῖς καὶ σὺ ἐν ἐμοί, ἵνα ὦσιν τετελειωμένοι εἰς ἕν, ἵνα γινώσκῃ ὁ κόσμος ὅτι σύ με ἀπέστειλας καὶ ἠγάπησας αὐτοὺς καθὼς ἐμὲ ἠγάπησας. (ἀπέστειλας = du hast mich gesandt Aor 2.Sg ἀποστέλλω) 11) ἀλλὰ αὐτοὶ ἐν ἑαυτοῖς τὸ ἀπόκριμα τοῦ θανάτου ἐσχήκαμεν, ἵνα μὴ πεποιθότες ὦμεν ἐφ' ἑαυτοῖς ἀλλ' ἐπὶ τῷ θεῷ τῷ ἐγείροντι τοὺς νεκρούς. (τὸ ἀπόκριμα, -ατος = der offizielle Bescheid, Todesurteil; πέποιθα = Pf πείθω) 12) παρακαλῶ δὲ ὑμᾶς, ἀδελφοί, διὰ τοῦ ὀνόματος τοῦ κυρίου ἡμῶν Ἰησοῦ Χριστοῦ, ἵνα τὸ αὐτὸ λέγητε πάντες καὶ μὴ ᾖ ἐν ὑμῖν σχίσματα. 13) ἐγὼ δὲ λέγω ὑμῖν ὅτι πᾶς ὁ ἀπολύων τὴν γυναῖκα αὐτοῦ παρεκτὸς λόγου πορνείας ποιεῖ αὐτὴν μοιχευθῆναι, καὶ ὃς ἐὰν ἀπολελυμένην γαμήσῃ, μοιχᾶται. (παρεκτός + Gen = ausser, abgesehen; μοιχάω = zum Ehebruch verführen;) 14) καὶ ἤκουσα φωνὴν μίαν ἐκ τῶν τεσσάρων κεράτων τοῦ θυσιαστηρίου τοῦ χρυσοῦ τοῦ ἐνώπιον τοῦ θεοῦ, λέγοντα τῷ ἕκτῳ ἀγγέλῳ, ὁ ἔχων τὴν σάλπιγγα, λῦσον τοὺς τέσσαρας ἀγγέλους τοὺς δεδεμένους ἐπὶ τῷ ποταμῷ τῷ μεγάλῳ Εὐφράτῃ. 15) φόβος οὐκ ἔστιν ἐν τῇ ἀγάπῃ ἀλλ' ἡ τελεία ἀγάπη ἔξω βάλλει τὸν φόβον, ὅτι ὁ φόβος κόλασιν ἔχει, ὁ δὲ φοβούμενος οὐ τετελείωται ἐν τῇ ἀγάπῃ. (ἡ κόλασις, -εως = die Züchtigung, Strafe) 16) ἡ σκηνὴ τοῦ μαρτυρίου ἦν τοῖς πατράσιν ἡμῶν ἐν τῇ ἐρήμῳ καθὼς διετάξατο ὁ λαλῶν τῷ Μωϋσῇ ποιῆσαι αὐτὴν κατὰ τὸν τύπον ὃν ἑωράκει. (διετάξατο < *διετασσ-(γ)-σατο; ἑωράκει = 3. Sg Plsqpf ὁράω) 17) οἱ δὲ ἀρχιερεῖς καὶ ὅλον τὸ συνέδριον ἐζήτουν κατὰ τοῦ Ἰησοῦ μαρτυρίαν εἰς τὸ θανατῶσαι αὐτόν, καὶ οὐχ ηὕρισκον· πολλοὶ γὰρ ἐψευδομαρτύρουν κατ' αὐτοῦ, καὶ ἴσαι αἱ μαρτυρίαι οὐκ ἦσαν. (ψευδομαρτυρέω = falsches bezeugen; ἴσος, -η, -ον = gleich;) 18) λέγει αὐτοῖς ὁ Πιλᾶτος, τί οὖν ποιήσω Ἰησοῦν τὸν λεγόμενον Χριστόν; λέγουσιν πάντες, σταυρωθήτω. ὁ δὲ ἔφη, τί γὰρ κακὸν ἐποίησεν; οἱ δὲ περισσῶς ἔκραζον λέγοντες, σταυρωθήτω. (ποιέω τί τινά = jemandem etwas antun) 19) εἶπεν οὖν αὐτοῖς ὁ Ἰησοῦς, ὅταν ὑψώσητε τὸν υἱὸν τοῦ ἀνθρώπου, τότε γνώσεσθε ὅτι, ἐγώ εἰμι, καὶ ἀπ' ἐμαυτοῦ ποιῶ οὐδέν, ἀλλὰ καθὼς ἐδίδαξέν με ὁ πατὴρ ταῦτα λαλῶ. (γνώσεσθε = Fut 2.Pl γινώσκω) 20) πλὴν ἀγαπᾶτε τοὺς ἐχθροὺς ὑμῶν καὶ ἀγαθοποιεῖτε καὶ δανίζετε μηδὲν ἀπελπίζοντες· καὶ ἔσται ὁ μισθὸς ὑμῶν πολύς, καὶ ἔσεσθε υἱοὶ ὑψίστου, ὅτι αὐτὸς χρηστός ἐστιν ἐπὶ τοὺς ἀχαρίστους καὶ πονηρούς. (ἀγαθοποιέω < ἀγαθός + ποιέω; δανίζω = Geld aus-

leihen; ἀπελπίζω = etwas erhoffen; ἀχάριστος, -ον = undankbar; χρηστός, -ή, -όν = brauchbar, milde, gütig)

Lektüre Joh 6,60–65 (im Anschluss an die Brotrede)

60 πολλοὶ οὖν ἀκούσαντες ἐκ τῶν μαθητῶν αὐτοῦ εἶπαν, σκληρός¹ ἐστιν ὁ λόγος οὗτος· τίς δύναται αὐτοῦ ἀκούειν; 61 εἰδὼς² δὲ ὁ Ἰησοῦς ἐν ἑαυτῷ ὅτι γογγύζουσιν³ περὶ τούτου οἱ μαθηταὶ αὐτοῦ εἶπεν αὐτοῖς, τοῦτο ὑμᾶς σκανδαλίζει; 62 ἐὰν οὖν θεωρῆτε τὸν υἱὸν τοῦ ἀνθρώπου ἀναβαίνοντα ὅπου ἦν τὸ πρότερον; 63 τὸ πνεῦμά ἐστιν τὸ ζῳοποιοῦν, ἡ σὰρξ οὐκ ὠφελεῖ οὐδέν· τὰ ῥήματα ἃ ἐγὼ λελάληκα ὑμῖν πνεῦμά ἐστιν καὶ ζωή ἐστιν. 64 ἀλλ᾽ εἰσὶν ἐξ ὑμῶν τινες οἳ οὐ πιστεύουσιν. ᾔδει⁴ γὰρ ἐξ ἀρχῆς ὁ Ἰησοῦς τίνες εἰσὶν οἱ μὴ πιστεύοντες καὶ τίς ἐστιν ὁ παραδώσων⁵ αὐτόν. 65 καὶ ἔλεγεν, διὰ τοῦτο εἴρηκα ὑμῖν ὅτι οὐδεὶς δύναται ἐλθεῖν πρός με ἐὰν μὴ ᾖ δεδομένον⁶ αὐτῷ ἐκ τοῦ πατρός.

---

[1] σκληρός, -ά, -όν = hart, rauh
[2] εἰδώς = Pf Part Nom Sg Mask οἶδα = indem er weiss
[3] γογγύζω = brummen, murren
[4] ᾔδει = er wusste
[5] ὁ παραδώσων = der, der verraten wird (Part Fut von παραδίδωμι)
[6] δεδομένον = Pf Part Pass Ntr Nom Sg δίδωμι = geben

LEKTION 14

I Morphologie

1 Die Verba muta

Die Verba Muta sind im NT eine grosse Klasse von Verben, deren Stamm auf eine Muta (Verschlusslaut o. Explosivlaut) auslautet (vgl. Einführung 1.2.1). Je nach Endung, die an den Stamm tritt, treten jeweils gewisse **regelmässige Lautveränderungen** ein. In Lektion 3 ist uns diese Verbklasse im Zusammenhang mit dem σ bereits begegnet.
In dieser Lektion werden nun die Verba muta umfassend behandelt. Das heisst, es werden alle Lautveränderungen in den jeweiligen Tempora besprochen. Die bereits bekannten werden an dieser Stelle nochmals im Zusammenhang wiederholt.

Die Mutae werden in drei Gruppen eingeteilt, je nachdem, wo sie im Munde gebildet werden:

	weich/ stimmhaft **Media**	hart/ stimmlos **Tenuis**	stimmlos/ behaucht **Aspirata**
Gutturale:	γ	κ	χ
Labiale:	β	π	φ
Dentale:	δ	τ	θ

2 Das Präsens der Verba muta

Man muss die Verba muta in zwei Klassen einteilen, je nachdem, ob ihr Präsensstamm mit dem Verbalstamm identisch ist oder nicht.

2.1 Die einfachen Verba muta

Die sogenannt einfachen Verba muta zeigen im Präsens denselben Stamm wie ihr Verbalstamm. Bei dieser Gruppe treten Lautveränderungen bloss bei der Bildung von anderen Tempora auf.

Als Beispielverben dienen uns in dieser Klasse:
– für die Gutturale διώκω (Stamm διωκ-)
– für die Labiale βλέπω (Stamm βλεπ-)
– für die Dentale πείθω (Stamm πειθ-)

2.2 Die Verba muta mit altem j-Stamm

Bei vielen Verba Muta stand in alter Zeit ein j im Stammauslaut. Der Ausfall dieses j hatte meistens Lautveränderungen zur Folge. Um die Verba Muta erkennen zu können, brauchen wir hier einige lautgesetzliche Hinweise.

> Die folgenden Lautveränderungen treten beim Präsensstamm auf. In den anderen Stämmen wird der eigentliche Verbalstamm mit der Muta wieder ersichtlich.

2.2.1 j nach den Gutturalen κ und χ:

κj und χj werden zu σσ oder σ (attisch immer ττ)

    κηρύσσω (verkünden)   < *κηρυκjω   Stamm: κηρυκ-

        Das Substantiv ὁ κῆρυξ, -υκος (der Herold) zeigt den Gutturalstamm, mit sigmatischer Nominativbildung allerdings zu ξ (< κ + σ) geworden.

    ταράσσω (erschüttern, verwirren)   < *ταραχjω   Stamm: ταραχ-

        Das Subst. ἡ ταραχή (die Verwirrung; NT nur v.l. Mk 13,8) zeigt das χ im Stammauslaut.

2.2.2 j nach dem Guttural γ und dem Dental δ:

γj und δj werden zu ζ

    κράζω (schreien)   < *κραγjω   Stamm: κραγ-

        Subst. ἡ κραυγή (das Geschrei)

    ἐλπίζω (hoffen)   < *ἐλπιδjω   Stamm: ἐλπιδ-

        Subst. ἡ ἐλπίς, -ίδος (die Hoffnung)

Vereinzelt kann auch γj zu σσ werden:

    τάσσω (ordnen)   < *ταγjω   Stamm: ταγ-

        Subst. ἡ τάξις, -εως (die Ordnung; < *ταγ-σις)

2.2.3 j nach den Labialen β, π und φ:

βj, πj und φj werden zu πτ

    καλύπτω (verhüllen)   < *καλυβjω   Stammm: καλυβ-

        Subst. [ἡ καλύβη] (Obdach, Laube) od. das Kompositum ἀποκάλυψις, -εως; (< *ἀποκαλυβ-σις)

    κλέπτω (stehlen)   < *κλεπjω   Stamm: κλεπ-

        Subst. ἡ κλοπή (der Diebstahl; mit Ablaut ε zu ο)

    θάπτω (begraben)   < *θαφjω   Stamm: θαφ-

        Subst. ὁ τάφος (das Grab)

Merken Sie sich bitte die Verba muta nach Stammauslaut:

> - Verben auf -πτω sind Labiale
> - Verben auf -ζω sind meist Dentale, selten Gutturale
> - Verben auf -σσω sind Gutturale

3 Die ausserpräsentischen Tempora der Verba muta

Die ausserpräsentischen Tempora werden in der Regel mit den genau gleichen Bildungselementen wie die Verba vocalia (also wie πιστεύω) gebildet. Auch hier muss zwischen schwachen und starken Verben unterschieden werden.

Bei einigen Personalendungen würden mit der Muta des Stammauslautes zusammen schwierig auszusprechende Konsonantenverbindungen auftreten. Aus diesem Grund treten in solchen Fällen gewisse **Lautveränderungen** ein. Es handelt sich dabei um **Ausstossung**, um **Dissimilation** (Entähnlichung, < lat. dissimilare unähnlich machen) und um **Assimilation** (Ähnlichmachung, Angleichung, < lat. assimilare ähnlich machen).

Als allgemeines Schema der Lautveränderungen bei den Verba muta mag das folgende dienen:
(Für Beispiele vergleichen Sie bitte die untenstehende Stammformenreihe!)

	+ μ	+ σ	+ τ	+ (σ)θ	+ κ
Labial	μμ	ψ	πτ	φθ	φ
Guttural	γμ	ξ	κτ	χθ	χ
Dental	σμ	σ	στ	σθ	κ

Merken Sie sich zudem bitte für die 2.Pl Pf M/P folgendes:
Ein σ zwischen zwei Konsonanten wird immer ausgestossen. Die verbleibenden zwei Konsonanten erfahren dieselben Lautveränderungen wie oben beschrieben.

Anmerkung:
a) Bei der Anfügung des κ im aktiven Perfekt handelt es sich nicht um ein eigentliches Lautgesetz. Der Einfachheit halber sei es aber trotzdem hier aufgeführt.
Bei den Guttural- und Labialstämmen spricht man von einem starken Perfekt, welches aspiriert ist. So entstehen die Endungen -χα und -φα. (διώκω verfolgen wird im Pf zu δεδίωχα; βλέπω blicken wird im Pf zu βέβλεφα). Die Dentalstämme bilden ein schwaches Perfekt auf -κα (πείθω wird im Pf zu πέπεικα; im NT allerdings meist trotzdem stark zu πέποιθα mit aspiriertem Dental).

4 Die Bildung von Futur und schwachem Aorist Akt (Aor I)

a) Bei den einfachen Guttural- und Labialstämmen entsteht durch das Futur-σ ein Zwiekonsonant. Die einfachen Dentalstämme stossen ihren Dental vor dem σ aus.

Bsp:
διώκω (verfolgen)   Fut: διώξω   Aor: ἐδίωξα
βλέπω (blicken)   Fut: βλέψω   Aor: ἔβλεψα
πείθω (überreden)   Fut: πείσω   Aor: ἔπεισα

b) Bei den Verba muta mit altem j-Stamm muss immer auf den Verbalstamm (nicht den Präsensstamm) zurückgegriffen werden. Dann reagieren sie gleich wie unter a) beschrieben.

Bsp:
κράζω (schreien)   Stamm: κραγ-   Fut: κράξω   Aor: ἔκραξα
τάσσω (ordnen)   Stamm: ταγ-   Fut: τάξω   Aor: ἔταξα

> c) Die meisten Verben auf -ίζω mit mehr als zwei Silben bilden nach Ausstossung des Tempuszeichens σ ein **kontrahiertes Futur** (= **attisches Futur**). In der Koine ist allerdings auch ein sigmatisches Futur gebräuchlich.

Das attische Futur hat dieselben (kontrahierten) **Endungen wie die Verba contracta auf -έω**.

Bsp:
ἐλπίζω (hoffen)   Stamm: ἐλπιδ-   Fut: ἐλπιῶ
aber:
βαπτίζω (taufen) Stamm: βαπτιδ- Fut: βαπτίσω

5 Die Bildung des Aorists Pass

5.1 Schwacher Aorist Pass (Aor I Pass)

Vor dem Tempuszeichen θη des passiven Aorists wird ein weiteres Lautgesetz wirksam:

a) Es dürfen jeweils **nur Mutae der gleichen Stufe** (also nur Mediae, nur Tenues oder nur Aspiratae) **nebeneinander** vorkommen (Ausnahmen in Komposita mit der Präposition ἐκ).
So wird also:
*κθ > χθ   /   *γθ > χθ
*πθ > φθ   /   *βθ > φθ

Bsp: κηρύσσω (verkünden)   Aor Pass: ἐκηρύχθην   Stamm: κηρυκ-
      καλύπτω (verbergen)   Aor Pass: ἐκαλύφθην   Stamm: καλυβ-

Dentalstämme fügen vor dem θ jeweils ein σ ein, wobei der Dental fällt:
*τθ > σθ   /   *δθ > σθ

Bsp: κτίζω (erschaffen)   Aor Pass: ἐκτίσθην   Stamm: κτιδ-

b) Beachten Sie aber bitte auch, dass nach einer weiteren Lautregel **nie zwei aufeinanderfolgende Silben mit einer Aspirata beginnen dürfen**.

Bsp: θάπτω (begraben)   Aor Pass: ἐτάφην

5.2 Starker Aorist Pass (Aor II Pass)

Der starke Aorist Pass findet sich nur bei Verben, die im Akt einen schwachen Aorist haben.

a) Der starke Aorist Pass weist **nur ein η in der Endung** auf (ohne Tempuszeichen). Der Stammauslaut bleibt dadurch in der Regel unverändert.

Bsp: θάπτω (begraben)   Aor Pass: ἐτάφην   Stamm: θαφ-
      σφάζω (schlachten)   Aor Pass: ἐσφάγην Stamm: σφαγ-

b) Allerdings treten bei gewissen Stämmen **Lautveränderungen** ein, die den Stammvokal betreffen. Es handelt sich dabei um folgende Fälle:

Einsilbige Stämme mit dem Stammvokal ε weisen die Schwundstufe auf: ε > α

    Bsp: κλέπτω (stehlen)   Aor Pass: ἐκλάπην
           στρέφω (sich wenden)   Aor Pass: ἐστράφην

c) Einige starke Aoriste Pass haben **nichtpassivische Bedeutung**. Dabei handelt es sich um intransitiven Gebrauch.

    Bsp: τάσσω (ordnen)   ἐτάγην = ich ordnete mich
           στρέφω (sich wenden)   ἐστράφην = ich wandte mich
           ἐκπλήσσω (ausser sich geraten)   ἐξεπλάγην = ich geriet ausser mir

d) Einige Verben können trans. oder intrans. Bedeutung haben:

    Bsp: ὁράω (sehen)   ὤφθην intr. = ich wurde sichtbar / ich erschien
                                     trans. = ich wurde gesehen (= Pass)
           πλανάω (irreführen)   ἐπλανήθην   intr. = ich ging in die Irre
                                                 trans. = ich wurde irregeführt
                                                 (= Pass)

6 DIE BILDUNG DES PERFEKTS

6.1 Schwaches Perfekt (Pf I)

a) Ein schwaches Perfekt haben im Aktiv nur die Dentalstämme. Der Dental wird dabei allerdings ausgestossen.

    Bsp: ἐλπίζω (hoffen)   Pf Akt: ἤλπικα   Pf Pass: ἤλπισμαι

b) Das Pf M/P ist immer schwach gebildet. Die Schwierigkeit liegt hier bei den verschiedenen Anlauten der Endungen (vgl. das allgemeine Schema oben).

Die 3. Pl wird durch Part Pf M/P Pl und εἰσίν umschrieben, da die Endung -νται nicht an einen konsonantischen Stamm herantreten kann. (Beim Plsqf derselbe Fall, nur mit ἦσαν statt εἰσίν.)

    Bsp Pf M/P:
    Gutturalstamm: διώκω (verfolgen)
    δεδίωγμαι, δεδίωξαι, δεδίωκται, δεδιώγμεθα, δεδίωχθε, δεδιωγμένοι εἰσίν

    Labialstamm: βλέπω (blicken)
    βέβλεμμαι, βέβλεψαι, βέβλεπται, βεβλέμμεθα, βέβλεφθε, βεβλεμμένοι εἰσίν

    Dentalstamm: βαπτίζω
    βεβάπτισμαι, βεβάπτισαι, βεβάπτισται, βεβαπτίσμεθα, βεβάπτισθε, βεβαπτισμένοι εἰσίν

6.2 Starkes Perfekt (Pf II)

a) Das starke Pf kommt fast nur bei Guttural- und Labialstämmen vor. **Konjugiert** wird wie das schwache Pf, nur dass das **Tempuszeichen κ fehlt**.

Bsp: γράφω (schreiben)
γέγραφα, γέγραφας, γέγραφεν, γεγράφαμεν, γεγράφατε, γεγράφασιν

b) Der **Verbalstamm erfährt** allerdings **meist eine Veränderung.**

α) Der **Schlusskonsonant** des Verbalstammes wird meist nach dem allgemeinen Schema (s.o.) verändert, d.h. aspiriert.

    Bsp: ἄγω (führen)   Pf II: ἦχα

Allerdings ist das nicht immer der Fall.

    Bsp: λείπω (lassen)   Pf II: λέλοιπα

> β) Der Vokal des Verbalstammes wird oft durch **Ablaut** verändert.

Unter Ablaut versteht man den Vokalwechsel bei etymologisch verwandten Wörtern. Dabei wird:

    ε > ο
        στρέφω (sich wenden)   Pf II: ἔστροφα

    ει > οι
        λείπω (lassen)   Pf II: λέλοιπα

7 Stammformenreihe der regelmässigen Verba muta (nur Beispiele):

Gutturalstämme;

κηρύσσω	κηρύξω	ἐκήρυξα	κεκήρυχα	verkündigen	κηρυκ-
		ἐκηρύχθην	κεκήρυγμαι		
κράζω	κράξω	ἔκραξα ο.	κέκραγα	schreien	κραγ-
		ἐκέκραξα			
ταράσσω	ταράξω	ἐτάραξα	τετάραχα	erschüttern	ταραχ-
		ἐταράχθην	τετάραγμαι		
τάσσω	τάξω	ἔταξα	τέταχα	ordnen	ταγ-
		ἐτάγην	τέταγμαι		

Labialstämme:

θάπτω	θάψω	ἔθαψα	τέταφα	begraben	θαφ-
		ἐτάφην	τέθαμμαι		
καλύπτω	καλύψω	ἐκάλυψα	[κεκάλυφα]	verhüllen	καλύβ-
		ἐκαλύφθην	κεκάλυμμαι		
κλέπτω	κλέψω	ἔκλεψα	κέκλοφα	stehlen	κλεπ-
		ἐκλάπην	κέκλεμμαι		

Dentalstämme:

βαπτίζω	βαπτίσω	ἐβάπτισα	βεβάπτικα	taufen	βαπτιδ-
		ἐβαπτίσθην	βεβάπτισμαι		
ἐλπίζω	ἐλπιῶ	ἤλπισα	ἤλπικα	hoffen	ἐλπιδ-
		ἠλπίσθην	ἤλπισμαι		

| κτίζω | κτίσω | ἔκτισα
ἐκτίσθην | [(κ)έκτικα]
ἔκτισμαι | erschaffen | κτιδ- |

8 Stammformenreihe der unregelmässigen Verba muta

| ἄγω | ἄξω | ἤγαγον ο. ἦξα
ἤχθην | ἦχα
ἦγμαι | führen | ἀγ-
ἀγαγ- |
| ἀλλάσσω | ἀλλάξω | ἤλλαξα
ἠλλάγην | [ἤλλαχα]
ἤλλαγμαι | verändern | ἀλλαγ- |
| ἀνοίγω | ἀνοίξω | ἀνέῳξα ο.
ἠνέῳξα ο.
ἤνοιξα
ἀνεῴχθην ο.
ἠνοίχθην ο.
ἠνοίγην ο.
ἠνεῴχθην | ἀνέῳγα

ἀνέῳγμαι | öffnen | (ἀν)οιγ- |
| ἁρπάζω | ἁρπάσω | ἥρπασα
ἡρπάσθην ο.
ἡρπάγην ο.
ἡνεῴχθην | ἥρπακα
[ἥρπασμαι] | rauben | ἁρπαδ-
ἁρπαγ- |
| κρύπτω ο.
κρύβω | κρύψω | ἔκρυψα
ἐκρύβην | κέκρυφα
κέκρυμμαι | verbergen | κρυβ- |
| πείθω | πείσω | ἔπεισα
ἐπείσθην | [πέπεικα] ο.
πέποιθα
πέπεισμαι | überreden
(vertrauen)
überzeugen | πειθ-
ποιθ |
| στρέφω | στρέψω | ἔστρεψα
ἐστράφην | [ἔστροφα]
ἔστραμμαι | wenden,
drehen | στρεφ-
στραφ- |
| σῴζω | σώσω | ἔσωσα
ἐσώθην | σέσωκα
σέσῳσμαι | retten | σῳδ-
σω- |
| τρέπω | τρέψω | ἔτρεψα
ἐτράπην | τέτροφα
τέτραμμαι | wenden | τρεπ-
τραπ- |
| φεύγω | φεύξομαι | ἔφυγον | πέφευγα | fliehen | φευγ- / φυγ- |

9 οἶδα

Das Verb οἶδα (wissen, kennen) ist in mancher Hinsicht ein Spezialfall. Der Form nach ist es eigentlich ein starkes Perfekt. Es hat jedoch die perfektische Bedeutung völlig verloren und ist daher **präsentisch zu übersetzen**. Vom Stamm her wird es vom Verb εἴδω (sehen) gebildet. Wir kennen dieses Verb schon gut als Aorist von ὁράω (εἶδον). Das Verb εἴδω ist im Präsensstamm ungebräuchlich (auch kl.). Man bezeichnet es daher als **Defektivum**, also als defektes Verb. Sein Perfekt wird als **defektes Perfekt** bezeichnet und ist so eigentlich zu einem eigenen Verb geworden. Die Reduplikation fehlt, die Endungen sind formal perfektisch (stark gebildet).

Seine **Bedeutung** hat es von „sehen", Pf „ich habe gesehen und bin nun ein Wissender" (der Grieche erlangt Wissen in erster Linie durch Sehen, Anschauung), also οἶδα = kennen, wissen.

Als Kompositum kommt das Verb σύνοιδα (ich bin Mitwisser) vor, welches genau gleich wie οἶδα flektiert wird (vgl. ἡ συνείδησις = das Gewissen).

9.1 Die Formen von οἶδα

9.1.1 Die allgemeinen Formen

	Haupttempus	Nebentempus	Konj	Ind Futur	Imp
1. Sg	οἶδα	ᾔδειν	εἰδῶ	εἰδήσω	
2.	οἶδας	ᾔδεις	εἰδῇς	εἰδήσεις	ἴσθι
3.	οἶδε(ν)	ᾔδει	εἰδῇ	εἰδήσει	[ἴστω]
1. Pl	οἴδαμεν	ᾔδειμεν	εἰδῶμεν	εἰδήσομεν	
2.	οἴδατε	ᾔδειτε	εἰδῆτε	εἰδήσετε	ἴστε
3.	οἴδασι(ν)	ᾔδεισαν	εἰδῶσι(ν)	εἰδήσουσιν	[ἴστωσαν]

Inf	εἰδέναι

Anmerkungen:
a) ἴσθι heisst auch der Imp 2.Sg von εἰμί (vgl. Lekt 10)!
b) Apg 26,4 kommt als einziges mal im NT die kl. Form ἴσασι(ν) (= 3.Pl οἶδα) vor.

9.1.2 Das Partizip von οἶδα

	Mask	Fem	Ntr
N Sg	εἰδώς	εἰδυῖα	εἰδός
G	εἰδότος	εἰδυίης	εἰδότος

10 Die Wortbildung

Im folgenden sollen einige weitere Angaben zur Wortbildungslehre des Griechischen gemacht werden. In Lektion 1 wurden bereits die wichtigsten Elemente eines Wortes (Stamm, Suffix, Präfix, Wurzel, Themavokal, Personalendung) genannt.
Nun soll es darum gehen, wie das Griechische aus gewissen Elementen neue Wörter bildet.
Grundsätzlich können Wörter auf zwei Arten gebildet werden: Durch Ableitung oder durch Zusammensetzung (Komposition).

10.1 Durch Ableitung gebildete Wörter

Die **Grundlage** jeder Wortbildung liegt im **Stamm** eines Wortes. Bei Verben mit mehreren Stämmen, wird meistens derjenige Stamm dazu verwendet, der im Aor Pass oder im Pf vorliegt.

Bsp: κρίνω (scheiden, richten): Aor Pass ἐκρίθην; Pf κέκριται ⇒ Stamm: κρι-
Daraus werden abgeleitet: κριτής (Richter; eig. Entscheider); κρίσις (Scheidung, Urteil); κριτήριον (entscheidendes Kennzeichen); κριτός (ausgewählt)

Dasjenige Element, welches an den Stamm gefügt wird, nennt man **Suffix** (Nachsilbe). Es können auch mehrere Suffixe an einen Stamm treten.

Bsp: κρι- mit Suffixen: κρι-τής; κρι-σι-ς; κρι-τήρ-ιο-ν;

Trennt man sämtliche Suffixe ab, so bleibt die **Wurzel** übrig. Sie erscheint als Zeichen √ geschrieben. Stamm und Wurzel können identisch sein.

Bsp: Die √κρι steckt im Verb κρίνω

10.2 Die wichtigsten Suffixe und die Bedeutung der abgeleiteten Wörter

Im folgenden werden die wichtigsten Suffixe mit ihrer Bedeutung aufgeführt. Dadurch werden sowohl das Verständnis wie auch das Lernen von Vokabeln erleichtert. Die Liste ist keinesfalls vollständig.

10.2.1 Verben

- Verben auf -έω sind immer abgeleitete Verben, häufig von Komposita abgeleitet
    λαλέω (plaudern, reden) < λάλος (plauderhaft, mit Sprache begabt)
- Verben auf -άω sind meist aus Substantiven auf -η oder -α gebildet.
    ἀγαπάω (lieben) < ἀγάπη (Liebe)
- Verben auf -όω sind Faktitiva (etwas bewirkende Verben).
    δουλόω (versklaven, zum Sklaven machen) < δοῦλος (Sklave)
- Verben auf -εύω sind Zustandsverben, haben also meist die Bedeutung von „etwas (berufsmässig) ausüben". (Die Koine bildet sie von verschiedensten Stämmen.)
    παιδεύω (erziehen) < παῖς (Kind)
- Verben auf -ίζω weisen ebenfalls faktitive (bewirkende) Bedeutung auf, können aber auch die Bedeutung von „sich gebärden als; tun als ob" haben.
    καθαρίζω (reinigen, „rein, sauber machen") < καθαίρω < καθαρός (rein, sauber)
    ἰουδαΐζω (sich als Jude gebärden, nach jüd. Sitte leben) < ἰουδαῖος (jüdisch)
- Verben auf -άζω sind intransitive Verben, die von Adjektiven auf -ος gebildet sind. Die Koine bildet häufig solche Verben statt zu erwartendem -ίζω (dann aber meist trans).
    ἁγιάζω (heiligen, weihen) < ἅγιος (heilig)

10.2.2 Substantive

a) Von Verben abgeleitet Substantive:

Folgende Suffixe werden für **Substantive, die ein Geschehen bezeichnen** (Nomina actionis) verwendet. Sie sind zudem immer **abstrakte Bezeichnungen**.

- σις (κρίσις Entscheidung; < κρίνω, ἐκρίθην; √κρι)
- μός, -σμός, -ισμός od. -ασμός (ἁγιασμός Heiligung < ἁγιάζω heiligen)
- μη od. -η (γνωμή Erkenntnis(vermögen) < γινώσκω erkennen √γνω)
- εία od. -ία (können auch aus Adj. gebildet sein vgl. u.) (παιδεία Erziehung < παιδεύω erziehen)

Folgende Suffixe bezeichnen das **Ergebnis einer Handlung** (Nomina acti):

- μα (ποίημα das Machwerk, Gemachte, Gedicht < ποιέω machen, tun)
- ος (λόγος das Gesagte, Rede < λέγω sagen, reden)

Folgende Suffixe bezeichnen den **Täter einer Handlung** (Nomina auctoris) oder sind **Substantive, die den Träger eines Geschehens bezeichnen** (Nomina agentis):

- τηρ (σωτήρ Retter < σῴζω, σώω retten)
- της, Fem. -τρία (βαπτίστης Täufer < βαπτίζω taufen;); solche Subst. können auch von Adj. abgeleitet sein vgl. u.
- ις bezeichnet ein aus einem Mask. abgeleitetes Fem (προφῆτις Prophetin < προφήτης Prophet)
- τωρ (ῥήτωρ Redner < ἐρρέθη Aor Pass zu λέγω)

Folgende Suffixe bezeichnen ein **Werkzeug, ein Mittel oder einen Ort** (Nomina instrumenti et loci):

- τήριον bezeichnet den Ort, wo etwas geschieht (θυσιαστήριον Opferaltar < θυσιάζω opfern < θυσία Opfer < θύω räuchern, opfern)

b) Von Adjektiven und Substantiven abgeleitete Substantive:

Folgende Suffixe bezeichnen abstrakte Eigenschaften:

- σύνη (ταπεινοφροσύνη Demut, niedere Gesinnung < ταπεινοφρών demütig)
- εία, εια, -ία (ἀλήθεια Wahrheit < ἀληθής wahrhaftig; ἐλευθερία Freiheit < ἐλεύθερος frei)
- της od. -ότης (ἁγιότης Heiligkeit < ἅγιος heilig)
- ιον wird vorallem für juristische Ausdrücke verwendet (sofern es nicht Deminutivum ist) (ἀποστάσιον Scheidebrief < ἀπόστασις Abstand)

10.2.3 Adjektive

Die meisten Adjektive werden aus Substantiven abgeleitet.

- Die Suffixe -ιος, -ικός und nach ι -ακός bezeichnen eine Zugehörigkeit.
  σωτήριος rettend, zum Retter gehörig < σωτήρ Retter
  πιστικός treu, voll Vertrauen < πιστός treu, zuverlässig

- Das Suffix -ινος bezeichnet den Stoff oder die Art, aus dem eine Sache besteht.
  σάρκινος (fleischlich, aus Fleisch bestehend < σάρξ Fleisch)

- Das Suffix -ινός bildet Adjektive der Zeitbestimmung.
  καθημερινός täglich < καθημέριος heutig, zum heutigen Tage gehörig
- Das Suffix -τός bezeichnet viele Adjektive überhaupt. Ursprünglich diente es zur Bildung von Verbaladjektiven (Suffix -τός, -τή, -τόν). Dieses bezeichnete entweder das Bewirkte, oder das Bewirkbare. Im NT sind nur Reste dessen entvalten. Meist sind solche Verbaladjektive zu reinen Adjektiven erstarrt.

10.3 Durch Zusammensetzung gebildete Wörter

Das Griechische bildet sehr viele Wörter durch neue Zusammensetzungen. In einem guten Stil können sie zum Schmuck der Rede dienen. Kompositionen können auf sehr vielfältige Art und Weise gebildet werden, daher werden hier nur die allerwichtigsten aufgeführt.

10.3.1 Mit einer Präposition als erstem Glied (Präfix)

Die wichtigsten Bedeutungen von Präpositionen in Komposita seien hier aufgeführt.

- ἀνά (Grundbedeutung: an-vinauf)
  - hinauf (ἀναβαίνω hinaufgehen)
  - wieder, wiederholend, verbessernd (ἀναβλέπω wieder sehend werden)
  - verstärkend (ἀναδέχομαι aufnehmen, übernehmen)
- ἀπό (Grundbedeutung: von ... her, von ... weg, fern, frei ... von)
  - ab-, weg-, von ... weg, los ... von, frei ... von (ἀπολύω loslösen)
  - zurück, entgegen, wider (ἀπολείπω zurücklassen)
  - völlig (ἀποστερέω völlig berauben)
  - negative Bedeutung: ver- (ἀποδοκιμάζω missbilligen, verwerfen)
- διά (Grundbedeutung: auseinander, durch)
  - lokal: durch-, hindurch-, über- (διαβαίνω durchschreiten, überschreiten)
  - temporal: durch-, bis zu Ende (διαμένω verbleiben, ausharren)
  - Gedanken der Trennung, Unterscheidung: auseinander-, unter-, ver-, zer- (διακρίνω auseinanderscheiden, entscheiden)
  - im Sinne des Umkehrens, besonders zum Schlechten (διαβάλλω entzweien)
  - im Sinne des Festlegens und Anordnens (διατάσσω anordnen, befehlen)
  - zeigt die Vollständigkeit einer Handlung (διαφθείρω zerstören, völlig zugrundegehen)
- εἰς (Grundbedeutung: Richtung in das Innere od. in die Nähe einer Sache)
  - zur Richtungsangabe (auf die Frage wohin?) (εἰσέρχομαι hineingehen)
- ἐκ (Grundbedeutung: aus ... heraus)
  - heraus-, aus- (ἐκπορεύομαι herausgehen)
  - verstärkend: völlig- (ἐκδαπανάω vollends aufwenden)
  - Veränderung in einen anderen Zustand (ἐξεγείρω aufwachen, auferwecken)
- ἐν (Grundbedeutung: zur Bezeichnung des Verweilens im Innern eines Gegenstandes)
  - bei Wörtern mit statischem Charakter (ἔνδοξος ruhmvoll, berühmt)
  - bei Wörtern der Bewegung auf die Frage wohin? (ἐμπίπτω hineinfallen)

- in feindlichem od. hemmendem Sinn: ver- (ἐμπαίζω seinen Mutwillen treiben)
- verstärkend, zum Ausdruck einer Zunahme od. eines Werdens (ἐνδυναμόω stark machen)
- ἐπί (Grundbedeutung: auf, darauf, an)
  - ohne Kasusbindung mit leichter Verstärkung (ὁ ἔπαινος das Lob, Lobpreis)
  - mit Dat: - zur Ortsangabe (wo?) (ἐπέχω losgehen auf)
    - im Sinne einer Herrschaftsausübung (ἐπιτιμάω anfahren, tadeln)
  mit Akk: - zur Richtungsangabe (wohin?): auf-, an-, hin-, hinzu-, heran- (ἐπιβάλλω überwerfen, auflegen)
  - zur Ortsangabe (wo?): auf-, ein- (ἐπιράπτω daraufnähen)
  - gleichbleibend od. leicht verstärkend (ἐπιλανθάνομαι vergessen, übersehen)
- κατά (Grundbedeutung: herab-, gegen)
  - zur Richtungsangabe: herab-, nieder-, gegen-, ver-, zurück (καταβαίνω herabgehen)
  - zum Ausdruck einer Entsprechung (καθήκει es gebührt sich < καθήκω gebühren)
  - zum Ausdruck einer Verstärkung: völlig, ganz, richtig (κατακαλύπτω ganz verhüllen)
- παρά (Grundbedeutung: nahe bei, bei, neben)
  - entlang-, daneben (παράγω entlang gehen, vorbei gehen)
  - dabei-, an-, dazu-, herbei (παραλαμβάνω annehmen)
  - vorbei-, gegen-, wider-, über (παράνομος gesetzwidrig)
  - abwertend (peiorativ): ver- (παρέρχομαι vergehen)
  - helfend (παρακαλέω zu Hilfe rufen, bitten)
  - los-, frei- (παραλύω auflösen, entkräften)
- περί (Grundbedeutung: ringsherum, um-, überaus)
  - um ... herum, umher (περιβάλλω umwerfen)
  - rundum = völlig (περίλυπος tiefbetrübt)
  - mehr als (περιεργάζομαι Überflüssiges od. Unnützes tun)
- πρός (Grundbedeutung: drückt die Bewegung zu etwas hin aus)
  - zu ... hin, an- (προσέρχομαι hingehen)
  - dabei (προσμένω dabeibleiben)
- πρό (Grundbedeutung: örtliches od. zeitliches davor)
  - lokal: voraus, vorher (προάγω vorausgehen)
  - temporal: zuvor, schon früher (προακούω zuvor hören)
  - hervor-, heraus- (προέχω vorhaushaben, hervorragen)
- ὑπό (Grundbedeutung: von, od. zur Angabe von Urheber und Ursache)
  - lokal: darunter-, unter- (ὑπομονή das Darunterbleiben, Ausharren)
  - zurück-, um-, wieder-, weg (ὑποστρέφω zurückkehren)
  - verstärkend (ὑπάρχω den Anfang machen, vorhanden sein)
  - heimlich ..., verdeckt ..., listig ... (ὑποκρίτης Schauspieler, Heuchler)

10.3.2 Mit Nomen zusammengesetzte Komposita

a) Determinativkomposita (das erste Glied bestimmt das zweite näher)

δεσμοφύλαξ Gefängniswärter (< δεσμός Band, Fessel, Gefängnis + φύλαξ, -ακος Wächter, Hüter; eig: „Wächter des Gefängnisses")

συμπρεσβύτερος Mitältester (< σύν mit, zusammen + πρεσβύτερος Ältester)

b) Rektionskomposita (lat. rectio = Leitung, Regierung): ein Glied regiert das andere; ein Glied ist verbal (mit der Bdtg eines Partizips), das andere ist das davon abhängige Objekt.

φιλόξενος gastfreundlich, den Fremden liebend (φιλο < φιλῶν = liebend < φιλέω + ξένος = fremd, Fremder)

κακοποιός übles tuend, Übeltäter (κακός = schlecht, übel + ποιός < ποιῶν = tuend)

10.3.3 Mit Kompositionspartikeln zusammengesetzte Wörter

- α-privativum (lat. privare berauben): verkehrt ein Nomen in sein Gegenteil (vor Vokalen meist ἀν-)
  ἄ-δικος ungerecht

- α-copulativum (verbindendes α): zusammen, gleich, eins
  ἀ-δελφός Bruder (< ἡ δελφύς = Gebärmutter; „aus dem gleichen Mutterleib stammend")

- α-intensivum (verstärkend): sehr
  ἀ-τενίζω gespannt auf etw blicken (< τείνω = spannen, auf etw zustreben)

- δυσ- hat die Bedeutung von „schlecht, übel, schwierig"
  δυσφημέω verlästern (< φήμι reden, äussern)

- εὐ- hat die Bedeutung von „gut, schön".
  - εὐάρεστος angenehm, wohlgefällig (< ἀρέσκω gefallen)

II Syntax

11 Der Irrealis

Die Partikel ἄν ist im Zusammenhang mit dem Konjunktiv in Lektion 12 bereits begegnet. Dort wurde festgestellt, dass diese Partikel den Satzinhalt an eine Bedingung knüpft. Nun wird ἄν nicht bloss mit dem Konjunktiv zusammen verwendet, obwohl das im NT der häufigste Fall ist, sondern auch in gewissen andern Konstruktionen, vorallem beim Irrealis.

Der Irrealis bezeichnet eine **Nichtwirklichkeit** und entspricht einem deutschen Konjunktiv. Der Irrealis stellt einen **Konditionalsatz** (Bedingungssatz) dar und **besteht aus einem Haupt- und einem Nebensatz**.

Der NS, die **Protasis** (πρότασις = vorgelegte Frage) wird mit εἰ eingeleitet und enthält immer ein Augmenttempus. Die **Apodosis** (ἀπόδοσις = Wiedergabe, Zurückgabe) bildet einen „Dann-Satz" und enthält die Partikel ἄν als Kennzeichen. Ein Augmenttempus ist auch hier vorgegeben.

Bsp: <u>Wenn</u> ich schneller laufen <u>könnte</u> (= Protasis), <u>dann</u> <u>wäre</u> ich eher am Ziel (= Apodosis). Den deutschen Kennzeichen „Wenn + Konj" für die Protasis und „Dann + Konj" für die Apodosis entsprechen griechisch also:

εἰ + Augmenttempus	= Protasis	= NS	
			⇒ Irrealis
ἄν + Augmenttempus	= Apodosis	= HS	

Im NT kann die Partikel ἄν gelegentlich fehlen.

> Die Negation im HS lautet οὐ (Behauptungssatz). Im NS lautet sie μή (Begehrungssatz).

Je nach Tempus im HS steht der Irrealis in der Gegenwart (zeitlos) oder in der Vergangenheit. Die untenstehenden Regeln werden im NT nicht immer streng eingehalten, sondern können je nach Kontext auch mit andern Tempora verwendet werden.

a)

> Imperfekt + ἄν = Irrealis der Gegenwart (zeitlos)

Wenn A gelten würde (Protasis), dann würde auch B gelten (Apodosis). Da A aber nicht gilt, so gilt auch B nicht.

εἰ ἐκ τοῦ κόσμου <u>ἦτε</u>, ὁ κόσμος <u>ἂν</u> τὸ ἴδιον ἐφίλει.

<u>Wenn</u> ihr von der Welt <u>wäret</u>, <u>dann</u> <u>würde</u> die Welt das Eigene lieben. Joh 15,19

b)

> Aorist + ἄν = Irrealis der Vergangenheit (selten mit Plqpf)

Wenn A gegolten hätte (Protasis), so hätte auch B gegolten (Apodosis). Da aber A nicht gegolten hat, so galt auch B nicht.

εἰ γὰρ ἔγνωσαν, οὐκ ἂν τὸν κύριον τῆς δόξης ἐσταύρωσαν.
Denn wenn sie erkannt hätten, so hätten sie den Herrn der Herrlichkeit nicht gekreuzigt. 1Kor 2,8

III Übungen

1. Verba muta
Bitte bestimmen und übersetzen Sie folgende Formen der Verba muta! Geben Sie jeweils die Grundform an!
ὁ ἁγιάσας – ἁρπάσαι – ἁρπάσει – ἀναβλέψας – ἐὰν ἐπιστρέψῃ – ἐπίτρεψον – ἠνεῴχθησαν – ἠνοίγησαν – ἐστὶν πεπραγμένον – εἰσάγαγε – ἐξαγαγέτωσαν – ἡ ἀπάγουσα – παρῆγεν – ἄρξονται – ἤρξαντο – ἐγγίσαντος αὐτοῦ – ἀσπάσασθε – ἀφοριοῦσιν – ὅταν ἀφορίσωσιν – διελέχθησαν – διελέξατο

2. Wortbildung
Sie kennen jeweils das erste Wort aus den Lernvokabeln. Versuchen Sie nun die Bedeutung der etymologisch verwandten Wörter (meist seltenere Formen aus dem NT!) zu erkennen!

1) ἐπιτρέπω – ἐπιτροπή – ὁ ἐπίτροπος – ἐπιτροπεύω 2) ὁ θάνατος – θανατόω – θανάσιμος 3) θαυμάζω – τὸ θαῦμα, -ατος – θαυμάσιος, -α, -ον – θαυμαστός, -ή, -όν 4) φοβέομαι (φοβέω) – φοβερός, -ά, -όν – τὸ φόβητρον – ὁ φόβος – ἀφόβως 5) ἡ φωνή – φωνέω – συμφωνέω – ἡ συμφωνία – ἡ συμφώνησις – σύμφωνος, -ον 6) ὁ νοῦς (< νοός) – τὸ νόημα – νοέω – [διανοέω] – ἡ διάνοια – ἡ παράνοια – ἡ ἄνοια – ἀνόητος – ἡ ἔννοια – ἐννοέω – δυσνόητος

3. Irrealis

1) εἰ τυφλοὶ ἦτε, οὐκ ἂν εἴχετε ἁμαρτίαν. 2) εἰ γὰρ ἐπιστεύετε Μωϋσεῖ, ἐπιστεύετε ἂν ἐμοί. 3) εἰ ᾔδει ὁ οἰκοδεσπότης ποίῃ φυλακῇ ὁ κλέπτης ἔρχεται, ἐγρηγόρησεν ἂν καὶ οὐκ ἂν εἴασεν διορυχθῆναι τὴν οἰκίαν αὐτοῦ. (διορύσσω durchbrechen, einbrechen) 4) εἰ δὲ ἑαυτοὺς διεκρίνομεν, οὐκ ἂν ἐκρινόμεθα. 5) εἰ μὴ κύριος Σαβαὼθ ἐγκατέλιπεν ἡμῖν σπέρμα, ὡς Σόδομα ἂν ἐγενήθημεν καὶ ὡς Γόμορρα ἂν ὡμοιώθημεν. 6) εἰ ἤμεθα ἐν ταῖς ἡμέραις τῶν πατέρων ἡμῶν, οὐκ ἂν ἤμεθα αὐτῶν κοινωνοὶ ἐν τῷ αἵματι τῶν προφητῶν. 7) εἰ ἔτι ἀνθρώποις ἤρεσκον, Χριστοῦ δοῦλος οὐκ ἂν ἤμην. 8) κύριε, εἰ ἦς ὧδε οὐκ ἂν ἀπέθανεν ὁ ἀδελφός μου.

4. Übungssätze

1) πέπεισμαι ἐν κυρίῳ Ἰησοῦ ὅτι οὐδὲν κοινὸν δι' ἑαυτοῦ, εἰ μὴ τῷ λογιζομένῳ τι κοινὸν εἶναι, ἐκείνῳ κοινόν. 2) πάτερ ἡμῶν ὁ ἐν τοῖς οὐρανοῖς· ἁγιασθήτω τὸ ὄνομά σου. 3) πνεῦμα κυρίου ἥρπασεν τὸν Φίλιππον καὶ οὐκ εἶδεν αὐτὸν οὐκέτι ὁ εὐνοῦχος, ἐπορεύετο γὰρ τὴν ὁδὸν αὐτοῦ χαίρων. 4) καὶ ἔλεγον πρὸς ἑαυτάς, τίς ἀποκυλίσει ἡμῖν τὸν λίθον ἐκ τῆς θύρας τοῦ μνημείου; καὶ ἀναβλέψασαι θεωροῦσιν ὅτι ἀποκεκύλισται ὁ λίθος· ἦν γὰρ μέγας σφόδρα. (ἀποκυλίω = wegwälzen;) 5) ἦτε γὰρ ὡς πρόβατα πλανώμενοι, ἀλλὰ ἐπεστράφητε νῦν ἐπὶ τὸν ποιμένα καὶ ἐπίσκοπον τῶν ψυχῶν ὑμῶν. (ὁ ἐπίσκοπος der Aufseher < ἐπισκέπτομαι) 6) ἕτερος δὲ τῶν μαθητῶν αὐτοῦ εἶπεν αὐτῷ, κύριε, ἐπίτρεψόν μοι πρῶτον ἀπελθεῖν καὶ θάψαι τὸν πατέρα μου. 7) καὶ λέγει αὐτῷ, ἀμὴν ἀμὴν λέγω ὑμῖν, ὄψεσθε τὸν οὐρανὸν ἀνεῳγότα καὶ τοὺς ἀγγέλους τοῦ θεοῦ ἀναβαίνοντας καὶ καταβαίνοντας ἐπὶ τὸν υἱὸν τοῦ ἀνθρώπου. 8) ἀποκριθεὶς δὲ ὁ ἕτερος ἐπιτιμῶν αὐτῷ ἔφη, οὐδὲ φοβῇ σὺ τὸν θεόν, ὅτι ἐν τῷ αὐτῷ κρίματι εἶ; καὶ ἡμεῖς μὲν δικαίως, ἄξια γὰρ ὧν ἐπράξαμεν ἀπολαμβάνομεν· οὗτος δὲ οὐδὲν ἄτοπον ἔπραξεν. (ἄτοπος, -ον = nicht am Platze, ungewöhnlich, schlecht) 9) καὶ ἐν τῷ εἰσαγαγεῖν τοὺς γονεῖς τὸ παιδίον Ἰησοῦν τοῦ ποιῆσαι αὐτοὺς κατὰ τὸ εἰθισμένον τοῦ νόμου περὶ αὐτοῦ καὶ αὐτὸς ἐδέξατο αὐτὸ εἰς τὰς ἀγκάλας καὶ εὐλόγησεν τὸν θεὸν ... (ἐθίζω = gewöhnen; ἡ ἀγκάλη = der Arm; εὐλογέω = segnen) 10) τούτῳ ὁ θυρωρὸς ἀνοίγει καὶ τὰ πρόβατα τῆς φωνῆς αὐτοῦ ἀκούει καὶ τὰ ἴδια πρόβατα φωνεῖ κατ' ὄνομα καὶ ἐξάγει αὐτά. (ὁ θυρωρός = der Türhüter) 11) καὶ προσλαβόμενος ὁ Πέτρος αὐτὸν ἤρξατο ἐπιτιμᾶν αὐτῷ. ὁ δὲ ἐπιστραφεὶς καὶ ἰδὼν τοὺς μαθητὰς αὐτοῦ ἐπετίμησεν Πέτρῳ καὶ λέγει, ὕπαγε ὀπίσω μου, Σατανᾶ, ὅτι οὐ φρονεῖς τὰ τοῦ θεοῦ, ἀλλὰ τὰ τῶν ἀνθρώπων. 12) μακροθυμήσατε καὶ ὑμεῖς, στηρίξατε τὰς καρδίας ὑμῶν, ὅτι ἡ παρουσία τοῦ κυρίου ἤγγικεν. 13) παρακαλῶ οὖν ὑμᾶς ἐγὼ ὁ δέσμιος ἐν κυρίῳ ἀξίως περιπατῆσαι τῆς κλήσεως ἧς ἐκλήθητε, μετὰ πάσης ταπεινοφροσύνης καὶ πραΰτητος, μετὰ μακροθυμίας ἀνεχόμενοι ἀλλήλων ἐν ἀγάπῃ. (ἡ ταπεινοφροσύνη = die niedere Gesinnung, Demut) 14) ἀπεκρίθη Ἰησοῦς καὶ εἶπεν αὐτῇ, εἰ ᾔδεις τὴν δωρεὰν τοῦ θεοῦ καὶ τίς ἐστιν ὁ λέγων σοι, δός μοι πεῖν, σὺ ἂν ᾔτησας αὐτὸν καὶ ἔδωκεν ἄν σοι ὕδωρ ζῶν. (δός μοι πεῖν = gib mir zu trinken!) 15) οὐαί σοι, Χοραζίν, οὐαί σοι Βηθσαϊδά· ὅτι εἰ ἐν Τύρῳ καὶ Σιδῶνι ἐγένοντο αἱ δυνάμεις αἱ γενόμεναι ἐν ὑμῖν, πάλαι ἂν ἐν σάκκῳ καὶ σποδῷ μετενόησαν. (πάλαι = früher, schon längst; ὁ σάκκος = der Sack; ἡ σποδός = die Asche) 16) ἰδὼν

δὲ ὁ Φαρισαῖος ὁ καλέσας αὐτὸν εἶπεν ἐν ἑαυτῷ λέγων, οὗτος εἰ ἦν προφήτης, ἐγίνωσκεν ἂν τίς καὶ ποταπὴ ἡ γυνὴ ἥτις ἅπτεται αὐτοῦ, ὅτι ἁμαρτωλός ἐστιν. (ποταπός, -ή, -όν = von welcher Art) **17)** οἶδα ποῦ κατοικεῖς, ὅπου ὁ θρόνος τοῦ Σατανᾶ, καὶ κρατεῖς τὸ ὄνομά μου καὶ οὐκ ἠρνήσω τὴν πίστιν μου καὶ ἐν ταῖς ἡμέραις Ἀντιπᾶς ὁ μάρτυς μου. **18)** διὰ τοῦτο εὐφραίνεσθε, οἱ οὐρανοὶ καὶ οἱ ἐν αὐτοῖς σκηνοῦντες. οὐαὶ τὴν γῆν καὶ τὴν θάλασσαν, ὅτι κατέβη ὁ διάβολος πρὸς ὑμᾶς ἔχων θυμὸν μέγαν, εἰδὼς ὅτι ὀλίγον καιρὸν ἔχει. (σκηνόω = wohnen, zelten; κατέβη = er ist hinabgestiegen) **19)** ὁ δὲ Ἰησοῦς ἔλεγεν, πάτερ, ἄφες αὐτοῖς, οὐ γὰρ οἴδασιν τί ποιοῦσιν. διαμεριζόμενοι δὲ τὰ ἱμάτια αὐτοῦ ἔβαλον κλήρους. (ἄφες = vergib!) **20)** καὶ ὃς ἂν ποτίσῃ ἕνα τῶν μικρῶν τούτων ποτήριον ψυχροῦ μόνον εἰς ὄνομα μαθητοῦ, ἀμὴν λέγω ὑμῖν, οὐ μὴ ἀπολέσῃ τὸν μισθὸν αὐτοῦ. (ποτίζω = zu trinken geben; τὸ ψυχρόν = das kalte Wasser, Gen der Qualität; ἀπολέσῃ = Konj Aor 3.Sg = er verliert)

Lektüre: 1Kor 1,10–17 Die Situation in Korinth

10 παρακαλῶ δὲ ὑμᾶς, ἀδελφοί, διὰ τοῦ ὀνόματος τοῦ κυρίου ἡμῶν Ἰησοῦ Χριστοῦ, ἵνα τὸ αὐτὸ λέγητε πάντες καὶ μὴ ᾖ ἐν ὑμῖν σχίσματα, ἦτε δὲ κατηρτισμένοι ἐν τῷ αὐτῷ νοῒ καὶ ἐν τῇ αὐτῇ γνώμῃ[1]. 11 ἐδηλώθη[2] γάρ μοι περὶ ὑμῶν, ἀδελφοί μου, ὑπὸ τῶν Χλόης ὅτι ἔριδες[3] ἐν ὑμῖν εἰσιν. 12 λέγω δὲ τοῦτο ὅτι ἕκαστος ὑμῶν λέγει, ἐγὼ μέν εἰμι Παύλου, ἐγὼ δὲ Ἀπολλῶ, ἐγὼ δὲ Κηφᾶ, ἐγὼ δὲ Χριστοῦ. 13 μεμέρισται ὁ Χριστός; μὴ Παῦλος ἐσταυρώθη ὑπὲρ ὑμῶν, ἢ εἰς τὸ ὄνομα Παύλου ἐβαπτίσθητε; 14 εὐχαριστῶ τῷ θεῷ ὅτι οὐδένα ὑμῶν ἐβάπτισα εἰ μὴ Κρίσπον καὶ Γάϊον, 15 ἵνα μή τις εἴπῃ ὅτι εἰς τὸ ἐμὸν ὄνομα ἐβαπτίσθητε. 16 ἐβάπτισα δὲ καὶ τὸν Στεφανᾶ οἶκον, λοιπὸν οὐκ οἶδα εἴ τινα ἄλλον ἐβάπτισα. 17 οὐ γὰρ ἀπέστειλέν[4] με Χριστὸς βαπτίζειν ἀλλὰ εὐαγγελίζεσθαι, οὐκ ἐν σοφίᾳ λόγου, ἵνα μὴ κενωθῇ[5] ὁ σταυρὸς τοῦ Χριστοῦ.

---

[1] ἡ γνώμη = der Sinn, Meinung, Einverständnis, Entscheidung
[2] δηλόω = offenbar machen, zu erkennen geben, erklären, deutlich machen
[3] ἡ ἔρις, -ιδος = der Streit, Zwiespalt
[4] ἀπέστειλεν = Aor 3. Sg ἀποστέλλω
[5] κενόω = leer machen, entleeren (vgl. κενός, -ή, -όν)

LEKTION 15

I Morphologie

1 Die Verba Liquida

Nach der Behandlung der Verba muta in Lektion 14 sollen an dieser Stelle die sogenannten Verba liquida eingeführt werden. Bei dieser im NT ebenfalls recht häufigen Verbalklasse handelt es sich um diejenigen Verben, die **im Stammauslaut eine Liquida, also ein λ, μ, ν oder ϱ** aufweisen.

Die beiden Buchstaben μ und ν können zudem auch als Nasale bezeichnet werden, da bei ihrer Ausprache die Luft durch die Nase entweicht. Es gibt eine Klasse von Verben, die im Präsens auf einen Nasal endet, aber nicht zu den Verba liquida gerechnet werden kann. Es handelt sich dabei um unregelmässige Verben, die dadurch in eine eigene Klasse eingeteilt werden können.

2 Das Präsens der Verba liquida

Nur bei sehr wenigen Verben stimmt der Präsensstamm mit dem Verbalstamm überein. Meistens ist der Präsensstamm gegenüber dem Verbalstamm erweitert. Das hat seinen Grund darin, dass das Präsens bei den meisten Verba liquida durch das alte j erweitert war. Auch hier hatte sein Ausfall lautgesetzliche Konsequenzen.

2.1 Die einfachen Verba liquida

Wir nennen diejenigen Verben, bei denen Präsensstamm mit Verbalstamm übereinstimmen, die einfachen Verba liquida (analog zu den einfachen Verba muta).

μένω (bleiben)   Verbalstamm: μεν-

δέρω (schinden)   Verbalstamm: δερ-

νέμω (zuteilen)   Verbalstamm: νεμ-

2.2 Die Verba liquida mit altem j-Stamm

Auch hier geht es darum, vom Präsens her den eigentlichen Verbalstamm erkennen zu können, damit auf dieser Grundlage die ausserpräsentischen Formen gebildet werden können.

2.2.1 Verben mit λ im Stammauslaut

> Nach Ausfall des alten j wird stammauslautendes λ im Präsens zu λλ.

ἀγγέλλω (melden)   < *ἀγγελjω   Verbalstamm: ἀγγελ-
   vgl. ὁ ἄγγελος der Bote

στέλλω (senden)   < *στελjω   Verbalstamm: στελ-
vgl. ὁ ἀπόστολος der Gesandte (mit o-Ablaut)

2.2.2 Verben mit kurzem Stammvokal

Bei einsilbigen Verbalstämmen wurde der Stammvokal durch das j gedehnt. Bei zweisilbigen Stämmen ist der zweite Vokal gedehnt.

| Dabei werden: ε > ει / α > αι / kurzes ι und υ werden lang. |

Anmerkung: Die Bildung des Diphtongs ει und die Dehnung von ι oder υ sind auf Ersatzdehnung zurückzuführen. Bei der Bildung des Diphtongs αι handelt es sich um eine Epenthese (Nachvornespringen) des alten j.

τείνω (spannen)   < *τενjω   Verbalstamm: τεν-
vgl. ἡ ἐκτένεια die Beharrlichkeit < ἐκτενής angespannt, beharrlich

σπείρω (säen)   < *σπερjω   Verbalstamm: σπερ-
vgl. τὸ σπέρμα, -ατος der Same

φαίνω (leuchten)   < *φανjω   Verbalstamm: φαν-
vgl. ὁ φανός die Leuchte, Laterne

καθαίρω (reinigen)   < *καθαρjω   Verbalstamm: καθ-αρ-
vgl. καθαρός rein

κρίνω (richten)   < *κρινjω   Verbalstamm: κριν- / κρι-
vgl. ἡ κρίσις das Gericht

αἰσχύνω (sich schämen)   < *αἰσχυνjω   Verbalstamm: αἰσχυν-
vgl. ἡ αἰσχύνη das Schamgefühl

3 Das Futur der Verba liquida

Das Futur wird mit dem reinen Verbalstamm gebildet. Die Endungen sehen genau gleich aus wie die Endungen der Verba contracta auf -έω. Man nennt dieses Futur deshalb **Futurum contractum**.
Von den Endungen her ist uns dieses Phänomen schon bei den ein- oder zweisilbigen Verba muta auf -ζω begegnet.

| Futur der Verba liquida: Verbalstamm + kontrahierte Endung (wie -έω-Verben) |

Die Endungen der Konjugation lauten also:
Akt: -ῶ, -εῖς, -εῖ, -οῦμεν, -εῖτε, -οῦσιν
M: -οῦμαι, -ῇ, -εῖται, -ούμεθα, -εῖσθε, -οῦνται

Anmerkung: Ursprünglich wurde der reine Verbalstamm beim Futur durch ein ε erweitert. Mit dem Tempuszeichen σ des Futurs entstand die Silbe -εσ, woran die normale Endung gefügt wurde. Das innervokalische σ fiel später aus, wobei die zwei aufeinandertreffenden Vokale kontrahiert wurden. *ἀγγελ-ε-σ-ω > *ἀγγελ-ε-ω > ἀγγελῶ
In der Koine können Ausnahmen von dieser Regel vorkommen. So findet man z.B. in der LXX ein Futur 3.Sg von σπείρω als σπαρήσεται.

ἀγγέλλω (melden)   Verbalstamm: ἀγγελ-   Futur: ἀγγελῶ

κρίνω (richten)   Verbalstamm: κριν-   Futur: κρινῶ

4 Der Aorist Aktiv und Medium der Verba liquida

Wenn das Aorist-σ auf eine Liquida trifft, so wäre das schwer auszusprechen und wird deshalb abgeändert. Jedoch geschieht das nicht in derselben Weise wie beim Futur.

> Das Aorist-σ der Verba liquida fällt unter Ersatzdehnung aus. Dabei werden ε > ει und kurzes α, ι oder υ werden lang.

Anmerkung: Klassisch wurde das α nur nach ε,ι,ρ zu langem α, sonst zu η gedehnt. Also lautete z.B. der Aor zu φαίνω (leuchten) ἔφηνα.

ἀγγέλλω (melden)   Verbalstamm: ἀγγελ-   Aorist: ἤγγειλα

σπείρω (säen)   Verbalstamm: σπερ-   Aorist: ἔσπειρα

φαίνω (leuchten)   Verbalstamm: φαν-   Aorist: ἔφᾱνα

κρίνω (richten)   Verbalstamm: κριν-   Aorist: ἔκρῑνα

Der **Konjunktiv** der Verba liquida mit den **Stammvokalen** ι **oder** υ sieht dadurch im **Präsens und Aorist genau gleich** aus!

οὐ γὰρ ἀπέστειλεν ὁ θεὸς τὸν υἱὸν εἰς τὸν κόσμον ἵνα κρίνῃ τὸν κόσμον.
Denn Gott hat den Sohn nicht in die Welt gesandt, damit er die Welt richtet (Konj Präs od Aor) Joh 3,17

5 Der Aorist Pass und das Perfekt der Verba liquida

Der Aorist Pass und das Perfekt (der Form nach dann auch das Plusquamperfekt) weisen dieselbe Eigentümlichkeit auf und werden hier deshalb zusammen behandelt.

> Im Aor Pass und im Pf haben einsilbige Stämme mit ε als Vokal einen Ablaut zu α. Der passive Aorist wird meistens stark gebildet (ohne θ).

σπείρω (säen)   Verbalstamm: σπερ-   Aor Pass: ἐσπάρην
                                     Pf Akt: ἔσπαρκα   Pf Pass: ἔσπαρμαι

στέλλω (senden)   Verbalstamm: στελ-   Aor Pass: ἐστάλην
                                       Pf Akt: ἔσταλκα   Pf Pass: ἔσταλμαι

Ausnahme: μένω (bleiben) behält seinen Stamm μεν- im Pf: μεμένηκα

5.1 Anmerkungen

a) Das ν im Pf Pass
Das ν im Stammauslaut wird beim athematisch konjugierten Perfekt Pass bei den mit μ anlautenden Endungen assimiliert. So wird *-νμ- zu -μμ-. Im NT sind nur sehr wenige solche Formen belegt. Z.B. μιαίνω (beflecken): Pf Pass μεμίαμμαι; Part Pf Pass μεμιαμ-

μένος (nur 2×NT). 2x erscheint ἐξηραμμένην als Part Pf Pass Fem Akk Sg von ξηραίνω (vertrocknen).
Klassisch wurde aus *-νμ- immer -σμ-.

b) Vokalstämme
Manche Liquida auf -ν haben neben ihrem Stamm mit ν-Auslaut noch einen Vokalstamm (also ohne ν im Stammauslaut). Im Pf Pass bleibt daher die Assimilation des ν an das μ aus. So lauten die Perfekte Pass von κρίνω (richten) und κλίνω (liegen) mit Vokalstamm jeweils κέκριμαι und κέκλιμαι.

6 Stammformen von unregelmässigen und schwierigen Verba liquida

αἴρω	ἀρῶ	ἦρα	ἦρκα	wegnehmen	ἀρ-
		ἤρθην	ἦρμαι		
βάλλω	βαλῶ	ἔβαλον	βέβληκα	werfen	βαλ-
		ἐβλήθην	βέβλημαι		βλη-
ἐγείρω	ἐγερῶ	ἤγειρα	ἐγήγερκα	aufwecken	ἐγερ-
		ἠγέρθην	ἐγήγερμαι		
κερδαίνω	κερδανῶ ο.	ἐκέρδανα ο.	κεκέρδηκα	gewinnen	κερδαν-
	κερδήσω	ἐκέρδησα			κερδη-
		ἐκερδήθην	κεκέρδημαι		
κρίνω	κρινῶ	ἔκρινα	κέκρικα	richten	κριν-
		ἐκρίθην	κέκριμαι		κρι-

7 Der Wurzelaorist

Im NT gibt es nur einige wenige, z.T. jedoch sehr häufige Verben mit sogenanntem Wurzelaorist. Wie der Name vermuten lässt, sind bei diesen Verben der **Aoristenstamm und die Wortwurzel identisch**. Betrachtet man die Sache umgekehrt vom Präsens her, so muss man sagen: Der **Präsensstamm ist gegenüber der Verbalwurzel erweitert**. Im Präsens werden diese Verben völlig regelmässig konjugiert. Einige (z.B. γινώσκω) kennen wir schon seit langem.

Beim Wurzelaorist ist besonders anzumerken, dass
- die Personalendungen denen des passiven Aorists gleichen, aber ohne Tempuszeichen θη auskommen
- die Personalendungen athematisch an die Wortwurzel gefügt werden
- die lange Silbe vor -ντ (Part) oder vor Vokal (Opt) gekürzt wird.

7.1 Die zwei häufigsten Wurzelaoriste

γινώσκω (erkennen)   Wurzel: γνω-

	Ind Aor Akt	Konj Aor	Imp	Part
1.Sg	ἔ-γνω-ν	γνῶ		γνούς, γνόντος
2.	ἔ-γνω-ς	γνοῖς [γνῷς]	γνῶ-θι	
3.	ἔ-γνω	γνοῖ [γνῷ]	γνώ-τω	γνοῦσα, γνούσης
1.Pl	ἔ-γνω-μεν	γνῶ-μεν		
2.	ἔ-γνω-τε	γνῶ-τε	γνῶ-τε	γνόν, γνόντος
3.	ἔ-γνω-σαν	γνῶ-σι(ν)	γνώ-τω-σαν	
Inf	γνῶ-ναι			

βαίνω (gehen; im NT nur in Komposita)   Wurzel: βη- / βα-

	Ind Aor Akt	Konj Aor	Imp	Part
1.Sg	ἔ-βη-ν	βῶ		βάς, βάντος
2.	ἔ-βη-ς	βῇς	βῆ-θι od. βά	
3.	ἔ-βη	βῇ	[βήτω od.] βά-τω	βᾶσα, βάσης
1.Pl	ἔ-βη-μεν	βῶ-μεν		
2.	ἔ-βη-τε	βῆ-τε	βῆ-τε	βάν, βάντος
3.	ἔ-βη-σαν	βῶσιν	βή-τω-σαν	
Inf	βῆ-ναι			

7.1.1 Anmerkungen

a) Die Stammformen lauten:
γινώσκω – γνώσομαι – ἔγνων – ἔγνωκα – ἔγνωσμαι – ἐγνώσθην
βαίνω – βήσομαι – ἔβην – βέβηκα

b) Der Imperativ von βαίνω zeigt Koineformen mit dem Vokal α neben denen mit gedehntem Vokal η.

c) Weitere Verben mit Wurzelaorist im NT:
ἵσταμαι (sich stellen): Aor ἔστην
χαίρω (sich freuen): Aor ἐχάρην

[δύω, NT nur δύνω (untergehen); LXX Wurzelaorist ἔδυν]

8 Das Wurzelpräsens

An dieser Stelle sollen zwei im NT wichtige Wurzelpräsentien behandelt werden, nämlich κεῖμαι (liegen) und κάθημαι (sitzen). Es sind hier einige Merkmale gleich wie beim oben behandelten Wurzelaorist.

- Der Präsensstamm gleicht der Wortwurzel.
- Die Personalendungen werden athematisch an die Wurzel gefügt.
- Die Endungen gleichen hier denen des passiven Pf Akt und denen des Plsqpf M/P.

8.1 Die zwei wichtigen Wurzelpräsentien

κεῖμαι (liegen)   Wurzel: κει-

	Ind Präs	Ind Ipf	Imp	Part
1.Sg	κεῖ-μαι	ἐ-κεί-μην		κείμενος, κειμένου
2.	κεῖ-σαι	ἔ-κει-σο	–	
3.	κεῖ-ται	ἔ-κει-το	–	κειμένη, κειμένης
1.Pl	κεί-μεθα	ἐ-κεί-μεθα		
2.	κεῖ-σθε	ἔ-κει-σθε	–	κείμενον, κειμένου
3.	κεῖ-νται	ἔ-κει-ντο	–	
Inf	κεῖ-σθαι			

κάθημαι (sitzen)   Wurzel: καθη-

	Ind Präs	Ind Ipf	Imp	Part
1.Sg	κάθη-μαι	ἐ-κάθη-μην		καθήμενος, -μένου
2.	κάθῃ	ἐ-κάθη-σο	κάθου	
3.	κάθη-ται	ἐ-κάθη-το	καθή-σθω	καθημένη, -μένης
1.Pl	καθή-μεθα	ἐ-καθή-μεθα		
2.	κάθη-σθε	ἐ-κάθη-σθε	κάθη-σθε	καθήμενον, -μένου
3.	κάθη-νται	ἐ-κάθη-ντο	καθή-σθωσαν	
Inf	καθῆ-σθαι			

8.1.1 Anmerkungen

a) Diese Wurzelpräsentien sehen aus wie „intransitive Perfekte im Passiv", jedoch ohne Reduplikation. Tatsächlich wird κεῖμαι dann auch als passives Perfekt zu τίθημι (setzen, legen, stellen) verwendet: κεῖμαι = ich bin gelegt = ich liege.
Die Endungen des Imperfekts sind dieselben wie die des Plusquamperfekts.

b) Das Futur von κάθημαι lautet: καθήσομαι, καθήσῃ, καθήσεται usw.

c) κεῖμαι kommt im NT weder im Imp noch im Fut vor.

d) Die Verben εἰμί (sein), εἶμι (gehen) und φήμι (sagen) sind ebenfalls Wurzelpräsentien. Sie werden aber mit den aktiven Endungen der athematischen Konjugation gebildet.

II Syntax

9 Artangaben zu Subjekt und Objekt

Die Artangabe bezeichnet die Beschaffenheit von Subjekt oder Objekt näher. Und zwar immer in bezug auf die Verwirklichung des Prädikatinhaltes. Der Satz „Er baute das Haus klein." zeigt diesen Umstand sehr schön. Das Prädikat „er baute" verlangt das AkkO „Haus", welches für sich alleine eine vollständige Satzaussage darstellen würde.

Nun wird aber noch eine Angabe über die Art und Weise dieses AkkO gemacht. Es ist nämlich nicht nur ein Haus, sondern es ist dazu noch klein. Hier handelt es sich also um eine Artangabe zum Objekt im Akkusativ.
Bitte unterscheiden Sie diesen Fall vom Attribut, welches ebenfalls eine Näherbestimmung zu einem Objekt darstellen kann. In unserem Beispiel würde eine Satzkonstruktion mit Attribut folgendermassen aussehen: „Er baute ein kleines Haus". Hier gehört die Angabe „klein" eindeutig zum AkkO als dessen Attribut. Bei der Artangabe zum Objekt hingegen gehört die Angabe „klein" eindeutig zum Prädikat.

Wir werden im folgenden von **Subjektsartangabe (SA)** und von **Objektsartangabe (OA)** sprechen. Die SA oder die OA stellen immer eine **freie Ergänzung**, also ein grammatikalisch nicht notwendiges Glied, dar. Im Gegensatz dazu sind Prädikatsnomen und echter Prädikatsakkusativ immer notwendig (d.h. der Satz wäre ohne diese Ergänzung nicht vollständig). Im obigen Beispiel könnte die Artangabe „klein" auch fehlen und der Satz wäre grammatikalisch trotzdem vollständig („Er baute das Haus.").

Vergleicht man die Grammatiken, so herrscht hier eine grosse Begriffsvielfalt. Die einen sprechen hier einfach von „prädikativem Gebrauch", was aber nicht sinnvoll ist, da die Artangabe nicht zum Prädikatsverband gehört. (Vgl. z.B. das Prädikatsnomen, welches notwendiger Bestandteil des Prädikatverbandes ist.) Andere sprechen von „prädikativem Zustandsattribut" oder von „Verbalapposition", was die Sache auch nicht einfacher macht. Die Bezeichnung „Adjunkt" (= Hinzugefügtes) stellt zwar einen guten Begriff dar, ist aber nur ein weiteres Fremdwort.

> Die SA und die OA beantworten die Frage „als was für ein …?", „in welchem Zustand …?" wird ein Subjekt/Objekt in bezug auf den Prädikatsinhalt dargestellt.

> In der deutschen Übersetzung müssen oft die Präpositionen „als" oder „zu" eingefügt werden.
> Im NT kann ebenfalls eine Präposition oder eine Partikel eingefügt sein: εἰς (+ Akk) oder ὡς.

9.1 Die Subjektsartangabe

> Die Subjektsartangabe steht wie das Subjekt im Nominativ und weist denselben Numerus auf.

> Die SA hat niemals den Artikel und steht immer in prädikativer Wortstellung.

οὗτος παρέστηκεν ἐνώπιον ὑμῶν ὑγιής.
Dieser (S) steht <u>gesund</u> (SA) vor euch. Apg 4,10

Frage: Als was für einer steht dieser vor euch? Als Gesunder. Wie, in welchem Zustand steht dieser vor euch? Gesund.

Hier ein Beispiel einer SA, die mit der Präposition εἰς gebildet wird. Weil εἰς den Akk verlangt, tritt diese in den Akk.

οὐχ ἡ ἀκροβυστία αὐτοῦ εἰς περιτομὴν λογισθήσεται;
Seine Unbeschnittenheit (S) wird doch wohl als Beschnittenheit (SA) angerechnet?
Rö 2,26

9.2 Die Objektsartangabe

> Die Objektsartangabe steht in demselben Kasus wie das zu bestimmende Objekt.
>
> Die OA hat ebenfalls nie den Artikel bei sich und steht in prädikativer Wortstellung.

  ἐάν τις αὐτὸν ὁμολογήσῃ Χριστόν...
  Wenn irgendjemand ihn (AkkO) als Christus (OA) bekennt ... Joh 9,22
Frage: Als wen, als was für einen bekennt ihn irgendjemand? Als Christus.

10 Der doppelte Akkusativ

Gewisse griechische Verben verlangen zwei Akkusativobjekte. Man spricht hier von **doppeltem Akkusativ**. Zuerst sei der **Prädikatsakkusativ** erwähnt.

10.1 Der Prädikatsakkusativ (PrA)

Dieser Akkusativ stellt grundsätzlich eine **notwendige Ergänzung** zum AkkO dar. Das heisst, ein Satz ist grammatikalisch nicht vollständig, wenn diese fehlt. Betrachten Sie bitte den folgenden Beispielsatz: „Sie halten ihn für einen Dieb". Das AkkO „ihn" reicht allein nicht aus, um einen grammatikalisch vollständigen Satz zu bilden („Sie halten ihn" ist nur mit inhaltlich anderer Bedeutung vollständig). Das Verb „jemanden für etwas halten" (griech = ἡγέομαι mit dopp Akk) braucht notwendig zwei Akkusative. Ein AkkO und einen Prädikatsakkusativ.

Auch hier werden von Grammatikern verschiedene Begriffe dafür verwendet. So wird der Prädikatsakkusativ auch „Objektsprädikativ" oder „Objektsidentifikationsergänzung" genannt.

> Der Prädikatsakkusativ ist von bestimmten Verben abhängig, die zwei Akkusative verlangen.

Aber bitte Vorsicht, die Bedeutung eines Verbes kann, je nachdem ob ein einfaches AkkO oder ein doppelter Akk folgt, verschieden sein. Konsultieren Sie im Zweifelsfall ein gutes Wörterbuch.

10.1.1 Verben mit Prädikatsakkusativ (Auswahl)

λέγω / καλέω / ὀνομάζω (mit dopp Akk: jmd nennen)

  πῶς Δαυὶδ καλεῖ αὐτὸν κύριον;
  Wie kann David ihn (AkkO) den Herrn (PrA) nennen? Mt 22,43

ἡγέομαι (mit dopp Akk: jmd für etwas halten)

  ταῦτα ἥγημαι διὰ τὸν Χριστὸν ζημίαν.
  Diese Dinge (AkkO) halte ich wegen Christus für Schaden (PrA). Phil 3,7

ποιέω (mit dopp Akk: jmd zu etwas machen)

> ὑμεῖς δὲ αὐτὸν (= ὁ οἶκος μου) ποιεῖτε σπήλαιον λῃστῶν.
> Ihr aber, ihr macht es (AkkO) zu einer Räuberhöhle (PrA). Mt 21,13

ἔχω (mit dopp Akk: jmd als etwas halten, ansehen)

> τοὺς τοιούτους ἐντίμους ἔχετε.
> Haltet solche (AkkO) in Ehren (PrA) (wörtl: „haltet solche als Geehrte"). Phil 2,29

καθίστημι, τίθημι (mit dopp Akk: einsetzen als)

> τίς με κατέστησεν ... κριτὴν ἐφ' ὑμᾶς;
> Wer hat mich (AkkO) als Richter (PrA) über euch eingesetzt? Lk 12,14

10.1.2 Anmerkungen:

a) Die Form des Prädikatsakkusativs steht grundsätzlich frei. Wichtig ist die Übereinstimmung im Kasus. Hier ein Beispiel eines PrA, welcher mit einem Pf Part gebildet ist.

> ἔχε με παρῃτημένον.   Betrachte mich (AkkO) als entschuldigt (PrA). Lk 14,18
> (Wörtl: „Halte mich für einen Entschuldigten")

b) Im Sprachgebrauch des NT kann ebenfalls, wie deutsch, eine Präposition oder eine Partikel zum Prädikatsakkusativ treten. Meist handelt es sich um εἰς oder ὡς.

> εἰς προφήτην αὐτὸν εἶχον.
> Für einen Propheten (PrA) hielten sie ihn (AkkO). Mt 21,46

Einige Handschriften lesen: ὡς προφήτην αὐτὸν εἶχον. Was genau dasselbe meint, einfach mit der Partikel ὡς gebildet.

10.2 Akkusativ der Person und der Sache

Einige Verben ziehen zwei Akkusativobjekte nach sich. Nämlich eines der Person und eines der Sache. In diesem Fall handelt es sich um **zwei echte** (affizierte = unmittelbar betroffene) **AkkO**. Betrachten Sie bitte das folgende Beispiel: „Er lehrte sie das Fürchten." Der Akk der Person „sie" (wen oder was lehrte er?) und der Akk der Sache (wen oder was lehrte er sie?) werden beide direkt vom Verb „lehren" verlangt. Griechisch ist dieselbe Konstruktion möglich. Beachten Sie aber, dass den beiden griechischen Akkusativen nicht immer zwei deutsche Akkusative entsprechen müssen (vgl. u. zu ποτίζω)

10.2.1 Verben mit Akk der Person und der Sache (Auswahl)

διδάσκω τινά τι (jmd etwas lehren)

> ἀποστασίαν διδάσκεις ἀπὸ Μωϋσέως τοὺς κατὰ τὰ ἔθνη πάντας Ἰουδαίους.
> Du lehrst alle Juden in Beziehung mit den Völkern (AkkP) Abfall (AkkS) von Mose. Apg 21,21

ἐρωτάω / αἰτέω τινά τι (jmd etwas fragen, um etwas bitten)

> ἐάν τι αἰτήσητέ με ἐν τῷ ὀνόματί μου ἐγὼ ποιήσω.
> Wenn ihr mich (AkkP) um irgendetwas (AkkS) bittet in meinem Namen, so will *ich* es tun. Joh 14,14

ποτίζω τινά τι (jmd etw. trinken lassen, etw. zu trinken geben)

γάλα ὑμᾶς ἐπότισα.
Milch (AkkS) habe ich euch (gr. = AkkP; dt = DatO) zu trinken gegeben.
1Kor 3,2

11 Das innere Objekt (Figura etymologica)

Ein inneres Objekt ist ein **Akkusativobjekt**, welches **durch seinen Wortstamm** (oder auch nur durch seinen Sinn) **mit dem Prädikat verwandt** ist. Was deutsch aufgrund der Wiederholung eines ähnlich tönenden Wortes ein Stilfehler darstellt, wird vom Griechen geradewegs gesucht.
Der **Verbalbegriff wird** durch die Figura etymologica **verstärkt**. Die Übersetzung solch einer Konstruktion ist oftmals schwierig. Die Regeln der deutschen Sprache verlangen zwei verschiedene Begriffe um eine Tautologie (unnötige Wiederholung einer Aussage) zu vermeiden. Gerade dadurch aber geht die vom Griechen gewollte Verstärkung der Verbalaussage verloren.

ἀγωνίζου τὸν καλὸν ἀγῶνα τῆς πίστεως.
Kämpfe den guten Kampf des Glaubens. Oder: Führe den guten Kampf des Glaubens. 1Tim 6,12

Das Innere Objekt stellt häufig einen **Akkusativ** dar, der **mit einem intransitiven Verb verbunden** wird.

ποιμένες ἦσαν ... φυλάσσοντες φυλακὰς τῆς νυκτός.
Hirten ... hielten nachts Nachtwache (Wörtl: „Hirten wachten Nachtwachen")
Lk 2,8

III Übungen

1. Verba liquida
Bitte bestimmen und übersetzen Sie folgende Formen! Geben Sie zudem die Grundform an!
ἐξηράνθη – ἐξήρανται – ἀπαγγείλατε – ἀπήγγειλαν – ἀπαγγεῖλαι – ἀπέστειλεν – ἀποστελεῖ – ἵνα ἀποστείλῃ – ἀνακρίναντες – ἔκτεινον – ἐξέτεινεν – καταισχυνθήσεται – μὴ καταισχυνθῶμεν – μὴ ἐπαισχυνθῇς – ἐκέρδησα – ἵνα κερδάνω – ὁ ὑπομείνας – ὅπως φανῶσιν – ἐντελεῖται – παρηγγείλαμεν – ἐπάρατε – τὸ ἐσπαρμένον – ἔδειραν

2. Stammformenreihe der Verba liquida
Bitte bilden Sie die vollständige Stammformenreihe der folgenden Verben!
ἀποστέλλω – ξηραίνω – φαίνω

3. Wurzelaoriste
Bitte bestimmen und übersetzen Sie folgende Formen! Geben Sie zudem die Grundform an!
ἔγνωσαν – γνώτω – ἐπιγνόντες – ἀναγνούς – ἀναγνῶναι – καταβάς – ἐνέβημεν – ὅπως μεταβῇ – μετάβηθι – ἐπιγνοῦσα – ἵνα γνῶτε

4. Wurzelpräsentien
Bitte bestimmen Sie folgende Formen und übersetzen Sie!
κεῖται – κειμένη – ἔκειτο – ὁ καθήμενος – κάθηται – τὰ κείμενα – τῷ καθημένῳ – ἐκάθητο – καθῆσθαι – κείμεθα – τοῦ καθημένου – κάθου

5. Subjekts- und Objektsartangaben
Bitte übersetzen Sie folgende Ausdrücke und bezeichnen Sie jeweils das Subjekt oder Objekt mit der dazugehörenden Artangabe!
1) ταῦτα δὲ τύποι ἡμῶν ἐγενήθησαν. 2) εὑρεθήμεν καὶ αὐτοὶ ἁμαρτωλοί. 3) εὗρον αὐτὴν νεκράν. 4) τοῦτον ὁ θεὸς ἀρχηγὸν καὶ σωτῆρα ὕψωσεν. (ὁ ἀρχηγός der Führer) 5) ἡ λυπὴ ὑμῶν εἰς χαρὰν γενήσεται. 6) καὶ σημεῖον ἔλαβεν περιτομῆς σφραγῖδα τῆς δικαιοσύνης. 7) οὕτως ἡμᾶς λογιζέσθω ἄνθρωπος ὡς ὑπερέτας Χριστοῦ καὶ οἰκονόμους μυστηρίων θεοῦ. 8) ἐλογίσθημεν ὡς πρόβατα σφαγῆς (ἡ σφαγή, -ῆς = die Schlachtung). 9) καὶ λαβόντες αὐτὸν ἔδειραν καὶ ἀπέστειλαν κενόν. 10) καὶ εἶπεν ὁ καθήμενος ἐπὶ τῷ θρόνῳ, ἰδοὺ καινὰ ποιῶ πάντα.

6. Prädikatsakkusativ
Bitte übersetzen Sie, wobei Sie jeweils das AkkO und den PrA bezeichnen!
1) εἶχον δὲ καὶ Ἰωάννην ὑπερέτην. 2) ἐπεὶ εἰς προφήτην αὐτὸν εἶχον. 3) οὐκ ἐπαισχύνεται ἀδελφοὺς αὐτοὺς καλεῖν. 4) ὑμᾶς δὲ εἴρηκα φίλους. 5) τί με λέγεις ἀγαθόν; 6) πᾶν πνεῦμα ὃ ὁμολογεῖ Ἰησοῦν Χριστὸν ἐν σαρκὶ ἐληλυθότα ἐκ θεοῦ ἐστιν. 7) πιστόν με ἡγήσατο. 8) δεῦτε ὀπίσω μου καὶ ποιήσω ὑμᾶς ἁλιεῖς ἀνθρώπων. (ὁ ἁλιεύς, -έως = der Fischer) 9) ἥγημαι ἐμαυτὸν μακάριον. 10) προσεφώνησεν τοὺς μαθητὰς αὐτοῦ καὶ ἐκλεξάμενος ἀπ᾽ αὐτῶν δώδεκα, οὓς καὶ ἀποστόλους ὠνόμασεν, Σίμωνα ὃν καὶ ὠνόμασεν Πέτρον ... (προσφωνέω = anreden; ὀνομάζω = nennen) 11) πᾶς ὁ Βασιλέα ἑαυτὸν ποιῶν ἀντιλέγει τῷ Καίσαρι.

7. Übungssätze
1) εἰ ἠγαπᾶτέ με ἐχάρητε ἂν ὅτι πορεύομαι πρὸς τὸν πατέρα. 2) διὰ τί ἡμεῖς οὐκ ἠδυνήθημεν ἐκβαλεῖν αὐτό; ὁ δὲ λέγει αὐτοῖς· διὰ τὴν ὀλιγοπιστίαν ὑμῶν· ἀμὴν γὰρ λέγω ὑμῖν, ἐὰν ἔχητε πίστιν ὡς κόκκον σινάπεως, ἐρεῖτε τῷ ὄρει τούτῳ· μετάβα ἔνθεν ἐκεῖ, καὶ μεταβήσεται. (ἠδυνήθημεν = wir konnten; ἡ ὀλιγοπιστία = der Kleinglaube; ὁ κόκκος = das Korn; τὸ σίναπι, -εως der Senf; ἔνθεν = Adv von da) 3) καὶ ἀπολύσας τοὺς ὄχλους ἐνέβη εἰς τὸ πλοῖον καὶ ἦλθεν εἰς τὰ ὅρια Μαγαδάν. 4) οἴδαμεν ὅτι ἐκ τοῦ θεοῦ ἐσμεν καὶ ὁ κόσμος ὅλος ἐν τῷ πονηρῷ κεῖται. 5) ὁ δὲ Ἰησοῦς εἶπεν· ἐγώ εἰμι, καὶ ὄψεσθε τὸν υἱὸν τοῦ ἀνθρώπου ἐκ δεξιῶν καθήμενον τῆς δυνάμεως καὶ ἐρχόμενον μετὰ τῶν νεφελῶν τοῦ οὐρανοῦ. 6) καὶ θέλων αὐτὸν ἀποκτεῖναι ἐφοβήθη τὸν ὄχλον ὅτι ὡς προφήτην αὐτὸν εἶχον. 7) τέξεται δὲ υἱὸν καὶ καλέσεις τὸ ὄνομα αὐτοῦ Ἰησοῦν· αὐτὸς γὰρ σώσει τὸν λαὸν αὐτοῦ ἀπὸ τῶν ἁμαρτιῶν αὐτῶν. 8) Ἰησοῦς οὖν γνοὺς ὅτι μέλλουσιν ἔρχεσθαι καὶ ἁρπάζειν αὐτὸν ἵνα ποιήσωσιν βασιλέα, ἀνεχώρησεν πάλιν εἰς τὸ ὄρος αὐτὸς μόνος. 9) καὶ γὰρ ἐν ἑνὶ πνεύματι ἡμεῖς πάντες εἰς ἓν σῶμα ἐβαπτίσθημεν, εἴτε Ἰουδαῖοι εἴτε Ἕλληνες εἴτε δοῦλοι εἴτε ἐλεύθεροι, καὶ πάντες ἓν πνεῦμα ἐποτίσθημεν. 10) καὶ ὅτε ἐγένετο κατὰ μόνας, ἠρώτων αὐτὸν οἱ περὶ αὐτὸν σὺν τοῖς δώδεκα τὰς παραβολάς. (κατὰ μόνας = allein) 11) εὐκοπώτερον γάρ ἐστιν κάμηλον διὰ τρήματος βελόνης εἰσελθεῖν ἢ πλούσιον εἰς τὴν βασιλείαν τοῦ θεοῦ εἰσελθεῖν. εἶπαν δὲ οἱ ἀκούσαντες, καὶ τίς δύναται σωθῆναι; ὁ δὲ εἶπεν, τὰ ἀδύνατα παρὰ ἀνθρώποις δυνατὰ παρὰ τῷ θεῷ ἐστιν. (εὔκοπος, -ον = leicht; ὁ κάμηλος = das Kamel; τὸ τρῆμα, -ατος = die Öffnung, das Loch; ἡ βελόνη = die Nadel; δύναται = er, sie, es kann) 12) καὶ πᾶς ὁ λαὸς ἀκούσας καὶ οἱ τελῶναι ἐδικαίωσαν τὸν θεὸν βαπτισθέντες τὸ βάπτισμα Ἰωάννου· οἱ δὲ Φαρισαῖοι καὶ οἱ νομικοὶ τὴν βουλὴν τοῦ θεοῦ ἠθέτησαν εἰς ἑαυτοὺς μὴ βαπτισθέντες ὑπ᾽ αὐτοῦ. (νομικός, -ή, -όν = gesetzeskundig) 13) πᾶν τὸ σῶμα

διὰ τῶν ἁφῶν καὶ συνδέσμων ἐπιχορηγούμενον καὶ συμβιβαζόμενον αὔξει τὴν αὔξησιν τοῦ θεοῦ. (ἡ ἁφή = die Verbindung; ὁ σύνδεσμος = das Band; ἐπιχορηγέω = unterstützen; συμβιβάζω = zusammen vereinigen; ἡ αὔξησις, -εως = das Wachstum) 14) καὶ ἰδοὺ ὁ ἀστήρ, ὃν εἶδον ἐν τῇ ἀνατολῇ, προῆγεν αὐτούς, ἕως ἐλθὼν ἐστάθη ἐπάνω οὗ ἦν τὸ παιδίον. ἰδόντες δὲ τὸν ἀστέρα ἐχάρησαν χαρὰν μεγάλην σφόδρα. (ἐστάθη = er stand) 15) οἶδα ἄνθρωπον ἐν Χριστῷ πρὸ ἐτῶν δεκατεσσάρων, εἴτε ἐν σώματι οὐκ οἶδα, εἴτε ἐκτὸς τοῦ σώματος οὐκ οἶδα, ὁ θεὸς οἶδεν, ἁρπαγέντα τὸν τοιοῦτον ἕως τρίτου οὐρανοῦ. καὶ οἶδα τὸν τοιοῦτον ἄνθρωπον, εἴτε ἐν σώματι εἴτε χωρὶς τοῦ σώματος οὐκ οἶδα, ὁ θεὸς οἶδεν, ὅτι ἡρπάγη εἰς τὸν παράδεισον καὶ ἤκουσεν ἄρρητα ῥήματα ἃ οὐκ ἐξὸν ἀνθρώπῳ λαλῆσαι. (δεκατέσσαρες = vierzehn; ἐκτός = ausserhalb; ὁ παράδεισος = das Paradies; ἄρρητος, -ον = unaussprechlich) 16) ἡ γὰρ παράκλησις ἡμῶν οὐκ ἐκ πλάνης οὐδὲ ἐξ ἀκαθαρσίας οὐδὲ ἐν δόλῳ, ἀλλὰ καθὼς δεδοκιμάσμεθα ὑπὸ τοῦ θεοῦ πιστευθῆναι τὸ εὐαγγέλιον, οὕτως λαλοῦμεν, οὐχ ὡς ἀνθρώποις ἀρέσκοντες ἀλλὰ θεῷ τῷ δοκιμάζοντι τὰς καρδίας ἡμῶν. 17) μακάριος εἶ, Σίμων Βαριωνᾶ, ὅτι σὰρξ καὶ αἷμα οὐκ ἀπεκάλυψέν σοι ἀλλ' ὁ πατήρ μου ὁ ἐν τοῖς οὐρανοῖς. κἀγὼ δέ σοι λέγω ὅτι σὺ εἶ Πέτρος, καὶ ἐπὶ ταύτῃ τῇ πέτρᾳ οἰκοδομήσω μου τὴν ἐκκλησίαν καὶ πύλαι ᾅδου οὐ κατισχύσουσιν αὐτῆς. (κατισχύω + Gen = den Sieg davontragen über) 18) εἶπεν δὲ ὁ Πέτρος, ἄνθρωπε, οὐκ οἶδα ὃ λέγεις. καὶ παραχρῆμα ἔτι λαλοῦντος αὐτοῦ ἐφώνησεν ἀλέκτωρ. καὶ στραφεὶς ὁ κύριος ἐνέβλεψεν τῷ Πέτρῳ καὶ ὑπεμνήσθη ὁ Πέτρος τοῦ ῥήματος τοῦ κυρίου ὡς εἶπεν αὐτῷ ὅτι πρὶν ἀλέκτορα φωνῆσαι σήμερον ἀπαρνήσῃ με τρίς. (ὑπομιμνήσκω τινός = sich an etwas erinnern)

Lektüre Mk 3,1-6

1) καὶ εἰσῆλθεν πάλιν εἰς τὴν συναγωγήν. καὶ ἦν ἐκεῖ ἄνθρωπος ἐξηραμμένην ἔχων τὴν χεῖρα. 2) καὶ παρετήρουν[1] αὐτὸν εἰ τοῖς σάββασιν θεραπεύσει αὐτόν, ἵνα κατηγορήσωσιν αὐτοῦ. 3) καὶ λέγει τῷ ἀνθρώπῳ τῷ τὴν ξηρὰν[2] χεῖρα ἔχοντι, ἔγειρε εἰς τὸ μέσον. 4) καὶ λέγει αὐτοῖς, ἔξεστιν τοῖς σάββασιν ἀγαθὸν ποιῆσαι ἢ κακοποιῆσαι[3], ψυχὴν σῶσαι ἢ ἀποκτεῖναι; οἱ δὲ ἐσιώπων. 5) καὶ περιβλεψάμενος[4] αὐτοὺς μετ' ὀργῆς, συλλυπούμενος[5] ἐπὶ τῇ πωρώσει[6] τῆς καρδίας αὐτῶν λέγει τῷ ἀνθρώπῳ, ἔκτεινον τὴν χεῖρα. καὶ ἐξέτεινεν καὶ ἀπεκατεστάθη[7] ἡ χεὶρ αὐτοῦ. 6) καὶ ἐξελθόντες οἱ Φαρισαῖοι εὐθὺς μετὰ τῶν Ἡρῳδιανῶν συμβούλιον ἐδίδουν[8] κατ' αὐτοῦ ὅπως αὐτὸν ἀπολέσωσιν[9].

---

[1] παρατηρέω = heimtückisch beobachten, belauern
[2] ξηρός, -ά, -όν = vertrocknet, dürr
[3] κακοποιέω = übel handeln, Verbrechen begehen
[4] περιβλέπω = umherblicken, sich umsehen
[5] συλλυπέω = mitbetrüben, kondolieren
[6] ἡ πώρωσις, -εως = die Verhärtung, Verstockung
[7] ἀπεκατεστάθη = Aor Pass 3.Sg (ἀποκαθίστημι) er, sie, es wurde wiederhergestellt
[8] συμβούλιον ἐδίδουν = sie fassten einen Beschluss
[9] Aor Konj 3.Pl ἀπόλλυμι = verderben, vernichten

LEKTION 16

I Morphologie

1 Die athematische Konjugation

Die athematische Konjugation bildet eine eigene Konjugationsart mit eigenen Endungen. Die Endung der 1.Sg, die zugleich wieder als Lexikonform gilt, hat die Endung -μι. Man spricht daher oft auch von der „Konjugation der Verben auf -μι".
Athematisch nennt man diese Klasse, weil die Endungen direkt, also **ohne Themavokal** an den Verbalstamm treten. Dieses Phänomen ist uns bereits beim Wurzelaorist begegnet.

Diese Verbalklasse ist im NT weit weniger häufig vertreten als die thematische Konjugation. Daher wird sie auch mühsamer zu lernen sein als die thematische. Es lohnt sich aber unbedingt, sich auch diese Konjugationsart gut einzuprägen. Denn einige Verben dieser Klasse werden im NT sehr häufig verwendet. Es handelt sich dabei vorallem um die sogenannten „vier grossen Verben auf -μι", nämlich τίθημι (setzen, legen), δίδωμι (geben), ἵστημι (stellen) und ἀφίημι (lassen, verlassen, vergeben).

Bei der Behandlung der athematischen Konjugation tritt ein Problem auf. Es ist kaum möglich, ein Paradigma der Formen, ähnlich dem mit πιστεύω, zu erstellen. Das liegt daran, dass die Formen der μι-Konjugation im Laufe der Sprachgeschichte[1] immer mehr an die der thematischen Konjugation angeglichen wurden. Dieser Prozess ist im NT noch in vollem Gange. Es gibt zwei verschiedene Möglichkeiten, wie diese Angleichung vor sich ging (beide sind im NT zu beobachten):
  – einzelne Formen werden thematisch gebildet
  – ganze Verben wechseln zur ω-Konjugation über.

Wir werden hier so vorgehen, dass wir uns zuerst die Endungen eines allgemeinen Paradigmas merken, dann die wichtigsten Abweichungen, und zuletzt die Gruppe der Verben behandeln, die ganz zur thematischen Konjugation gewechselt sind (siehe Lekt 18).

2 Das Präsens der athematischen Konjugation

In einem ersten Schritt werden die blossen Endungen paradigmatisch dargestellt. Das Imperfekt wird als Nebentempus des Präsens mitaufgeführt.

---

[1] Ursprünglich war der Unterschied der beiden Konjugationen nicht sehr gross, wurde dann durch die Kontraktionen der Endungen der ω-Konjugation mit dem Themavokal zuerst grösser, dann durch die Angleichung der μι- an die ω-Konjugation wieder kleiner.

2.1 Endungen μι-Konjugation Präs Akt

	Ind	Nebentempus	Konj	Imp	Part
1. Sg	-μι	-ν			-*ντ-ς
2.	-ς	-ς	wie ω-Konjugat.,	-ε (kontr.!)	-ντ-ος
3.	-σι(ν)	- -	Stammauslaut	-τω	
1.Pl	-μεν	-μεν	mit Endung		-*ντj-α
2.	-τε	-τε	kontrahiert	-τε	-*ντj-ης
3.	-(α)σι(ν)	-σαν		-τωσαν	
					-*ντ > ν
Inf	-ναι				-ντ-ος

2.2 Endungen μι-Konjugation Präs M/P

	Ind	Nebentempus	Konj	Imp	Part
1. Sg	-μαι	-μην			-μενος
2.	-σαι	-σο	wie ω-Konjugat.,	-σο	-μένου
3.	-ται	-το	Stammauslaut	-σθω	
1.Pl	-μεθα	-μεθα	mit Endung		-μένη
2.	-σθε	-σθε	kontrahiert	-σθε	-μένης
3.	-νται	-ντο		-σθωσαν	
					-μενον
Inf	-σθαι				-μένου

2.2.1 Anmerkung:

a) Die Endungen der Imperative der 3.Pl lauteten klassisch etwas anders:
Akt = -ντων; M/P = -σθων.

3 Das Präsens von τίθημι und δίδωμι

Nun seien die vollständigen Formen der ersten beiden Verben auf -μι in einer Tabelle aufgeführt. Bitte vergleichen Sie diese mit den Endungen im obenstehenden Paradigma und merken Sie sich die Abweichungen!

Beide Verben, τίθημι und δίδωμι haben eine **Präsensreduplikation**. Ihre Wurzel heisst lediglich θη oder θε (von τίθημι), respektive δω oder δο (von δίδωμι). Beachten Sie, dass der **Vokal der Wurzel im Sg Ind jeweils gedehnt** ist!
Die Präsensreduplikation wird immer mit dem Vokal ι gebildet. Bitte beachten Sie diesen Umstand, so werden Sie immer sicher zwischen Präsenssystem (mit Ipf!) und den später zu behandelnden Aorist- und Perfektsystemen (mit Plsqpf!) unterscheiden können!

3.1 Präs Akt τίθημι (setzen, legen)

	Ind	Nebentempus	Konj	Imp	Part
1. Sg	τί-θη-μι	ἐ-τί-θη-ν	τι-θῶ		τι-θείς
2.	τί-θη-ς	ἐ-τί-θεις	τι-θῇς	τί-θει	τι-θέ-ντος
3.	τί-θη-σι(ν)	ἐ-τί-θει	τι-θῇ	τι-θέ-τω	
1.Pl	τί-θε-μεν	ἐ-τί-θε-μεν	τι-θῶ-μεν		τι-θεῖσα
2.	τί-θε-τε	ἐ-τί-θε-τε	τι-θῆ-τε	τί-θε-τε	τι-θείσης
3.	τί-θε-ασι(ν)	ἐ-τί-θε-σαν ο. ἐ-τί-θουν	τι-θῶσι(ν)	τι-θέ-τωσαν	
					τι-θέν
Inf	τι-θέ-ναι				τι-θέ-ντος

3.1.1 Anmerkungen:

a) Der gesamte Ind wird regelmässig gebildet: τι = Präsensreduplikation, θη = Wurzel im Sg, θε = Wurzel im Pl, durchgehend mit den normalen Endungen auf -μι.

b) Das Ipf zeigt einige Unregelmässigkeiten: ἐτίθεις und ἐτίθει sind thematische Bildungen, jedoch kontrahiert (ἐτίθεις < *ἐτίθε-ε-ς; ἐτίθει < *ἐτίθε-ε). Die 3. Pl zeigt zwei Formen, eine regelmässige mit der Endung -σαν und eine thematisch gebildete ἐτίθουν (< *ἐτίθε-ον).

c) Der Imp 2.Sg ist kontrahiert, aber nicht thematisch gebildet.

d) Das Partizip zeigt einige, uns bereits bekannte lautgesetzliche Phänomene der ντ-Stämme.

- Nom Sg Mask: τιθείς < *τιθε-ντ-ς (sigmatische Nominativbildung; ντ vor σ fällt unter Ersatzdehnung aus: ε < ει)
- Nom Sg Ntr: Endungsloser Nom, τ fällt weg, weil im Auslaut nicht möglich.
- Fem: Durchwegs ντ-Stamm mit altem j; τj wird immer zu σ, vor welchem das ν unter Ersatzdehnung fällt. τιθεῖσα < *τιθε-ν-σ-α < *τιθε-ντj-α

3.2 Präs M/P τίθημι

	Ind	Nebentempus	Konj	Imp	Part
1. Sg	τί-θε-μαι	ἐ-τι-θέ-μην	[τιθῶμαι]		τι-θέ-μενος
2.	τί-θε-σαι	ἐ-τί-θε-σο	[τιθῇ]	τί-θε-σο	τι-θε-μένου
3.	τί-θε-ται	ἐ-τί-θε-το	[τιθῆται]	τι-θέ-σθω	
1.Pl	τι-θέ-μεθα	ἐ-τι-θέ-μεθα	[τιθώμεθα]		τι-θε-μένη
2.	τί-θε-σθε	ἐ-τί-θε-σθε	[τιθῆσθε]	τί-θε-σθε	τι-θε-μένης
3.	τί-θε-νται	ἐ-τί-θε-ντο	[τιθῶνται]	τι-θέ-σθωσαν	
					τι-θέ-μενον
Inf	τί-θε-σθαι				τι-θε-μένου

3.2.1 Anmerkungen:

a) Alle Formen sind ganz regelmässig nach der μι-Konjugation gebildet. Die Endungen des Imperfekts sind vom Wurzelpräsens her bereits bekannt.

b) Der Konj M/P von τίθημι ist im NT nicht belegt.

3.3 Präs Akt δίδωμι (geben)

	Ind	Nebentempus	Konj	Imp	Part
1. Sg	δί-δω-μι	[ἐ-δί-δουν]	δι-δῶ		δι-δούς
2.	δί-δω-ς	[ἐ-δί-δους]	δι-δῷς o. διδοῖς	δί-δου	δι-δό-ντος
3.	δί-δω-σι(ν)	ἐ-δί-δου	δι-δῷ o. διδοῖ	δι-δό-τω	
1.Pl	δί-δο-μεν	ἐ-δί-δο-μεν	δι-δῶ-μεν		δι-δοῦσα
2.	δί-δο-τε	ἐ-δί-δο-τε	δι-δῶ-τε	δί-δο-τε	δι-δούσης
3.	δι-δό-ασι(ν)	ἐ-δί-δο-σαν o. ἐ-δί-δουν	δι-δῶσι(ν)	δι-δό-τωσαν	
					δι-δοῦν
Inf	δι-δό-ναι				δι-δό-ντος

3.3.1 Anmerkungen:

a) Der Ind ist durchwegs regelmässig nach der μι-Konjugation gebildet. Das Ipf weist wiederum einige Angleichungen an die thematische Konjugation auf: 3.Sg ἐδίδου und 3.Pl ἐδίδουν sind kontrahiert.

b) Der Konj zeigt zwei Nebenformen διδοῖς und διδοῖ, welche Analogiebildungen zum Konj der όω-Verben sind.

c) Beim Partizip ist dasselbe wie oben bei den Formen von τίθημι zu sagen, nur dass die Ersatzdehnung beim o anders ist: o < ου.

3.4 Präs M/P δίδωμι

	Ind	Nebentempus	Konj	Imp	Part
1. Sg	δί-δο-μαι	ἐ-δι-δό-μην	[διδῶμαι]		δι-δό-μενος
2.	δί-δο-σαι	ἐ-δί-δο-σο	[διδῷ]	δί-δο-σο	δι-δο-μένου
3.	δί-δο-ται	ἐ-δί-δο-το	[διδῶται]	δι-δό-σθω	
1.Pl	δι-δό-μεθα	ἐ-δι-δό-μεθα	[διδώμεθα]		δι-δο-μένη
2.	δί-δο-σθε	ἐ-δί-δο-σθε	[διδῶσθε]	δί-δο-σθε	δι-δο-μένης
3.	δί-δο-νται	ἐ-δί-δο-ντο	[διδῶνται]	δι-δό-σθωσαν	
					δι-δό-μενον
Inf	δί-δο-σθαι				δι-δο-μένου

3.4.1 Anmerkung:

a) Alle Formen werden regelmässig nach der μι-Konjugation gebildet. Der Konj M/P ist im NT nicht bezeugt. (Kontraktion von Stammauslaut ο + η = ω)

4 Der Aorist von τίθημι und δίδωμι

Der Aorist ist an zwei markanten Kennzeichen zu erkennen. Erstens **fällt die Präsensreduplikation weg**. Die Verbalform besteht also nur aus Wortwurzel und Endung. Zweitens sind die Endungen auffällig, denn sie werden nicht mit dem **Tempuszeichen** -σα gebildet, sondern mit -κα. Bitte Vorsicht, dass diese Aoriste wegen ihrer Endung nicht mit Perfektformen verwechselt werden! Das Perfekt wird eine normale Reduplikation aufweisen, der Aorist ist augmentiert!

Man nennt den Aorist mit der Endung -κα einen Kappa-Aorist. Die Verben τίθημι (setzen, legen), δίδωμι (geben) und ἵημι (in Bewegung setzen) weisen ihn auf.

4.1 Aor Akt τίθημι

Wurzel: θη- und θε-

	Ind	Konj	Imp	Part
1. Sg	ἔ-θη-κα	θῶ		θείς
2.	ἔ-θη-κας	θῇς	θέ-ς	θέντος
3.	ἔ-θη-κε(ν)	θῇ	θέ-τω	
1.Pl	ἐ-θή-καμεν	θῶμεν		θεῖσα
2.	ἐ-θή-κατε	θῆτε	θέ-τε	θείσης
3.	ἔ-θη-καν	θῶσι(ν)	θέ-τωσαν	
				θέν
Inf	θεῖναι			θέντος

4.1.1 Anmerkungen:

a) Der Indikativ wird mit der Wurzel θη gebildet; alle anderen Formen mit der kurzen Wurzel θε.
Zur Bildung der Konjunktiv- und Partizipformen vgl. bitte die Anmerkungen oben.

b) Klassisch lauteten die Pluralformen des Ind folgendermassen: ἔθεμεν, ἔθετε, ἔθεσαν. In der Koine sind die Kappa-Endungen auch auf den Plural übertragen worden. Der Imp 3.Pl lautete kl θέντων.

c) Der Inf hat die Endung -έναι, welche mit dem Stammauslaut kontrahiert wird. Der Imp 2.Sg hat die Endung -ς.

4.2 Aor Akt δίδωμι

Wurzel: δω- und δο

	Ind	Konj	Imp	Part
1. Sg	ἔ-δω-κα	δῶ		δούς
2.	ἔ-δω-κας	δῷς	δό-ς	δόντος
3.	ἔ-δω-κε(ν)	δῷ δοῖ δώῃ δώσῃ	δό-τω	
1.Pl	ἐ-δώ-καμεν	δῶμεν		δοῦσα
2.	ἐ-δώ-κατε	δῶτε	δό-τε	δούσης
3.	ἔ-δω-καν	δῶσι(ν)	δό-τωσαν	
				[δόν]
Inf	δοῦναι			δόντος

4.2.1 Anmerkungen:

a) Wieder zeigt der Ind die lange Wurzel, nämlich δω, während alle anderen Formen mit der kurzen Wurzel δο gebildet werden.

b) Der Ind wird durchgehend, nach Art der Koine mit Kappa gebildet. Klassisch lauteten die Pl-Formen ἔδομεν, ἔδοτε, ἔδοσαν.
Lk 1,2 ist die kl Form ἔδοσαν im Kompositum παρέδοσαν (3.Pl παραδίδωμι sie haben überliefert) bezeugt.

c) Die 3.Sg des Konj zeigt vier verschiedene Formen.

d) Der Inf hat die Endung -έναι, welche mit dem Stammauslaut kontrahiert wird.

4.3 Aor M τίθημι und δίδωμι

Im NT sind mediale Formen der vier grossen Verben auf -μι nur von τίθημι und δίδωμι bezeugt.

Aor M τίθημι

	Ind	Konj	Imp	Part
1. Sg	ἐ-θέ-μην	θῶμαι		θέ-μενος
2.	ἔ-θου	[θῇ]	θοῦ	θε-μένου
3.	ἔ-θε-το	θῆται	θέ-σθω	
1.Pl	ἐ-θέ-μεθα	θώμεθα		θε-μένη
2.	ἔ-θε-σθε	θῆσθε	θέ-σθε	θε-μένης
3.	ἔ-θε-ντο	θῶνται	θέ-σθωσαν	
				θέ-μενον
Inf	θέ-σθαι			θε-μένου

Aor M δίδωμι

	Ind	Konj	Imp	Part
1. Sg	ἐ-δό-μην	δῶμαι		δό-μενος
2.	[ἔ-δου]	[δῷ]	δοῦ	δο-μένου
3.	ἔ-δο-το	δῶται	δό-σθω	
1.Pl	ἐ-δό-μεθα	δώμεθα		δο-μένη
2.	ἔ-δο-σθε	δῶσθε	δό-σθε	δο-μένης
3.	ἔ-δο-ντο	δῶνται	δό-σθωσαν	
				δό-μενον
Inf	δό-σθαι			δο-μένου

4.3.1 Anmerkungen:

a) Die Wurzeln sind durchwegs kurz auf θε resp. δο.

b) Die Endungen -ου der 2.Sg und des Imp 2.Sg gehen auf die Endung -σο zurück. Innervokalisches σ ist ausgefallen, die beiden aufeinandertreffenden Vokale kontrahierten darauf (ου < *ε-ο < *ε-σο). Auch der Imp 2.Sg von δίδωμι kontrahiert aus *δο-σο zur Silbe -οῦ (nicht -ῶ).

c) Mk 12,1 par findet sich ἐξέδετο (anstatt ἐξέδοτο); eine Nebenform von ἐκδίδωμι Aor 3.Sg.

5 Die übrigen Formen von τίθημι und δίδωμι

Die übrigen Formen von τίθημι und δίδωμι werden ganz einfach und regelmässig gebildet. Bitte prägen Sie sich die beiden Stammformen dieser Verben gut ein!

τίθημι	θήσω	ἔθηκα	τέθεικα	setzen, legen	τιθη- / τιθε
		ἐτέθην	τέθειμαι ο. κεῖμαι		θη- / θε-
δίδωμι	δώσω	ἔδωκα	δέδωκα	geben	διδω- / διδο-
		ἐδόθην	δέδομαι		δω- / δο-

Anmerkungen:

a) Das Perfekt von τίθημι ist eine Koinebildung; kl lautete es τέθηκα. Das M/P wurde schon kl durch das Wurzelpräsens κεῖμαι (liegen) abgelöst, was im NT ebenfalls meist der Fall ist.

b) Bitte beachten Sie nochmals: Hauptmerkmal für die Unterscheidung der verschiedenen Tempora bildet der Stamm! Achten Sie immer darauf, ob eine Form eine Präsensreduplikation aufweist, was immer auf Präs oder Ipf hinweist, oder ob Augment (= Aor) oder Perfektreduplikation (= Pf) vorhanden ist. Das Fut ist an seinem σ gut zu erkennen (Konj Aor hat hier nie ein σ in der Endung).

II Syntax

6 Kasussyntax: Der Genitiv

Der griechische Genititv ist, ähnlich dem Dativ, ein Mischkasus. Es sind in ihm **zwei indogermanische Kasus** zusammengefasst worden. In der griechischen Sprache wird der Genitiv daher neben dem echten **Genitiv des Bereichs** auch zur **Bezeichnung des Woher** (= Ablativ) verwendet.

Als eigentlicher (echter) Genitiv bezeichnet er die nähere qualitative oder wesentliche Bestimmung eines Bezugspunktes. Als Ablativ kennzeichnet er den Gegenstand, von dem etwas ausgeht, also den Ausgangspunkt, oder auch den Gegenstand, von dem etwas weggeht, also die Trennung. Folgendes Schema soll Ihnen helfen, die verschiedenen Arten des griechischen Genitivs zu überblicken.

Indogermanischer Kasus zum Ausdruck von:
Bereich / Zugehörigkeit   Ausgangspunkt / Trennung

griechischer Genitiv

I echter Genitiv des Bereichs

1. Gen. der Zugehörigkeit (pertinentiae)
 - Gen. des Urhebers (auctoris)
 - Gen. des Besitzers (possesoris)
 - Gen. des Stoffes und des Inhaltes (materiae)
 - Gen. der Eigenschaft (qualitatis)
 - Gen. des Wertes und des Preises (pretii)
 - Gen. der Richtung und der Absicht (finalis)
 - Gen. subjectivus und objectivus
 - erklärender Gen. (epexegeticus od. appositivus)
2. Gen. des geteilten Ganzen (partitivus)
3. Gen. der Zeit (temporis)
4. Verben mit Genitivobjekt

II Ausgangspunkt / Vergleich

 - Gen. der Trennung und des Ausgangspunktes (separationis)
 - Gen. des Vergleichs (comparationis)

Einige Genitive sind bereits bekannt. Sie werden hier der Vollständigkeit und um der guten Übersicht willen nochmals erwähnt. Nun zu den verschiedenen Genitiven im Einzelnen:

6.1 Genitiv des Urhebers (gen auctoris)

Der Genitiv des Urhebers bezeichnet die Herkunft oder das Verwandtschaftsverhältnis eines Nomens.

Frage: Wessen? Von wem?

τὸ εὐαγγέλιον θεοῦ   das Evangelium Gottes (Gott ist Urheber des Ev)
Rö 15,16

εἶδεν Ἰάκοβον τὸν τοῦ Ζεβεδαίου.   Er sah den Jakobus, den des Zebedäus.
Mk 1,19

Bei substantivierten Verbaladjektiven (Adjektive auf -τος) nennt der Genitiv den Urheber.

 ἀγαπητοῖς θεοῦ den Geliebten Gottes (den von Gott Geliebten; Gott ist der Urheber des Geliebtseins) Rö 1,7

6.2 Genitiv des Besitzers (gen possessoris)

Dieser Genitiv bezeichnet den Eigentümer oder Besitzer. Hierher gehört auch der bereits bestens bekannte possessive Genitiv des Personalpronomens (vgl. Lekt 2).
Der Genitiv des Besitzers ist nicht immer scharf von dem des Urhebers zu unterscheiden.

Frage: Wessen? Wem gehörig?

 οἱ δοῦλοι τοῦ οἰκοδεσπότου Die Sklaven des Hausherrn (die ihm gehörenden Sklaven) Mt 13,27

Bei den Verben des Seins, also bei εἰμί, ὑπάρχω und (seltener) bei γίνομαι, bezeichnet der Genitiv ein Besitzverhältnis. Oft fehlt die Kopula (Ellipse).

 τοῦ κυρίου ἐσμεν Wir gehören dem Herrn. Rö 14,8

 πάντα ὑμῶν Alles gehört euch. 1Kor 3,22

6.3 Genitiv des Stoffes und des Inhaltes (gen materiae)

Dieser Genitiv bezeichnet den Inhalt einer Sache oder eines Gefässes, sowie den Stoff, aus dem eine Sache besteht.

Frage: Aus welchem Stoff? Mit welchem Inhalt?

 τὸ δίκτυον τῶν ἰχθύων Das Netz voller Fische Joh 21,8

6.4 Genitiv der Eigenschaft (gen qualitatis)

Dieser Genitiv bezeichnet die Eigenschaft des ihm übergeordneten Nomens. Er kommt inhaltlich einem Adjektiv gleich, kann oft sogar mit einem solchen übersetzt werden. Im NT ist dieser Genitiv recht häufig anzutreffen, begünstigt durch die aramäische und hebräische Sprache, welche nicht sehr reich an Adjektiven sind.

Klassisch war dieser Genitiv fast nur auf Mass- und Altersangaben beschränkt, was im NT ebenfalls vorkommt.

Frage: Von welcher Art? Von welcher Eigenschaft? Mit welchem Mass?

 ὁ μαμωνᾶς τῆς ἀδικίας Der ungerechte Mammon (Besitz) Lk 16,9

6.5 Genitiv des Wertes und des Preises (gen pretii)

Der Genitiv des Wertes und des Preises gehört zu Verben des Kaufens und des Wertschätzens. Der Preis oder Wert wird jeweils im Genitiv ausgedrückt.

Beim adverbalen Gebrauch kommen folgende Verben dafür in Frage (nicht vollständig):

ἀγοράζω (kaufen); κτάομαι (erwerben, gewinnen); πωλέω (verkaufen); ἀξιόω (für wertvoll ansehen, würdig machen);

Frage: Für wieviel? Wieviel wert?

> ἐγὼ πολλοῦ κεφαλαίου τὴν πολιτείαν ταύτην ἐκτησάμην.
> Ich habe <u>für viel Kapital</u> dieses Bürgerrecht erworben. A 22,28

Beim adnominalen Gebrauch steht der Genitiv nach dem Adjektiv ἄξιος, -ία, -ον und bezeichnet die Sache oder Person, deren etwas wert geachtet wird.

> ποιήσατε οὖν καρπὸν <u>ἄξιον τῆς μετανοίας</u>.
> Bringt nun Frucht, die <u>der Sinnesänderung würdig</u> ist. Mt 3,8

6.6 Genitiv der Absicht und der Richtung (gen finalis)

Dieser Genitiv, im NT nicht allzu häufig, bezeichnet die Richtung, einen Zweck, eine Wirkung oder eine Absicht.

Frage: Mit welcher Absicht? Zu welchem Zweck? In welcher Richtung?

> ... ὅ ἐστιν σύνδεσμος <u>τῆς τελειότητος</u> ... welches ist ein Band, <u>zum Zweck der Vollkommenheit</u>. Kol 3,14
>
> ὁδὸν <u>θαλάσσης</u>   ein Weg <u>zum Meer</u> Mt 4,15

6.7 Genetivus subjectivus und objectivus

Diese beiden Genitive werden hier gemeinsam behandelt. In ihrer Bedeutung sind sie zwar recht gegensätzlich. Oft aber kommen für eine Übersetzung beide in Frage.
Sie werden vor allem da verwendet, wo ein Nomen wesensmässig im Zusammenhang mit einer Handlung steht (nomina agentis). Nomen also, bei denen im Hintergrund ein transitives Verb steht. Beim Substantiv „Liebe" steht das „jemanden lieben" im Hintergrund.

So entsprechen sich:
> <u>Gott lieben</u> (= trans Verb, Gott = AkkO)
> und <u>die Liebe Gottes</u> (Subst mit <u>Gen objectivus</u>; also die Liebe, die sich auf Gott bezieht)

Dasselbe ist natürlich umgekehrt ebenso möglich:
> im Hintergrund steht <u>Gott liebt</u>
> entsprechend <u>die Liebe Gottes</u> (<u>Gen subjectivus</u>); die Liebe, die von Gott ausgeht)

a) Der Gen objectivus bezeichnet **ein Objekt**, abhängig von einem Nomen (adnominal), welches im Hintergrund an ein transitives Verb erinnert.
Der Gen obj muss deutsch meist mit einer Präposition ausgedrückt, oder sogar mit einem Satz umschrieben werden.

> ἡ ἀγάπη <u>τοῦ θεοῦ</u> die Liebe, <u>die auf Gott gerichtet ist</u> 1Joh 5,3
>
> Der Kontext macht es klar: ... ὅταν <u>τὸν θεὸν ἀγαπῶμεν</u> καὶ τὰς ἐντολὰς αὐτοῦ ποιῶμεν. αὕτη γάρ ἐστιν <u>ἡ ἀγάπη τοῦ θεοῦ</u>, ἵνα τὰς ἐντολὰς αὐτοῦ τηρῶμεν ...

... wenn wir Gott lieben, das heisst, wir tun seine Gebote. Denn dies ist die Liebe Gottes, dass wir seine Gebote halten ... 1Joh 5,2f

Dem Ausdruck ἡ ἀγάπη τοῦ θεοῦ entspricht also mit Gen obj ἀγαπῶμεν τὸν θεόν.

b) Der Gen subjectivus bezeichnet ein Subjekt, welches von einem Nomen abhängig ist (adnominal).

    ἡ ἀγάπη τοῦ θεοῦ   die Liebe, die von Gott ausgeht 2Kor 13,13

Der Kontext zeigt wieder die Art der Liebe, die gemeint ist. Es geht um einen Wunsch am Schluss des Briefes: Die Gnade des Herrn, die Liebe Gottes und die Gemeinschaft des Heiligen Geistes sei mit allen. Also ganz klar, die Liebe, die von Gott ausgeht.

Dem Ausdruck ἡ ἀγάπη τοῦ θεοῦ entspricht also mit Gen subj θεὸς ἡμᾶς ἀγαπᾷ.

c) Manchmal ist nicht klar zwischen Gen obj und Gen subj zu unterscheiden. Beide Genitive fliessen zusammen und drücken erst kombiniert die ganze Fülle des Gedankens aus. Das liegt daran, dass die Unterscheidung in Gen obj und Gen subj eine künstliche ist. Der Grieche kann sich beide zusammen denken und auch beide zusammen zum Ausdruck bringen.

    ἡ ἀγάπη τοῦ θεοῦ ἐκκέχυται ἐν ταῖς καρδίαις ἡμῶν.
    Die Liebe Gottes ist ausgegossen in unsere Herzen. Rö 5,5

Im Kontext geht es zuerst um die Erfahrung der von Gott ausgehenden Liebe in der Rechtfertigung derer wir uns rühmen (Gen obj), dann aber auch um unser Rühmen in Bedrängnissen, welche schlussendlich Hoffnung bewirken, weil nur die auf Gott gerichtete Liebe das zustande bringt (Gen subj).

6.8 Erklärender Genitiv (gen epexegeticus)

Dieser Genitiv erklärt als Attribut ein Nomen näher. Oft handelt es sich beim regierenden Nomen um ein Abstraktum, welches durch den Genitiv erläutert wird. Er kann oft durch den Zusatz „das heisst" oä. zum Ausdruck gebracht werden.

    ἡ ἐπίγειος ἡμῶν οἰκία τοῦ σκήνους   unser irdisches Haus, das heisst das Zelt
    (welches nur ein Zelt ist) 2Kor 5,1

Ganz ähnlich liegt der Fall beim Genitiv, der eine Apposition bildet (Gen. appositivus). Dieser Genitiv wird übersetzt mit dem Zusatz eines Kommas (dt Apposition) oder durch „nämlich" oä.

    ἔλεγεν περὶ τοῦ ναοῦ τοῦ σώματος αὐτοῦ.
    Er sprach vom Tempel, seinem Leib. Joh 2,21

6.9 Genitiv des geteilten Ganzen (gen partitivus)

Der Genetivus partitivus bezieht sich auf ein Stück (eine Partie) einer ganzen Grösse. Das Nomen im Gen bezeichnet das Ganze, sein Bezugswort ein Teil dessen. In Lekt 11 wurde dieser Genitiv bereits behandelt.
In der Koine wird dieser Gen durch den Gebrauch der Präpositionen ἐκ und ἀπό mit Gen stark zurückgedrängt, ist aber immer noch recht häufig anzutreffen.

Der Gen part wird häufig verwendet bei geografischen Angaben, bei Mengenbezeichnungen und beim Indefinitpronomen.

Frage: Wovon? Von welchem Ganzen?

    εἰς Σάρεπτα τῆς Σιδωνίας   nach Sarepta in Sidonien Lk 4,26

    τινὲς τῶν γραμματέων   einige der Schriftgelehrten Mt 9,3

6.10 Genitiv der Zeit (gen temporis)

Der Genitiv der Zeit bezeichnet den Zeitraum, innerhalb dessen etwas geschieht.

Frage: Wann? In welchem Zeitraum?

    προσεύχεσθε δὲ ἵνα μὴ γένηται ἡ φυγὴ ὑμῶν χειμῶνος μηδὲ σαββάτῳ.
    Betet aber, dass eure Flucht nicht während des Winters geschieht, auch nicht am Sabbat. Mt 24,20

Sehr schön stehen hier im selben Satz ein Genitiv und ein Dativ der Zeit nebeneinander.

6.11 Genitiv der Trennung und des Ausgangspunktes (gen separationis)

Bei diesem Genitiv kommt die ablativische (lat. ablatus = fortgetragen, entfernt) Funktion zum Ausdruck. Er steht durchwegs adverbal, also als GenO zu einem Verb gehörig.

Im NT gibt es einige Verben die so konstruiert werden, jedoch sind jeweils nur wenige Belege vorhanden.

Folgende Verben sind relativ häufig:

    διαφέρω (sich unterscheiden von); χρῄζω (nötig haben); δέομαί τινός τι (jmd bitten um etwas); ἀπέχομαι (sich enthalten); φείδομαι (sich von etw fernhalten, schonen); ὑστερέω (ermangeln).

Frage: Woher? Von wo weg?

    ἐγὼ δὲ ὑμῶν φείδομαι.   *Ich* aber schone euch. („ich halte mich von euch fern") 1Kor 7,28

6.12 Besondere Verben mit Genitivobjekt

Hier werden einige Verben behandelt, bei denen es sich besonders lohnt, auf den Kasus ihres Objektes zu achten. Es ist kaum möglich, alle diese Verben zu lernen, da sie recht zahlreich sind. Auch ist die folgende Auflistung keineswegs vollständig. Prägen Sie sich aber die wichtigsten Sachverhalte ein!

Die folgenden Verben ziehen ein Genitivobjekt nach sich. Und zwar als Objekt der Verbalhandlung, was in der deutschen Übersetzung häufig ein Akkusativobjekt verlangt. Es handelt sich, allgemein gesagt, um Verben

    – der Sinnestätigkeit
    – der Herrschaft
    – des Füllens ua.

Erstaunen Sie aber nicht, wenn Sie auf Verben mit der oben genannten Bedeutung treffen, die *nicht* den Genitiv regieren. Der Gebrauch im NT ist erstens nicht einheitlich und zweitens gelten die oben genannten Bedeutungen nicht als Regel für Verben mit GenO. Konsultieren Sie im Zweifelsfall immer ein gutes Wörterbuch!

6.12.1 Verben der Sinnestätigkeit

a) ἀκούω (hören)

- Die **Person** (Gen der Person), die man reden hört oder auf die man hört (gehorchen) steht im Gen.

    ἀκούετε αὐτοῦ.   Hört (auf) ihn (die Person) = gehorcht ihm. Mk 9,7

- Die **Sache, die man reden hört**, steht im Gen (Gen der Sache) oder im Akk (Akk der Sache).

    οἱ νεκροὶ ἀκούσουσιν τῆς φωνῆς τοῦ υἱοῦ τοῦ θεοῦ.
    Die Toten werden die Stimme des Sohnes Gottes hören. Joh 5,28

    ἀκούσατε τὴν παραβολήν.   Hört das Gleichnis! Mt 13,18

- Der **Inhalt** des Gehörten (auch die Person über die man reden hört) steht im Akk (Akk der Sache).

    ὁ τὸν λόγον μου ἀκούων ...   der, der mein Wort hört ... Joh 5,24

b) γεύομαι (kosten, schmecken) / ἅπτομαι (berühren)

    οὐ μὴ γεύσωνται θανάτου.   Sie werden den Tod niemals kosten. Mk 9,1

6.12.2 Verben der Herrschaft im weitesten Sinne

κυριεύω (herrschen) / κατακυριεύω (beherrschen) / ἐπιλαμβάνομαι (ergreifen) / κρατέω (fassen)

    ἐπελάβετο αὐτοῦ.   Er ergriff ihn. Mt 14,31

6.12.3 Verben des Füllens:

γέμω (voll sein) / πίμπλημι (erfüllen) / πληρόω (erfüllen)

    ἔσωθεν δὲ γέμουσιν ὀστέων νεκρῶν.   Inwendig sind sie voll Totengebeine. Mt 23,27

6.13 Genitiv des Vergleichs (gen comparationis)

Aus Lektion 11, im Zusammenhang mit der Syntax der Komparation, ist dieser Genitiv bestens bekannt. Im Genitiv wird in der Komparation die verglichene Grösse ausgedrückt.

Frage: Als wer? Als was?

    ὁ πατὴρ μείζων μού ἐστιν.   Der Vater ist grösser als ich. Joh 14,28

III Übungen

1. Formen der athematischen Konjugation
Bitte bestimmen und übersetzen Sie folgende Formen! Übersetzen Sie die Partizipformen bitte substantiviert! Geben Sie zudem bitte jeweils die Grundform an!

a) Präsens τίθημι und δίδωμι (inkl. Komposita)
δίδοτε – τίθησι – διδόναι – ἐδίδου – ἐπετίθουν – παρατίθεμαι – διδόμενον – ἐπιτιθείς – διδόντος – δίδοται – διδούς – ἀποδιδόντες – τιθέτω – ἀποδιδότω – ἐὰν παραδιδοῖ – παραδίδοσθαι – ἵνα παραδιδῷ – παραδίδως – παραδίδωσι – τιθείς – τιθέασιν – ἐτίθει – ἐτίθουν – ἐπετίθεσαν – ἐπιτιθέασιν – ἐπιτίθει – ἐδίδουν – παρατιτέσθωσαν – ὅπως παρατιθῶσι – παρατιθέμενα – παρατιθέμενον – προσετίθει – προσετίθεντο –

b) Aoristformen (Aor Ind bitte mit deutschem Perfekt übersetzen!)
ἔδωκεν – δοῦναι – παρέδωκας – παραθεῖναι – δός – ὅπως δοῖ – ὅταν παραδοθῶ – ἀπέδοντο – ἡ δοθεῖσα – ἐὰν τεθῇ – ἀπέδοτο – ἐδώκατε – δούς – παρέθηκε – προσετέθη – παρέδωκα – προσθεῖναι – ἵνα παραδῶ – δότε – μὴ δῶτε – ἀπέδοσθε – παράθου – δοθῆναι – παρέθηκαν – παραδοθείσῃ – ἵνα δῷς

c) Gemischte Formen
δώσει – τέθεικα – δώσω – διδόντα – τίθεται – δοθήσεται – παρατιθέμενος – δέδοται – ἔδωκαν – τιθέναι – ἐδόθη – δώσομεν – δῶμεν – ἐδόθησαν – παραδιδόμεθα – παραδοθείσης – ὅταν παραδοῖ – παραδοθῆναι – ἵνα ἐπιτιθῇ – μὴ παραδῷ – παραδώσει – παραδώσουσιν – παραδώσω – ὅταν τεθῶσιν – τεθῆναι – παρεδώκατε – τεθείκατε – τεθεικώς – τεθείται – παρέθεντο – παραθήσομαι – παραθήσω – ἐὰν παραθῶσιν – ἐὰν παραδῶσιν – δώσουσιν – προστεθῆναι – προστεθήσεται – προσετέθησαν

2. Genitiv
a) Verschiedene Genitive
Bitte übersetzen Sie folgende Ausdrücke und bestimmen Sie die Art des Genitivs!
1) εἰς τὸ εἶναί με λειτουργὸν Χριστοῦ Ἰησοῦ (ὁ λειτουργός = der Diener) 2) ἐκλεκτοὶ τοῦ θεοῦ 3) Παῦλος δοῦλος Χριστοῦ Ἰησοῦ 4) Μαρία ἡ τοῦ Κλωπᾶ 5) πάντα ὑμῶν, ὑμεῖς δὲ Χριστοῦ, Χριστὸς δὲ θεοῦ. 6) γυνὴ ἔχουσα ἀλάβαστρον μύρου (τὸ ἀλάβαστρον = der Alabaster, aus Alabaster gefertigtes Salbengefäss) 7) εἰς τὴν λίμνην τοῦ πυρός 8) τίς με ῥύσεται ἐκ τοῦ σώματος τοῦ θανάτου τούτου; 9) ἦν γὰρ ἐτῶν δώδεκα. 10) ἄξιος γὰρ ὁ ἐργάτης τῆς τροφῆς αὐτοῦ. 11) ἠγοράσθητε γὰρ τιμῆς. 12) εἰς ὁδὸν ἐθνῶν μὴ ἀπέλθητε. 13) ἤνοιξεν τοῖς ἔθνεσιν θύραν πίστεως. 14) ὁ τῆς δικαιοσύνης στέφανος 15) τὸ σημεῖον Ἰωνᾶ 16) ἓν τῶν μελῶν σου 17) κατὰ μίαν σαββάτου ἕκαστος ὑμῶν παρ' ἑαυτῷ τιθέτω θησαυρίζων. (θησαυρίζω = sammeln) 18) ἅπαξ τοῦ ἐνιαυτοῦ 19) λατρεύουσιν αὐτῷ ἡμέρας καὶ νυκτός. 20) φειδόμενος ὑμῶν οὐκέτι ἦλθον εἰς Κόρινθον. 21) δέομαί σου, μή με βασανίσῃς.

b) Genetivus objectivus und subjectivus
Bitte übersetzen Sie folgende Ausdrücke jeweils mit beiden Genitiven! (Im Kontext der Stellen sind nicht immer beide Übersetzungsarten möglich.)
1) ζῆλον θεοῦ ἔχουσιν. 2) εἰς τὴν ὑπακοὴν τοῦ Χριστοῦ 3) κατὰ τὸ εὐαγγέλιόν μου 4) δικαιοσύνη θεοῦ 5) διὰ δικαιοσύνης πίστεως 6) τὸ εὐαγγέλιον τῆς βασιλείας

3. Übungssätze
1) πάτερ, ὃ δέδωκάς μοι, θέλω ἵνα ὅπου εἰμὶ ἐγὼ κἀκεῖνοι ὦσιν μετ' ἐμοῦ, ἵνα θεωρῶσιν τὴν δόξαν τὴν ἐμήν, ἣν δέδωκάς μοι ὅτι ἠγάπησάς με πρὸ καταβολῆς κόσμου. 2) πᾶς ἄνθρωπος πρῶτον τὸν καλὸν οἶνον τίθησιν καὶ ὅταν μεθυσθῶσιν τὸν ἐλάσσω· σὺ τετήρηκας τὸν καλὸν οἶνον ἕως ἄρτι. (μεθύσκω Aor 3.Pl Konj Pass = sie sind betrunken; ἐλάσσων,

-ον = Komp μικρός klein, wertlos) 3) καὶ ἔλεγεν αὐτοῖς, μήτι ἔρχεται ὁ λύχνος ἵνα ὑπὸ τὸν μόδιον τεθῇ ἢ ὑπὸ τὴν κλίνην; οὐχ ἵνα ἐπὶ τὴν λυχνίαν τεθῇ; (ὁ μόδιος = der Scheffel, Getreidemass ca. 8,75 Liter; ἡ κλίνη = das Bett) 4) καὶ ἄλλα ἔπεσεν εἰς τὴν γῆν τὴν καλὴν καὶ ἐδίδου καρπὸν ἀναβαίνοντα καὶ αὐξανόμενα καὶ ἔφερεν ἓν τριάκοντα καὶ ἓν ἑξήκοντα καὶ ἓν ἑκατόν. (ἑξήκοντα = sechzig) 5) ἀνεῖλεν δὲ Ἰάκωβον τὸν ἀδελφὸν Ἰωάννου μαχαίρῃ. ἰδὼν δὲ ὅτι ἀρεστόν ἐστιν τοῖς Ἰουδαίοις, προσέθετο συλλαβεῖν καὶ Πέτρον, ... ὃν καὶ πιάσας ἔθετο εἰς φυλακὴν παραδοὺς τέσσαρσιν τετραδίοις στρατιωτῶν φυλάσσειν αὐτόν. (ἀρεστός, -ή, -όν = wohlgefällig; τέσσαρσιν τετραδίοις = vier Abteilungen à vier) 6) ἔδοξεν γὰρ τῷ πνεύματι τῷ ἁγίῳ καὶ ἡμῖν μηδὲν πλέον ἐπιτίθεσθαι ὑμῖν βάρος πλὴν τούτων τῶν ἐπάναγκες, ἀπέχεσθαι εἰδωλοθύτων καὶ αἵματος καὶ πνικτῶν καὶ πορνείας, ἐξ ὧν διατηροῦντες ἑαυτοὺς εὖ πράξετε. (ἔδοξεν = Aor 3.Sg δοκέω; τὸ βάρος die Last; τὰ ἐπάναγκες = die notwendigen Dinge; τὸ εἰδωλόθυτον = das Götzenopferfleisch; πνικτός, -ή, -όν = erwürgt, erstickt; διατηρέω ἑαυτόν = sich von etwas frei halten) 7) κατανοήσατε τοὺς κόρακας ὅτι οὐ σπείρουσιν οὐδὲ θερίζουσιν, οἷς οὐκ ἔστιν ταμεῖον οὐδὲ ἀποθήκη, καὶ ὁ θεὸς τρέφει αὐτούς· πόσῳ μᾶλλον ὑμεῖς διαφέρετε τῶν πετεινῶν. τίς δὲ ἐξ ὑμῶν μεριμνῶν δύναται ἐπὶ τὴν ἡλικίαν αὐτοῦ προσθεῖναι πῆχυν; (ὁ κόραξ, -ακος = der Rabe; τὸ ταμεῖον = die Vorratskammer; ἡ ἀποθήκη = der Speicher, Lagerraum; τρέφω = ernähren; πόσῳ μᾶλλον = um wieviel mehr; ἡ ἡλικία = das Lebensalter; ὁ πῆχυς, -εως = die Elle) 8) ἔξεστιν δοῦναι κῆνσον Καίσαρι ἢ οὔ; δῶμεν ἢ μὴ δῶμεν; (ὁ κῆνσος die Steuer) 9) ὁ πιστὸς ἐν ἐλαχίστῳ καὶ ἐν πολλῷ πιστός ἐστιν, καὶ ὁ ἐν ἐλαχίστῳ ἄδικος καὶ ἐν πολλῷ ἄδικός ἐστιν. εἰ οὖν ἐν τῷ ἀδίκῳ μαμωνᾷ πιστοὶ οὐκ ἐγένεσθε, τὸ ἀληθινὸν τίς ὑμῖν πιστεύσει; καὶ εἰ ἐν τῷ ἀλλοτρίῳ πιστοὶ οὐκ ἐγένεσθε, τὸ ὑμέτερον τίς ὑμῖν δώσει; 10) ὁ παλαιὸς ἡμῶν ἄνθρωπος συνεσταυρώθη, ἵνα καταργηθῇ τὸ σῶμα τῆς ἁμαρτίας, τοῦ μηκέτι δουλεύειν ἡμᾶς τῇ ἁμαρτίᾳ· ὁ γὰρ ἀποθανὼν δεδικαίωται ἀπὸ τῆς ἁμαρτίας. (συνσταυρόω = mitkreuzigen) 11) καὶ ἐν μέσῳ τοῦ θρόνου καὶ κύκλῳ τοῦ θρόνου τέσσαρα ζῷα γέμοντα ὀφθαλμῶν ἔμπροσθεν καὶ ὄπισθεν. (κύκλῳ = ringsumher Dat des Ortes; ὄπισθεν = von hinten her, hinten) 12) ὅσοι εἰσὶν ὑπὸ ζυγὸν δοῦλοι, τοὺς ἰδίους δεσπότας πάσης τιμῆς ἀξίους ἡγείσθωσαν, ἵνα μὴ τὸ ὄνομα τοῦ θεοῦ καὶ ἡ διδασκαλία βλασφημῆται. (ὁ ζυγός = das Joch) 13) καὶ ἐκπορεύσονται οἱ τὰ ἀγαθὰ ποιήσαντες εἰς ἀνάστασιν ζωῆς, οἱ δὲ τὰ φαῦλα πράξαντες εἰς ἀνάστασιν κρίσεως. (φαῦλος, -η, -ον = schlecht, schlimm) 14) μὴ ἡ ἀπιστία αὐτῶν τὴν πίστιν τοῦ θεοῦ καταργήσει; 15) ὁ δὲ κατεργασάμενος ἡμᾶς εἰς αὐτὸ τοῦτο θεός, ὁ δοὺς ἡμῖν τὸν ἀρραβῶνα τοῦ πνεύματος. (ὁ ἀρραβών, -ῶνος = die Anzahlung) 16) ὁ δὲ ἑνὶ ἑκάστῳ αὐτῶν τὰς χεῖρας ἐπιτιθεὶς ἐθεράπευεν αὐτούς. 17) ζῶ ἐγώ, λέγει κύριος, ὅτι ἐμοὶ κάμψει πᾶν γόνυ καὶ πᾶσα γλῶσσα ἐξομολογήσεται τῷ θεῷ. ἄρα οὖν ἕκαστος ἡμῶν περὶ ἑαυτοῦ λόγον δώσει τῷ θεῷ. (κάμπτω = beugen) 18) καὶ νηστεύσας ἡμέρας τεσσεράκοντα καὶ νύκτας τεσσεράκοντα, ὕστερον ἐπείνασεν. 19) ὁ δὲ ἀρχιερεὺς διαρρήξας τοὺς χιτῶνας αὐτοῦ λέγει, τί ἔτι χρείαν ἔχομεν μαρτύρων; ἠκούσατε τῆς βλασφημίας· τί ὑμῖν φαίνεται; οἱ δὲ πάντες κατέκριναν αὐτὸν ἔνοχον εἶναι θανάτου. (διαρρήξας = nachdem er zerriss) 20) καὶ ἔρχονται εἰς Βηθσαϊδάν. καὶ φέρουσιν αὐτῷ τυφλὸν καὶ παρακαλοῦσιν αὐτὸν ἵνα αὐτοῦ ἅψηται. καὶ ἐπιλαβόμενος τῆς χειρὸς τοῦ τυφλοῦ ἐξήνεγκεν αὐτὸν ἔξω τῆς κώμης. (ἐκφέρω = hinausbringen)

Lektüre: Phil 2,5–11 Der Christushymnus

τοῦτο φρονεῖτε ἐν ὑμῖν ὃ καὶ ἐν Χριστῷ Ἰησοῦ,
ὃς ἐν μορφῇ[1] θεοῦ ὑπάρχων
οὐχ ἁρπαγμὸν[2] ἡγήσατο τὸ εἶναι ἴσα[3] θεῷ,
ἀλλὰ ἑαυτὸν ἐκένωσεν[4] μορφὴν δούλου λαβών,
ἐν ὁμοιώματι[5] ἀνθρώπων γενόμενος·
καὶ σχήματι[6] εὑρεθεὶς ὡς ἄνθρωπος
ἐταπείνωσεν ἑαυτὸν γενόμενος ὑπήκοος[7]
μέχρι θανάτου, θανάτου δὲ σταυροῦ.
διὸ καὶ ὁ θεὸς αὐτὸν ὑπερύψωσεν[8]
καὶ ἐχαρίσατο αὐτῷ τὸ ὄνομα τὸ ὑπὲρ πᾶν ὄνομα,
ἵνα ἐν τῷ ὀνόματι Ἰησοῦ πᾶν γόνυ κάμψῃ[9]
ἐπουρανίων καὶ ἐπιγείων[10] καὶ καταχθονίων[11]
καὶ πᾶσα γλῶσσα ἐξομολογήσηται ὅτι
κύριος Ἰησοῦς Χριστὸς εἰς δόξαν θεοῦ πατρός.

Lektüre: LXX Psalm 109 = ψ ΡΘ'[12]

Τῷ Δαυὶδ ψαλμός.
εἶπεν ὁ κύριος τῷ κυρίῳ μου κάθου ἐκ δεξιῶν μου,
ἕως ἂν θῶ τοὺς ἐχθρούς σου ὑποπόδιον[13] τῶν ποδῶν σου.
ῥάβδον δυνάμεώς σου ἐξαποστελεῖ κύριος ἐκ Σιών,
καὶ κατακυρίευε[14] ἐν μέσῳ τῶν ἐχθρῶν σου.
μετὰ σοῦ ἡ ἀρχὴ ἐν ἡμέρᾳ τῆς δυνάμεώς σου
ἐν ταῖς λαμπρότησιν[15] τῶν ἁγίων·
ἐκ γαστρὸς[16] πρὸ ἑωσφόρου[17] ἐξεγέννησά[18] σε.
ὤμοσεν[19] κύριος καὶ οὐ μεταμεληθήσεται[20]
σὺ εἶ ἱερεὺς εἰς τὸν αἰῶνα κατὰ τὴν τάξιν[21] Μελχισέδεκ.

---

[1] ἡ μορφή = die Gestalt, das Äussere
[2] ὁ ἁρπαγμός = der Raub (nur hier im NT; vgl. ἁρπάζω)
[3] ἴσος, -η, -ον = gleich; ἴσον und ἴσα = Adv.
[4] κενόω = leer machen, entleeren (vgl. κενός, -ή, -όν)
[5] τὸ ὁμοίωμα, -ατος = die Gleichheit, Bild, Abbild, Gestalt (vgl. ὁμοιόω, ὁμοίως)
[6] τὸ σχῆμα, -ατος = die Haltung, Erscheinung, Aussehen
[7] ὑπήκοος, -ον = gehorsam
[8] ὑπερυψόω = zur höchsten Höhe erheben
[9] κάμπτω = biegen, beugen, krümmen
[10] ἐπίγειος, -ον = irdisch
[11] καταχθόνιος, -ον = unterirdisch
[12] Die Septuaginta zählt die Psalmen etwas anders als die hebräische Bibel. LXX ψ 109 entspricht Ps 110. Ρ als Zahlzeichen = 100; θ' als Zahlzeichen = 9.
[13] τὸ ὑποπόδιον = die Fussbank, Schemel
[14] κατακυριεύω = Herr werden, überwältigen, unterjochen; Herr sein
[15] ἡ λαμπρότης, -ητος = der Glanz; die Freudigkeit
[16] ἡ γαστήρ, -τρος = der Bauch; Mutterleib
[17] ὁ ἑωσφόρος = der Morgenstern
[18] ἐκγεννάω = erzeugen
[19] ὄμνυμι Aor 1 ὤμοσα = schwören
[20] μεταμέλομαι Fut μεταμεληθήσομαι = Reue empfinden, bereuen
[21] ἡ τάξις, -εως = die festgesetzte Reihenfolge, Ordnung, Stellung, Posten

κύριος ἐκ δεξιῶν σου συνέθλασεν²² ἐν ἡμέρᾳ ὀργῆς αὐτοῦ βασιλεῖς·
κρινεῖ ἐν τοῖς ἔθνεσιν, πληρώσει πτώματα²³,
συνθλάσει κεφαλὰς ἐπὶ γῆς πολλῶν.
ἐκ χειμάρρου²⁴ ἐν ὁδῷ πίεται²⁵·
διὰ τοῦτο ὑψώσει κεφαλήν.

---

²² συνθλάω = mit- od. zusammendrücken, zerdrücken, zerquetschen
²³ τὸ πτῶμα, -ατος = das od. der Gefallene, Leichnam
²⁴ ὁ χείμαρρος = das Wadi (nur im Winter wasserführendes Trockental); der Winterbach
²⁵ πίνω Fut πίομαι

LEKTION 17

I Morphologie

1 Das Präsens von ἵστημι

In der letzten Lektion wurden die ersten beiden der „vier grossen Verben auf -μι" behandelt. Nun soll hier das dritte folgen. Es handelt sich um ἵστημι (trans. stellen; intr. hintreten). Etwas speziell ist an diesem Verb seine **unterschiedliche Bedeutung, je nachdem, ob es transitiv oder intransitiv verwendet wird.** Der Form nach wird es dabei auch einen Unterschied geben, jedenfalls im Aorist. Aber dazu etwas später. Hier soll zuerst das Präsens behandelt werden. Prägen Sie sich die Formen bitte gut ein und vergleichen Sie die Endungen mit dem Paradigma in der letzten Lektion.

Bitte beachten Sie die **Silbe ἱ**, welche **im ganzen Präsenssystem** anzutreffen ist. Es handelt sich hierbei um eine Präsensreduplikation. Damit lässt sich das Präsenssystem gut von den anderen Tempora unterscheiden.

1.1 Präs Akt ἵστημι (trans. stellen; intr. hintreten)

	Ind	*Nebentempus*	*Konj*	*Imp*	*Part*
1.Sg	ἵ-στη-μι ἱ-στάν-ω	[ἵ-στη-ν]	[ἱ-στῶ]		ἱ-στάς ο. ἱ-στάν-ων
2.	[ἵ-στη-ς] ἱ-στάν-εις	[ἵ-στη-ς]	[ἱ-στῆ-ς]	[ἵ-στη] ἵ-σταν-ε	ἱ-στά-ντος ο. ἱ-στάν-οντος
3.	ἵ-στη-σι(ν) ἱ-στάν-ει	[ἵ-στη]	[ἱ-στῇ]	ἱ-στά-τω	
1.Pl	[ἵ-στα-μεν] ἱ-στάν-ο-μεν	[ἵ-στα-μεν]	[ἱ-στῶ-μεν]		ἱ-στᾶσα ἱ-στάσης
2.	[ἵ-στα-τε] ἱ-στάν-ε-τε	[ἵ-στα-τε]	[ἱ-στῆ-τε]	ἵ-στα-τε ἱ-στάν-ετε	
3.	[ἱ-στᾶ-σι(ν)] ἱ-στάν-ουσιν	[ἵ-στα-σαν]	[ἱ-στῶ-σιν]	ἱ-στά-τωσαν	
					ἱ-στάν ἱ-στά-ντος
Inf	ἱ-στά-ναι ἱ-στάν-ειν				

1.1.1 Anmerkungen

a) ἵστημι ist in der Koine schon stark an die ω-Konjugation angeglichen. Im NT sind vom Ind nur noch die 1. und 3.Sg auf -μι anzutreffen. An die Stelle der athematisch konjugierten Form ist das thematische ἱστάνω mit grundsätzlich derselben Bedeutung wie ἵστημι getreten.

Der athematische Sg hat den gedehnten Stamm ἱστη-, der Plural den kurzen ἱστα-. Thematisch konjugiert lautet der Stamm durchwegs ἱσταν-.

b) Vom Nebentempus (Ipf) und vom Konj ist im NT nichts zu finden.

c) Im Textkritischen Apparat des Nestle-Aland erscheint oft die Koine-Form ἱστάω, mit derselben Bedeutung wie ἵστημι.

1.2 Präs M/P ἵστημι

Der Bedeutung nach wird ἵσταμαι im NT meist intr M mit der Bedeutung „sich stellen' verwendet.

	Ind	Nebentempus	Konj	Imp	Part
1.Sg	ἵ-στα-μαι	ἱ-στά-μην	[ἱστῶμαι]		ἱ-στά-μενος
2.	ἵ-στα-σαι	ἵ-στα-σο	[ἱστῇ]	ἵ-στα-σο	ἱ-στα-μένου
3.	ἵ-στα-ται	ἵ-στα-το	[ἱστῆται]	ἱ-στά-σθω	
1.Pl	ἱ-στά-μεθα	ἱ-στά-μεθα	[ἱστῶμεθα]		ἱ-στα-μένη
2.	ἵ-στα-σθε	ἵ-στα-σθε	[ἱστῆσθε]	ἵ-στα-σθε	ἱ-στα-μένης
3.	ἵ-στα-νται	ἵ-στα-ντο	[ἱστῶνται]	ἱ-στά-σθωσαν	
					ἱ-στά-μενον
Inf	ἵ-στα-σθαι				ἱ-στα-μένου

2 Der Aorist von ἵστημι

2.1 Schwacher Aor Akt ἵστημι (= trans. stellen)

Bitte unterscheiden Sie sorgfältig zwischen dem schwachen Aorist ἔστησα mit der transitiven Bedeutung „jmd etwas stellen" und dem unter 2.2 behandelten Wurzelaorist ἔστην mit der intransitiven Bedeutung „sich stellen, stehen, treten".

Beachten Sie weiter das Fehlen der Präsenserweiterung.

	Ind	Konj.	Imp	Part
1.Sg	ἔ-στη-σα	στή-σω		στή-σας
2.	ἔ-στη-σας	στή-σῃς	στῆ-σον	στή-σαντος
3.	ἔ-στη-σε(ν)	στή-σῃ	στη-σάτω	
1.Pl	ἐ-στή-σαμεν	στή-σωμεν		στή-σασα
2.	ἐ-στή-σατε	στή-σητε	στή-σατε	στη-σάσης
3.	ἔ-στη-σαν	στή-σωσιν	στη-σάτωσαν	
				στῆ-σαν
Inf	στῆ-σαι			στή-σαντος

2.2 Wurzelaorist ἵστημι (= intrans. sich stellen, stehen, treten)

Der intransitive Aorist ἔστην (ich habe mich gestellt, ich stehe) von ἵστημι ist ein Wurzelaorist (vgl. Lekt 15) mit der Wurzel στη- resp. στα-. Es handelt sich dabei um ein direktes Medium.

Der indirekt mediale schwache Aorist ἐστησάμην (ich habe für mich gestellt) fehlt im NT.

	Ind	Konj.	Imp	Part
1.Sg	ἔ-στη-ν	στῶ		στά-ς
2.	ἔ-στη-ς	στῇς	στῆ-θι (od. στά)	στά-ντος
3.	ἔ-στη	στῇ	στή-τω	
1.Pl	ἔ-στη-μεν	στῶμεν		στᾶ-σα
2.	ἔ-στη-τε	στῆτε	στῆ-τε	στά-σης
3.	ἔ-στη-σαν	στῶσι(ν)	στή-τωσαν	
				στά-ν
Inf	στῆ-ναι			στά-ντος

2.2.1 Anmerkungen:

a) Die Wurzel lautet in der Regel ausser beim Partizip immer στη-. Allerdings kommen im NT Imperative mit der Wurzel στα- vor. So z. B. der Imp 2.Sg ἀνάστα (steh auf!) in Eph 5, 14.

b) Die 3.Pl ἔστησαν hat trans. und intrans. dieselbe Form!

3 Die übrigen Formen von ἵστημι

Betrachten und merken Sie sich bitte zuerst die Stammformen von ἵστημι.

a) trans. (etwas stellen)
ἵστημι o.   στήσω   ἔστησα   [ ]   stellen   ἱστη- / στη
ἱστάνω   (σταθήσομαι)   ἐστάθην   [ ]

b) intr. (sich stellen, treten)
ἵσταμαι   στήσομαι o.   ἔστην o.   ἕστηκα   stehen   ἱστα- / στη-
                 σταθήσομαι   ἐστάθην   –

Bei der Übersetzung muss immer zuerst entschieden werden, ob es sich um transitiven oder intransitiven Gebrauch handelt. Nachfolgend einige **Unterscheidungskriterien:**

- Präs: aktive Endungen = trans (ἵστημι τινά od. ἱστάνω τινά ich stelle etwas)
  mediopassive Endungen = meistens intr (ἵσταμαι ich stelle mich, ich trete);
  selten Pass (ἵσταμαι ich werde gestellt)
- Fut: aktive Endungen = trans (στήσω τινά ich werde etwas stellen)
  mediale Endungen = intr (στήσομαι ich werde treten)
  passive Endungen = meistens intr (σταθήσομαι ich werde treten); selten trans
  Pass (σταθήσομαι ich werde gestellt werden)
- Aor: aktive, schwache Endungen = trans (ἔστησα τινά ich habe etwas gestellt)
  Wurzelaorist = intr (ἔστην ich bin getreten)
  passive Endungen = trans Pass (ἐστάθην ich bin gestellt worden) od. intr
  (ἐστάθην ich bin getreten)
- Pf: immer intr (ἕστηκα ich stehe)
  Einzige Ausnahme in Apg 8, 11 der Pf Inf Akt ἐξεστακέναι (ἐξίστημι in Verwirrung bringen) als Neubildung der Koine.

Das Partizip Pf wird ohne Bedeutungsunterschied stark oder schwach gebildet.
Stark: Nom ἑστώς, ἑστῶσα, ἑστός; Gen ἑστῶτος, ἑστώσης, ἑστῶτος
Schwach: Nom ἑστηκώς, ἑστηκυῖα, ἑστηκός; Gen ἑστηκότος, ἑστηκυίης, ἑστηκότος
Pf Inf: ἑστάναι

3.1 Spezielle Verben

a) Das Verb στήκω (stehen) ist eine Neubildung aus dem Perfekt ἕστηκα und wird als normales Präsens betrachtet. Das kommt daher, dass das Perfekt ἕστηκα schon früh als Präsens empfunden wurde und dadurch seinen resultativen Aspekt einbüsste.

b) Das Verb ἐπίσταμαι (verstehen, wissen) muss als eigenes Verb, von ἵστημι gesondert betrachtet werden. Etymologisch hängt es wohl schon mit ἵστημι zusammen (< *ἐπι-ίστημι „sich in die für eine Tätigkeit nötige Stellung versetzen"), der Bedeutung nach ist es aber nur sehr schwer davon abzuleiten.

Bitte verwechseln Sie es nicht mit ἐφίστημι < *ἐπι-ίστημι (trans. beistellen; intr. über etwas stehen)!

3.2 Die Komposita von ἵστημι

Im NT kommen folgende Komposita vor:
- ἀνθίστημι   trans: gegenüberstellen; intr: sich entgegenstellen, sich widersetzen (14×)
- ἀνίστημι   trans: jmd etw aufstellen, erscheinen lassen; intr: aufstehen, auftreten (108×)
- ἀποκαθίστημι in den richtigen Zustand versetzen, wiederherstellen, zurückerstatten (8×)
- ἀφίστημι   trans: entfernen, abtrünnig machen; intr: sich entfernen, weggehen, ablassen (14×)
- διΐστημι   trans: trennen, absondern; intr: sich trennen, sich entfernen (3×)
- ἐνίστημι   trans: hineinstellen; intr: eintreten (Perf: vorhanden sein), bevorstehen (7×)
- ἐξανίστημι trans: aufrichten; intr: aufstehen, sich erheben (3×)
- ἐξίστημι   trans: verändern, in einen andern Zustand versetzen; intr: aus etw herausgeraten, von Sinnen kommen, ausser sich geraten (17×)
- ἐπανίστημι trans: wiederaufrichten; intr: sich gegen jmd erheben, sich empören (2×)
- ἐφίστημι   trans: etw bei-, zu-, aufstellen; intr: über etwas stehen, treten (Perf: dabeisein) (21×)
- καθίστημι   trans: niedersetzen, hinstellen, aufstellen; intr: sich hinstellen, stehen, sich befinden (21×)
- μεθίστημι   trans: an eine andere Stelle versetzen, verpflanzen; intr: sich umstellen, sich entfernen (4×)
- παρίστημι   trans: zur Verfügung stellen, bereitstellen, darstellen, beweisen; intr: herzutreten, helfen, anwesend sein (41×)
- περιίστηι   trans: herumstellen; intr: ringsumstehen, sich umdrehen, ausweichen (4×)

- προΐστημι	trans: davorstellen, voranstellen; intr: vorstehen, leiten, verwalten, sich kümmern um (8×)
- συνεφίστημι	sich miterheben (1×)
- συνίστημι	trans: Akt u. Pass: zusammenbringen, empfehlen; intr: zusammenstehen mit, Bestand haben, zusammensetzen, bewirken (16×)

4 Das Plusquamperfekt

Das im NT nicht allzu häufig vorkommende Plusquamperfekt (86× NT) ist ein Nebentempus des Perfekts (vgl. das Ipf als Nebentempus des Präs). Es bildet also kein eigenes Tempussystem, sondern setzt lediglich das Perfekt mit seinem resultativen Aspekt in die Vergangenheit.

Eine Möglichkeit, ein Plusquamperfekt zu bilden, ist uns im Zusammenhang mit der umschreibenden Konjugation bereits begegnet (s. Lekt 13). Das Griechische kennt nun aber auch eigene Plusquamperfektformen. Zuerst soll das Plqpf der thematischen Konjugation behandelt werden.

4.1 Plusquamperfekt der thematischen Konjugation

	Akt	M/P
1.Sg	(ἐ)-πε-πιστεύ-κει-ν	(ἐ)-πε-πιστεύ-μην
2.	(ἐ)-πε-πιστεύ-κει-ς	(ἐ)-πε-πίστευ-σο
3.	(ἐ)-πε-πιστεύ-κει	(ἐ)-πε-πίστευ-το
1.Pl	(ἐ)-πε-πιστεύ-κει-μεν	(ἐ)-πε-πιστεύ-μεθα
2.	(ἐ)-πε-πιστεύ-κει-τε	(ἐ)-πε-πίστευ-σθε
3.	(ἐ)-πε-πιστεύ-κει-σαν	(ἐ)-πε-πίστευ-ντο

4.1.1 Anmerkungen:

a) Prinzipiell wird die reduplizierte Form des Perfekts augmentiert. Das Plsqpf stellt ja eine Vergangenheitsform dar, muss also ein Augment tragen. Im NT jedoch kann dieses Augment fehlen!

b) Lautet ein Verb vokalisch an, wird nicht augmentiert.
Bsp: ἀγαπάω (lieben); Pf ἠγάπηκα; Plqpf ἠγαπήκειν

c)) Die aktiven Endungen sind dieselben wie die des Wurzelaorists. Nur tritt als Bildesilbe -κει- zwischen Verbalstamm und Personalendung.
Die mediopassiven Endungen zeigen keine Bildesilbe. Die Endungen sind dieselben wie die der μι-Konjugation Präs M/P.

d) Als Übersetzung wählen wir in einem ersten Schritt ein deutsches Plusquamperfekt. Also ἐπεπιστεύκειν ich hatte geglaubt; ἐπεπιστεύμην ich hatte für mich geglaubt oder mir wurde geglaubt.
Dem Aspekt nach wird das resultative Perfekt in die Vergangenheit gesetzt. Also ἐπεπιστεύκειν „ich war zum Glauben gekommen und war daher ein Glaubender".

> e) Das Plsqpf kann auch stark gebildet werden, also ohne das κ.
> Bsp: στρέφω (drehen); Pf ἔστροφα; Plsqpf ἐστρόφειν

f) Klassisch lautete die Bildesilbe im Pl nicht κει sondern bloss κε. Also ἐπεπιστεύκεμεν, ἐπεπιστεύκετε, ἐπεπιστεύκεσαν.

4.2 Plusquamperfekt der μι-Konjugation

Im NT kommen nur sehr wenige Plusquamperfekte der athematischen Konjugation vor.
Von ἵσταμαι existieren εἱστήκει (Plsqpf 3.Sg er, sie, es stand) und εἱστήκεισαν (Plsqpf 3.Pl sie standen). Ebenso gibt es diese Formen von Komposita.
Von δίδωμι kommt παραδεδώκεισαν (Plsqpf 3.Pl sie hatten überliefert) vor.
Von τίθημι findet sich συνετέθειντο (Plsqpf 3.Pl M/P sie waren übereingekommen).

II Syntax

5 PRÄDIKATIV ERGÄNZENDES PARTIZIP MIT BEZUG AUF DAS SUBJEKT

Gewisse Verben bedürfen einer Ergänzung, um ihren Sinn vollständig ausdrücken zu können. Das bedeutet, dass ein finites Verb allein nicht ausreicht um eine Aussage zu machen. Solche Verben können griechisch mit einem Partizip im Nominativ ergänzt werden.

Etwas ähnliches ist vom AcP her bereits bekannt (→ Lekt 9). Das Partizip drückt im AcP eine Ergänzung der Satzaussage (prädikativ) mit Bezug auf das Akkusativobjekt aus. In der nun neuen Konstruktion wird die prädikative Ergänzung mit Bezug auf das Subjekt ausgedrückt.

Speziell an diesem Fall ist, dass **nicht das finite Verb die eigentliche Satzaussage macht, sondern das Partizip**. Es wird also durch das Partizip gleichsam eine bestimmte Art des Seins oder des Tuns ausgedrückt. Das finite Verb im Griechischen wird lediglich als Hilfsverb verstanden, welches durch ein Partizip ergänzt werden muss.

Betrachten Sie bitte folgendes Beispiel:

ὁ δέ Πέτρος ἐπέμενεν κρούων.

Petrus aber klopfte beharrlich. Apg 12, 16

Die Hauptaussage des Satzes liegt eindeutig auf dem Klopfen (κρούω), nicht auf dem Verharren (ἐπιμένω). Dem muss in der Übersetzung Rechnung getragen werden.

Diese Konstruktion kommt nur bei bestimmten Verben zum Tragen. Im NT und in der Koine sind diese Fälle gegenüber dem Klassischen weit seltener anzutreffen.

5.1 Verben des näher bestimmten Seins

Einige Verben des Seins im weiteren Sinne bedürfen einer Ergänzung. Man spricht bei solchen Verben auch von „Verben des modifizierten Seins".
Es gehören im NT folgende Verben in diese Klasse:
ἐπιμένω (dabeibleiben, verharren); λανθάνω (verborgen sein); προϋπάρχω (vorher dasein); προφθάνω (zuvorkommen).

Diese Verben werden also ein Partizip im Nominativ nach sich ziehen, welches genauer bezeichnet, womit jemand aufhört oder wobei jemand verharrt usw.

> Das griechische Partizip wird in der Übersetzung zum deutschen Prädikat. Das griechische finite Verb wird durch ein deutsches Adverb wiedergegeben.
>
> Die Zeit wird vom griechischen finiten Verb angegeben.

    ὁ δέ Πέτρος ἐπέμενεν κρούων.   Petrus aber <u>klopfte</u> beharrlich. Apg 12, 16
                                                      Wörtl: „Petrus verharrte als Klopfender".

5.2 Verben des näher bestimmten Tuns (Recht- und Unrechttun)

Mit einem Partizip im Nominativ werden Verben des Tuns adverbial präzisiert.
Folgende Verben kommen dafür in Frage:
ἁμαρτάνω (sündigen); κακῶς ποιέω (schlecht tun, handeln); εὖ od. καλῶς ποιέω (gut handeln); ποιέω (tun, handeln);

> In der Übersetzung muss das griechische Partizip durch einen Modalsatz (..., wenn; ..., dass; ..., indem) wiedergegeben werden.

    καλῶς ποιεῖτε <u>προσέχοντες</u>.   Ihr tut gut, <u>wenn ihr daran festhaltet</u>. 2Pt 1, 19

5.3 Verben des Anfangens und des Aufhörens

Diese Verben werden griechisch ebenfalls durch ein Partizip ergänzt.

> In der deutschen Übersetzung wird das griechische Partizip mit einem Infinitiv wiedergegeben.

Folgende Verben kommen dafür in Frage:
διαλείπω (aufhören); ἐγκακέω (nachlassen, müde werden); (ἀνα)παύομαι (aufhören); τελέω (beenden);

ἀδελφοί, μὴ ἐγκακήσατε <u>καλοποιοῦντες</u>.
Brüder, werdet nicht müde, <u>Gutes zu tun</u>. 2Thes 3, 13

6 SATZVERBINDUNGEN

An dieser Stelle seien einige Bemerkungen zur Verbindung von Sätzen angeführt. Im NT sind sehr unterschiedliche Arten und Stile im Verbinden von Sätzen anzutreffen. Wir finden einfache **Beiordnung** von Hauptsätzen (**Parataxe** < ἡ παράταξις = Nebenordnung), aber auch kunstvoll verknüpfte, einander **untergeordnete Sätze** (**Hypotaxe** <

ἡ ὑπόταξις = Unterordnung). In diesem Kapitel soll es darum gehen, die verschiedenen Satzverbindungen erkennen zu können und dadurch das Verständnis gerade auch schwierigerer Sätze zu ermöglichen. Ja noch mehr, denn nicht nur einzelne Sätze, sondern ganze Abschnitte werden mit gewissen syntaktischen Mitteln zu komplexen Texten verwoben. Der Ausleger muss anhand der verwendeten sprachlichen Mittel entscheiden können, welche Sätze und Abschnitte in welcher Art und Weise zusammengehören und welche voneinander unabhängig sind. Wichtig ist anzumerken, dass das alte Griechisch keine Satzzeichen kannte. Auch die alten ntl. Handschriften sind durchwegs ohne Satzzeichen geschrieben. Das bedeutet, dass der Grieche, da wo wir einen Punkt oder ein Komma setzen, ein anderes syntaktisches Mittel verwendete, meist eine Konjunktion. Gewisse Bibelübersetzungen wirken nicht zuletzt deshalb oft etwas schwerfällig, weil sie zwei syntaktische Mittel mit derselben Funktion verwenden, nämlich die Übersetzung der griechischen Konjunktion und die moderne Interpunktion. Natürlich muss beachtet werden, dass die **Interpunktion immer neutral** ist, also die Art und Weise der Satzverknüpfung nicht angibt. Eine **Konjunktion jedoch ist nie neutral.**
Wir betreten hier ein grosses und z. T. auch kompliziertes Gebiet der Grammatik. Es soll in diesem Lehrgang nicht bis ins Detail ausgelotet, aber doch darin eingeführt werden.

6.1 Parataxe und Hypotaxe

a) Parataxe (Beiordnung, Koordination)
Die einfachste, wohl auch die älteste Verbindung von Sätzen, geschieht durch einfache Aneinanderreihung von Hauptsätzen. Es entsteht die **Satzreihe.** Vor allem vom AT her ist dieser Stil einem Bibelleser wohl bekannt. Die semitischen Sprachen (dazu gehört das Hebräische) verwenden diese Art vornehmlich. Die Satzverknüpfung geschieht durch diverse koordinierende Konjunktionen, häufig durch „und" (καί oder τε).

>   καὶ μετὰ ἡμέρας ἓξ παραλαμβάνει ὁ Ἰησοῦς τὸν Πέτρον καὶ τὸν Ἰάκωβον καὶ τὸν Ἰωάννην.
>   καὶ ἀναφέρει αὐτοὺς εἰς ὄρος ὑψηλὸν κατ' ἰδίαν μόνους.
>   καὶ μετεμορφώθη ἔμπροσθεν αὐτῶν.
>   καὶ τὰ ἱμάτια αὐτοῦ ἐγένετο στίλβοντα λευκὰ λίαν.

>   Und nach sechs Tagen nimmt Jesus den Petrus und den Jakobus und den Johannes mit.
>   Und er führt sie auf einen hohen Berg, allein für sich.
>   Und er wurde vor ihnen verwandelt.
>   Und seine Kleider wurden sehr glänzend weiss. Mk 9, 2-3

Sehr gut sind die Sätze als **aneinandergereihte Hauptstätze mit je eigenem Prädikat** zu erkennen. Diesr Stil wirkte in der Antike für griechische Ohren oft zu einfach und ungebildet. Die Heiden bezeichneten die Sprache der Christen als eine „Konjunktionen ermangelnde" (συνδέσμων ἐλλείπουσαν). Das stimmt zu einem grossen Teil und hat sicher mit der semitischen Denkweise vieler Autoren im NT zu tun. Es ist nicht etwa als primitive Sprache zu werten.

b) Hypotaxe (Unterordnung, Subordination)
Einzelne Sätze können nun auch einander untergeordnet werden. Je nachdem, in welchem Verhältnis sie zueinander stehen, werden verschiedene syntaktische Mittel zur Verknüpfung verwendet. Es entsteht ein **Satzgefüge** mit verschiedenen **Teilsätzen.** Als

syntaktische Mittel der Verknüpfung kommen verschiedene **subordinierende Konjunktionen** (Bindeworte), Pronomen (Fürwörter), Partizipien und Infinitivkonstruktkionen in Frage.
Selbstverständlich können in ein und demselben Satz beide Funktionen, Bei- und Unterordnung, vertreten sein. Es ergeben sich dadurch verschiedene Ordnungsebenen.

>βλέπετε γὰρ τὴν κλῆσιν ὑμῶν ἀδελφοί
>>ὅτι οὐ πολλοὶ σοφοὶ κατὰ σάρκα, οὐ πολλοὶ δυνατοί, οὐ πολλοὶ εὐγενεῖς
>>ἀλλὰ τὰ μωρὰ τοῦ κόσμου ἐξελέξατο ὁ θεός
>>>ἵνα καταισχύνῃ τοὺς σοφούς
>>καὶ τὰ ἀσθενῆ τοῦ κόσμου ἐξελέξατο ὁ θεός
>>>ἵνα καταισχύνῃ τὰ ἰσχυρά
>>καὶ τὰ ἀγενῆ τοῦ κόσμου καὶ τὰ ἐξουθενημένα ἐξελέξατο ὁ θεός
>>(καὶ) τὰ μὴ ὄντα
>>>ἵνα τὰ ὄντα καταργήσῃ
>>>>ὅπως μὴ καυχήσηται πᾶσα σὰρξ ἐνώπιον τοῦ θεοῦ.

>Denn betrachtet eure Berufung, Brüder,
>>dass (es) nicht viele fleischlich Weise, nicht viele Vermögende, nicht viele Edle (sind),
>>sondern die törichten Dinge der Welt hat Gott erwählt,
>>>so dass er die Weisen beschämt,
>>auch die Schwachen Dinge der Welt hat Gott erwählt,
>>>so dass er die starken Dinge beschämt,
>>auch die unedlen Dinge und die verachteten Dinge hat Gott erwählt,
>>auch die unbedeutenden Dinge,
>>>so dass er die bedeutenden Dinge abschafft,
>>>>dass sich kein Fleisch vor Gott rühme. 1Kor 1, 26–29

Die Einrückungen verdeutlichen die Bei- oder Unterordnung der jeweiligen Teilsätze. An oberster Stelle steht der HS, dem mit ὅτι ein untergeordneter NS (Objektsatz) folgt (NS 1. Grades). Diesem NS wird auf der gleichen Ebene durch die beiordnende Konjunktion ἀλλά ein weiterer NS gegenübergestellt. Diesen beiden wird ein weiterer Teilsatz mit ἵνα untergeordnet (konsekutiv, auch final käme in Frage). Man spricht hier von Unterordnung 2. Grades.
Die folgende beiordnende Konjunktion καί knüpft an den NS 1. Grades an, lässt also den nun folgenden NS wieder eine Stufe höher steigen. Das Gebilde wiederholt sich, bis am Schluss mit ὅπως ein abhängiger Begehrungssatz 3. Grades das Ganze abschliesst.
Beachten Sie weiter, dass der ganze Satz durch die beiordnende Konjunktion γάρ begründend (kausal) mit dem vorhergehenden Satz verknüpft wird. Vers 30 wird durch die beiordnende Konjunktion δέ unserem Satz entgegengestellt (adversative Funktion).

7 KONJUNKTIONEN UND PARTIKELN MIT MEHRFACHEM SINN

Es seien hier die wichtigsten Konjunktionen, die mehr als einen Sinn haben, mit ihrer jeweiligen Bedeutung aufgeführt. Der Sinn eines Bindewortes kann z. T. recht differenziert sein. (Die Liste ist keinesfalls vollständig.)

7.1 Beiordnende (koordinierende) Konjunktionen

| καί |

καί verbindet grundsätzlich Elemente der gleichen Stufe miteinander. Allerdings müssen einige verschiedene Nuancen dieser Verbindung beachtet werden. Oft kann die Übersetzung „und" beibehalten werden. Es werden nur die wichtigsten Verwendungsarten von καί aufgeführt.

Adversatives καί (gegenüberstellend): *doch, aber, und trotzdem, und doch*

οἱ δὲ ἀρχιερεῖς ... ἐζήτουν κατὰ τοῦ ᾽Ιησοῦ μαρτύριαν ... καὶ οὐχ ηὕρισκον.
Die Hohenpriester aber ... suchten eine Zeugenaussage gegen Jesus ..., doch sie fanden keine. Mk 14, 55

Konsekutives καί (folgernd): *dann, und dann, so, so dass, daher*

ἀντιστῆτε δὲ τῷ διαβόλῳ καὶ φεύξεται ἀφ᾽ ὑμῶν.
Widersteht aber dem Teufel, so flieht er von euch. Jak 4, 7

Finales καί (zweckgerichtet): *damit*

ἦραν τὸ πτῶμα αὐτοῦ καὶ ἔθηκαν αὐτὸ ἐν μνημείῳ.
Sie hoben den Leichnam auf, um ihn in ein Grab zu legen. Mk 6, 29

Epexegetisches καί (erklärend): *nämlich, das heisst, das ist, und zwar*

διάκονοι δι᾽ ὧν ἐπιστεύσατε, καὶ ἑκάστῳ ὡς ὁ κύριος ἔδωκεν.
Diener (sind sie), durch welche ihr gläubig geworden seid, nämlich wie der Herr einem jeden gegeben hat. 1Kor 3, 5

καί bei Zeitangaben: *als*

καὶ ἐγγὺς ἦν τὸ πάσχα τῶν ᾽Ιουδαίων, καὶ ἀνέβη εἰς ῾Ιεροσόλυμα ὁ ᾽Ιησοῦς.
Und das Passah der Juden war nahe, als Jesus nach Jerusalem hinaufging. Joh 2, 13

καί entspricht einem Relativum:

καὶ ὤφθη αὐτοῖς ᾽Ηλίας σὺν Μωϋσεῖ καὶ ἦσαν συλλαλοῦντες τῷ ᾽Ιησοῦ.
Und von ihnen wurde Elias mit Mose gesehen, welche sich mit Jesus besprachen. Mk 9, 4

| καί als Adverb |

Steigerndes καί: *(und) sogar, ja sogar, auch*

οὐχὶ καὶ οἱ τελῶναι τὸ αὐτὸ ποιοῦσιν;
Tun nicht sogar die Zöllner dasselbe? Mt 5, 47

καί verstärkt ein Interrogativum: *was überhaupt?, warum denn noch?, noch?*

ὅ τι καὶ λαλῶ ὑμῖν; Was rede ich überhaupt noch mit euch? Joh 8, 25

δέ

δέ weist zwei verschiedene Gebrauchsweisen auf. Entweder ist es adversativ (entgegensetzend), oder aber es verbindet lediglich zwei Sätze ohne bemerkbaren Gegensatz.

adversatives δέ (schwächer als ἀλλά): *aber*

> σὺ δέ ὅταν προσεύχῃ, εἴσελθε εἰς τὸ ταμεῖόν σου.
> Wenn *du* aber betest, gehe in deine Vorratskammer hinein! Mt 6, 6

δέ als blosse Übergangspartikel: *bleibt am besten unübersetzt, evtl. nun, da, aber*

> τοῦ δέ Ἰησοῦ Χριστοῦ ἡ γένεσις οὕτως ἦν.
> Die Abkunft Jesu Christi war so. Mt 1, 18

ἀλλά

ἀλλά wird meist zur Bezeichnung eines scharfen Gegensatzes verwendet, kann aber auch eine Aufforderung einleiten.

ἀλλά beim scharfen Gegensatz: *aber, (nach einer Negation) sondern, vielmehr*

> ὃς ἂν ἐμέ δέχηται, οὐκ ἐμέ δέχεται ἀλλὰ τὸν ἀπεστείλαντά με.
> Wer mich aufnimmt, nimmt nicht mich, sondern den, der mich gesandt hat, auf. Mk 9, 37

ἀλλά leitet von einer Darlegung in eine Aufforderung über: *nun denn, so, so ... denn*

> ἴδε ὁ τόπος ὅπου ἔθηκαν αὐτόν. ἀλλὰ ὑπάγετε εἴπατε τοῖς μαθηταῖς αὐτοῦ ...
> Schau, der Ort, wohin sie ihn gelegt haben. Nun denn, geht, sagt seinen Jüngern ...! Mk 16, 7

ἀλλά nach einem Bedingungssatz: *so doch, wenigstens*

> εἰ καὶ πάντες σκανδαλισθήσονται, ἀλλ' οὐκ ἐγώ.
> Wenn auch alle Anstoss nehmen, so doch ich nicht. Mk 14, 29

7.2 Unterordnende (subordinierende) Konjunktionen

ὡς

ὡς verbindet nicht nur Sätze, sondern auch einzelne Wörter und Ausdrücke. Oft ist der Vergleichssatz gekürzt (Ellipse).

ὡς als vergleichende Konjunktion: *wie, so*

> ἕκαστος τὴν ἑαυτοῦ γυναῖκα οὕτως ἀγαπάτω ὡς ἑαυτόν.
> Ein jeder soll seine eigene Frau auf diese Weise lieben, wie sich selbst! Eph 5, 33

ὡς zur Einleitung eines Adverbialsatzes:

- bei Temporalsätzen: *mit Aor: als, nachdem; mit Präs/Ipf: während, wenn*
- bei Konsekutivsätzen: *so dass*
- bei Finalsätzen: *damit*
- (selten) bei Kausalsätzen: *weil, denn, da*

ὡς οὖν ἔγνω ὁ Ἰησοῦς ὅτι ἤκουσαν οἱ Φαρισαῖοι ...
Als nun Jesus erkannte, dass die Pharisäer gehört hatten ... Joh 4, 1

| εἰ |

εἰ vor Fragesätzen: *ob*

ἐξορκίζω σε κατὰ τοῦ θεοῦ τοῦ ζῶντος ἵνα ἡμῖν εἴπῃς εἰ σὺ εἶ ὁ Χριστός.
Ich beschwöre dich bei dem lebendigen Gott, dass du uns sagst, <u>ob</u> *du* der Christus bist. Mt 26, 63

εἰ als konditionale Konjunktion: *wenn*

εἰ υἱὸς εἶ τοῦ θεοῦ, εἰπὲ ἵνα οἱ λίθοι οὗτοι ἄρτοι γένωνται.
<u>Wenn</u> du Gottes Sohn bist, befiehl, dass diese Steine Brote werden. Mt 4, 3

8 Das Asyndeton (Das Unverbundene)

Hauptsätze werden im Griechischen in der Regel durch **Konjunktionen**, **Relativa** (relativer Anschluss), **Adverbien**, **Pronomen** oder **Partikeln** verbunden. Auch einzelne Wörter weisen eine solche Verbindung auf (Syndese).
Fehlt nun die Verbindung zwischen Sätzen oder Wörtern, spricht man von einer Asyndese (< ἀ-συνδέω = nicht zusammenbinden) oder von einem Asyndeton.
Oft wird das Asyndeton als **rhetorisches Stilmittel** zur **Hervorhebung** oder zur **Steigerung** einer Aussage verwendet. Die einzelnen Glieder werden enger zusammengeschlossen, die Aussage in gewisser Weise zusammengefasst und dadurch kurz und prägnant zum Ausdruck gebracht.

a) Asyndeton zwischen finiten Verben
Häufig ist ein Asyndeton zwischen Imperativen zu beobachten. Eine Aussage bekommt dadurch ein besonderes Gewicht, wirkt affektgeladen, denn die einzelnen Stücke kommen stossweise hervor.

... καὶ ὕπαγε πρῶτον _ διαλλάγηθι τῷ ἀδελφῷ σου καὶ ...
... und geh zuerst hin, versöhne dich mit deinem Bruder und ... Mt 5, 24

b) Asyndeton zwischen einzelnen Begriffen
Dem Griechischen ist die Aufzählung, bei der mit Kommata und vor dem letzten Bestandteil ein „und" gesetzt wird, fremd. Entweder fehlen jegliche Verbindungen (asyndetische Aufzählung), oder es werden vor jedem Glied Verbindungen eingefügt (polysyndetische Aufzählung).

νυνὶ δὲ μένει πίστις ἐλπὶς ἀγάπη τὰ τρία ταῦτα.
Nun aber bleiben Glaube, Hoffnung, Liebe, diese drei. 1 Kor 13, 13

Das Gegenteil des Asyndetons bildet das Polysyndeton (vielfache Verbindung).

ἔλεος ὑμῖν καὶ εἰρήνη καὶ ἀγάπη πληθυνθείη.
Barmherzigkeit und Friede und Liebe mögen für euch zunehmen. Jd 2

c) Asyndeton zwischen Sätzen
Durch den grossen Reichtum an Partikeln kann das Griechische feinste Verhältnisse zwischen einzelnen Aussagen bezeichnen. Die Beziehung der einzelnen Sätze zueinan-

der wird folglich in der Regel genau ausgedrückt. Im Asyndeton unterbleibt dies. Das Verhältnis der Sätze zueinander wird bewusst offengelassen.

40 _ ἦν ᾽Ανδρέας ... 41 _ εὑρίσκει οὗτος ... 42 _ ἤγαγεν αὐτόν ...
40 _ Andreas war ... 41 _ er findet diesen ... 42 _ er führt ihn ... Joh 1, 40–42
(Beachten Sie, dass neben dem Asyndeton die Verwendung des historischen Präsens der Erzählung zusätzliche Lebendigkeit verleiht!)

Vorkommen im NT: In erzählenden Texten ist das Asyndeton, ausser bei Johannes, eher selten. In Lehrtexten der Evangelien wird es häufiger, allerdings ohne spezielle rhetorische Absicht verwendet. Ähnlich liegt der Fall bei Ermahnungen und Vorschriften in den Briefen. Im einzelnen ist aber zu prüfen, was nicht immer ganz einfach ist, ob ein Asyndeton zur Betonung verwendet wird oder nicht.

Nebst einzelnen Sätzen können **ganze Abschnitte** asyndetisch aneinandergefügt werden. Durch diese Konstruktion werden **neue Gedanken** eingeführt. Sind Abschnitte syndetisch aneinandergereiht, besteht zwischen ihnen immer eine Beziehung.

Bsp: Rö 9, 1 beginnt ein neuer Abschnitt asyndetisch, führt also gleichsam ein neues Thema ein.

III Übungen

1. Formen von ἵστημι
Bitte bestimmen und übersetzen Sie folgende Formen! Geben Sie bitte zudem die Grundform an!

a) Präsens
ἵστησιν – ἱστάνω – ἱστάνομεν – ἀνίσταται – ἀνίστασθαι – ἀνιστάμενος – ἀνθίστανται – ἀνθίστατο – ἀφίστασο – ἀφίστατο – ἐφίσταται – ἐξίσταντο – ἐξίστασθαι – ἐξιστάνων – καθίσταται – καθίστησι – παριστάνετε – συνιστάνειν – συνιστάντες – συνίστημι –

b) Aorist
Geben Sie die Grundform bitte folgendermassen an: trans. = ἵστημι; intr. = ἵσταμαι
ἔστη – ἔστησαν – ἔστησεν – στῆσαι – στῆναι – ἐστάθη – στήσαντες – ἵνα στήσῃ – στῆτε – στῆθι – ἀνέστη – ἀνέστησεν – ἀνέστησαν – ἀνάστηθι – ἀναστάν – ἀναστᾶσα – ἐὰν ἀναστῇ – ἀναστήσας – ἀντίστητε – ἀποστήτω – ἀπέστησεν – ἀπεστάθη – ἐξέστημεν – ἐπέστη – ἐπιστάς – κατεστάθησαν – ὅπως καταστήσῃς – παραστήσατε – παραστήσωμεν – παρεστήσατε – συνεστήσατε

c) Gemischte Formen
ἑστάναι – στήσει – στήκει – στήσονται – ἑστήκαμεν – ἕστηκας – ἀνθέστηκε – ἐφίσταται – ἀναστήσειν – ἀναστήσω – ἑστηκώς – ἑστηκότες – ἀντιστῆναι – ἱστάνομεν – ἀποστήσονται – ἀπέστησαν – ἐξέστησαν – ἐπίστασθε – κατέστησαν – καταστήσομεν – παραστησόμεθα – παραστήσει – παρέστη – παρέστηκεν – τοῖς παρεστηκόσι – παρεστηκώς – παρεστῶτες – συνεστῶσα – συνέστηκεν

2. Plusquamperfekte
Bitte bestimmen und übersetzen Sie folgende Formen!
ἐβέβλητο – εἱστήκεισαν – ἀπεληλύθεισαν – παραδεδώκεισαν – ᾔδειν – παρειστήκεισαν – ἐγεγόνει – γεγόνει – πεποιήκεισαν – ἐπεποίθει – ἐληλύθει – πεπιστεύκεισαν – ἐγέγραπτο – ἐγνώκειτε – μεμενήκεισαν

3. Prädikativ ergänzendes Partizip mit Bezug auf das Subjekt
Bitte übersetzen Sie folgende Sätze!
1) ὡς δὲ ἐπέμενον ἐρωτῶντες αὐτόν, ἀνέκυψεν καὶ εἶπεν αὐτοῖς. (ἀνακύπτω = sich aufrichten) 2) τὸ δὲ καλὸν ποιοῦντες μὴ ἐγκακῶμεν. (ἐγκακέω = müde werden) 3) ὡς δὲ ἐπαύσατο λαλῶν ... 4) οὐ παύομαι εὐχαριστῶν ὑπὲρ ὑμῶν μνείαν ποιούμενος ἐπὶ τῶν προσευχῶν μου. (ἡ μνεία = die Erinnerung, Erwähnung) 5) ὁ ἄνθρωπος οὗτος οὐ παύεται λαλῶν ῥήματα κατὰ τοῦ τόπου τοῦ ἁγίου τούτου καὶ τοῦ νόμου. 6) οὐκ ἐπαύοντο διδάσκοντες καὶ εὐαγγελιζόμενοι τὸν Χριστὸν Ἰησοῦν. 7) οἱ δὲ ἰδόντες τὸν χιλίαρχον καὶ τοὺς στρατιώτας ἐπαύσαντο τύπτοντες τὸν Παῦλον. 8) τῆς φιλοξενίας μὴ ἐπιλανθάνεσθε, διὰ ταύτης γὰρ ἔλαθόν τινες ξενίσαντες ἀγγέλους. (ἡ φιλοξενία = die Gastfreundschaft; ἐπιλανθάνομαι τινός = vernachlässigen; λανθάνω Aor ἔλαθον = verborgen sein) 9) αὕτη δὲ ἀφ' ἧς εἰσῆλθον οὐ διέλιπεν καταφιλοῦσά μου τοὺς πόδας. (διαλείπω = aufhören; καταφιλέω = küssen) 10) Σίμων προϋπῆρχεν ἐν τῇ πόλει μαγεύων καὶ ἐξιστάνων τὸ ἔθνος τῆς Σαμαρείας. (προϋπάρχω = vorher dasein; μαγεύω = Zauberei treiben) 11) σύ τε καλῶς ἐποίησας παραγενόμενος. 12) τί ποιεῖτε κλαίοντες καὶ συνθρύπτοντές μου τὴν καρδίαν; (συνθρύπτω = zerbrechen) 13) ἥμαρτον παραδοὺς αἷμα ἀθῷον. (ἀθῷος, -ον = unschuldig)

4. Übungssätze zu Konjunktionen und Partikeln
Bitte übersetzen Sie folgende Sätze, wobei Sie auf die Bedeutungsnuance der jeweiligen Konjunktion achten! Bitte bestimmen Sie die jeweilige Nuance.
1) ἐζήτουν οὖν αὐτὸν πιάσαι, καὶ οὐδεὶς ἐπέβαλεν ἐπ' αὐτὸν τὴν χεῖρα. 2) διότι ἠθελήσαμεν ἐλθεῖν πρὸς ὑμᾶς ... καὶ ἐνέκοψεν ἡμᾶς ὁ Σατανᾶς. (ἐγκόπτω = hindern) 3) ἐλπίζω δὲ εὐθέως σε ἰδεῖν, καὶ στόμα πρὸς στόμα λαλήσομεν. 4) ἐν ἐξουσίᾳ καὶ δυνάμει ἐπιτάσσει τοῖς ἀκαθάρτοις πνεύμασιν καὶ ἐξέρχονται. 5) καὶ δώσω τοῖς δυσὶν μάρτυσίν μου καὶ προφητεύσουσιν. 6) πάλιν ἔρχομαι καὶ παραλήμψομαι ὑμᾶς πρὸς ἐμαυτόν. 7) ἐκ τοῦ πληρώματος αὐτοῦ ἡμεῖς πάντες ἐλάβομεν καὶ χάριν ἀντὶ χάριτος. 8) ... ὅταν τὸν θεὸν ἀγαπῶμεν καὶ τὰς ἐντολὰς αὐτοῦ ποιῶμεν. 9) ἦν ὡσεὶ ὥρα ἕκτη καὶ σκότος ἐγένετο ἐφ' ὅλην γῆν γῆν. (ἕκτος = sechst) 10) ἦν δὲ ὥρα τρίτη καὶ ἐσταύρωσαν αὐτόν. 11) Ἰωσὴφ ἐξ οἴκου Δαυὶδ καὶ τὸ ὄνομα τῆς παρθένου Μαριάμ. 12) ἦσαν πολλοὶ καὶ ἠκολούθουν αὐτῷ. 13) ἐὰν ταῖς γλώσσαις τῶν ἀνθρώπων λαλῶ καὶ τῶν ἀγγέλων ... 14) ἀλλὰ τί ἐξήλθατε ἰδεῖν; προφήτην; ναὶ λέγω ὑμῖν, καὶ περισσότερον προφήτου. 15) τί ἔτι κἀγὼ ὡς ἁμαρτωλὸς κρίνομαι; 16) ἰδοὺ τρία ἔτη ἀφ' οὗ ἔρχομαι ζητῶν καρπὸν ἐν τῇ συκῇ ταύτῃ καὶ οὐχ εὑρίσκω· ἔκκοψον οὖν αὐτήν, ἱνατί καὶ τὴν γῆν καταργεῖ; (ἱνατί = warum, wozu) 17) σὺ δέ νηστεύων ἄλειψαί σου τὴν κεφαλὴν καὶ πρόσωπόν σου νίψαι. (ἀλείφω = salben) 18) ὁ δὲ πνευματικὸς ἀνακρίνει τὰ πάντα, αὐτὸς δὲ ὑπ' οὐδενὸς ἀνακρίνεται. 19) ἔχομεν δὲ τὸν θησαυρὸν τοῦτον ἐν ὀστρακίνοις σκεύεσιν. (ὀστράκινος, -η, -ον = irden, aus Ton) 20) γνωρίζομεν δὲ ὑμῖν, ἀδελφοί, τὴν χάριν τοῦ θεοῦ τὴν δεδομένην ἐν ταῖς ἐκκλησίαις τῆς Μακεδονίας. 21) ἡ θυγάτηρ μου ἄρτι ἐτελεύτησεν· ἀλλὰ ἐλθὼν ἐπίθες τὴν χεῖρά σου ἐπ' αὐτήν, καὶ ζήσεται. 22) εἰ δὲ καὶ ἰδιώτης τῷ λόγῳ, ἀλλ' οὐ τῇ γνώσει, ἀλλ' ἐν παντὶ φανερώσαντες ἐν πᾶσιν εἰς ὑμᾶς. 23) ὅτε ἤμην νήπιος, ἐλάλουν ὡς νήπιος, ἐφρόνουν ὡς νήπιος, ἐλογιζόμην ὡς νήπιος· 24) οὐχὶ ἡ καρδία ἡμῶν καιομένη ἦν ἐν ἡμῖν ὡς ἐλάλει ἡμῖν ἐν τῇ ὁδῷ;

5. Übungssätze
1) ὥστε ὁ δοκῶν ἑστάναι βλεπέτω μὴ πέσῃ. 2) ὥσπερ γὰρ παρεστήσατε τὰ μέλη ὑμῶν δοῦλα τῇ ἀκαθαρσίᾳ καὶ τῇ ἀνομίᾳ εἰς τὴν ἀνομίαν, οὕτως νῦν παραστήσατε τὰ μέλη ὑμῶν δοῦλα τῇ δικαιοσύνῃ εἰς ἁγιασμόν. (δοῦλος, -η, -ον = dienstbar) 3) καὶ ἐξελθὼν περὶ τρίτην ὥραν εἶδεν ἄλλους ἑστῶτας ἐν τῇ ἀγορᾷ ἀργοὺς καὶ ἐκείνοις εἶπεν, ὑπάγετε καὶ ὑμεῖς εἰς τὸν ἀμπελῶνα, καὶ ὃ ἐὰν ᾖ δίκαιον δώσω ὑμῖν. (ἀργός, -ή, -όν = arbeitslos) 4) καὶ εἰ-

δον ἐν μέσῳ τοῦ θρόνου καὶ τῶν τεσσάρων ζῴων καὶ ἐν μέσῳ τῶν πρεσβυτέρων ἀρνίον ἑστηκὸς ὡς ἐσφαγμένον ἔχων κέρατα ἑπτὰ καὶ ὀφθαλμοὺς ἑπτά. 5) ἦλθεν οὖν φωνὴ ἐκ τοῦ οὐρανοῦ, καὶ ἐδόξασα καὶ πάλιν δοξάσω. ὁ οὖν ὄχλος ὁ ἑστὼς καὶ ἀκούσας ἔλεγεν βροντὴν γεγονέναι. 6) ὁ δὲ Πέτρος εἱστήκει πρὸς τῇ θύρᾳ ἔξω. ἐξῆλθεν οὖν ὁ μαθητὴς ὁ ἄλλος ὁ γνωστὸς τοῦ ἀρχιερέως καὶ εἶπεν τῇ θυρωρῷ καὶ εἰσήγαγεν τὸν Πέτρον. λέγει οὖν τῷ Πέτρῳ ἡ παιδίσκη ἡ θυρωρός, μὴ καὶ σὺ ἐκ τῶν μαθητῶν εἶ τοῦ ἀνθρώπου τούτου; (ὁ / ἡ θυρωρός = der / die Türhüter(-in) 7) ἐζήτουν οὖν τὸν Ἰησοῦν καὶ ἔλεγον μετ' ἀλλήλων ἐν τῷ ἱερῷ ἑστηκότες, τί δοκεῖ ὑμῖν; ὅτι οὐ μὴ ἔλθῃ εἰς τὴν ἑορτήν; δεδώκεισαν δὲ οἱ ἀρχιερεῖς καὶ οἱ Φαρισαῖοι ἐντολὰς ἵνα ἐάν τις γνῷ ποῦ ἐστιν μηνύσῃ, ὅπως πιάσωσιν αὐτόν. (μηνύω = anzeigen) 8) καί τινες τῶν ἑστηκότων ἔλεγον αὐτοῖς, τί ποιεῖτε λύοντες τὸν πῶλον; 9) καὶ συντέλεσας πάντα πειρασμὸν ὁ διάβολος ἀπέστη ἀπ' αὐτοῦ ἄχρι καιροῦ. (συντέλεω = vollenden, abschliessen) 10) οἱ γὰρ μαθηταὶ αὐτοῦ ἀπεληλύθεισαν εἰς τὴν πόλιν ἵνα τροφὰς ἀγοράσωσιν. 11) ὁ δὲ Πιλᾶτος ἀπεκρίθη αὐτοῖς λέγων, θέλετε ἀπολύσω ὑμῖν τὸν βασιλέα τῶν Ἰουδαίων; ἐγίνωσκεν γὰρ ὅτι διὰ φθόνον παραδεδώκεισαν αὐτὸν οἱ ἀρχιερεῖς. (ὁ φθόνος = der Neid) 12) πτωχὸς δέ τις ὀνόματι Λάζαρος ἐβέβλητο πρὸς τὸν πυλῶνα. 13) εἰ δὲ ἐγνώκειτε τί ἐστιν, ἔλεος θέλω καὶ οὐ θυσίαν, οὐκ ἂν κατεδικάσατε τοὺς ἀναιτίους. (καταδικάζω = verurteilen; ἀναίτιος = unschuldig) 14) εἰ γὰρ ἐξ ἡμῶν ἦσαν, μεμενήκεισαν ἂν μεθ' ἡμῶν. 15) πολλαὶ χῆραι ἦσαν ἐν ταῖς ἡμέραις Ἠλίου ἐν τῷ Ἰσραήλ, ὅτε ἐκλείσθη ὁ οὐρανὸς ἐπὶ ἔτη τρία καὶ μῆνας ἕξ, ὡς ἐγένετο λιμὸς μέγας ἐπὶ πᾶσαν τὴν γῆν. 16) ὡς δὲ ἐπαύσατο λαλῶν, εἶπεν πρὸς τὸν Σίμωνα, ἐπανάγαγε εἰς τὸ βάθος καὶ χαλάσατε τὰ δίκτυα ὑμῶν εἰς ἄγραν. (ἐπανάγω = hinausfahren; τὸ βάθος = die Tiefe; χαλάω = herunterlassen; ἡ ἄγρα = das Fangen, der Fang) 17) ὡς οὖν ἦλθον πρὸς αὐτὸν οἱ Σαμαρῖται, ἠρώτων αὐτὸν μεῖναι παρ' αὐτοῖς. 18) σοὶ λέγω, ἔγειρε ἆρον τὸν κράβατόν σου καὶ ὕπαγε εἰς τὸν οἶκόν σου. 19) καὶ στὰς ὁ Ἰησοῦς εἶπεν, φωνήσατε αὐτόν. καὶ φωνοῦσιν τὸν τυφλὸν λέγοντες αὐτῷ, θάρσει, ἔγειρε, φωνεῖ σε. (θαρσέω = voller Mut sein) 20) καὶ αὐτὸς ἔδωκεν τοὺς μὲν ἀποστόλους, τοὺς δὲ προφήτας, τοὺς δὲ εὐαγγελιστάς, τοὺς δὲ ποιμένας καὶ διδασκάλους πρὸς τὸν καταρτισμὸν τῶν ἁγίων εἰς ἔργον διακονίας. (ὁ εὐαγγελιστής = der Evangelist; ὁ καταρτισμός = die Zurüstung)

Lektüre: 1Kor 11,17–22 Pls über Gemeinde und Herrenmahl

17 τοῦτο δὲ παραγγέλων οὐκ ἐπαινῶ[1] ὅτι οὐκ εἰς τὸ κρεῖσσον ἀλλὰ εἰς τὸ ἧσσον[2] συνέρχεσθε. 18 πρῶτον μὲν γὰρ συνερχομένων ὑμῶν ἐν ἐκκλησίᾳ ἀκούω σχίσματα ἐν ὑμῖν ὑπάρχειν καὶ μέρος τι πιστεύω. 19 δεῖ γὰρ καὶ αἱρέσεις[3] ἐν ὑμῖν εἶναι, ἵνα καὶ οἱ δόκιμοι[4] φανεροὶ γένωνται ἐν ὑμῖν. 20 συνερχομένων οὖν ὑμῶν ἐπὶ τὸ αὐτὸ οὐκ ἔστιν κυριακὸν[5] δεῖπνον φαγεῖν· 21 ἕκαστος γὰρ τὸ ἴδιον δεῖπνον προλαμβάνει[6] ἐν τῷ φαγεῖν, καὶ ὃς μὲν πεινᾷ ὃς δὲ μεθύει[7]. 22 μὴ γὰρ οἰκίας οὐκ ἔχετε εἰς τὸ ἐσθίειν καὶ πίνειν; ἢ τῆς ἐκκλησίας τοῦ θεοῦ καταφρονεῖτε[8], καὶ καταισχύνετε τοὺς μὴ ἔχοντας; τί εἴπω[9] ὑμῖν; ἐπαινέσω[10] ὑμᾶς; ἐν τούτῳ οὐκ ἐπαινῶ.

---

[1] ἐπαινέω = loben
[2] ἧσσων, ἧσσον = als Komp zu κακός verwendet; (eig. „das Schwächere")
[3] ἡ αἵρεσις, -έσεως = die Schule, Partei
[4] δόκιμος, -ον = erprobt, bewährt
[5] κυριακός = zum Herrn gehörend
[6] προλαμβάνω = zuvor nehmen, vorwegnehmen
[7] μεθύω = betrunken sein
[8] καταφρονέω + Gen = verachten, geringschätzen
[9] εἴπω ist als Aor Konj 1. Sg von λέγω zu verstehen.
[10] ἐπαινέω Fut = ἐπαινέσω (s. o.)

Lektüre: Did 9,1–5[11] Dankgebet beim Herrenmahl
Bitte vergleichen Sie zur Übersetzung eine gängige Ausgabe der „Apostolischen Väter"!
περὶ δὲ τῆς εὐχαριστίας, οὕτως εὐχαριστήσατε.
πρῶτον περὶ τοῦ ποτηρίου·
εὐχαριστοῦμέν σοι, πάτερ ἡμῶν,
ὑπὲρ τῆς ἁγίας ἀμπέλου Δαυὶδ τοῦ παιδός σου,
ἧς ἐγνώρισας ἡμῖν διὰ Ἰησοῦ τοῦ παιδός σου·
σοὶ ἡ δόξα εἰς τοὺς αἰῶνας.
περὶ δὲ τοῦ ἄρτου·
εὐχαριστοῦμέν σοι, πάτερ ἡμῶν,
ὑπὲρ τῆς ζωῆς,
ἧς ἐγνώρισας ἡμῖν διὰ Ἰησοῦ τοῦ παιδός σου·
σοὶ ἡ δόξα εἰς τοὺς αἰῶνας.
ὥσπερ ἦν τοῦτο διεσκορπισμένον[12] ἐπάνω τῶν ὀρέων[13]
καὶ συναχθὲν ἐγένετο εἷς ἄρτος,
οὕτως συναχθήτω σου ἡ ἐκκλησία
ἀπὸ τῶν περάτων[14] τῆς γῆς εἰς τὴν σὴν βασιλείαν·
ὅτι σοῦ ἐστιν ἡ δόξα καὶ ἡ δύναμις εἰς τοὺς αἰῶνας.
μηδεὶς δὲ φαγέτω μηδὲ πιέτω ἀπὸ τῆς εὐχαριστίας ὑμῶν, ἀλλ' οἱ βαπτισθέντες εἰς ὄνομα κυρίου· καὶ γὰρ περὶ τούτου εἴρηκεν ὁ κύριος· μὴ δῶτε τὸ ἅγιον τοῖς κυσίν[15].

---

[11] Die Didache (Apostellehre) ist zwischen 90 und 130 n.C. in Syrien entstanden und gilt als älteste Kirchenordnung.
[12] διασκορπίζω = zerstreuen
[13] ὀρέων = nichtkontrahierter Gen Pl
[14] τὸ πέρας, -ατος = die Grenze, Ende
[15] ὁ κύων, κυνός = der Hund

LEKTION 18

I Morphologie

1 Das Präsens von ἵημι

Das vierte Verb der „vier grossen auf -μι" lautet ἵημι (in Bewegung setzen, senden, werfen) und kommt als Simplex im NT nicht vor. Es werden jedoch einige Komposita verwendet. Das häufigste ist ἀφίημι (lassen, verlassen, vergeben), welches in einigen Grammatiken als Paradigmaverb verwendet wird. In diesem Lehrgang werden die einfachen Formen als Paradigma gezeigt, um der Gefahr zu entgehen, die diversen Komposita zu vergessen.

1.1 ἵημι Präs Akt

Stamm: ἰη- / ἰε-

	Ind	Nebentempus	Konj.	Imp	Part
1. Sg	ἵη-μι	[ἵει-ν]	ἰῶ (< ἥω)		ἱείς
2.	ἵη-ς	[ἵει-ς (< εες)]	ἰῇς	ἵει (< εε)	ἱέντος
3.	ἵη-σιν	[ἵει (< εε)]	ἰῇ	ἱέ-τω	
1.Pl	ἵε-μεν	[ἵε-μεν]	ἰῶμεν		[ἱεῖσα]
2.	ἵε-τε	[ἵε-τε]	ἰῆτε	ἵε-τε	[ἱείσης]
3.	ἱᾶ-σιν	[ἵε-σαν]	ἰῶσιν	ἱέ-τωσαν	
					ἱέν
Inf	ἱέναι				ἱέντος

1.1.1 Anmerkungen:

a) Im Singular erscheint wieder der gedehnte Stamm: ἰη-.

b) Das gesamte Imperfekt fehlt in den oben angegeben Formen im NT. Dafür erscheint ein Ipf der thematischen Konj ἤφιεν (Ipf 3.Sg).

c) In eckige Klammern gesetzt wurden hier nur Modi, die gesamthaft im NT nicht vorkommen. Im einzelnen können gewisse Formen ebenfalls unbelegt sein.

1.2 ἵημι Präs M/P

Stamm: ἱε-

	Ind	Nebentempus	Konj.	Imp	Part
1.Sg	ἵε-μαι	[ἱέ-μην]	[ἱῶ-μαι]		ἱέ-μενος
2.	ἵε-σαι	[ἵε-σο]	[ἱῇ]	[ἵε-σο]	ἱε-μένου
3.	ἵε-ται	[ἵε-το]	[ἱῆται]	[ἱέ-σθω]	
1.Pl	ἱέ-μεθα	[ἱέ-μεθα]	[ἱώμεθα]		ἱε-μένη
2.	ἵε-σθε	[ἵε-σθε]	[ἱῆσθε]	[ἵε-σθε]	ἱε-μένης
3.	ἵε-νται	[ἵε-ντο]	[ἱῶνται]	[ἱέ-σθωσαν]	
					ἱέ-μενον
Inf	ἵε-σθαι				ἱέ-μενου

1.3 ἵημι Aor Akt

Stamm: ἡ- (= augmentiertes ἑ)

	Ind	Konj.	Imp	Part
1.Sg	ἧ-κα	ὦ (< *ἥω)		εἵς
2.	ἧ-κας	ᾖς	ἕ-ς	ἕ-ντος
3.	ἧ-κεν	ᾖ	ἕ-τω	
1.Pl	ἥ-κα-μεν	ὦ-μεν		[εἷσα]
2.	ἥ-κα-τε	ἦ-τε	ἕ-τε	[εἴσης]
3.	ἧ-καν	ὦ-σιν	ἕ-τωσαν	
				ἕν
Inf	εἶναι			ἕ-ντος

1.3.1 Anmerkungen:

a) In Offb 2,4 erscheint eine Sonderform Aor 2.Sg: ἀφῆκες (du hast verlassen).

b) Folgende Formen lauteten kl. anders: Ind 1.Pl εἷμεν; Ind 2.Pl εἷτε; Ind 3.Pl εἷσαν; Imp 3.Pl ἕντων;

2 DIE ÜBRIGEN FORMEN VON ἵημι

2.1 Die Stammformen

Von den Stammformen seien beide, das Simplex ἵημι und das Kompositum ἀφίημι aufgeführt.

ἵημι	ἥσω	ἧκα	εἷκα	senden	ἱή / ἱέ-
		[εἵμην M]	ἕωμαι		/ ἡ- / ἑ-
		ἕθην P			
ἀφίημι	ἀφήσω	ἀφῆκα	[ἀφεῖκα]	lassen, ver-	
		ἀφέθην	(ἀφέωνται 3.Pl)	lassen, vergeben	

2.1.1 Anmerkungen:

a) Es fehlen im NT insgesamt das Pf Akt und der Aor M.
Pf M/P erscheinen nur zwei Formen: 4× Pf M/P 3.Pl ἀφέωνται (sind vergeben) Lk 5, 20; 7, 47; Joh 20, 23; 1Joh 2, 12; und Part Pf M/P Fem Akk Pl παρειμένας Hb 12, 12 (erschlaffte).

b) Auffällig ist das fehlende Augment im Aor Pass.

c) Das Futur hat im Akt den gedehnten Stamm, im Pass hingegen den kurzen; z.B. ἀφεθήσεται (er, sie, es wird verlassen werden).

2.2 Thematisch konjugierte Formen von ἵημι

Wie bei den übrigen Verben auf -μι sind auch hier Spuren des Überganges zur thematischen Konjugation festzustellen. Dazu gehören Formen wie:
ἀφεῖς 2.Sg (statt ἀφίης)
ἀφίομεν 1.Pl (statt ἀφίεμεν)
ἀφίουσιν 3.Pl (statt ἀφιᾶσιν)
ἤφιεν Ipf 3.Sg (statt ἀφίει)

Die einzelnen Handschriften schwanken beträchtlich zwischen athematischer und thematischer Schreibweise der einzelnen Formen. So natürlich auch ältere und neuere Ausgaben von griechischen Neuen Testamenten.

2.3 Die Komposita von ἵημι

Im NT kommen folgende Komposita vor:
- ἀνίημι   loslassen, verlassen, aufgeben, ablassen (4 ×)
- ἀφίημι   fortlassen, wegschicken, erlassen, verlassen, aufgeben, gewähren lassen, zulassen, gestatten (146 ×)
- καθίημι   herablassen (4×)
- παρίημι   unterlassen, vernachlässigen, nachlassen (2 ×)
- συνίημι   verstehen, einsehen, begreifen (26 ×)

3 DIE ÜBRIGEN VERBEN AUF -μι

Im NT kommen des weiteren eine ganze Reihe Verben (36 versch. Verben) auf -μι oder -νυμι vor. Allerdings sind die meisten von ihnen nur selten belegt. Trotzdem muss man sie erkennen und mit ihnen arbeiten können. Aus diesem Grund sollen die wichtigsten hier behandelt werden.

3.1 Einige allgemeine Anmerkungen

a) Wie bei den vier grossen auf -μι ist im NT auch bei den Übrigen der Wechsel von der athematischen zur thematischen Konjugation festzustellen.

b) Diese Verben werden grundsätzlich genau gleich konjugiert wie die vier grossen (vgl. die Endungen der athematischen Konjugation Lekt. 16).

Lektion 18

c) Verben auf -νυμι fügen lediglich im Präsens den Zusatz -νυ ein (Präsenserweiterung).

d) Auch hier gilt: Mediopassive Formen und Deponentien bleiben häufig bei der rein athematischen Konjugation.

3.2 Formen von δείκνυμι und δεικνύω

Als Hilfe wird hier die Konjugation von athematisch δείκνυμι und thematisch δεικνύω (zeigen) als Paradigma der kleinen Verben auf -μι und -νυμι aufgeführt.

Verbalstamm: δεικ- Präsensstamm: δεικ-νυ-

3.2.1 Präs Akt

	Ind athem	Ind them	Imp athem	Imp them
1.Sg	δείκ-νυ-μι	δεικ-νύ-ω		
2.	δείκ-νυ-ς	δεικ-νύ-εις	δείκ-νυ	δείκ-νυ-ε
3.	δείκ-νυ-σι(ν)	δεικ-νύ-ει	[δεικ-νύ-τω]	[δεικ-νύ-ετω]
1.Pl	δείκ-νυ-μεν	δεικ-νύ-ομεν		
2.	δείκ-νυ-τε	δεικ-νύ-ετε	δείκ-νυ-τε	δεικ-νύ-ετε
3.	δείκ-νύ-ασι(ν)	δεικ-νύ-ουσι(ν)	[δεικ-νύ-τωσαν]	[δεικ-νυ-έτωσαν]

Inf	δεικ-νύ-ναι	δεικ-νύ-ειν

Anmerkung:

Imperfekt (ἐ-δείκ-νυ-ον) und Konjunktiv (δεικ-νύ-ω) erscheinen im NT nur thematisch konjugiert.

3.2.2 Part Präs

	Part athem	Part them
Mask	δεικ-νύ-ς δεικ-νύ-ντος	δεικ-νύ-ων δεικ-νύ-ο-ντος
Fem	δεικ-νῦ-σα δεικ-νύ-σης	δεικ-νύ-ουσα δεικ-νυ-ούσης
Ntr	δεικ-νύ-ν δεικ-νύ-ντος	δεικ-νύ-ον δεικ-νύ-ο-ντος

3.2.3 Die anderen Tempora

Die nichtpräsentischen Tempora werden grundsätzlich mit dem Verbalstamm δεικ- gebildet. Der Aorist ist schwach. Zudem gehört δείκνυμι mit seinem Stamm auf κ zu den Verba muta.

Stammformen:

| δείκνυμι ο. | δείξω | ἔδειξα | [δέδειχα] | zeigen | δεικνυ- / |
| δεικνύω | | ἐδείχθην | δέδειγμαι | | δεικ- |

3.3 Formen von δύναμαι

Als Paradigma für die Mediopassiven Formen seien hier die Formen des Deponens δύναμαι (können, vermögen) aufgeführt.

3.3.1 Präs Akt und Part Akt

	Ind	Nebentempus	Part
1.Sg	δύνα-μαι	ἐ-δυνά-μην ο. ἠ-δυνά-μην	δυνά-μενος
2.	δύνα-σαι ο. δύν-ῃ	ἐ-δύνα-σο	δυνα-μένου
3.	δύνα-ται	ἐ-δύνα-το	
1.Pl	δυνά-μεθα	ἐ-δυνά-μεθα	δυνα-μένη
2.	δύνα-σθε	ἐ-δύνα-σθε	δυνα-μένης
3.	δύνα-νται	ἐ-δύνα-ντο	
			δυνά-μενον
Inf	δύνα-σθαι		δυνα-μένου

3.4 Die wichtigsten Stammformen der übrigen Verben auf -μι

ἀπόλλυμι	ἀπολέσω ο. ἀπολῶ	ἀπώλεσα ἀπωλόμην	[ἀπολώλεκα] ἀπώλολα	verderben	ὀλλυ- / ὀλ(ε)-
δείκνυμι ο. δεικνύω	δείξω	ἔδειξα ἐδείχθην	[δέδειχα] δέδειγμαι	zeigen	δεικνυ- / δεικ-
ζώννυμι	[ζώσω]	ἔζωσα [ἐζώσθην]	– – ἔζωσμαι	gürten	ζω-
δύναμαι	δυνήσομαι	ἐδυνήθην ο. ἐδυνάσθην	[δεδύνημαι]	können	δυνα- / δυνη-
κρεμάννυμι	[κρεμῶ]	ἐκρέμασα ἐκρεμάσθην	– – [κρέμαμαι]	hängen	κρεμα(σ)-
μίγνυμι	[kl. μείξω]	ἔμιξα [ἐμείχθην]	– – μέμιγμα	mischen	μιγ- / (kl. μειγ-)
ὄμνυμι ο. ὀμνύω	[ὀμοῦμαι]	ὤμοσα	[ὀμώμοκα]	schwören	ὀμ(ο)-
πίμπλημι	[πλήσω]	ἔπλησα ἐπλήσθην	[πέπληκα] πέπλησμαι	füllen	πλη(σ)- / πλα-
ῥήγνυμι ο. ῥήσσω	ῥήξω	ἔρρηξα [ἐρράγην]	– – [ἔρρωγα]	zerreissen	ῥηγ- / ῥαγ-

σβέννυμι	σβέσω	ἔσβεσα	-	auslöschen	σβεσ- / σβη-
		[ἐσβέσθην]	[ἔσβεσμαι]		
στρώννυμι	[στρώσω]	ἔστρωσα	-	ausbreiten	στρω-
		ἐστρώθην	ἔστρωμαι		

4 Das Zahlwort (Numerale)

Das Griechische kennt grundsätzlich zwei Möglichkeiten, Zahlen zu schreiben. Die häufigere besteht darin, die Zahlen mit Worten zu bezeichnen. Daneben haben aber auch die einzelnen Buchstaben je einen Zahlwert.

Man unterscheidet **Kardinalzahlen** (Kardinal = Wortbildungselement mit der Bedeutung „hauptsächlich" < lat. cardo = Türangel, Drehpunkt), **Ordinalzahlen** (Ordnungszahlen) und **Zahladverbien**. Bitte entnehmen Sie die einzelnen Bezeichnungen aus der folgenden Tabelle.

	Zahlzeichen	Kardinalzahl	Ordinalzahl	Zahladverb
1	α'	εἷς, μία, ἕν	πρῶτος, -η, -ον	ἅπαξ
2	β'	δύο	δεύτερος, -α, -ον	δίς
3	γ'	τρεῖς, ntr. τρία	τρίτος, -η, -ον	τρίς
4	δ'	τέσσαρες, τέσσαρα	τέταρτος, -η, -ον	τετράκις
5	ε'	πέντε	πέμπτος, -η, -ον	πεντάκις
6	ς'	ἕξ	ἕκτος	[ἑξάκις]
7	ζ'	ἑπτά	ἕβδομος	ἑπτάκις
8	η'	ὀκτώ	ὄγδοος	[ὀκτάκις]
9	θ'	ἐννέα	ἔνατος	[ἐνάκις]
10	ι'	δέκα	δέκατος	[δεκάκις]
11	ια'	ἕνδεκα	ἑνδέκατος	[ἑνδεκάκις]
12	ιβ'	δώδεκα	δωδέκατος	[δωδεκάκις]
13	ιγ'	δεκατρεῖς, -τρία	[τρισκαιδέκατος]	[τρισκαιδεκάκις]
14	ιδ'	δεκατέσσαρες, -ρα	τεσσαρεκαιδέκατος	usw.
15	ιε'	δεκαπέντε	πεντεκαιδέκατος	
16	ις'	[δεκαέξ] (ἑκκαίδεκα)	(ἕκτος καὶ δέκατος)	
17	ιζ'	[δεκαεπτά] (ἑπτακαίδεκα)	(ἕβδομος καὶ δέκατος)	
18	ιη'	[δεκαοκτώ] (ὀκτωκαίδεκα)	(ὄγδοος καὶ δέκατος)	
19	ιθ'	[δεκαεννέα] (ἐννεακαίδεκα)	(ἔνατος καὶ δέκατος)	
20	κ'	εἴκοσι(ν)	εἰκοστός, -ή-, όν	εἰκοσάκις
30	λ'	τριάκοντα	[τριακοστός]	[τριακοντάκις]

	Zahl-zeichen	Kardinalzahl	Ordinalzahl	Zahladverb
40	μ'	τεσσεράκοντα	[τεσσερακοστός]	usw.
50	ν'	πεντήκοντα	πεντηκοστός	
60	ξ'	ἑξήκοντα	usw.	
70	ο'	ἑβδομήκοντα		
80	π'	ὀγδοήκοντα		
90	ϙ'	ἐνενήκοντα		
100	ρ'	ἑκατόν		
200	σ'	διακόσιοι, -αι, -α		
300	τ'	τριακόσιοι usw.		
400	υ'	τετρακόσιοι		
500	φ'	πεντακόσιοι		
600	χ'	[ἑξακόσιοι]		
700	ψ'	[ἑπτακόσιοι]		
800	ω'	[ὀκτακόσιοι]		
900	ϡ'	[ἐνακόσιοι]		
1000	,α	χίλιοι, -αι, -α		
2000	,β	δισχίλιοι, -αι, -α		
10000	,ι	μύριοι, -αι, -α o. δέκα χιλιάδες		
20000	,κ	δίσμυροι o. εἴκοσι χιλιάδες		
50000	,ν	πέντε μυριάδες		
144000	,ρμδ	ἑκατὸν τεσσεράκοντα τέσσαρες χιλιάδες		

4.1 Anmerkungen

a) Die Kardinalzahlen 1–4, die Hunderter ab 200 und die Tausender werden dekliniert. Die Deklination von εἷς, μία, ἕν ist aus Lekt. 6 bereits bekannt.

Lektion 18

Deklination von 2–4:

Nom	δύο	τρεῖς, ntr. τρία	τέσσαρες, ntr. τέσσερα
Gen	δύο	τριῶν	τεσσάρων
Dat	δυσί(ν)	τρισί(ν)	τέσσαρσι(ν)
Akk	δύο	τρεῖς, ntr. τρία	τέσσερας, ntr. τέσσερα

b) Die Zahlzeichen weisen immer einen beigefügten Strich aus (‘). Steht dieser vor dem Zeichen, so handelt es sich um Tausender.
Das Zeichen ϛ für sechs steht für das früher an dieser Stelle stehende Digamma (Ϝ) und heisst (durch Verwechslung) „Stigma". Die Zeichen ϟ und ϡ, für die Zahlen 90 und 900 heissen „Koppa" und „Sampi".

c) Die Einer können auch durch καί mit den Zehnern verbunden werden. Also entweder δεκαοκτώ oder δέκα καὶ ὀκτώ.

II Syntax

5 Syntax der Zahlwörter

Die Numerale werden griechisch ähnlich dem Deutschen verwendet. Lediglich einige Besonderheiten sind zu merken.

a) „**Erster**" z. B. erster Tag wird oft mit εἷς, μία, ἕν anstatt mit πρῶτος, -η, -ον konstruiert.

    ἐν δὲ τῇ μιᾷ τῶν σαββάτων   Am ersten Tag der Woche Apg 20, 7

b) εἷς, μία, ἕν kann **anstelle** von τίς, τί stehen.

    καὶ ἰδὼν συκῆν μίαν ...   Und als er einen Feigenbaum sah ... Mt 21, 19

c) **Distributive (verteilende) Ausdrücke** werden durch ἀνά oder κατά mit Zahlen verbunden. Es können aber die Zahlen auch ganz einfach doppelt geschrieben werden.

    ἀνὰ πεντήκοντα   je fünfzig Lk 9, 14

    ἤρξατο αὐτοὺς ἀποστέλλειν δύο δύο   Er begann sie je zwei und zwei auszusenden Mk 6, 7

d) **Ungefähre Zahlenangaben** werden mit ὡς oder ὡσεί verbunden.

    ἔμεινεν δὲ Μαριὰμ σὺν αὐτῇ ὡς μῆνας τρεῖς.
    Maria blieb aber bei ihr ungefähr drei Monate lang. Lk 1, 56

e) Der gezählte Gegenstand steht bei gewöhnlichen (adjektivischen) Zahlwörtern im Nominativ resp. an den vorhandenen Kasus angepasst.

    εἶδον ἑπτὰ λυχνίας χρυσᾶς.   Ich sah sieben goldene Leuchter. Offb 1, 12

Bei Zahlsubstantiven hingegen steht er im Genitiv.

    καὶ εὗρον ἀργυρίου μυριάδας πέντε.   Und sie fanden fünfzigtausend Silberstücke. Apg 19, 19

6 Syntaktische Stilistik

Mit der syntaktischen Stilistik stossen wir an die Grenze der Grammatik. Unter diesen Begriff werden **sprachliche Figuren** eingeordnet, die in einer Sprache so häufig angewendet werden, dass sie schon zum normalen Sprachgebrauch gerechnet werden können. Man spricht hier auch von der „niederen" oder „volkstümlichen Stilistik", welche stets unbewusst angewendet wird. Davon zu unterscheiden ist die sog. „höhere" oder „rhetorische Stilistik", welche immer bewusst und kunstvoll gestaltet ist, hier aber nicht behandelt werden soll.

Von den einfachen sprachlichen Figuren sollen hier die für das NT wichtigsten behandelt werden (ohne Vollständigkeit anzustreben).

6.1 Das Anakoluth

Das Anakoluth (< ἀνακόλουθος = ohne Folge, zusammenhangslos; < α-privativum + ἀκολουθέω) ist ein **Abbrechen der einmal begonnenen Satzkonstruktion**. Meist liegt der Grund in einer emphatischen Redeweise.

> πᾶς ὁ πιστεύων εἰς ἐμέ, ... ποταμοὶ ἐκ τῆς κοιλίας αὐτοῦ ῥεύσουσιν ὕδατος ζῶντος.
> Jeder, der an mich glaubt, ... Ströme von lebendigem Wasser werden aus seiner Leibeshöhle fliessen. Joh 7, 38
>
> *Der plötzliche Subjektwechsel überrascht. Man würde ein Fortfahren in der 3. Sg erwarten.*

6.2 Die Parenthese

Die Parenthese (< ἡ παρένθεσις = der Einschub; < παρεντίθημι = dazwischen schieben) ist ein **Einschub eines grammatisch selbständigen Teiles** in einen bestehenden Satz. Sie reicht von einem einzigen Wort bis zu ganzen Sätzen.
Der bestehende Satz wird dadurch unterbrochen, was ein **Hyperbaton** (< ὑπερβατός = umgestellt; < ὑπερβαίνω = übertreten „der Wortgesetze") zur Folge hat.

> ἢ ἀγνοεῖτε, ἀδελφοί, γινώσκουσιν γὰρ νόμον λαλῶ, ὅτι ὁ νόμος κυριεύει τοῦ ἀνθρώπου ἐφ' ὅσον χρόνον ζῇ;
> Oder wisst ihr nicht, Brüder, – denn ich rede zu solchen, die das Gesetz kennen – dass das Gesetz über einen Menschen herrscht, solange er lebt? Rö 7, 1

6.3 Die Periode

Die Periode (< ἡ περι-όδος = das Herumgehen, Umlauf, Wiederkehr) ist ein **kunstvoll gebautes Satzgefüge**. Eine grössere Anzahl von einzelnen Aussagen wird nach grammatischen, logischen und/oder stilistischen Gesichtspunkten zu einer einzigen Einheit geformt. In einer perfekt geformten Periode entsprechen sich die einzelnen Satzglieder in Satzart und Länge. Oft beziehen sie sich auch inhaltlich aufeinander.

Bsp. Lk 1, 1–4
Die einzelnen Glieder sind eingerückt gedruckt, damit sie besser erkannt werden können.
Um besser verstehen zu können, beachten Sie bitte die unbekannten Vokabeln.
ἐπειδήπε = da nun einmal; ἐπιχειρέω = Hand anlegen, versuchen; ἀνατάσσομαι = ab-

fassen; ἡ διήγησις = Erzählung, Erörterung; πληροφορέω = erfüllen; παραδίδωμι = auch: mitteilen, erzählen, lehren; ὁ αὐτόπτης = der Augenzeuge; παρακολουθέω = einer Sache nachgehen; ἀκριβῶς = genau, sorgfältig; καθεξῆς = der Reihe nach; ἡ ἀσφάλεια = die Zuverlässigkeit, Sicherheit; κατηχέω = mitteilen, lehren, unterweisen;

ἐπειδήπερ πολλοὶ ἐπεχείρησαν
    ἀνατάξασθαι διήγησιν περὶ τῶν πεπληροφορημένων ἐν ἡμῖν πραγμάτων,
        καθὼς παρέδοσαν ἡμῖν οἱ ἀπ' ἀρχῆς αὐτόπται καὶ ὑπηρέται γενόμενοι τοῦ λόγου,
ἔδοξε κἀμοὶ παρηκολουθηκότι
    ἄνωθεν πᾶσιν ἀκριβῶς καθεξῆς σοι γράψαι, κράτιστε Θεόφιλε,
        ἵνα ἐπιγνῷς περὶ ὧν κατηχήθης λόγων τὴν ἀσφάλειαν.

Da nun einmal viele versucht haben
    abzufassen eine Erörterung betreffend der unter uns sich erfüllten Tatsachen,
        sowie sie die, die von Anfang an Augenzeugen und Knechte des Wortes geworden sind uns gelehrt haben,
hat es auch mir gut geschienen, wobei ich nachgegangen bin
    von neuem allem sorgfältig , dir der Reihe nach zu schreiben, verehrter Gottlieb,
        dass du genau erkennst die Zuverlässigkeit der Worte, welche du gelehrt worden bist.

Diese Periode enthält je drei sich in Länge und grammatischer Konstruktion entsprechende Glieder im Vorder- (1) und im Nachsatz (2):

1a) πολλοί ἐπεχείρησαν Hauptsatz 1
1b) ἀνατάξασθαι ... Objektsatz durch Infinitiv-Konstruktion mit finalem Sinn ausgedrückt
1c) καθώς ... NS durch Partikel (Adverb) verbunden.

2a) ἔδοξε καμοί ... Hauptsatz 2
2b) γράψαι ... Objektsatz durch Infinitiv-Konstruktion mit finalem Sinn ausgedrückt
2c) ἵνα ... NS durch Partikel (Konjunktion) verbunden

7 DIE PROLEPSIS

Bei der Prolepsis (< ἡ πρόληψις = die Vorwegnahme; < προλαμβάνω = vorwegnehmen) handelt es sich um die Vorausnahme eines Satzteiles eines Nebensatzes in den Hauptsatz. Der Grund liegt in der Betonung des vorweggenommenen Satzteiles.
Meist wird das Subjekt, seltener das Objekt des Nebensatzes als Objekt in den übergeordneten Satz gefügt. In der deutschen Übersetzung kann die Prolepsis kaum zum Ausdruck kommen. Der betreffende Satzteil muss also an seinen normalen Platz gestellt werden.

    ἀλλὰ τοῦτον οἴδαμεν πόθεν ἐστίν.   Aber wir wissen, woher dieser stammt.
        Joh 7, 27

III Übungen

1. Formen der Komposita von ἵημι
Zur Übersetzung der nicht gelernten Komposita: ἀνίημι = loslassen; καθίημι = herablassen; παρίημι = nachlassen;

a) Präsens
ἀφιέναι – ἀφίημι – ἀφίεται – ἀφίησιν – ἀφιέτω – ἀφίετε – μὴ συνιῶσιν – συνιέναι – ἀνιέντες – καθιεμένην

b) Aorist
ἀφήκαμεν – ἀφῆκαν – ἐὰν ἀφῆτε – ἀφῆκα – ἀνέντες – οὐ μὴ ἀνῶ – ἄφες – ἀφείς – ἀφεῖναι – καθῆκαν – οὐ μὴ συνῆτε – μήποτε συνῶσιν

c) gemischte Formen
συνίετε – συνιείς – παρεῖναι – τὰς παρειμένας χεῖρας – οὐ μὴ ἀφεθῇ – ἵνα ἀφῇ – ἀφέντες – ἀφίενται – ἀφέωνται – ἀφείς – ἀνέθη – ἀφέθησαν – ἀφεθήσεται – ἤφιεν – ἀφήσει

2. Gemischte Formen von δείκνυμι und δύναμαι
δείκνυσιν – ἔδειξα – δεικνύεις – δείκνυμι – δυνάμεθα – δύνασθε – δύνασθαι – τὸν δυνάμενον – δειξάτω – δείξει – ἠδυνήθημεν – ἐδύνατο – δύναται – ἵνα δύνηται – δυναμένου σου – μὴ δυνῶνται – ἵνα ἐνδείξηται – ὅπως ἐνδείξωμαι

3. Gemischte Formen von Verben auf -μι und -νυμι
Zur Übersetzung der nicht gelernten Vokabeln: περιζώννυμι = umgürten; κρεμάννυμι = hängen; μίγνυμι = mischen; ἐμπίμπλημι = erfüllen; ῥήγνυμι = zerreissen; διαρήγνυμι = zerbrechen; σβέννυμι = auslöschen; στρώννυμι = ausbreiten;
ἀπολέσαι – οὐ μὴ ἀπολέσῃ – ἀπόλλυται – ἀπώλεσα – τοῖς ἀπολλυμένοις – ἀπολέσει – περιζωσάμενοι – εἷς τῶν κρεμασθέντων – κρέμαται – ἔμιξεν – μεμιγμένον – ἐπλήσθησαν – πλησθείς – ἔπλησαν – ἐνέπλησεν – ἔρρηξεν – ῥῆξον – διαρρήξας – σβέννυται – ἔσβεσαν – ἔστρωσαν – στρῶσον

4. Zahlwörter
1) ἑβδομήκοντα πέντε 2) ὡς δισχίλιοι 3) ἐπὶ ἔτη τρία καὶ μῆνας ἕξ 4) ἐν ταύταις ταῖς δυσὶν ἐντολαῖς 5) καὶ μεθ᾽ ἡμέρας ἕξ 6) καὶ κυκλόθεν τοῦ θρόνου θρόνους εἴκοσι τέσσαρες, καὶ ἐπὶ τοὺς θρόνους εἴκοσι τέσσαρας πρεσβυτέρους καθημένους. (κυκλόθεν mit Gen. = rings um) 7) ἑκατὸν κόρους σίτου (ὁ κόρος = der Scheffel) 8) αἱ δύο ἐλαῖαι 9) διὰ δύο πραγμάτων 10) εἷς ὀφειλέτης μυρίων ταλάντων (ὁ ὀφειλέτης = der Schuldner) 11) καὶ προφητεύσουσιν ἡμέρας χιλίας διακοσίας ἑξήκοντα. 12) ἱππεῖς ἑβδομήκοντα (ὁ ἱππεύς, -έως = der Reiter) 13) ἐπὶ ἐνενήκοντα ἐννέα δικαίοις 14) μεστὸν ἰχθύων μεγάλων ἑκατὸν πεντήκοντα τριῶν 15) ἐν τῷ συμπληροῦσθαι τὴν ἡμέραν τῆς πεντηκοστῆς ... (συμπληρόω = erfüllen) 16) ἐν τῇ ἡμέρᾳ τῇ ἑβδόμῃ 17) περὶ ἕκτην καὶ ἐνάτην ὥραν 18) καὶ ἐγένετο ἐν τῇ ἡμέρᾳ τῇ ὀγδόῃ 19) πεντάκις τεσσεράκοντα 20) καὶ ἅπαξ καὶ δίς

5. Syntaktische Stilistik
Bitte übersetzen Sie und suchen Sie die grammatisch vom normalen Gebrauch abweichende Form!
1) ἀδελφοί, ἐὰν καὶ προλημφθῇ ἄνθρωπος ἔν τινι πραπτώματι, ὑμεῖς οἱ πνευματικοὶ καταρτίζετε τὸν τοιοῦτον ἐν πνεύματι πραΰτητος, σκοπῶν σεαυτὸν μὴ καὶ σὺ πειρασθῇς. (προλαμβάνω = zuvor nehmen, ergreifen; σκοπέω = spähen, achtgeben) 2) ὅταν δὲ ἴδητε τὸ βδέλυγμα τῆς ἐρημώσεως ἑστηκότα ὅπου οὐ δεῖ, ὁ ἀναγινώσκων νοείτω, τότε οἱ ἐν τῇ Ἰουδαίᾳ φευγέτωσαν εἰς τὰ ὄρη. (τὸ βδέλυγμα, -ατος = der Greuel; ἡ ἐρήμωσις = die Ver-

wüstung) 3) ἐπειδὴ ἠκούσαμεν ὅτι τινὲς ἐξ ἡμῶν ἐξελθόντες ἐτάραξαν ὑμᾶς λόγοις ἀνασκευάζοντες τὰς ψυχὰς ὑμῶν οἷς οὐ διεστειλάμεθα ἔδοξεν ἡμῖν γενομένοις ὁμοθυμαδὸν ἐκλεξαμένοις ἄνδρας πέμψαι πρὸς ὑμᾶς σὺν τοῖς ἀγαπητοῖς ἡμῶν Βαρναβᾷ καὶ Παύλῳ. (ἀνασκευάζω = beunruhigen, verwirren; διαστέλλομαι = anordnen, befehlen) 4) καὶ διελογίζοντο πρὸς ἑαυτοὺς λέγοντες, ἐὰν εἴπωμεν, ἐξ οὐρανοῦ, ἐρεῖ, διὰ τί οὖν οὐκ ἐπιστεύσατε αὐτῷ; ἀλλὰ εἴπωμεν, ἐξ ἀνθρώπων; ἐφοβοῦντο τὸν ὄχλον· ἅπαντες γὰρ εἶχον τὸν Ἰωάννην ὄντως ὅτι προφήτης ἦν. 5) ἀπὸ δὲ τῶν δοκούντων εἶναί τι, ὁποῖοί ποτε ἦσαν οὐδέν μοι διαφέρει, πρόσωπον ὁ θεὸς ἀνθρώπου οὐ λαμβάνει, ἐμοὶ γὰρ οἱ δοκοῦντες οὐδὲν προσανέθεντο. (ὁποῖος, -οία, -ον = welcher Art, was für einer; προσανατίθημι = noch dazu auferlegen) 6) ἰδὼν δὲ ὁ Πέτρος ἀπεκρίνατο πρὸς τὸν λαόν, ἄνδρες Ἰσραηλῖται, τί θαυμάζετε ἐπὶ τούτῳ ἢ ἡμῖν τί ἀτενίζετε ὡς ἰδίᾳ δυνάμει ἢ εὐσεβείᾳ πεποιηκόσιν τοῦ περιπατεῖν αὐτόν; 7) οὐ θέλω δὲ ὑμᾶς ἀγνοεῖν, ἀδελφοί, ὅτι πολλάκις προεθέμην ἐλθεῖν πρὸς ὑμᾶς, καὶ ἐκωλύθην ἄχρι τοῦ δεῦρο, ἵνα καρπὸν σχῶ καὶ ἐν ὑμῖν καθὼς καὶ ἐν τοῖς λοιποῖς ἔθνεσιν. (προτίθημι = zur Pflicht machen, vornehmen);

6. Übungssätze

1) οὐδὲ βάλλουσιν οἶνον νέον εἰς ἀσκοὺς παλαιούς· εἰ δὲ μή γε, ῥήγνυνται οἱ ἀσκοὶ καὶ ὁ οἶνος ἐκχεῖται καὶ οἱ ἀσκοὶ ἀπόλλυνται· ἀλλὰ βάλλουσιν οἶνον νέον εἰς ἀσκοὺς καινούς, καὶ ἀμφότεροι συντηροῦνται. (ῥήγνυμι = zerreissen; συντηρέω = erhalten) 2) ὅτε ἤμην μετ' αὐτῶν ἐγὼ ἐτήρουν αὐτοὺς ἐν τῷ ὀνόματί σου ᾧ δέδωκάς μοι καὶ ἐφύλαξα καὶ οὐδεὶς ἐξ αὐτῶν ἀπώλετο εἰ μὴ ὁ υἱὸς τῆς ἀπωλείας, ἵνα ἡ γραφὴ πληρωθῇ. 3) τί ἐστιν εὐκοπώτερον, εἰπεῖν τῷ παραλυτικῷ, ἀφίενταί σου αἱ ἁμαρτίαι, ἢ εἰπεῖν, ἔγειρε καὶ ἆρον τὸν κράβαττόν σου καὶ περιπάτει; (εὔκοπος, -ον = leicht) 4) καὶ μὴ φοβεῖσθε ἀπὸ τῶν ἀποκτεννόντων τὸ σῶμα, τὴν δὲ ψυχὴν μὴ δυναμένων ἀποκτεῖναι· φοβεῖσθε δὲ μᾶλλον τὸν δυνάμενον καὶ ψυχὴν καὶ σῶμα ἀπολέσαι ἐν γεέννῃ. (ἀποκτέννω = Nebenform von ἀποκτείνω) 5) κἀγὼ Ἰωάννης ὁ ἀκούων καὶ βλέπων ταῦτα. καὶ ὅτε ἤκουσα καὶ ἔβλεψα, ἔπεσα προσκυνῆσαι ἔμπροσθεν τῶν ποδῶν τοῦ ἀγγέλου τοῦ δεικνύοντός μοι ταῦτα. 6) καὶ εἶδον ὡς θάλασσαν ὑαλίνην μεμιγμένην πυρὶ καὶ τοὺς νικῶντας ἐκ τοῦ θηρίου καὶ ἐκ τῆς εἰκόνος αὐτοῦ καὶ ἐκ τοῦ ἀριθμοῦ τοῦ ὀνόματος αὐτοῦ ἑστῶτας ἐπὶ τὴν θάλασσαν τὴν ὑαλίνην ἔχοντας κιθάρας τοῦ θεοῦ. (ὑάλινος, -η-ον = gläsern, durchsichtig; ἡ κιθάρα = die Zither) 7) καὶ προσήνεγκα αὐτὸν τοῖς μαθηταῖς σου, καὶ οὐκ ἠδυνήθησαν αὐτὸν θεραπεῦσαι. 8) ὃς ἐν ταῖς ἡμέραις τῆς σαρκὸς αὐτοῦ δεήσεις τε καὶ ἱκετηρίας πρὸς τὸν δυνάμενον σῴζειν αὐτὸν ἐκ θανάτου μετὰ κραυγῆς ἰσχυρᾶς καὶ δακρύων προσενέγκας καὶ εἰσακουσθεὶς ἀπὸ τῆς εὐλαβείας καίπερ ὢν υἱός, ἔμαθεν ἀφ' ὧν ἔπαθεν τὴν ὑπακοήν, καὶ τελειωθεὶς ἐγένετο πᾶσιν τοῖς ὑπακούουσιν αὐτῷ αἴτιος σωτηρίας αἰωνίου, προσαγορευθεὶς ὑπὸ τοῦ θεοῦ ἀρχιερεὺς κατὰ τὴν τάξιν Μελχισέδεκ. (ἡ ἱκετηρία = das Flehen; ἡ κραυγή = das Geschrei; εἰσακούω = erhören; ἡ εὐλαβεία = die Gottesfurcht; καίπερ = obgleich; ὁ αἴτιος = der Urheber; προσαγορεύω = bezeichnen; ἡ τάξις, -εως = die Ordnung) 9) τότε ὁμοιωθήσεται ἡ βασιλεία τῶν οὐρανῶν δέκα παρθένοις, αἵτινες λαβοῦσαι τὰς λαμπάδας ἑαυτῶν ἐξῆλθον εἰς ὑπάντησιν τοῦ νυμφίου. (ἡ λαμπάς, -αδος = die Fackel, Lampe; ἡ ὑπάντησις = die Begegnung) 10) ἦν δὲ ἐκεῖ πηγὴ τοῦ Ἰακώβ. ὁ οὖν Ἰησοῦς κεκοπιακὼς ἐκ τῆς ὁδοιπορίας ἐκαθέζετο οὕτως ἐπὶ τῇ πηγῇ· ὥρα ἦν ὡς ἕκτη. (ἡ ὁδοιπορία = die Wanderung; καθέζομαι = sich setzen) 11) καὶ ἐν ἐκείνῃ τῇ ὥρᾳ ἐγένετο σεισμὸς μέγας καὶ τὸ δέκατον τῆς πόλεως ἔπεσεν καὶ ἀπεκτάνθησαν ἐν τῷ σεισμῷ ὀνόματα ἀνθρώπων χιλιάδες ἑπτὰ καὶ οἱ λοιποὶ ἔμφοβοι ἐγένοντο καὶ ἔδωκαν δόξαν τῷ θεῷ τοῦ οὐρανοῦ. (δέκατος, -η, -ον = zehnter; ἔμφοβος, -ον = erschrocken) 12) ἀπὸ τῶν τριῶν πληγῶν τούτων ἀπεκτάνθησαν τὸ τρίτον τῶν ἀνθρώπων, ἐκ τοῦ πυρὸς καὶ τοῦ καπνοῦ καὶ τοῦ θείου τοῦ ἐκπορευομένου ἐκ τῶν στομάτων αὐτῶν. (τὸ θεῖον = der Schwefel) 13) καὶ προσκαλεσάμενος δύο τινὰς τῶν ἑκατονταρχῶν εἶπεν, ἑτοιμάσατε στρατιώτας διακοσίους, ὅπως πορευθῶ-

σιν ἕως Καισαρείας, καὶ ἱππεῖς ἑβδομήκοντα καὶ δεξιολάβους διακοσίους ἀπὸ τρίτης ὥρας τῆς νυκτός. (ὁ ἱππεύς, -έως = der Reiter; ὁ δεξιολάβος = der Leichtbewaffnete) 14) ὅμοιός ἐστιν ἀνθρώπῳ οἰκοδομοῦντι οἰκίαν ὃς ἔσκαψεν καὶ ἐβάθυνεν καὶ ἔθηκεν θεμέλιον ἐπὶ τὴν πέτραν· πλημμύρης δὲ γενομένης προσέρηξεν ὁ ποταμὸς τῇ οἰκίᾳ ἐκείνῃ, καὶ οὐκ ἴσχυσεν σαλεῦσαι αὐτὴν διὰ τὸ καλῶς οἰκοδομῆσθαι αὐτήν. (σκάπτω = graben; βαθύνω = tief machen; ἡ πλήμμυρα = das Hochwasser; προσρήσσω intr. mit Dat = sich an etwas brechen) 15) καὶ ἀναστὰς ἦλθεν πρὸς τὸν πατέρα ἑαυτοῦ. ἔτι δὲ αὐτοῦ μακρὰν ἀπέχοντος εἶδεν αὐτὸν ὁ πατὴρ αὐτοῦ καὶ ἐσπλαγνίσθη καὶ δραμὼν ἐπέπεσεν ἐπὶ τὸν τράχηλον αὐτοῦ καὶ κατεφίλησεν αὐτόν. (ὁ τράχηλος = der Hals; καταφιλέω = küssen) 16) πάλιν ἀπέστειλεν ἄλλους δούλους λέγων, εἴπατε τοῖς κεκλημένοις, ἰδοὺ τὸ ἄριστόν μου ἡτοίμακα, οἱ ταῦροί μου καὶ τὰ σιτιστὰ τεθυμένα καὶ πάντα ἕτοιμα· δεῦτε εἰς τοὺς γάμους. (τὸ ἄριστον = das Frühstück, Mittagessen, Mahlzeit; ὁ ταῦρος = der Stier; σιτιστός, -ή, -όν = gemästet, Ntr Pl = das Mastvieh) 17) ὁ δὲ πλεῖστος ὄχλος ἔστρωσαν ἑαυτῶν τὰ ἱμάτια ἐν τῇ ὁδῷ, ἄλλοι δὲ ἔκοπτον κλάδους ἀπὸ τῶν δένδρων καὶ ἐστρώννυον ἐν τῇ ὁδῷ. (στρώννυμι = ausbreiten) 18) εἴ τις καλεῖ ὑμᾶς τῶν ἀπίστων καὶ θέλετε πορεύεσθαι, πᾶν τὸ παρατιθέμενον ὑμῖν ἐσθίετε μηδὲν ἀνακρίνοντες διὰ τὴν συνείδησιν. 19) καὶ εἶδον, καὶ ἰδοὺ ἵππος λευκός, καὶ ὁ καθήμενος ἐπ᾽ αὐτὸν ἔχων τόξον καὶ ἐδόθη αὐτῷ στέφανος καὶ ἐξῆλθεν νικῶν καὶ ἵνα νικήσῃ. (τὸ τόξον = der Bogen) 20) καὶ ἔφαγον πάντες καὶ ἐχορτάσθησαν. καὶ τὸ περισσεῦον τῶν κλασμάτων ἦραν ἑπτὰ σπυρίδας πλήρεις. (τὸ κλάσμα, -ατος = das Bruchstück, Brocken; ἡ σπυρίς, -ίδος = der Korb)

Lektüre: 1.Pt 1,3–9
Die Buchstaben in Klammern sollen die einzelnen Teile der sehr schön gebauten Periode kennzeichnen. E = Eingangsformel; A1 usw. = Teilsatz 1; M = Mitte = HS; S = Schlussteil. E und S gehören nicht eigentlich zur Periode sondern bilden Einleitung und Schluss derselben. Beachten Sie den schönen regelmässigen Aufbau! Die beiden Teile A und B entsprechen sich in der Länge (Teil A = 105 Silben; Teil B = 106 Silben) und wohl auch im Inhalt (je nach Auslegung).

(E) Εὐλογητὸς ὁ θεὸς καὶ πατὴρ τοῦ κυρίου ἡμῶν Ἰησοῦ Χριστοῦ

(A 1) ὁ κατὰ τὸ πολὺ αὐτοῦ ἔλεος ἀναγεννήσας ἡμᾶς

(A 2) εἰς ἐλπίδα ζῶσαν δι᾽ ἀναστάσεως Ἰησοῦ Χριστοῦ ἐκ νεκρῶν εἰς κληρονομίαν

ἄφθαρτον καὶ ἀμίαντον καὶ ἀμάραντον τετηρημένην ἐν οὐρανοῖς εἰς ὑμᾶς

(A 3) τοὺς ἐν δυνάμει θεοῦ φρουρουμένους διὰ πίστεως εἰς σωτηρίαν ἑτοίμην

ἀποκαλυφθῆναι ἐν καιρῷ ἐσχάτῳ

(M) ἐν ᾧ ἀγαλλιᾶσθε

(B 1) ὀλίγον ἄρτι εἰ δέον ἐστὶν λυπηθέντες ἐν ποικίλοις πειρασμοῖς

(B 2) ἵνα τὸ δοκίμιον ὑμῶν τῆς πίστεως πολυτιμότερον χρυσίου τοῦ ἀπολλυμένου

διὰ πυρὸς δὲ δοκιμαζομένου εὑρεθῇ εἰς ἔπαινον καὶ δόξαν καὶ τιμὴν

ἐν ἀποκαλύψει Ἰησοῦ Χριστοῦ

(B 3) ὃν οὐκ ἰδόντες ἀγαπᾶτε εἰς ὃν ἄρτι μὴ ὁρῶντες πιστεύοντες δὲ

(S) ἀγαλλιᾶσθε χαρᾷ ἀνεκλαλήτῳ καὶ δεδοξασμένῃ

κομιζόμενοι τὸ τέλος τῆς πίστεως ὑμῶν σωτηρίαν ψυχῶν.

Unbekannte Vokabeln: εὐλογητός, -ή, -όν = gepriesen (Verbaladj.); ἀναγεννάω = neuzeugen; ἄφθαρτος, -ον = unverderblich; unzerstörbar; ἀμίαντος, -ον = rein, unbefleckt; ἀμάραντος, -ον = unvergänglich; φρουρέω = beschützen, bewachen; τὸ δοκίμιον = 1. der Prüfstein, Prüfmittel, 2. das Echte, Bewährte; πολύτιμος, -ον = sehr wertvoll, kostbar; ἀνεκλάλητος, -ον = unaussprechlich;

Lektüre: Eusebius, hist. eccl. III 17; Die Verfolgung Domitians[16]

17. πολλήν γε μὴν εἰς πολλοὺς ἐπιδειξάμενος ὁ Δομετιανὸς ὠμότητα οὐκ ὀλίγον τε τῶν ἐπὶ 'Ρώμης εὐπατριδῶν τε καὶ ἐπισήμων ἀνδρῶν πλῆθος οὐ μετ' εὐλόγου κρίσεως κτείνας μυρίους τε ἄλλους ἐπιφανεῖς ἄνδρας ταῖς ὑπὲρ τὴν ἐνορίαν ζημιώσας φυγαῖς καὶ ταῖς τῶν οὐσιῶν ἀποβολαῖς ἀναιτίως, τελευτῶν τῆς Νέρωνος θεοεχθρίας τε καὶ θεομαχίας διάδοχον ἑαυτὸν κατεστήσατο. δεύτερος δῆτα τὸν καθ' ἡμῶν ἀνεκίνει διωγμόν, καίπερ τοῦ πατρὸς αὐτῷ Οὐεσπασιανοῦ μηδὲν καθ' ἡμῶν ἄτοπον ἐπινοήσαντος.

(ἐπιδείκνυμι = zeigen, beweisen, dartun; ἡ ὠμότης, -ητος = Roheit, Wildheit, Grausamkeit; εὐπατρίδης = edel geboren, Patrizier; ἐπίσημος, -ον = pos: ausgezeichnet, hervorragend, neg: berüchtigt; εὐλόγος = vernünftig; κτείνω = töten, hinrichten lassen; ἐπιφανής = sichtbar, deutlich, ausgezeichnet; ἡ ἐνορία = das Gebiet ; ζημιόω = schädigen, bestrafen; ἡ φυγή = die Flucht, Verbannung; ἡ ἀποβολή = der Verlust ; ἀναίτιος = grundlos, unschuldig; ἡ τελευτή = das Ende, Ziel, Ausgang, Vollendung; ἡ θεοεχθρία = Gottesfeindschaft, - hass; θεομαχία = Götterkampf, Kampf gegen Gott; διάδοχος = ablösend, übernehmend, nachfolgend; καθίστημι = hinstellen, einsetzen; δῆτα = Adv entschieden, allerdings, offenbar, also; ἀνακινέω = wiedererregen, ins Leben rufen; καίπερ = wiewohl, obgleich; ἄτοπος = ungewöhnlich, verkehrt, unstatthaft; ἐπινοέω = im Sinne haben, beabsichtigen, ausdenken)

---

[16] Eusebius (ca. 263–339) gilt als der erste Verfasser einer Kirchengeschichte, welche er als Rechtfertigung der christlichen Religion einem „besiegten" Staat gegenüber zur Zeit Kaiser Konstantins verfasste. Sie enthält zahlreiche wertvolle und alte Zeugnisse der frühen Kirchengeschichte. Zit. aus: Gyot Peter / Klein Richard: Das frühe Christentum bis zum Ende der Verfolgungen. Eine Dokumentation. Bd I S. 30. Darmstadt 1993.

LEKTION 19

I Morphologie

1 Der Optativ

Als letzter Modus soll hier der Optativ (< lat. optare = wünschen) behandelt werden. Er ist im NT nicht allzu häufig (68 Vorkommen) und in der Koine überhaupt am aussterben. In der ausserbiblischen frühchristlichen Literatur kommt er aber trotzdem immer noch vor.

Der Optativ hat **zwei allgemeine Bedeutungen**: Er drückt a) einen **erfüllbaren Wunsch** (optativus cupitivus) aus und b) eine **gedachte Möglichkeit** (optativus potentialis). Für genauere Angaben sei dazu auf die Syntax in dieser Lektion verwiesen. Hier sollen zunächst die Formen behandelt werden.

Im NT trifft man den Optativ nur noch in den beiden Tempora Präsens und Aorist an. Wir werden uns deshalb auf diese beiden Tempora beschränken. Klassisch wurde er ebenfalls im Futur und Perfekt verwendet. An ntl. Schriftstellern beschränkt er sich praktisch auf Lukas und Paulus (59x). Sonst trifft man ihn in: Mk 1x; Joh 1x; Hebr 1x; 1/2.Pt 4x und Jud 2x.

Der Optativ verwendet als **Moduszeichen ein** ι **oder** ιη (Aor Pass), welches an die normalen Themavokale ε, ο, oder α angefügt wird.

Daran werden im Präsens M/P und Aorist Akt und M fast dieselben Endungen wie die der athematischen Konjugation angefügt. Der Aor Pass fügt ähnliche Endungen wie der uns bereits bekannte passive Aorist an.

1.1 Paradigma Präs Akt und M/P Optativ

	Akt	*Endung*	*M/P*	*Endung*
1.Sg	[πιστεύοιμι]	οι-μι	[πιστευοίμην]	οί-μην
2.	[πιστεύοις]	οι-ς	[πιστεύοιο]	οι-ο
3.	πιστεύοι	οι	πιστεύοιτο	οι-το
1.Pl	[πιστεύοιμεν]	οι-μεν	[πιστευοίμεθα]	οί-μεθα
2.	πιστεύοιτε	οι-τε	[πιστεύοισθε]	οι-σθε
3.	πιστεύοιεν	οι-εν	[πιστεύοιντο]	οι-ντο

1.1.1 Anmerkungen:

a) Von den bereits bekannten athematischen Endungen weichen im Akt lediglich die 3.Sg und die 3.Pl ab. M/P ist es die 2.Sg (innervokalisches σ fällt aus!).

b) Als erste Übersetzung wählen wir die des kupitiven Optativs (Wunschmodus): πιστεύοιμι = möge ich glauben, πιστεύοις = mögest du glauben usw.

πιστευοίμην = möge ich für mich glauben od. möge dir geglaubt werden usw.

1.2 Paradigma Aor Akt / M / P Optativ

	Akt	Endung	M	Endung	P	Endung
1.Sg	[πιστεύσαιμι]	σαι-μι	πιστευσαίμην	σαι-μην	[πιστευθείην]	θείη-ν
2.	[πιστεύσαις]	σαι-ς	[πιστεύσαιο]	σαι-ο	[πιστευθείης]	θείη-ς
3.	πιστεύσαι	σαι	[πιστεύσαιτο]	σαι-το	πιστευθείη	θείη
1.Pl	[πιστεύσαιμεν]	σαι-μεν	[πιστευσαίμεθα]	σαί-μεθα	[πιστευθεῖμεν]	θεῖ-μεν
2.	[πιστεύσαιτε]	σαι-τε	[πιστεύσαισθε]	σαι-σθε	[πιστευθεῖτε]	θεῖ-τε
3.	πιστεύσαιεν	σαι-εν	πιστεύσαιντο	σαι-ντο	[πιστευθεῖεν]	θεῖ-εν

1.2.1 Anmerkungen

a) Der Aor Opt hat kein Augment und somit auch keine Vergangenheitsbedeutung! Beachten Sie aber den Aspekt!

b) Beachten Sie bitte den Aor 3.Sg Akt besonders. Nur der Akzent unterscheidet diese Form vom Aor Akt Inf und Aor Imp M 2.Sg.! Der Akut auf der zweitletzten Silbe zeigt an, dass die letzte Silbe σαι lang ist.

c) Im Aor Pass wird die Bildesilbe -θη vor einem Vokal kurz zu θε. Dieses Phänomen haben wir bereits beim schwachen Aorist Pass kennengelernt (Lekt 11).

d) Die Endungen des passiven Aorists ergeben zugleich die Formen des Optativs von εἰμί:

	εἰμί
1.Sg	[εἴην]
2.	[εἴης]
3.	εἴη
1.Pl	[εἶμεν]
2.	[εἶτε]
3.	[εἶεν]

e) Aor Opt Akt 3.Pl hat eine Nebenform mit der Endung -σειαν statt -σαιεν.

f) Der Optativ Futur (im NT keine Belege) wird genau gleich wie das Präsens, nur mit eingefügtem Futur-σ gebildet:
πιστεύ-σ-οι-μι möge ich in Zukunft glauben, πιστεύ-σ-οι-ς usw.
M: πιστευ-σ-οί-μην möge ich in Zukunft für mich glauben, usw; P: πιστευ-θη-σ-οί-μην möge mir in Zukunft geglaubt werden, usw.

g) Der Optativ Perfekt (im NT keine Belege) wird aus dem Partizip Perfekt und dem Optativ von εἰμί gebildet. Z.B.: πεπιστευκώς εἴη er, sie, es möge glauben; πεπιστευμένος εἴη ihm, ihr, ihm möge geglaubt werden.

1.3 Optativ der athematischen Konjugation

Athematisch konjugierte Formen im Optativ sind im NT äusserst selten. Deshalb wird hier auf ein komplettes Paradigma verzichtet. Die Bildung ist aber relativ einfach: An

den Verbalstamm wird (ohne Themavokal) das Optativ-Bildeelement ι- resp. ιη- angefügt.
Im NT vorkommende Optative der μι-Konjugation:
- δῴη Aor Opt 3.Sg δίδωμι (geben)
- δυναίμην Aor Opt 1.Sg und δυναίντο Aor Opt 3.Pl δύναμαι (können)
- ὀναίμην Aor Opt 1.Sg ὀνίναμαι (sich erfreuen)

II Syntax

2 Die Syntax des Optativs

Beim Optativ muss zuerst unterschieden werden, ob er in einem Hauptsatz oder in einem Nebensatz steht. Je nachdem hat er verschiedene Bedeutungen. Ebenso ist immer zu beachten, ob der Optativ zusammen mit der Partikel ἄν oder ohne sie steht.

2.1 Der Optativ ohne ἄν im Hauptsatz

Ohne ἄν im HS handelt es sich um den **kupitiven Optativ**, also denjenigen, der einen **als erfüllbar gedachten Wunsch** ausdrückt (< lat. cupere = begehren).
Im NT erscheint er oft in Segenswünschen am Anfang oder Schluss von Briefen.
Die Negation ist immer μή.

> ὁ δὲ θεὸς τῆς ἐλπίδος πληρώσαι ὑμᾶς πάσης χαρᾶς.
> Der Gott aber der Hoffnung erfülle euch mit aller Freude! Rö 15, 13

2.2 Der Optativ mit ἄν im Hauptsatz

Der im NT seltene Optativ mit ἄν im HS drückt eine **gedachte Möglichkeit** oder eine **abgeschwächte Behauptung** aus. Man nennt ihn den **potentialen Optativ** (Möglichkeitsoptativ).

> πῶς γὰρ ἂν δυναίμην...;   Denn wie könnte ich (können) ...?

2.3 Der Optativ im Nebensatz nach εἰ

Der Optativ mit εἰ im Nebensatz bildet eine Konditionalperiode. Konditionalsätze (Bedingungssätze) sind uns bereits aus Lekt 14 (Irrealis) bekannt. Hier fehlt aber die Partikel ἄν.
Bei solchen Konditionalsätzen handelt es sich ebenfalls um einen **potentialen Optativ**.

> ἀλλ' εἰ καὶ πάσχοιτε διὰ δικαιοσύνην, μακάριοι.
> Aber wenn ihr auch wegen der Gerechtigkeit leiden müsstet, glücklich seid ihr!
> 1Pt 3, 14

3 Syntaktische Stilistik

3.1 Das Zeugma

Mit dem Zeugma (< τὸ ζεῦγμα = die Verbindung; < ζεύγνυμι = verbinden, zusammenmenjochen) werden **zwei inhaltlich** (oder syntaktisch) **verschiedene Satzelemente** (meist

Objekte) mit nur einem Verb **verbunden**. In der Übersetzung muss dann jeweils ein passendes Verb ergänzt werden.
Das Zeugma steigert durch seine beabsichtigte Auslassung (Ellipse) den Ausdruck.

γάλα ὑμᾶς ἐπότισα, οὐ βρῶμα (-).
Milch habe ich euch zu trinken gegeben, nicht Brot (zu essen). 1 Kor 3, 2

3.2 Die ἀπὸ-κοινοῦ-Konstruktion

Die ἀπὸ-κοινοῦ-Figur (ἀπὸ κοινοῦ = vom Gemeinsamen) lässt ein Satzelement weg, welches zwei Satzteilen gemeinsam ist.

εἰ καὶ πάντες σκανδαλισθήσονται, ἀλλ' οὐκ ἐγώ (σκανδαλισθήσομαι).
Wenn auch alle zu Fall kommen werden, so (werde) ich nicht (zu Fall kommen).
Mk 14, 29

4 Das Participium coniunctum in obliquen Kasus

Schon seit Lektion 7 ist das adverbiale Partizip in Form des Participium coniunctums bekannt. Bisher allerdings sind nur Formen im Nominativ behandelt worden. Das hat seinen Grund darin, dass die Formen in den obliquen Kasus (< lat. obliquus = schräg, abgewandelt) im NT nicht allzu häufig sind. Sie sollen aber deswegen nicht fehlen, sondern an dieser Stelle behandelt werden.
Von der syntaktischen Verwendung und der adverbiellen Funktion eines solchen Partizipiums her ändert sich am bisher gelernten überhaupt nichts. Lediglich das Bezugswort, welches bisher immer im Nom stand, erscheint nun in einem andern Kasus.

προσῆλθον αὐτῷ διδάσκοντι οἱ ἀρχιερεῖς καὶ πρεσβύτεροι ...
Die Hohenpriester und Ältesten kamen zu ihm, während er lehrte ... Mt 21, 23

Das Bezugswort ist DatO des Hauptsatzes, welches adverbiell durch die Aussage erweitert wird, dass er lehrt.
Um einen solchen Satz aufzuschlüsseln, bedienen wir uns in einem ersten Schritt ebenfalls einer Hilfsübersetzung und bilden einen Nebensatz nach bekanntem Muster. Der deutsche Nebensatz wird natürlich mit einem Subjekt im Nom gebildet, obwohl das griechische Bezugswort in einem andern Kasus steht.

Die Hohenpriester kamen zu ihm, indem er lehrte... Mt 21, 23

III Übungen

1. Optativformen
Bitte bestimmen Sie die folgenden Formen, geben Sie die Grundform an und übersetzen Sie!
ἂν θέλοι – εἰ εὕροιεν – μὴ γένοιτο – εἴη – ἔχοι – εἰ βούλοιτο – λάβοι – εἰ δυναίντο – τηρηθείη – παρακαλέσαι – δῴη – εἰ πάσχοιτε – πληθυνθείη

2. Syntaktische Stilistik
Bitte übersetzen Sie und suchen Sie die grammatisch vom normalen Gebrauch abweichende Form!

1) τὴν προσαγωγὴν ἐσχήκαμεν τῇ πίστει εἰς τὴν χάριν ταύτην ἐν ᾗ ἑστήκαμεν καὶ καυχώμεθα ἐπ' ἐλπίδι τῆς δόξης τοῦ θεοῦ. οὐ μόνον δέ, ἀλλὰ καὶ καυχώμεθα ἐν ταῖς θλίψεσιν, εἰδότες ὅτι ἡ θλῖψις ὑπομονὴν κατεργάζεται. (ἡ προσαγωγή = der Zugang) 2) ἀνεῴχθη δὲ τὸ στόμα αὐτοῦ παραχρῆμα καὶ ἡ γλῶσσα αὐτοῦ, καὶ ἐλάλει εὐλογῶν τὸν θεόν. 3) ὁ οὖν ἐπιχορηγῶν ὑμῖν τὸ πνεῦμα καὶ ἐνεργῶν δυνάμεις ἐν ὑμῖν, ἐξ ἔργων νόμου ἢ ἐξ ἀκοῆς πίστεως; (ἐπιχορηγέω = darreichen) 4) ἐν ὑστέροις καιροῖς ἀποστήσονται τινές ... κωλυόντων γαμεῖν, ἀπέχεσθαι βρωμάτων, ἃ ὁ θεὸς ἔκτισεν εἰς μετάλημψιν μετὰ εὐχαριστίας τοῖς πιστοῖς καὶ ἐπεγνωκόσι τὴν ἀλήθειαν. (ἡ μετάλημψις = die Entgegennahme)

3. Participium coniunctum in obliquen Kasus
Bitte übersetzen Sie, wobei Sie Bezugswort und Partizip bezeichnen!

1) καὶ ἐμβάντι αὐτῷ εἰς τὸ πλοῖον ἠκολούθησαν αὐτῷ οἱ μαθηταὶ αὐτοῦ. 2) ἄνδρες Ἰσραηλῖται, τί θαυμάζετε ἐπὶ τούτῳ ἢ ἡμῖν τί ἀτενίζετε ὡς ἰδίᾳ δυνάμει ἢ εὐσεβείᾳ πεποιηκόσιν τοῦ περιπατεῖν αὐτόν; (ἡ εὐσεβεία = die Frömmigkeit) 3) τότε πορεύεται καὶ παραλαμβάνει ἕτερα πνεύματα πονηρότερα ἑαυτοῦ ἑπτὰ καὶ εἰσελθόντα κατοικεῖ ἐκεῖ. 4) εἰ δέ τις ὑμῶν λείπεται σοφίας, αἰτείτω παρὰ τοῦ διδόντος θεοῦ πᾶσιν ἁπλῶς καὶ μὴ ὀνειδίζοντος καὶ δοθήσεται αὐτῷ. (ἁπλῶς = schlicht, aufrichtig; ὀνειδίζω = schelten) 5) ἐξελθόντι δὲ αὐτῷ ἐπὶ τὴν γῆν ὑπήντησεν ἀνήρ τις ἐκ τῆς πόλεως ἔχων δαιμόνια. 6) καὶ συνήχθησαν πρὸς αὐτὸν ὄχλοι πολλοί, ὥστε αὐτὸν εἰς πλοῖον ἐμβάντα καθῆσθαι, καὶ πᾶς ὁ ὄχλος ἐπὶ τὸν αἰγιαλὸν εἱστήκει. (ὁ αἰγιαλός = der Strand) 7) καὶ ὄντας ἡμᾶς νεκροὺς τοῖς παραπτώμασιν συνεζωοποίησεν τῷ Χριστῷ ... (συζωοποιέω = zusammen lebendig machen)

4. Übungssätze

1) ὁ δὲ Παῦλος, εὐξαίμην ἂν τῷ θεῷ καὶ ἐν ὀλίγῳ καὶ ἐν μεγάλῳ οὐ μόνον σὲ ἀλλὰ καὶ πάντας τοὺς ἀκούοντάς μου σήμερον γενέσθαι τοιούτους ὁποῖος καὶ ἐγώ εἰμι παρεκτὸς τῶν δεσμῶν τούτων. (εὔχομαι = beten, wünschen; ὁποῖος, -οία, -ον = welcher Art, war für einer; παρεκτός = Adv ausgenommen) 2) χάρις ὑμῖν καὶ εἰρήνη πληθυνθείη ἐν ἐπιγνώσει τοῦ θεοῦ καὶ Ἰησοῦ τοῦ κυρίου ἡμῶν. 3) καὶ ὃ σπείρεις, οὐ τὸ σῶμα τὸ γενησόμενον σπείρεις ἀλλὰ γυμνὸν κόκκον εἰ τύχοι σίτου ἤ τινος τῶν λοιπῶν. 4) δῴη αὐτῷ ὁ κύριος εὑρεῖν ἔλεος παρὰ κυρίου ἐν ἐκείνῃ τῇ ἡμέρᾳ. 5) ὁ δὲ Μιχαὴλ ὁ ἀρχάγγελος, ὅτε τῷ διαβόλῳ διακρινόμενος διελέγετο περὶ τοῦ Μωϋσέως σώματος, οὐκ ἐτόλμησεν κρίσιν ἐπενεγκεῖν βλασφημίας ἀλλὰ εἶπεν, ἐπιτιμήσαι σοι κύριος. (ὁ ἀρχάγγελος = der Erzengel; ἐπιφέρω = vorbringen) 6) νεύει οὖν τούτῳ Σίμων Πέτρος πυθέσθαι τίς ἂν εἴη περὶ οὗ λέγει. (νεύω = nicken; ἐπυθόμην = Aor πυνθάνομαι) 7) τί οὖν; ἁμαρτήσωμεν, ὅτι οὐκ ἐσμὲν ὑπὸ νόμον ἀλλὰ ὑπὸ χάριν; μὴ γένοιτο. 8) ὁ δὲ θεὸς τῆς ἐλπίδος πληρώσαι ὑμᾶς πάσης χαρᾶς καὶ εἰρήνης ἐν τῷ πιστεύειν, εἰς τὸ περισσεύειν ὑμᾶς ἐν τῇ ἐλπίδι ἐν δυνάμει πνεύματος ἁγίου. 9) ὑμᾶς δὲ ὁ κύριος πλεονάσαι καὶ περισσεύσαι τῇ ἀγάπῃ εἰς ἀλλήλους καὶ εἰς πάντας καθάπερ καὶ ἡμεῖς εἰς ὑμᾶς. (πλεονάζω = reich machen) 10) παρακαλέσαι ὑμῶν τὰς καρδίας καὶ στηρίξαι ἐν παντὶ ἔργῳ καὶ λόγῳ ἀγαθῷ. 11) οἱ οὖν Ἰουδαῖοι ... ἠρώτησαν τὸν Πιλᾶτον ἵνα κατεαγῶσιν αὐτῶν τὰ σκέλη καὶ ἀρθῶσιν. (κατάγνυμι Aor Pass κατεάγην = brechen; τὸ σκέλος = der Schenkel, Knochen) 12) καὶ ἐλθὼν εἰς τὴν πατρίδα αὐτοῦ ἐδίδασκεν αὐτοὺς ἐν τῇ συναγωγῇ αὐτῶν, ὥστε ἐκπλήσσεσθαι αὐτοὺς καὶ λέγειν, πόθεν τούτῳ ἡ σοφία αὕτη καὶ αἱ δυνάμεις; (ἡ πατρίς, -ίδος = Vaterland, Heimat) 13) ἵνα μήποτε θέντος αὐτοῦ θεμέλιον καὶ μὴ ἰσχύοντος ἐκτελέσαι πάντες οἱ θεωροῦντες ἄρξωνται αὐτῷ ἐμπαίζειν. (ἐκτελέω = vollenden) 14) ἔστιν δὲ καὶ ἄλλα πολλὰ ἃ ἐποίησεν ὁ Ἰησοῦς, ἅτινα ἐὰν γράφηται καθ' ἕν, οὐδ' αὐτὸν οἶμαι τὸν κόσμον χωρῆσαι τὰ γραφόμεθα βιβλία. (οἶμαι

< οἴομαι = meinen, glauben) **15)** καλὸν δὲ ζηλοῦσθαι ἐν καλῷ πάντοτε καὶ μὴ μόνον ἐν τῷ παρεῖναί με πρὸς ὑμᾶς. **16)** ἔχομεν θυσιαστήριον ἐξ οὗ φαγεῖν οὐκ ἔχουσιν ἐξουσίαν οἱ τῇ σκηνῇ λατρεύοντες, ὧν γὰρ εἰσφέρεται ζώων τὸ αἷμα περὶ ἁμαρτίας εἰς τὰ ἅγια διὰ τοῦ ἀρχιερέως, τούτων τὰ σώματα κατακαίεται ἔξω τῆς παρεμβολῆς. διὸ καὶ Ἰησοῦς, ἵνα ἁγιάσῃ διὰ τοῦ ἰδίου αἵματος τὸν λαόν, ἔξω τῆς πύλης ἔπαθεν. (εἰσφέρω = hineintragen) **17)** καὶ ὅραμα διὰ τῆς νυκτὸς τῷ Παύλῳ ὤφθη, ἀνὴρ Μακεδών τις ἦν ἑστὼς καὶ παρακαλῶν αὐτὸν καὶ λέγων, διαβὰς εἰς Μακεδονίαν βοήθησον ἡμῖν. (βοηθέω = zu Hilfe kommen, helfen; διαβαίνω = durchschreiten, übersetzen) **18)** πρὸ πάντων δέ, ἀδελφοί μου, μὴ ὀμνύετε μήτε τὸν οὐρανὸν μήτε τὴν γῆν μήτε ἄλλον τινὰ ὅρκον· ἤτω δὲ ὑμῶν τὸ Ναὶ ναὶ καὶ τὸ Οὒ οὔ, ἵνα μὴ ὑπὸ κρίσιν πέσητε. **19)** προσδοκῶντος δὲ τοῦ λαοῦ καὶ διαλογιζομένων πάντων ἐν ταῖς καρδίαις αὐτῶν περὶ τοῦ Ἰωάννου, μήποτε αὐτὸς εἴη ὁ Χριστός, ἀπεκρίνατο λέγων πᾶσιν ὁ Ἰωάννης ... **20)** ὁ δὲ κύριος τὸ πνεῦμά ἐστιν· οὗ δὲ τὸ πνεῦμα κυρίου, ἐλευθερία.

Lektüre: Apg 17,22–31 Die Rede auf dem Areopag

σταθεὶς δὲ ὁ Παῦλος ἐν μέσῳ τοῦ Ἀρείου Πάγου[17] ἔφη, Ἄνδρες Ἀθηναῖοι, κατὰ πάντα ὡς δεισιδαιμονεστέρους[18] ὑμᾶς θεωρῶ. διερχόμενος γὰρ καὶ ἀναθεωρῶν[19] τὰ σεβάσματα[20] ὑμῶν εὗρον καὶ βωμὸν[21] ἐν ᾧ ἐπεγέγραπτο, ἀγνώστῳ θεῷ. ὃ οὖν ἀγνοοῦντες εὐσεβεῖτε[22], τοῦτο ἐγὼ καταγγέλλω ὑμῖν. ὁ θεὸς ὁ ποιήσας τὸν κόσμον καὶ πάντα τὰ ἐν αὐτῷ, οὗτος οὐρανοῦ καὶ γῆς ὑπάρχων κύριος οὐκ ἐν χειροποιήτοις[23] ναοῖς κατοικεῖ οὐδὲ ὑπὸ χειρῶν ἀνθρωπίνων[24] θεραπεύεται προσδεόμενός[25] τινος, αὐτὸς διδοὺς πᾶσι ζωὴν καὶ πνοὴν[26] καὶ τὰ πάντα· ἐποίησέν τε ἐξ ἑνὸς πᾶν ἔθνος ἀνθρώπων κατοικεῖν ἐπὶ παντὸς προσώπου τῆς γῆς, ὁρίσας προστεταγμένους[27] καιροὺς καὶ τὰς ὁροθεσίας[28] τῆς κατοικίας[29] αὐτῶν ζητεῖν τὸν θεόν, εἰ ἄρα γε[30] ψηλαφήσειαν[31] αὐτὸν καὶ εὕροιεν, καί γε οὐ μακρὰν ἀπὸ ἑνὸς ἑκάστου ἡμῶν ὑπάρχοντα. ἐν αὐτῷ γὰρ ζῶμεν καὶ κινούμεθα[32] καὶ ἐσμέν, ὡς καί τινες τῶν καθ' ὑμᾶς ποιητῶν[33] εἰρήκασιν, τοῦ γὰρ καὶ γένος ἐσμέν. γένος οὖν ὑπάρχοντες τοῦ θεοῦ οὐκ ὀφείλομεν νομίζειν χρυσῷ ἢ ἀργύρῳ ἢ λίθῳ, χαράγματι[34] τέχνης[35] καὶ ἐνθυμήσεως[36]

---

[17] Der Areopag, hier wohl als Aufsichtsbehörde über das Unterrichtswesen Athens. Als Örtlichkeit eigentlich der Areshügel (ὁ πάγος = die Felsspitze, Berg, Höhe)
[18] δεισιδαίμων, -ονος = religiös, fromm, voll scheu vor den Göttern
[19] ἀναθεωρέω = genau ansehen, wieder ansehen
[20] τὸ σέβασμα, -ατος = das Heiligtum (< σέβομαι)
[21] ὁ βωμός = der Altar
[22] εὐσεβέω = ehrfürchtig, fromm sein
[23] χειροποίητος = handgemacht
[24] ἀνθρώπινος, -η, -ον = menschlich
[25] προσδέομαι = noch dazu bedürfen, nötig haben
[26] ἡ πνοή = der Hauch, Atem
[27] προστάσσω = anordnen
[28] ἡ ὁροθεσία = die bestimmte, feste Grenze
[29] ἡ κατοικία = die Wohnung, Wohnort
[30] εἰ ἄρα γε = in indirekten Fragen: ob vielleicht
[31] ψηλαφάω (mit unregelmässiger Aor Opt Endung -σειαν !) = betasten, berühren
[32] κινέω = bewegen
[33] ὁ ποιητής = der Schaffende, Dichter
[34] τὸ χάραγμα, -ατος = das Zeichen, Gebilde
[35] ἡ τέχνη = die Kunst, das Handwerk (Technik)
[36] ἡ ἐνθύμησις, -εως = der Gedanke, Überlegung

ἀνθρώπου, τὸ θεῖον[37] εἶναι ὅμοιον. τοὺς μὲν οὖν χρόνους τῆς ἀγνοίας ὑπεριδὼν[38] ὁ θεὸς, τὰ νῦν παραγγέλλει τοῖς ἀνθρώποις πάντας πανταχοῦ μετανοεῖν, καθότι ἔστησεν ἡμέραν ἐν ᾗ μέλλει κρίνειν τὴν οἰκουμένην ἐν δικαιοσύνῃ ἐν ἀνδρὶ ᾧ ὥρισεν[39], πίστιν παρασχὼν πᾶσιν ἀναστήσας αὐτὸν ἐκ νεκρῶν.

---

[37] θεῖος, θεία, θεῖον = göttlich
[38] ὑπεροράω = hinwegsehen über, nicht beachten
[39] ὁρίζω = bestimmen, festsetzen

Anhang

Übersetzungsschlüssel zu den Übungen

Lektion 1

1.
Gen Sg des Menschen – Dat Sg dem Wort – Gen Pl der Geheimnisse – Nom Pl Sklaven – Nom/ Akk Pl die Werke – Dat Pl den Tempeln – Akk Pl die Brote – Nom/ Akk Pl die Dämonen – Akk Sg einen Knecht – Gen Sg des Gottes – Dat Sg einem Schatz – Akk Sg das Wort – Akk Pl die Himmel – Gen Sg eines Sohnes – Dat Sg dem Christus – Akk Sg das Gesetz – Nom/Akk Pl die Geschenke – Nom Pl die Bettelarmen – Akk Pl die Schlechten – Dat Pl den Gerechten – Gen Pl der Guten – Nom/Akk Pl die heiligen Dinge – Nom/Akk Pl die guten Dinge – Nom/Akk Pl die schlechten Dinge – Nom Sg der Schlechte

2.
der gute Mensch – des gerechten Sklaven – den heiligen Menschen – den bösen Worten – einem heiligen Gesetz – der heilige Tempel – einem gerechten Werk – die guten Brote – die guten Geschenke – der bettelarme Sklave

3.
der Sklave des Herrn – ein Wort (des) Gottes – das Brot der Himmel – ein Sohn eines Menschen – die Gesetze (des) Gottes – die Geheimnisse des Herrn – den Werken der Sklaven – die Tempel der Menschen – das heilige Werk des Menschen Gottes – die Geheimnisse der bettelarmen Sklaven – den Gerechten des Herrn – die Heiligen des heiligen Tempels

4.
2.Sg du hörst – 3.Pl sie dienen (als Sklaven) – 2.Pl ihr werft hinaus – Inf glauben – 3.Sg er, sie, es hat – 2.Pl ihr sagt – 3.Sg er, sie, es will – 1.Pl wir hören – 1.Sg ich will – Inf sagen – 3.Pl sie glauben – 2.Sg sagst du? – 2.Sg willst du? – 2.Pl ihr hört – 1.Pl wir haben – 1.Sg ich werfe hinaus

5.
a) ἐκβάλλω – ἐκβάλλεις – ἐκβάλλει – ἐκβάλλομεν – ἐκβάλλετε – ἐκβάλλουσιν
b) ἀκούω – ἔχει – λέγομεν – πιστεύουσιν – θέλει – ἔχετε – ἀκούεις – ἐκβάλλει – θέλω – δουλεύομεν – λέγουσιν – πιστεύεις

6.
1) von (aus) Gott 2) von (aus) Gott (natürlich determiniert) 3) in den Himmel 4) für einen Sohn 5) aus dem bösen (= ntr) od: aus dem Bösen (mask) 6) für den gerechten Sklaven 7) in den heiligen Tempel hinein 8) aus gutem Brot 9) aus *gutem* Brot 10) aus dem Tempel

7.
1) Der Sohn des Menschen aber hat nicht ... Mt 8, 20 2) Wieviele Brote habt ihr? Mt 15, 34 3) Sie haben keine (nicht) Brote. Mk 8, 16 4) Ihr sagt, er hat einen Dämon. Lk 7, 33 5) Jederzeit habt ihr die Armen. Mt 26, 11 6) Dann sagt er dem Menschen ... Mt 12, 13 7) Der gute Mensch bringt aus dem guten Schatz gute Dinge hervor und der Böse aus dem bösen Schatz böse Dinge. Mt 12, 35 8) Vom Himmel oder von Menschen? Mt 21, 25 9) Glaubst du an den Sohn des Menschen? (wörtl: in den Sohn des Menschen

hinein) Joh 9, 35 **10)** Denn ich glaube (dem) Gott. Apg 27, 25 **11)** Ich diene (dem) Gesetz Gottes. Rö 7, 25 **12)** Dem Herrn Christus dienen sie nicht. Rö 16, 18 **13)** Ihr dient dem Herrn Christus. Kol 3,24 **14)** Ihr glaubt den Werken. Joh 10, 38 **15)** Das Gesetz sagt. Rö 3, 19 **16)** Was wollt ihr? Mt 20, 32 **17)** Was willst du? Mt 20, 21 **18)** Ihr treibt Dämonen hinaus. Mt 10, 8 **19)** Was wollt ihr hören? Joh 9, 27

Lektion 2

1.
Gen Sg des Ruhmes – Gen Pl der Sünden – Nom Pl die Königreiche – Dat Sg der Erde – Akk Sg ein Gebot – Gen Sg eines Stammes – Akk Sg das Bedürfnis – Akk Pl die Vollmachten – Dat Pl den Zungen – Nom Sg eine Dornpflanze – Nom Pl Schwächen – Dat Sg einer Freude – Akk Sg die Ausdauer – Gen Sg der Erde – Gen Sg des Verderbens – Dat Pl den Zügellosigkeiten – Dat Sg einer Zügellosigkeit

2.
meine Sünde – meinem einsamen Volk – deinen heiligen Geboten – deinen heiligen Geboten – euer Ruhm – deines Volkes – ihr Königreich – unsere Freude – seine Dornpflanze – der Ruhm der Mitarbeiter – das heilige Gebot der Heiligen – das Bedürfnis der Menschen

3.
mit Ausdauer – wegen dem Dorf – unter Mitwirkung des Auges – in Hinsicht auf einen Stamm – mit einer Dornpflanze – unter der Sünde – von der Erde – mit Herrlichkeit – nach der Freude – die Sprache betreffend – in die Ortschaft hinein – mit dem Auge – aus Freude – nach den Heiligen – wegen den Heiligen – betreffend der Heiligen – unter der Erde – durch eine Krankheit; od: unter Krankheiten – zum Verderben – zur Zügellosigkeit

4.
Sieh! – Er soll gehen! – Übernehmt! – Höre! – Sie sollen dienen! – Wirf hinaus! – Habt! – Sie sollen reden! – Er soll sehen! – Glaubt! – Überführe! – Sie sollen weggehen!

5.
Jesus selbst – ich selbst – derselbe – dieselbe – dasselbe – dasselbe Wort – dieselben Dinge – die Freude selbst – die Freude selbst – derselbe Berg – ihr selbst

6.
1) Willst du nicht die Amtsgewalt fürchten? (Nein!) Rö 13, 3 **2)** Arbeitet von Herzen als dem Herrn und nicht Menschen. Kol 3, 23 **3)** Ihr könnt nicht dem Herrn dienen und dem Mamon. Mt 6, 24 **4)** Es ist nicht euer (= eure Sache) Zeiten oder Zeitpunkte zu kennen. Apg 1, 7 **5)** Darauf sagt ihm Pilatus, hörst du nicht ... ? (Ja! = du hörst doch?) Mt 27, 13 **6)** Geht nicht von Haus zu Haus! Lk 10, 7 **7)** Den Übrigen aber sage *ich*, nicht der Herr ... 1Kor 7, 12 **8)** Dankt er dem Sklaven? (Nein!) Lk 17, 9 **9)** Wollt *ihr* nicht auch gehen? (Nein!) Joh 6, 67 **10)** Bist *du* nicht auch aus Galiläa? (Nein!) Joh 7, 52

7.
1) Der Sohn des Menschen hat Vollmacht. Mt 9, 6 **2)** Mich aber habt ihr nicht jederzeit. Mk 14, 7 **3)** Ihr Herr hat ein Bedürfnis (oder: ihr Herr braucht es). Mt 21, 3 **4)** Die Starken haben nicht Bedarf eines Arztes (oder: die Starken bedürfen nicht eines Arztes).

Mk 2, 17 **5)** *Ich* aber, weil ich die Wahrheit rede, glaubt ihr mir nicht. Wer von euch überführt mich einer Sünde? Wenn ich Wahrheit rede, warum glaubt *ihr* mir nicht? Joh 8, 45f **6)** Auf diese Weise ist (existiert, Vollverb!) das Königreich Gottes Mk 4, 26 **7)** Der Sohn Gottes bist *Du*. Mk 3, 11 **8)** Öde ist der Ort. Mk 6, 35 **9)** *Ihr* hört nicht. Joh 8, 47 **10)** *Ich* diene dem Gesetz Gottes (vgl. Satz 11 Lekt. 1!) Rö 7, 25 **11)** Oder ist dein Auge böse, weil *ich* gut bin? (oder: ist dein Auge neidisch ...? Mt 20, 15 **12)** Denn auch *ich* bin ein Mensch unter Vollmacht ... Lk 7, 8 **13)** Geht in das gegenüberliegende Dorf! Lk 10, 30 **14)** Hier ist das Ausharren der Heiligen, die, die die Gebote Gottes und den Glauben Jesu bewahren. Offb 14, 12 **15)** Nach sechs Tagen nimmt Jesus den Petrus und den Jakobus und den Johannes zu sich und bringt sie auf einen Berg hinauf ... Mk 9, 2 **16)** Die Tage sind böse. Eph 5, 16 **17)** Wir sind Mitarbeiter eurer Freude. 2 Kor 1, 24 **18)** Denn *ihr* seid unser Ansehen und unsere (muss ergänzt werden) Freude. 1 Thes 2, 20 **19)** Und aus den Völkern und den Stämmen und den Sprachen sehen sie ihren Leichnam ... Offb 11, 9 **20)** Glaubt an Gott und glaubt an mich! Joh 14, 1

Lektion 3

1.
Aor 3.Sg ἀγαπάω er, sie, es liebte – Aor 2.Sg ἀδικέω du tatest Unrecht – Aor Inf ζητέω suchen – Aor 2.Sg Imp ἀκολουθέω folge nach! – Aor 1.Pl ἀπολύω wir ließen los – Aor 2.Pl. διώκω ihr verfolgtet – Aor 1.Sg ζητέω ich suchte – Aor 3.Pl. ἰσχύω sie waren stark – Aor 3.Pl Imp λαλέω sie sollen reden! – Aor 2.Sg πείθω du überzeugtest – Aor 2.Pl Imp πέμπω sendet! – Aor 3.Sg πληρόω er, sie, es erfüllte – Aor 2.Sg ποιέω du machtest – Aor 3.Pl προφητεύω sie redeten prophetisch – Aor 2.Sg Imp διώκω verfolge! – Aor 3.Sg Imp πέμπω er soll aussenden! – Aor 2.Pl Imp ποιέω macht! – Aor 3.Sg ἀδικέω er, sie, es tat Unrecht – Aor 1.Pl ἀγαπάω wir liebten – Aor Inf λαλέω reden – Aor 2.Pl ἀπειθέω Ihr wart ungehorsam – Aor Inf καταλύω auflösen

2.
ἐδίωξεν er hat verfolgt – ἐπέμψαμεν wir haben geschickt – ἐπείσατε ihr habt überzeugt πείσατε überzeugt! – ἀπέλυσαν sie haben freigegeben – ἴσχυσας du bist stark gewesen – ἐπροφητεύσαμεν wir haben prophetisch geredet – ἠγάπησα ich habe geliebt – διῶξαι verfolgen Inf – ἐζήτησα ich habe gesucht – ἠκολούθησα ich bin nachgefolgt – ἰσχῦσαι stark sein Inf

3.
1) an jenem Tag 2Ti 1, 18 **2)** Diese meine Worte Lk 24, 44 **3)** Diese Dinge redete Jesus. Joh 12, 36 **4)** dieses Volk **5)** von jenem Land **6)** Dies ist das Gebot 2 Joh 6 **7)** Dieser ist mein Bruder. Mk 3, 35 **8)** diese Schwachheit Joh 11, 4 **9)** ich sage diesem Mt 8, 9 **10)** Tue dieses! Mt 8, 9 **11)** das Herz dieses Volkes Mt 13, 15 **12)** von diesem Mt 26, 29 **13)** von dieser Stunde Joh 12, 27 **14)** in dieser 1Kor 7, 19 **15)** dieses Volk Lk 9, 13 **16)** diese Vollmacht Lk 4, 6 **17)** diesen Menschen Apg 4, 16 **18)** in diesen ... Geboten Mt 22, 40 **19)** diese Worte Mt 19, 1 **20)** nach diesen Tagen aber Lk 1, 24

4.
1) in das Haus des Starken (attr Gen) Mt 12, 29 **2)** mit starkem Geschrei (attr Wortst.) Hb 5, 7 **3)** Ihr seid Starke (präd Wortst.) 1Joh 2, 14 **4)** Gott ist der starke Herr. (präd. Wortst.) Offb 18, 8 **5)** Fünf von ihnen waren töricht und fünf klug (präd. Wortst.) Mt 25, 2 **6)** das Törichte Gottes ... die törichten Dinge der Welt (attr. Gen) 1Kor 1, 25. 27

7) in die gute Erde (attr. Wortst.) Lk 8,8 **8)** deine guten Dinge (attr. Wortst.) Lk 16,25 **9)** das Gebot ist heilig und gerecht und gut (präd. Wortst.) Rö 7,12

5.
1) Darauf liess er ihnen den Barabbas los. Mt 27,26 **2)** Er selbst entlässt das Volk. Mk 6,45 **3)** Und als er diese Dinge gesagt hatte, entliess er die Volksversammlung. Apg 19,40 **4)** Und es folgten ihm ... Volksmengen von Galiläa nach ... Mt 4,25 **5)** Der Fluss stiess an jenes Haus und konnte es nicht erschüttern ... Lk 6,48 **6)** Und wenn irgendjemand sie schädigen will ... Offb 11,5 **7)** Der aber sprach sofort mit ihnen und sagt ihnen: Mk 6,50 **8)** Ich habe zu euch geredet. Lk 24,44 **9)** Gut hat Jesaja in Hinsicht auf euch vorhergesagt ... Mt 15,7 **10)** Ich habe die Gemeinde Gottes verfolgt. 1Kor 15,9 **11)** Jagt der Liebe nach! 1Kor 14,1 **12)** Er soll Frieden suchen und ihm nachjagen! 1Pt 3,11 **13)** Suche Saulus im Haus! Apg 9,11 **14)** Und er sandte ihn auf seine Felder um Schweine zu hüten. Lk 15,15 **15)** Schick uns in die Schweine! Mk 5,12 **16)** Dies ist mein Leib ... dies ist mein Blut Mt 26,26.28 **17)** Und er kam aber nach Derbe und nach Lystra. Apg 16,1 **18)** Denn geradeso wie *ihr* einst Gott ungehorsam wart ... so waren auch diese jetzt ungehorsam ... Rö 11,30f **19)** Löse ... das Werk Gottes nicht auf! Rö 14,20

6.
1) Dank aber sei Gott durch unseren Herrn Jesus Christus. R 7,25 **2)** Die Gnade unseres Herrn Jesus Christus sei mit euch. 1Thes 5,28 **3)** Herrlichkeit in den höchsten Höhen sei Gott und auf Erden Frieden unter den Menschen eines Wohlgefallens. Lk 2,14 **4)** Dem Herrn ist (gehört) die Erde und ihre Fülle. 1Ko 10,26 **5)** Siehe, jetzt ist der Augenblick der Rettung! 2Kor 6,2 **6)** Wir sind töricht um Christi willen, ihr aber seid klug in Christus; wir sind Schwache, ihr aber seid Starke. 1Kor 4,10 **7)** Gott ist doch nicht etwa ungerecht? Rö 3,5

Lektion 4

1.
1.Sg M/P ἀποστέλλω a) ich werde gesendet b) ich sende für mich – 3. Sg (D) βούλομαι er, sie, es will – 3.Pl (D) γίνομαι sie sind, werden, geschehen – 2.Pl M/P ἐκλέγω a) ihr werdet ausgewählt b) ihr wählt für euch aus – 1.Pl M/P κλαίω a) wir werden beweint b) wir weinen für uns – 2. Sg MIP πάσχω a) nicht möglich, weil intransitiv b) du erleidest o. du leidest für dich – Inf (D) πορεύομαι gehen – 3.Pl MIP φεύγω a) nicht möglich weil intransitiv b) sie fliehen für sich – Inf (D) χαίρω sich freuen – 3.Pl (D) εἰσπορεύομαι sie gehen hinein – 3.Sg (D) εἰσπορεύομαι er, sie, es geht hinein

2.
Aor 1.Pl (D) δέχομαι wir nahmen auf – Aor 3.Pl M ἐκλέγω sie suchten für sich aus – Aor 1.Sg M λύω ich machte für mich los – Aor 3.Sg M ἀναχωρέω er, sie, es wich für sich zurück – Aor 1.Pl M λύω wir lösten für uns ab – Aor 3.Sg M προφητεύω er, sie, es prophezeite für sich – Aor Inf M ἀδικέω für sich Unrecht tun – Aor 1.Sg M ἀκολουθέω ich folgte für mich nach – Aor 2.Sg M πιστεύω du vertrautest für dich – Aor Inf (D) καυχάομαι sich rühmen

3.
ἐπίστευσα – ἠκολούθησα – ἐλύσατο – ἐδεξάμεθα – ἐζήτησα – ἐδουλεύσασθε – ἰσχύσω – ἐπιστεύσαντο – ἔλυσεν

4.

1) Löst ihn! (Aor) Mk 11,2 **2)** Geht weiter! (Präs) Mk 11,2 **3)** Löse deine Sandalen! (Aor) Apg 7,33 **4)** freut euch immerfort! (Präs) Mt 5,12 **5)** Beginnt zu tun! (Aor) Mt 23,3 **6)** Hör auf dich zu fürchten (Präs), beginn zu glauben (Aor)! Lk 8,50 **7)** Er soll niemals ... leiden! (Präs) 1Pt 4,15 **8)** Hört auf zu klagen! (Präs) Lk 8,52 **9)** Behandelt ständig (Präs) ... und sagt ihnen immer wieder (Präs)! Lk 10,9 **10)** Flieh unermüdlich nach Ägypten! (Präs) Mt 2,13

5.

1) Geht weiter in das euch gegenüberliegende Dorf! (Beachten Sie das Attribut τὴν κατέναντι ὑμῶν in attributiver Stellung, mit dem Adverb κατέναντι konstruiert!) Mk 11,2 **2)** Der Herr braucht es und sendet es sogleich wieder hierher. (wörtl: Der Herr hat ein Bedürfnis seiner = Gen, des Jungtiers) Mk 11,3 **3)** Was löst ihr das Jungtier? Lk 19,33 **4)** Brecht diesen Tempel ab! Joh 2,19 **5)** Fliehe aber ständig die jugendlichen Begierden! Jage aber ständig die Gerechtigkeit ...! 2Ti 2,22 **6)** Jesus nun ... wich wieder zurück auf den Berg, er selbst allein. (vl: Jesus nun ... flieht auf ...) Joh 6,15 **7)** Zieh ins Land Israel! Mt 2,20 **8)** Geht in Frieden fort! Apg 16,33 **9)** *Ich* sende euch wie Schafe in die Mitte von Wölfen; seid immer klug ...! Mt 10,16 **10)** Nach zwei Tagen (= in zwei Tagen) ist Passa. Mt 26,2 **11)** Hör auf ungläubig zu sein, sondern gläubig! Joh 20,27 **12)** Denn was hat er böses getan? Mk 15,14 **13)** Den ersten Bericht zwar habe ich für mich verfasst (wörtl: „Das erste Wort zwar habe ich für mich getan" → ein Wort tun = einen Bericht verfassen). Apg 1,1 **14)** Der Gerechte tue noch Gerechtigkeit. Offb 22,11 **15)** Denn Maria hat für sich den guten Anteil erwählt. Lk 10,42 **16)** Nicht *ihr* habt mich für euch erwählt, sondern *ich* habe euch für mich erwählt. Joh 15,16 **17)** Und wenn ihr es annehmen wollt, *er* ist Elia. Mt 11,14 **18)** Mit Freude nehmen sie das Wort auf. Lk 8,13 **19)** Und sie nahmen ihn nicht auf. Lk 9,53 **20)** Ein Richter von diesen will *ich* nicht sein. Apg 18,15

Lektion 5

1.

der bösen Krankheit – der heiligen Sprache – der gute Weg – die heiligen Propheten – dem neuen Buch – einen gerechten Zöllner – die Güte ist rein – gut ist der Schüler – mit Hölzern – im Brief

2.

Gen Sg eines Geistes – Akk Sg eine Nacht – Dat Sg einem Fleisch – Nom Sg eine Hoffnung – Nom Pl die Danksagungen – Akk Sg den Hirten – Dat Pl den Herrschern – Nom Sg der Zahn – Nom / Akk Pl Leiber – Dat Pl den Frauen – Gen Sg des Kindes – Dat Sg einem Wasser – Gen Sg eines Lichtes – Akk Sg die Güte – Nom Pl Bilder – Dat Sg einem Monat – Nom / Akk Pl Ohren – Nom / Akk Sg ein Ohr – Gen Sg des Fusses – Akk Sg eine Sanftmut – Akk Sg unter dem Fleisch – Gen Sg betreffend einer Nacht – Gen Sg mit dem Knie – Akk Sg nach einem Hirten – Akk Pl wegen den Wassern – Gen Sg von der Hoffnung weg – Dat Sg im Licht – Akk Sg zu einem Führer – Akk Sg in einen Leib hinein – Gen Sg von einem Kind – Gen Sg von einem Griechen – Dat Pl den Juden oder den Griechen? – Akk Sg den Drachen – Gen Sg des Richterstuhles – Dat Sg einem Richterstuhl

3.

1) Es sind einige hier (Indef) Mk 9, 1 **2)** Wenn irgendjemand will (Indef) Mk 8, 34 **3)** Einige von ihnen (Indef) Mk 8, 3 **4)** ein Bruder von irgendjemandem (Indef) Mk 12, 19 **5)** einige der Pharisäer (Indef) Lk 6, 2 **6)** was denn? (Int) Rö 3, 9 **7)** was nun? (Int) Rö 6, 15 **8)** Du, wer bist du? (Int) Rö 9, 20 **9)** irgendein Mensch (Indef) Lk 14, 2 **10)** Was wollt ihr wieder hören? (Int) Joh 9, 27 **11)** Welcher Mensch? (Int) **12)** Wer ist dieser? (Int) Lk 5, 21 **13)** Irgendein Prophet der Alten Lk 9, 8

4.

1) Wenn irgendjemand Ohren hat um zu hören, er soll hören! Mk 4, 23 **2)** Wenn aber *ich* die Dämonen durch Beelzebul austreibe, durch wen treiben eure Söhne (sie) aus? Lk 11, 19 **3)** Wer ist folglich der treue Haushalter, der kluge (= der treue und kluge)? Lk 12, 42 **4)** Dieser ist doch wohl Josephs Sohn? Lk 4, 22 **5)** Du bist doch wohl der Christus? Lk 23, 39 **6)** Dieser ist doch nicht etwa der Christus? Joh 4, 29 **7)** Dankt er etwa dem Sklaven, dass er das Befohlene getan hat? (wörtl: „Er hat doch nicht etwa einen Dank für den Sklaven, dass ...) Lk 17, 9 **8)** Ihr wollt doch nicht etwa auch weggehen? Joh 6, 67 **9)** Hörst du, was diese sagen? Jesus aber sagt ihnen: Ja. Mt 21, 16 **10)** Wenn nun das Licht, das in dir ist, Finsternis ist, wie gross ist die Finsternis! Mt 6, 23 **11)** Wo ist jener? Joh 7, 11 **12)** Wann kommt das Königreich Gottes? Lk 17, 20 **13)** Christus ist doch nicht etwa Diener der Sünde? Gal 2, 17 **14)** Glaubst du dies? Sie (Martha) sagt ihm: Ja. Joh 11, 26f **15)** Nathanael sagt ihm: Woher kennst du mich? Joh 1, 48 **16)** Die einstmals nicht ein Volk waren, jetzt aber sind sie Gottes Volk. 1Pt 2, 10 **17)** Der Wind weht wo er will und du hörst sein Geräusch, aber du weisst nicht woher er kommt und wohin er geht. Joh 3, 8 **18)** Seht nun, wie ihr hört. Lk 8, 18 **19)** Denn ihr wisst nicht, wann der Herr des Hauses kommt. Mk 13, 35 **20)** Eure Augen aber sind glücklich, weil sie sehen, auch eure Ohren, weil sie hören. Mt 13, 16

Lektion 6

1.
Nom Sg ein Vater – Gen Sg einer Mutter – Nom Pl Mütter – Dat Sg einer Hand – Dat Pl Männern – Gen Sg eines Sternes – Nom/Akk Sg ein Feuer – Akk Sg eine Hand – Akk Sg eine Gnade – Gen Pl von Zeugen – Akk Pl Hände – Dat Sg einem Retter – Akk Sg einen Mann – Nom Pl Väter – Dat Pl Händen – Nom Sg ein Retter

2.
1) viele der Pharisäer (Mt 3, 7) **2)** viele Volksmengen (Mt 4, 25) **3)** ein grosser Prophet (Lk 7, 16) **4)** viel Volk (Mt 14, 14) **5)** mit einer lauten Stimme (Mt 27, 46) **6)** die Liebe der Vielen (Mt 24, 12) **7)** nach einer langen Zeitdauer aber (Mt 25, 19) **8)** eine grosse Freude (Mt 2, 10) **9)** viele Zöllner (Mt 9, 10) **10)** die grossen von ihnen (Mt 20, 25) **11)** während vielen Tagen (Lk 2, 36) **12)** Gross ist dein Glaube. (Mt 15, 28)

3.
1) jeden Menschen Joh 1, 9 **2)** zu (für) allen Menschen Rö 5, 18 **3)** zu allen Menschen hin Apg 22, 15 **4)** mit allen Menschen Rö 12, 18 **5)** von allen Menschen 2Kor 3, 2 **6)** für alle Heiligen Eph 1, 15 **7)** die ganze Wahrheit Mk 5, 33 **8)** alle diese Worte Mt 26, 1 **9)** jeden Heiligen Phil 4, 21 **10)** die gesamte Zeit Apg 20, 18 **11)** die Gesamtzahl der Männer Apg 19, 7 **12)** das gesamte Gesetz Gal 5, 14 **13)** alle Propheten Apg 10, 43 **14)** über jede Seele des Menschen Rö 2, 9 **15)** die Gesamtzahl der Brüder mit mir Gal 1, 2 **16)** an

jeden Ort Lk 4, 37 **17)** die Gesamtzahl der Seelen (Menschen) Apg 27, 37 **18)** jedes Auge Offb 1, 7

4.
1) alle die hören Lk 2, 47 **2)** von allen, die glauben Rö 4, 11 **3)** über alle die diese Dinge hören Apg 5, 11 **4)** allen, die glauben 1Th 1, 7 **5)** jedem, der hat Lk 19, 26 **6)** jeder, der ist Joh 18, 37 **7)** jeder, der glaubt Joh 3, 15 **8)** jeden, der an ihn glaubt Apg 10, 43 **9)** jeder, der richtet Rö 2, 1 **10)** alle aber, die wollen 2Tim 3, 12

5.
1) durch die ganze Nacht Lk 5, 5 **2)** deinen ganzen Leib Mt 5, 29 **3)** jene ganze Gegend Mk 6, 55 **4)** aus deinem ganzem Herzen und aus deiner ganzen Seele ... Mk 12, 30 **5)** den ganzen Tag Mt 20, 6

6.
a)
einer, der tauft Joh 1, 28 – solche, die bringen Mk 2, 3 – einer, der sagt Mt 1, 20 – denen, die nicht gehorchen 2Thes 1, 8 – eines, das bringt Joh 15, 2 – einer, die vorangeht Hb 7, 18 – eines, der sagt Mt 1, 22 – einen, der bleibt Joh 5, 38 – die, die bleibt Joh 6, 27 – solche, die vorangehen 1Tim 5, 24 – solche, die das Volk lehren Apg 5, 25 – einer, der mich nach dem Gesetz richtet Apt 23, 3 – einem, der unsere Herzen prüft 1Thes 2, 4 – solche, die richten Mt 19, 28 – er hat den, der ihn richtet Joh 12, 48 – jeder, der richtet Rö 2, 1 – das, was in Herrlichkeit bleibt 2Kor 3, 11

b)
1) die Volksmengen, welche ihm vorangingen Mt 21, 9 **2)** gemäss den Prophetien über dich, die vorausgingen 1Tim 1, 18 **3)** Du aber, wer bist du, der seinen Nächsten richtet? Jak 4, 12 **4)** Der, der in mir bleibt und ich in ihm, bringt Frucht. Joh 15, 5 **5)** dieses Volk, welches das Gesetz nicht kennt Joh 7, 49 **6)** Überglücklich, der, der liest und die, die hören die Worte der Prophetie. Offb 1, 3

7.
1) Er sendet zwei von seinen Jüngern und sagt ihnen: Geht in das Dorf, das euch gegenüberliegt. Mk 11, 1f **2)** dein Vater, der in das Verborgene sieht Mt 6, 6 **3)** Glaubt nicht jedem Geist, sondern prüft die Geister, ob sie von Gott sind, denn viele Lügenpropheten sind in die Welt hinausgegangen. 1Joh 4, 1 **4)** Jeder, der (beständig) aus der Wahrheit ist, hört *meine* Stimme. Joh 18, 37 **5)** Denn das Ziel des Gesetzes ist Christus zur Gerechtigkeit, jedem der glaubt. Rö 10, 4 **6)** Er selbst kam zum Glauben und auch sein ganzes Haus. Joh 4, 53 **7)** Dieser ist es, der im Heiligen Geist tauft. Joh 1, 33 **8)** Und er sagt dem Menschen, der die verdorrte Hand hat: Steh auf, in die Mitte! Mk 3, 3 **9)** Wer also ist dieser, dass sowohl der Wind als auch das Meer ihm gehorchen? Mk 4, 41 **10)** Jeder, der vorangeht und nicht bleibt in der Lehre des Christus, hat Gott nicht; wer bleibt in der Lehre, dieser hat sowohl den Vater als auch den Sohn. Wenn irgendjemand zu euch kommt und diese Lehre nicht mitbringt, nehmt ihn nicht ins Haus auf und sagt ihm nicht: Willkommen! Denn wer ihm Willkommen sagt, hat Gemeinschaft mit seinen bösen Werken. 2Joh 9–11

Lektion 7

1.

1) Präs Dat Sg Mask Akt dem, der anrechnet 2) Präs Nom Sg Mask Akt indem ich, du, er anrechnet 3) Präs Nom Sg Mask Akt indem ich, du, er kommt 4) Präs Akk Sg Fem Akt die, die kommt 5) Präs Nom Pl Mask Akt die, die arbeiten 6) Aor Nom Sg Mask Akt nachdem ich, du, er ermahnt hat 7) Präs Gen Sg Mask Akt dessen, der verkündigt 8) Aor Akk Pl Mask Akt die, die bewahren 9) Präs Nom Pl Mask Akt indem wir, ihr, sie sich sputen 10) Aor Nom Pl Mask Akt nachdem wir, ihr, sie angebetet haben 11) Präs Nom Sg Mask Akt indem ich, du, er feierlich verkündet

2.

1) Und sie kommen, indem sie zu ihm einen Gelähmten bringen. (→ wobei ...) Mk 2, 3 2) mit euch bin ich, indem ich mich freue (= freudig bin ich mit euch) Kol 2, 5 3) Indem ihr Augen habt, seht ihr nicht, und indem ihr Ohren habt, hört ihr nicht? (→ obwohl) Mk 8, 18 4) Joseph aber, ihr Mann, indem er gerecht ist ... (→ weil er gerecht ist) Mt 1, 19 5) Sie beteten Gott an, indem sie sagten unserem Gott die Ehre Offb 7, 11f 6) Denn die Gnade Gottes ist erschienen, indem sie uns erzieht (→ um uns zu erziehen) Tit 2, 11 7) nichts ist verworfen, indem es mit Danksagung genommen wird (→ wenn) 1Tim 4, 4 8) wenn ihr, indem ihr böse seid (→ obwohl) Mt 7, 11 9) Er lehrte in ihren Synagogen, indem er von allen verherrlicht wurde (→ während) Lk 4, 15 10) Und er ging umher in ganz Galiläa, indem er in ihren Synagogen lehrte. (→ wobei er lehrte) Mt 4, 23

3.

1) Dem, der glaubt, wird sein Glaube zur Gerechtigkeit angerechnet. (sP) Rö 4, 5 2) Auf diese Weise reden wir, nicht als solche, die Menschen gefallen (attrP), sondern Gott, der unsere Herzen prüft (attrP) 1Thes 2, 4 3) Und er therapierte viele, die es böse hatten. (attrP) Mk 1, 34 4) indem ihr aber wandert, verkündiget! (Pc → wobei) Mt 10, 7 5) (Du), der du verkündest nicht zu stehlen, du stiehlst? (sP) Rö 2, 21 6) über die Menschen, die das Zeichen haben (attrP) Offb 16, 2 7) Die Pharisäer und Sadduzäer, indem sie ihn versuchten, fragten ihn ... (Pc) Mt 16, 1 8) indem sie sehen, sehen sie nicht, und indem sie hören, hören sie nicht (Pc → obwohl) Mt 13, 13 9) euch nun die Ehre, den Glaubenden (attrP) 1Pt 2, 7 10) Diener ..., welche das Geheimnis des Glaubens haben (attrP) 1Ti 2, 8

4.

1) Und zur neunten Stunde (Dat temp) schrie Jesus mit lauter Stimme (Dat instr). Mk 15, 34 2) Joseph aber ... ein Levit, der Herkunft nach ein Zypriote („in bezug auf die Herkunft") (Dat rel) Apg 4, 36 3) nach den Gebräuchen leben (Dat modi) Apg 21, 21 4) Das Königreich der Himmel ist gleich einem Sauerteig ... (Obj Dat) Mt 13, 33 5) Brüder, seid nicht Kinder in bezug auf den Verstand, sondern in bezug auf die Bosheit seid Kinder. (Dat rel) 1Kor 14, 20 6) Denn für euch ist die Verheissung und euren Kindern und allen, die in der Ferne sind. (Obj Dat) Apg 2, 39 7) Auf jede Art und Weise ... wird Christus feierlich verkündigt. (Dat modi) Phil 1, 18

5.

1) Bedrängnis über jede Seele eines Menschen, der das Böse vollbringt, sowohl eines Juden zuerst als auch eines Griechen; Ansehen aber und Ehre und Frieden jedem, der das Gute bewirkt, sowohl einem Juden zuerst als auch einem Griechen. Rö 2, 9f 2) Und nachdem Jesus es gehört hatte, spricht er zu ihnen: Nicht die, die stark sind haben ein Bedürfnis eines Arztes, sondern die, die es böse haben. (→ Und als es Jesus gehört ...)

Mk 2, 17 **3)** Ist es erlaubt, am Sabbat (an den Sabbaten) zu therapieren? Mt 12, 10 **4)** In jenen Tagen aber kommt Johannes der Täufer an, indem er in der Wüste Judäas verkündigt. Mt 3, 1 **5)** Verkündige das Wort! 2Ti 4, 2 **6)** Ist dieser nicht der Bauhandwerker, der Sohn der Maria und Bruder von Jakobus und Joseph und Juda und Simon? Und sind nicht seine Schwestern hier bei uns? Mk 6, 3 **7)** Und sehr früh, am ersten des Sabbats kommen sie zu dem Grab. Mk 16, 2 **8)** Denn ich halte dafür, dass die Leiden der jetzigen Zeit nicht dem entsprechend sind, was die Herrlichkeit anbetrifft, die im Begriff ist offenbart zu werden für uns. Rö 8, 18 **9)** Auf diese Weise soll ein Mensch uns bewerten, als Ruderknechte Christi und Haushalter der Geheimnisse Gottes. 1Kor 4, 1 **10)** Und alle Engel Gottes sollen ihn anbeten. Hb 1, 6 **11)** Und betet den an, der den Himmel und die Erde und das Meer und die Wasserquellen gemacht hat! Offb 14, 7 **12)** Keiner, indem er versucht wird soll sagen: Ich werde von Gott versucht; denn Gott ist unversucht von Bösen Dingen, er selbst aber versucht niemanden. Jeder aber wird von der eigenen Begierde versucht ... Jak 1, 13f **13)** Wenn ihr es annehmen wollt, *er* ist Elia, der im Begriff ist zu kommen. Mt 11, 14 **14)** Der Sohn des Menschen ist im Begriff zu kommen in der Herrlichkeit seines Vaters mit seinen Engeln, und dann wird er jedem gemäss seiner Tat geben. Mt 16, 27 **15)** Überglücklich die, die rein sind in bezug auf das Herz (Dat relationis) Mt 5, 8 **16)** Und die Gabe (verhält sich) nicht so wie durch den einen, der gesündigt hat; denn das Urteil aus einem einzigen (führte) zur Verdammnis, aber die Gnadengabe von vielen Übertretungen zur Rechtsordnung (Gerechtigkeit). Rö 5, 16

Lektion 8

1.
Inf Aor ἀντλέω schöpfen – Inf Präs ἀντλέω schöpfen – Präs 2.Sg αἰτέω du bittest – Präs 3.Pl συγχράομαι sie haben Umgang – Part Präs Nom Sg Mask ζάω indem ich, du, er lebt – Präs 3. Sg ζάω er, sie, es lebt – Aor 2. Sg αἰτέω du hast gebeten – Imp Aor φωνέω rufe! – Präs 1.Sg θεωρέω ich beobachte – Aor 3.Pl προσκυνέω sie haben angebetet – Präs Inf προσκυνέω anbeten – Präs 2.Pl προσκυνέω ihr betet an – Präs 1.Pl προσκυνέω wir beten an – Präs Part Akk Pl Mask προσκυνέω die, die anbeten – Präs 3.Sg ζητέω er, sie, es sucht – Präs 2.Sg ζητέω du suchst – Präs Part Nom Sg Mask λαλέω der, der redet – Präs 2.Sg λαλέω du redest – Aor 1.Sg ποιέω ich habe getan – Aor Imp θεάομαι betrachtet! – Präs Part Gen Sg Fem μαρτυρέω einer, die bezeugt – Aor 3.Sg μαρτυρέω er, sie, es bezeugte – 1.Sg ἀπολογέομαι ich verteidige mich – Inf ἀπολογέομαι sich verteidigen

2.
Nom / Akk Pl ἡ πόλις Städte – Gen Sg ἡ πόλις einer Stadt – Akk Sg ἡ πόλις in eine Stadt hinein – Dat Sg ἡ πόλις in einer Stadt – Gen Pl ἡ πόλις von Städten – Gen Sg ἡ θλῖψις einer Bedrängnis – Akk Sg ἡ θλῖψις eine Bedrängnis – Nom / Akk Pl ἡ θλῖψις Bedrängnisse – Dat Pl ἡ θλῖψις Bedrängnissen – Dat Sg ἡ θλῖψις einer Bedrängnis – Gen Pl ἡ θλῖψις von Bedrängnissen – Akk Sg ἀληθής den wahren Weg – Dat Sg ἀληθής einem wahren Volk – Gen Sg τὸ μέρος von einem Stück = stückweise – Nom Sg ἀσθενής die Menge ist krank – Gen Pl τὸ ὄρος von Bergen – Dat Pl τὸ ὄρος Bergen – Dat Sg τὸ ὄρος auf einem Berg – Akk Sg ἡ ἀπωλύτρωσις zur Vergebung – Nom Sg der grosse Drachen, die alte Schlange – Akk Sg ἡ βρῶσις die Speise – Akk Sg Fem ὑγιής der, der mich gesund gemacht hat

3.
1) Noch während er redet, kommen sie von dem Synagogenleiter Mk 5, 35 **2)** Und die zwei Jünger hörten, als er redete. (→ wie er redete) Joh 1, 37 **3)** Ich hörte aber auch, als eine Stimme zu mir sprach (→ wie) Apg 11, 7 **4)** Als er diese Dinge sagte, begannen viele an ihn zu glauben. Joh 8, 30 **5)** Du aber, als du Almosen tust, soll deine linke Hand nicht wissen, was deine Rechte tut. (→ Du aber, wenn du Almosen gibst, ...) Mt 6, 3 **6)** Und ich hörte, als eine gewaltige Stimme aus dem Tempel den sieben Engeln rief. (→ wie) Offb 16, 1 **7)** Und als er im Tempel umhergeht, kommen die Ältesten zu ihm. Mk 11, 27 **8)** Als es nun Abend war, an jenem ersten Tag der Woche ... ging Jesus in die Mitte und sagt: Friede euch. Joh 20, 19 **9)** Als Paulus sich verteidigt ... Apg 25, 9 **10)** Und als Petrus unten im Hof ist, kommt eine Magd. Mk 14, 66

4.
1. Ich kann nicht mehr vieles mit euch reden, denn der Herrscher der Welt kommt; und in mir hat er überhaupt nichts (= an mir hat er überhaupt keinen Anteil). Joh 14, 30 **2.** Und er liess überhaupt niemanden mit sich mitgehen, ausser den Petrus und Jakobus und Johannes, den Bruder des Jakobus. Mk 5, 37 **3.** Wir haben doch wohl das Recht zu arbeiten? 1Kor 9, 6 **4.** Und überhaupt keiner wagte mehr, ihn zu fragen. Mk 12, 34 **5.** *Ihr* richtet nach dem Fleisch, *ich* richte überhaupt niemanden. Joh 16, 15

5.
1) Und er selbst zog umher von Stadt zu Stadt und von Dorf zu Dorf (wörtl: ... gemäss Stadt und Dorf), indem er verkündigte und indem er die gute Botschaft des Königreiches Gottes brachte und die Zwölf mit ihm und einige Frauen ... (Part coni → ... wobei er verkündigte und die gute Botschaft brachte ...) Lk 8, 1f **2)** Was suchst du, oder was redest du mit ihr? Joh 4, 27 **3)** Von jener Stadt aber kamen viele der Samariter zum Glauben (ingr. Aor) an ihn wegen dem Wort der Frau, indem sie bezeugte (→ weil sie bezeugte; Part im Gen von γυναικός abhängig) Joh 4, 39 **4)** Denn Jesus selbst bezeugte, dass ein Prophet in seiner eigenen Heimat keine Ehre hat. Joh 4, 44 **5)** Trinke nicht mehr Wasser, sondern gebrauche ein wenig Wein wegen dem Magen und deiner häufigen Krankheiten. 1Ti 5, 23 **6)** Denn wenn irgendjemand meint irgendetwas zu sein, indem er nichts ist ... (→ obwohl) Gal 6, 3 **7)** Als er aber den Petrus und den Johannes ergriff, lief das ganze Volk bei ihnen zusammen bei der Halle, die genannt wird „des Salomon", ganz erschrocken. Apg 3, 11 **8)** Noch während er redete, siehe, eine helle Wolke begann sie zu überschatten (ingr Aor) und siehe, eine Stimme aus der Wolke, welche spricht: Dieser ist mein geliebter Sohn ... Mt 17, 5 **9)** Du bist wahrhaftig und du kümmerst dich überhaupt nicht betreffs irgendjemandem; denn du siehst nicht nach dem Angesicht der Menschen, sondern du lehrst in Wahrheit den Weg Gottes. Mk 12, 14 **10)** Und in überhaupt keinem anderen ist das Heil. Apg 4, 12 **11)** Gott ist Licht, und in ihm existiert absolut keine Finsternis. 1.Joh 1, 5 **12)** Seht euch aber um, Brüder, nach sieben Männern von euch, die empfohlen sind, voll Geist und Weisheit. Apg 6, 3 **13)** Deswegen sage ich euch: das Königreich Gottes wird von euch weggenommen werden und einem Volk gegeben werden, welches seine Früchte tut. Mt 21, 43 **14)** Er wusste nicht, dass es wahr ist, das, was durch den Engel geschah. Apg 12, 9 **15)** Das Törichte (eig. Pl. die törichten Dinge) der Welt hat Gott für sich auserwählt, ... und das Schwache (eig. Pl. „die schwachen Dinge) der Welt hat Gott für sich auserwählt, ... 1Kor 1, 27 **16)** Gott ist nicht (Gott) von Toten, sondern von Lebenden. Mt 22, 32 **17)** Woher nun hast du das lebende Wasser? Joh 4, 11 **18)** Kornelius, ein Centurio, (ist) ein gerechter Mann, der sowohl Gott fürchtet als auch vom ganzen Volk der Juden empfohlen wird ... Apg 10, 22 **19)** Unsere Väter haben auf diesem Berg angebetet. Joh 4, 20 **20)**

Denn stückweise (wörtl: von einem Stück her) erkennen wir und stückweise reden wir prophetisch. 1Kor 13,9

Lektion 9

1.
3.Sg ἀποθνῄσκω er, sie, es starb – 1.Sg/3.Pl βάλλω ich warf/sie warfen – 1.Sg/3.Pl ἐσθίω ich ass/sie assen – 1.Sg/3.Pl εὑρίσκω ich fand/sie fanden – 3.Sg M/P εὑρίσκω er, sie, es wurde gefunden / fand für sich – 3.Sg λαμβάνω er, sie, es nahm – 1.Sg/3.Pl ὁράω ich sah/sie sahen – 3.Pl προσέρχομαι sie kamen hinzu – 1.Sg/3.Pl ὑπακούω ich gehorchte / sie gehorchten – 3.Pl M/P ποιέω sie taten für sich / sie wurden getan – 3.Sg ἀκολουθέω er, sie, es folgte nach – 1.Pl λαλέω wir redeten – 2.Pl ζητέω ihr suchtet – 1.Sg/3.Pl καλέω ich rief / sie riefen – 1.Sg φοβέομαι ich fürchtete mich – 1.Sg/3.Pl ζάω ich lebte / sie lebten – 1.Sg/3.Pl θεωρέω ich beobachtete / sie beobachteten

2.
Aor 2.Sg ἁμαρτάνω du hast gesündigt – Aor 2.Pl ἀποθνῄσκω ihr seid gestorben – Ipf 1.Sg/3.Pl βάλλω ich warf/sie warfen – Aor 1.Sg/3.Pl βάλλω ich habe geworfen/sie haben geworfen – Präs 3.Sg εὑρίσκω er, sie, es findet – Aor 1.Sg / 3.Pl ἁμαρτάνω ich habe gesündigt/ sie haben gesündigt – Aor Inf ἐσθίω essen – Aor Part Mask Nom Pl ἐσθίω nachdem wir, ihr, sie gegessen haben – Aor Imp 2.Sg ἐσθίω iss! – Ipf 1.Sg/3.Pl εὑρίσκω ich fand/sie fanden – Präs Part Ntr Nom/Akk Sg εὑρίσκω indem es findet – Aor Part Mask Nom Sg εὑρίσκω nachdem ich, du, er gefunden hat – Aor Part Mask Nom Sg M εὑρίσκω nachdem ich, du, er für sich gefunden hat – Aor 2.Sg λαμβάνω du hast genommen – Aor 2.Pl λαμβάνω ihr habt genommen – Aor Imp 2.Pl λαμβάνω nehmt! – Aor Part Fem Nom Sg λαμβάνω nachdem ich, du, sie genommen hat – Aor 2.Sg ὁράω du hast gesehen – Aor Imp 2.Sg M ὁράω sieh für dich! / siehe! – Aor Part mask Nom Pl ὁράω nachdem wir, ihr, sie gesehen haben – Präs Part mask Nom Pl ὁράω indem wir, ihr, sie sehen – Präs 1.Sg ὁράω ich sehe – Aor 3.Pl πίπτω sie sind gefallen – Aor Imp 2.Pl πίπτω fallt! – Aor Part Ntr Nom/Akk Sg πίπτω nachdem ich, du, es gefallen ist – Aor 3.Pl προσέρχομαι sie sind hinzugekommen – Aor Part mask Nom Pl προσέρχομαι nachdem wir, ihr, sie hinzugekommen sind – Aor 3.Pl ὑπακούω sie haben gehorcht – Präs Imp 3.Sg γίνομαι er, sie, es soll sein! – Aor 3.Sg γίνομαι er, sie, es ist geworden / geschehen – Ipf 3.Sg γίνομαι er, sie, es wurde / geschah

3.
1) Töcher Jerusalems, klagt nicht über mir! Lk 23,28 2) Sei gegrüsst, König der Juden! Mt 27,29 3) Ihr Pharisäer! Lk 11,39 4) Oh Frau, dein Glaube ist gross! Mt 15,28 5) Oh, ungläubiges Geschlecht! Mk 9,19 6) Heuchler! Entferne zuerst den Balken aus deinem Auge! Mt 7,5

4.
1) Was sagst du in Hinsicht auf dich (selbst)? Joh 1,22 2) Du sammelst dir selbst Zorn auf den Tag des Zorns. Rö 2,5 3) Und zu ihm kamen viele Volksmassen, indem sie mit sich selbst Lahme hatten (→ wobei sie ... brachten) Mt 15,30 4) Sie nahmen kein Öl mit sich. Mt 25,3 5) Macht euch selbst Freunde! Lk 16,9 6) Die Jünger blickten einander an Joh 13,22 7) Ich bin ein Mensch, ... indem ich unter mir Soldaten habe (→ obwohl) Mt 8,9 8) Aus mir selbst tue ich nichts. Joh 8,28 9) durch euer Vertrauen untereinander Rö 1,12 10) Denn einst waren auch *wir* unverständig ... indem wir den Begier-

den und mannigfachen Lüsten dienten, indem wir unser Leben mit schlechtem Neid zubrachten, verhasste, einander hassende. Tit 3, 3

5.
1) Du siehst das Volk, wie es dich drängt. Mk 5, 31 **2)** Er sah, wie die Himmel gespalten waren und der Geist wie eine Taube auf ihn herabkam. Mk 1, 10 **3)** Sie beobachten den Besessenen, ... wie er vernünftig ist Mk 5, 15 **4)** Er sieht Jesus, wie er zu ihm kommt. Joh 1, 29 **5)** Petrus sieht den Jünger, ... wie er nachfolgt. Joh 21, 20 **6)** Ich sah den Satan, dass er wie ein Blitz vom Himmel gefallen ist. Lk 10, 18 **7)** Ich sehe die Menschen: ich sehe sie wie Bäume, wie sie umhergehen. Mk 8, 24 **8)** Denn in einer Galle der Bitterkeit und einem Band der Ungerechtigkeit sehe ich, dass du bist. Apg 8, 23 **9)** Jesus aber, nachdem er nebenbei das Wort, wie es geredet wurde, hörte, sagt dem Synagogenleiter: Hör auf, dich zu fürchten, glaube nur weiter! Mk 5, 36

6.
1) Heiliger Vater, bewahre sie in deinem Namen! Joh 17, 11 **2)** Ihr Sklaven, gehorcht euren Herren gemäss dem Fleisch mit Furcht und Zittern! Eph 6, 5 **3)** Sie aber, nachdem sie kam, betete sie ihn an indem sie sagte: Herr, hilf mir! (→ wobei) Mt 15, 25 **4)** Wie könnt *ihr* glauben, indem ihr Ansehen von einander nehmt, und das Ansehen vom einzigen Gott sucht ihr nicht? (→ wenn) Joh 5, 44 **5)** Am ersten (Tag) (Dat temp) aber des Sabbates, kommt Maria Magdalena früh, als noch die Dunkelheit ist (Genabs → „als es noch dunkel ist") zum Grab und sieht, dass der Stein vom Grab weggenommen ist (AcP). Joh 20, 1 **6)** Denn es wird erkannt ein jeder Baum aus (→ an) seiner eigenen Frucht. Lk 6, 44 **7)** Denn er selbst erkannte, was im Menschen war. Joh 2, 25 **8)** Erkennet, dass das Königreich Gottes nahe ist! Lk 21, 31 **9)** Indem (→ als) sie aber die Offenheit des Petrus und des Johannes beobachteten und indem (→ weil) sie begriffen, dass sie ungebildete Menschen und Nichtstudierte sind (→ waren), staunten sie und sie erkannten sie, dass sie mit Jesus waren. Apg 4, 13 **10)** Lehrer, wir wollen von dir ein Zeichen sehen! Mt 12, 38

Lektion 10

1.

1.Pl ἀπέρχομαι wir werden weggehen – 3.Pl πίπτω sie werden fallen – 1.Sg εἰσέρχομαι ich werde hineingehen – Part Fut Gen Pl Mask Pass λαλέω von denen, die in Zukunft geredet werden – 3.Sg ἔρχομαι er, sie, es wird gehen – 2.Sg ἔχω du wirst haben – 3.Pl πλανάω sie werden verführen – 2.Pl πεινάω ihr werdet hungern – 3.Sg πωλέω er, sie, es wird verkaufen – 3.Pl τηρέω sie werden bewahren – 2.Pl γίνομαι ihr werdet sein – 1.Sg ἐρωτάω ich werde fragen – 3.Sg Pass μετρέω ihm, ihr, ihm wird gemessen werden – 2.Sg εἰμί du wirst sein – 3.Sg εἰμί er, sie, es wird sein

2.

Nom Pl ὁ βασιλεύς die Könige – Akk Sg ὁ ἰχθύς ein Fisch – Gen Sg ὁ νοῦς eines Verstandes – Dat Sg ὁ ἱερεύς einem Priester – Nom Sg ὁ ἱερεύς du bist ein Priester – Gen Pl ὁ βασιλεύς Königen – Gen Sg ὁ ἀρχιερεύς des Hohenpriesters – Akk Sg ὁ βασιλεύς einen König – Nom Pl ὁ ἱερεύς die Priester – Gen Sg ὁ βασιλεύς eines Königs – Akk Pl ὁ ἰχθύς Fische – Dat Sg ὁ νοῦς dem Verstand (od: mit dem Verstand) – Dat Pl ὁ ἱερεύς den Priestern – Nom Pl ὁ ἀρχιερεύς die Hohenpriester

3.
1) Und was er hat, wird ihm genommen werden. (AkkO) Mk 4,25 2) Denn ich sage euch, dass viele Propheten sehen wollten, was ihr seht ... und hören, was ihr hört ... (AkkO) Lk 10,24 3) Petrus sieht den Jünger, den Jesus liebte, wie er nachfolgt (AcP); dieser hatte sich auch beim Gastmahl bei seiner Brust niedergelegt ... (ὅν = Attr zum AkkO; ὅς rel Anschluss) Joh 21,20 4) Und ein grosses Erdbeben geschah, so beschaffen es nicht geschehen ist, seit dem der Mensch ist (οἷος = Attr zum S; οὗ = präpositionale Bestimmung, Gen von ἀπό verlangt) Offb 16,18 5) Die einen (Dinge, hier: Samen) fielen neben den Weg, ... andere aber fielen auf das Felsige, wo es nicht viel Erde hatte. Mt 13,4f (ἅ = S; ὅπου = Relativadverb) 6) ... mit welchem auch, nachdem ihr gläubig geworden seid, ihr versiegelt worden seid, mit dem Geist der Verheissung, dem heiligen, welcher ist eine Anzahlung unseres Erbes. (ᾧ = Dat von Präp verlangt; ὅ = S NS rel Anschluss) Eph 1,13f 7) Und er wird hinausgehen, um die Völker zu verführen ... deren Zahl wie der Sand des Meeres war. (ὧν = possesiv, mit Art; αὐτῶν = pleonastisch) 8) Jeder der sein eigenes Kreuz nicht trägt und hinter mir geht, kann nicht mein Jünger sein. Lk 14,27

4.
1) Ich will aber, dass ihr alle in Zungen (Dat modi) redet 1Kor 14,5 2) Hananias, warum hat der Satan dein Herz erfüllt, dass du den heiligen Geist belügst ...? Apg 5,3 3) Ich will aber, dass alle Menschen sind wie auch ich selbst. 1Kor 7,7 4) Es ist nötig, dass der Sohn des Menschen vieles leidet Mk 8,31 5) Denn zuerst höre ich einerseits, wenn ihr zusammenkommt in der Gemeinde (Genabs), dass Spaltungen unter euch vorhanden sind ... 1Kor 11,18 6) Denn es ist nötig, dass Parteien unter euch sind... 1Kor 11,19 7) Festus nun antwortete, dass Paulus in Cäsarea gefangen gehalten werde. Apg 25,4 8) Nachem sie (die Priester ua.) aber befohlen hatten, dass sie (Petrus und Johannes) weggehen, ausserhalb des Synhedriums (= nach draussen), beratschlagten sie miteinander ... Apg 4,15 9) Gott ist Geist und die, die ihn anbeten, müssen im Geist und in der Wahrheit anbeten. Joh 4,24

5.
1) Gott aber, was er zuvor durch den Mund aller Propheten verkündet hat, dass sein Christus leidet, hat er auf diese Weise erfüllt. Apg 3,18 2) Denn viele werden in meinem Namen kommen indem sie sagen: Ich, ich bin der Christus und sie werden viele verführen. Ihr werdet aber im Begriff sein Kriege zu hören und Gerüchte von Kriegen; seht, lasst euch nicht in Schrecken versetzen! Denn es ist nötig, dass es geschieht, aber es ist noch nicht das Ende. Mt 24,5f 3) Denn der, der hat, ihm wird gegeben werden; und wer nicht hat, auch was er hat wird von ihm genommen werden. Mk 4,25 4) Habt ihr niemals gelesen, was David tat, als er Mangel hatte und er hungerte und auch die mit ihm, wie er in das Haus Gottes hineinging, zur Zeit (temporales „bei") Abiathars, des Hohenpriesters und die Brote der Ausstellung (= Schaubrote) ass? Die zu essen ist nicht erlaubt, ausser den Priestern und er hat auch denen, die mit ihm waren gegeben? Mk 2,25f 5) Der, der an mich glaubt, so wie die Schrift gesagt hat, aus dessen Leibeshöhle werden Ströme lebendigen Wassers fliessen. Dies aber sagte er in Hinsicht auf den Geist, den die, die an ihn glaubten im Begriff waren zu empfangen. (P ἔμελλεν steht im Sg, S οἱ πιστεύσαντες jedoch im Pl) Joh 7,38f 6) Sie aber sagen ihm: Wir haben nichts hier, ausser fünf Broten und zwei Fischen. Mt 14,17 7) Und keines von ihnen (wörtl: nicht eines von ihnen; im Kontext Sperlinge) wird auf die Erde fallen, ohne euren Vater. Mt 10,29 8) Petrus sagte: Herr, wenn *du* es bist, befiehl, dass ich zu dir komme auf das Wasser! (AcI) Der aber sagte: Komm! Mt 14,29 9) Der aber, nachdem

er sich entsetzte über das Wort ging weg, indem er betrübt war. (→ ging betrübt weg) Mk 10, 22 **10)** Dieses Volk ehrt mich mit den Lippen (Dat instr). Mk 7, 6

Lektion 11

1.
Inf Pass λυπέω betrübt werden – 1.Pl Pass παρακαλέω wir sind ermahnt worden – 3.Pl Pass λυπέω sie sind betrübt worden – 1.Sg Pass σώζω ich bin gerettet worden – Inf Pass σώζω gerettet werden – 3.Pl Pass θεραπεύω sie sind therapiert worden – Imp 2.Sg Pass αἴρω lass dich wegnehmen! – 3.Sg Pass αἴρω er, sie, es ist weggenommen worden – 1.Pl D πορεύομαι wir sind gegangen – 3.Sg Pass ἀκούω er, sie, es wurde gehört – 3.Sg D βούλομαι er, sie, es hat gewollt – 3.Sg D ἀποκρίνομαι er, sie, es hat geantwortet – Part N Sg Mask D ἀποκρίνομαι nachdem ich, du, er geantwortet hat – Part N/A Sg Ntr Pass βάλλω nachdem ich, du, es geworfen worden ist – Inf Pass βάλλω geworfen werden – 1.Pl Pass εὑρίσκω wir sind gefunden worden – 3.Pl D γίνομαι sie sind geworden – 3.Sg Pass λύω er, sie, es ist gelöst worden – 2.Pl Pass καλέω ihr seid gerufen worden – 3.Sg Pass λέγω er, sie, es ist gesagt worden – 3.Pl Pass πείθω sie sind überzeugt worden – 3.Sg Pass φέρω er, sie, es ist gebracht worden – 1.Sg Pass ὁράω ich bin gesehen worden – 3.Sg Pass καλέω er, sie, es ist gerufen worden – 3.Sg Pass πληρόω er, sie, es ist gefüllt worden

2.
1) Denn was ist leichter zu sagen ...? (εὐκοπώτερον = Adv) Mt 9, 5 **2)** er, sie wird grösser als alle (μείζων = Komp Nom Sg μέγας; Gen comp) Mk 4, 32 **3)** Wird er etwa mehr Zeichen tun, als die, welche dieser getan hat? (πλείονα = Komp Akk Sg πολύς; Gen comp) Joh 7, 31 **4)** Dem derartigen ist genug (= genügt) diese Strafe von den meisten. (τῶν πλειόνων subst. Komp Gen Pl πολύς, als Sup) 2Kor 2, 6 **5)** Und mit noch mehr anderen Worten beschwörte und ermahnte er sie. (πλείοσιν Komp Dat Pl πολύς; Dat instr;) Apg 2, 40 **6)** Überfliessender als sie alle habe ich mich abgemüht. (περισσότερον Komp περισσός = Adv; Gen comp) 1Kor 15, 10 **7)** Weil das Törichte Gottes weiser ist als das der Menschen und das Schwache Gottes stärker ist als das der Menschen. (σοφώτερον u. ἰσχυρότερον = Adv; Gen comp) 1Kor 2, 25 **8)** ... in der Gemeinde will ich lieber fünf Worte mit meinem Verstand reden ... als unzählige Worte in Zungen. (kein eig. Komp; θέλω mit ἤ = ich will lieber ... als) 1Kor 14, 19 **9)** Hochverehrter Theophilus (κράτιστε = Sup ἀγαθός in Anrede = Vok) Lk 1, 3 **10)** Freude wird im Himmel sein, über einen Sünder, der umkehrt (mehr) als über einen Gerechten. Lk 15, 7

3.
1) Denn das Wollen liegt mir zur Hand, das Gute Ausführen aber nicht. (beide Inf als S im N Sg; τὸ καλόν ist AkkO) Rö 7, 18 **2)** Gut ist es einem Menschen, so zu sein (Inf = S) 1Kor 7, 26 **3)** Nun aber führt auch das Tun aus! (Inf = AkkO) 2Kor 8, 11 **4)** ... sie ist frei vom Gesetz, so dass sie nicht eine Ehebrecherin ist (Inf = kons Adverbiale; mit AcI) Rö 7, 3 **5)** Wenn aber es für eine Frau unanständig ist sich zu scheren oder sich ganz kahl zu scheren, soll sie sich verhüllen. (Inf = S) 1Kor 11, 6 **6)** Gott hat ihnen gegeben ... Ohren, so dass sie nicht hören. (Inf = kons Adverbiale) Rö 11, 8 **7)** Ich lehne es nicht ab, zu sterben. (Inf = AkkO) Apg 25, 11 **8)** Schuldet niemandem nichts, ausser das Einander-Zu-Lieben. (Inf = AkkO) Rö 13, 8 **9)** ... um nicht wieder in Traurigkeit zu euch zu kommen. (Inf = fin Adverbiale) 2Kor 2, 1

4.

1) *Ich* aber, will sehr gerne aufwenden und ich werde mich völlig für euch (wörtl: für eure Seelen) verausgaben. Wenn ich euch überreichlicher liebe, werde ich weniger geliebt? 2Kor 12,15 (ἥδιστα = Adv Sup; περισσοτέρως = Adv Komp) **2)** Damals fing er an, die Städte zu schelten, in welchen seine meisten Krafttaten geschehen waren, weil sie nicht umgekehrt waren. (πλεῖσται: πολύς Komp πλείων > *πλεί-ισται) Mt 11,20 **3)** Dann geht er und nimmt mit sich andere Geister, schlimmer als er selbst, sieben und nachdem sie hineingegangen sind, wohnen sie dort; und die letzten Dinge jenes Menschen werden schlimmer sein als die ersten (= zuletzt wird es ihm schlimmer ergehen als zuerst). Lk 11,26 **4)** Dieser hörte, als Paulus redete (Genabs); der, nachdem er gespannt auf ihn blickte und nachdem er erkannte (→ als er gespannt auf ihn blickte und erkannte), dass er Glauben hatte, um gerettet zu werden, sagte er mit lauter Stimme (Dat instr): Steh aufrecht auf deine Füsse! Apg 14,9f **5)** Als es aber Tag geworden war (Genabs), nachdem er hinausgegangen war, ging er an einen einsamen Ort; und das Volk (wörtl Pl) suchte ihn auf und hielt ihn zurück, so dass er nicht von ihnen ging. Lk 4,42 **6)** Überglücklich die, die trauern, denn *sie* werden getröstet werden. Mt 5,4 **7)** Jetzt freue ich mich, nicht weil ihr betrübt worden seid, sondern weil ihr zur Umkehr betrübt worden seid. 2Kor 7,8f **8)** Wer glaubt und getauft worden ist wird gerettet werden, wer aber nicht glaubt wird verurteilt werden. Mk 16,16 **9)** Und es war die Hand des Herrn mit ihnen, und eine grosse Zahl, die zum Glauben gekommen war (= eine grosse Zahl glaubte) kehrte um zu dem Herrn. Das Wort aber wurde gehört in den Ohren der Gemeinde, die in Jerusalem war ... Apg 11,21f **10)** Sie aber, nachdem sie das Geld (eig. Pl) genommen hatten, taten sie, wie sie gelehrt worden waren. Mt 28,15 **11)** Ihr habt gehört, dass gesagt worden ist, Auge um Auge und Zahn um Zahn. Mt 5,38 **12)** Denn auch der Sohn des Menschen ist nicht gekommen um sich dienen zu lassen, sondern um zu dienen. Mk 10,45

Lektion 12

1.

1.Pl Präs Konj ἀποκτείνω – 2.Sg Aor Konj γρηγορέω – 1.Pl Präs Konj γρηγορέω – 1.Pl Aor Pass δικαιόω – 1.Sg Aor Konj θέλω – 2.Sg Präs Konj θέλω – 3.Sg Aor Konj θέλω – 3.Sg Aor Konj ἔρχομαι – 1.Sg Aor Konj ἔρχομαι – 1.Sg Präs Konj ἐλεέω – 1.Sg Aor Konj ἰάομαι – 2.Pl Präs Konj μνημονεύω – 1.Pl Aor M Konj περιβάλλω – 1.Sg Aor Konj ἔχω – 3.Sg Aor Konj γίνομαι – 3.Sg Aor Konj λέγω – 3.Pl Präs Konj λαλέω – 1.Sg Aor Konj λαλέω (od. 1.Sg Fut) – 3.Pl Präs Konj λέγω – 3.Sg Aor Konj ἀποθνῄσκω – 3.Sg Präs Konj προσκαρτερέω – 1.Sg Präs Konj (od. 1.Sg Präs) διψάω – 3.Pl Präs Konj θλίβω

2.

1) Steht auf, wir wollen von hier gehen! (adh Konj) Joh 14,31 **2)** Lasst, wir wollen sehen, ob Elia kommt! (adh Konj) Mk 15,36 **3)** Auf, wir wollen ihn töten! (adh Konj) Mt 21,38 **4)** Lasst uns nicht schlafen wie die Übrigen, sondern wir wollen wachen und nüchtern sein! (adh Konj) 1Thes 5,6 **5)** Seht zu, dass niemand euch verführt! (prohib Konj) Mk 13,5 **6)** Morde nicht! Brich nicht die Ehe! ... (proh Konj) Mk 10,19 **7)** Was sollen wir essen? Oder, was sollen wir trinken? Oder, was sollen wir anziehen? (dub Konj) Mt 6,31 **8)** Sollen wir gehen und kaufen (sollen wir, nachdem wir weggegangen sind, kaufen?) (del Konj) Mk 6,37 **9)** ... und überhaupt nichts wird euch schädigen. (οὐ μή mit Konj in doppelter Negation) Lk 10,19 **10)** Amen, ich sage euch, dass dieses Geschlecht ganz bestimmt nicht vergehen wird … (οὐ μή + Konj = stärkste Verneinung) Mk 13,30 **11)** … so dass die Schriften der Propheten erfüllt werden. (ἵνα + Konj, kons) Mt 26,56 **12)** … damit ihr aber wisst, dass … (ἵνα + Konj, fin) Mk 2,10 **13)** Und er machte (berief) zwölf …, damit sie mit ihm seien. (ἵνα + Konj, fin) Mk 3,14 **14)** … dass (damit) ihr Söhne eures Vaters im Himmel seid. (ὅπως + Konj) Mt 5,45 **15)** Damit du gerechtfertigt wirst in deinen Worten … (ὅπως + Konj) Rö 3,4 **16)** … dass sie nicht etwa unterwegs ermatten. (μήποτε + Konj) Mt 15,32 **17)** … damit nicht etwa der Versucher euch versucht hat und unsere Mühe ins Leere gewesen sei. (μήπως + Konj; ἐπείρασεν = Ind!) 1Thes 3,5 **18)** So dass, wer meint zu stehen, soll sehen, dass er nicht fällt. (Ausdruck der Befürchtung, μή + Konj) 1Kor 10,12 **19)** … er führte sie (ab), nicht mit Gewalt, denn sie fürchteten das Volk, dass sie gesteinigt würden. (φοβέομαι μή + Konj) Apg 5,26 **20)** Denn wenn ihr die liebt (was zu erwarten ist), die euch lieben … (ἐάν + prosp Konj) Mt 5,46 **21)** Wenn ihr mich liebt (was zu erwarten ist), werdet ihr meine Gebote halten. Joh 14,15 **22)** Ihr habt die Bettelarmen jederzeit mit euch und wenn ihr wollt, könnt ihr ihnen gut tun. Mk 14,7 **23)** Denn jeder, der das ganze Gesetz bewahrt, in einem aber strauchelt … (τηρήσῃ = iterat; πταίσῃ = prosp Konj) Jak 2,10 **24)** Und wer immer will unter euch ein Erster sein, der soll von allen Sklave sein. (iterat Konj) Mk 10,44 **25)** Denn amen ich sage euch, ihr werdet die Städte Israels bestimmt nicht vollenden, bis der Sohn des Menschen kommt. (οὐ μή + Konj als stärkste Verneinung; ἕως ἄν = prosp Konj) Mt 10,23

3.
1) zu *meiner* Erinnerung Lk 22,19 **2)** *mein* Gericht ist gerecht Joh 5,30 **3)** Nicht mein Wille, sondern *deiner* soll geschehen! Lk 22,42 **4)** *mein* Wort Joh 8,37 **5)** und durch *deinen* Namen haben wir Dämonen ausgetrieben Mt 7,22 **6)** Ihr seid nicht von *meinen* Schafen. Joh 10,26 **7)** und *alles Meinige* ist (= gehört) *dir* und *das Deinige mir*. Joh 17,10 **8)** euer und *mein* Geist 1Kor 5,4 **9)** *Euch* ist (= gehört) das Königreich Gottes. Lk 6,20 **10)** das *Eurige* Lk 16,12 **11)** *unsere* Gemeinschaft 1Joh 1,3 **12)** ein Genosse von mir 2Kor 8,23 **13)** damit ich *meine* Kinder höre 3Joh 4 **14)** *euren* Ruhm 1Kor 15,31 **15)** nach *unserem* Gesetz Apg 24,6

4.
1) weil sie (im Kontext = es, das Haus) gut gebaut war (kausAdv) Lk 6,48 **2)** Jeder, der eine Frau ansieht, um sie zu begehren … (kein AcI, αὐτήν ist AkkO!; finAdv) Mt 5,28 **3)** indem sie hörten und die Zeichen sahen (modAdv) Apg 8,6 **4)** bevor ihr ihn bittet (tempAdv) Mt 6,8 **5)** weil es keine Wurzel hatte (kausAdv) Mt 13,6 **6)** Damit ihr Überfluss habt (finAdv) Rö 15,13 **7)** Es geschah aber, während Apollo in Korinth war … (tempAdv) Apg 19,1 **8)** bevor ich leide (tempAdv) Lk 22,15 **9)** Der Herr, nachdem er zu ihnen geredet hatte … (tempAdv) Mk 16,19 **10)** weil er aus dem Haus Davids ist (kausAdv) Lk 2,6 **11)** nachdem das ganze Volk sich hatte taufen lassen … (tempAdv) Lk 3,21 **12)** so dass er Vater vieler Völker wurde (konsAdv) Rö 4,18 **13)** nachdem aber ich auferweckt sein werde (tempAdv) Mt 26,32 **14)** Um die übrige Zeit nicht mehr den Begierden der Menschen, sondern dem Willen Gottes nach (Dat commodi) zu leben. 1Pt 4,2 **15)** Und deshalb sendet ihnen Gott eine Kraft des Irrtums, damit sie der Lüge glauben. 2Thes 2,11

5.
1) Wenn wir im Geist leben, lasst uns auch mit dem Geist in Einklang stehen. Wir wollen nicht Prahler werden, indem wir einander herausfordern, indem wir einander benei-

den. (2× adh Konj; μὴ γινώμεθα könnte auch als Ausdruck der Besorgnis übersetzt werden) Gal 5, 25f **2)** Wenn irgendjemanden hungert, soll er im Haus (= zu hause) essen, damit ihr nicht zum Gericht zusammenkommt. Die übrigen Dinge aber werde ich anordnen, sobald ich komme. 1Kor 11, 34 **3)** Die Unsrigen aber sollen auch lernen, an die Spitze von guten Werken zu treten (= gute Werke tun) für die notwendigen Bedürfnisse, damit sie nicht unfruchtbar seien. Tit 3, 14 **4)** Was aber siehst du den Splitter im Auge deines Bruders, den Balken aber in *deinem* Auge siehst du nicht? Mt 7, 3 **5)** Gedenket des Wortes, welches *ich* euch gesagt habe: Der Sklave ist nicht mehr als sein Herr. Wenn sie mich verfolgt haben, werden sie auch euch verfolgen; wenn sie mein Wort gehalten haben, werden sie auch *eures* halten. Joh 15, 20 **6)** Deshalb ermahne ich euch, Speise zu euch zu nehmen, denn dies ist zum Vorteil für *eure* Rettung vorhanden. Apg 27, 34 **7)** Habt aber acht auf eure Gerechtigkeit, dass ihr sie nicht tut vor den Menschen, um von ihnen betrachtet zu werden. Mt 6, 1 **8)** Nachdem ihr aber hingegangen seid, lernt, was es ist! Ich will Barmherzigkeit und nicht Opfer; denn ich bin nicht gekommen Gerechte zu rufen, sondern Sünder. Mt 9, 13 **9)** Der Gott aber der Geduld und des Trostes gebe euch dasselbe zu denken untereinander gemäss Christus Jesus, damit ihr einmütig durch einen Mund den Gott und Vater unseres Herrn Jesus Christus lobt. Rö 15, 5f **10)** Denn Johannes ist gekommen, indem er weder ass noch trank und sie sagen: Er hat einen Dämon. Der Sohn des Menschen ist gekommen, indem er isst und trinkt und sie sagen: Siehe, ein Fresser und Weintrinker, und ein Freund von Zöllnern und Sündern! Und die Weisheit ist von ihren Werken gerechtfertigt worden. Mt 11, 18f **11)** Sie werden weder hungern, noch dürsten, noch werden jemals Sonne oder irgendeine Glut auf sie fallen. Offb 7, 16 **12)** Dass ihr nun nicht für den folgenden Tag sorgt, denn der folgende Tag wird für sich selbst sorgen; dem Tag ist seine eigene Schlechtigkeit genug. Mt 6, 34 **13)** Und er sprach zu seinen Jüngern, damit wegen dem Volk ein kleines Schiff für ihn dauernd bereit stehe, damit sie ihn nicht drängten. Mk 3, 9 **14)** ... so dass wir Titus gebeten haben, dass ... er für euch auch diese Gnade ausführe. 2Kor 8, 6

Lektion 13

1.
Pf 3.Sg πιστεύω er, sie, es hat geglaubt – Pf 3.Pl λέγω sie haben gesagt – Pf 1.Sg νικάω ich habe gesiegt – Pf 1.Sg λαλέω ich habe geredet – Pf 3.Sg ἔρχομαι er, sie, es ist gekommen – Pf 2.Pl φιλέω ihr habt geliebt – Pf 3.Sg M/P προσκαλέω er, sie, es hat für sich herbeigerufen / ist herbeigerufen worden – Pf Part Nom Sg Mask πιστεύω ein Gläubiger – Pf 2.Pl πιστεύω ihr habt geglaubt – Pf Part Nom Sg Mask ὁράω der, der sieht – Pf Part Dat Pl Mask γαμέω denen, die verheiratet sind / den Verheirateten – Pf 1.Pl M/P γεννάω wir sind geboren worden – Pf Part Nom/Akk Pl Ntr M/P γεννάω die Geborenen (Dinge) – Pf Part Nom Pl Mask M/P ἐνδύω Angezogene – Pf 2.Pl νικάω ihr habt gesiegt – Pf 3.Sg M/P γεννάω er, sie, es ist geboren worden / hat für sich geboren

2.
1) Und Jesus ging ihnen voran. Mk 10, 32 **2)** Dort aber beobachteten viele Frauen von ferne. Mt 27, 55 **3)** Und als sie gebetet hatten, wurde der Ort, an welchem sie versammelt waren, erschüttert. Apg 4, 31 **4)** Und was immer du bindest auf der Erde, im Himmel wird es gebunden sein; und was immer du lösest auf der Erde, im Himmel wird es

gelöst sein. Mt 16, 19 **5)** Und die ganze Menge des Volkes betete draussen zur Stunde des Räucheropfers. Lk 1, 10 **6)** Und Johannes war in Kamelhaaren gekleidet und mit einem ledernen Gürtel um seine Hüfte und ass (eig. ἦν ἐσθίων) Heuschrecken und wilden Honig. Mk 1, 6 **7)** Und er wurde in der Wüste vom Satan vierzig Tage versucht, und er war mit den wilden Tieren, und die Engel dienten ihm. Mk 1, 13 **8)** Und er erkundigte sich ... was getan ist. Apg 21, 33 **9)** Denn sie hatten vorher in der Stadt Trophimos, den Epheser, mit ihm zusammen gesehen. Apg 21, 29 **10)** Und euch, die ihr einst entfremdet wart und Feinde in Hinsicht auf eure Absicht durch die bösen Werke ... hat er jetzt aber versöhnt. Kol 1, 21 **11)** Und siehe, du wirst stumm sein und nicht reden können. Lk 1, 20 **12)** Von jetzt an wirst du Menschen lebendig fangen. Lk 5, 10 **13)** Und die Frau war purpurfarbig und scharlachrot bekleidet und mit Gold, wertvollen Steinen und Perlen geschmückt. Offb 17, 4

3.

1) Aber dies ist das Gericht, dass das Licht in die Welt gekommen ist und die Menschen die Finsternis mehr geliebt haben als das Licht; denn ihre Werke waren böse. Joh 3, 19 **2)** Als aber er so viele Zeichen vor ihnen getan hatte (Genabs) glaubten sie nicht an ihn, so dass das Wort Jesajas, des Propheten erfüllt wurde, welches er sagte: Herr, wer hat unserem Ruf geglaubt? Joh 12, 37 **3)** Nachdem aber sie zu Jesus gekommen waren, wie sie sahen, dass er schon gestorben war (AcP), zerbrachen sie seine Schenkel nicht ... und der, der es gesehen hat, hat bezeugt, und sein Zeugnis ist wahr. Joh 19, 33-35 **4)** Als aber die Frauen nachfolgten, welche von Galiläa mit ihm zusammengekommen waren, sahen sie das Grab. Lk 23, 55 **5)** Und der fünfte Engel posaunte; und ich sah einen Stern, der vom Himmel auf die Erde gefallen war, und ihm wurde der Schlüssel der Unterwelt gegeben. Offb 9, 1 **6)** Das aus dem Fleisch geborene ist Fleisch und das aus dem Geist geborene ist Geist. Joh 3, 6 **7)** Als aber Petrus (es) sah, antwortete er zu dem Volk: Israelitische Männer, was staunt ihr über diesen oder uns, was starrt ihr, als hätten wir mit eigener Kraft oder Frömmigkeit getan, dass er herumgeht? Apg 3, 12 **8)** Wenn du von irgendjemandem zu einer Hochzeit eingeladen bist, lege dich nicht auf den Ehrenplatz, dass nicht etwa ein Geehrterer als du von ihm eingeladen sei ... Lk 14, 8 **9)** Und als er sie in das Haus hinaufgeführt hatte setzte er eine Mahlzeit vor und jubelte, (an) Gott gläubig geworden mit dem ganzen Haus. Apg 16, 34 **10)** Ich bin in ihnen und du in mir, damit sie zur vollkommenen Einheit gelangen (wörtl: damit sie vollkommen seien in eines hinein), damit die Welt erkennt, dass *du* mich gesandt hast und sie geliebt hast, sowie du mich geliebt hast. Joh 17, 23 **11)** Aber wir selbst haben in uns das Todesurteil erhalten, damit wir nicht auf uns selbst vertrauten sondern auf Gott, der die Toten auferweckt. 2 Kor 1, 9 **12)** Ich ermahne euch aber, Brüder, durch den Namen unseres Herrn Jesus Christus, dass ihr alle dasselbe sagt und (dass) unter euch keine Spaltungen seien. 1Kor 1, 10 **13)** *Ich* aber sage euch, dass jeder, der seine Frau entlässt, ausser wegen einer Sache der Unzucht, macht, dass mit ihr die Ehe gebrochen wird (od. sie die Ehe bricht) (Aor Inf Pass; AcI); und wer immer eine Entlassene heiratet, wird zum Ehebruch verführt. Mt 5, 32 **14)** Und ich hörte eine Stimme aus den vier Hörnern des goldenen Altars vor Gott, wie sie dem sechsten Engel sagte (AcP), der die Posaune hatte: Löse die vier Engel, die bei dem grossen Fluss Euphrat gebunden sind! Offb 9, 13f **15)** Angst ist in der Liebe nicht vorhanden, sondern die vollkommene Liebe wirft die Angst hinaus, weil die Angst Strafe gibt, der, der Angst hat ist in der Liebe nicht vollkommen. 1Joh 4, 18 **16)** Das Zelt des Zeugnisses (= Stiftshütte) war unseren Vätern (= unsere Väter hatten) in der Wüste, auf die Weise, wie der, der zu Mose geredet hatte befohlen hatte es zu machen, gemäss dem Vorbild, welches er gesehen hatte. Apg 7, 44 **17)** Die

Hohenpriester und das ganze Synhedrium suchten ein Zeugnis gegen Jesus, um ihn zu töten, und (aber) sie fanden keines; denn viele bezeugten falsches gegen ihn, und (aber) ihre Zeugnisse waren nicht gleich. Mk 14, 54f **18)** Pilatus spricht zu ihnen: Was nun soll ich Jesus, der Christus genannt wird, antun? Sie sprechen: Er soll gekreuzigt werden! Der aber sprach: Was Böses hat er denn getan? Sie aber schrien noch viel mehr: Er soll gekreuzigt werden! Mt 27, 22f **19)** Jesus nun sagte ihnen: Wenn ihr den Sohn des Menschen erhöht haben werdet, dann werdet ihr erkennen, dass *ich* es bin; und aus mir selbst tue ich nichts, sondern sowie der Vater mich gelehrt hat, diese Dinge rede ich. Joh 8, 28 **20)** Vielmehr liebt eure Feinde und tut ihnen Gutes und leiht ihnen Geld, indem ihr nichts erhofft; und euer Lohn wird gross sein und ihr werdet Kinder des Höchsten sein, weil *er* gütig ist über die Undankbaren und Bösen. Lk 6, 35

Lektion 14

1.
Aor Part Nom Sg Mask ἁγιάζω der, der heiligt – Aor Inf ἁρπάζω rauben – Fut 3.Sg ἁρπάζω er, sie, es wird rauben – Aor Part Nom Sg Mask ἀναβλέπω nachdem ich, du, er hinaufschaute / einer der hinaufschaut – Aor Konj 3.Sg (od. Aor Konj 2.Sg M) ἐπιστρέφω wenn er, sie, es umkehrt – Aor Imp 2.Sg ἐπιτρέπω gestatte! – Aor 3.Pl Pass ἀνοίγω sie sind geöffnet worden – Aor 3.Pl Pass ἀνοίγω sie sind geöffnet worden – Pf Part Nom/Akk Sg Ntr (od. Akk Sg Mask) πράσσω (er) es ist getan – Aor Imp 2.Sg εἰσάγω geh hinein! – Aor Imp 3.Pl ἐξάγω sie sollen hinausführen – Präs Part Nom Sg Fem ἀπάγω die, die wegführt – Ipf 3.Sg παράγω er, sie, es ging vorüber – Fut 3.Pl ἄρχομαι sie werden anfangen – Aor 3.Pl ἄρχομαι sie fingen an/sie haben angefangen – Aor Part Gen Sg Mask ἐγγίζω als er nahe war (Genabs) – Aor Imp 2.Pl ἀσπάζω grüsst! – Fut 3.Pl ἀφορίζω sie werden absondern – Aor Konj 3.Pl ἀφορίζω wenn sie absondern – Aor 3.Pl διαλέγομαι sie unterhielten sich – Aor 3.Sg διαλέγομαι er, sie, es unterhielt sich

2.
1) gewähren, gestatten – die Erlaubnis – „der Erlauber" = Aufseher, Verwalter, Statthalter, Vormund – „das Amt eines ἐπίτροπος versehen" = Statthalter sein **2)** der Tod – töten – den Tod bringend, tödlich **3)** wundern, staunen – das Wunder – „zum Wunder gehörig" = wunderbar, erstaunlich – wunderbar, bewundernswert **4)** sich fürchten (fürchten machen) – Furcht einflössend, furchtbar – das Schreckmittel, schreckliches Ereignis – die Furcht – furchtlos (Adv) **5)** die Stimme, Laut, Ton – Laut geben, rufen – zusammenklingen, zusammenpassen, übereinstimmen – „das Zusammenklingen" = Konzert – die Übereinstimmung – zusammenklingend, übereinstimmend **6)** der Verstand, Sinn, Absicht – der Gedanke, Sinn – denken, erkennen, einsehen – überlegen – das Denkvermögen, Verstand – der Unverstand, Wahnsinn – die Unvernunft, Unverstand – unvernünftig – die Einsicht, Gedanke – bedenken – schwer verständlich

3.
1) Wenn ihr Blinde wäret, so hättet ihr keine Sünde. Joh 9, 41 **2)** Denn wenn ihr Mose glaubtet, so würdet ihr mir glauben. Joh 5, 46 **3)** Wenn der Hausherr gewusst hätte, in welcher Nachtwache der Dieb käme, hätte er gewacht und nicht zugelassen, dass sein Haus durchgebrochen wird. Mt 24, 43 **4)** Wenn wir uns aber selbst beurteilen würden, dann würden wir nicht gerichtet. 1Kor 11, 31 **5)** Wenn der Herr Zebaoth uns nicht Nachwuchs übriggelassen hätte, so wären wir wie Sodom geworden und wie Gomorra

wären wir gleichgemacht worden. Rö 9, 29 **6)** Wenn wir in den Tagen unserer Väter lebten, so wären wir nicht ihre Mitgenossen am Blut der Propheten. Mt 23, 30 **7)** Wenn ich noch Menschen gefallen würde, dann wäre ich nicht Sklave Christi. Gal 1, 10 **8)** Herr, wenn du hier gewesen wärst, dann wäre mein Bruder nicht gestorben. Joh 11, 21

4.

1) Ich bin überzeugt im Herrn Jesus, dass nichts durch sich selbst unrein ist, ausser für den, der irgendetwas bewertet, dass es unrein sei, jenem ist es unrein. Rö 14, 14 **2)** Unser Vater im Himmel; geheiligt werde dein Name; Mt 6, 9 **3)** Der Geist des Herrn raubte den Philippus und der Eunuch sah ihn überhaupt nicht mehr; denn er ging seinen Weg, indem er sich freute. Apg 8, 39 **4)** Und sie sagten zueinander: Wer wird uns den Stein von der Türe des Grabes wegwälzen? Und nachdem sie aufgeblickt hatten, sahen sie, dass der Stein weggewälzt war; denn er war sehr gross. Mk 16, 3f **5)** Denn ihr wart wie irrende Schafe, jetzt aber kehrt um zu dem Hirten und Aufseher eurer Seelen. 1Pt 2, 25 **6)** Ein anderer seiner Jünger aber sagte ihm: Herr, erlaube mir zuerst wegzugehen und meinen Vater zu begraben! Mt 8, 21 **7)** Und er sagte ihm: Amen, amen, ich sage euch, ihr werdet den Himmel sehen, wie er offen ist und die Engel Gottes, wie sie hinaufsteigen und heruntersteigen auf den Sohn des Menschen (AcP = ihr werdet den Himmel offen sehen ...) Joh 1, 51 **8)** Der andere aber antwortete, indem er ihn bedrohte und sprach: Fürchtest *du* auch Gott nicht, denn du bist in demselben Gericht? Und wir zwar gerecht (Adv = mit Recht), denn entsprechend den Dingen, die wir getan haben, haben wir zurückbekommen; dieser aber hat nichts schlechtes getan. Lk 23, 40f **9)** Und nachdem die Eltern das Kindlein Jesus hineingebracht hatten, damit sie täten gemäss der Gewohnheit des Gesetzes an ihm, nahm auch *er* (Simeon) es in seine Arme und lobte Gott ... Lk 2, 27f **10)** Diesem öffnet der Türhüter und die Schafe hören auf seine Stimme und er ruft die eigenen Schafe beim Namen (wörtl: nach dem Namen) und führt sie hinaus. Joh 10, 3 **11)** Und nachdem ihn Petrus beiseite nahm, begann er ihn zu bedrohen. Der aber, nachdem er sich umgedreht hatte und seine Jünger sah, begann den Petrus zu bedrohen und spricht: Geh hinter mich, Satan! Weil du nicht die Dinge Gottes willst, sondern die der Menschen. Mk 8, 32f **12)** Habt auch *ihr* Geduld, stärkt eure Herzen, denn die Ankunft des Herrn ist nahe. Jak 5, 8 **13)** Ich ermahne euch nun, ich der Gefangene im Herrn, würdig zu wandeln der Berufung, mit welcher ihr berufen worden seid, mit aller Demut und Sanftmut, indem ihr einander mit Langmut hochhaltet (erträgt) durch die Liebe. Eph 4, 1f **14)** Jesus antwortete ihr und sprach: Wenn du das Geschenk Gottes kenntest und wer es ist, der zu dir spricht: „Gib mir zu trinken!", so hättest *du* ihn gebeten und er hätte dir lebendes Wasser gegeben. Joh 4, 10 **15)** Wehe dir Chorazin, wehe dir Bethsaida; denn wenn in Tyrus und Sidon die Krafttaten geschehen wären, die unter euch geschehen sind, dann wären sie schon längst in Sack und Asche umgekehrt. Mt 11, 21 **16)** Als aber der Pharisäer, der ihn eingeladen hatte es sah, sprach er zu sich selbst, indem er sagte: Wenn dieser ein Prophet wäre, hätte er erkannt, wer und von welcher Art die Frau, welche ihn berührt ist, dass sie sündhaft ist. Lk 7, 39 **17)** Ich weiss, wo du wohnst, wo der Thron des Satans ist, und du hälst meinen Namen fest und hast meinen Glauben nicht verleugnet auch (nicht) in den Tagen des Antipas, meines Zeugen. Offb 2, 13 **18)** Deswegen freut euch, ihr Himmel und die, die ihn ihnen wohnen. Wehe der Erde und dem Meer, weil der Teufel zu euch hinabgestiegen ist, indem er eine grosse Leidenschaft hat, weil er weiss, dass er wenig Zeit hat. Offb 12, 12 **19)** Jesus aber sprach: Vater, vergib ihnen, denn sie wissen nicht, was sie tun. Indem sie aber seine Kleider verteilten, warfen sie Lose. Lk 23, 34 **20)** Und wer immer einem dieser Kleinen einen Becher kaltes Wasser zu trinken gibt allein im

Namen eines Jüngers, amen ich sage euch, er wird seinen Lohn bestimmt nicht verlieren. Mt 10, 42

Lektion 15

1.
Aor Pass 3.Sg ξηραίνω er, sie, es vertrocknete – Pf Pass 3.Sg ξηραίνω er, sie, es ist ausgetrocknet (= ist dürr) – Aor Imp 2.Pl ἀπαγγέλλω meldet! – Aor 3.Pl ἀπαγγέλλω sie meldeten – Aor Inf ἀπαγγέλλω melden – Aor 3.Sg ἀποστέλλω er, sie, es sandte aus – Fut 3.Sg ἀποστέλλω er, sie, es wird aussenden – Aor Konj 3.Sg ἀποστέλλω damit er, sie, es aussendet – Aor Part Nom Pl Mask ἀνακρίνω nachdem wir, ihr, sie befragt haben (solche, die befragen) – Aor Imp 2.Sg ἐκτείνω strecke aus! – Aor 3.Sg od. Ipf 3.Sg ἐκτείνω er, sie, es streckte aus – Fut Pass 3.Sg καταισχύνω er, sie, es wird beschämt werden – Aor Pass Konj 1.Pl καταισχύνω dass wir nicht etwa beschämt werden – Aor Konj 2.Sg ἐπαισχύνομαι dass du dich nicht etwa schämst – Aor 1.Sg κερδαίνω ich gewann – Aor Konj 1.Sg κερδαίνω damit ich gewinne – Aor Part Nom Sg Mask ὑπομένω der, der standhält – Aor Konj 3.Pl φαίνω damit sie scheinen – Fut 3.Sg ἐντέλλομαι er, sie, es wird befehlen – Aor 1.Pl παραγγέλλω wir wiesen an – Aor Imp 2.Pl ἐπαίρω hebt auf! – Pf Part Nom/Akk Sg M/P σπείρω das Gesäte – Aor 3.Pl δέρω sie prügelten

2.
ἀποστέλλω – ἀποστελῶ – ἀπέστειλα – ἀπέσταλκα – ἀπέσταλμαι – ἀπεστάλην – ξηραίνω – ξηρανῶ – ἐξήρανα – [ἐξήραγκα] – ἐξήραμμαι – ἐξηράνθην – φαίνω – φανῶ – ἔφανα – πέφαγκα – [πέφαμμαι] – ἐφάνην (od. ἐφάνθην)

3.
Aor 3.Pl γινώσκω sie erkannten – Aor Imp 3.Sg γινώσκω er, sie, es soll erkennen – Aor Part Nom Pl Mask ἐπιγινώσκω nachdem wir, ihr, sie genau erkannt haben (solche, die genau erkennen) – Aor Part Nom Sg Mask ἀναγινώσκω nachdem ich, du, er gelesen hat (einer, der liest) – Aor Inf ἀναγινώσκω lesen – Aor Part Nom Sg Mask καταβαίνω nachdem ich, du, er hinabgegangen ist (einer, der hinabgeht) – Aor 1.Pl ἐμβαίνω wir stiegen ein – Aor Konj 3.Sg μεταβαίνω damit er, sie, es hinübergehe – Aor Imp 2.Sg μεταβαίνω gehe hinüber! – Aor Part Nom Sg Fem ἐπιγινώσκω nachdem ich, du, sie genau erkannt hat (eine, die genau erkennt) – Aor Konj 2.Pl γινώσκω damit ihr erkennt

4.
3.Sg κεῖμαι er, sie, es liegt – Part Nom Sg Fem κεῖμαι indem ich, du, sie liegt (eine, die liegt) – Ipf 3.Sg κεῖμαι er, sie, es lag – Part Nom Sg Mask κάθημαι der, der sitzt – 3.Sg κάθημαι er, sie, es sitzt – Part Nom/Akk Pl Ntr κεῖμαι die (Dinge), die liegen – Part Dat Sg Mask (od Ntr) κάθημαι dem, der sitzt – Ipf 3.Sg κάθημαι er, sie, es sass – Inf κάθημαι sitzen – 1.Pl κεῖμαι wir liegen – Part Gen Sg Mask/Ntr κάθημαι dessen, der sitzt – Imp.Sg κάθημαι setze dich!

5.
1) Diese Dinge (S) sind zu unseren Vorbildern (SA) geworden (od: als unsere Vorbilder geschehen). 1Kor 10, 6 2) Wir selbst (S) wurden als Sünder (SA) erfunden. Gal 2, 17 3) Sie fanden (ich fand) sie (AkkO) tot (OA). Apg 5, 10 4) Diesen (AkkO) hat Gott zum Führer (OA) und zum Retter (OA) erhöht. Apg 5, 31 5) Eure Trauer wird zur Freude werden. Joh 16, 20 6) Und er empfing das Zeichen (AkkO) der Beschneidung als Siegel (OA) der Gerechtigkeit. Rö 4, 11 7) So soll uns (AkkO) ein Mensch bewerten, als Die-

ner (OA) Christi und als Haushalter (OA) der Geheimnisse Gottes. 1Kor 4,1 **8)** Wir (S) wurden berechnet (angesehen) als (wie) Schlachtschafe (SA). Rö 8, 36 **9)** Und nachdem sie ihn (AkkO) genommen hatten, prügelten sie ihn und sandten ihn (Ellipse des AkkO) leer (OA) fort. Mk 12,3 **10)** Und der auf dem Thron sass sagte: Siehe, ich mache alles (AkkO) neu (OA). Offb 21,5

6.
1) Sie hatten (ich hatte) aber auch Johannes (AkkO) als Diener (OA). Apg 13,5 **2)** Weil sie ihn als Propheten hielten. Mt 21, 46 **3)** Er schämt sich nicht, sie Brüder zu nennen. Hb 2,11 **4)** Euch (AkkO) aber habe ich Freunde (PrA) genannt. Joh 15,15 **5)** Was nennst du mich (AkkO) gut (PrA)? Mk 10,18 **6)** Jeder Geist, der Jesus (AkkO) als Christus (PrA), der im Fleisch gekommen ist, bekennt, ist von Gott. 1Joh 4,2 **7)** Er hielt mich (AkkO) für treu (PrA). 1Tim 1,12 **8)** Auf, hinter mich und ich werde euch (AkkO) zu Menschenfischer (PrA) machen. Mt 4,17 **9)** Ich habe mich (AkkO) für glücklich (PrA) gehalten. Apg 26, 2 **10)** Er redete seine Jünger (AkkO) an und nachdem (wobei) er von ihnen zwölf erwählt hatte, welche er auch Apostel (PrA) nannte; Simon (AkkO), welchen er auch Petrus (PrA) nannte ... Lk 6, 13f **11)** Jeder, der sich selbst zu einem König macht, widersetzt sich dem Kaiser (PrA). Joh 19,12

7.
1) Wenn ihr mich lieben würdet, würdet ihr euch freuen, dass ich zum Vater gehe. Joh 14, 28 **2)** Warum konnten *wir* ihn (τὸ πνεῦμα) nicht austreiben? Er aber sagt ihnen: Wegen eurem Kleinglauben; denn amen ich sage euch, wenn ihr Glauben hättet wie ein Senfkorn, könntet ihr (Fut!) diesem Berg sagen: Gehe von da dorthin! Und er müsste hinübergehen (Fut!) Mt 17,19f **3)** Und nachdem er die Volksmengen entlassen hatte, stieg er in das Schiff und ging ins Gebiet („in die Grenzen") von Magadan. Mt 15, 39 **4)** Wir wissen, dass wir aus Gott sind und die ganze Welt im Bösen liegt. 1Joh 5,19 **5)** Jesus aber sagte: Ich, ich bins und ihr werdet den Sohn des Menschen sehen, wie er zur Rechten der Kraft (wörtl: „von der Rechten aus gesehen"; mit Ellipse; Pluralis majestatis) sitzt und kommt mit den Wolken des Himmels (AcP). Mk 14, 62 **6)** Und indem (als) er ihn töten wollte, fürchtete er das Volk, weil es ihn (AkkO) für einen Propheten (PrA) hielt. Mt 14,5 **7)** Sie wird aber einen Sohn gebären und du sollst seinen Namen (AkkO) Jesus (PrA) nennen; denn *er* wird sein Volk von ihren Sünden retten. Mt 1,21 **8)** Jesus nun, nachdem er erkannt hatte, dass sie im Begriff waren zu kommen und ihn zu ergreifen, so dass sie ihn zum König machen würden, wich wieder zurück auf den Berg, er selbst allein. Joh 6,15 **9)** Denn auch durch *einen* Geist sind wir alle in *einen* Leib hinein getauft worden, ob Juden oder Griechen, ob Sklaven oder Freie, auch sind wir alle mit *einem* Geist (AkkS) getränkt worden. 1Kor 12,13 **10)** Und als er allein war, fragten ihn (AkkP) die, die um ihn herum waren mitsamt den Zwölfen die Gleichnisse (AkkS). Mk 4,10 **11)** Denn es ist leichter, dass ein Kamel durch ein Nadelör hineingeht (AcI), als dass ein Reicher in das Königreich Gottes hineingeht (AcI). Die aber, die es gehört hatten sagten: Wer kann gerettet werden? Er aber sagte: Die unmöglichen Dinge bei den Menschen sind möglich bei Gott. Lk 18, 25f **12)** Und das ganze Volk, nachdem es gehört hatte und die Zöllner rechtfertigten Gott, nachdem (dadurch dass) sie sich taufen liessen mit der Taufe des Johannes (inneres Objekt); die Pharisäer aber und die Gesetzeskundigen machten Gottes Ratschluss zunichte, nachdem (weil) sie nicht von ihm getauft wurden. Lk 7, 29 **13)** Der ganze Leib, indem (weil) er durch die Verbindungen und die Bänder unterstützt und mitbefestigt wird, wächst das Wachstum Gottes (inneres Objekt). Kol 2,19 **14)** Und siehe, der Stern, welchen sie im Orient gesehen hatten, ging ihnen voraus, bis er stehenblieb (wörtl: „nachem er gekommen war,

stand er") darüber, wo das Kind war. Nachdem (als) sie aber den Stern sahen, freuten sie sich mit grosser Freude (inneres Objekt), gewaltig. Mt 2, 9f **15)** Ich kenne einen Menschen in Christus, vor vierzehn Jahren, ob im Leib weiss ich nicht, oder ausserhalb des Leibes weiss ich nicht, Gott weiss es, der entrückt worden ist, der so beschaffene, bis zum dritten Himmel. Und ich kenne den so beschaffenen Menschen, ob im Leib oder ohne den Leib weiss ich nicht, Gott weiss es, dass er entrückt worden ist in das Paradies und unaussprechliche Worte (inneres Objekt) hörte, welche einem Menschen nicht erlaubt (Part Nom Sg Ntr ἔξειμι) sind zu reden. 2Kor 12, 2-4 **16)** Denn unsere Ermahnung ist (besteht) nicht aus Irreführung, auch nicht aus Unreinheit, auch nicht durch Betrug, sondern sowie wir von Gott geprüft sind, um das Evangelium anvertraut zu bekommen, so reden wir, nicht indem wir Menschen gefallen, sondern Gott, der unsere Herzen prüft. 1Th 2, 3f **17)** Überglücklich bist du, Simon, Barjona (= Sohn des Jona), denn Fleisch und Blut haben dir (das) nicht offenbart, sondern mein Vater, der im Himmel ist. Und ich sage dir aber, dass *du* Petrus bist, und auf diesen Felsen werde ich meine Gemeinde bauen und die Pforten der Unterwelt werden über sie nicht den Sieg davontragen. Mt 16, 17f **18)** Petrus aber sagte: Mensch, ich weiss nicht was du sagst. Und sofort, noch während er redete, krähte ein Hahn. Und der Herr, nachdem er sich umgedreht hatte, sah den Petrus an und Petrus wurde an das Wort des Herrn erinnert, wie er ihm gesagt hatte: Bevor der Hahn heute kräht (AcI), wirst du mich dreimal verleugnen. Lk 22, 60f

Lektion 16

1.a)
2.Pl ihr gebt od. 2.Pl Imp δίδωμι gebt! – 3.Sg τίθημι er, sie, es setzt – Inf δίδωμι geben – Ipf 3.Sg δίδωμι er, sie, es gab – Ipf 3.Pl ἐπιτίθημι sie legten auf – 1.Sg M/P παρατίθημι ich stelle für mich daneben od. ich werde danebengestellt – Part Nom/Akk Sg Ntr M/P δίδωμι eines, das gegeben ist (für sich gibt) od: Part Akk Sg Mask M/P einen, der gegeben ist (für sich gibt) – Part Nom Sg Mask τίθημι einer, der setzt – Part Gen Sg Mask δίδωμι eines, der gibt (eines gebenden) – 3.Sg M/P δίδωμι er, sie, es wird gegeben (gibt für sich) – Part Nom Sg Mask δίδωμι einer, der gibt – Part Nom Pl Mask ἀποδίδωμι solche, die weggeben – 3.Sg Imp τίθημι er, sie, es soll setzen! – 3.Sg Imp ἀποδίδωμι er, sie, es soll weggeben! – 3.Sg Konj παραδίδωμι wenn er, sie, es überliefert – Inf M/P παραδίδωμι überliefert werden (für sich überliefern) – 3.Sg Konj παραδίδωμι damit er, sie, es überliefert – 2.Sg παραδίδωμι du überlieferst – 3.Sg παραδίδωμι er, sie, es überliefert – Part Nom Sg Mask τίθημι einer, der setzt – 3.Pl τίθημι sie setzen – Ipf 3.Sg τίθημι er, sie, es setzte – Ipf 3.Pl τίθημι sie setzten – 3.Pl ἐπιτίθημι sie legten auf – 3.Pl ἐπιτίθημι sie legen auf – 2.Sg Imp ἐπιτίθημι lege auf! – Ipf 3.Pl δίδωμι sie gaben – 3.Pl Imp παρατίθημι sie sollen danebenstellen – 3.Pl Konj παρατίθημι damit sie danebenstellen – Part Nom/Akk Pl Ntr M/P παρατίθημι solche, die danebengestellt werden (für sich danebenstellen) – Part Akk Sg Mask M/P παρατίθημι einen, der danebengestellt wird (für sich daneben stellt) od: Part Nom/Akk Sg Ntr M/P – Ipf 3.Sg προστίθημι er, sie, es fügte hinzu – Ipf 3.Pl M/P προστίθημι sie wurden hinzugefügt (fügten für sich hinzu)

1.b)
Aor 3.Sg δίδωμι er, sie, es hat gegeben – Aor Inf δίδωμι geben – Aor 2.Sg παραδίδωμι du hast überliefert – Aor Inf παρατίθημι danebenstellen – Aor 2.Sg Imp δίδωμι gib! –

Aor 3.Sg Konj δίδωμι damit er, sie, es gibt – Aor 1.Sg Konj Pass παραδίδωμι wenn ich überliefert werde – Aor 3.Pl M ἀποδίδωμι sie haben für sich abgegeben – Aor Part Nom Sg Fem Pass δίδωμι die, die gegeben wurde – Aor 3.Sg Konj Pass τίθημι wenn er, sie, es gesetzt wird – Aor 3.Sg M ἀποδίδωμι er, sie, es hat für sich weggegeben – Aor 2.Pl δίδωμι ihr habt gegeben – Aor Part Nom Sg Mask δίδωμι einer, der gibt – Aor 3.Sg παρατίθημι er, sie, es hat daneben gestellt – Aor 3.Sg Pass προστίθημι er, sie, es ist hinzugefügt worden – Aor 1.Sg παραδίδωμι ich habe überliefert – Aor Inf προστίθημι hinzufügen – Aor 1.Sg Konj παραδίδωμι damit ich überliefere – Aor 2.Pl Imp δίδωμι gebt! – Aor 2.Pl Konj δίδωμι gebt nicht! od. dass ihr nicht etwa gebt – Aor 2.Pl M ἀποδίδωμι ihr habt für euch abgegeben – Aor 2.Sg Imp M παρατίθημι stell für dich daneben! – Aor Inf Pass δίδωμι gegeben werden – Aor 3.Pl παρατίθημι sie haben danebengestellt – Aor Part Dat Sg Fem Pass παραδίδωμι einer, die überliefert wird – Aor 2.Sg Konj δίδωμι damit du gibst

1.c)
Fut 3.Sg δίδωμι er, sie, es wird geben – Pf 1.Sg τίθημι ich habe gesetzt – Fut 1.Sg δίδωμι ich werde geben – Part Akk Sg Mask δίδωμι einen, der gibt (od: Part Nom/Akk Pl Ntr) – 3.Sg M/P τίθημι er, sie, es wird gesetzt (setzt für sich) – Fut 3.Sg Pass δίδωμι er, sie, es wird gegeben werden – Part Nom Sg Mask M/P παρατίθημι einer, der danebengestellt wird (für sich danebenstellt) – Pf 3.Sg M/P δίδωμι er, sie, es ist gegeben worden (hat für sich gegeben) – Aor 3.Pl δίδωμι sie haben gegeben – Inf τίθημι setzen – Aor 3.Sg Pass δίδωμι er, sie, es ist gegeben worden – Fut 1.Pl δίδωμι wir werden geben – Aor 1.Pl Konj δίδωμι lasst uns geben! – Aor 3.Pl Pass δίδωμι sie sind gegeben worden – 1.Pl M/P παραδίδωμι wir werden überliefert (überliefern für uns) – Aor Part Gen Sg Fem Pass παραδίδωμι einer, die überliefert wird – Aor 3.Sg Konj παραδίδωμι wenn er, sie, es überliefert – Aor Inf Pass παραδίδωμι überliefert werden – 3.Sg Konj ἐπιτίθημι damit er, sie, es auflegt – Aor 3.Sg Konj παραδίδωμι dass er, sie, es nicht etwa überliefert – Fut 3.Sg παραδίδωμι er, sie, es wird überliefern – Fut 3.Pl παραδίδωμι sie werden überliefern – Fut 1.Sg παραδίδωμι ich werde überliefern – Aor 3.Pl Konj Pass τίθημι wenn sie gesetzt werden – Aor Inf Pass τίθημι gesetzt werden – Aor 2.Pl παραδίδωμι ihr habt überliefert – Pf 2.Pl τίθημι ihr habt gesetzt – Pf Part Nom Sg Mask τίθημι einer, der setzt – Pf 3.Sg M/P τίθημι er, sie, es ist gesetzt worden (hat für sich gesetzt) – Aor 3.Pl M παρατίθημι sie haben für sich danebengestellt – Fut 1.Sg M παρατίθημι ich werde für mich danebenstellen – Fut 1.Sg παρατίθημι ich werde danebenstellen – Aor 3.Pl Konj παρατίθημι wenn sie danebenstellen – Aor 3.Pl Konj παραδίδωμι wenn sie überliefern – Fut 3.Pl δίδωμι sie werden geben – Aor Inf Pass προστίθημι hinzugefügt werden – Fut 3.Sg Pass προστίθημι er, sie, es wird hinzugefügt werden – Aor 3.Pl Pass προστίθημι sie sind hinzugefügt worden

2. a)
1) Damit ich ein Diener Christi Jesu sei. (Gen possesoris = ich gehöre ihm; Gen auctoris = er ist Urheber meines Dienstes) Rö 15, 16 2) von Gott Auserwählte (Gen auctoris bei Verbaladjektiv) Kol 3, 12 3) Paulus, ein Christus gehöriger Knecht (Gen possesoris; von Christus geknechteter = Gen auctoris) Rö 1, 1 4) Maria, die Frau des Klopas (Gen auctoris) Joh 19, 25 5) Alles gehört euch, ihr aber gehört Christus, Christus aber gehört Gott. (Gen possesoris) 1Kor 3, 22f 6) eine Frau, die ein Salbengefäss aus Alabaster hat, voll Salböl (Gen materiae) Mk 14, 3 7) in den Teich voll Feuer (Gen materiae) Offb 20, 10 8) Wer wird mich erlösen von diesem Todesleib? (Gen qualitatis) Rö 7, 24 9) Denn sie war zwölf Jahre (alt). (Gen qualitatis als Massangabe) Mk 5, 42 10) Denn der Arbeiter ist seiner Nahrung (Gen pretii) wert. Mt 10, 10 11) Denn ihr seid um einen

Lektion 16

Kaufpreis (Gen pretii) (gegen Bezahlung) erkauft worden. 1Kor 6, 20 **12)** Weicht nicht ab auf den Weg zu den Völkern (Gen finalis)! Mt 10, 5 **13)** Er hat den Völkern eine Tür zum Glauben (Gen finalis) geöffnet. Apg 14, 27 **14)** Der Siegeskranz, das ist die Gerechtigkeit (Gen epex) 2Tim 4, 8 **15)** das Zeichen ist Jona (Gen epex) Lk 11, 29 **16)** eines deiner Glieder (Gen part) **17)** Am ersten der Woche (Gen temp) soll jeder von euch (Gen part) bei sich selbst sammelnd (weg)legen (= sparen). 1Kor 16, 2 **18)** einmal im Jahr (Gen temp) Hb 9, 7 **19)** Sie dienen ihm Tag und Nacht (Gen temp). Offb 7, 15 **20)** Indem ich euch (GenO; Gen sep) schone komme ich nicht mehr nach Korinth. 2Kor 1, 23 **21)** Ich bitte dich (GenO), dass du mich nicht etwa quälst. Lk 8, 28

2.b)
1) Gen obj: Sie haben Eifer für Gott. Gen subj: Sie haben göttlichen Eifer. Rö 10, 2 **2)** Gen obj: zum Gehorsam Christus gegenüber Gen subj: zum von Christus bewirkten Gehorsam 2Kor 10, 5 **3)** Gen obj: gemäss dem Evangelium in bezug auf mich; Gen subj: gemäss dem von mir (verkündeten) Evangelium 2Tim 2, 8 **4)** Gen obj: Gerechtigkeit Gottes (eine Eigenschaft Gottes) Gen subj: von Gott ausgehende Gerechtigkeit (Gott macht gerecht) Rö 1, 17 **5)** Gen obj: durch die auf Glauben gerichtete Gerechtigkeit; Gen subj: durch die Gerechtigkeit, welche durch Glauben bewirkt wird Rö 4, 13 **6)** Gen obj: das Evangelium vom Königreich; Gen subj: das vom Königreich bewirkte Evangelium Mt 4, 23

3.
1) Vater, was du mir gegeben hast, will ich, dass wo *ich* bin auch jene seien mit mir, so dass sie *meine* Herrlichkeit beobachten, welche du mir gegeben hast weil du mich geliebt hast vor Grundlegung der Welt. Joh 17, 24 **2)** Jeder Mensch stellt zuerst den guten Wein vor und wenn sie betrunken sind den geringeren; *du* hast den guten Wein aufbewahrt bis jetzt. Joh 2, 10 **3)** Und er sprach zu ihnen: Kommt etwa die Leuchte, damit sie unter den Scheffel oder unter das Bett gestellt werde? Nicht etwa, damit (sie) auf den Leuchter gestellt werde? Mk 4, 21 **4)** Und andere fielen in die gute Erde und gaben Frucht, weil sie in die Höhe gingen und wuchsen und eines brachte dreissig und eines sechzig und eines hundert. Mk 4, 8 **5)** Er aber tötete Jakobus, den Bruder des Johannes durch das Schwert. Als er aber sah, dass es den Juden wohlgefällig war, nahm er weiter auch Petrus fest („fügte er für sich auch ein den Petrus Festnehmen hinzu"), ... den er, nachdem er ihn auch ergriffen hatte, für sich ins Gefängnis warf, nachdem er (ihn) vier Viererabteilungen Soldaten überliefert hatte um ihn zu bewachen. Apg 12, 2-4 **6)** Denn es beliebte (schien gut) dem Heiligen Geist und uns auch nicht mehr Last auf euch zu legen, ausser den notwendigen Dingen, sich zu enthalten von Götzenopferfleisch (Pl) und vom Blut und von erwürgten (Tieren) und von Unzucht, von welchen, wenn ihr euch freihaltet, ihr gut handelt. Apg 15, 28f **7)** Beobachtet die Raben, dass sie nicht säen und auch nicht ernten, welchen keine Vorratskammer gehört und keine Scheune, aber Gott ernährt sie; um wieviel mehr wert seid ihr als die Vögel? Wer aber von euch kann, wenn er sich sorgt, eine Elle zu seinem Lebensalter hinzufügen? Lk 12, 24 **8)** Ist es erlaubt, dem Kaiser die Steuer zu geben oder nicht? Sollen wir geben oder sollen wir nicht geben? Mk 12, 14 **9)** Der, der treu ist im Kleinsten, ist auch in vielem treu und der im Kleinsten ungerecht ist, ist auch in vielem ungerecht. Wenn ihr nun im ungerechten Mammon nicht treu gewesen seid, wer wird euch das Wahrhaftige anvertrauen? Und wenn ihr im Fremden nicht treu gewesen seid, wer wird euch das Eure geben? Lk 16, 10-12 **10)** Unser alter Mensch ist mitgekreuzigt worden damit der sündige Leib (Gen qualitatis) vernichtet würde, so dass wir nicht mehr der Sünde dienen (τοῦ + AcI mit konsekutivem Sinn = so dass); denn wer gestorben ist, ist gerechtfertigt von der

Sünde. Rö 6,6 **11)** Und inmitten des Thrones und ringsum des Thrones waren vier lebende Wesen, die voll Augen waren (GenO) vorne und hinten. Offb 4,6 **12)** Soviele Sklaven unter dem Joch sind, sie sollen ihre eigenen Gebieter aller Ehre (Gen pretii) wert halten, damit nicht etwa der Name Gottes oder die Lehre verlästert wird. 1Tim 6,1 **13)** Und die, die die guten Dinge getan haben, werden in die Auferstehung zum Zweck des Lebens (Gen finalis) hinausgehen, die aber, die die schlimmen Dinge vollbracht haben in die Auferstehung zum Zweck des Gerichtes (Gen finalis). Joh 5,19 **14)** Vernichtet etwa ihr Unglaube die Treue Gottes (Gen obj)? Rö 3,3 **15)** Der aber, der uns für dieses selbst bereitet hat ist Gott, der, der uns gibt die Anzahlung, das ist der Geist (Gen epex). 2 Kor 5,5 **16)** Er aber, wobei er einem jeden von ihnen (Gen part) die Hände auflegte, diente ihnen. Lk 4,40 **17)** *Ich* lebe, spricht der Herr: Mir soll sich biegen (κάμπτω intr) jedes Knie und jede Zunge soll Gott bekennen. Also nun soll jeder von uns (Gen part) über sich selbst Gott Rechenschaft geben. Rö 14,11f **18)** Und weil er fastete während vierzig Tagen und während vierzig Nächten (Gen temp), hatte er zuletzt Hunger. Mt 4,2 **19)** Der Hohepriester aber, nachdem er seine Kleider zerrissen hatte, sprach: Was bedürfen wir noch Zeugen (μαρτύρων = Gen Pl ὁ μαρτύς, -ύρος)? Ihr habt die Lästerung gehört (Gen der Sache); was dünkt euch? Sie aber verurteilten ihn alle, dass (er) des Todes schuldig sei (AcI). Mk 14,63f **20)** Und sie kommen nach Bethsaida. Und sie bringen ihm einen Blinden und bitten ihn, dass er ihn (GenO) anrühre. Und als er die Hand (GenO) des Blinden ergriff, brachte er ihn aus dem Dorf. Mk 8,22f

Lektion 17

1. a)
3.Sg ἵστημι er, sie, es stellt – 1.Sg ἰστάνω ich stelle – 1.Pl ἰστάνω wir stellen – 3.Sg M/P ἀνίστημι er, sie, es steht auf od. er, sie, es wurde aufgestellt – Inf M/P ἀνίστημι aufstehen od. aufgestellt werden – Part Nom Sg Mask M/P ἀνίστημι einer, der steht od. einer der gestellt wird – 3.Pl M/P ἀνθίστημι sie widersetzen sich od. sie werden gegenübergestellt – Ipf 3.Sg M/P ἀνθίστημι er, sie, es widersetzte sich od. er, sie, es wurde gegenübergestellt – Imp 2.Sg M/P (od. Ipf 2.Sg M/P) ἀφίστημι geh weg! od. lass dich entfernen! – Ipf 3.Sg M/P ἀφίστημι er, sie, es ging weg od. er, sie, es wurde entfernt – 3.Sg M/P ἐφίστημι er, sie, es stand über etwas od. er, sie, es wurde über etwas gestellt – Ipf 3.Pl M/P ἐξίστημι sie waren von Sinnen od. sie wurden verändert – Inf M/P ἐξίστημι von Sinnen sein od. verändert werden – Part Nom Sg Mask ἐξίστημι einer, der verändert – 3.Sg M/P καθίστημι er, sie, es stellt sich hin od. er, sie, es wird hingestellt – 3.Sg καθίστημι er, sie, es stellt hin – 2.Pl παρίστημι ihr stellt zur Verfügung (od. Imp 2.Pl) – Inf συνίστημι zusammenbringen – Part Nom Pl Mask συνίστημι solche, die zusammenbringen – 1.Sg συνίστημι ich bringe zusammen

1.b)
Aor 3.Sg ἵσταμαι er, sie, es ist getreten – Aor 3.Pl ἵστημι sie haben gestellt od. Aor 3.Pl ἵσταμαι sie sind getreten – Aor 3.Sg ἵστημι er, sie, es hat gestellt – Aor Inf ἵστημι stellen – Aor Inf ἵσταμαι treten – Aor 3.Sg Pass ἵστημι er, sie, es ist gestellt worden od. Aor 3.Sg ἵσταμαι er, sie, es ist getreten – Aor Part Nom Pl Mask ἵστημι solche, die stellen – Aor 3.Sg Konj ἵστημι damit er, sie, es stellt – Aor 2.Pl Imp ἵσταμαι tretet! – Aor 2.Sg Imp ἵσταμαι tritt! – Aor 3.Sg ἀνίσταμαι er, sie, es ist aufgestanden – Aor 3.Sg ἀνίστημι er, sie, es aufgestellt – Aor 3.Pl ἀνίστημι sie haben aufgestellt od. Aor 3.Pl ἀνί-

σταμαι sie sind aufgestanden – Aor 2.Sg Imp ἀνίσταμαι steh auf! – Aor Part Nom Sg Ntr ἀνίσταμαι eines, das aufsteht – Aor Part Nom Sg Fem ἀνίσταμαι eine, die aufsteht – Aor 3.Sg Konj ἀνίσταμαι wenn er, sie, es aufsteht – Aor Part Nom Sg Mask ἀνίστημι einer, der aufstellt – Aor 2.Pl Imp ἀνθίσταμαι widersetzt euch! – Aor 3.Sg Imp ἀφίσταμαι er, sie, es soll sich entfernen – Aor 3.Sg ἀφίστημι er, sie, es hat entfernt – Aor 3.Sg Pass ἀφίστημι er, sie, es ist entfernt worden od. Aor 3.Sg ἀφίσταμαι er, sie, es hat sich entfernt – Aor 1.Pl ἐξίσταμαι wir sind von Sinnen gekommen – Aor 3.Sg ἐφίσταμαι er, sie, es steht über (etwas) – Aor Part Nom Sg Mask ἐφίσταμαι einer, der über (etwas) steht – Aor 3.Pl Pass καθίστημι sie sind hingestellt worden od. Aor 3.Pl καθίσταμαι sie haben sich hingestellt – Aor 2.Sg Konj καθίστημι damit du hinstellst – Aor 2.Pl Imp παρίστημι stellt zur Verfügung! – Aor 1.Pl Konj παρίστημι lasst uns zur Verfügung stellen! – Aor 2.Pl παρίστημι ihr habt zur Verfügung gestellt – Aor 2.Pl συνίστημι ihr habt zusammengebracht

1.c)
Pf Inf ἵσταμαι stehen – Fut 3.Sg ἵστημι er, sie, es wird stellen – 3.Sg στήκω er, sie, es steht – Fut 3.Pl ἵσταμαι sie werden treten (= Fut 3.Pl M ἵστημι) – Pf 1.Pl ἵσταμαι wir stehen – Pf 2.Sg ἵσταμαι du stehst – Pf 3.Sg ἀνθίσταμαι er, sie, es hat sich widersetzt – Präs 3.Sg ἐφίσταμαι er, sie, es steht über (etwas) od. Präs 3.Sg Pass ἐφίστημι er, sie, es ist über (etwas) gestellt – Fut Inf ἀνίστημι in Zukunft aufstellen – Fut 1.Sg ἀνίστημι ich werde aufstellen – Pf Part Nom Sg Mask ἵσταμαι einer, der steht – Pf Part Nom Pl Mask ἵσταμαι solche, die stehen – Aor Inf ἀνθίσταμαι sich widersetzen – Präs 1.Pl ἱστάνω wir stellen – Fut 3.Pl ἀφίσταμαι sie werden sich entfernen – Aor 3.Pl ἀφίστημι sie haben entfernt od. Aor 3.Pl ἀφίσταμαι sie haben sich entfernt – Aor 3.Pl ἐξίστημι sie haben verändert od. Aor 3.Pl ἐξίσταμαι sie sind von Sinnen gekommen – Aor 2.Pl Imp ἐπίσταμαι versteht! – Aor 2.Sg καθίστημι du hast hingestellt – Fut 1.Pl καθίστημι wir werden hinstellen – Fut 1.Pl παρίσταμαι ihr werdet herzutreten – Fut 3.Sg παρίστημι er, sie, es wird zur Verfügung stellen – Aor 3.Sg παρίσταμαι er, sie, es ist herzugetreten – Pf 3.Sg παρίσταμαι er, sie, es steht da – Pf Part Dat Pl Mask παρίσταμαι denen, die dastehen – Pf Part Nom Sg Mask παρίσταμαι einer, der dasteht – Pf Part Nom Pl Mask παρίσταμαι solche, die dastehen – Pf Part Nom Sg Fem συνίσταμαι eine, die Bestand hat – Pf 3.Sg συνίσταμαι er, sie, es hat Bestand

2.
Plsqpf 3.Sg M/P βάλλω er, sie, es wurde geworfen od. hatte für sich geworfen – Plsqpf 3.Pl ἵσταμαι sie standen – Plsqpf 3.Pl ἀπέρχομαι sie waren weggegangen – Plsqpf 3.Pl παραδίδωμι sie hatten überliefert – (Plsqpf) Ipf 1.Sg οἶδα ich wusste – Plsqpf 3.Pl παρίσταμαι sie standen dabei – Plsqpf 3.Sg γίνομαι er, sie, es war geworden – Plsqpf 3.Sg γίνομαι er, sie, es war geworden – Plsqpf 3.Pl ποιέω sie hatten getan – Plsqpf 3.Sg πείθω (Pf = πέποιθα) er, sie, es hatte vertraut – Plsqpf 3.Sg ἔρχομαι er, sie, es war gekommen – Plsqpf 3.Pl sie hatten geglaubt – Plsqpf 3.Sg M/P γράφω er, sie, es war geschrieben od. hatte für sich geschrieben – Plsqpf 2.Pl γινώσκω ihr hattet erkannt – Plsqpf 3.Pl μένω sie waren geblieben

3.
1) Als aber sie ihn beharrlich fragten, richtete er sich auf und sprach zu ihnen. Joh 8, 7 2) Lasst uns aber nicht müde werden, das Gute zu tun. Gal 6, 9 3) Wie er aber aufgehört hatte zu reden ... Lk 5, 4 4) Ich höre nicht auf zu beten für euch, indem ich Erwähnung tue (= euch immer wieder erwähne) bei meinen Gebeten. Eph 1, 16 5) Dieser Mensch hört nicht auf Worte zu reden gegen diesen heiligen Ort und das Gesetz. Apg 6, 13 6)

Wir hörten nicht auf den Christus Jesus zu lehren und zu verkünden. Apg 5, 42 **7**) Sie aber, als sie den Anführer der Tausendschaft und die Soldaten sahen, hörten auf, den Paulus zu schlagen. Apg 21, 32 **8**) Vernachlässigt nicht die Gastfreundschaft, denn wegen dieser haben einige verborgen Engel bewirtet. Hb 13, 2 **9**) Diese aber, seit ich hereingekommen bin, hat meine Füsse unaufhörlich geküsst. Lk 7, 45 **10**) Simon trieb vorher Zauberei und setzte das Volk der Samariter in Erstaunen. Apg 8, 9 **11**) Und *du* hast gut gehandelt, dass du gekommen bist. Apg 10, 33 **12**) Was tut ihr, dass ihr weint und mein Herz zerbrecht? Apg 21, 13 **13**) Ich sündigte, dass ich unschuldiges Blut auslieferte. Mt 27, 4

4.

1) Sie suchten ihn nun zu ergreifen, doch keiner legte Hand an ihn. (adversatives καί) Joh 7, 30 **2**) Daher wollten wir zu euch kommen ... aber der Satan hat uns gehindert. (adversatives καί) 1Thes 2, 18 **3**) Ich hoffe aber sogleich dich zu sehen, so dass wir von Mund zu Mund reden können. (konsekutives καί) 3Joh 14 **4**) Er befiehlt den unreinen Geistern in Vollmacht und Kraft, so dass sie ausfahren. (konsekutives καί) Lk 4, 36 **5**) Und ich werde meinen zwei Zeugen geben, damit sie prophezeien werden. (finales καί) Offb 11, 3 **6**) Ich komme wieder, damit ich euch zu mir nehmen kann. (finales καί) Joh 14, 3 **7**) Aus seiner Fülle haben wir alle empfangen, nämlich Gnade für Gnade. (epexegetisches καί) Joh 1, 16 **8**) ... wenn wir Gott lieben, das heisst, seine Gebote halten ... (epexegetisches καί) 1Joh 5, 2 **9**) Es war ungefähr die sechste Stunde, als eine Finsternis über dem ganzen Land geschah. (καί bei Zeitangaben) Lk 23, 44 **10**) Es war aber die dritte Stunde, als sie ihn kreuzigten. (καί bei Zeitangaben) Mk 15, 25 **11**) Joseph aus dem Haus Davids, dessen Jungfrau der Name Maria (war). (καί als Relativum) Lk 1, 27 **12**) Es waren viele, welche ihm nachfolgten. (καί als Relativum) Mk 2, 15 **13**) Wenn ich mit menschlichen Sprachen rede, ja sogar mit (Sprachen) der Engel ... (steigerndes καί) 1Kor 13, 1 **14**) Aber was seid ihr herausgekommen zu sehen? Einen Propheten? Ja, *ich* sage euch, sogar mehr als einen Propheten. (steigerndes καί) Mt 11, 9 **15**) Was werde ich überhaupt noch als Sünder gerichtet? (καί verstärkt Interrogativum) Rö 3, 7 **16**) Siehe, drei Jahre, seit ich komme um Frucht zu suchen an diesem Feigenbaum und keine finde; fälle ihn nun! Wozu soll er noch die Erde aussaugen (ausser Wirksamkeit setzen)? (καί verstärkt Interrogativum) Lk 13, 7 **17**) Du aber, wenn du fastest, salbe deinen Kopft und wasche dein Gesicht! (adversatives δέ) Mt 6, 17 **18**) Der Geistliche aber beurteilt alles, er selbst wird aber von niemandem beurteilt. (adversatives δέ) 1Kor 2, 15 **19**) Wir haben diesen Schatz in irdenen Gefässen. (δέ als Übergangspartikel) 2Kor 4, 7 **20**) Wir machen euch bekannt, Geschwister, die Gnade Gottes, die unter den Gemeinden Mazedoniens gegeben ist. (δέ als Übergangspartikel) 2Kor 8, 1 **21**) Meine Tochter ist soeben gestorben; nun denn, komm und lege deine Hand auf sie, so wird sie leben. (ἀλλά im Übergang zur Aufforderung) Mt 9, 18 **22**) Wenn aber auch ein Ungelehrter in bezug auf die Rede, so doch nicht in bezug auf die Erkenntnis, sondern weil wir es in allem und überall für euch sichtbar gemacht haben. (ἀλλά im Nachsatz zu einem Bedingungssatz) 2Kor 11, 6 **23**) Als ich unreif war, redete ich wie ein Unreifer, dachte wie ein Unreifer, rechnete wie ein Unreifer. (ὡς als vergleichende Konjunktion) 1Kor 13, 11 **24**) Brannte nicht etwa unser Herz in uns, während er unterwegs mit uns redete? (ὡς zur Einleitung eines Temporalsatzes mit Ipf) Lk 24, 32

5.

1) Also soll der, der meint zu stehen sehen, dass er nicht etwa falle. 1Kor 10, 12 **2**) Denn gleichwie ihr eure Glieder als Dienstbare der Unreinheit zur Verfügung gestellt habt und der Gesetzlosigkeit zur Gesetzlosigkeit, auf diese Weise sollt ihr nun eure Glieder als Dienstbare der Gerechtigkeit zur Verfügung stellen zur Heiligung. Rö 6, 19 **3)** Und als er um die dritte Stunde herum hinausging, sah er andere, die arbeitslos auf dem Marktplatz standen und zu jenen sagte er: Geht auch *ihr* in den Weinberg, und was immer gerecht ist, werde ich euch geben. Mt 20, 3 **4)** Und ich sah inmitten des Thrones auch die vier lebenden Wesen und inmitten der Ältesten ein Lamm, wie es dastand (AcP), wie geschlachtet, wobei es sieben Hörner und sieben Augen hatte. Offb 5, 6 **5)** Nun kam eine Stimme aus dem Himmel, nämlich: „Ich habe verherrlicht und wiederum werde ich verherrlichen. Das Volk nun, das dastand und (es) gehört hatte sagte, dass ein Donner geschehen sei. Joh 12, 29 **6)** Petrus aber stand bei der Türe draussen. Nun kam der andere Jünger, der dem Hohenpriester bekannt war und sagte der Türhüterin, auch den Petrus hineinzuführen. Nun sagt die Sklavin dem Petrus: Bist nicht etwa auch *du* von den Jüngern dieses Menschen? Joh 18, 16f **7)** Sie nun suchten Jesus und sprachen untereinander, während sie im Tempel standen. Was dünkt euch? Dass er bestimmt nicht an das Fest kommt? Die Hohenpriester aber und die Pharisäer hatten Gesetze gegeben, dass, wenn irgendjemand wisse, wo er ist, er es anzeige, damit sie ihn ergriffen. Joh 11, 56f **8)** Und einige der Dastehenden sagten zu ihnen: Was tut ihr, dass ihr das Jungtier losbindet? Mk 11, 5 **9)** Und als er jede Versuchung abgeschlossen hatte, liess der Teufel von ihm ab, bis zur rechten Zeit. Lk 4, 13 **10)** Denn seine Jünger waren in die Stadt (weg)gegangen, um Nahrung (Pl) zu kaufen. Joh 4, 8 **11)** Pilatus aber antwortete ihnen indem er spricht: Wollt ihr, (so) will ich euch den König der Juden freigeben? Denn er erkannte, dass die Hohenpriester ihn wegen (aus) Neid überliefert hatten. Mk 15, 10 **12)** Irgendein Bettler aber mit Namen Lazarus wurde zum Tor hin geworfen. Lk 16, 20 **13)** Wenn ihr aber erkannt hättet, was es heisst: Barmherzigkeit will ich und nicht Opfer, so hättet ihr die Unschuldigen nicht verurteilt. Mt 12, 7 **14)** Denn wenn sie von uns gewesen wären, dann wären sie mit uns geblieben. 1Joh 2, 19 **15)** Viele Witwen waren in den Tagen Elias in Israel, als der Himmel verschlossen war, drei Jahre und sechs Monate lang, als eine grosse Hungersnot über dem ganzen Land war. Lk 4, 25 **16)** Als er aber aufgehört hatte zu reden, sprach er zu Simon: Fahre hinaus in die Tiefe und lasst eure Netze zum Fangen herunter. Lk 5, 4 **17)** Als nun die Samariter zu ihm kamen, fragten sie, ob er bei ihnen bleibe (AcI). Joh 4, 40 **18)** Dir sage ich: Steh auf, nimm dein ärmliches Bett und geh nach Hause (in dein Haus)! Mk 2, 11 **19)** Und als Jesus stehenblieb sprach er: Ruft ihn! Und sie rufen den Blinden, wobei sie ihm sagen: Sei voll Mut, steh auf, er ruft dich! Mk 10, 49 **20)** Und er selbst hat zwar gegeben die einen als Apostel, andere aber als Propheten, andere aber als Evangelisten, andere aber als Hirten und als Lehrer, zur Zurüstung der Heiligen, zum Werk der Diakonie. Eph 4, 11f

Lektion 18

1. a)
Inf ἀφίημι verlassen – 1. Sg ἀφίημι ich verlasse – 3.Sg M/P ἀφίημι er, sie es wird verlassen o. verlässt für sich – 3.Sg ἀφίημι er, sie, es verlässt – Imp 3.Sg ἀφίημι er, sie, es soll verlassen – 2.Pl ἀφίημι ihr verlasst o. 2.Pl Imp verlasst! – 3.Pl Konj συνίημι damit sie nicht etwa verstehen – Inf συνίημι verstehen – Part Nom Pl Mask ἀνίημι solche, die loslassen – Part Akk Sg Fem καθίημι eine, die herablässt

1.b)
Aor 1.Pl ἀφίημι wir haben verlassen – Aor 3.Pl ἀφίημι sie haben verlassen – Aor 2.Pl Konj ἀφίημι wenn ihr verlasst – Aor 1.Sg ἀφίημι ich habe verlassen – Aor Part Nom Pl

Mask ἀνίημι solche, die loslassen – Aor 1.Sg Konj ἀνίημι ich werde bestimmt nie loslassen – Aor 2.Sg Imp ἀφίημι lass! – Aor Part Nom Sg Mask ἀφίημι einer, der verlässt – Aor Inf ἀφίημι verlassen – Aor 3.Pl καθίημι sie haben herabgelassen – Aor 2.Pl Konj συνίημι ihr werdet bestimmt nicht verstehen – Aor 3.Pl Konj συνίημι damit sie nicht verstehen

1.c)
2.Pl συνίημι ihr versteht – Part Nom Sg Mask συνίημι einer, der versteht – Aor Inf παρίημι nachlassen – Pf Part Akk Pl Fem παρίημι die „erschlafften" Hände – Aor Pass 3.Sg Konj ἀφίημι er wird bestimmt nicht verlassen werden – Aor 3.Sg Konj ἀφίημι damit er verlässt – Aor Part Nom Pl Mask ἀφίημι solche, die verlassen – 3.Pl M/P ἀφίημι sie werden verlassen o. sie verlassen für sich – Pf 3.Pl M/P ἀφίημι sie sind verlassen o. sie haben für sich verlassen – Aor Part Nom Sg Mask ἀφίημι einer, der verlässt – Aor 3.Sg Pass ἀνίημι er, sie, es ist losgelassen worden – Aor 3.Pl Pass ἀφίημι sie sind verlassen worden – Fut 3.Sg Pass ἀφίημι er, sie, es wird verlassen werden – Ipf 3.Sg ἀφίημι er, sie, es verliess – Fut 3.Sg ἀφίημι er, sie, es wird verlassen

2.
3.Sg δείκνυμι er, sie, es zeigt – Aor 1.Sg δείκνυμι ich habe gezeigt – 2.Sg δεικνύω du zeigst – 1.Sg δείκνυμι ich zeige – 1.Pl δύναμαι wir können – 2.Pl δύναμαι ihr könnt – Inf δύναμαι können – Präs Part Nom Sg Ntr δύναμαι das, welches kann o. Präs Part Akk Sg Mask δύναμαι den, der kann – Aor Imp 3.Sg δείκνυμι er, sie, es soll zeigen! – Fut 3.Sg δείκνυμι er, sie, es wird zeigen – Aor 1.Pl δύναμαι wir haben gekonnt – Aor 3.Sg δύναμαι er, sie, es hat gekonnt – 3.Sg δύναμαι er, sie, es kann – Konj 3.Sg δύναμαι damit er, sie, es kann – Präs Part Gen Sg Mask (Genabs) δύναμαι wenn du kannst – Konj 3.Pl δύναμαι dass sie nicht etwa können – Konj 3.Sg ἐνδείκνυμι damit er, sie, es beweise – Konj 1.Sg ἐνδείκνυμι damit ich beweise

3.
Aor Inf ἀπόλλυμι verderben – Aor Konj 3.Sg ἀπόλλυμι er, sie, es wird bestimmt nie verderben – 3.Sg M/P = intr. ἀπόλλυμι er, sie, es geht zugrunde – Aor 1.Sg ich verderbe – Präs Part Dat Pl Mask M/P ἀπόλλυμι denen, die zugrunde gehen – Fut 3.Sg er, sie, es wird verderben – Aor Part Nom Pl Mask M περιζώννυμι solche, die sich umgürten – Aor Pass Part Gen Pl Mask κρεμάννυμι einer von den gehängten – 3.Sg M/P κρεμάννυμι er, sie, es wird gehängt o. intr M er, sie, es hängt – Aor 3.Sg μίγνυμι er, sie, es hat gemischt – Pf Part Nom/Akk Sg Ntr M/P (o. Pf Part Akk Sg Mask M/P) μίγνυμι ein Gemischtes – Aor Pass 3.Pl πίμπλημι sie sind erfüllt worden – Aor Pass Part Nom Sg Mask πίμπλημι einer, der erfüllt ist – Aor 3.Pl πίμπλημι sie erfüllen – Aor 3.Sg ἐμπίμπλημι er, sie, es hat erfüllt – Aor 3.Sg ῥήγνυμι er, sie, es hat zerissen – Aor Imp 2.Sg ῥήγνυμι zereiss! – Aor Part Nom Sg Mask διαρήγνυμι einer, der zerbrochen hat – 3.Sg M/P σβέννυμι er, sie, es wird ausgelöscht – Aor 3.Pl σβέννυμι sie haben ausgelöscht – Aor 3.Pl στρώννυμι sie haben ausgebreitet – Aor Imp 2.Sg στρώννυμι breite aus!

4.
1) fünfundsiebzig Apg 7,14 2) ungefähr zweitausend Mk 5,13 3) während drei Jahren und sechs Monaten Lk 4,25 4) in diesen zwei Geboten Mt 22,40 5) und nach sechs Tagen Mt 17,1 6) Und rings um den Thron (waren) vierundzwanzig Throne und auf den Thronen sassen vierundzwanzig Älteste Offb 4,4 7) hundert Scheffel Weizen Lk 16,7 8) die zwei Ölbäume Offb 11,4 9) durch zwei Tatsachen Hb 6,18 10) Einer (war) ein Schuldner von 10000 Talenten. Mt 18,24 11) Und sie werden 1260 Tage prophezeien.

Offb 11, 3 **12)** siebzig Reiter Apg 23, 23 **13)** über neunundneunzig Gerechte Lk 15, 7 **14)** voll von hundertdreiundfünfzig grossen Fischen Joh 21, 11 **15)** und als der fünzigste Tag sich erfüllte ... Apg 2, 1 **16)** am siebten Tag Hb 4, 4 **17)** um die sechste und die neunte Stunde Mt 20, 5 **18)** Und es geschah am achten Tag Lk 1, 59 **19)** fünfmal vierzig 2Kor 11, 24 **20)** nicht nur einmal, sondern zweimal („sowohl einmal als auch zweimal") 1Thes 2, 18

5.

1) Brüder, wenn auch ein Mensch durch irgendeinen Fehltritt ergriffen wird, – (Anakoluth) ihr, die Geistlichen, bringt diesen so beschaffenen durch den von der Sanftmut bestimmten Geist wieder in Ordnung, – (Anakoluth) wobei du auf dich selbst achtgibst, dass nicht auch *du* versucht wirst. Gal 6, 1 **2)** Wenn ihr aber den Greuel der Verwüstung stehen seht wo er nicht sein darf, – wer es liest soll erkennen! (Parenthese) – dann sollen die, die in Judäa sind auf die Berge fliehen! Mk 13, 14 **3)** Weil wir gehört haben, dass einige, die von uns ausgegangen sind euch mit verwirrenden Worten beunruhigt haben, welche wir nicht angeordnet haben, schien es uns gut, nachdem wir einmütig geworden, Männer, die wir für uns ausgewählt haben, mit unseren geliebten Barnabas und Paulus zu euch zu senden. (Periode mit HS 1 ἠκούσαμεν ... und HS 2 ἔδοξεν ...;) Apg 15, 24f **4)** Und sie besprachen sich untereinander, wobei sie sagten: Wenn wir sagen: „Vom Himmel", wird er sagen: „Warum denn habt ihr ihm nicht geglaubt?" Wenn wir aber sagen: „Von Menschen"? – Sie fürchteten das Volk; denn alle hielten den Johannes wahrhaftig für einen Propheten. (Prolepsis: „Denn alle hielten dafür, dass Johannes ein wahrhaftiger Prophet sei." Mk 11, 31f **5)** Von denen aber, die schienen irgendetwas zu sein (= die Angesehenen), – (Anakoluth) was für welche sie einst waren macht mir keinen Unterschied, – (Anakoluth) Gott nimmt kein Ansehen eines Menschen, – (Anakoluth) denn mir haben die Angesehenen überhaupt nichts noch dazu auferlegt. Gal 2, 6 **6)** Als aber Petrus es sah, antwortete er dem Volk: Männer Israels, was staunt ihr über diesen oder uns oder was starrt ihr uns an, als hätten wir mit eigener Kraft oder Gottesfurcht gemacht, dass dieser gehen kann? (ἡμῖν ist proleptisch in den Satz mit θαυμάζω vorausgenommen, dient aber gleichzeitig als Objekt zu ἀτενίζω.) Apg 3, 12 **7)** Ich will aber nicht, dass ihr nicht wisst, dass ich mir oft vorgenommen habe zu euch zu kommen, – und ich wurde bis jetzt gehindert (Parenthese) – damit ich auch unter euch Frucht habe wie auch unter den übrigen Völkern. Rö 1, 13

6.

1) Auch giessen sie keinen jungen Wein in alte Schläuche; andernfalls zerreissen die Schläuche und der Wein wird verschüttet und die Schläuche werden vernichtet; aber jungen Wein giessen sie in neue Schläuche, und beide werden erhalten. Mt 9, 17 **2)** Damals war ich mit ihnen, *ich* bewahrte sie in deinem Namen, welchen (relativische Attraktion) du mir gegeben hast und ich habe gewacht und keiner von ihnen ist zugrunde gegangen, ausser der Sohn des Verderbens, damit die Schrift erfüllt würde. Joh 17, 12 **3)** Was ist leichter, dem Gelähmten zu sagen: Deine Sünden sind dir vergeben, oder zu sagen: Steh auf und nimm dein ärmliches Bett und geh umher? Mk 2, 9 **4)** Und fürchtet euch nicht vor denen, die den Leib töten können, die Seele aber können sie nicht töten; fürchtet aber vielmehr den, der sowohl die Seele als auch den Leib in der Gehenna verderben kann. Mt 10, 28 **5)** Und ich bin Johannes, der hört und sieht diese Dinge. Und als ich gehört und gesehen hatte, fiel ich vor die Füsse des Engels, der mir diese Dinge zeigte um anzubeten. Offb 22, 8 **6)** Und ich sah, (es war) wie ein gläsernes Meer mit Feuer gemischt und wie die, die Sieger waren vor dem Tier und vor seinem Bild und vor der Zahl seines Namens beim gläsernen Meer standen (AcP), wobei sie Zithern Gottes hatten. Offb 15, 2 **7)** Und ich brachte ihn deinen Jüngern, aber sie konnten ihn nicht therapieren. Mt 17, 16 **8)** Welcher, nachdem er in den Tagen seines Fleisches sowohl Bitten als auch Flehen mit grossem Geschrei und Tränen dargebracht hat zu dem, der ihn aus dem Tod erretten kann, und nachdem er erhört worden ist von seiner Gottesfurcht, obgleich er Sohn ist, hat er den Gehorsam gelernt von den Dingen, die er gelitten hat, und nachdem er vollendet worden war wurde er allen, die ihm gehorchen (der) Urheber der ewigen Rettung, nachdem er bezeichnet worden ist von Gott zum Hohenpriester nach der Ordnung Melchisedeks. Hb 5, 7–10 **9)** Dann wird das Königreich der Himmel gleich sein wie zehn Jungfrauen, welche, wobei sie ihre Lampen mitnahmen, hinausgingen zur Begegnung mit dem Bräutigam. Mt 25, 1 **10)** Es befand sich aber dort die Quelle Jakobs. Jesus nun, weil er müde war von seiner Wanderung, setzte sich so an der Quelle; es war aber um die sechste Stunde. Joh 4, 6 **11)** Und in jener Stunde geschah ein grosses Erdbeben und der zehnte Teil der Stadt fiel und durch das Erdbeben wurden siebentausend Namen von Menschen getötet und die übrigen waren erschrocken und gaben dem Gott des Himmels die Ehre. Offb 11, 13 **12)** Von diesen drei Schlägen wurde der dritte Teil der Menschen getötet, vom Feuer und vom Rauch und vom Schwefel, welche aus ihren Mäulern hervorgingen. Offb 9, 18 **13)** Und nachdem er irgendwelche zwei von den Centurionen herbeigerufen hatte, sprach er: Macht 200 Soldaten bereit, damit sie bis Cäsarea gehen, auch 70 Reiter und 200 Leichtbewaffnete, ab der dritten Stunde der Nacht! Apg 23, 23 **14)** Er ist gleich einem Menschen, der ein Haus baut, welcher grub und tief machte und setzte ein Fundament auf den Felsen; als aber das Hochwasser kam brach sich der Strom an jenem Haus, denn er war nicht stark genug um es zu erschüttern, weil es gut gebaut war. Lk 6, 48 **15)** Und nachdem er aufgestanden, ging er zu seinem Vater. Aber noch als er sich fernhielt, sah ihn sein Vater und hatte Mitleid und während er lief fiel er um seinen Hals und küsste ihn. Lk 15, 20 **16)** Wiederum sandte er andere Knechte, wobei er sprach: „Sagt den Eingeladenen, siehe, die Mahlzeit ist bereit, meine Stiere und das Mastvieh sind geschlachtet und alles ist bereit; kommt zur Hochzeit!" Mt 22, 4 **17)** Das meiste Volk aber breitete ihre eigenen Mäntel auf dem Weg aus, andere aber hieben Zweige von den Bäumen und breiteten sie auf dem Weg aus. Mt 21, 8 **18)** Wenn irgendjemand der Ungläubigen euch einlädt und ihr wollt gehen, esst alles, was euch vorgesetzt wird wobei ihr es nicht prüft wegen dem Gewissen. 1Kor 10, 27 **19)** Und ich sah, und siehe ein leuchtendes Pferd, und der, der auf ihm sass hatte (Part) einen Bogen und ihm wurde ein Kranz gegeben und er ging hinaus, wobei er siegte auch damit er siegte. Offb 6, 2 **20)** Und sie assen alle und wurden satt. Und sie hoben das Übrige der Brocken auf, sieben Körbe voll. Mt 15, 37

Übersetzung Eus hist eccl III 17
Nachdem doch Domitian (seine) Grausamkeit an vielen gezeigt hatte, und eine nicht geringe Menge von in Rom lebenden Patriziern und hervorragenden Männern ohne vernünftiges Gericht hinrichten liess, und nachdem er zehntausende (od: zahllose) andere hervorragende Männer mit Verbannungen über das Gebiet hinaus und grundlos mit Verlust der Vermögen (τῶν οὐσίων) bestraft hatte, setzte er sich selbst als Nachfolger (Neros), wobei er Neros Gotteshass und Kampf gegen Gott vollendete. Er erregte also die zweite Verfolgung gegen uns an, obgleich sein Vater Vespasian überhaupt nichts unstatthaftes gegen uns im Sinne geführt hatte (Genabs).

Lektion 19

1.
Präs Opt 3.Sg θέλω wie wollte er? – Aor Opt 3.Sg εὑρίσκω wenn er fände – Aor Opt 3.Sg γίνομαι es sei nicht! – Präs Opt 3.Sg εἰμί er, sie, es sei! – Präs Opt 3.Sg ἔχω er, sie, es habe! – Präs Opt 3.Sg βούλομαι wenn er, sie, es wollte – Aor Opt 3.Sg λαμβάνω er, sie, es nehme! – Präs Opt 3.Pl δύναμαι wenn sie könnten – Aor Opt Pass 3.Sg τηρέω er, sie, es möge bewahrt werden! – Aor Opt 3.Sg παρακαλέω er, sie, es bitte (od. tröste)! – Aor Opt 3.Sg δίδωμι er, sie, es gebe! – Präs Opt 2.Pl πάσχω wenn ihr leiden müsstet – Aor Opt Pass 3.Sg πληθύνω er, sie, es möge voll werden

2.
1) Wir haben (Pf) den Zugang zu dieser Gnade durch den Glauben, in welchem wir stehen und wir rühmen uns über der Hoffnung der Herrlichkeit Gottes. Nicht allein aber (dieses rühmen wir uns; ἀπὸ-κοινοῦ), sondern wir rühmen uns auch in den Bedrängnissen, weil wir wissen, dass die Bedrängnis Ausharren bewirkt. Rö 5, 2f **2)** Sein Mund aber wurde geöffnet und seine Zunge (gelöst; Zeugma), so dass er Gott lobend redete. Lk 1,64 **3)** Der nun, welcher euch den Geist darreicht und Kräfte unter euch bewirkt, (bewirkt er es; ἀπὸ-κοινοῦ) aus Gesetzeswerken oder aus dem Anhören des Glaubens? Gal 3, 5 **4)** In den letzen Zeiten werden einige abtrünnig machen ... indem sie verbieten zu heiraten und (gebieten; Zeugma) sich von Speisen zu enthalten, welche Gott geschaffen hat zur Entgegennahme mit Danksagung für die Gläubigen, welche auch die Wahrheit anerkannt haben. 1Tim 4, 1.3

3.
1) Und nachdem er (BW) in das Boot gestiegen war (Part), folgten ihm (BW zweimal!) seine Jünger nach. Mt 8, 23 **2)** Israelitische Männer! Was staunt ihr über diesen oder was starrt ihr uns (BW) so an, wie indem (wenn) wir mit eigener Kraft oder Frömmikeit gemacht hätten (Part), dass er umhergeht? Apg 3, 12 **3)** Darauf geht er und nimmt sieben weitere Geister (BW), schlimmere als er selbst, mit sich und, nachdem sie hineingegangen sind (Part), wohnen sie dort. Lk 11, 26 **4)** Wenn aber irgendjemandem von euch Weisheit mangelt, der soll von Gott (BW) bitten, welcher allen aufrichtig gibt und indem (wobei, weil) er nicht schilt (Part) wird er ihm geben. **5)** Als er aber auf das Land hinausging (Part), begegnete ihm (BW) irgendein Mann aus der Stadt, welcher Dämonen hatte. Lk 8, 27 **6)** Und zu ihm hin versammelte sich viel Volk, so dass er (BW), nachdem er eingestiegen war (Part), in einem Boot sass (AcI), und das ganze Volk stand auf dem Strand. Mt 13, 2 **7)** Und uns (BW), als wir tot waren (Part) aufgrund (Dat causae) der Übertretungen hat er zusammen mit dem Christus lebendig gemacht ... Eph 2, 5

4.
1) Paulus aber: Ich bete zu Gott, dass über kurz oder lang („sowohl in kurzem als auch in langem") nicht allein du sondern auch alle so beschaffenen, die mich heute hören, solche werden wie auch *ich* bin, ausgenommen diese Fesseln. Apg 26, 29 **2)** Gnade euch und Friede möge sich vermehren durch genaue Erkenntnis Gottes und Jesus, unseres Herrn. 1Pt 1, 2 **3)** Und was du säst, du säst nicht den Leib, der werden soll (Part Fut), sondern, wenn es sich trifft, ein nacktes Korn von Weizen oder irgendeinem der übrigen (Getreide). 1Kor 15, 37 **4)** Der Herr möge ihm geben, Erbarmen zu finden vom Herrn an jenem Tag. 2 Ti 1, 18 **5)** Michael aber, der Erzengel, als er sich mit dem Teufel stritt, sich unterhielt betreffend des Leichnams Moses, wagte nicht ein Urteil der Gotteslästerung vorzubringen, sondern sprach: Der Herr schelte dich! Jud 1, 9 **6)** Diesem nun nickt

Simon Petrus um zu erfragen, wer es sei, von dem er spricht. Joh 13, 34 **7)** Was nun? Sollen wir etwa sündigen, weil wir nicht unter dem Gesetz sondern unter der Gnade sind? Das sei ferne! Rö 6, 15 **8)** Der Gott der Hoffnung aber erfülle euch mit aller Freude und Friede, während ihr vertraut, damit ihr überfliesst in Hoffnung durch die Kraft des Heiligen Geistes. Rö 15, 13 **9)** Euch aber mache der Herr reich und überfliessend durch die Liebe zu einander und zu allen sowie auch wir zu euch (sind). 1Thes 3, 12 **10)** Er tröste und stärke eure Herzen durch jedes Werk und gute Wort. 2Thes 2, 17 **11)** Die Juden nun ... baten den Pilatus, dass ihre Schenkel gebrochen würden und (sie erg. die Leichname = Zeugma) abgenommen würden. Joh 19, 31 **12)** Und als er in seine Heimat kam lehrte er sie in ihren Synagogen, so dass sie ausser sich gerieten und sprachen: Woher sind diesem diese Weisheit und die Kräfte? Mt 13, 54 **13)** Damit nicht etwa, wenn er das Fundament gelegt hat und nicht fähig ist (den Bau) zu vollenden, alle die es beobachten anfangen ihn zu verspotten. (Lk 14, 29) **14)** Es gibt aber auch viele andere Dinge, welche Jesus getan hat, welche, wenn sie einzeln aufgeschrieben würden, auch er, ich meine den Kosmos, die geschriebenen Bücher nicht aufnehmen könnte (= Platz machen könnte; AcI). Joh 21, 25 **15)** Gut ist es aber jederzeit im Guten zu eifern und nicht nur während ich bei euch bin. Gal 4, 18 **16)** Wir haben einen Altar, von welchem sie nicht die Erlaubnis hatten zu essen, die, die im (Dat locativus) Zelt dienten, denn (deren) das Blut der Tiere wird für die Sünden durch den Hohenpriester in das Heilige hineingetragen, deren Leiber ausserhalb des Lagers verbrannt werden. Deshalb auch Jesus, damit er das Volk durch sein eigenes Blut heilige, hat ausserhalb des Tores gelitten. Hb 13, 10–12 **17)** Und ein Gesicht wurde von Paulus (beim Passiv bezeichnet der Dativ die handelnde Person) während der Nacht gesehen: Irgendein mazedonischer Mann stand und bat ihn und sagte: Setze nach Mazedonien über und hilf uns! Apg 16, 9 **18)** Vor allem aber, meine Brüder, schwört weder beim Himmel noch bei der Erde noch irgendeinen anderen Eid; euer Ja aber, soll ein Ja sein und das Nein ein Nein, damit ihr nicht etwa unter das Gericht fallt. Jak 5, 12 **19)** Als aber das Volk in Erwartung war und sich alle in ihren Herzen über Johannes Gedanken machten, ob er nicht etwa der Christus sei, antwortete Johannes allen und sagte ... Lk 3, 15f **20)** Der Herr ist der Geist; wo aber der Geist des Herrn ist, ist Freiheit. 2Kor 3, 17

Vokabular nach Lektionen

Lektion 1

Verben

ἀκούω	hören, anhören, verstehen
δουλεύω	Sklave sein, gehorchen, dienen
ἐκβάλλω	hinauswerfen, hervorbringen
ἔχω	haben, halten, anhaben
θέλω	wollen, Gefallen haben an
λέγω	sagen, reden, nennen, antworten
πιστεύω	glauben, vertrauen, überzeugt sein
συνέχω	zusammenhalten, in Ordnung halten, erfassen, bedrängen

Substantive

ὁ ἄνθρωπος	der Mensch, Mann, einer
ὁ ἄρτος	das Brot, Nahrung
τὸ δαιμόνιον	der Dämon
ὁ δοῦλος	der Sklave
τὸ δῶρον	das Geschenk, Opfergabe
τὸ ἔργον	das Werk, Arbeit, Handlung, Beschäftigung
ὁ θεός	Gott
ὁ θησαυρός	der Aufbewahrungsort, Schatzbehälter, Schatz
τὸ ἱερόν	der Tempel, Heiligtum
ὁ κύριος	der Herr
ὁ λόγος	das Wort, Aussage, Erzählung
ὁ νόμος	der Brauch, Gesetz, Ordnung, Regel, Thora
τὸ μυστήριον	das Geheimnis
ὁ οὐρανός	der Himmel
ὁ υἱός	der Sohn
ὁ Χριστός	der Christus, Gesalbte, Messias

Adjektive

ἀγαθός, -ή, -όν	gut, tüchtig, brauchbar
ἅγιος, -ία, -ον	heilig, gottgeweiht
δίκαιος, -αία, -ον	gerecht, rechtschaffen
πονηρός, -ά, -όν	in schlechtem Zustand, schlecht, böse
πτωχός, -ή, -όν	bettelarm, unterstützungsbedürftig

Präpositionen

εἰς	Präp. mit Akk: in … hinein, nach … hin, für, zu, um … zu
ἐκ, ἐξ	Präp. mit Gen: von, von … her, aus, aus … heraus, seit

Sonstige

γάρ	denn, nämlich
δέ	aber (adversative od. kopulative Partikel)
ἤ	oder
καί	und, auch (koordinierende Konjunktion)
ὁ, ἡ, τό	der, die, das (Artikel)
οὐ, οὐκ, οὐχ	nicht, kein (Negationspartikel)
πάντοτε	immer, jedesmal, zu allen Zeiten
τότε	damals, dann, darauf
τίς	wer? was für einer? (Interrogativpron.)
τί	was? was für ein? (Interrogativpron.)

Lektion 2

Verben

βλέπω	sehen, blicken, wahrnehmen
εἰμί	als Hilfsverb (enklitisch): sein
	als Vollverb: existieren
ἐλέγχω	überführen, aufdecken, nachweisen
παραλαμβάνω	zu sich nehmen, übernehmen, annehmen
ὑπάγω	weggehen, gehen, hingehen

Substantive

ἡ ἄκανθα	die Dornpflanze, Dorne
ἡ ἀλήθεια	die Wahrheit, Aufrichtigkeit, Wirklichkeit
ἡ ἁμαρτία	die Sünde
ἡ ἀπώλεια	das Verderben, Vernichtung, Untergang
ἡ ἀσέλγεια	die Zügellosigkeit, Schwelgerei
ἡ ἀσθένεια	die Schwäche, Krankheit
ἡ βασιλεία	das Königreich, Königsherrschaft
ἡ γῆ, γῆς	die Erde, Erdboden, Land
ἡ γλῶσσα	die Zunge, Sprache
ἡ δόξα	der Ruhm, Ansehen, Herrlichkeit
ἡ ἐντολή	der Auftrag, Weisung, Gebot
ἡ ἐξουσία	das Vermögen, Freiheit, Vollmacht, Amtsgewalt
ἡ ἡμέρα	der Tag, Zeit
ὁ λαός	das Volk, Menge, Leute
ἡ κώμη	das Dorf, Ansiedlung
τὸ ὄρος, -ους	der Berg, Gebirge
ὁ ὀφθαλμός	das Auge
ὁ τόπος	der Ort, Platz, Stelle, Ortschaft, Raum
ἡ ὑπομονή	das Darunterbleiben, Ausharren, Geduld
ἡ φυλή	der Stamm, Volksstamm

ἡ χαρά	die Freude, Freudenmahl
ἡ χρεία	das Bedürfnis, Mangel, Notwendigkeit

Adjektive

συνεργός, -όν	mitarbeitend
ἔρημος, -ον	verlassen, menschenleer, öde, einsam

Präpositionen

διά	Präp. mit Akk: wegen, um ... willen, für, weil
μετά	Präp. mit Gen: mit, inmitten, zusammen
	Präp. mit Akk: hinter, nach
περί	Präp. mit Gen: über, in Hinsicht auf, betreffs
ὑπό	Präp. mit Gen: von, unter Einwirkung von, durch
	Präp. mit Akk: unter

Sonstige

ἐγώ	ich (Personalpron.)
εἰ	wenn, ob, falls
μή	nicht (Negationsparikel)
ὅτι	dass, weil, Doppelpunkt (rezitativ)

Lektion 3

Verben

ἀγαπάω	lieben
ἀδικέω	Unrecht tun, sich vergehen, schädigen
ἀκολουθέω	hinterhergehen, folgen, nachfolgen
ἀπειθέω	ungehorsam sein
ἀπολύω	loslassen, freigeben, entlassen, verabschieden
διώκω	verfolgen, eilen, jagen
ζητέω	suchen, untersuchen, begehren
ἰσχύω	stark sein, kräftig sein, vermögend sein, können, gelten
καταλύω	ganz auflösen, zerstören
καταντάω	hinkommen, gelangen, erreichen
λαλέω	reden, sprechen, Töne von sich geben
πείθω	überzeugen, überreden, vertrauen, glauben
πέμπω	senden, aussenden, schicken
πληρόω	füllen, anfüllen, erfüllen, vollenden, beendigen
ποιέω	machen, tun, ausführen, handeln
προφητεύω	prophetisch reden, vorhersagen, hervorsagen

Substantive

ὁ ἀγρός	das Feld, Acker
ἡ ἀδελφή	die Schwester, weibl. Verwandte, Volks-, Glaubensgenossin
ὁ ἀδελφός	der Bruder, Volks-, Glaubensgenosse
τὸ αἷμα, -ατος	das Blut
ἡ εἰρήνη	der Friede, Heil, geordnete Zustände
ἡ ἐκκλησία	die Versammlung, Gemeinde
ὁ καιρός	die rechte Zeit, Augenblick, rechtes Mass
ἡ καρδία	das Herz (Sitz des geistigen Lebens, Denkvermögens, Willens, Wünsche)
ἡ οἰκία	das Haus, Hausgenossenschaft, Familie
ὁ ὄχλος	der Volkshaufe, Volk, Masse
τὸ πλήρωμα, -ατος	das was füllt, Erfüllung, Fülle, Vollzahl
ὁ ποταμός	der Fluss, Strom
ἡ προφητεία	die Prophetie, Prophetengabe, Prophezeiung
τὸ σῶμα, -ατος	der Leib, Körper
ἡ σωτηρία	die Erhaltung, Errettung, Heil
ἡ χάρις, -ιτος	die Gunst, Anmut, Gnade, Dank
τὸ χάρισμα, -ατος	die wohlwollend gespendete Gabe, Gnadengabe
ὁ χοῖρος	das Ferkel, Schwein
ἡ χώρα	das Land, Landschaft, Gegend, Bereich, Acker, Platz
ἡ ὥρα	die Stunde, Tageszeit, kurze Zeit

Präpositionen

ἀπό	Präp. mit Gen: von, von ... weg, aus, seit
ἐν	Präp. mit Dat: in, innerhalb, im Bereich, während, mit, vermittelst, durch, nach
πρός	Präp. mit Akk: zu ... hin, auf ... zu, gegen, in Hinsicht auf, über, was ... anbetrifft, um ... zu, bei

Adjektive

ἄδικος, -ον	ungerecht, unehrlich, untreu
ἰσχυρός, -ά, -όν	stark, heftig, machtvoll, laut
μωρός, -ά, -όν	töricht, unsinnig
φρόνιμος, -ον	verständig, klug, einsichtsvoll

Sonstige

εὐθύς, -εῖα, -ύ	gerade (Adj.); sofort, sogleich (Adv.)
ἐκεῖνος, -η, -ο	jener, jene, jenes (Demonstrativpron.)
κἀκεῖνος, -η, -ον	und jener, auch jener, und er (Demonstrativpron)
καλῶς	schön, gut, trefflich, passend, richtig (Adv.)
οὗτος, αὕτη, τοῦτο	dieser, diese, dies (Demonstrativpron.)
νῦν	jetzt, nun
νυνί	nun, jetzt
ὥσπερ	geradeso wie, gleichwie

Lektion 4

Verben

ἀναχωρέω	zurückweichen, weggehen
ἀποστέλλω	absenden, wegsenden, aussenden
βούλομαι D	wollen, wünschen, mögen, möchten
γίνομαι D	werden, sein, geschehen, existieren
δέχομαι D	aufnehmen, empfangen, gastlich aufnehmen, fassen
εἰσπορεύομαι D	hineingehen, kommen, eintreten
ἐκλέγω	auslesen, heraussuchen, auswählen
καυχάομαι	sich rühmen, stolz sein
κλαίω	klagen, weinen
λύω	lösen, ablösen, losmachen, beenden
πάσχω	leiden, erfahren, erdulden
πορεύομαι D	gehen, wandern, reisen
προσδέχομαι D	aufnehmen, annehmen, erwarten
φεύγω	fliehen, entrinnen, entkommen
φοβέομαι	Angst haben, in Furcht geraten, sich fürchten
χαίρω, -ομαι	sich freuen, fröhlich sein (Imp: Grussformel)

Substantive

ἡ δικαιοσύνη	die Gerechtigkeit
ἡ ἐπιθυμία	das Verlangen, Begierde
ὁ κριτής	der Richter
ὁ ναός	der Tempel, Heiligtum
τὸ πάσχα	das Passa, Passamahl, Passafeier
τὸ πρόβατον	das Schaf
ὁ πῶλος	das Jungtier, Pferd
τὸ ὑπόδημα, -ατος	die Sandale

Adjektive

ἄπιστος, -ον	unglaubwürdig, unglaublich, ungläubig
κακός, -ή, -όν	schlecht, untauglich, verderblich, böse, schädlich
μέσος, -η, -ον	in der Mitte befindlich, mitten
μόνος, -η, -ον	allein, einzig, für sich
πιστός, -ή, -όν	treu, zuverlässig, Vertrauen erweckend, glaubwürdig
πρῶτος, πρώτη, πρῶτον	erster, früher, vornehmer

Sonstige

ἀλλά	sondern, aber, trotzdem
δύο	zwei (Numerale) (δυσίν = Dat)
ἔτι	noch, noch immer, ausserdem (Adv.)
μέν	zwar, aber
οὖν	folglich, also, nun

πάλιν	wiederum, zurück, nochmals
ὧδε	hier, hierher, hierbei, unter diesen Umständen (Adv)
ὡς	wie, so wie, als, so dass, ungefähr
ὡσαύτως	auf ebendieselbe Weise, ebenso

Lektion 5

Verben

ἀναγινώσκω	lesen, vorlesen, (eig. wiedererkennen)
γινώσκω	erkennen, kennen lernen, wissen
ἔρχομαι D	kommen, gehen, sich einstellen
κατέρχομαι D	herabkommen
ποιμαίνω	weiden, hüten, schützen, nähren, pflegen
ὑστερέω	zu spät kommen, verfehlen, ausgeschlossen bleiben, abkommen, ermangeln, zurückstehen

Substantive

ὁ ἄρχων, -οντος	der Herrscher, Anführer, Behörde
τὸ βῆμα, -ατος	der Schritt, Tribüne, Richterstuhl
τὸ βιβλίον	das Schriftstück, Buch
ἡ βίβλος, -ου	das alte (ehrwürdige) Buch, Buch
τὸ γόνυ, -ατος	das Knie
ἡ γυνή, γυναικός	die Frau, Ehefrau
ὁ δράκων, -οντος	der Drache, Schlange
ἡ εἰκών, -όνος	das Bild, Abbild, Aussehen, Gestalt
ὁ Ἕλλην, -ηνος	der Grieche
ἡ ἐλπίς, -ίδος	die Hoffnung, Aussicht, Erwartung
ἡ ἐπιστολή	der Brief, Schreiben, Epistel
ὁ λῃστής, -οῦ	der Räuber, Plünderer
ὁ μαθητής, -οῦ	der Schüler, Student, Jünger, Anhänger
ὁ μήν, μηνός	der Monat, Neumond
ἡ νύξ, νυκτός	die Nacht
τὸ ξύλον	das Holz
ὁ ὀδούς, ὀδόντος	der Zahn
ἡ ὁδός, -οῦ	der Weg, Strasse, Gang, Reise
ὁ οἰκονόμος	der Hausverwalter
τὸ οὖς, ὠτός	das Ohr
ὁ παῖς, παιδός	der Knabe, Jüngling, Knecht, Kind
ἡ πίστις, -εως	der Glaube, das Vertrauen
τὸ πνεῦμα, -τος	der Geist, Hauch, Wind
ὁ ποιμήν, -ένος	der Hirte
ὁ πούς, ποδός	der Fuss
ἡ πραΰτης, -ητος	die Sanftmut, Milde, Freundlichkeit
ὁ προφήτης, -ου	der Prophet

ἡ σάρξ, σαρκός   das Fleisch, Leib, irdische Natur
τὸ σκότος, -ους   die Finsternis, Dunkel
ὁ τελώνης, -ου   der Zöllner, Zolleinnehmer
τὸ ὕδωρ, ὕδατος   das Wasser
τὸ φῶς, φωτός   das Licht, Leuchtkörper
ἡ χρηστότης, -ητος   die Güte, Milde, Freundlichkeit

Adjektive

ἀρχαῖος, -αία, -αῖον   anfänglich, ursprünglich, alt, vor alters
ἰουδαῖος, -αία, -αῖον   jüdisch; der Jude (Subst.)
καθαρός, -ή, -όν   rein, sauber, lauter, klar
καινός, -ή, -όν   neu, noch nie dagewesen, ungebraucht
καλός, -ή, -όν   schön, gut, brauchbar, edel, angenehm
μακάριος, -ία, -ιον   überglücklich, selig

Sonstige

ἄρα / ἆρα   denn, also / Fragepartikel
μήτι   doch nicht etwa, doch wohl nicht
μηδέ   auch nicht, und nicht, nicht einmal
ναί   Ja, gewiss, so ist es
οὔ   nein
οὐδέ   und nicht, auch nicht
οὕτως   so, wie, so wie, auf diese Weise
οὐχί   nicht, nein (verstärkte Neg.)
πόθεν   woher?, von welchem Ort?, aus welcher Quelle?, aus welchem Grund?, wieso?
ποῖος, -α, -ον   wie beschaffen?, welcherlei Art?, welcher?
πόσος, -η, -ον   wie gross?, wieviel?
πότε   wann?
ποτέ   irgendeinmal, einstmals (enkl.)
ποῦ   wo?, an welchem Ort?, wohin?
πώς   irgendwie, etwa (enkl. Indefinitpronomen)
πῶς   wie?, auf welche Art und Weise? (Interrogativpron.)
τις, τι   irgendeiner, jemand (Indefinitpron., enkl.)

Lektion 6

Verben

βαπτίζω   eintauchen, untertauchen, benetzen, taufen
διδάσκω   lehren, belehren
δοκιμάζω   etwas prüfen, untersuchen, erproben, bewähren
ἐγείρω   aufwecken, aufstehen, auferstehen,
κλέπτω   stehlen

κοσμέω	in Ordnung bringen, schmücken
κρίνω	scheiden, unterscheiden, richten, urteilen, meinen
κρύπτω	verbergen, verhüllen, verstecken, geheimhalten
μένω	bleiben, sich aufhalten, wohnen
προάγω	vorwärtsführen, weiterführen, vorangehen, vorausgehen
ὑποτάσσω	unterordnen
ὑπακούω	hören auf, gehorchen
φέρω	tragen, mit sich tragen, mitbringen, bringen, holen, ertragen
χαίρειν τινί od. τινὰ λέγω	= jmd willkommen heissen, begrüssen

Substantive

ὁ ἄνεμος	der Wind, Sturm
ὁ ἀνήρ, ἀνδρός	der Mann, jemand
ὁ ἀστήρ, -έρος	der Stern
ἡ γενεά	das Geschlecht, Generation, Sippe, Zeitalter
ἡ διακονία	die Dienstleistung, Dienst, Hilfeleistung, Unterstützung
ὁ / ἡ διάκονος	der Tischdiener, Helfer
ἡ διδαχή	die Lehre, Unterweisung, Unterricht
ἡ θάλασσα	das Meer, See
ὁ κλέπτης, -ου	der Dieb
ὁ κόσμος	der Schmuck, Welt, Weltall
ἡ κτίσις, -εως	die Schöpfung, Gründung
ὁ μάρτυς, μάρτυρος	der Zeuge
ἡ μήτηρ, μητρός	die Mutter
ὁ πατήρ, -ρός	der Vater, Stammvater, Wohltäter
τὸ πῦρ, πυρός	das Feuer
ὁ σωτήρ, -ῆρος	der Retter, Erhalter, Bewahrer, Beschützer
τὸ τέλος	das Ziel, Ende, Zoll
ἡ φωνή	der Laut, Ton, Stimme, Ausspruch
ἡ χείρ, χειρός	die Hand, Gewalt
ὁ χρόνος	die Zeit, Zeitdauer
ὁ ψευδοπροφήτης, -ου	der falsche Prophet, Lügenprophet

Adjektive

κρυπτός, -ή, -όν	verborgen, versteckt, geheim
μέγας, μεγάλη, μέγα	gross, reichlich, geräumig, heftig
ὅλος, -η, -ον	ganz, ungeteilt, unversehrt
ὅμοιος, -οία, -ον	gleichartig, von gleicher Art
πᾶς, πᾶσα, πᾶν	jeder, alles, jeglicher, ganz, gesamt, höchst, völlig
ἅπας, -ασα, -αν	jeder, ganz, alles (= πᾶς)
πολύς, πολλή, πολύ	viel, viele, viel, zahlreich, gross

Präpositionen

διά	Präp. mit Gen: durch, hindurch, während
ἐπί	Präp. mit Gen: auf, an, bei, neben, über
	Präp. mit Dat: auf, an, bei, über, zu

κατά	Präp. mit Akk: auf, auf ... hin, darüber, zu, bis, während
	Präp. mit Gen: von etwas herab, gegen
	Präp. mit Akk: gemäss, nach, für, während, in Hinsicht auf, in Beziehung mit
παρά	Präp. mit Gen: von, durch, von seiten
	Präp. mit Dat: neben, bei, an, unter
	Präp. mit Akk: an ... hin, bei, entgegen
σύν	Präp mit Dat: mit, zusammen mit

Sonstige

εἷς, μία, ἕν	einer, eine, ein (Numerale)
μηδείς, μηδεμία, μηδέν	keiner, keine, kein, niemand
οὐδείς, οὐδεμία, οὐδέν	keiner, keine, kein, niemand
οὔτε	und nicht; οὔτε ... οὔτε weder noch
ὅτε	als, da, nachdem, damals als
τέ	und, ebenso (Partikel, steht immer an zweiter Stelle)

Lektion 7

Verben

βοάω	rufen, schreien
ἔξεστιν	oft unpers: es ist erlaubt
< ἔξειμι	< frei stehen, erlaubt sein
ἐπαγγέλλω	ankündigen, versprechen, befehlen
ἐπερωτάω	fragen, bitten
ἐργάζομαι D	arbeiten, verrichten, wirken, bearbeiten
εὐδοκέω	Wohlgefallen haben an, für gut halten, einwilligen, mögen
θεραπεύω	dienen, besorgen, behandeln, therapieren
καταγγέλλω	feierlich verkünden
κηρύσσω	bekanntmachen, laut verkünden, öffentlich rühmen, als Herold sprechen
λογίζομαι (D)	rechnen, anrechnen, berechnen, bewerten
μέλλω	mit Inf od. AcI: im Begriff sein, dabei sein zu ...
παιδεύω	erziehen, unterrichten, bilden, zurechtweisen
παρακαλέω	herbeirufen, einladen, zu Hilfe rufen, ermahnen, zureden, bitten
πειράζω	prüfen, versuchen
προσκυνέω	niederkniend huldigen, anbeten
σπουδάζω	sich sputen, eilen, sich bemühen
τηρέω	bewahren, bewachen, hüten, halten

Substantive

ὁ ἄγγελος	der Bote, Abgesandter, Engel
ἡ ἀδικία	das Unrecht, ungerechte Tat, Ungerechtigkeit
ἡ ἀπιστία	die Untreue, Unzuverlässigkeit, Unglaube
τὸ βρῶμα, -ατος	die Speise, Nahrungsmittel
τὸ γένος, -ους	das Geschlecht, Nachkommenschaft, Verwandtschaft
ὁ δέσμιος	der Gefangene
τὸ δικαίωμα, -ατος	die Rechtsordnung, Gebot, Bestimmung
τὸ ἔθος, -ους	das Herkommen, Brauch, Sitte, Gewohnheit, Gesetz
ἡ ἐπαγγελία	die Ankündigung, Versprechen, Verheissung
ἡ ζύμη	der Sauerteig
τὸ εὐαγγέλιον	die gute Botschaft, Siegesbotschaft, Freudenbotschaft, Evangelium
ἡ θλίψις, -εως	das Bedrängen, Verengung, Druck, Trübsal
ἡ κακία	die schlechte Beschaffenheit, Bosheit, Fehlerhaftigkeit
ἡ κλῆσις, -εως	die Berufung, Einladung, Beruf, Stand
ἡ κοιλία	die Leibeshöhle, Bauch, Mutterleib, das Innere
τὸ κρίμα, -ατος	der Streitfall, Entscheidung, gerichtliche Strafe, Gericht
τὸ μνῆμα, -ατος	das Grab
τὸ μνημεῖον	das Denkmal, Grab
τὸ πάθημα, -ατος	das Leid, Unglück
ἡ παρρησία	die Offenheit (beim Reden), Freimütigkeit, Öffentlichkeit
τὸ πλοῖον	das Schiff, Boot
τὸ σάββατον	der Sabbat, Woche
τὸ τέκνον	das Kind
ἡ τιμή	der Wert, Kaufpreis, Ehre, Würde
ὁ τρόπος	die Art und Weise, Betragen, Charakter
ἡ ψυχή	die Seele, Leben

Adjektive

ἄξιος, -ία, -ον	entsprechend, würdig, angemessen
ἕκαστος, -η, -ον	jeder, ein jeder, jeder einzelne
ἴδιος, ἰδία, ἴδιον	eigen, privat
ὑψηλός, -ή, -όν	hoch, erhaben, hochmütig

Adverbien

ἄνωθεν	lokal: von oben her (Adv)
	temporal: von alters, von neuem (Adv)
ἐγγύς	in der Nähe, nahe bei, nahe (Adv)
ἐκεῖ	dort, da, dorthin (Adv)
ἐκεῖθεν	von dort, dorther (Adv)
ἔξω	aussen, ausserhalb, heraus, hinaus (Adv)
ἔξωθεν	von aussen her, aussen, hinaus (Adv)
ἔσωθεν	von innen her, inwendig (Adv)
εὐθέως	sofort, sogleich, alsbald (Adv.)
κἀκεῖ	und dort, auch dort (καί + ἐκεῖ) (Adv)

κἀκεῖθεν	und dorther, und von da, und danach (Adv)
κακῶς	schlecht, übel, schlimm (Adv)
λίαν	ganz, sehr, ausserordentlich (Adv)
μακράν	weit, fern (Adv.)
μόνον	nur, allein, einzig (Adv.)
ὅθεν	von wo, woher, weshalb (Adv)
πέραν	jenseits, jenseitig, auf der anderen Seite (Adv)
πρωΐ	früh, frühmorgens (Adv)
πρῶτον	zuerst, früher, vorher, erstens, besonders (Adv)
ὑποκάτω	unten, drunten, unter, unterhalb (Adv)
ταχύς und ταχέως	schnell, gleich (Adv)

Lektion 8

Verben

ἀποκρίνομαι D	antworten, wieder das Wort ergreifen
ἀπολογέομαι (D)	sich verteidigen, sich herausreden
ἀσθενέω	schwach sein, unvermögend sein, krank sein
δέω	binden, fesseln
δέομαι	bitten
δεῖ	man muss, es ist notwendig (unpersönlicher Ausdruck; oft mit AcI)
δοκέω	trans: meinen, glauben, denken intr: scheinen, gelten
ἐπισκέπτομαι D	besehen, besichtigen, mustern, besuchen
εὐαγγελίζω u. -ομαι D	eine gute Botschaft bringen, eine Siegesbotschaft melden
ζάω	leben, am Leben sein, gesund sein
καλέω	rufen, beim Namen nennen, nennen, einladen, berufen
κρατέω	sich bemächtigen, festnehmen, ergreifen
μαρτυρέω	Zeuge sein, bezeugen, den Beweis erbringen, empfehlen
μέλει + Dat.	es liegt jemandem daran, es gefällt
μερίζω	zerteilen, trennen, uneins machen
περιπατέω	umhergehen, spazierengehen, einen Lebenswandel führen
ὑγιαίνω	gesund sein, sich wohlbefinden
χράομαι D	gebrauchen, anwenden, benutzen, verfahren, vorgehen

Substantive

ἡ ἀπολύτρωσις, -εως	die Loskaufung (v. Gefangenen od. Sklaven), Freilassung, Erlösung
ἡ αὐλή	der Hof, Vorhof, Gehöft
ἡ βρῶσις, -εως	das Essen (Tätigkeit und Speise)
ἡ διδασκαλία	die Lehre, Unterricht, Unterweisung
ὁ διδάσκαλος	der Lehrer
τὸ ἔθνος, -ους	das Volk, Heidenvolk

ὁ ἑκατοντάρχης, -ου   der Centurio
ἡ ἐλεημοσύνη   die Wohltat, Almosen
ὁ καρπός   die Frucht, Ertrag, Nutzen
τὸ κράτος, -ους   die Kraft, Macht, Gewalt, Stärke
τὸ μέρος, -ους   das Teil, Stück, Glied, Anteil, Sache
ἡ νεφέλη   die Wolke, der Nebel
ὁ οἶνος   der Wein
ὁ ὄφις, -εως   die Schlange
ἡ ὀψία   der Abend
τὸ πλῆθος, -ους   die Menge, Vielheit, Volk
ἡ πόλις, -εως   die Stadt
τὸ πρόσωπον   das Gesicht, Oberfläche, Aussehen
ἡ σοφία   die Weisheit

Adjektive

ἀγαπητός, -ή, -όν   geliebt, beliebt, geschätzt, liebenswert
ἀληθής, -ές   wahr, wahrhaftig, untrüglich, wirklich, echt
ἄλλος, -η, -ο   ein anderer, ein weiterer, noch einer; Pl: andere
ἀσθενής, -ές   kraftlos, schwach, krank
δεξιός, -ά, -όν   rechts
νεκρός, -ά, -όν   tot, leblos
ὀλίγος, -η, -ον   wenig, etwas, kurz, klein
πλήρης, -ες   voll, vollständig, vollzählig
πρεσβύτερος, -α, -ον   älter, ältest
σοφός, -ή, -όν   geschickt, geübt, weise
ὑγιής, -ές   gesund, unverletzt, heil

Sonstige

ἀληθῶς   wahrhaftig, wirklich, tatsächlich (Adv.)
ἑπτά   sieben (Numerale)
ἴδε   siehe!, seht doch!, da ist
ἰδού   siehe! (Partikel)
μηκέτι   nicht mehr, nicht weiter
οὐκέτι   nicht mehr, nicht länger

Lektion 9

Verben

αἴρω   heben, aufheben, hochheben, wegtragen
  Aor: ἦρα
ἁμαρτάνω   (das Ziel) verfehlen, fehlen, sich vergehen, sündigen
  Aor: ἥμαρτον
ἀποθνῄσκω   sterben
  Aor: ἀπέθανον

βάλλω	werfen, legen, stellen
Aor: ἔβαλον	
βασιλεύω	König sein, König werden, herrschen, regieren
δαιμονίζομαι D	von einem Dämon besessen sein
ἐκπίπτω	herausfallen, hinfallen, hinfällig werden, versagen
ἐπιγινώσκω	genau erkennen, anerkennen, bemerken
ἐσθίω	essen, fressen, verzehren
Aor: ἔφαγον	
εὑρίσκω	finden, auffinden, antreffen, erkennen
Aor: εὗρον / εὗρα	
ἔχω	haben, halten, anhaben
Ipf: εἶχον	
Aor: ἔσχον	
θαυμάζω	verwundern, staunen, bewundern
θεωρέω	Zuschauer sein, beobachten, anschauen, sehen, erleben
καταλαμβάνω	feindselig treffen, ereilen, begreifen
λαμβάνω	nehmen, ergreifen, erhalten, empfangen
Aor: ἔλαβον	
μισέω	vernachlässigen, hassen, verabscheuen
ὁράω	sehen, erblicken, bemerken, erleben, erfahren
Ipf: ἑώρων	
Aor: εἶδον / εἶδα	
πίπτω	fallen, niederstürzen, zusammenbrechen
Aor: ἔπεσα	
προσέρχομαι D	herantreten, hinzugehen, herzutreten, gehen zu
Aor: προσῆλθον / -ῆλθα	
σχίζω	spalten, zerteilen, auseinanderreissen

Substantive

ὁ βασιλεύς, -έως	der König
τὸ δένδρον	der Baum
τὸ ἔλαιον	das Öl, Ölpflanzung
ἡ θυγάτηρ, -τρός	die Tochter, Nachkommin
ὁ λίθος	der Stein
τὸ ὄνομα, -ατος	der Name
ἡ ὀργή	der Zorn, Affekt
ἡ περιστερά	die Taube
ἡ ῥίζα	die Wurzel, Sprössling
τὸ σημεῖον	das Zeichen, Merkmal
ἡ σκοτία	die Finsternis, Dunkel
ὁ στρατηγός	der Hauptmann, Prätor
ὁ στρατιώτης, -ου	der Soldat
ὁ ὑποκριτής	der Schauspieler, Heuchler
ὁ φόβος	die Furcht, Angst, Ehrfurcht

Adjektive

ἄφρων, -ονος	unverständig, töricht
ποικίλος, -η, -ον	mannigfaltig, verschiedenartig, bunt

| φίλος, -η, -ον | geliebt, lieb, liebenswert, freundschaftlich |
| χωλός, -ή, -όν | lahm, gelähmt |

Sonstige

ἀλλήλων	einander, wechsel-, gegenseitig (Reziprokpron.)
ἑαυτοῦ, -ῆς, -οῦ	sich, selbst, von selbst, gegenseitig (Reflexivpron.)
εἰ μή	ausser, ausgenommen
ἐμαυτοῦ, -ῆς, -οῦ	mir selbst, meiner, mich (Reflexivpron.)
περί	Präp. mit Akk: um ... herum, um, inbetreff
πρό	Präp. mit Gen: vor (zeitl. und örtl.)
σεαυτοῦ, -ῆς, -οῦ	dich selbst, deiner (Reflexivpron.)
ὦ	oh! (Interjektion)

Lektion 10

Verben

ἀγνοέω	nicht erkennen, nicht wissen, verkennen
ἀναπίπτω	sich niederlegen, sich niederlassen, sich rückwärtsbeugen
ἀπέρχομαι D	weggehen, sich entfernen, weichen
βαστάζω	aufheben, tragen, ertragen, fortbringen
ἔδωκεν	(Aor 3.Sg. δίδωμι) er, sie, es hat gegeben
εἰσέρχομαι D	hineingehen, hineinkommen, eintreten
ἐξέρχομαι D	hinausgehen, ausgehen, fortgehen, verlassen
ἔρχομαι	kommen, gehen, sich einstellen
Fut: ἐλεύσομαι	
ἐρωτάω	fragen, bitten
ἔφη	(Ipf 3.Sg φήμι) er, sie, es sagte
ἔχω	haben, halten, anhaben
Fut: ἕξω	
θέλω	wollen, mögen, gefallen haben an
Aor: ἠθέλησα	
κελεύω	befehlen, heissen (mit Inf. od. AcI)
κληρονομέω	beerben, erben
λυπέω	betrüben, traurig machen, ärgern, kränken
μετρέω	messen, ausmessen
μοιχεύω	Ehebruch begehen
πεινάω	hungern
Aor: ἐπείνασα	
Fut: πεινάσω	
πίπτω	fallen, niederstürzen, zusammenbrechen
Fut: πεσοῦμαι	
πλανάω	in die Irre führen, verführen, täuschen, betrügen
πωλέω	verkaufen
συνέρχομαι D	zusammenkommen, sich versammeln, mit jem. reisen
τιμάω	den Wert bestimmen, ehren

ὑπάρχω	dasein, vorhanden sein, vorliegen
φονεύω	morden
ψεύδω	lügen, belügen, täuschen

Substantive

ὁ αἰών, -ῶνος	der Zeitraum, lange Zeit, Zeitalter, Ära, Weltperiode, Ewigkeit
ἡ ἀκοή	die Hörfähigkeit, Gehör, der Ruf, die Kunde
ὁ ἀριθμός	die Zahl, Anzahl
ὁ ἀρχιερεύς, -έως	der Hohepriester, Oberpriester
ἡ γραφή	die Schrift
τὸ δεῖπνον	die Hauptmahlzeit (gegen Abend eingenommen), Gastmahl
ἡ ζωή	das Leben
ὁ ἱερεύς, -έως	der Priester
ὁ ἰχθύς, -ύος	der Fisch
ἡ κληρονομία	das Erbe, Erbteil, Besitz
ὁ κληρονόμος	der Erbe
τὸ μέτρον	das Mass
ὁ νεανίσκος	der junge Mann (bis ca. 40 Jahre)
ὁ νοῦς, νοός, νοΐ, νοῦν	der Verstand, Vernunft, Einsicht, Erkenntnisvermögen, Gesinnung, Gedanke, Meinung
ὁ οἶκος	das Haus, Hausbewohner
ὁ πλησίον	der Nächste, Nachbar, Mitmensch
ὁ πόλεμος	der Kampf, Krieg, Schlacht, Streit
ἡ πρόθεσις, -εως	die Aufstellung, Ausstellung, Vorsatz, Absicht
ὁ σεισμός	die Erschütterung, Erdbeben
ὁ σταυρός	das Kreuz, der Pfahl
τὸ στόμα, -ατος	der Mund
τὸ συνέδριον	der Hohe Rat, Synedrium
τὸ σχίσμα, -ατος	der Riss, Spalte, Meinungsverschiedenheit, Zwiespalt

Adjektive

αἰώνιος, -ία, -ον	für alle Zeitalter, für immer, ewig, bleibend
τέλειος, -α, -ον	bis zum Ziel/Ende gelangt, vollendet, fertig

Sonstige

καθώς	ebenso wie, geradeso wie, insofern, soweit, da ja
οἷος, -α, -ον	welcher Art, wie beschaffen (Relativpron.)
ὀπίσω	hinten, hinter, zurück, hinterher (mit Gen.)
ὅπου	wo, woselbst, wohin, insofern (Relativadv.)
ὅς, ἥ, ὅ	welcher, welche, welches (Relativpron.)
ὅσος, -η, -ον	wie gross, wie weit, wie lang, wie viel (relativ)
ὅστις, ἥτις, ὅ τι	jeder beliebige der, ein solcher, welcher (Relativpron.)
οὐδέποτε	niemals, nie
οὔπω	noch nicht
πέντε	fünf (Numerale)

πλησίον   nahe, benachbart (Adv)
πρίν   mit AcI: eher, vor, bevor

Lektion 11

Verben

ἀτενίζω	gespannt auf etwas sehen
διαμαρτύρομαι D	beschwören, dringend zureden, Zeugnis ablegen
ἐπιζητέω	aufsuchen, forschen, wissen wollen, verlangen
κατεργάζομαι D	ausführen, vollbringen, tun, erarbeiten, bewältigen
κατέχω	aufhalten, zurückhalten, niederhalten, unterdrücken, besitzen
κατοικέω	bewohnen, wohnen
κοπιάω	müde werden, sich plagen, sich erschöpfen
μετανοέω	mitdenken, nachdenken, umdenken, seinen Sinn ändern, umkehren
ὀφείλω	schuldig sein, verpflichtet sein
παραιτέομαι	sich ausbitten, erbitten, sich entschuldigen, sich verbitten, ablehnen
πενθέω	trauern, klagen
περισσεύω	im Überfluss vorhanden sein, überschiessen, reichlich vorhanden sein
συζητέω	sich besprechen, disputieren
σῴζω	unversehrt erhalten, bewahren, retten
Fut: σώσω	
Aor: ἔσωσα	
Aor pass: ἐσώθην	
τολμάω	wagen, mutig sein, über sich gewinnen

Substantive

τὸ ἀργύριον (auch Pl)	das Silber, Geld, Silberstücke
ὁ γραμματεύς, -έως	der Schriftgelehrte, Gesetzeskundiger, Sekretär
ἡ διάνοια	der Verstand, Denkkraft, Absicht, Gesinnung, Gedanke
ἡ δύναμις, -εως	die Kraft, Vermögen, Gewalt, Stärke, Macht
ἡ ἐλευθερία	die Freiheit
ἡ θυσία	das Opfer, Opferhandlung
ἡ ἰσχύς, -ύος	die Stärke, Kraft
ἡ λύπη	die Trauer, Kummer, Schmerz
ἡ μετάνοια	die Sinnesänderung, Willensänderung, Umkehr

Adjektive

ἁμαρτωλός, -όν	sündig, sündhaft
δεύτερος, -α, -ον	zweitens, zum zweiten Male

ἐλεύθερος, -έρα, -ον	frei, ungebunden, unabhängig
ἔσχατος, -η, -ον	zuletzt, geringst, spätest
ἕτερος, -α, -ον	anders, ein anderer
ἱκανός, -ή, -όν	genügend, hinreichend, passend, geeignet
περισσότερος, -α, -ον	grösser, mehr, weiteres (Komp. περισσός-ή-όν = über die gewöhnliche Zahl hinausgehend)
πλείων, πλεῖον	mehr, grösser, weiteres (Komp. von πολύς; als Adv: länger, weiterhin)
πρότερος, -α, -ον	früher, bisherig, vorher, eher, zuvor (Komp.)
χείρων, -ον	schlechter, schlimmer (Komp. von κακός)

Sonstige

ἀντί	Präp. mit Gen: anstatt, für, zugunsten, gegen
ἕως m. Gen	solange bis, bis dass, solange als, während
μᾶλλον	mehr, in höherem Masse, lieber, eher, vielmehr (Adv.)
πλήν	aber, jedoch, indessen, zusammenfassend
τοιοῦτος, τοιαύτη, τοιοῦτον	so beschaffen, solcher Art, derartig (Demonstrativpron.)
ὑπέρ	Präp. mit Gen: für, zum Vorteil von, um ... willen, über Präp. mit Akk: über ... hinaus, über

Lektion 12

Verben

ἀγοράζω	kaufen (auf dem Markt), erwerben
ἄγω	führen, bringen, gehen, ziehen
Fut: ἄξω	
Aor: ἤγαγον od. ἦξα	
Aor Pass: ἤχθην	
αἰτέω	fordern, bitten
ἀποκτείνω	töten
γρηγορέω	wachen, die Augen aufmachen od. aufbehalten
διέρχομαι D	hindurchgehen, hinkommen, passieren
δικαιόω	jem. sein Recht verschaffen, rechtfertigen
διψάω	dürsten, gierig nach etwas verlangen
δοξάζω	rühmen, preisen, ehren, verherrlichen
ἐλεέω	Mitleid haben, sich erbarmen
ἐνεργέω	wirksam sein, wirken, bewirken
ἐπιθυμέω	begehren, verlangen
εὐχαριστέω	dankbar sein, danken
θεάομαι D	beschauen, anschauen, betrachten
θλίβω	drücken, drängen, einengen, quälen
ἰάομαι D	(als Arzt) heilen, wiederherstellen
καθαρίζω	reinigen, säubern

καθεύδω	schlafen
κοινόω	gemein machen, verunreinigen, entweihen
μανθάνω	lernen, erfahren, sich aneignen
Aor: ἔμαθον	
μεριμνάω	sorgen, sich Sorgen machen
μνημονεύω	sich erinnern, gedenken
παρέρχομαι D	vorbeikommen, vorübergehen, vergehen
περιβάλλω	umwerfen, umlegen, anlegen, anziehen
πίνω	trinken
Aor: ἔπιον	
Aor Pass: ἐπόθην	
προσέχω	den Sinn richten auf, achtgeben, sich kümmern um
προσκαρτερέω	beharren bei, treu sein, sich emsig beschäftigen mit
τελέω	vollenden, erfüllen, bezahlen
ὑποστρέφω	zurückkehren
φρονέω	denken, urteilen, wollen, gesinnt sein

Substantive

ἡ αἰτία	der Grund, Ursache, Schuld, Klage
τὸ ἔλεος, -ους	das Mitleid, Erbarmen, Barmherzigkeit
ὁ ἥλιος	die Sonne, Glut der Sonne
τὸ θέλημα, -ατος	der Wille, das Gewollte
ἡ καύχησις, -εως	das Rühmen
ἡ κοινωνία	die Gemeinschaft, enge Verbindung, Teilnahme
ὁ / ἡ κοινωνός	der Genosse, Genossin, Mitbeteiligter
ὁ κόπος	die Mühe, Beschwerde, Arbeit
ἡ κρίσις, -εως	das Gericht, Urteil, Strafe, Entscheidung
ἡ παράκλησις, -εως	die Ermahnung, Ermunterung, Trost, Bitte
ἡ πλάνη	das Irren, Irrtum, Täuschung
ἡ τροφή	die Nahrung, Speise, Kost
τὸ ψεῦδος, -ους	die Lüge
ὁ ψευστής, -ου	der Lügner

Adjektive

κενός, -ή, -όν	leer, eitel, hohl, ohne Inhalt, ohne Grundlage
κοινός, -ή, -όν	gemeinsam, gemein, gewöhnlich, profan, kultisch unrein
λοιπός, -ή, -όν	übrig, hinfort, schliesslich, übrigens

Sonstige

ἄν	bezeichnet, dass ein Satzinhalt an eine Bedingung geknüpft ist
αὔριον	morgen, am folgenden Tag (Adv)
ἄφες / ἄφετε	lass! / lasst! (als Aufforderungsformel)
δέκα	zehn (Numerale)
δεῦρο / δεῦτε	wohlan!, auf! hierher! (als Aufforderung)
δώδεκα	zwölf (Numerale)

ἐάν	mit Konj.: wenn
ἐμός, -ή, -όν	mein (Possessivpron.)
ἔμπροσθεν	vorne, vor, in Gegenwart von, gegenüber
ἐντεῦθεν	von hier (Adv.)
ἐπαύριον	morgen (Adv.)
ἕως	m. Konj: bis
ἡμέτερος, -α, -ον	unser (Possessivpron.)
ἵνα	mit Konj: damit, dass, um ... zu
μέχρι(ς)	Präp m. Gen: bis
μήποτε	niemals, ob nicht? mit Konj: dass nicht, damit nicht
μήτε	und nicht; μήτε ... μήτε: weder ... noch
ὁμοθυμαδόν	einmütig, übereinstimmend (Adv)
ὅπως	mit Konj: damit, dass; wie, auf welche Weise (Adv.)
ὅταν	mit Konj: dann, dann wenn, so oft als, sobald
σός, σή, σόν	dein, deine, dein (Possessivpron.)
ὑμέτερος, -α, -ον	euch gehörig, euch betreffend (Possessivpron.)

Lektion 13

Verben

ἀγαλλιάω	jubeln, jauchzen
ἀνάγω	hinaufführen, vorführen; vom Schiff: auslaufen
ἀναβαίνω	hinaufgehen, hinaufsteigen, besteigen
γαμέω	heiraten, eine Frau verheiraten
γεννάω	erzeugen, zeugen, gebären, hervorbringen
διακονέω	bei Tische dienen, bedienen, dienen, helfen, unterstützen
διατάσσω	anordnen, befehlen, bestimmen
δύναται	er, sie, es kann
ἐνδύω	anziehen, bekleiden
ζωοποιέω	lebendig machen, beleben
θανατόω	töten, Todesgefahr leiden, umbringen
κράζω	ausrufen, schreien, brüllen
νικάω	siegen, besiegen, überwinden
προσεύχομαι D	beten
προσκαλέω	herbeirufen, herbitten, berufen
πυνθάνομαι D	erfragen, sich erkundigen
σαλεύω	erschüttern, schwankend machen
σαλπίζω	trompeten, posaunen
σιωπάω	verstummen, schweigen
σκανδαλίζω	ärgern, Anstoss geben, Irre machen
σταυρόω	kreuzigen
συνάγω	einsammeln, sammeln, versammeln, zusammenbringen
τελειόω	zu Ende führen, vollenden, fertig machen, ans Ziel bringen

τύπτω	schlagen
ὑψόω	erhöhen, gross machen
φιλέω	lieben, gern haben, küssen, gern tun
ὠφελέω	helfen, nützen, fördern

Substantive

ἡ ἀγάπη	die Liebe, Liebesmahl
ἡ ἀρχή	der Anfang, Anfänger, Behörde, Obrigkeit
ὁ γάμος	die Hochzeitsfeier, -mahl, Ehe
ἡ εὐσέβεια	die Frömmigkeit, Gottesfurcht
ὁ θάνατος	der Tod
τὸ θηρίον	das Tier
ἡ θρίξ, τριχός	das Haar
τὸ θυσιαστήριον	der Altar
τὸ κέρας, -ατος	das Horn
ἡ μαρτυρία	das Zeugnis, Zeugnisablegung
τὸ μαρτύριον	das Zeugnis, Beweis
ὁ μισθός	der Lohn, Entgelt
τὸ ῥῆμα, -ατος	das Gesagte, Wort, Spruch
ἡ σάλπιγξ, -ιγγος	die Trompete, Posaune, Trompeten-, Posaunenton
τὸ σκάνδαλον	die Falle, Verführung, Anstoss
ἡ σκηνή	das Zelt, Hütte, Wohnung
ὁ τύπος	der sichtbare Eindruck, Muster, Abbild, Form, Typus, Vorbild
ἡ τράπεζα	der Tisch, Mahlzeit, Speisen
τὸ χρυσίον	das Gold

Adjektive

ἀληθινός, -ή, -όν	wahr, wahrhaftig, glaubwürdig, zuverlässig
ἐχθρός, -ά, -όν	feindlich, verhasst, feindselig gesonnen
τίμιος, -α, -ον	schätzbar, teuer, kostbar, ehrbar
ὕψιστος, -η, -ον	höchster, erhabenster (Sup. von ὕψι)
χρυσοῦς, -ῆ, -οῦν	golden, mit Gold geschmückt

Sonstige

ἕκτος, -η, -ον	sechster, sechste, sechstes (Numerale)
ἐνώπιον	mit Gen: vor, in den Augen von, in Gegenwart von, nach dem Urteil von
ἤδη	schon, bereits, sofort, gleich, endlich (Adv.)
μακρόθεν	von weitem her, von ferne (Adv.)
τεσσεράκοντα	vierzig (Numerale)
τέσσαρες	vier (Numerale)
τοσοῦτος, -αύτη, -οῦτον	so gross, so viel, so weit, so stark

Lektion 14

Verben

ἁγιάζω	heiligen, weihen
ἀναβλέπω	hinaufblicken, aufsehen, wieder sehen
ἀνέχω	aufrechthalten, innehalten; M: aushalten, ertragen, annehmen
ἀνοίγω	öffnen, aufmachen
ἀπάγω	wegführen, abführen, vorführen
ἀπαρνέομαι D	verleugnen, ableugnen
ἀπολαμβάνω	empfangen, erhalten, zurückerhalten, wiedererlangen, wegnehmen, aufnehmen
ἅπτω	anzünden, anstecken; ἅπτομαι: berühren, anfassen, ergreifen
ἀρέσκω	gefallen, zu Gefallen sein
ἀρνέομαι D	verweigern, verleugnen, abschlagen, verneinen
ἁρπάζω	rauben, raffen, fortschleppen, entführen, wegreissen
ἄρχω	der erste sein, herrschen; M: anfangen
ἀσπάζομαι D	grüssen, jem. willkommen heissen
ἀφορίζω	absondern, trennen, ausschliessen
διακρίνω	absondern, trennen, unterscheiden, beurteilen, zweifeln; M: streiten
διαλέγομαι D	sich unterreden, sich unterhalten
διαμερίζω	teilen, zerteilen, spalten, austeilen
ἐάω Ipf: εἴων Aor: εἴασα	lassen, zulassen, geschehen lassen
ἐγγίζω	sich nähern, nahe kommen
ἐγκαταλείπω Aor: ἐγκατέλιπον	übriglassen, im Stich lassen, verlassen, überlassen
εἰσάγω	hineinführen, hineinbringen
ἐξάγω	hinausführen, befreien
ἐπιστρέφω	sich wenden, umwenden, zurückkehren
ἐπιτιμάω	anfahren, tadeln, schelten
ἐπιτρέπω	gewähren, gestatten
εὐφραίνω	erfreuen
θάπτω	begraben
καταβαίνω	hinabsteigen, hinuntergehen, fallen
καταλείπω	zurücklassen, verlassen, aufgeben, im Stich lassen, übrig lassen
καταρτίζω	in Ordnung bringen, wieder zurecht machen, vollenden
μακροθυμέω	Geduld haben, warten
οἶδα	wissen, kennen, erfahren
ὁμοιόω	gleich machen, vergleichen
παράγω	einführen, vorübergehen, vergehen
πράσσω	vollbringen, tun, eintreiben
προσλαμβάνω	mit anfassen, hinzunehmen, mit sich nehmen, einnehmen, missbrauchen
στηρίζω	aufstellen, befestigen, gründen, stärken

φυλάσσω	wachen, bewachen, hüten, verwahren
φωνέω	einen Ton hervorbringen, rufen, schreien

Substantive

ὁ ἀσπασμός	der Gruss
οἱ γονεῖς, -έων	die Eltern
ὁ διάβολος	der Durcheinanderbringer, Teufel
ἡ δωρεά	das Geschenk, Gabe
ὁ θρόνος	der Thron, Herrschaft
ὁ θυμός	die Leidenschaft, Begierde, Zorn
ἡ θύρα	die Türe, Eingang
τὸ ἱμάτιον	das Gewand, Kleid, Mantel, Überwurf
ὁ κλῆρος	das Los, Verlostes, Anteil
ἡ μακροθυμία	Standhaftigkeit, Geduld, Ausdauer
ὁ οἰκοδεσπότης, -ου	der Hausherr
τὸ ὅριον	die Grenze
τὸ παιδίον	das kleine Kind
ἡ παρουσία	die Anwesenheit, Gegenwart, Ankunft, Parusie
τὸ ποτήριον	der Becher, Trinkgefäss
τὸ σπέρμα, -ατος	der Same, Nachkommenschaft
ἡ φυλακή	die Wache, Wachposten, Gefängnis, Nachtwache

Adjektive

μικρός, -ά, -όν	klein, gering, winzig
τυφλός, -ή, -όν	blind

Sonstige

ὁμοίως	gleich, gleichermassen, ebenso (Adv)
οὐαί	wehe!
σφόδρα	heftig, gewaltig, gar sehr (Adv)

Lektion 15

Verben

ἀθετέω	für ungültig erklären, abschaffen, zunichte machen
ἀναγγέλλω	melden, berichten, ankündigen, lehren
ἀνάκειμαι	liegen, gelagert sein, zu Tisch liegen
ἀνακρίνω	befragen, untersuchen, beurteilen, prüfen
ἀντιλέγω	widersprechen, sich widersetzen, jmd bekämpfen
ἀπαγγέλλω	melden, berichten
ἀποκαλύπτω	offenbaren, enthüllen, aufdecken
αὐξάνω	vermehren, wachsen lassen (pass: wachsen)

δέρω	schinden, prügeln, schlagen
ἐκτείνω	ausstrecken, ausspannen
ἐμβαίνω	hineintreten, einsteigen
ἐμβλέπω	ansehen, hinsehen, sein Augenmerk richten auf, betrachten
ἐντέλλω u. ἐντέλλομαι D	auftragen, befehlen, bestellen, einschärfen
ἐπαίρω	aufheben, emporheben, sich erheben, sich überheben
ἐπαισχύνομαι (D)	sich schämen
ἡγέομαι	führen, vorangehen; mit dopp. Akk: für etwas halten
κάθημαι	sitzen, sich aufhalten, wohnen
καθίζω	sitzen, niedersetzen, sich aufhalten, wohnen
καταισχύνω	schänden, entehren, beschämen
κατάκειμαι	sich niederlegen, daliegen, liegen
κατηγορέω + Gen o. Akk	anklagen, beschuldigen
κεῖμαι	liegen, daliegen, eingesetzt sein
κερδαίνω	gewinnen
μεταβαίνω	hinübergehen, an einen andern Ort gehen, übersiedeln
ξηραίνω	austrocknen, dürr machen
οἰκοδομέω	bauen, errichten, stärken, fördern
ὁμολογέω	zusagen, versichern, versprechen, öffentlich bekennen, erklären, eingestehen
παραγγέλλω	anweisen, befehlen, anordnen, einschärfen
περιτέμνω	ringsum schneiden, beschneiden
πλουθέω	reich sein, reich werden
ποτίζω	trinken lassen, tränken, begiessen
σπείρω	säen, aussäen
στρέφω	hinwenden, zukehren, verwandeln, sich wenden
σφραγίζω	versiegeln, sichern, verbürgen
τίκτω Fut: τέξομαι Aor: ἔτεκον	gebären
ὑπομένω	darunter bleiben, standhalten, zurückbleiben
φαίνω	scheinen, leuchten, sich zeigen, aussehen

Substantive

ὁ ᾅδης, -ου	der Hades, Unterwelt
ἡ ἀκαθαρσία	die Unreinigkeit, Schmutz, Unsittlichkeit
ἡ ἀκροβυστία	die Vorhaut, Unbeschnittenheit
ὁ ἀλέκτωρ, -ορος	der Hahn
ἡ ἀνατολή	das Aufgehen, Sonnenaufgang, Osten, Orient, Lichterscheinung
ἡ ἀποκάλυψις, -εως	die Enthüllung, Offenbarung
ὁ ἀπόστολος	der Abgesandte, Bote, Apostel
τὸ βάπτισμα	die Taufe
ὁ βαπτιστής, -οῦ	der Täufer
ἡ βουλή	die Absicht, Beschluss, Entscheidung
ὁ δόλος	der Betrug, List, Falsch, Hinterlist
τὸ ἔτος, -ους	das Jahr

ὁ ἡγεμών, -όνος	der Fürst, Statthalter
ὁ καῖσαρ, -αρος	der Kaiser
ἡ οἰκοδομή	das Bauen, Bau, Gebäude
ἡ παραβολή	das Gegenbild, Gleichnis, Bildrede, Parabel
ἡ περιτομή	die Beschneidung
ἡ πέτρα	der Fels
ὁ πλοῦτος	der Reichtum, Überfluss
ἡ πύλη	das Tor, Tür
ὁ πυλών, -ῶνος	das Tor, Portal, Vorhalle
ἡ συναγωγή	die Synagoge, Versammlungsort
ἡ σφραγίς, -ῖδος	das Siegel, Beglaubigung
ὁ ὑπηρέτης, -ου	der Ruderknecht, Gehilfe, Diener

Adjektive

ἀδύνατος, -ον	unvermögend, kraftlos, unmöglich
ἀκάθαρτος, -ον	unrein, schmutzig, lasterhaft
δυνατός, -ή, -όν	stark, mächtig, möglich
πλούσιος, -ία, -ον	reich

Sonstige

εἴτε ... εἴτε	ob ... oder
ἐπάνω + Gen	oben drüber, mehr als
ἐπεί	nachdem, weil, da ja, denn
κἀγώ	und ich, auch ich, ich meinerseits
παραχρῆμα	sofort, sogleich (Adv.)
σήμερον	heute, heute noch (Adv)
τέταρτος, -η, -ον	vierter
τρίς	dreimal
τρίτος, -η, -ον	dritter, dritte, drittes
χωρίς	getrennt, ohne, fern, abgesondert (mit Gen.)
ὥστε	mit Inf. od. AcI: so dass, deshalb, daher, also

Lektion 16

Verben

ἀναιρέω
  Fut: ἀνελῶ
  Aor: ἄνειλον, od.-α
	beseitigen, wegnehmen, töten, aufheben

ἀναλαμβάνω	aufnehmen, in die Höhe nehmen, mitnehmen
ἀπέχω	empfangen haben, weghaben
ἀποδίδωμι	abgeben, herausgeben, auszahlen, zurückgeben, vergelten
ἀφαιρέω	wegnehmen, abhauen (M = akt.)
βασανίζω	foltern, quälen, bedrängen

βλασφημέω | verleumden, lästern
γέμω | voll sein, erfüllt sein
γεύω | kosten lassen; M: kosten, geniessen
διαφέρω | hindurchtragen, verbreiten; M: sich unterscheiden, mehr Wert sein als
δίδωμι | geben, schenken, darbringen, übergeben
ἐκπορεύομαι D | ausgehen, hinausgehen, hervorgehen
ἐξαποστέλλω | aussenden, absenden, wegschicken
ἐξομολογέω | versprechen, zusagen, bekennen
ἐπιλαμβάνω | dazunehmen, anfassen, ergreifen, auf etwas treffen
ἐπιτίθημι | auflegen, darauflegen, geben
ζηλόω | eifern, eifrig streben, werben
θερίζω | ernten
κατακρίνω | verurteilen
κατανοέω | bemerken, wahrnehmen, mit Überlegung beschauen, beobachten, überlegen
καταργέω | ausser Wirksamkeit setzen, abschaffen, vernichten
κοιμάομαι D | schlafen, einschlafen, sterben
κτίζω | bewohnbar machen, schaffen, erschaffen
λατρεύω | dienen
νηστεύω | fasten, sich enthalten
παραδίδωμι | überliefern, übergeben, ausliefern, zurückerstatten, mitteilen
παρατίθημι | danebenstellen, davorsetzen, vorlegen, anvertrauen
πιάζω | halten, fassen, gefangennehmen
προστίθημι | hinzufügen, verschaffen, verleihen, antun
ῥύομαι D | retten, bewahren, befreien
συλλαμβάνω | ergreifen, fassen, festnehmen, gemeinsam anfassen, unterstützen, helfen
ταπεινόω | niedrig machen, einebnen, demütigen
τίθημι | setzen, stellen, legen
φείδομαι | unterlassen, sich von etw fernhalten, schonen
φωτίζω | leuchten, erleuchten, hell machen, bescheinen, sichtbar machen
χαρίζομαι D | schenken, erlassen, vergeben

Substantive

ἡ ἅλυσις, -εως | die Kette, Handschellen, Gefangenschaft
ὁ ἀμπελών, -ῶνος | der Weinberg, Weingarten
ἡ ἀνάγκη | die Nötigung, Zwang, Not
ἡ ἀνάστασις, -εως | das Aufstehen, Auferstehung
ἡ βλασφημία | die Schmähung, üble Nachrede, Lästerung
ὁ δεσπότης, -ου | der Herr, Besitzer, Gebieter
τὸ δηνάριον | der Denar (röm. Silbermünze)
τὸ εἴδωλον | das Götterbild, falscher Gott
ὁ ἐνιαυτός | das Jahr
ὁ ἐργάτης | der Arbeiter
ὁ ζῆλος | der Eifer, Eifersucht
τὸ ζῷον | das beseelte Geschöpf, Lebewesen, Tier

ὁ θερισμός	die Ernte, einzuerntende Frucht
ἡ καταβολή	die Grundlegung, Anfang
ἡ κεφαλή	der Kopf, äusserstes Ende
ἡ λίμνη	der See, Teich, Pfuhl
ἡ λυχνία	der Leuchter, Kandelaber
ὁ λύχνος	die Lampe
ἡ μάχαιρα	das Schwert
τὸ μέλος, -ους	das Glied, Zugehöriges
τὸ μύρον	das Salböl
ἡ παράδοσις, -εως	die Auslieferung, Überlieferung, Übergabe
τὸ πετεινόν	der Vogel
ἡ πορνεία	die Unzucht, Hurerei
ἡ πόρνη	die Hure, Dirne
ὁ πόρνος	der Hurer
ἡ ῥάβδος	die Rute, Stab, Stock, Szepter
ἡ σπουδή	die Eile, Hast, Eifer, Geschwindigkeit
ὁ στέφανος	der Siegeskranz, Kranz, Lohn, Preis
ἡ ὑπακοή	der Gehorsam, Erhörung
ὁ χιτών, -ῶνος	das Untergewand

Adjektive

ἀλλότριος, -ια, -ον	fremd, unpassend
ἀμφότεροι, -αι, -α	beide
ἐκλεκτός, -ή, -όν	ausgewählt, ausgesucht, ausgezeichnet
ἐπουράνιος, -ον	im Himmel befindlich, himmlisch
παλαιός, -ά, -όν	alt, schon lange vorhanden

Sonstige

ἅμα	zugleich, gleichzeitig, gemeinsam (mit Dat.)
ἅπαξ	einmal, ein für allemal, überhaupt
ἄρτι	jetzt, nun, eben, gerade, erst
διό	deshalb, daher, deswegen
ἑκατόν	hundert (Numerale)
ἔνοχος	festgehalten in, verstrickt in, verfallen, schuldig
τριάκοντα	dreissig (Numerale)
ὕστερον	später, zweitens, darauf, zuletzt (Adv.)

Lektion 17

Verben

ἀναπαύω	aufhören machen, ausruhen lassen, erquicken
ἀνθίστημι	trans: gegenüberstellen intr: sich entgegenstellen, sich widersetzen

ἀνίστημι	trans: aufstellen, aufstehen, erscheinen
	intr: aufstehen, sich erheben, sich aufmachen
ἀφίστημι	trans: entfernen, abtrünnig machen
	intr: sich entfernen, weggehen, ablassen
γνωρίζω	bekanntgeben, wissen lassen
ἐκκόπτω	aushauen, abhauen, fällen, heraushauen
ἐλπίζω	hoffen, erwarten, befürchten
ἐξίστημι	trans: verändern, in einen andern Zustand versetzen
	intr: aus etwas herausgeraten, von Sinnen kommen
ἐπιβάλλω	überwerfen, anlegen, zufallen
ἐπικαλέω	anrufen, herbeirufen, benennen
ἐπιμένω	bleiben, dableiben, verharren, etwas hartnäckig weiter tun
ἐπίσταμαι	verstehen, wissen
ἐπιτάσσω	befehlen, gebieten, vorschreiben
ἐφίστημι	trans: herantreten, sich auf, zu od. über etwas stellen
	intr: über etwas stehen, treten
ἥκω	gekommen sein, da sein
ἵστημι	trans: stellen, aufstellen
	intr: hintreten, stehen
καθίστημι	trans: niedersetzen, hinstellen, aufstellen
	intr: sich hinstellen, stehen, sich befinden
καίω	anbrennen, brennen
κλείω	schliessen, verschliessen
μιμνήσκομαι (D)	sich erinnern, gedenken
Aor: ἐμνήσθην	
νίπτω	waschen
ξενίζω	gastlich aufnehmen, bewirten, befremden
παραγίνομαι	ankommen, kommen, beistehen
παρίστημι	trans: bereit stellen, zur Verfügung stellen, darstellen
	intr: herzutreten, helfen, dabeistehen
παύω	aufhören machen, beruhigen, zurückhalten
στήκω	stehen
συνίστημι	trans: zusammenbringen, sammeln, empfehlen
	intr: stehen bei, mit zusammenstehen, existieren
σφάζω	schlachten
τελευτάω	ein Ende nehmen, verenden, sterben
φάγω	essen, fressen
φανερόω	sichtbar machen, offenbaren, zeigen
φημί	sagen, äussern, erwidern, meinen
φυτεύω	anpflanzen

Substantive

ὁ ἁγιασμός	die Heiligung
ἡ ἀγορά	der Marktplatz, Markt
ἡ ἀναστροφή	das Betragen, Lebensart, Lebenswandel
ἡ ἀνομία	die Gesetzlosigkeit, gesetzlose Handlung

τὸ ἀρνίον	das Lamm, Schaf, Widder
ἡ βροντή	der Donner
ὁ γεωργός	der Bauer, Winzer, Landarbeiter
ἡ γνῶσις, -εως	die Erkenntnis, Wissen, Gnosis
ἡ διαθήκη	das Testament, Bund
τὸ δίκτυον	das Netz
ἡ ἑορτή	das Fest, Festfeier
ἡ ἐπίγνωσις, -εως	die (genaue) Erkenntnis, Anerkenntnis
ἡ εὐχαριστία	die Dankbarkeit, Danksagung, Herrenmahl
ὁ κράβατος	ärmliches Bett
ὁ λιμός	der Hunger, Hungersnot
ἡ παιδίσκη	das Mädchen, Magd, Sklavin
ὁ πειρασμός	die Prüfung, Versuchung, Verlockung
ἡ προσευχή	das Gebet, Gebetsstätte
τὸ σκεῦος, -ους	das Gerät, Gefäss, Werkzeug
ἡ συκῆ, -ῆς	der Feigenbaum
ἡ φύσις, -εως	die Natur, Kreatur, Beschaffenheit
ἡ χήρα	die Witwe
ὁ χιλίαρχος	der Anführer einer Tausendschaft
ἡ χιλιάς, -άδος	Tausendschaft

Adjektive

γνωστός, -ή, -όν	bekannt, erkennbar, befreundet
νήπιος, -ία, -ον	unmündig, kindlich, unreif
ξένος, -η, -ον	fremd, ausländisch, befremdlich, seltsam
πνευματικός, -ή, -όν	geistig, den Geist betreffend, geistgewirkt, dem Geist entsprechend
φανερός, -ά, -όν	sichtbar, offensichtlich, offenbar, klar, bekannt

Sonstige

ἄχρι	zeitl: bis, binnen, solange als; örtl: bis ... hin (mit Gen.)
γε	wenigstens, sogar, doch (Bestärkungspartikel)
διότι	deshalb weil, deshalb, daher, dass
ἕξ	sechs (Numerale)
τρεῖς, τρία	drei (Numerale)
χίλιοι, -αι, -α	tausend (Numerale)
ὡσεί	als wie, gleichsam wie, vor Zahlen: ungefähr

Lektion 18

Verben

ἀπόλλυμι	Akt/trans: verderben, vernichten; Med/intr: zugrunde gehen, umkommen, sterben

Lektion 18

ἀφίημι	verlassen, fortlassen, wegschicken, vergeben
δείκνυμι	zeigen, sehen lassen, nachweisen
διαλογίζομαι	erwägen, sich Gedanken machen, unterreden, sich besprechen
δύναμαι	können, vermögen
ἐκχέω	ausgiessen, verstreuen, verschütten
ἐκχύνω	ausgiessen (= ἐκχέω)
ἐνδείκνυμι	zeigen, beweisen, anzeigen
ἐπιπίπτω	fallen auf, sich stürmisch nähern
ἑτοιμάζω	bereit machen, in Bereitschaft setzen, instandsetzen
εὐλογέω	gut reden, loben, segnen
θύω	opfern, abschlachten, töten, feiern
κλάζω	brechen
κομίζω	herbeibringen, davontragen, empfangen, erhalten, erlangen
κωλύω	hindern, verhindern, abhalten, verbieten
νοέω	erkennen, begreifen, verstehen, wahrnehmen, denken
ὀμνύω	schwören
πίμπλημι	erfüllen, anfüllen, vollmachen
προσφέρω	herzubringen, darbringen (Opfer), bringen
σπλαγχνίζομαι	Mitleid haben, sich erbarmen
συνίημι	zusammenbringen, verstehen, einsehen
ταράσσω	durcheinander schütteln, aufrühren, in Aufregung bringen
τρέχω Aor: ἔδραμον	laufen, eilen, vorwärts kommen
ὑπαντάω	entgegengehen, begegnen
χορτάζω	satt machen, sättigen

Substantive

ὁ ἀσκός	der Schlauch
ἡ ἄφεσις, -εως	die Entlassung (aus Gefangenschaft), Erlassung, Vergebung
ἡ γέεννα	die Gehenna, Hölle
τὸ δάκρυον	die Träne, Weinen
ἡ δέησις, -εως	die Bitte, Gebet
ὁ διαλογισμός	der Gedanke, Erwägung, Entscheidung
ὁ διωγμός	die Verfolgung
ἡ ἐλαία	der Ölbaum, Olive
ὁ ἔπαινος	das Lob, Beifall, Anerkennung
ἡ εὐλογία	das Lob, Segen, schöner Ausdruck der Rede
ὁ θεμέλιος	das Fundament, Grundlage, Basis
ὁ ἵππος	das Pferd
ὁ καπνός	der Rauch
ὁ κλάδος	der Zweig
ὁ νυμφίος	der Bräutigam
τὸ παράπτωμα, -ατος	das Danebentreten, Fehltritt, Sünde
ἡ παρθένος, -ου	die Jungfrau, Mädchen
ἡ πηγή	die Quelle
ἡ πληγή	der Schlag, Hieb, Wunde, Strieme
τὸ πρᾶγμα, -ατος	die Tatsache, Ereignis, Vorfall, Sache, Ding, Aufgabe

ὁ σῖτος	das Getreide, Weizen, Korn
τὰ σπλάγχνα, -ων	die Eingeweide (Sitz der Gefühle)
ἡ συνείδησις, -εως	das Bewusstsein, Gewissen
τὸ τάλαντον	das Talent (36 od. 26 kg)
ὁ χόρτος	das Gras, Heu

Adjektive

ἕτοιμος, -η, -ον	fertig, bereit, instand gesetzt
λευκός, -ή, -όν	leuchtend, glänzend, schimmernd
νέος, -α, -ον	neu, frisch, jung
παραλυτικός, -ή, -όν	gelähmt

Sonstige

εἶτα	dann, danach, ferner, weiterhin
εἰ δὲ μὴ γή	andernfalls, wo nicht
εἴκοσι	zwanzig (Numerale, indeklinabel)
ἔνατος, -ον	neunter, neuntes
ἕνεκα, ἕνεκεν	wegen, um ... willen (mit Gen)
ἐπειδή	nachdem, als nun, da gerade, da ja, weil
ἔπειτα	alsdann, hierauf, sodann
ὄντως	in Wahrheit, wirklich (Adv)
πολλάκις	oft, häufig (Adv)

Lektion 19

Verben:

ἐκπλήσσω	ausser sich bringen, überwältigen, ausser sich geraten
ἐμπαίζω	seinen Mutwillen treiben, betrügen
ἐμφανίζω	sichtbar machen, offenbaren, kundtun, deutlich machen, erklären
ἐξουθενέω	geringschätzen, verachten
κατακαίω	niederbrennen, verbrennen
κατασκευάζω	instand setzen, bereiten, zurichten, herstellen, bauen
κολλάω	leimen, fest zusammenfügen
λαγχάνω	empfangen, zugeteilt erhalten, das Los werfen
νομίζω	Brauch sein, annehmen, meinen, glauben
πάρειμι	dabeisein, anwesend sein, da sein, gekommen sein
παρέχω	darbieten, hingeben, erweisen, verschaffen
πατάσσω	schlagen, stossen
πληθύνω	vollmachen, vermehren
προσδοκάω	erwarten
σέβομαι (D)	(religiös) verehren
συμφέρω	zusammentragen, beistehen, helfen, fördern, nützen

τυγχάνω	treffen, sich zufällig befinden, antreffen, begegnen
Aor: ἔτυχον	
χωρέω	fortgehen, weichen, Platz machen
χωρίζω	absondern, scheiden trennen

Substantive:

ὁ δεσμός	die Fessel, Gefangenschaft
ὁ κάλαμος	das Schilfrohr, Rohrstock, Massrohr, Schreibrohr
τὸ καύχημα, -ατος	der Gegenstand des Rühmens, Ruhm, Stolz
ἡ νόσος, -ου	die Krankheit, Seuche, Übel, Fehler
ἡ οἰκουμένη	die bewohnte Erde, Erdkreis, Menschheit
τὸ ὅραμα, -ατος	das Geschaute, Gesicht, Vision
ὁ ὅρκος	der Schwur, Eid
ὁ παντοκράτωρ, -ορος	der Allherrscher, Allmächtige
ἡ παρεμβολή	das befestigte Lager
ἡ πλεονεξία	die Gewinnsucht, Habgier, Geiz
ὁ σύνδουλος	der Mitsklave
τὸ τέρας, -ατος	das Wunder, ungeheuerliche Erscheinung
ἡ φιάλη	die Schale, Opferschale
τὸ χωρίον	das Grundstück, Land

Adjektive:

κλητός, -ή, -όν	berufen, geladen, gerufen
κωφός, -ή, -ον	stumm, taub, taubstumm, abgestumpft

Sonstige:

καθάπερ	demgemäss wie, so wie, gleichsam
οὗ	wo, an, in, auf welchem

Alphabetisches Lernvokabelverzeichnis

nach Häufigkeit geordnet:
	über 25×	557 Vokabeln
I	19–24×	62
II	14–18×	119
III	10–13×	268

Total 1134

L	Wort	Übersetzung	V	H
		α		
1	ἀγαθός, -ή, -όν	gut, tüchtig, brauchbar	100	
13	ἀγαλλιάω	jubeln, jauchzen	11	III
3	ἀγαπάω	lieben	130	
13	ἡ ἀγάπη	die Liebe, Liebesmahl	100	
8	ἀγαπητός, -ή, -όν	geliebt, beliebt, geschätzt, liebenswert	55	
7	ὁ ἄγγελος	Bote, Abgesandter, Engel	130	
14	ἁγιάζω	heiligen, weihen	27	
17	ὁ ἁγιασμός	die Heiligung	10	III
1	ἅγιος, -ία, -ον	heilig, gottgeweiht	200	
10	ἀγνοέω	nicht erkennen, nicht wissen, verkennen	21	I
17	ἡ ἀγορά	der Marktplatz, Markt	11	III
12	ἀγοράζω	kaufen (auf dem Markt), erwerben	30	
3	ὁ ἀγρός	das Feld, Acker	34	
12	ἄγω Fut: ἄξω Aor: ἤγαγον od. ἦξα Aor pass: ἤχθην	führen, bringen, gehen, ziehen	65	
3	ἡ ἀδελφή	die Schwester, weibl. Verwandte, Volks-, Glaubensgenossin	25	
3	ὁ ἀδελφός	der Bruder, Volks-, Glaubensgenosse	200	
15	ὁ ᾅδης, -ου	der Hades, Unterwelt	10	III
3	ἀδικέω	Unrecht tun, sich vergehen, schädigen	27	
7	ἡ ἀδικία	das Unrecht, ungerechte Tat, Ungerechtigkeit	25	
3	ἄδικος, -ον	ungerecht, unehrlich, untreu	12	III
15	ἀδύνατος, -ον	unvermögend, kraftlos, unmöglich	10	III
15	ἀθετέω	für ungültig erklären, abschaffen, zunichte machen	15	II
3	τὸ αἷμα, -ατος	das Blut	80	
9	αἴρω Aor: ἦρα	heben, aufheben, hochheben, wegtragen	100	
12	αἰτέω	fordern, bitten	65	
12	ἡ αἰτία	der Grund, Ursache, Schuld, Klage	19	I
10	ὁ αἰών, -ῶνος	der Zeitraum, lange Zeit, Zeitalter, Ära, Weltperiode, Ewigkeit	100	

10	αἰώνιος, -ία, -ον	für alle Zeitalter, für immer, ewig, bleibend	65	
15	ἡ ἀκαθαρσία	die Unreinigkeit, Schmutz, Unsittlichkeit	10	III
15	ἀκάθαρτος, -ον	unrein, schmutzig, lasterhaft	30	
2	ἡ ἄκανθα	die Dornpflanze, Dorne	14	II
10	ἡ ἀκοή	Hörfähigkeit, Gehör, der Ruf, die Kunde	23	I
3	ἀκολουθέω	hinterhergehen, folgen, nachfolgen	80	
1	ἀκούω	hören, anhören, erfahren, verstehen	200	
15	ἡ ἀκροβυστία	die Vorhaut, Unbeschnittenheit	19	I
15	ὁ ἀλέκτωρ, -ορος	der Hahn	11	III
2	ἡ ἀλήθεια	die Wahrheit, Aufrichtigkeit, Wirklichkeit	100	
8	ἀληθής, -ές	wahr, wahrhaftig, untrüglich, wirklich, echt	25	
13	ἀληθινός, -ή, -όν	wahr, wahrhaftig, glaubwürdig, zuverlässig	27	
8	ἀληθῶς	wahrhaftig, wirklich, tatsächlich (Adv.)	18	II
4	ἀλλά	sondern, aber, trotzdem, nun	500	
9	ἀλλήλων	einander, wechsel-, gegenseitig (Reziprokpron.)	100	
8	ἄλλος, -η, -ο	ein anderer, ein weiterer, noch einer; Pl: andere	130	
16	ἀλλότριος, -ια, -ον	fremd, unpassend	14	II
16	ἡ ἅλυσις, -εως	die Kette, Handschellen, Gefangenschaft	11	III
16	ἅμα	zugleich, gleichzeitig, gemeinsam (mit Dat.)	10	III
9	ἁμαρτάνω Aor: ἥμαρτον	(das Ziel) verfehlen, fehlen, sich vergehen, sündigen	40	
2	ἡ ἁμαρτία	Sünde	130	
11	ἁμαρτωλός, -όν	sündig, sündhaft	47	
16	ὁ ἀμπελών, -ῶνος	der Weinberg, Weingarten	23	I
16	ἀμφότεροι, -αι, -α	beide	14	II
12	ἄν	bezeichnet, dass ein Satzinhalt an eine Bedingung geknüpft ist	130	
14	ἀνά	aufwärts, hinauf, oben (Adv.)	13	III
13	ἀναβαίνω	hinaufgehen, hinaufsteigen, besteigen	80	
14	ἀναβλέπω	hinaufblicken, aufsehen, wieder sehen	25	
15	ἀναγγέλλω	melden, berichten, ankündigen, lehren	13	III
5	ἀναγινώσκω	lesen, vorlesen, (eig. wiedererkennen)	30	
16	ἡ ἀνάγκη	die Nötigung, Zwang, Not	17	II
13	ἀνάγω	hinaufführen, vorführen; vom Schiff: auslaufen	23	I
16	ἀναιρέω Fut: ἀνελῶ Aor: ἄνειλον, od.-α	beseitigen, wegnehmen, töten, aufheben	23	I
15	ἀνάκειμαι	liegen, gelagert sein, zu Tisch liegen	14	II
15	ἀνακρίνω	befragen, untersuchen, beurteilen, prüfen	16	II
16	ἀναλαμβάνω	aufnehmen, in die Höhe nehmen, mitnehmen	13	III
17	ἀναπαύω	aufhören machen, ausruhen lassen, erquicken	12	III
10	ἀναπίπτω	sich niederlegen, sich niederlassen, sich rückwärtsbeugen	12	III
16	ἡ ἀνάστασις, -εως	das Aufstehen, Auferstehung	40	
17	ἡ ἀναστροφή	das Betragen, Lebensart, Lebenswandel	13	III
15	ἡ ἀνατολή	das Aufgehen, Sonnenaufgang, Osten, Orient, Lichterscheinung	10	III
4	ἀναχωρέω	zurückweichen, weggehen	14	II
6	ὁ ἄνεμος	der Wind, Sturm		

14	ἀνέχω	aufrechthalten, innehalten;		
		M: aushalten, ertragen, annehmen	15	II
6	ὁ ἀνήρ, ἀνδρός	der Mann, jemand	200	
17	ἀνθίστημι	trans: gegenüberstellen	14	II
		intr: sich entgegenstellen, sich widersetzen		
1	ὁ ἄνθρωπος	der Mensch, Mann, einer	500	
17	ἀνίστημι	trans: aufstellen, aufstehen, erscheinen	100	
		intr: aufstehen, sich erheben, sich aufmachen		
14	ἀνοίγω	öffnen, aufmachen	65	
17	ἡ ἀνομία	die Gesetzlosigkeit, gesetzlose Handlung	14	II
11	ἀντί	Präp. mit Gen: anstatt, für, zugunsten, gegen	21	I
15	ἀντιλέγω	widersprechen, sich widersetzen, jmd bekämpfen	11	III
7	ἄνωθεν	lokal: von oben her (Adv)	13	III
		temporal: von alters, von neuem (Adv)		
7	ἄξιος, -ία, -ον	entsprechend, würdig, angemessen	40	
15	ἀπαγγέλλω	melden, berichten	40	
14	ἀπάγω	wegführen, abführen, vorführen	15	II
16	ἅπαξ	einmal, ein für allemal, überhaupt	14	II
14	ἀπαρνέομαι D	verleugnen, ableugnen	11	III
6	ἅπας, -ασα, -αν	ganz, alles (= πᾶς)	30	
3	ἀπειθέω	ungehorsam sein	14	II
10	ἀπέρχομαι D	weggehen, sich entfernen, weichen	100	
16	ἀπέχω	empfangen haben, weghaben	19	I
7	ἡ ἀπιστία	die Untreue, Unzuverlässigkeit, Unglaube	11	III
4	ἄπιστος, -ον	unglaubwürdig, unglaublich, ungläubig	23	I
3	ἀπό	Präp. mit Gen: von, von ... weg, aus, seit	500	
16	ἀποδίδωμι	abgeben, herausgeben, auszahlen, zurückgeben, vergelten	47	
9	ἀποθνῄσκω	sterben	100	
	Aor: ἀπέθανον			
15	ἀποκαλύπτω	offenbaren, enthüllen, aufdecken	25	
15	ἡ ἀποκάλυψις, -εως	die Enthüllung, Offenbarung	18	II
8	ἀποκρίνομαι	antworten, wieder das Wort ergreifen	200	
12	ἀποκτείνω	töten	65	
14	ἀπολαμβάνω	empfangen, erhalten, zurückerhalten, wiedererlangen, wegnehmen, aufnehmen	10	III
18	ἀπόλλυμι	Akt/trans: verderben, vernichten; Med/intr: zugrunde gehen, umkommen, sterben	80	
8	ἀπολογέομαι (D)	sich verteidigen, sich herausreden	10	III
8	ἡ ἀπολύτρωσις, -εως	die Loskaufung (v. Gefangenen od. Sklaven), Freilassung, Erlösung	10	III
3	ἀπολύω	loslassen, freigeben, entlassen, verabschieden	65	
4	ἀποστέλλω	absenden, wegsenden, aussenden	130	
15	ὁ ἀπόστολος	der Abgesandte, Bote, Apostel	65	
14	ἅπτω	anzünden, anstecken; ἅπτομαι: berühren, anfassen, ergreifen	34	
2	ἡ ἀπώλεια	das Verderben, Vernichtung, Untergang	18	II
5	ἄρα / ἆρα	denn, also / Fragepartikel	47	
11	τὸ ἀργύριον (o. Pl.)	das Silber, Geld, Silberstücke	21	I

14	ἀρέσκω	gefallen, zu Gefallen sein	17	II
10	ὁ ἀριθμός	die Zahl, Anzahl	18	II
14	ἀρνέομαι D	verweigern, verleugnen, abschlagen, verneinen	34	
17	τὸ ἀρνίον	das Lamm, Schaf, Widder	30	
14	ἁρπάζω	rauben, raffen, fortschleppen, entführen, wegreissen	14	II
16	ἄρτι	jetzt, nun, eben, gerade, erst	34	
1	ὁ ἄρτος	das Brot, Nahrung	80	
5	ἀρχαῖος, -αία, -αῖον	anfänglich, ursprünglich, alt, vor alters	11	III
13	ἡ ἀρχή	der Anfang, Anfänger, Behörde, Obrigkeit	55	
10	ὁ ἀρχιερεύς, -έως	der Hohepriester, Oberpriester	100	
14	ἄρχω	der erste sein, herrschen; M: anfangen	80	
5	ὁ ἄρχων, -οντος	der Herrscher, Anführer, Behörde	34	
2	ἡ ἀσέλγεια	die Zügellosigkeit, Schwelgerei	10	III
2	ἡ ἀσθένεια	die Schwäche, Krankheit	23	I
8	ἀσθενέω	schwach sein, unvermögend sein, krank sein	30	
8	ἀσθενής, -ές	kraftlos, schwach, krank	25	
14	ἀσπάζομαι D	grüssen, jem. willkommen heissen	55	
14	ὁ ἀσπασμός	der Gruss	10	III
18	ὁ ἀσκός	der Schlauch	12	III
6	ὁ ἀστήρ, -έρος	der Stern	23	I
11	ἀτενίζω	gespannt auf etwas sehen	14	II
8	ἡ αὐλή	der Hof, Vorhof, Gehöft	12	III
15	αὐξάνω	vermehren, wachsen lassen (pass: wachsen)	21	I
12	αὔριον	morgen, am folgenden Tag (Adv)	14	II
2	αὐτός, -ή, -ό	er, selbst	500	
16	ἀφαιρέω	wegnehmen, abhauen (M = Akt.)	10	III
12	ἄφες / ἄφετε	lass! / lasst! (als Aufforderungsformel)		
18	ἡ ἄφεσις, -εως	die Entlassung (aus Gefangenschaft), Erlassung, Vergebung	17	II
18	ἀφίημι	verlassen, fortlassen, wegschicken, vergeben	130	
17	ἀφίστημι	trans: entfernen, abtrünnig machen intr: sich entfernen, weggehen, ablassen	14	II
14	ἀφορίζω	absondern, trennen, ausschliessen	10	III
9	ἄφρων, -ονος	unverständig, töricht	11	III
17	ἄχρι	zeitl: bis, binnen, solange als; örtl: bis ... hin (mit Gen.)	47	

β

9	βάλλω Aor: ἔβαλον	werfen, legen, stellen	100	
6	βαπτίζω	eintauchen, untertauchen, benetzen, taufen	65	
15	τὸ βάπτισμα	die Taufe	19	I
15	ὁ βαπτιστής, -οῦ	der Täufer	12	III
16	βασανίζω	foltern, quälen, bedrängen	12	III
2	ἡ βασιλεία	das Königreich, Königsherrschaft	130	
9	ὁ βασιλεύς, -έως	der König	100	

9	βασιλεύω	König sein, König werden, herrschen, regieren	21	I
10	βαστάζω	aufheben, tragen, ertragen, fortbringen	27	
5	τὸ βῆμα, -ατος	der Schritt, Tribüne, Richterstuhl	12	III
5	τὸ βιβλίον	das Schriftstück, Buch	34	
5	ἡ βίβλος, -ου	das alte (ehrwürdige) Buch, Buch	10	III
16	βλασφημέω	verleumden, lästern	34	
16	ἡ βλασφημία	die Schmähung, üble Nachrede, Lästerung	18	II
2	βλέπω	sehen, blicken, wahrnehmen	130	
7	βοάω	rufen, schreien	12	III
15	ἡ βουλή	die Absicht, Beschluss, Entscheidung	12	III
4	βούλομαι	wollen, wünschen, mögen, möchten	34	
17	ἡ βροντή	der Donner	12	III
7	τὸ βρῶμα, -ατος	die Speise, Nahrungsmittel	17	II
8	ἡ βρῶσις, -εως	das Essen (Tätigkeit und Speise)	11	III

γ

3	γαλιλαῖος, -α, -ον	galiläisch	11	III
13	γαμέω	heiraten, eine Frau verheiraten	27	
13	ὁ γάμος	die Hochzeitsfeier, -mahl, Ehe	15	II
1	γάρ	denn, nämlich	500	
17	γε	wenigstens, sogar, doch (Bestärkungspartikel)	30	
18	ἡ γέεννα	die Gehenna, Hölle	12	III
16	γέμω	voll sein, erfüllt sein	11	III
6	ἡ γενεά	das Geschlecht, Generation, Sippe, Zeitalter	40	
13	γεννάω	erzeugen, zeugen, gebären, hervorbringen	80	
7	τὸ γένος, -ους	das Geschlecht, Nachkommenschaft, Verwandtschaft	19	I
16	γεύω	kosten lassen; M: kosten, geniessen	15	II
17	ὁ γεωργός	der Bauer, Winzer, Landarbeiter	19	I
2	ἡ γῆ, γῆς	die Erde, Erdboden, Land	200	
4	γίνομαι	werden, sein, geschehen, existieren	500	
10	Fut: γενήσομαι			
11	Aor ἐγενόμην / ἐγενήθην			
5	γινώσκω	erkennen, kennen lernen, wissen	200	
2	ἡ γλῶσσα	die Zunge, Sprache	47	
17	γνωρίζω	bekanntgeben, wissen lassen	25	
17	ἡ γνῶσις, -εως	die Erkenntnis, Wissen, Gnosis	27	
17	γνωστός, -ή, -όν	bekannt, erkennbar, befreundet	15	II
14	οἱ γονεῖς, -έων	die Eltern	19	I
5	τὸ γόνυ, -ατος	das Knie	12	III
14	τὸ γράμμα, -ατος	der Buchstabe, Geschriebenes, Schriftstück	15	II
11	ὁ γραμματεύς, -έως	der Schriftgelehrte, Gesetzeskundiger, Sekretär	55	
10	ἡ γραφή	die Schrift	47	
14	γράφω	schreiben, aufzeichnen, abfassen	130	
12	γρηγορέω	wachen, die Augen aufmachen od. aufbehalten	21	I
5	ἡ γυνή, γυναικός	die Frau, Ehefrau	200	

δ

9	δαιμονίζομαι D	von einem Dämon besessen sein	13	III
1	τὸ δαιμόνιον	der Dämon	55	
18	τὸ δάκρυον	die Träne, Weinen	10	III
1	δέ	aber (adversative od. kopulative Partikel)	500	
18	ἡ δέησις, -εως	die Bitte, Gebet	18	II
8	δεῖ	man muss, es ist notwendig (unpersönlicher Ausdruck; oft mit AcI)	100	
18	δείκνυμι	zeigen, sehen lassen, nachweisen	30	
10	τὸ δεῖπνον	die Hauptmahlzeit (gegen Abend eingenommen), Gastmahl	16	II
12	δέκα	zehn (Numerale)	25	
9	τὸ δένδρον	der Baum	25	
8	δεξιός, -ά, -όν	rechts	47	
8	δέομαι	bitten	13	III
15	δέρω	schinden, prügeln, schlagen	15	II
7	ὁ δέσμιος	der Gefangene	16	II
19	ὁ δεσμός	die Fessel, Gefangenschaft	18	II
16	ὁ δεσπότης, -ου	der Herr, Besitzer, Gebieter	10	III
12	δεῦρο / δεῦτε	wohlan!, auf! hierher! (als Aufforderung)		III
11	δεύτερος, -α, -ον	zweitens, zum zweiten Male	40	
4	δέχομαι	aufnehmen, empfangen, gastlich aufnehmen, fassen	55	
8	δέω	binden, fesseln	27	
16	τὸ δηνάριον	der Denar (röm. Silbermünze)	16	II
6	διά	Präp. mit Gen: durch, hindurch, während	500	
2		Präp. mit Akk: wegen, um ... willen, für, weil		
14	ὁ διάβολος	der Durcheinanderbringer, Teufel	34	
17	ἡ διαθήκη	das Testament, Bund		
13	διακονέω	bei Tische dienen, bedienen, dienen, helfen, unterstützen	34	
6	ἡ διακονία	die Dienstleistung, Dienst, Hilfeleistung, Unterstützung	30	
6	ὁ / ἡ διάκονος	der Tischdiener, Helfer	27	
14	διακρίνω	absondern, trennen, unterscheiden, beurteilen, zweifeln; M: streiten	19	I
14	διαλέγομαι D	sich unterreden, sich unterhalten	13	III
18	διαλογίζομαι D	erwägen, sich Gedanken machen, unterreden, sich besprechen	16	II
18	ὁ διαλογισμός	der Gedanke, Erwägung, Entscheidung	14	II
11	διαμαρτύρομαι D	beschwören, dringend zureden, Zeugnis ablegen	15	II
14	διαμερίζω	teilen, zerteilen, spalten, austeilen	11	III
11	ἡ διάνοια	der Verstand, Denkkraft, Absicht, Gesinnung, Gedanke	12	III
13	διατάσσω	anordnen, befehlen, bestimmen	16	II
16	διαφέρω	hindurchtragen, verbreiten; M: sich unterscheiden, mehr Wert sein als	13	III

8	ἡ διδασκαλία	die Lehre, Unterricht, Unterweisung	21	I
8	ὁ διδάσκαλος	der Lehrer	55	
6	διδάσκω	lehren, belehren	80	
6	ἡ διδαχή	die Lehre, Unterweisung, Unterricht	30	
16	δίδωμι	geben, schenken, darbringen, übergeben	200	
12	διέρχομαι	hindurchgehen, hinkommen, passieren	40	
1	δίκαιος, -αία, -ον	gerecht, rechtschaffen, redlich	65	
4	ἡ δικαιοσύνη	die Gerechtigkeit	80	
12	δικαιόω	jem. sein Recht verschaffen, rechtfertigen	34	
7	τὸ δικαίωμα, -ατος	die Rechtsordnung, Gebot, Bestimmung	10	III
17	τὸ δίκτυον	das Netz	12	III
16	διό	deshalb, daher, deswegen	47	
17	διότι	deshalb weil, deshalb, daher, dass	23	I
12	διψάω	dürsten, gierig nach etwas verlangen	16	II
18	ὁ διωγμός	die Verfolgung	10	III
3	διώκω	verfolgen, eilen, jagen	40	
8	δοκέω	trans: meinen, glauben, denken		
		intr: scheinen, gelten	55	
6	δοκιμάζω	etwas prüfen, untersuchen, erproben, bewähren	21	I
15	ὁ δόλος	der Betrug, List, Falsch, Hinterlist	11	III
2	ἡ δόξα	der Ruhm, Ansehen, Herrlichkeit	130	
12	δοξάζω	rühmen, preisen, ehren, verherrlichen	55	
1	δουλεύω	Sklave sein, gehorchen, dienen	25	
1	ὁ δοῦλος	der Sklave	100	
5	ὁ δράκων, -οντος	der Drache, Schlange	13	III
18	δύναμαι	können, vermögen	200	
11	ἡ δύναμις, -εως	die Kraft, Vermögen, Gewalt, Stärke, Macht	100	
15	δυνατός, -ή, -όν	stark, mächtig, möglich	30	
4	δύο	zwei (Numerale) (δυσίν = Dat)	130	
12	δώδεκα	zwölf (Numerale)	65	
14	ἡ δωρεά	das Geschenk, Gabe	11	III
1	τὸ δῶρον	das Geschenk, Opfergabe	19	I

ε

12	ἐάν	mit Konj.: wenn	200	
9	ἑαυτοῦ, -ῆς, -οῦ	sich, selbst, von selbst, gegenseitig (Reziprokpron.)	200	
14	ἐάω	lassen, zulassen, geschehen lassen	11	III
14	ἐγγίζω	sich nähern, nahe kommen	40	
7	ἐγγύς	in der Nähe, nahe bei, nahe (Adv)	30	
6	ἐγείρω	aufwecken, aufstehen, auferstehen,	130	
14	ἐγκαταλείπω	übriglassen, im Stich lassen, verlassen, überlassen	10	III
2	ἐγώ	ich (Personalpron.)	500	
10	ἔδωκεν	er hat gegeben		
8	τὸ ἔθνος, -ους	das Volk, Heidenvolk	130	
7	τὸ ἔθος, -ους	das Herkommen, Brauch, Sitte, Gewohnheit, Gesetz	12	III

2	εἰ	wenn, ob, falls	
9	εἰ μή	ausser, ausgenommen	500
18	εἰ δὲ μὴ γή	andernfalls, wo nicht	10 III
16	τὸ εἴδωλον	das Götterbild, falscher Gott	11 III
18	εἴκοσι	zwanzig (Numerale, indeklinabel)	11 III
5	ἡ εἰκών, -όνος	das Bild, Abbild, Aussehen, Gestalt	23 I
2	εἰμί	als Hilfsverb (enklitisch): sein	
		als Vollverb: existieren	500
3	ἡ εἰρήνη	der Friede, Heil, geordnete Zustände	80
1	εἰς	Präp. mit Akk: in ... hinein, nach ... hin, für, zu, um ... zu	500
6	εἷς, μία, ἕν	einer, eine, ein (Numerale)	200
14	εἰσάγω	hineinführen, hineinbringen	11 III
10	εἰσέρχομαι D	hineingehen, hineinkommen, eintreten	130
4	εἰσπορεύομαι D	hineingehen, kommen, eintreten	18 II
18	εἶτα	dann, danach, ferner, weiterhin	13 III
15	εἴτε ... εἴτε	ob ... oder	65
1	ἐκ, ἐξ	Präp. mit Gen: von, von ... her, aus, aus ... heraus, seit	500
7	ἕκαστος, -η, -ον	jeder, ein jeder, jeder einzelne	80
16	ἑκατόν	hundert (Numerale)	17 II
8	ὁ ἑκατοντάρχης, -ου	der Centurio	19 I
1	ἐκβάλλω	hinauswerfen, hinaustreiben, entfernen	80
7	ἐκεῖ	dort, da, dorthin (Adv)	80
7	ἐκεῖθεν	von dort, dorther (Adv)	27
3	ἐκεῖνος, -η, -ο	jener, jene, jenes (Demonstrativpron.)	200
3	ἡ ἐκκλησία	die Versammlung, Gemeinde	100
17	ἐκκόπτω	aushauen, abhauen, fällen, heraushauen	10 III
4	ἐκλέγω	auslesen, heraussuchen, auswählen	21 I
16	ἐκλεκτός, -ή, -όν	ausgewählt, ausgesucht, ausgezeichnet	21 I
9	ἐκπίπτω	herausfallen, hinfallen, hinfällig werden, versagen	10 III
19	ἐκπλήσσω	ausser sich bringen, überwältigen, ausser sich geraten	13 III
16	ἐκπορεύομαι D	ausgehen, hinausgehen, hervorgehen	30
15	ἐκτείνω	ausstrecken, ausspannen	16 II
13	ἕκτος, -η, -ον	sechster, sechste, sechstes (Numerale)	14 II
18	ἐκχέω	ausgiessen, verstreuen, verschütten	16 II
18	ἐκχύνω	ausgiessen (= ἐκχέω)	11 III
18	ἡ ἐλαία	der Ölbaum, Olive	12 III
9	τὸ ἔλαιον	das Öl, Ölpflanzung	11 III
11	ἐλάχιστος, -ίστη, -ον	kleinst, letzt, sehr wenig (Sup. von ὀλίγος)	14 II
2	ἐλέγχω	ans Licht führen, überführen, aufdecken, nachweisen, tadeln	17 II
12	ἐλεέω	Mitleid haben, sich erbarmen	30
8	ἡ ἐλεημοσύνη	die Wohltat, Almosen	13 III
12	τὸ ἔλεος, ους	das Mitleid, Erbarmen, Barmherzigkeit	27
11	ἡ ἐλευθερία	die Freiheit	11 III
11	ἐλεύθερος, -έρα, -ον	frei, ungebunden, unabhängig	23 I
5	ὁ Ἕλλην, -ηνος	der Grieche	25

17	ἐλπίζω	hoffen, erwarten, befürchten	30	
5	ἡ ἐλπίς, -ίδος	die Hoffnung, Aussicht, Erwartung	47	
9	ἐμαυτοῦ, -ῆς-οῦ	mir selbst, meiner, mich (Reflexivpron)	34	
15	ἐμβαίνω	hineintreten, einsteigen	17	II
15	ἐμβλέπω	ansehen, hinsehen, sein Augenmerk richten auf, betrachten	11	III
12	ἐμός, -ή, -όν	mein (Possessivpron)	65	
19	ἐμπαίζω	seinen Mutwillen treiben, betrügen	13	III
12	ἔμπροσθεν	vorne, vor, in Gegenwart von, gegenüber	47	
19	ἐμφανίζω	sichtbar machen, offenbaren, kundtun, deutlich machen, erklären	10	III
3	ἐν	Präp. mit Dat: in, innerhalb, im Bereich, während, mit, vermittelst, durch, nach	500	
18	ἔνατος, -ον	neunter, neuntes	10	III
18	ἐνδείκνυμι	zeigen, beweisen, anzeigen	11	III
13	ἐνδύω	anziehen, bekleiden	27	
18	ἕνεκα, ἕνεκεν	wegen, um ... willen (mit Gen)	25	
12	ἐνεργέω	wirksam sein, wirken, bewirken	21	I
16	ὁ ἐνιαυτός	das Jahr	14	II
16	ἔνοχος	festgehalten in, verstrickt in, verfallen, schuldig	10	III
15	ἐντέλλω u. ἐντέλλομαι D	auftragen, befehlen, bestellen, einschärfen	14	II
12	ἐντεῦθεν	von hier (Adv)	10	III
2	ἡ ἐντολή	der Auftrag, Weisung, Gebot	65	
13	ἐνώπιον	mit Gen: vor, in den Augen von, in Gegenwart von, nach dem Urteil von	80	
17	ἕξ	sechs (Numerale)	13	III
14	ἐξάγω	hinausführen, befreien	12	III
16	ἐξαποστέλλω	aussenden, absenden, wegschicken	13	III
7	ἔξεστιν < ἔξειμι	oft unpers: es ist erlaubt < frei stehen, erlaubt sein	30	
10	ἐξέρχομαι	hinausgehen, ausgehen, fortgehen, verlassen	200	
17	ἐξίστημι	trans: verändern, in einen andern Zustand versetzen intr: aus etwas herausgeraten, von Sinnen kommen	17	II
16	ἐξομολογέω	versprechen, zusagen, bekennen	10	III
19	ἐξουθενέω	geringschätzen, verachten	11	III
2	ἡ ἐξουσία	das Vermögen, Freiheit, Vollmacht, Recht zum handeln	100	
7	ἔξω	aussen, ausserhalb, heraus, hinaus (Adv)	55	
7	ἔξωθεν	von aussen her, aussen, hinaus (Adv)	13	III
17	ἡ ἑορτή	das Fest, Festfeier	25	
7	ἡ ἐπαγγελία	die Ankündigung, Versprechen, Verheissung	47	
7	ἐπαγγέλλω	ankündigen, versprechen, befehlen	15	II
18	ὁ ἔπαινος	das Lob, Beifall, Anerkennung	11	III
15	ἐπαίρω	aufheben, emporheben, sich erheben, sich überheben	19	I
15	ἐπαισχύνομαι (D)	sich schämen	11	III
15	ἐπάνω + Gen	oben drüber, mehr als	18	II

12	ἐπαύριον	morgen (Adv)	17	II
15	ἐπεί	nachdem, weil, da ja, denn	25	
18	ἐπειδή	nachdem, als nun, da gerade, da ja, weil	10	III
18	ἔπειτα	alsdann, hierauf, sodann	16	II
7	ἐπερωτάω	fragen, bitten	55	
6	ἐπί	Präp. mit Gen: auf, an, bei, neben, über Präp. mit Dat: auf, an, bei, über, zu Präp. mit Akk: auf, auf ... hin, darüber, zu, bis, während	500	
17	ἐπιβάλλω	überwerfen, anlegen, zufallen	18	II
9	ἐπιγινώσκω	genau erkennen, anerkennen, bemerken	40	
17	ἡ ἐπίγνωσις, -εως	die (genaue) Erkenntnis, Anerkenntnis	19	I
11	ἐπιζητέω	aufsuchen, forschen, wissen wollen, verlangen	13	III
12	ἐπιθυμέω	begehren, verlangen	16	II
4	ἡ ἐπιθυμία	das Verlangen, Begierde	34	
17	ἐπικαλέω	anrufen, herbeirufen, benennen	30	
16	ἐπιλαμβάνω	dazunehmen, anfassen, ergreifen, auf etwas treffen (NT nur Med!)	19	I
17	ἐπιμένω	bleiben, dableiben, verharren, etwas hartnäckig weiter tun	15	II
18	ἐπιπίπτω	fallen auf, sich stürmisch nähern	11	III
8	ἐπισκέπτομαι	besehen, besichtigen, mustern, besuchen	11	III
17	ἐπίσταμαι	verstehen, wissen	14	II
5	ἡ ἐπιστολή	der Brief, Schreiben, Epistel	23	I
14	ἐπιστρέφω	sich wenden, umwenden, zurückkehren	34	
17	ἐπιτάσσω	befehlen, gebieten, vorschreiben	10	III
12	ἐπιτελέω	beendigen, verrichten, ausführen, auferlegen	10	III
16	ἐπιτίθημι	auflegen, darauflegen, geben	40	
14	ἐπιτιμάω	anfahren, tadeln, schelten	27	
14	ἐπιτρέπω	gewähren, gestatten	18	II
16	ἐπουράνιος, -ον	im Himmel befindlich, himmlisch	18	II
8	ἑπτά	sieben (Numerale)	80	
7	ἐργάζομαι D	arbeiten, verrichten, wirken, bearbeiten	40	
16	ὁ ἐργάτης	der Arbeiter	16	II
1	τὸ ἔργον	das Werk, Arbeit, Handlung, Tat, Beschäftigung	130	
2	ἔρημος, -ον	verlassen, menschenleer, öde, einsam	47	
5	ἔρχομαι	kommen, gehen, sich einstellen	500	
9	Aor: ἦλθον/ἦλθα			
10	Fut: ἐλεύσομαι			
10	ἐρωτάω	fragen, bitten	55	
9	ἐσθίω	essen, fressen, verzehren	65	
	Aor: ἔφαγον			
11	ἔσχατος, -η, -ον	zuletzt, geringst, spätest	47	
7	ἔσωθεν	von innen her, inwendig (Adv)	12	III
11	ἕτερος, -α, -ον	anders, ein anderer	80	
4	ἔτι	noch, noch immer, ausserdem (Adv.)	80	
18	ἑτοιμάζω	bereit machen, in Bereitschaft setzen, instandsetzen	40	
18	ἕτοιμος, -η, -ον	fertig, bereit, instand gesetzt	17	II

15	τὸ ἔτος, -ους	das Jahr	47	
8	εὐαγγελίζω u.-ομαι	eine gute Botschaft bringen, eine Siegesbotschaft melden	47	
7	τὸ εὐαγγέλιον	die gute Botschaft, Siegesbotschaft, Freudenbotschaft, Evangelium	65	
7	εὐδοκέω	Wohlgefallen haben an, für gut halten, mögen	21	I
7	εὐθέως	sofort, sogleich, alsbald (Adv.)	30	
3	εὐθύς, -εῖα, -ύ	gerade (Adj); sofort, sogleich (Adv)	47	
18	εὐλογέω	gut reden, loben, segnen	40	
18	ἡ εὐλογία	das Lob, Segen, schöner Ausdruck der Rede	16	II
9	εὑρίσκω	finden, auffinden, antreffen, erkennen	130	
	Aor: εὗρον / εὗρα			
13	ἡ εὐσέβεια	die Frömmigkeit, Gottesfurcht	15	II
12	εὐχαριστέω	dankbar sein, danken	34	
14	εὐφραίνω	erfreuen	14	II
17	ἡ εὐχαριστία	die Dankbarkeit, Danksagung, Herrenmahl	15	II
13	ὁ ἐχθρός	der Feind	30	
10	ἔφη	er, sie, es sagte		
17	ἐφίστημι	trans: herantreten, sich auf, zu od. über etwas stellen		
		intr: über etwas stehen, treten	21	I
13	ἐχθρός, -ά, -όν	feindlich, verhasst, feindselig gesonnen	32	
1	ἔχω	haben, halten, anhaben	500	
9	Ipf: εἶχον			
9	Aor: ἔσχον			
10	Fut: ἕξω			
11	ἕως	Präp m. Gen: solange bis, bis dass, solange als, während	130	
12		m. Konj: bis		

ζ

16	ὁ ζῆλος	der Eifer, Eifersucht	17	II
16	ζηλόω	eifern, eifrig streben, werben	11	III
3	ζητέω	suchen, untersuchen, begehren	100	
8	ζάω	leben, am Leben sein, gesund sein	130	
7	ἡ ζύμη	der Sauerteig	13	III
10	ἡ ζωή	das Leben	130	
16	τὸ ζῷον	das beseelte Geschöpf, Lebewesen, Tier	23	I
13	ζωοποιέω	lebendig machen, beleben	11	III

η

1	ἤ	oder	200	
15	ὁ ἡγεμών, -όνος	der Fürst, Statthalter	19	I
15	ἡγέομαι	führen, vorangehen; mit dopp. Akk: für etwas halten	27	
13	ἤδη	schon, bereits, sofort, gleich, endlich (Adv)	55	

17 ἥκω	gekommen sein, da sein	25	
12 ὁ ἥλιος	die Sonne, Glut der Sonne	30	
2 ἡμεῖς	wir (Pers Pron)	500	
2 ἡ ἡμέρα	der Tag, Zeit	200	
12 ἡμέτερος, -α, -ον	unser (Possessivpron)	8	III

θ

6 ἡ θάλασσα	das Meer, See	80	
13 ὁ θάνατος	der Tod	100	
13 θανατόω	töten, Todesgefahr leiden, umbringen	11	III
14 θάπτω	begraben	11	III
9 θαυμάζω	verwundern, staunen, bewundern	40	
12 θεάομαι D	beschauen, anschauen, betrachten	21	I
18 ὁ θεμέλιος	das Fundament, Grundlage, Basis	16	II
12 τὸ θέλημα, -ατος	der Wille, das Gewollte	55	
1 θέλω	wollen, mögen, gefallen haben an	200	
10 Aor: ἠθέλησα			
7 θεραπεύω	dienen, besorgen, behandeln, therapieren	40	
16 θερίζω	ernten	21	I
16 ὁ θερισμός	die Ernte, einzuerntende Frucht	13	III
1 ὁ θεός	Gott	500	
9 θεωρέω	Zuschauer sein, beobachten, anschauen, sehen, erleben	55	
13 τὸ θηρίον	das Tier	40	
1 ὁ θησαυρός	Aufbewahrungsort, Schatzbehälter, Schatz	17	II
13 ἡ θρίξ, τριχός	das Haar	15	II
12 θλίβω	drücken, drängen, einengen, quälen	10	III
7 ἡ θλίψις, -εως	das Bedrängen, Verengung, Druck, Trübsal	40	
14 ὁ θρόνος	der Thron, Herrschaft	55	
9 ἡ θυγάτηρ, -τρός	die Tochter, Nachkommin	27	
14 ὁ θυμός	die Leidenschaft, Begierde, Zorn	18	II
14 ἡ θύρα	die Türe, Eingang	34	
11 ἡ θυσία	das Opfer, Opferhandlung	27	
13 τὸ θυσιαστήριον	der Altar	23	I
18 θύω	opfern, abschlachten, töten, feiern	13	III

ι

12 ἰάομαι	(als Arzt) heilen, wiederherstellen	25	
8 ἴδε	siehe!, seht doch!, da ist	27	
7 ἴδιος, ἰδία, ἴδιον	eigen, privat	100	
8 ἰδού	siehe!	200	
10 ὁ ἱερεύς, -έως	der Priester	30	
1 τὸ ἱερόν	der Tempel, Heiligtum	65	
11 ἱκανός, -ή, -όν	genügend, hinreichend, passend, geeignet	40	
14 τὸ ἱμάτιον	das Gewand, Kleid, Mantel, Überwurf	55	
12 ἵνα	mit Konj: damit, dass, um ... zu	500	

5 ἰουδαῖος, -αία, -αῖον	jüdisch; ein Jude	130	
18 ὁ ἵππος	das Pferd	17	II
17 ἵστημι	trans: stellen, aufstellen intr: hintreten, stehen	130	
3 ἰσχυρός, -ά, -όν	stark, heftig, machtvoll, laut	27	
11 ἡ ἰσχύς, -ύος	die Stärke, Kraft	10	III
3 ἰσχύω	stark sein, kräftig sein, vermögend sein, können, gelten	27	
10 ὁ ἰχθύς, -ύος	der Fisch	19	I

χ

15 κἀγώ	und ich, auch ich, ich meinerseits	80	
19 καθάπερ	demgemäss wie, so wie, gleichsam	17	II
12 καθαρίζω	reinigen, säubern	30	
5 καθαρός, -ή, -όν	rein, sauber, lauter, klar	25	
12 καθεύδω	schlafen	21	I
15 κάθημαι	sitzen, sich aufhalten, wohnen	80	
15 καθίζω	sitzen, niedersetzen, sich aufhalten, wohnen	40	
17 καθίστημι	trans: niedersetzen, hinstellen, aufstellen intr: sich hinstellen, stehen, sich befinden	21	I
10 καθώς	ebenso wie, geradeso wie, insofern, soweit, da ja	130	
1 καί	und, auch (koordinierende Konjunktion)	500	
5 καινός, -ή, -όν	neu, noch nie dagewesen, ungebraucht	40	
3 ὁ καιρός	die rechte Zeit, Augenblick, rechtes Mass	80	
15 ὁ καῖσαρ, -αρος	der Kaiser	27	
17 καίω	anbrennen, brennen	12	III
7 κἀκεῖ	und dort, auch dort (καί + ἐκεῖ) (Adv)	10	III
7 κἀκεῖθεν	und dorther, und von da, und danach (Adv)	10	III
3 κἀκεῖνος, -η, -ον	und jener, auch jener, und er (Demonstrativpron)	21	I
7 ἡ κακία	die schlechte Beschaffenheit, Bosheit, Fehlerhaftigkeit	11	III
4 κακός, -ή, -όν	schlecht, untauglich, verderblich, böse, schädlich	47	
7 κακῶς	schlecht, übel, schlimm (Adv)	16	II
19 ὁ κάλαμος	das Schilfrohr, Rohrstock, Massrohr, Schreibrohr	12	III
8 καλέω	rufen, beim Namen nennen, nennen, einladen, berufen	130	
5 καλός, -ή, -όν	schön, gut, brauchbar, edel, angenehm	80	
3 καλῶς	schön, gut, trefflich, passend, richtig (Adv)	34	
12 κἄν	aus: καί + ἐάν: und wenn, auch wenn, selbst wenn	18	II
18 ὁ καπνός	der Rauch	13	III
3 ἡ καρδία	das Herz (Sitz des geistigen Lebens, Denkvermögens Willens, Wünsche)	130	
8 ὁ καρπός	die Frucht, Ertrag, Nutzen	65	
6 κατά	Präp. mit Gen: von etwas herab, gegen Präp. mit Akk: gemäss, nach, für, während, in Hinsicht auf, in Beziehung mit	200	
14 καταβαίνω	hinabsteigen, hinuntergehen, fallen	80	

16	ἡ καταβολή	die Grundlegung, Anfang	11	III
7	καταγγέλλω	feierlich verkündigen	18	II
15	καταισχύνω	schänden, entehren, beschämen	13	III
19	κατακαίω	niederbrennen, verbrennen	12	III
15	κατάκειμαι	sich niederlegen, daliegen, liegen	12	III
16	κατακρίνω	verurteilen	16	II
9	καταλαμβάνω	feindselig treffen, ereilen, begreifen	13	III
14	καταλείπω	zurücklassen, verlassen, aufgeben, im Stich lassen, übrig lassen	23	I
3	καταλύω	ganz auflösen, zerstören	17	II
3	καταντάω	hinkommen, gelangen, erreichen	13	III
16	κατανοέω	bemerken, wahrnehmen, mit Überlegung beschauen, beobachten, überlegen	14	II
16	καταργέω	ausser Wirksamkeit setzen, abschaffen, vernichten	27	
14	καταρτίζω	in Ordnung bringen, wieder zurecht machen, vollenden	13	III
19	κατασκευάζω	instand setzen, bereiten, zurichten, herstellen, bauen	11	III
11	κατεργάζομαι D	ausführen, vollbringen, tun, erarbeiten, bewältigen	21	I
5	κατέρχομαι D	herabkommen	15	II
11	κατέχω	aufhalten, zurückhalten, niederhalten, unterdrücken, besitzen	17	II
15	κατηγορέω	anklagen, beschuldigen	21	I
11	κατοικέω	bewohnen, wohnen	40	
4	καυχάομαι	sich rühmen, stolz sein	34	
19	τὸ καύχημα, -ατος	der Gegenstand des Rühmens, Ruhm, Stolz	11	III
12	ἡ καύχησις, -εως	das Rühmen	11	III
15	κεῖμαι	liegen, daliegen, eingesetzt sein	23	I
10	κελεύω	befehlen, heissen (mit Inf. od. AcI)	25	
12	κενός, -ή, -όν	leer, eitel, hohl, ohne Inhalt, ohne Grundlage	18	II
13	τὸ κέρας, -ατος	das Horn	11	III
15	κερδαίνω	gewinnen	17	II
16	ἡ κεφαλή	der Kopf, äusserstes Ende	65	
7	κηρύσσω	bekanntmachen, laut verkündigen, öffentlich rühmen, als Herold sprechen	55	
18	ὁ κλάδος	der Zweig	11	III
18	κλάζω	brechen	14	II
4	κλαίω	klagen, weinen	34	
17	κλείω	schliessen, verschliessen	16	II
6	ὁ κλέπτης, -ου	der Dieb	16	II
6	κλέπτω	stehlen	13	III
10	κληρονομέω	beerben, erben	18	II
10	ἡ κληρονομία	das Erbe, Erbteil, Besitz	14	II
10	ὁ κληρονόμος	der Erbe	15	II
14	ὁ κλῆρος	das Los, Verlostes, Anteil	11	III
7	ἡ κλῆσις, -εως	die Berufung, Einladung, Beruf, Stand	11	III
19	κλητός, -ή, -όν	berufen, geladen, gerufen	10	III
7	ἡ κοιλία	Leibeshöhle, Bauch, Mutterleib, das Innere	23	I
16	κοιμάομαι D	schlafen, einschlafen, sterben	18	II

12	κοινός, -η, -ον	gemeinsam, gemein, gewöhnlich, profan, kultisch unrein	14	II
12	κοινόω	gemein machen, verunreinigen, entweihen	14	II
12	ἡ κοινωνία	die Gemeinschaft, enge Verbindung, Teilnahme	19	I
12	ὁ / ἡ κοινωνός	der Genosse, Genossin, Mitbeteiligter	10	III
19	κολλάω	leimen, fest zusammenfügen	12	III
18	κομίζω	herbeibringen, davontragen, empfangen, erhalten, erlangen	11	III
11	κοπιάω	müde werden, sich plagen, sich erschöpfen	21	I
12	ὁ κόπος	die Mühe, Beschwerde, Arbeit	18	II
6	κοσμέω	in Ordnung bringen, schmücken	10	III
6	ὁ κόσμος	Schmuck, Welt, Weltall	130	
17	ὁ κράβαττος	ärmliches Bett	11	III
13	κράζω	ausrufen, schreien, brüllen	55	
8	κρατέω	sich bemächtigen, festnehmen, ergreifen	47	
8	τὸ κράτος, -ους	die Kraft, Macht, Gewalt, Stärke	12	III
11	κρείσσων, -ον	besser, hervorragender, nützlicher (Komp. von ἀγαθός)	19	I
6	κρίνω	scheiden, unterscheiden, richten, urteilen, meinen	100	
7	τὸ κρίμα, -ατος	der Streitfall, gerichtliche Strafe, Gericht, Entscheidung	28	
12	ἡ κρίσις, -εως	das Gericht, Urteil, Strafe, Entscheidung	47	
4	ὁ κριτής	der Richter	19	I
6	κρυπτός, -ή, -όν	verborgen, versteckt, geheim	17	II
6	κρύπτω	verbergen, verhüllen, verstecken, geheimhalten	19	I
1	ὁ κύριος	der Herr	500	
16	κτίζω	bewohnbar machen, schaffen, erschaffen	15	II
6	ἡ κτίσις, -εως	die Schöpfung, Gründung	19	I
18	κωλύω	hindern, verhindern, abhalten, verbieten	23	I
2	ἡ κώμη	das Dorf, Ansiedlung	27	
19	κωφός, -ή, -όν	stumm, taub, taubstumm, abgestumpft	14	II

λ

19	λαγχάνω	empfangen, zugeteilt erhalten, das Los werfen	15	II
3	λαλέω	reden, sprechen, Töne von sich geben	200	
9	λαμβάνω Aor: ἔλαβον	nehmen, ergreifen, erhalten, empfangen	200	
2	ὁ λαός	das Volk, Menge, Leute	130	
16	λατρεύω	dienen	21	I
1	λέγω	sagen, reden, nennen, antworten	500	
18	λευκός, -ή, -όν	leuchtend, glänzend, schimmernd	23	I
5	ὁ λῃστής, -οῦ	der Räuber, Plünderer	15	II
7	λίαν	ganz, sehr, ausserordentlich (Adv)	12	III
9	ὁ λίθος	der Stein	55	
16	ἡ λίμνη	der See, Teich, Pfuhl	11	III
17	ὁ λιμός	der Hunger, Hungersnot	12	III
1	ὁ λόγος	das Wort, Aussage, Erzählung	200	

7	λογίζομαι (D)	rechnen, anrechnen, berechnen, bewerten	40
12	λοιπός, -ή, -όν	übrig, hinfort, schliesslich, übrigens	55
10	λυπέω	betrüben, traurig machen, ärgern, kränken	25
11	ἡ λύπη	die Trauer, Kummer, Schmerz	15 II
16	ἡ λυχνία	der Leuchter, Kandelaber	12 III
16	ὁ λύχνος	die Lampe	14 II
4	λύω	lösen, ablösen, losmachen, beenden	40

μ

5	ὁ μαθητής, -οῦ	der Schüler, Student, Jünger, Anhänger	200
5	μακάριος, -ία, -ιον	überglücklich, selig	47
7	μακράν	weit, fern (Adv.)	10 III
13	μακρόθεν	von weitem her, von ferne (Adv.)	14 II
14	μακροθυμέω	Geduld haben, warten	10 III
14	ἡ μακροθυμία	Standhaftigkeit, Geduld, Ausdauer	14 II
11	μάλιστα	zumeist, hauptsächlich, gar sehr	12 III
11	μᾶλλον	mehr, in höherem Masse, lieber, eher, vielmehr (Adv.)	80
12	μανθάνω Aor: ἔμαθον	lernen, erfahren, sich aneignen	25
8	μαρτυρέω	Zeuge sein, bezeugen, den Beweis erbringen, empfehlen	65
13	ἡ μαρτυρία	das Zeugnis, Zeugnisablegung	34
13	τὸ μαρτύριον	das Zeugnis, Beweis	19 I
6	ὁ μάρτυς, μάρτυρος	der Zeuge	34
16	ἡ μάχαιρα	das Schwert	27
6	μέγας, μεγάλη, μέγα	gross, reichlich, geräumig, heftig	130
11	μείζων	grösser, gewaltiger, heftiger (Komp. von μέγας)	47
8	μέλει + Dat.	es liegt jemandem daran, es gefällt	10 III
16	τὸ μέλος, -ους	das Glied, Zugehöriges	34
7	μέλλω	mit Inf od. AcI: im Begriff sein, dabei sein zu ...	100
4	μέν	zwar, aber	130
6	μένω	bleiben, sich aufhalten, wohnen	100
12	μεριμνάω	sorgen, sich Sorgen machen	19 I
8	μερίζω	zerteilen, trennen, uneins machen	14 II
8	τὸ μέρος, -ους	das Teil, Stück, Glied, Anteil, Sache	40
4	μέσος, -η, -ον	in der Mitte befindlich, mitten	55
2	μετά	Präp. mit Gen: mit, inmitten, zusammen Präp. mit Akk: hinter, nach	200
15	μεταβαίνω	hinübergehen, an einen andern Ort gehen, übersiedeln	11 III
11	μετανοέω	mitdenken, nachdenken, umdenken, seinen Sinn ändern, umkehren	34
11	ἡ μετάνοια	Sinnesänderung, Willensänderung, Umkehr	21 I
10	μετρέω	messen, ausmessen	11 III
10	τὸ μέτρον	das Mass	14 II
12	μέχρι(ς)	Präp m. Gen: bis	18 II

2	μή	nicht (Negationsparikel)	500	
5	μηδέ	auch nicht, und nicht, nicht einmal	55	
6	μηδείς, μηδεμία, μηδέν	keiner, keine, kein, niemand	80	
8	μηκέτι	nicht mehr, nicht weiter	21	I
5	ὁ μήν, μηνός	der Monat, Neumond	18	II
12	μήποτε	niemals, ob nicht?		
		mit Konj: dass nicht, damit nicht	25	
12	μήτε	und nicht; μήτε ... μήτε: weder ... noch	34	
6	ἡ μήτηρ, μητρός	die Mutter	80	
5	μήτι	doch nicht etwa, doch wohl nicht	16	II
14	μικρός, -ά, -όν	klein, gering, winzig	46	
17	μιμνῄσκομαι (D)			
	Aor: ἐμνήσθην	sich erinnern, gedenken	23	I
9	μισέω	vernachlässigen, hassen, verabscheuen	34	
13	ὁ μισθός	der Lohn, Entgelt	27	
7	τὸ μνῆμα, -ατος	das Grab	10	III
7	τὸ μνημεῖον	das Denkmal, Grab	34	
12	μνημονεύω	sich erinnern, gedenken	21	I
10	μοιχεύω	Ehebruch begehen	13	III
7	μόνον	nur, allein, einzig (Adv)	65	
4	μόνος, -η, -ον	allein, einzig, für sich	40	
16	τὸ μύρον	das Salböl	14	II
1	τὸ μυστήριον	das Geheimnis, Geheimlehre	27	
3	μωρός, -ά, -όν	töricht, unsinnig	12	III

ν

5	ναί	Ja, gewiss, so ist es	34	
4	ὁ ναός	der Tempel, Heiligtum	40	
10	ὁ νεανίσκος	der junge Mann (bis ca. 40 Jahre)	11	III
8	νεκρός, -ά, -όν	tot, leblos	100	
18	νέος, -α, -ον	neu, frisch, jung	23	I
8	ἡ νεφέλη	die Wolke, der Nebel	25	
17	νήπιος, -ία, -ον	unmündig, kindlich, unreif	14	II
16	νηστεύω	fasten, sich enthalten	19	I
13	νικάω	siegen, besiegen, überwinden	27	
17	νίπτω	waschen	17	II
18	νοέω	erkennen, begreifen, verstehen, wahrnehmen, denken	14	II
19	νομίζω	Brauch sein, annehmen, meinen, glauben	15	II
1	ὁ νόμος	der Brauch, Gesetz, Ordnung, Regel, Thora	130	
19	ἡ νόσος, -ου	die Krankheit, Seuche, Übel, Fehler	11	III
10	ὁ νοῦς, νοός, νοΐ, νοῦν	der Verstand, Vernunft, Einsicht, Erkenntnisvermögen, Gesinnung, Gedanke, Meinung	23	I
18	ὁ νυμφίος	der Bräutigam	16	II
3	νῦν	jetzt, nun	130	
3	νυνί	nun, jetzt	18	II
5	ἡ νύξ, νυκτός	die Nacht	55	

ξ

17	ξενίζω	gastlich aufnehmen, bewirten, befremden	10	III
17	ξένος, -η, -ον	fremd, ausländisch, befremdlich, seltsam	14	II
15	ξηραίνω	austrocknen, dürr machen	15	II
5	τὸ ξύλον	das Holz	19	I

o

1	ὁ, ἡ, τό	der, die, das (Artikel)	500	
3	ὅδε, ἥδε, τόδε	dieser, diese, dieses (Demostrativpron)	10	III
5	ὁ ὀδούς, ὀδόντος	der Zahn	12	III
5	ἡ ὁδός, -οῦ	der Weg, Strasse, Gang, Reise	100	
7	ὅθεν	von wo, woher, weshalb (Adv)	15	II
14	οἶδα	wissen, kennen, erfahren	200	
3	ἡ οἰκία	das Haus, Hausgenossenschaft, Familie	80	
14	ὁ οἰκοδεσπότης, -ου	der Hausherr	12	III
15	οἰκοδομέω	bauen, errichten, stärken, fördern	40	
15	ἡ οἰκοδομή	das Bauen, Bau, Gebäude	18	II
5	ὁ οἰκονόμος	der Hausverwalter	10	III
10	ὁ οἶκος	das Haus, Hausbewohner	100	
19	ἡ οἰκουμένη	die bewohnte Erde, Erdkreis, Menschheit	15	II
8	ὁ οἶνος	der Wein	34	
10	οἷος, -α, -ον	welcher Art, wie beschaffen (Relativpron)	14	II
8	ὀλίγος, -η, -ον	wenig, etwas, kurz, klein	40	
6	ὅλος, -η, -ον	ganz, ungeteilt, unversehrt	100	
18	ὀμνύω	schwören	25	
12	ὁμοθυμαδόν	einmütig, übereinstimmend (Adv)	11	III
6	ὅμοιος, -οία, -ον	gleichartig, von gleicher Art	40	
14	ὁμοιόω	gleich machen, vergleichen	15	II
14	ὁμοίως	gleich, gleichermassen, ebenso (Adv)	30	
15	ὁμολογέω	zusagen, versichern, versprechen, öffentlich bekennen, erklären, eingestehen	25	
9	τὸ ὄνομα, -ατος	der Name	200	
18	ὄντως	in Wahrheit, wirklich (Adv)	10	III
10	ὀπίσω	hinten, hinter, zurück, hinterher (mit Gen)	34	
10	ὅπου	wo, woselbst, wohin, insofern (Relativadv)	80	
12	ὅπως	mit Konj: damit, dass; wie, auf welche Weise (Adv)	47	
19	τὸ ὅραμα, -ατος	das Geschaute, Gesicht, Vision	12	III
9	ὁράω	sehen, erblicken, bemerken, erleben, erfahren	100	
	Ipf: ἑώρων			
	Aor: εἶδον/εἶδα			
9	ἡ ὀργή	der Zorn, Affekt	34	
14	τὸ ὅριον	die Grenze	12	III
19	ὁ ὅρκος	der Schwur, Eid	10	III
2	τὸ ὄρος, -ους	der Berg, Gebirge	55	
10	ὅς, ἥ, ὅ	welcher, welche, welches (Relativpron)	500	

10	ὅσος, -η, -ον	wie gross, wie weit, wie lang, wie viel (relativ)	100	
10	ὅστις, ἥτις, ὅ τι	jeder beliebige der, ein solcher, welcher (Relativpron)	130	
12	ὅταν	mit Konj: dann, dann wenn, so oft als, sobald	100	
6	ὅτε	als, da, nachdem, damals als	100	
2	ὅτι	dass, weil, Doppelpunkt (rezitativ)	500	
1	οὐ, οὐκ, οὐχ	nicht, kein, nein (Negationspartikel)	200	
5	οὔ	nein	17	II
19	οὗ	wo, an, in, auf welchem	23	I
14	οὐαί	wehe!	40	
5	οὐδέ	und nicht, auch nicht	130	
6	οὐδείς, οὐδεμία, οὐδέν	keiner, keine, keines	200	
10	οὐδέποτε	niemals, nie	16	II
8	οὐκέτι	nicht mehr, nicht länger	47	
4	οὖν	folglich, also, nun	200	
10	οὔπω	noch nicht	27	
1	ὁ οὐρανός	der Himmel	200	
5	τὸ οὖς, ὠτός	das Ohr	34	
6	οὔτε	und nicht; οὔτε ... οὔτε weder noch	80	
3	οὗτος, αὕτη, τοῦτο	dieser, diese, dies (Demonstrativpron.)	500	
5	οὕτως	so, wie, so wie, auf diese Weise	200	
5	οὐχί	nicht, nein (verstärkte Neg.)	47	
11	ὀφείλω	schuldig sein, verpflichtet sein	34	
2	ὁ ὀφθαλμός	das Auge	100	
8	ὁ ὄφις, -εως	die Schlange	14	II
3	ὁ ὄχλος	der Volkshaufe, Volk, Masse	130	
3	ἡ ὀψία	der Abend	14	II

π

7	τὸ πάθημα, -ατος	das Leid, Unglück	16	II
7	παιδεύω	erziehen, unterrichten, bilden, zurechtweisen	13	III
17	ἡ παιδίσκη	das Mädchen, Magd, Sklavin	13	III
14	τὸ παιδίον	das kleine Kind	47	
5	ὁ παῖς, παιδός	der Knabe, Jüngling, Knecht	23	I
16	παλαιός, -ά, -όν	alt, schon lange vorhanden	19	I
4	πάλιν	wiederum, zurück, nochmals	130	
19	ὁ παντοκράτωρ, -ορος	der Allherrscher, Allmächtige	10	III
1	πάντοτε	immer, jedesmal, zu allen Zeiten	40	
6	παρά	Präp. mit Gen: von, durch, von seiten Präp. mit Dat: neben, bei, an, unter Präp. mit Akk: an ... hin, bei, entgegen	130	
15	ἡ παραβολή	das Gegenbild, Gleichnis, Bildrede, Parabel	47	
15	παραγγέλλω	anweisen, befehlen, anordnen, einschärfen	30	
17	παραγίνομαι	ankommen, kommen, beistehen	34	
14	παράγω	einführen, vorübergehen, vergehen	10	III
16	παραδίδωμι	überliefern, übergeben, ausliefern, zurückerstatten, mitteilen	100	

16	ἡ παράδοσις, -εως	die Auslieferung, Überlieferung, Übergabe	13	III
11	παραιτέομαι	sich ausbitten, erbitten, sich entschuldigen, sich verbitten, ablehnen	12	III
7	παρακαλέω	herbeirufen, einladen, zu Hilfe rufen, ermahnen, zureden, bitten	100	
12	ἡ παράκλησις, -εως	die Ermahnung, Ermunterung, Trost, Bitte	27	
2	παραλαμβάνω	zu sich nehmen, übernehmen, annehmen	47	
18	παραλυτικός, -ή, -όν	gelähmt	10	III
18	τὸ παράπτωμα, -ατος	das Danebentreten, Fehltritt, Sünde	19	I
16	παρατίθημι	danebenstellen, davorsetzen, vorlegen, anvertrauen	19	I
15	παραχρῆμα	sofort, sogleich (Adv.)	18	II
19	πάρειμι	dabeisein, anwesend sein, da sein, gekommen sein	23	I
19	ἡ παρεμβολή	das befestigte Lager	10	III
19	παρέχω	darbieten, hingeben, erweisen, verschaffen	16	II
12	παρέρχομαι	vorbeikommen, vorübergehen, vergehen	25	
18	ἡ παρθένος, -ου	die Jungfrau, Mädchen	15	II
17	παρίστημι	trans: bereit stellen, zur Verfügung stellen, darstellen intr: herzutreten, helfen, dabeistehen	40	
14	ἡ παρουσία	die Anwesenheit, Gegenwart, Ankunft, Parusie	23	I
7	ἡ παρρησία	die Offenheit (beim Reden), Freimütigkeit, Öffentlichkeit	30	
6	πᾶς, πᾶσα, πᾶν	jeder, alles, jeglicher, ganz, gesamt, höchst, völlig	500	
4	τὸ πάσχα	das Passa, Passmahl, Passafeier	27	
4	πάσχω			
9	Aor: ἔπαθον	leiden, erfahren, erdulden	40	
19	πατάσσω	schlagen, stossen	10	III
6	ὁ πατήρ, -ρος	Vater, Stammvater, Wohltäter	200	
17	παύω	aufhören machen, beruhigen, zurückhalten	15	II
3	πείθω	überzeugen, überreden, vertrauen, glauben	47	
10	πεινάω Aor: ἐπείνασα Fut: πεινάσω	hungern	23	I
7	πειράζω	prüfen, versuchen	34	
17	ὁ πειρασμός	die Prüfung, Versuchung, Verlockung	21	I
3	πέμπω	senden, aussenden, schicken	65	
11	πενθέω	trauern, klagen	10	III
10	πέντε	fünf (Numerale)	34	
7	πέραν	jenseits, jenseitig, auf der anderen Seite (Adv)	23	I
2	περί	Präp. mit Gen: über, um, für		
9		Präp. mit Akk: um ... herum, um, inbetreff	200	
12	περιβάλλω	umwerfen, umlegen, anlegen, anziehen	23	I
8	περιπατέω	umhergehen, spazierengehen, einen Lebenswandel führen	80	
11	περισσεύω	im Überfluss vorhanden sein, überschiessen, reichlich vorhanden sein	34	
11	περισσότερος, -α, -ον	grösser, mehr, weiteres (Komp. περισσός-ή-όν = über die gewöhnliche Zahl hinausgehend)	16	II
11	περισσοτέρως	mehr, besonders (Adv)	11	III

9	ἡ περιστερά	die Taube	10	III
15	περιτέμνω	ringsum schneiden, beschneiden	17	II
15	ἡ περιτομή	die Beschneidung	34	
16	τὸ πετεινόν	der Vogel	14	II
15	ἡ πέτρα	der Fels	15	II
18	ἡ πηγή	die Quelle	11	III
16	πιάζω	halten, fassen, gefangennehmen	12	III
18	πίμπλημι	erfüllen, anfüllen, vollmachen	23	I
12	πίνω	trinken	65	
	Aor: ἔπιον			
	Aor pass: ἐπόθην			
9	πίπτω	fallen, niederstürzen, zusammenbrechen	80	
9	Aor: ἔπεσα			
10	Fut: πεσοῦμαι			
1	πιστεύω	glauben, vertrauen, überzeugt sein	200	
5	ἡ πίστις, -εως	der Glaube, das Vertrauen	200	
4	πιστός, -ή, -όν	treu, zuverlässig, Vertrauen erweckend, glaubwürdig	65	
10	πλανάω	in die Irre führen, verführen, täuschen, betrügen	34	
12	ἡ πλάνη	das Irren, Irrtum, Täuschung	10	III
11	πλείων, πλεῖον	mehr, grösser, weiteres (Komp. von πολύς; als Adv: länger, weiterhin)	55	
19	ἡ πλεονεξία	die Gewinnsucht, Habgier, Geiz	10	III
18	ἡ πληγή	der Schlag, Hieb, Wunde, Strieme	21	I
8	τὸ πλῆθος, -ους	die Menge, Vielheit, Volk	30	
19	πληθύνω	vollmachen, vermehren	12	III
11	πλήν	aber, jedoch, indessen, zusammenfassend	30	
8	πλήρης, -ες	voll, vollständig, vollzählig	16	II
3	πληρόω	füllen, anfüllen, erfüllen, vollenden, beendigen	80	
3	τὸ πλήρωμα, -ατος	das was füllt, Erfüllung, Fülle, Vollzahl	17	II
10	πλησίον	nahe, benachbart (Adv); subst: der Nächste, Nachbar, Mitmensch	17	II
7	τὸ πλοῖον	das Schiff, Boot	65	
15	πλουθέω	reich sein, reich werden	12	II
15	πλούσιος, -ία, -ον	reich	27	
15	ὁ πλοῦτος	der Reichtum, Überfluss	21	I
5	τὸ πνεῦμα, -τος	der Geist, Hauch, Wind	200	
17	πνευματικός, -ή, -όν	geistig, den Geist betreffend, geistgewirkt, dem Geist entsprechend	25	
5	πόθεν	woher?, von welchem Ort?, aus welcher Quelle?, aus welchem Grund?, wieso?	27	
3	ποιέω	machen, tun, ausführen, handeln	500	
9	ποικίλος, -η, -ον	mannigfaltig, verschiedenartig, bunt	10	III
5	ποιμαίνω	weiden, hüten, schützen, nähren, pflegen	11	III
5	ὁ ποιμήν, -ένος	der Hirte	18	II
5	ποῖος, -α, -ον	wie beschaffen?, welcherlei Art?, welcher?	30	
10	ὁ πόλεμος	der Kampf, Krieg, Schlacht, Streit	18	II
8	ἡ πόλις, -εως	die Stadt	130	
18	πολλάκις	oft, häufig (Adv)	17	II

6	πολύς, πολλή, πολύ	viel, viele, viel, zahlreich, gross	200	
1	πονηρός, -ά, -όν	in schlechtem Zustand, verkommen, schlecht, krank, böse	65	
4	πορεύομαι D	gehen, wandern, reisen	130	
16	ἡ πορνεία	die Unzucht, Hurerei	25	
16	ἡ πόρνη	die Hure, Dirne	12	III
16	ὁ πόρνος	der Hurer	10	III
5	πόσος, -η, -ον	wie gross?, wieviel?	27	
3	ὁ ποταμός	der Fluss, Srom	17	II
5	πότε	wann?	19	I
5	ποτέ	irgendeinmal, einstmals	27	
14	τὸ ποτήριον	der Becher, Trinkgefäss	30	
15	ποτίζω	trinken lassen, tränken, begiessen	15	II
5	ποῦ	wo?, an welchem Ort?, wohin?	47	
5	ὁ πούς, ποδός	der Fuss	80	
18	τὸ πρᾶγμα, -ατος	die Tatsache, Ereignis, Vorfall, Sache, Ding, Aufgabe	11	III
14	πράσσω	vollbringen, tun, eintreiben	34	
5	ἡ πραΰτης, -ητος	die Sanftmut, Milde, Freundlichkeit	11	III
8	πρεσβύτερος, -α, -ον	älter, ältest	65	
10	πρίν	mit AcI: eher, vor, bevor	13	III
9	πρό	Präp. mit Gen: vor (zeitl. und örtl.)	47	
6	προάγω	vorwärtsführen, weiterführen, vorangehen, vorausgehen	19	I
4	τὸ πρόβατον	das Schaf	34	
10	ἡ πρόθεσις, -εως	die Aufstellung, Ausstellung, Vorsatz, Absicht	12	III
3	πρός	Präp. mit Gen: für	500	*
		Präp. mit Dat: bei, an		**
		Präp. mit Akk: zu ... hin, auf ... zu, gegen, in Hinsicht auf, über, was ... anbetrifft, um ... zu, bei		
4	προσδέχομαι D	aufnehmen, annehmen, erwarten	14	II
19	προσδοκάω	erwarten	16	II
9	προσέρχομαι D Aor: προσῆλθον/-ῆλθα	herantreten, hinzugehen, herzutreten, gehen zu	80	
17	ἡ προσευχή	das Gebet, Gebetsstätte	34	
13	προσεύχομαι D	beten	80	
12	προσέχω	den Sinn richten auf, achtgeben, sich kümmern um	23	I
13	προσκαλέω	herbeirufen, herbitten, berufen	27	
12	προσκαρτερέω	beharren bei, treu sein, sich emsig beschäftigen mit	10	III
7	προσκυνέω	niederkniend huldigen, anbeten	55	
14	προσλαμβάνω	mit anfassen, hinzunehmen, mit sich nehmen, einnehmen, missbrauchen	12	III
16	προστίθημι	hinzufügen, verschaffen, verleihen, antun	18	II
18	προσφέρω	herzubringen, darbringen (Opfer), bringen	47	
8	τὸ πρόσωπον	das Gesicht, Oberfläche, Aussehen	65	
11	πρότερος, -α, -ον	früher, bisherig, vorher, eher, zuvor	11	III
3	προφητεύω	prophetisch reden, vorhersagen, hervorsagen	27	

3	ἡ προφητεία	die Prophetie, Prophetengabe, Prophezeiung	19	I
5	ὁ προφήτης, -ου	der Prophet	130	
7	πρωΐ	früh, frühmorgens (Adv)	12	III
7	πρῶτον	zuerst, früher, vorher, erstens, besonders (Adv)	55	
4	πρῶτος, πρώτη, πρῶτον	erster, früher, vornehmer	80	
1	πτωχός, -ή, -όν	bettelarm, unterstützungsbedürftig	34	
13	πυνθάνομαι D	erfragen, sich erkundigen	11	III
15	ἡ πύλη	das Tor, Tür	10	III
15	ὁ πυλών, -ῶνος	das Tor, Portal, Vorhalle	18	II
6	τὸ πῦρ, πυρός	das Feuer	65	
10	πωλέω	verkaufen	21	I
4	ὁ πῶλος	das Jungtier, Pferd	12	III
5	πώς	irgendwie, etwa (Indefinitpron. enkl.)	14	II
5	πῶς	wie?, auf welche Art und Weise? (Interrogativpron.)	100	

ϱ

16	ἡ ῥάβδος	die Rute, Stab, Stock, Szepter	11	III
13	τὸ ῥῆμα, -ατος	das Gesagte, Wort, Spruch	65	
9	ἡ ῥίζα	die Wurzel, Sprössling	16	II
16	ῥύομαι D	retten, bewahren, befreien	16	II

σ

7	τὸ σάββατον	der Sabbat, Woche	65	
13	σαλεύω	erschüttern, schwankend machen	15	II
13	ἡ σάλπιγξ, -ιγγος	die Trompete, Posaune, Trompeten-, Posaunenton	11	III
13	σαλπίζω	trompeten, posaunen	12	III
5	ἡ σάρξ, σαρκός	das Fleisch, Leib, irdische Natur	130	
9	σεαυτοῦ, -ῆς, -οῦ	dich selbst, deiner (Reflexivpron)	40	
19	σέβομαι (D)	(religiös) verehren	10	III
10	ὁ σεισμός	die Erschütterung, Erdbeben	14	II
9	τὸ σημεῖον	das Zeichen, Merkmal	65	
15	σήμερον	heute, heute noch (Adv)	40	
18	ὁ σῖτος	das Getreide, Weizen, Korn	14	II
13	σιωπάω	verstummen, schweigen	10	III
13	σκανδαλίζω	ärgern, Anstoss geben, Irre machen	27	
13	τὸ σκάνδαλον	die Falle, Verführung, Anstoss	15	II
17	τὸ σκεῦος, -ους	das Gerät, Gefäss, Werkzeug	23	I
13	ἡ σκηνή	das Zelt, Hütte, Wohnung	19	I
9	ἡ σκοτία	die Finsternis, Dunkel	17	II
5	τὸ σκότος	die Finsternis, Dunkel	30	
12	σός, σή, σόν	dein, deine, dein (Possessivpron)	27	
8	ἡ σοφία	die Weisheit	47	
8	σοφός, -ή, -όν	geschickt, geübt, weise	20	I
18	τὰ σπλάγχνα, -ων	die Eingeweide (Sitz der Gefühle)	11	III

18	σπλαγχνίζομαι	Mitleid haben, sich erbarmen	12	III
15	σπείρω	säen, aussäen	47	
14	τὸ σπέρμα, -ατος	der Same, Nachkommenschaft	40	
7	σπουδάζω	sich sputen, eilen, sich bemühen	11	III
16	ἡ σπουδή	die Eile, Hast, Eifer, Geschwindigkeit	12	III
10	ὁ σταυρός	das Kreuz, der Pfahl	27	
13	σταυρόω	kreuzigen	40	
16	ὁ στέφανος	der Siegeskranz, Kranz, Lohn, Preis	18	II
17	στήκω	stehen	10	III
14	στηρίζω	aufstellen, befestigen, gründen, stärken	14	II
10	τὸ στόμα, -ατος	der Mund	65	
9	ὁ στρατηγός	der Hauptmann, Prätor	10	III
9	ὁ στρατιώτης, -ου	der Soldat	25	
15	στρέφω	hinwenden, zukehren, verwandeln, sich wenden	21	I
2	σύ	du (Personalpron)	500	
11	συζητέω	sich besprechen, disputieren	10	III
17	ἡ συκῆ, -ῆς	der Feigenbaum	16	II
16	συλλαμβάνω	ergreifen, fassen, festnehmen, gemeinsam anfassen, unterstützen, helfen	16	II
19	συμφέρω	zusammentragen, beistehen, helfen, fördern, nützen	15	II
6	σύν	Präp mit Dat: mit, zusammen mit	100	
13	συνάγω	einsammeln, sammeln, versammeln, zusammenbringen	55	
15	ἡ συναγωγή	die Synagoge, Versammlungsort	55	
19	ὁ σύνδουλος	der Mitsklave	10	III
10	τὸ συνέδριον	der Hohe Rat, Synedrium	21	I
18	ἡ συνείδησις, -εως	das Bewusstsein, Gewissen	30	
2	συνεργός, -όν	mitarbeitend	13	III
10	συνέρχομαι	zusammenkommen, sich versammeln, mit jem. reisen	30	
1	συνέχω	zusammenhalten, in Ordnung halten, erfassen, bedrängen	12	III
18	συνίημι	zusammenbringen, verstehen, einsehen	25	
17	συνίστημι	trans: zusammenbringen, sammeln, empfehlen intr: stehen bei, mit zusammenstehen, existieren	16	II
17	σφάζω	schlachten	10	III
14	σφόδρα	heftig, gewaltig, gar sehr (Adv)	11	III
15	σφραγίζω	versiegeln, sichern, verbürgen	15	II
15	ἡ σφραγίς, -ῖδος	das Siegel, Beglaubigung	16	II
9	σχίζω	spalten, zerteilen, auseinanderreissen	11	III
10	τὸ σχίσμα, -ατος	Riss, Spalte, Meinungsverschiedenheit, Zwiespalt	8	III
11	σῴζω Fut: σώσω Aor: ἔσωσα Aor pass: ἐσώθην	unversehrt erhalten, bewahren, retten	100	
3	τὸ σῶμα, -ατος	der Leib, Körper	130	
6	ὁ σωτήρ, -ῆρος	der Retter, Erhalter, Bewahrer, Beschützer	23	I
3	ἡ σωτηρία	die Erhaltung, Errettung, Heil	40	

τ

18	τὸ τάλαντον	das Talent (36 od. 26 kg)	14	II
16	ταπεινόω	niedrig machen, einebnen, demütigen	14	II
18	ταράσσω	durcheinander schütteln, aufrühren, in Aufregung bringen	17	II
7	ταχύς und ταχέως	schnell, gleich (Adv)	18	II
6	τε	und, ebenso (Partikel, steht immer		
7	τὸ τέκνον	das Kind an zweiter Stelle)	80 200	
10	τέλειος, -α, -ον	bis zum Ziel/Ende gelangt, vollendet, fertig	19	I
13	τελειόω	zu Ende führen, vollenden, fertig machen, ans Ziel bringen	23	I
17	τελευτάω	ein Ende nehmen, verenden, sterben	11	III
12	τελέω	vollenden, erfüllen, bezahlen	27	
6	τὸ τέλος	das Ziel, Ende, Zoll	40	
5	ὁ τελώνης, -ου	der Zöllner, Zolleinnehmer	21	I
19	τὸ τέρας, -ατος	das Wunder, ungeheuerliche Erscheinung	16	II
13	τεσσεράκοντα	vierzig (Numerale)	21	I
13	τέσσαρες	vier (Numerale)	40	
15	τέταρτος, -η, -ον	vierter	10	III
7	τηρέω	bewahren, bewachen, hüten, halten	65	
16	τίθημι	setzen, stellen, legen	100	
15	τίκτω Fut: τέξομαι Aor: ἔτεκον	gebären	18	II
10	τιμάω	den Wert bestimmen, ehren	21	I
7	ἡ τιμή	der Wert, Kaufpreis, Ehre, Würde	40	
13	τίμιος, -α, -ον	schätzbar, teuer, kostbar, ehrbar	13	III
5	τις, τι	irgendeiner, jemand (Indefinitpron., enkl.)	500	
1	τίς, τί	wer? welcher? was? wie beschaffen? was für einer? (Interrogativpron)	500	
11	τοιοῦτος, τοιαύτη, τοιοῦτον	so beschaffen, solcher Art, derartig (Demonstrativpron)	55	
11	τολμάω	wagen, mutig sein, über sich gewinnen	16	II
2	ὁ τόπος	der Ort, Platz, Stelle, Ortschaft, Raum	80	
13	τοσοῦτος, -αύτη, -οῦτον	so gross, so viel, so weit, so stark	10	III
1	τότε	damals, zu jener Zeit, dann, darauf	130	
13	ἡ τράπεζα	der Tisch, Mahlzeit, Speisen	15	II
17	τρεῖς, τρία	drei (Numerale)	65	
18	τρέχω Aor: ἔδραμον	laufen, eilen, vorwärts kommen	18	II
16	τριάκοντα	dreissig (Numerale)	11	III
15	τρίς	dreimal	12	III
15	τρίτος, -η, -ον	dritter, dritte, drittes	47	
7	ὁ τρόπος	die Art und Weise, Betragen, Charakter	13	III
12	ἡ τροφή	die Nahrung, Speise, Kost	16	II

Anhang: Alphabetisches Lernvokabelverzeichnis 345

19	τυγχάνω Aor: ἔτυχον	treffen, sich zufällig befinden, antreffen, begegnen	12	III
13	τύπτω	schlagen	13	III
13	ὁ τύπος	der sichtbare Eindruck, Muster, Abbild, Form, Typus, Vorbild	14	II
14	τυφλός, -ή, -όν	blind	47	

υ

8	ὑγιαίνω	gesund sein, sich wohlbefinden	12	III
8	ὑγιής, -ές	gesund, unverletzt, heil	11	III
5	τὸ ὕδωρ, ὕδατος	das Wasser	65	
1	ὁ υἱός	der Sohn	200	
2	ὑμεῖς	ihr (Personalpron)	500	
12	ὑμέτερος, -α, -ον	euch gehörig, euch betreffend (Possessivpron)	10	III
2	ὑπάγω	weggehen, gehen, hingehen	65	
16	ἡ ὑπακοή	der Gehorsam, Erhörung	15	II
6	ὑπακούω	hören auf, gehorchen	21	I
18	ὑπαντάω	entgegengehen, begegnen	10	III
10	ὑπάρχω	dasein, vorhanden sein, vorliegen	55	
11	ὑπέρ	Präp. mit Gen: für, zum Vorteil von, um ... willen, über Präp. mit Akk: über ... hinaus, über	130	
15	ὁ ὑπηρέτης, -ου	der Ruderknecht, Gehilfe, Diener	19	I
2	ὑπό	Präp. mit Gen: von, unter Einwirkung von, durch		
2		Präp. mit Akk: unter	200	
4	τὸ ὑπόδημα, -ατος	die Sandale	10	III
7	ὑποκάτω	unten, drunten, unter, unterhalb (Adv)	11	III
9	ὁ ὑποκριτής	der Schauspieler, Heuchler	17	II
15	ὑπομένω	darunter bleiben, standhalten, zurückbleiben	17	II
2	ἡ ὑπομονή	das Darunterbleiben, Ausharren, Geduld	30	
12	ὑποστρέφω	zurückkehren	34	
6	ὑποτάσσω	unterordnen	34	
5	ὑστερέω	zu spät kommen, verfehlen, ausgeschlossen bleiben, abkommen, ermangeln, zurückstehen	16	II
16	ὕστερον	später, zweitens, darauf, zuletzt (Adv)	11	III
7	ὑψηλός, -ή, -όν	hoch, erhaben, hochmütig	11	III
13	ὕψιστος, -η, -ον	höchster, erhabenster (Sup. von ὕψι)	13	III
13	ὑψόω	erhöhen, gross machen	19	I

φ

17	φάγω	essen, fressen	80	
15	φαίνω	scheinen, leuchten, sich zeigen, aussehen	30	
17	φανερός, -ά, -όν	sichtbar, offensichtlich, offenbar, klar, bekannt	18	II
17	φανερόω	sichtbar machen, offenbaren, zeigen	47	
16	φείδομαι	unterlassen, sich von etw fernhalten, schonen	10	III
6	φέρω	tragen, mit sich tragen, mitbringen, bringen, holen, ertragen	65	

4	φεύγω	fliehen, entrinnen, entkommen	27	
17	φημί	sagen, äussern, erwidern, meinen	65	
19	ἡ φιάλη	die Schale, Opferschale	12	III
13	φιλέω	lieben, gern haben, küssen, gern tun	25	
9	φίλος, -η, -ον	geliebt, lieb, liebenswert, freundschaftlich	27	
4	φοβέομαι	Angst haben, in Furcht geraten, sich fürchten	80	
10	φονεύω	morden	12	III
9	ὁ φόβος	die Furcht, Angst, Ehrfurcht	47	
12	φρονέω	denken, urteilen, wollen, gesinnt sein	25	
3	φρόνιμος, -ον	verständig, klug, einsichtsvoll	14	II
14	ἡ φυλακή	die Wache, Wachposten, Gefängnis, Nachtwache	40	
14	φυλάσσω	wachen, bewachen, hüten, verwahren	30	
2	ἡ φυλή	der Stamm, Volksstamm	30	
17	ἡ φύσις, -εως	die Natur, Kreatur, Beschaffenheit	12	III
17	φυτεύω	anpflanzen	11	III
14	φωνέω	einen Ton hervorbringen, rufen, schreien	40	
6	ἡ φωνή	Laut, Ton, Stimme, Ausspruch	130	
5	τὸ φῶς, φωτός	das Licht, Leuchtkörper	65	
16	φωτίζω	leuchten, erleuchten, hell machen, bescheinen, sichtbar machen	11	III

χ

4	χαίρω, -ομαι (D)	sich freuen, fröhlich sein (Imp: Grussformel);		
6		χαίρειν τινί od. τινὰ λέγω = jmd willkommen heissen, begrüssen	65	
2	ἡ χαρά	die Freude, Freudenmahl	55	
16	χαρίζομαι D	schenken, erlassen, vergeben	23	I
3	ἡ χάρις, -ιτος	die Gunst, Anmut, Gnade, Dank	130	
3	τὸ χάρισμα, -ατος	die wohlwollend gespendete Gabe, Gnadengabe	17	II
6	ἡ χείρ, χειρός	die Hand, Gewalt	130	
11	χείρων, -ον	schlechter, schlimmer (Komp. von κακός)	11	III
17	ἡ χήρα	die Witwe	25	
17	ὁ χιλίαρχος	der Anführer einer Tausendschaft	21	I
17	ἡ χιλιάς, -άδος	Tausendschaft	23	I
17	χίλιοι, -αι, -α	tausend (Numerale)	11	III
16	ὁ χιτών, -ῶνος	das Untergewand	11	III
3	ὁ χοῖρος	das Ferkel, Schwein	12	III
18	χορτάζω	satt machen, sättigen	15	II
18	ὁ χόρτος	das Gras, Heu	15	II
8	χράομαι	gebrauchen, anwenden, benutzen, verfahren, vorgehen	11	III
2	ἡ χρεία	das Bedürfnis, Mangel, Notwendigkeit	47	
5	ἡ χρηστότης, -ητος	die Güte, Milde, Freundlichkeit	10	III
1	ὁ Χριστός	der Christus, Gesalbte, Messias	500	
6	ὁ χρόνος	die Zeit, Zeitdauer	47	
13	τὸ χρυσίον	das Gold	13	III
13	χρυσοῦς, -ῆ, -οῦν	golden, mit Gold geschmückt	18	II

9	χωλός, -ή, -όν	lahm, gelähmt	14	II
3	ἡ χώρα	das Land, Landschaft, Gegend, Bereich, Acker, Platz	27	
19	χωρέω	fortgehen, weichen, Platz machen	10	III
19	χωρίζω	absondern, scheiden trennen	13	III
19	τὸ χωρίον	das Grundstück, Land	10	III
15	χωρίς	getrennt, ohne, fern, abgesondert (mit Gen)	40	

ψ

6	ὁ ψευδοπροφήτης, -ου	der falsche Prophet, Lügenprophet	11	III
12	τὸ ψεῦδος, -ους	die Lüge	10	III
10	ψεύδομαι D	lügen, belügen, täuschen	12	III
12	ὁ ψευστής, -ου	der Lügner	10	III
7	ἡ ψυχή	die Seele, Leben	100	

ω

9	ὦ	oh! (Interjektion)	17	II
4	ὧδε	hier, hierher, hierbei, unter diesen Umständen	55	
3	ἡ ὥρα	die Stunde, Tageszeit, kurze Zeit	100	
4	ὡς	wie, so wie, als, so dass, ungefähr	500	
4	ὡσαύτως	auf ebendieselbe Weise, ebenso	17	II
17	ὡσεί	als wie, gleichsam wie, vor Zahlen: ungefähr	21	I
3	ὥσπερ	geradeso wie, gleichwie	34	
15	ὥστε	mit Inf. od. AcI: so dass, deshalb, daher, also	80	
13	ὠφελέω	helfen, nützen, fördern	15	II

Verzeichnis von Personen-, Orts- und Landschaftsnamen

Ἀβραάμ	Abraham	65	
Ἀγρίππας, -α	Agrippa (II. Tetrarch/König von Chalkis 44–100nC; Urenkel Herodes d.Gr.)	11	III
ἡ Ἀιγύπτος	Ägypten	25	
Ἀνανίας, -ου	Ananias	11	III
Ἀνδρέας, -ου	Andreas	13	III
Ἀντιόχεια	Antiochien (in Syrien od. Galatien)	18	II
Ἀπολλῶς, -ῶ	Apollos	10	III
Ἀσία	Asia (röm. Provinz seit 130v.C.)	18	II
Ἀχαΐα	Achaia (röm. Provinz seit 146v.C.)	10	III
Βαβυλών, -ῶνος	Babylon	12	III
Βαραββᾶς, -ᾶ	Barabbas	11	III
Βαρναβᾶς, -ᾶ	Barnabas	27	
Βηθανία	Bethanien	12	III
Γαλιλαία	Galiläa	55	
Δαμασκός	Damaskus	15	II
Δαυίδ	David	55	
ὁ Ἕλλην, -ηνος	der Grieche	25	
Ἔφεσος	Ephesus	16	II
Ζαχαρίας, -ου	Zacharias	11	III
Ἠλίας, -ου	Elias	27	
Ἡρῴδης	Herodes	40	
Ἠσαΐας, -ου	Jesaja	21	I
Θωμᾶς, -ᾶ	Thomas	11	III
Ἰακώβ	Jakob	27	
Ἰάκωβος	Jakobus	40	
Ἱεροσόλυμα	Jerusalem	55	
Ἰηρουσαλήμ	Jerusalem	65	
ὁ Ἰησοῦς, -οῦ	Jesus	500	
Ἰόππη	Joppe	10	III
ὁ Ἰορδάνης, -ου	der Jordan	15	II
ἡ Ἰουδαία	Judäa	40	
Ἰσαάκ	Isaak	19	I
Ἰσκαριώτης, -ου	Ischarioth	11	III
Ἰσραήλ	Israel	65	
Ἰωάννης, -ου	Johannes	130	
Ἰωσήφ	Joseph	34	
Καισάρεια	Cäsarea	17	II
Καπερναούμ	Kapernaum	16	II
ἡ Μαγδαληνή	die Magdalenerin	12	III
Μακεδονία	Mazedonien (röm. Provinz seit 146v.C.)	21	I
Μάρθα	Marta	12	III
Μαρία	Maria	47	
Μωϋσῆς, -έως	Moses	65	
Ναζαρέτ	Nazaret	12	III
ὁ Ναζωραῖος	der Nazoräer	13	III

ὁ Παῦλος	Paulus	130	
ὁ Πέτρος	Petrus	130	
Πιλᾶτος	Pilatus	55	
ῥαββι	der Rabbi, Lehrmeister, (eig. Anrede)	15	II
οἱ Σαδδυκαῖοι	die Sadduzäer	14	II
ἡ Σαμάρεια	Samarien	11	III
Σαῦλος	Saulus	15	II
Σίλας, -α	Silas	12	III
Σίμων	Simon	65	
Σολομών, -ῶνος	Salomon	12	III
Τιμόθεος	Timotheus	23	I
Τίτος	Titus	13	III
Τύρος	Tyrus	11	III
ὁ Φαρισαῖος	der Pharisäer	80	
Φῆστος	Festus (Prokurator Palästinas, Nachfolger des Felix; 58 od. 60-62 nChr)	13	III
Φίλιππος	Philippus	34	

Tabellen und Übersichten

Konjugation der regelmässigen Verba vocalia (non contracta)

Aktiv

		Haupttempus Ind	Nebentempus Ind	Konjunktiv	Optativ	Imperativ	Partizip
Präs	1.Sg	πιστεύ-ω	ἐ-πίστευ-ο-ν	πιστεύ-ω	πιστεύ-οι-μι		πιστεύ-ων
	2.	πιστεύ-εις	ἐ-πίστευ-ε-ς	πιστεύ-ῃς	πιστεύ-οι-ς	πίστευ-ε	πιστεύ-ο-οντος
	3.	πιστεύ-ει	ἐ-πίστευ-ε(ν)	πιστεύ-ῃ	πιστεύ-οι	πιστευ-έ-τω	πιστεύ-ουσα
	1.Pl	πιστεύ-ο-μεν	ἐ-πιστεύ-ο-μεν	πιστεύ-ω-μεν	πιστεύ-οι-μεν		πιστευ-ούσης
	2.	πιστεύ-ε-τε	ἐ-πιστεύ-ε-τε	πιστεύ-η-τε	πιστεύ-οι-τε	πιστεύ-ε-τε	πιστεῦ-ον
	3.	πιστεύ-ουσι(ν)	ἐ-πίστευ-ο-ν	πιστεύ-ω-σιν	πιστεύ-οι-εν	πιστευ-έ-τω-σαν	πιστεύ-οντος
		Inf: πιστεύ-ειν					
Fut	1.Sg	πιστεύ-σ-ω					πιστεύ-σ-ων
	2.	πιστεύ-σ-εις					πιστεύ-σ-οντος
	3.	πιστεύ-σ-ει	= =	= =	= =	= =	πιστεύ-σ-ουσα
	1.Pl	πιστεύ-σ-ομεν	= =	= =	= =	= =	πιστευ-σ-ούσης
	2.	πιστεύ-σ-ετε					πιστεῦ-σ-ον
	3.	πιστεύ-σ-ουσι(ν)					πιστεύ-σ-οντος
		Inf: πιστεύ-σ-ειν					
Aor	1.Sg		ἐ-πίστευ-σα	πιστεύ-σ-ω	πιστεύ-σαι-μι		πιστεύ-σας
	2.	= =	ἐ-πίστευ-σα-ς	πιστεύ-σ-ῃς	πιστεύ-σαι-ς	πίστευ-σον	πιστεύ-σαντος
	3.	= =	ἐ-πίστευ-σε(ν)	πιστεύ-σ-ῃ	πιστεύ-σαι	πιστευ-σά-τω	πιστεύ-σασα
	1.Pl		ἐ-πιστεύ-σα-μεν	πιστεύ-σ-ω-μεν	πιστεύ-σαι-μεν		πιστευ-σάσης
	2.		ἐ-πιστεύ-σα-τε	πιστεύ-σ-η-τε	πιστεύ-σαι-τε	πιστεύ-σα-τε	πιστεῦ-σαν
	3.		ἐ-πίστευ-σα-ν	πιστεύ-σ-ω-σιν	πιστεύ-σαι-εν	πιστευ-σά-τω-σαν	πιστεύ-σαντος
		Inf: πιστεῦσαι					
Perf	1.Sg	πε-πίστευ-κα	(ἐ)-πε-πιστεύ-κει-ν	πε-πιστευκὼς ὦ	πε-πιστευκὼς εἴην		πε-πιστευ-κώς
	2.	πε-πίστευ-κα-ς	(ἐ)-πε-πιστεύ-κει-ς	πε-πιστευκὼς ᾖς			πε-πιστευ-κότος
	3.	πε-πίστευ-κε(ν)	(ἐ)-πε-πιστεύ-κει	πε-πιστευκὼς ᾖ			πε-πιστευ-κυῖα
	1.Pl	πε-πιστεύ-κα-μεν	(ἐ)-πε-πιστεύ-κει-μεν	πε-πιστευκότες ὦμεν	= =	= =	πε-πιστευ-κυίας
	2.	πε-πιστεύ-κα-τε	(ἐ)-πε-πιστεύ-κει-τε	πε-πιστευκότες ἦτε	= =	= =	πε-πιστευ-κός
	3.	πε-πιστεύ-κα-σι(ν) o. πε-πίστευ-κα-ν	(ἐ)-πε-πιστεύ-κει-σαν	πε-πιστευκότες ὦσι(ν)			πε-πιστευ-κότος
		Inf: πε-πιστευ-κέ-ναι					

Tabellen und Übersichten

Konjugation der regelmässigen Verba vocalia (non contracta)

Medium (im Präs und Perf auch Passiv)

		Haupttempus Ind	Nebentempus Ind	Konjunktiv	Optativ	Imperativ	Partizip
Präs	1.Sg	πιστεύ-ο-μαι	ἐ-πιστευ-ό-μην	πιστεύ-ω-μαι	πιστευ-οί-μην		πιστευ-ό-μενος
	2.	πιστεύ-ῃ	ἐ-πιστεύ-ου	πιστεύ-ῃ	πιστεύ-οι-ο	πιστεύ-ου	πιστευ-ο-μένου
	3.	πιστεύ-ε-ται	ἐ-πιστεύ-ε-το	πιστεύ-η-ται	πιστεύ-οι-το	πιστευ-έ-σθω	πιστευ-ο-μένῳ
	1.Pl	πιστευ-ό-μεθα	ἐ-πιστευ-ό-μεθα	πιστευ-ώ-μεθα	πιστευ-οί-μεθα		πιστευ-ό-μενον
	2.	πιστεύ-ε-σθε	ἐ-πιστεύ-ε-σθε	πιστεύ-η-σθε	πιστεύ-οι-σθε	πιστεύ-ε-σθε	πιστευ-ο-μένη
	3.	πιστεύ-ο-νται	ἐ-πιστεύ-ο-ντο	πιστεύ-ω-νται	πιστεύ-οι-ντο	πιστευ-έ-σθω-σαν	πιστευ-ο-μένου
		Inf: πιστεύ-ε-σθαι					
Fut	1.Sg	πιστεύ-σ-ο-μαι					πιστευ-σ-ό-μενος
	2.	πιστεύ-σ-ῃ					πιστευ-σ-ο-μένου
	3.	πιστεύ-σ-ε-ται		=	=	=	πιστευ-σ-ο-μένῳ
	1.Pl	πιστευ-σ-ό-μεθα		=	=	=	πιστευ-σ-ό-μενον
	2.	πιστεύ-σ-ε-σθε					πιστευ-σ-ο-μένη
	3.	πιστεύ-σ-ο-νται					πιστευ-σ-ο-μένου
		Inf: πιστεύ-σ-ε-σθαι					
Aor	1.Sg		ἐ-πιστευ-σά-μην	πιστεύ-σ-ω-μαι	πιστευ-σαί-μην		πιστευ-σά-μενος
	2.		ἐ-πιστεύ-σω	πιστεύ-σ-ῃ	πιστεύ-σαι-ο	πίστευ-σαι	πιστευ-σα-μένου
	3.	=	ἐ-πιστεύ-σα-το	πιστεύ-σ-η-ται	πιστεύ-σαι-το	πιστευ-σά-σθω	πιστευ-σα-μένῳ
	1.Pl	=	ἐ-πιστευ-σά-μεθα	πιστευ-σ-ώ-μεθα	πιστευ-σαί-μεθα		πιστευ-σα-μένον
	2.		ἐ-πιστεύ-σα-σθε	πιστεύ-σ-η-σθε	πιστεύ-σαι-σθε	πιστεύ-σα-σθε	πιστευ-σα-μένη
	3.		ἐ-πιστεύ-σα-ντο	πιστεύ-σ-ω-νται	πιστεύ-σαι-ντο	πιστευ-σά-σθω-σαν	πιστευ-σα-μένου
		Inf: πιστεύ-σα-σθαι					
Perf	1.Sg	πε-πίστευ-μαι	(ἐ)-πε-πιστεύ-μην	πε-πιστευ-μένος ὦ	πε-πιστευ-μένος εἴην		πε-πιστευ-μένος
	2.	πε-πίστευ-σαι	(ἐ)-πε-πίστευ-σο	πε-πιστευ-μένος ᾖς	πε-πιστευ-μένος εἴης	πε-πίστευ-σο	πε-πιστευ-μένου
	3.	πε-πίστευ-ται	(ἐ)-πε-πίστευ-το	πε-πιστευ-μένος ᾖ	πε-πιστευ-μένος εἴη	πε-πιστεύ-σθω	πε-πιστευ-μένῳ
	1.Pl	πε-πιστεύ-μεθα	(ἐ)-πε-πιστεύ-μεθα	πε-πιστευ-μένοι ὦμεν	=		πε-πιστευ-μένον
	2.	πε-πίστευ-σθε	(ἐ)-πε-πίστευ-σθε	πε-πιστευ-μένοι ἦτε	=	πε-πίστευ-σθε	πε-πιστευ-μένη
	3.	πε-πίστευ-νται	(ἐ)-πε-πίστευ-ντο	πε-πιστευ-μένοι ὦσι(ν)	=	πε-πιστεύ-σθω-σαν	πε-πιστευ-μένου
		Inf: πε-πιστεῦ-σθαι					

Konjugation der regelmässigen Verba vocalia (non contracta)

Passiv Futur und Aorist I

		Ind	Nebentempus Ind	Konjunktiv	Optativ	Imperativ	Partizip
Fut	1.Sg	πιστευ-θή-σ-ο-μαι		=	=		πιστευ-θη-σ-ό-μενος
	2.	πιστευ-θή-σ-ῃ		=	=		πιστευ-θη-σ-ο-μένου
	3.	πιστευ-θή-σ-ε-ται	=	=	=	=	πιστευ-θη-σ-ο-μένῳ
	1.Pl	πιστευ-θη-σ-ό-μεθα	=	=	=	=	πιστευ-θη-σ-ό-μενοι
	2.	πιστευ-θή-σ-ε-σθε		=	=		πιστευ-θη-σ-ό-μενον
	3.	πιστευ-θή-σ-ο-νται		=	=		πιστευ-θη-σ-ο-μένων
		Inf: πιστευ-θή-σ-ε-σθαι					
Aor	1.Sg		ἐ-πιστεύ-θη-ν	πιστευ-θῶ	πιστευ-θείη-ν		πιστευ-θείς
	2.		ἐ-πιστεύ-θη-ς	πιστευ-θῇς	πιστευ-θείη-ς	πιστεύ-θη-τι	πιστευ-θέντος
	3.		ἐ-πιστεύ-θη	πιστευ-θῇ	πιστευ-θεί-η	πιστευ-θή-τω	πιστευ-θεῖσα
	1.Pl		ἐ-πιστεύ-θη-μεν	πιστευ-θῶ-μεν	πιστευ-θεῖ-μεν		πιστευ-θείσης
	2.		ἐ-πιστεύ-θη-τε	πιστευ-θῆ-τε	πιστευ-θεῖ-τε	πιστεύ-θη-τε	πιστευ-θέν
	3.		ἐ-πιστεύ-θη-σαν	πιστευ-θῶσι(ν)	πιστευ-θεῖ-εν	πιστευ τω-θή-τω-σαν	πιστευ-θέντος
		Inf: πιστευ-θῆ-ναι					

Konjugation der regelmässigen Verba vocalia contracta Präsens

Aktiv

		Haupttempus Ind	Nebentempus Ind	Konjunktiv	Imperativ	Partizip
-έω	1.Sg	ποιῶ	ἐποίουν	ποιῶ		ποιῶν
	2.	ποιεῖς	ἐποίεις	ποιῇς	ποίει	ποιοῦντος
	3.	ποιεῖ	ποίει	ποιῇ	ποιείτω	ποιοῦσα
	1.Pl	ποιοῦμεν	ποιοῦμεν	ποιῶμεν		ποιούσης
	2.	ποιεῖτε	ποιεῖτε	ποιῆτε	ποιεῖτε	ποιοῦν
	3.	ποιοῦσι(ν)	ἐποίουν	ποιῶσι(ν)	ποιείτωσαν	ποιοῦντος
		Inf: ποιεῖν				
-άω	1.Sg	ἀγαπῶ	ἠγάπων	ἀγαπῶ		ἀγαπῶν
	2.	ἀγαπᾷς	ἠγάπας	ἀγαπᾷς	ἀγάπα	ἀγαπῶντος
	3.	ἀγαπᾷ	ἠγάπα	ἀγαπᾷ	ἀγαπάτω	ἀγαπῶσα
	1.Pl	ἀγαπῶμεν	ἠγαπῶμεν	ἀγαπῶμεν		ἀγαπώσης
	2.	ἀγαπᾶτε	ἠγαπᾶτε	ἀγαπᾶτε	ἀγαπᾶτε	ἀγαπῶν
	3.	ἀγαπῶσι(ν)	ἠγάπων	ἀγαπῶσι(ν)	ἀγαπάτωσαν	ἀγαπῶντος
		Inf: ἀγαπᾶν				
-όω	1.Sg	πληρῶ	ἐπλήρουν	πληρῶ		πληρῶν
	2.	πληροῖς	ἐπλήρους	πληροῖς	πλήρου	πληροῦντος
	3.	πληροῖ	ἐπλήρου	πληροῖ	πληρούτω	πληροῦσα
	1.Pl	πληροῦμεν	ἐπληροῦμεν	πληρῶμεν od. πληροῦμεν		πληρούσης
	2.	πληροῦτε	ἐπληροῦτε	πληρῶτε od. πληροῦτε	πληροῦτε	πληροῦν
	3.	πληροῦσι(ν)	ἐπλήρουν	πληρῶσι(ν)	πληρούτωσαν	πληροῦντος
		Inf: πληροῦν				

Konjugation der regelmässigen Verba vocalia contracta Präsens

Medium und Passiv

		Haupttempus Ind	Nebentempus Ind	Konjunktiv	Imperativ	Partizip
-έω	1.Sg	ποιοῦμαι	ἐποιούμην	ποιῶμαι		ποιούμενος
	2.	ποιῇ	ἐποιοῦ	ποιῇ	ποιοῦ	ποιουμένου
	3.	ποιεῖται	ἐποιεῖτο	ποιῆται	ποιείσθω	ποιουμένη
	1.Pl	ποιούμεθα	ἐποιούμεθα	ποιώμεθα		ποιουμένης
	2.	ποιεῖσθε	ἐποιεῖσθε	ποιῆσθε	ποιεῖσθε	ποιούμενον
	3.	ποιοῦνται	ἐποιοῦντο	ποιῶνται	ποιείσθωσαν	ποιουμένου
		Inf: ποιεῖσθαι				
-άω	1.Sg	ἀγαπῶμαι	ἠγαπώμην	ἀγαπῶμαι		ἀγαπώμενος
	2.	ἀγαπᾶσαι	[ἠγαπῶ]	ἀγαπᾶσαι	ἀγαπῶ	ἀγαπωμένου
	3.	ἀγαπᾶται	ἠγαπᾶτο	ἀγαπᾶται	ἀγαπάσθω	ἀγαπωμένη
	1.Pl	ἀγαπώμεθα	ἠγαπώμεθα	ἀγαπώμεθα		ἀγαπωμένης
	2.	ἀγαπᾶσθε	ἠγαπᾶσθε	ἀγαπᾶσθε	ἀγαπᾶσθε	ἀγαπώμενον
	3.	ἀγαπῶνται	ἠγαπῶντο	ἀγαπῶνται	ἀγαπάσθωσαν	ἀγαπωμένου
		Inf: ἀγαπᾶσθαι				
-όω	1.Sg	πληροῦμαι	ἐπληρούμην	πληρῶμαι		πληρούμενος
	2.	πληροῦσαι	[ἐπληροῦ]	πληρῶσαι	πληροῦ	πληρουμένου
	3.	πληροῦται	ἐπληροῦτο	πληρῶται	πληρούσθω	πληρουμένη
	1.Pl	πληρούμεθα	ἐπληρούμεθα	πληρώμεθα		πληρουμένης
	2.	πληροῦσθε	ἐπληροῦσθε	πληρῶσθε	πληροῦσθε	πληρούμενον
	3.	πληροῦνται	ἐπληροῦντο	πληρῶνται	πληρούσθωσαν	πληρουμένου
		Inf: πληροῦσθαι				

Athematische Konjugation der vier grossen Verben auf -μι

Präsens Aktiv

ἵστημι

	Haupttempus Ind	Nebentempus Ind	Konjunktiv	Imperativ	Partizip
1.Sg	ἵ-στη-μι	ἵ-στη-ν	ἱ-στῶ		ἱ-στάς
2.	ἵ-στη-ς	ἵ-στη-ς	ἱ-στῇ-ς	ἵ-στη	ἱ-στά-ντος
3.	ἵ-στη-σι(ν)	ἵ-στη	ἱ-στῇ	ἱ-στά-τω	ἱ-στᾶσα
1.Pl	ἵ-στα-μεν	ἵ-στα-μεν	ἱ-στῶ-μεν		ἱ-στάσης
2.	ἵ-στα-τε	ἵ-στα-τε	ἱ-στῆ-τε	ἵ-στα-τε	ἱ-στάν
3.	ἱ-στᾶ-σι(ν)	ἵ-στα-σαν	ἱ-στῶ-σιν	ἱ-στά-τω-σαν	ἱ-στά-ντος

Inf: ἱ-στά-ναι

τίθημι

1.Sg	τί-θη-μι	ἐ-τί-θη-ν	τι-θῶ		τι-θείς
2.	τί-θη-ς	ἐ-τί-θει-ς	τι-θῇ-ς	τί-θει	τι-θέ-ντος
3.	τί-θη-σι(ν)	ἐ-τί-θει	τι-θῇ	τι-θέ-τω	τι-θεῖσα
1.Pl	τί-θε-μεν	ἐ-τί-θε-μεν	τι-θῶ-μεν		τι-θείσης
2.	τί-θε-τε	ἐ-τί-θε-τε	τι-θῆ-τε	τί-θε-τε	τι-θέν
3.	τι-θέ-ασι(ν)	ἐ-τί-θε-σαν	τι-θῶσι(ν)	τι-θέ-τω-σαν	τι-θέ-ντος

Inf: τι-θέ-ναι

δίδωμι

1.Sg	δί-δω-μι	ἐ-δί-δου-ν	δι-δῶ		δι-δούς
2.	δί-δω-ς	ἐ-δί-δου-ς	δι-δῷ-ς o. διδοῖς	δί-δου	δι-δό-ντος
3.	δί-δω-σι(ν)	ἐ-δί-δου	δι-δῷ o. διδοῖ	δι-δό-τω	δι-δοῦσα
1.Pl	δί-δο-μεν	ἐ-δί-δο-μεν	δι-δῶ-μεν		δι-δούσης
2.	δί-δο-τε	ἐ-δί-δο-τε	δι-δῶ-τε	δί-δο-τε	δι-δούν
3.	δι-δό-ασι(ν)	ἐ-δί-δο-σαν o. ἐ-δί-δουν	δι-δῶ-σι(ν)	δι-δό-τω-σαν	δι-δό-ντος

Inf: δι-δοῦν

ἵημι

1.Sg	ἵη-μι	ἵει-ν	ἱῶ (< ἥω)		ἱείς
2.	ἵη-ς	ἵει-ς (< ἵες)	ἱῇ-ς	ἵει (< ἵε)	ἱέ-ντος
3.	ἵη-σιν	ἵει (< ἵε)	ἱῇ	ἱέ-τω	ἱεῖσα
1.Pl	ἵε-μεν	ἵε-μεν	ἱῶ-μεν		ἱείσης
2.	ἵε-τε	ἵε-τε	ἱῆ-τε	ἵε-τε	ἱέν
3.	ἱᾶ-σιν	ἵε-σαν	ἱῶ-σιν	ἱέ-τω-σαν	ἱέ-ντος

Inf: ἱέ-ναι

Präsens Medium / Passiv

Athematische Konjugation der vier grossen Verben auf -μι

		Haupttempus Ind	Nebentempus Ind	Konjunktiv	Imperativ	Partizip
ἵστημι	1.Sg	ἵ-στα-μαι	ἱ-στά-μην	ἱστῶ-μαι	—	ἱ-στά-μενος
	2.	ἵ-στα-σαι	ἵ-στα-σο	ἱστῇ	ἵ-στα-σο	ἱ-στα-μένη
	3.	ἵ-στα-ται	ἵ-στα-το	ἱστῆ-ται	ἱ-στά-σθω	ἱ-στά-μενον
	1.Pl	ἱ-στά-μεθα	ἱ-στά-μεθα	ἱστώ-μεθα		
	2.	ἵ-στα-σθε	ἵ-στα-σθε	ἱστῆ-σθε	ἵ-στα-σθε	
	3.	ἵ-στα-νται	ἵ-στα-ντο	ἱστῶ-νται	ἱ-στά-σθωσαν	
		Inf: ἵ-στα-σθαι				
τίθημι	1.Sg	τί-θε-μαι	ἐ-τι-θέ-μην	τιθῶ-μαι	—	τι-θέ-μενος
	2.	τί-θε-σαι	ἐ-τί-θε-σο	τιθῇ	τί-θε-σο	τι-θε-μένη
	3.	τί-θε-ται	ἐ-τί-θε-το	τιθῆ-ται	τι-θέ-σθω	τι-θέ-μενον
	1.Pl	τι-θέ-μεθα	ἐ-τι-θέ-μεθα	τιθώ-μεθα		
	2.	τί-θε-σθε	ἐ-τί-θε-σθε	τιθῆ-σθε	τί-θε-σθε	
	3.	τί-θε-νται	ἐ-τί-θε-ντο	τιθῶ-νται	τι-θέ-σθωσαν	
		Inf: τί-θε-σθαι				
δίδωμι	1.Sg	δί-δο-μαι	ἐ-δι-δό-μην	διδῶ-μαι	—	δι-δό-μενος
	2.	δί-δο-σαι	ἐ-δί-δο-σο	διδῷ	δί-δο-σο	δι-δο-μένη
	3.	δί-δο-ται	ἐ-δί-δο-το	διδῶ-ται	δι-δό-σθω	δι-δό-μενον
	1.Pl	δι-δό-μεθα	ἐ-δι-δό-μεθα	διδώ-μεθα		
	2.	δί-δο-σθε	ἐ-δί-δο-σθε	διδῶ-σθε	δί-δο-σθε	
	3.	δί-δο-νται	ἐ-δί-δο-ντο	διδῶ-νται	δι-δό-σθωσαν	
		Inf: δί-δο-σθαι				
ἵημι	1.Sg	ἵε-μαι	ἱέ-μην	ἱῶ-μαι	—	ἱέ-μενος
	2.	ἵε-σαι	ἵε-σο	ἱῇ	[ἵε-σο]	ἱε-μένη
	3.	ἵε-ται	ἵε-το	ἱῆ-ται	[ἱέ-σθω]	ἱέ-μενον
	1.Pl	ἱέ-μεθα	ἱέ-μεθα	ἱώ-μεθα		
	2.	ἵε-σθε	ἵε-σθε	ἱῆ-σθε	[ἵε-σθε]	
	3.	ἵε-νται	ἵε-ντο	ἱῶ-νται	[ἱέ-σθωσαν]	
		Inf: ἵε-σθαι				

Aorist Aktiv

Athematische Konjugation der vier grossen Verben auf -μι

		Haupttempus Ind	Nebentempus Ind	Konjunktiv	Imperativ	Partizip
ἵστημι	1.Sg		ἔ-στη-σα	στή-σω		στή-σας
	2.	= = =	ἔ-στη-σας	στή-σῃς	στῆ-σον	στή-σαντος
	3.	= = =	ἔ-στη-σε(ν)	στή-σῃ	στη-σάτω	στή-σασα
	1.Pl	= = =	ἐ-στή-σαμεν	στή-σωμεν		στη-σάσης
	2.	= = =	ἐ-στή-σατε	στή-σητε	στή-σατε	στῆ-σαν
	3.	= = =	ἔ-στη-σαν	στή-σωσιν	στη-σάτωσαν	στη-σάντος
		Inf: στῆ-σαι				
τίθημι	1.Sg		ἔ-θη-κα	θῶ		θείς
	2.	= = =	ἔ-θη-κας	θῇς	θέ-ς	θέντος
	3.	= = =	ἔ-θη-κε(ν)	θῇ	θέ-τω	θεῖσα
	1.Pl	= = =	ἐ-θή-καμεν	θῶ-μεν		θείσης
	2.	= = =	ἐ-θή-κατε	θῆ-τε	θέ-τε	θέν
	3.	= = =	ἔ-θη-καν	θῶ-σι(ν)	θέ-τωσαν	θέντος
		Inf: θεῖναι				
δίδωμι	1.Sg		ἔ-δω-κα	δῶ		δούς
	2.	= = =	ἔ-δω-κας	δῷς / δοῖ / δῷς	δό-ς	δόντος
	3.	= = =	ἔ-δω-κε(ν)	δῷ	δό-τω	δοῦσα
	1.Pl	= = =	ἐ-δό-καμεν	δῶ-μεν		δούσης
	2.	= = =	ἐ-δό-κατε	δῶ-τε	δό-τε	δόν
	3.	= = =	ἔ-δω-καν	δῶ-σι(ν)	δό-τωσαν	δόντος
		Inf: δοῦναι				
ἵημι	1.Sg		ἧ-κα	ὧ (< *ἕω)		εἵς
	2.	= = =	ἧ-κας	ᾗς	ἕ-ς	ἕ-ντος
	3.	= = =	ἧ-κεν	ᾗ	ἕ-τω	εἷσα
	1.Pl	= = =	ἥ-κα-μεν	ὧ-μεν		εἵσης
	2.	= = =	ἥ-κα-τε	ὧ-τε	ἕ-τε	ἕν
	3.	= = =	ἧ-καν	ὧ-σιν	ἕ-τωσαν	ἕ-ντος
		Inf: εἷναι				

Athematische Konjugation der vier grossen Verben auf -μι

Aorist Medium

		Haupttempus Ind	Nebentempus Ind	Konjunktiv	Imperativ	Partizip
ἵστημι Intransitiv	1.Sg		ἔ-στη-ν	στῶ		στά-ς
	2.		ἔ-στη-ς	στῇς	στῆ-θι (-στα)	στά-ντος
	3.		ἔ-στη	στῇ	στή-τω	στᾶ-σα
	1.Pl		ἔ-στη-μεν	στῶ-μεν		στά-σης
	2.		ἔ-στη-τε	στῆ-τε	στῆ-τε	στά-ν
	3.		ἔ-στη-σαν	στῶ-σι(ν)	στή-τωσαν	στά-ντος
Inf: στῆ-ναι						
τίθημι	1.Sg		ἐ-θέ-μην	θῶ-μαι		θέ-μενος
	2.		ἔ-θου	θῇ	θοῦ	θε-μένη
	3.		ἔ-θε-το	θῆ-ται	θέ-σθω	θε-μένης
	1.Pl		ἐ-θέ-μεθα	θώ-μεθα		θέ-μενοι
	2.		ἔ-θε-σθε	θῆ-σθε	θέ-σθε	θέ-μενον
	3.		ἔ-θε-ντο	θῶ-νται	θέ-σθωσαν	θε-μένου
Inf: θέ-σθαι						
δίδωμι	1.Sg		ἐ-δό-μην	δῶ-μαι		δό-μενος
	2.		[ἔ-δου]	δῷ	δοῦ	δο-μένη
	3.		ἔ-δο-το	δό-ται	δό-σθω	δο-μένης
	1.Pl		ἐ-δό-μεθα	δώ-μεθα		δό-μενοι
	2.		ἔ-δο-σθε	δῶ-σθε	δό-σθε	δό-μενον
	3.		ἔ-δο-ντο	δῶ-νται	δό-σθωσαν	δο-μένου
Inf: δό-σθαι						

Deklinationstabellen

O-Deklination: Maskulina

		Wort, Rede Akut auf Pänultima	Sklave Zirkumflex auf Pänultima	Gott Akut auf Ultima
Nom Sg	ὁ	λόγος	δοῦλος	θεός
Gen	τοῦ	λόγου	δούλου	θεοῦ
Dat	τῷ	λόγῳ	δούλῳ	θεῷ
Akk	τόν	λόγον	δοῦλον	θεόν
Nom Pl	οἱ	λόγοι	δοῦλοι	θεοί
Gen	τῶν	λόγων	δούλων	θεῶν
Dat	τοῖς	λόγοις	δούλοις	θεοῖς
Akk	τούς	λόγους	δούλους	θεούς

O-Deklination: Neutra

Kasus	Artikel	Geheimnis Akut auf Antepänultima	Werk, Arbeit Akut auf Pänultima	Geschenk Zirkumflex auf Pänultima	Tempel Akut auf Ultima
Nom Sg	τό	μυστήριον	ἔργον	δῶρον	ἱερόν
Gen	τοῦ	μυστηρίου	ἔργου	δώρου	ἱεροῦ
Dat	τῷ	μυστηρίῳ	ἔργῳ	δώρῳ	ἱερῷ
Akk	τό	μυστήριον	ἔργον	δῶρον	ἱερόν
Nom Pl	τά	μυστήρια	ἔργα	δῶρα	ἱερά
Gen	τῶν	μυστηρίων	ἔργων	δώρων	ἱερῶν
Dat	τοῖς	μυστηρίοις	ἔργοις	δώροις	ἱεροῖς
Akk	τά	μυστήρια	ἔργα	δῶρα	ἱερά

O-Deklination: Feminina

		Weg Akut auf Ultima	Buch Akut auf Pänultima	Weinstock Akut auf Antepänultima
Nom Sg	ἡ	ὁδός	βίβλος	ἄμπελος
Gen	τῆς	ὁδοῦ	βίβλου	ἀμπέλου
Dat	τῇ	ὁδῷ	βίβλῳ	ἀμπέλῳ
Akk	τήν	ὁδόν	βίβλον	ἄμπελον
Nom Pl	αἱ	ὁδοί	βίβλοι	ἄμπελοι
Gen	τῶν	ὁδῶν	βίβλων	ἀμπέλων
Dat	ταῖς	ὁδοῖς	βίβλοις	ἀμπέλοις
Akk	τάς	ὁδούς	βίβλους	ἀμπέλους

A-Deklination: Feminina auf -η

	Artikel	Dorf Akut auf Pänultima	Leben Akut auf Ultima	Erde, Land Zirkumflex auf Ultima
Nom Sg	ἡ	κώμη	ἐντολή	γῆ
Gen	τῆς	κώμης	ἐντολῆς	γῆς
Dat	τῇ	κώμῃ	ἐντολῇ	γῇ
Akk	τήν	κώμην	ἐντολήν	γῆν
Nom Pl	αἱ	κῶμαι	ἐντολαί	
Gen	τῶν	κωμῶν	ἐντολῶν	
Dat	ταῖς	κώμαις	ἐντολαῖς	
Akk	τάς	κώμας	ἐντολάς	

A-Deklination: Feminina α-purum

	Artikel	Schwäche, Krankheit Akut auf Antepänultima	Tag Akut auf Pänultima	Freude Akut auf Ultima
Nom Sg	ἡ	ἀσθένεια	ἡμέρα	χαρά
Gen	τῆς	ἀσθενείας	ἡμέρας	χαρᾶς
Dat	τῇ	ἀσθενείᾳ	ἡμέρᾳ	χαρᾷ
Akk	τήν	ἀσθένειαν	ἡμέραν	χαράν
Nom Pl	αἱ	ἀσθένειαι	ἡμέραι	χαραί
Gen	τῶν	ἀσθενειῶν	ἡμερῶν	χαρῶν
Dat	ταῖς	ἀσθενείαις	ἡμέραις	χαραῖς
Akk	τάς	ἀσθενείας	ἡμέρας	χαράς

A-Deklination: Feminina α-Impurum

	Artikel	Dornpflanze Akut auf Antepänultima	Ansehen Akut auf Pänultima	Zunge, Sprache Zirkumflex auf Pänultima
Nom Sg	ἡ	ἄκανθα	δόξα	γλῶσσα
Gen	τῆς	ἀκάνθης	δόξης	γλώσσης
Dat	τῇ	ἀκάνθῃ	δόξῃ	γλώσσῃ
Akk	τήν	ἄκανθαν	δόξαν	γλῶσσαν
Nom Pl	αἱ	ἄκανθαι	δόξαι	γλῶσσαι
Gen	τῶν	ἀκανθῶν	δοξῶν	γλωσσῶν
Dat	ταῖς	ἀκάνθαις	δόξαις	γλώσσαις
Akk	τάς	ἀκάνθας	δόξας	γλώσσας

A-Deklination: Maskulina

		Prophet Akut auf Pänultima	Schüler Akut auf Ultima	Zacharias „α-purum"
Nom Sg	ὁ	προφήτης	μαθητής	Ζαχαρίας
Gen	τοῦ	προφήτου	μαθητοῦ	Ζαχαρίου
Dat	τῷ	προφήτῃ	μαθητῇ	Ζαχαρίᾳ
Akk	τόν	προφήτην	μαθητήν	Ζαχαρίαν
Nom Pl	οἱ	προφῆται	μαθηταί	
Gen	τῶν	προφητῶν	μαθητῶν	
Dat	τοῖς	προφήταις	μαθηταῖς	
Akk	τούς	προφήτας	μαθητάς	

Konsonantische Deklination: Allgemeines Paradigma

	Muta- und Liquida-Stämme		Abweichungen bei		
	M. / F.	Ntr.	σ-Stämmen	Digamma-St	ι-Stämmen
Nom Sg	- / -ς	- / -ς			
Gen	-ος	-ος	-ους	-εως	-εως
Dat	-ι	-ι	-ει		
Akk	-α / -ν	- / -ς			
Nom Pl	-ες	-α	-η (-εις)	-εις	-εις
Gen	-ων	-ων			
Dat	-σι(ν)	-σι(ν)			
Akk	-ας	-α	-η (-εις)	-εις	-εις

Konsonantische Deklination: Labial- u. Dentalstämme

	der Wirbelsturm	die Gnade Akut auf Pänultima	die Hoffnung Endbetont	der Leib Zirkumflex auf Pänultima
	Stamm: λαιλαπ-	χαριτ-	ἐλπιδ-	σωματ-
Nom Sg	λαῖλαψ	χάρις	ἐλπίς-	σῶμα
Gen	λαίλαπος	χάριτος	ἐλπίδος	σώματος
Dat	λαίλαπι	χάριτι	ἐλπίδι	σώματι
Akk	λαίλαπα	χάριν (χάριτα)	ἐλπίδα	σῶμα
Nom Pl	λαίλαπες	χάριτες	ἐλπίδες	σώματα
Gen	λαιλάπων	χαρίτων	ἐλπίδων	σωμάτων
Dat	λαίλαψιν	χάρισιν	ἐλπίσιν	σώμασιν
Akk	λαίλαπας	χάριτας	ἐλπίδας	σώματα

Konsonantische Deklination: Gutturural-Stämme

	Fleisch *einsilbig*	Wächter *Akut auf Pänultima*	Frau *endbetont (mit Stammänderung)*
	σαρκ-	φυλακ-	γυναικ-
Nom Sg Gen Dat Akk	σάρξ σαρκός σαρκί σάρκα	φύλαξ φύλακος φύλακι φύλακα	γυνή γυναικός γυναικί γυναῖκα
Nom Pl Gen Dat Akk	σάρκες σαρκῶν σαρξί(ν) σάρκας	φύλακες φυλάκων φύλαξι(ν) φύλακας	γυναῖκες γυναικῶν γυναιξί(ν) γυναῖκας

Konsonantische Deklination – Liquida: – Nasal- und nt-Stämme

	Bild *endbetont*	Monat *einsilbig*	Herrscher *ντ- Stamm*
	εἰκον-	μην-	ἀρχοντ-
Nom Sg Gen Dat Akk	εἰκών εἰκόνος εἰκόνι εἰκόνα	μήν μηνός μηνί μῆνα	ἄρχων ἄρχοντος ἄρχοντι ἄρχοντα
Nom Pl Gen Dat Akk	εἰκόνες εἰκόνων εἰκόσι(ν) εἰκόνας	μῆνες μηνῶν μησί(ν) μῆνας	ἄρχοντες ἀρχόντων ἄρχουσι(ν) ἄρχοντας

Konsonantische Deklination: Liquida auf -ρ

	Zeuge /-in *Pänultimabetont*	Hand *Ultimabetont*	Feuer *Neutrum*
Nom Sg Gen Dat Akk	μάρτυς μάρτυρος μάρτυρι μάρτυρα	χείρ χειρός χειρί χεῖρα	πῦρ πυρός πυρί πῦρ
Nom Pl Gen Dat Akk	μάρτυρες μαρτύρων μάρτυσι(ν) μάρτυρας	χεῖρες χειρῶν χερσί(ν) χεῖρας	

Konsonantische Deklination: σ-Stämme

	das Volk	die Menge
Stamm	ἔθνεσ -	πλήθεσ -
Nom Sg	ἔθνος	πλῆθος
Gen	ἔθνους	πλήθους
Dat	ἔθνει	πλήθει
Akk	ἔθνος	πλῆθος
Nom Pl	ἔθνη	πλήθη
Gen	ἐθνῶν	πληθῶν
Dat	ἔθνεσι(ν)	πλήθεσι(ν)
Akk	ἔθνη	πλήθη

Konsonantische Deklination: ι-Stämme

	Stadt
Stamm	πολε(j)-/πολη(j)/ πολι
Nom Sg	πόλις
Gen	πόλεως
Dat	πόλει
Akk	πόλιν
Nom Pl	πόλεις
Gen	πόλεων
Dat	πόλεσι(ν)
Akk	πόλεις

Konsonantische Deklination: Digamma-Stämme

	König	Rind, Kuh
Stamm	βασιλευ-	βου-, βο
Nom Sg	βασιλεύς	βοῦς
Gen	βασιλέως	βοός
Dat	βασιλεῖ	βοΐ
Akk	βασιλέα	βοῦν
Nom Pl	βασιλεῖς	βόες
Gen	βασιλέων	βοῶν
Dat	βασιλεῦσι(ν)	βουσί(ν)
Akk	βασιλεῖς	βόας

Konsonantische Deklination: υ-Stämme

	Fisch
Stamm	ἰχθυ-
Nom Sg	ἰχθύς
Gen	ἰχθύος
Dat	ἰχθύι
Akk	ἰχθύν
Nom Pl	ἰχθύες
Gen	ἰχθύων
Dat	ἰχθύσιν
Akk	ἰχθύας

Deklination: Unregelmässige auf -ηρ

	Vater endbetont	Mutter Pänultimabetont	Mann
Nom Sg	πατήρ	μήτηρ	ἀνήρ
Gen	πατρός	μητρός	ἀνδρός
Dat	πατρί	μητρί	ἀνδρί
Akk	πατέρα	μητέρα	ἄνδρα
Nom Pl	πατέρες	μητέρες	ἄνδρες
Gen	πατέρων	μητέρων	ἀνδρῶν
Dat	πατράσι(ν)	μητράσι(ν)	ἀνδράσι(ν)
Akk	πατέρας	μητέρας	ἄνδρας

Adjektive: O- und A-Deklination

	heilig Akut auf Antepänultima			gut Akut auf Ultima		
Nom Sg	ἅγιος	ἁγία	ἅγιον	ἀγαθός	ἀγαθή	ἀγαθόν
Gen	ἁγίου	ἁγίας	ἁγίου	ἀγαθοῦ	ἀγαθῆς	ἀγαθοῦ
Dat	ἁγίῳ	ἁγίῃ	ἁγίῳ	ἀγαθῷ	ἀγαθῇ	ἀγαθῷ
Akk	ἅγιον	ἁγίαν	ἅγιον	ἀγαθόν	ἀγαθήν	ἀγαθόν
Nom Pl	ἅγιοι	ἅγιαι	ἅγια	ἀγαθοί	ἀγαθαί	ἀγαθά
Gen	ἁγίων	ἁγίων	ἁγίων	ἀγαθῶν	ἀγαθῶν	ἀγαθῶν
Dat	ἁγίοις	ἁγίαις	ἁγίοις	ἀγαθοῖς	ἀγαθαῖς	ἀγαθοῖς
Akk	ἁγίους	ἁγίας	ἅγια	ἀγαθούς	ἀγαθάς	ἀγαθά

Adjektive: Konsonantische Deklination

	Mask.	Fem.	Ntr.
Nom Sg	πᾶς	πᾶσα	πᾶν
Gen	παντός	πάσης	παντός
Dat	παντί	πάσῃ	παντί
Akk	πάντα	πᾶσαν	πᾶν
Nom Pl	πάντες	πᾶσαι	πάντα
Gen	πάντων	πασῶν	πάντων
Dat	πᾶσι(ν)	πάσαις	πᾶσι(ν)
Akk	πάντας	πάσας	πάντα

Adjektive: Unregelmässige

Mask.	Ntr.	Fem.	Mask.	Ntr.	Fem.
μέγας	μέγα	μεγάλη	πολύς	πολύ	πολλή
	μεγάλου	μεγάλης		πολλοῦ	πολλῆς
	μεγάλῳ	μεγάλῃ		πολλῷ	πολλῇ
μέγαν	μέγα	μεγάλην	πολύν	πολύ	πολλήν
μεγάλοι	μεγάλα	μεγάλαι	πολλοί	πολλά	πολλαί
	μεγάλων			πολλῶν	
	μεγάλοις	μεγάλαις		πολλοῖς	πολλαῖς
μεγάλους	μεγάλα	μεγάλας	πολλούς	πολλά	πολλάς

Pronomen: Interrogativ- und Indefinitpronomen

	Interrogativpronomen		Indefinitpronomen enklitisch	
	M./F.	Ntr.	M./F.	Ntr.
Nom Sg	τίς	τί	τις	τι
Gen	τίνος		τινός	
Dat	τίνι		τινί	
Akk	τίνα	τί	τινά	τι
Nom Pl	τίνες	τίνα	τινές	τινά
Gen	τίνων		τινῶν	
Dat	τίσι(ν)		τισί(ν)	
Akk	τίνας	τίνα	τινάς	τινά

Pronomen: Relativ

	Mask.	Fem.	Ntr.
Nom Sg	ὅς	ἥ	ὅ
Gen	οὗ	ἧς	οὗ
Dat	ᾧ	ᾗ	ᾧ
Akk	ὅν	ἥν	ὅ
Nom Pl	οἵ	αἵ	ἅ
Gen	ὧν	ὧν	ὧν
Dat	οἷς	αἷς	οἷς
Akk	οὕς	ἅς	ἅ

Pronomen: Reflexiv- und Reziprok

	1. Person Sg Mask./Ntr., Fem.		2. Person Sg Mask./Ntr., Fem.		3. Person Sg Mask./Ntr., Fem.	
G	ἐμαυτοῦ, -ῆς	meiner	σεαυτοῦ, -ῆς	deiner	ἑαυτοῦ, -ῆς	seiner, ihrer
D	ἐμαυτῷ, -ῇ	mir	σεαυτῷ, -ῇ	dir	ἑαυτῷ, -ῇ	sich
A	ἐμαυτόν, -ήν	mich	σεαυτόν, -ήν	dich	ἑαυτόν, -ήν	sich

	1.-3. Person Pl Mask./Ntr., Fem.	
G	ἑαυτῶν	unser, euer, ihrer
D	ἑαυτοῖς, -αῖς	uns, euch, sich
A	ἑαυτούς, -άς	uns, euch, sich

	1.-3. Person Pl Mask./Ntr., Fem.	
G	ἀλλήλων	einander
D	ἀλλήλοις, -αις	einander
A	ἀλλήλους, -ας	einander

Pronomen: Possessiv

	Mask.	Fem.	Ntr.	
1.Sg	ἐμός	ἐμή	ἐμόν	mein
2.Sg	σός	σή	σόν	dein
1.Pl	ἡμέτερος	ἡμετέρα	ἡμέτερον	unser
2.Pl	ὑμέτερος	ὑμετέρα	ὑμέτερον	euer

Stammformen der wichtigsten unregelmässigen Verben

ἀγγέλλω	ἀγγελῶ	ἤγγειλα ἠγγέλην	ἤγγελκα ἤγγελμαι	melden	ἀγγελ-
ἄγω	ἄξω	ἤγαγον ο. ἦξα ἤχθην	ἦχα ἦγμαι	führen	ἀγ- ἀγαγ-
αἱρέω	ἑλῶ αἱρεθήσομαι	εἷλον ο. εἷλα ᾑρέθην M: εἱλόμην	[ᾕρηκα] ᾕρημαι	nehmen	αἱρε-/αἱρη- ἑλ-
αἴρω	ἀρῶ	ἦρα ἤρθην	ἦρκα ἦρμαι	wegnehmen	ἀρ-
ἀλλάσσω	ἀλλάξω	ἤλλαξα ἠλλάγην	[ἤλλαχα] ἤλλαγμαι	verändern	ἀλλαγ-
ἁμαρτάνω	ἁμαρτήσω	ἥμαρτον ο. ἡμάρτησα	[ἡμάρτηκα]	sündigen	ἁμαρτ- ἁμαρτη-
ἀνοίγω	ἀνοίξω	ἀνέῳξα ο. ἠνέῳξα ο. ἤνοιξα ἀνεῴχθην ο. ἠνοίχθην ο. ἠνοίγην	ἀνέῳγα ἀνέῳγμαι	öffnen	(ἀν)οιγ-
ἀκούω	ἀκούσω	ἤκουσα ἠκούσθην	ἀκήκοα [ἤκουσμαι]	hören	ἀκου- ἀκουσ-
ἀποθνῄσκω	ἀποθανοῦμαι	ἀπέθανον	ἀποτέθνηκα	sterben	θνη- θαν-
ἀποκτείνω ο. ἀποκτέννω	ἀποκτενῶ	ἀπέκτεινα ἀπεκτάνθην –	[ἀπέκτονα]	töten	/κτεν- /κτον-
ἀπόλλυμι	ἀπολέσω ο. ἀπολῶ	ἀπώλεσα ἀπωλόμην	[ἀπολώλεκα] ἀπώλολα	verderben	ὀλλυ- /ὀλ(ε)-
ἁρπάζω	ἁρπάσω	ἥρπασα ἡρπάσθην ο. ἡρπάγην	ἥρπακα [ἥρπασμαι]	rauben	ἁρπαδ- ἁρπαγ-
ἀφίημι	ἀφήσω	ἀφῆκα ἀφέθην	[ἀφεῖκα] (ἀφέωνται 3.Pl)	lassen, ver- lassen, ver- geben	αφιη-/αφη-
βαίνω	βήσομαι	ἔβην	βέβηκα	schreiten	βη-/βα- /βαιν-
βάλλω	βαλῶ	ἔβαλον ἐβλήθην	βέβληκα βέβλημαι	werfen	βαλ- βλη-
γίνομαι	γενήσομαι	ἐγενόμην ο. ἐγενήθην	γέγονα ο. γεγένημαι	werden, sein geschehen	γιν- γεν-

γινώσκω	γνώσομαι	ἔγνων ἐγνώσθην	ἔγνωκα ἔγνωσμαι	erkennen	γνω-/γινω-
δείκνυμι ο. δεικνύω	δείξω	ἔδειξα ἐδείχθην	[δέδειχα] δέδειγμαι	zeigen	δεικνυ- / δεικ-
δέω	δήσω	ἔδησα ἐδέθην M: ἐδεήθην	δέδεκα δέδεμαι	binden	δε- / δη-
διδάσκω	διδάξω	ἐδίδαξα ἐδιδάχθην	[δεδίδαχα] [δεδίδαγμαι]	lehren	διδαχ-
δίδωμι	δώσω	ἔδωκα ἐδόθην	δέδωκα δέδομαι	geben	διδω- / διδο- δω- / δο-
δύναμαι	δυνήσομαι	ἐδυνήθην ο. ἐδυνάσθην	[δεδύνημαι]	können	δυνα- / δυνη-
ἐγείρω	ἐγερῶ	ἤγειρα ἠγέρθην	ἐγήγερκα ἐγήγερμαι	aufwecken	ἐγερ-
εἰμί	ἔσομαι	(ἐγενόμην) ο. (ἐγενήθην)		sein	εἰ- / ἐ-
ἔρχομαι	ἐλεύσομαι	ἦλθον ο. ἦλθα	ἐλήλυθα	gehen, kommen	ἐρχ- / ἐλευθ- ἐλθ- / λυθ-
ἐσθίω	φάγομαι	ἔφαγον	βέβρωκα	essen	ἐσθ- / φαγ- / βρω-
εὑρίσκω	εὑρήσω	εὗρον ο. εὗρα εὑρέθην	εὕρηκα [εὕρημαι]	finden	εὑρ- / εὑρη- εὑρε-
ἔχω	ἕξω	ἔσχον	ἔσχηκα	haben, halten	σεχ > ἐχ- ἐχ- / σχ-
ζώννυμι	[ζώσω]	ἔζωσα [ἐζώσθην]	– ἔζωσμαι	gürten	ζω-
ἵημι	ἥσω	ἧκα [εἵμην M] ἕθην P	εἷκα ἕωμαι	senden	ἱή / ἱέ- / ἡ- / ἑ-
ἵσταμαι	στήσομαι ο. σταθήσομαι	ἔστην ο. ἐστάθην	ἔστηκα –	stehen	ἱστα-/στη-
ἵστημι ο. ἱστάνω	στήσω (σταθήσομαι)	ἔστησα ἐστάθην	[ ] [ ]	stellen	ἱστη- / στη
καλέω	καλέσω	ἐκάλεσα ἐκλήθην	κέκληκα κέκλημαι	rufen	καλε- κλη-
κερδαίνω	κερδανῶ ο.	ἐκέρδανα ο.	κεκέρδηκα	gewinnen	κερδαν-

	κερδήσω	ἐκέρδησα ἐκερδήθην	κεκέρδημαι		κερδη-
κλαίω	κλαύσω ο. κλαύσομαι	ἔκλαυσα	κέκλαυκα	weinen	κλαυ- / κλαϝc-
κρεμάννυμι	[κρεμῶ]	ἐκρέμασα ἐκρεμάσθην	- [κρέμαμαι]	hängen	κρεμα(σ)-
κρίνω	κρινῶ	ἔκρινα ἐκρίθην	κέκρικα κέκριμαι	richten	κριν- κρι-
κρύπτω ο. κρύβω	κρύψω	ἔκρυψα ἐκρύβην	κέκρυφα κέκρυμμαι	verbergen	κρυφ- κρυβ-
λαμβάνω	λήμψομαι	ἔλαβον ἐλήμφθην	εἴληφα εἴλημμαι	nehmen	λαβ- ληβ- / λημβ-
λέγω	ἐρῶ	εἶπον ο. εἶπα ἐρρέθην ο. ἐλέχθην	εἴρηκα εἴρημαι	reden	λεγ- / ϝειπ- ϝερ- / ϝρη-
μανθάνω	[μαθήσομαι]	ἔμαθον	[μεμάθηκα]	lernen	μαθ- / μαθη-
μένω	μενῶ	ἔμεινα	μεμένηκα	bleiben	μεν- / μενη-
μίγνυμι	[kl. μείξω]	ἔμιξα [ἐμείχθην]	- μέμιγμα	mischen	μιγ- / (kl. μειγ-)
μιμνήσκω	μνησθήσομαι	ἐμνήσθην	μέμνημαι	sich erinnern	(μι)μνη-
οἶδα	εἰδήσω	-	-	wissen	οἰδ- / εἰδ-
ὄμνυμι ο. ὀμνύω	[ὀμοῦμαι]	ὤμοσα	[ὀμώμοκα]	schwören	ὀμ(ο)-
ὁράω	ὄψομαι	εἶδον ο. -α ὤφθην	ἑώρακα ο. ἑόρακα [ἑόραμαι]	sehen	ὁρα- / ὀπ- ἰδ-
πάσχω	πείσομαι ο. παθοῦμαι	ἔπαθον	πέπονθα	leiden	παθ- / πενθ-
πείθω	πείσω	ἔπεισα ἐπείσθην	[πέπεικα] ο. πέποιθα πέπεισμαι	überreden (vertrauen) überzeugen	πειθ- ποιθ-
πίμπλημι ο. ἐμπιπλάω	[πλήσω]	ἔπλησα ἐπλήσθην	[πέπληκα] πέπλησμαι	füllen	πλη(σ)- / πλα-
πίνω	πίομαι	ἔπιον ἐπόθην	πέπωκα [πέπομαι]	trinken	πι- / πω- / πο-
πίπτω	πεσοῦμαι	ἔπεσον ο. ἔπεσα	πέπτωκα	fallen	πετ- / πεσ- πτω-

πλάσσω	[πλάσω]	ἔπλασα ἐπλάσθην	πέπλακα πέπλασμαι	formen	πλαθ-
ῥήγνυμι o. ῥήσσω	ῥήξω	ἔρρηξα [ἐρράγην]	– [ἔρρωγα]	zerreissen	ῥηγ- / ῥαγ-
σβέννυμι	σβέσω	ἔσβεσα [ἐσβέσθην]	– [ἔσβεσμαι]	auslöschen	σβεσ- / σβη-
στρέφω	στρέψω o.	ἔστρεψα ἐστράφην	[ἔστροφα] ἔστραμμαι	wenden, drehen	στρεφ- στραφ-
στρώννυμι	[στρώσω]	ἔστρωσα ἐστρώθην	– ἔστρωμαι	ausbreiten	στρω-
σῴζω	σώσω	ἔσωσα ἐσώθην	σέσωκα σέσῳσμαι	retten, bewahren	σῳδ- / σω-
τίθημι	θήσω	ἔθηκα ἐτέθην	τέθεικα τέθειμαι o. κεῖμαι	setzen, legen	τιθη- / τιθε θη- / θε-
τίκτω	τέξομαι	ἔτεκον ἐτέχθην	[τέτοκα] –	gebären	τεκ- / τοκ-
τρέπω	τρέψω	ἔτρεψα ἐτράπην	τέτροφα τέτραμμαι	wenden	τρεπ- τραπ-
τρέχω	δραμοῦμαι	ἔδραμον	[δεδράμηκα]	laufen	θρεχ- / δραμ-
φέρω	οἴσω	ἤνεγκον o.-κα ἠνέχθην	[ἐνήνοχα] [ἐνήνεγμαι]	bringen	φερ- / οἰ- ἐνεγκ- / ἐνεκ-
φεύγω	φεύξομαι	ἔφυγον	πέφευγα	fliehen	φευγ- / φυγ-
χαίρω	χαρήσομαι	ἐχάρην	[κεχάρηκα]	sich freuen	χαρ-
χράομαι o. χρῶμαι	χρήσομαι	ἐχρησάμην ἐχρήσθην	κέχρημαι –	gebrauchen	χρη- / χρα-

Ausgewählte Literatur

Textausgaben:
- ALAND, K.; BLACK, M.; MARTINI, C. M.; METZGER, B.; WIKGREN, A. (Hrsg.): *The Greek New Testament.* 4. rev. Aufl. Münster 1993
- NESTLE-ALAND: *Novum Testamentum Graece.* Hrsg. von ALAND, K.; BLACK, M.; MARTINI, C. M.; METZGER, B.; WIKGREN, A.; 27 rev. Aufl. Stuttgart 1993

Grammatiken:
- BLASS, F.; DEBRUNNER, A.: *Grammatik des neutestamentlichen Griechisch.* Bearbeitet von F. Rehkopf. 17. Aufl. Göttingen 1990
- BÜCHLI, J.: *Am Anfang steht der Logos. Elementargrammatik zum Griechisch des Neuen Testaments.* Zürich u. Freiburg i. Br. 1999
- BORNEMANN, E.; RISCH, E.: *Griechische Grammatik.* 2. Aufl. Frankfurt a. M. 1978
- BÜHLMANN, W.; SCHERER, K.: *Sprachliche Stilfiguren der Bibel: Von Assonanz bis Zahlenspruch; ein Nachschlagewerk.* 2. verb. Aufl. Giessen 1994
- HOFFMANN, E. G.; SIEBENTHAL VON H.: *Griechische Grammatik zum Neuen Testament.* 2. Aufl. Riehen 1990
- STEYER G.: *Formenlehre des neutestamentlichen Griechisch.* 5. Aufl. Berlin 1982
- ders.: *Satzlehre des neutestamentlichen Griechisch.* 5. Aufl.

Wörterbücher:
- BAUER, W.: *Griechisch-deutsches Wörterbuch: zu den Schriften des Neuen Testaments und der frühchristlichen Literatur.* / KURT, A. (Hrsg.); Aland, B. (Hrsg.). 6. völlig neu bearb. Aufl. Berlin u. New York 1988
- GEMOLL, W.: *Griechisch-Deutsches Schul- und Handwörterbuch.* 9. Aufl. Wien 1997. Durchges. und erw. von K. Vretska
- MENGE, H.; GÜTHLING, O.: *Langenscheidts Grosswörterbuch Griechisch Deutsch.* 27. Aufl. Berlin und München
- PASSOW, F.: *Handwörterbuch der Griechischen Sprache.* Reprographischer Nachdruck der 5. Aufl. Leipzig 1841. Darmstadt 1993. – 4 Bde
- PREUSCHEN, E.: *Griechisch-Deutsches Taschenwörterbuch zum NT.* 7. Aufl. Berlin u. New York 1996

Konkordanzen:
- ALAND, K. (Hrsg.): *Vollständige Konkordanz zum griechischen Neuen Testament.* Berlin und New York 1975–83
- MOULTON, W. F.; GEDEN, A. S.; MOULTON, H. K.: *A concordance to the Greek Testament.* 26. Aufl. Münster/Westfalen 1989

Allgemeine Hilfsmittel:
- ALAND, K.; ALAND, B.: *Der Text des Neuen Testaments: Einführung in die wissenschaftlichen Ausgaben sowie in Theorie und Praxis der modernen Textkritik.* 2. erg. u. erw. Aufl. Stuttgart 1989
- BUSHELL, M. S.: *Bible Works for Windows.* Published by Hermeneutika. Computer

Bible Research Software 1997 – Enthält grosse Auswahl an Textausgaben und Übersetzungen inkl. Hebr. und Griech. Texte mit LXX
- EDEL, R.-F.: *Griechisch-Deutsches Vokabel-Lern-und-Repetitonsheft.* 7. Aufl. Marburg 1974
- HAUBECK, W.; VON SIEBENTAL, H.: *Neuer sprachlicher Schlüssel zum griechischen Neuen Testament.* 2 Bde. Giessen u. Basel 1994/97
- REHKOPF, F.: *Griechisches Lernvokabular zum Neuen Testament. Wortschatz, grammatische Paradigmen und Stammformen.* Göttingen 1987
- RIENECKER, F.: *Sprachlicher Schlüssel zum Griechischen Neuen Testament.* 12. Aufl. Giessen u. Basel 1966

Sachregister

Die Ziffern verweisen auf die Seitenzahlen.

AcI 129
AcP 117
A-Deklination allg 25
- Fem auf -η 25
- Fem mit α-impurum 27
- Fem mit α-purum 26
- Mask 57
Adjektive zusammengesetzte 59
- unregelmässige 73
Adverb Bildung 83
- Komparation 139
- synt 86
Adverbiale 87
Akkusativ
- adverbialer 84
- doppelter 194
- Person u. Sache 195
- Prädikatsakkusativ 194
Akzente 6
Akzentregeln 8
Alphabet griechisches 1
Anakoluth 240
Antepänultima 8
Aorist
- historischer 53
- Imp Ind 40
- Imp M 48
- M 47
- Pass 133
- schwacher Ind Akt / Inf 36
- starker Aor 113
Apodosis 183
ἀπὸ-κοινοῦ-Konstruktion 249
Artangaben zu Subj u. Obj 193
Artikel 19
Aspekte
- Aor 54
- Imp 54
- Perf / Plsqpf 167
- Präs / Ipf 53
Aspirata 3/171
Asyndeton 227
athematische Konjugation 199
- Plsqpf 221

Atona 9
Attribut 20
attributive Wortstellung 43
Augment 37
Auslautgesetz 62
Aussprache 2
αὐτός 29
Dativ 85
Deklination allg 11
- vgl. A-Dekl/Kons-Dekl/O-Dekl
Demonstrativpronomen morph 35
- synt 41
Dentale 3
Dentalstämme 61
Deponens 50
- med od. pass Endungen 135
Determinativkomposita 183
Diathese 15/45
Diphtonge 4
Elision 9
Ellipse 43
Enklisis 30
Erzähltempus 53
Explosivlaute 3
Ferndeixis 36
Figura etymologica 196
Figuren, sprachliche 240
Flüssiglaute 3
Fragesätze 66
Futur morph 120
Futurum contractum 174/188
- synt 125
Genabs 106
Genera 11
Genitiv 206
- auctoris 206
- comparationis 141/211
- epexegeticus 209
- materiae 207
- objectivus u. subjectivus 208
- partitivus 142/209
- possessoris 207
- pretii 207
- qualitatis 207

- separationis 210
- temporis 210
Gutturale 3
Gutturalstämme 62
Hauchzeichen 5
Hilfsverben 23
Imperativ
- Aspekte 54
- Gebotsfutur 126
- Perfekt 166
Imperfekt
- Paradigmata 118
- historicum 54
Infinitv
- AcI 129
- mit Artikel 144
- mit Artikel u. Präposition 154
- mit Hilfsverb 23
- mit τοῦ 143
Interpunktion 5
intransitive Verben 23
- ἵστημι 219
Hypotaxe 222
Iota subscriptum 4
Irrealis 183
j-Stamm 171
- bei Verba liquida 187
καί 225
Kardinalzahlen 237
Kasus allg 11
- Funktionen 21
Kategorie 16
Komparation allg 140
- Adverb 141
- synt 141
Konjugation allg 14
- athematische Konj 199
- Präs Ind Akt 16
- Sein 27
Konjunktion
- koordinierend 223
- subordinierend 224
- und 78
Konjunktiv allg 146
- Paradigmata 146
- Perfekt 165
- synt 151
- Verba liquida mit ι od. υ 189
Konsonantische Deklination allg 59

- Digamma-Stämme 124
- ι-Stämme 103
- Liquida 63
- Liquida auf -ϱ 72
- Muta 60
- σ-Stämme 101
- unregelmässige 72
- υ-Stämme 124
Kopula 31
Labiale 3
Lautveränderungen beim σ 41
Liquida 3
Liquidastämme 63
Media 3/171
Medium 45
- Bdtg 46
Mixtus 112
Modus 15
Mutae 3
Muta-Stämme 60/171
Nahdeixis 35
Nasale 3
Nasalstämme 63
Negation doppelte 105
negierte Sätze 32
Nominalsatz 42
Numerale 69/237
Numeri 11
Objekt
- Artangabe zu 192
- Genitivobjekt 210
- inneres O 196
O-Deklination allg 11
- Adjektive 14
- Feminina 58
- Maskulina 11
- Neutra 13
οἶδα 177
Optativ 246
- cupitivus 246
- potentialis 248
Ordinalzahlen 237
Pänultima 8
Parataxe 223
Parenthese 240
Partizip
- AcP 117
- allg 75
- Aor Akt / M 81

- attributiv 76
- coniunctum 88
- coniunctum in obliquen Kasus 249
- Genabs 104
- prädikativ ergänzendes 221
- Präs Akt 71
- Präs M/P 81
- umschreibende Konjugation 167
- substantiviert 77
πᾶς, πᾶσα, πᾶν 70
- synt 74
Perfekt 167
- Konjunktiv 175
- schwaches 167
Periode 240
Plusquamperfekt 221
- Aspekt 167
prädikative Wortstellung 43
prädikatives Partizip 117/221
Prädikatsakkusativ 194
Prädikatsnomen 30
Präpositionen 22
Präsens
- historicum 54
- M/P 47
Prolepsis 241
Pronomen
- Demonstrativ- 35
- Indefinit- 64
- Interrogativ- 64
- Personal- 28
- Possessiv- 150
- Reflexiv- 115
- Relativ- 123
- Reziprok- 117
Protasis 183
Reduplikation 163
Relativer Anschluss 128
Relativische Attraktion 128
Rektionskomposita 183
Rhetorische Fragen 66
Satzverbindungen 222
Satzzeichen 5
sigmatische Nominativbildung 60
Stammformen 164
- athematische Konjugation 235
- Verba liquida 190
- Verba muta 176
Stilistik 240

- Anakoluth 240
- ἀπὸ-κοινοῦ-Konstruktion 249
- Figura etymologica 196
- Parenthese 240
- Periode 240
- Prolepsis 241
- Zeugma 248
Subjekt
- Artangabe zu 192
Subjekt ntr Pl 77
Superlativ 141
Syntax allg 19
syntatktische Stilistik s. Stilistik
Tempus 15
- Bdtg griech Tempora 50
Tenuis 3/171
Tongesetz Enklisis 30
transitive Verben 23
- ἵστημι 216
Trema 5
Übersetzungsregeln 91
Ultima 8
Umschreibende Konjugation 175
Verba contracta 95
- Ipf 110
- Perf 167
- Präs 95
- Stammformen 164
Verba liquida 187
- Aor 189
- Aor Pass 189
- Fut 188
- Konjunktiv 189
- Perf 189
- Präs 187
Verba muta 171
- Aor schwach 173
- Aor stark 174
- Fut 173
- Perf 175
- Präs 171
- Stammformen 176
Verben
- Anfangen u. Aufhören, näher b. 222
- mit GenO 210
- Sein, näher bestimmtes 222
- Tun, näher bestimmtes 222
Vokativ 113
Vollverben 23

Wortbildung 18/178
Wurzelaorist 190
– ἵστημι 217
Wurzelpräsens 191

Zahladverbien 237
Zahlwort 237
Zeugma 248